SSC CHSL

संयुक्त हायर सेकेंडरी लेवल

(10+2) TIER-I

ऑनलाइन भर्ती परीक्षा

तर्कशक्ति परीक्षण एवं संख्यात्मक योग्यता

29 अध्यायवार सॉल्व्ड पेपर्स

टीम प्रभात

प्रभात एग्जाम
www.prabhatexam.com

प्रकाशक

प्रभात एग्जाम

प्रभात प्रकाशन प्रा. लि. का उपक्रम

4/19 आसफ अली रोड, नई दिल्ली-110002

फोन— 23289555 • 23289666 • 23289777 • हेल्पलाइन/ 7827007777

इ-मेल : prabhatbooks@gmail.com ❖ वेब ठिकाना : www.prabhatexam.com

मूल्य

छह सौ पचास रुपए

अ.मा.पु.स. 978-93-5266-608-9

मुद्रक

संजय प्रिंटर, साहिबाबाद

★

SSC CHSL SANYUKT HIGHER SECONDARY LEVEL (10+2)
TIER-I ONLINE BHARTI PARIKSHA
29 ADHYAYVAR SOLVED PAPERS
by Team Prabhat

ISBN 978-93-5266-608-9

₹ 650.00

विषय-सूची

संख्यात्मक योग्यता 1–144

SSC CHSL (10+2) Tier-I भर्ती परीक्षा, तर्कशक्ति परीक्षण

सॉल्व्ड पेपर-2020

1. उस विकल्प को चुनें जो तीसरी संख्या से उसी तरह सम्बन्धित है, जैसे दूसरी संख्या पहली संख्या से सम्बन्धित है।

81 : 63 : : 74 : ....

(a) 33 (b) 23
(c) 43 (d) 13

2. एक ही पासे की तीन अलग-अलग स्थितियों को नीचे दर्शाया गया है। '6' संख्या वाले फलक के सामने के फलक की संख्या ज्ञात कीजिए।

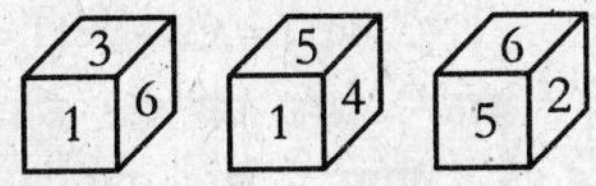

(a) 3 (b) 5
(c) 4 (d) 1

3. नीचे दी गई आकृति में कितने त्रिभुज मौजूद हैं?

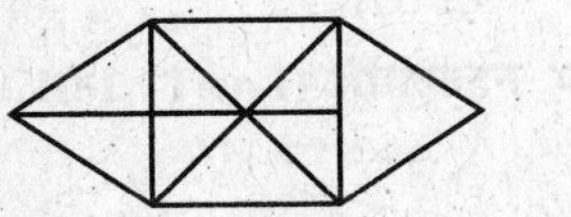

(a) 16 (b) 18
(c) 14 (d) 20

4. यदि PEAR को 7519 और TOIL को 2693 के रूप में कोडबद्ध किया गया है, तो DOCTOR को किस प्रकार कोडबद्ध किया जाएगा?

(a) 463296 (b) 463729
(c) 463269 (d) 463239

5. एक कोड भाषा में TABLEPADS को BADCYGAPJ लिखा जाता है, उसी भाषा में BACKSPACE को कैसे लिखा जाएगा?

(a) DAIBJGAIY (b) DAJBJGAJY
(c) DEIBJGEIY (d) DAEBJGAEY

6. उस समुच्चय को चुनें, जिसमें संख्याएँ उसी तरह सम्बन्धित हैं, जैसे कि निम्नलिखित समुच्चय की संख्याएँ सम्बन्धित हैं।

(3, 13, 196)

(a) (5, 15, 350) (b) (6, 16, 569)
(c) (4, 14, 441) (d) (2, 12, 287)

7. उस विकल्प का चयन करें, जिसमें नीचे दी गई आकृति अंतर्निहित है–

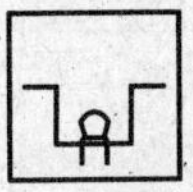

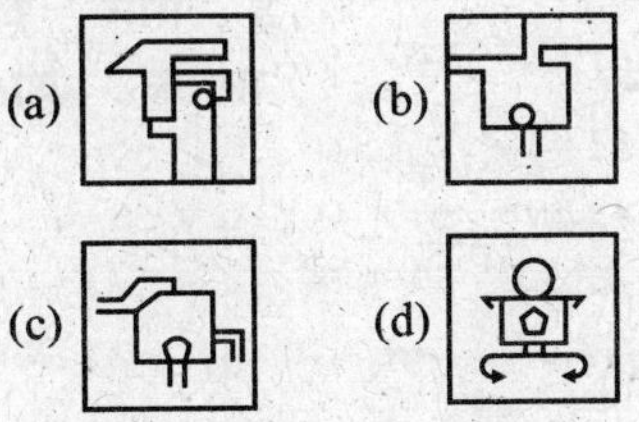

8. उस वेन आरेख का चयन करें, जो निम्नलिखित वर्गों के बीच के सम्बन्ध को सबसे अच्छा दर्शाता है–

माताएँ, महिलाएँ, पायलट

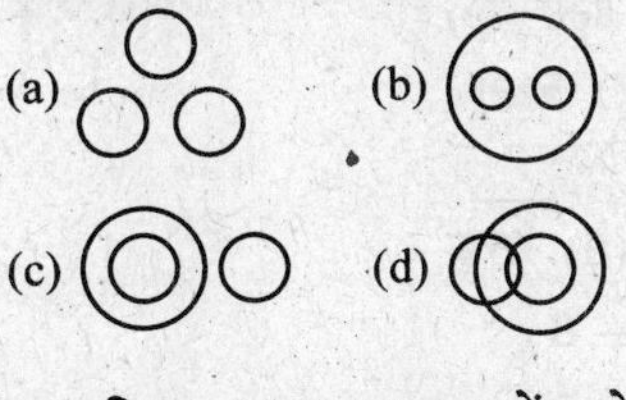

9. उस विकल्प का चयन करें, जो तीसरे अक्षर-समूह से उसी तरह सम्बन्धित है, जैसे दूसरा अक्षर-समूह पहले अक्षर-समूह से सम्बन्धित है?

LENOVO : EKISSQ : : FINGER : ....

(a) YOIJBT (b) YNIKBT
(c) YOIKBT (d) YOIKCT

10. किसी निश्चित कोड में SLUMBER को PORPYHO के रूप में कोडबद्ध किया गया है, उसी कोड में PURPOSE को किस प्रकार कोडबद्ध किया जाएगा?

(a) SRUMRPG
(b) QVSQPTF
(c) OTQONRD
(d) MXOSLVB

11. नीचे दी गई आकृतियों में दिखाए गए ग्राफ के अनुसार एक कागज को मोड़ा और काटा जाता है। यह कागज खोलने पर कैसा दिखाई देगा?

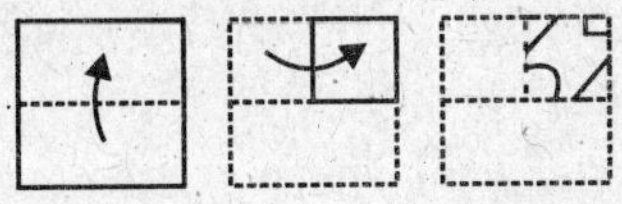

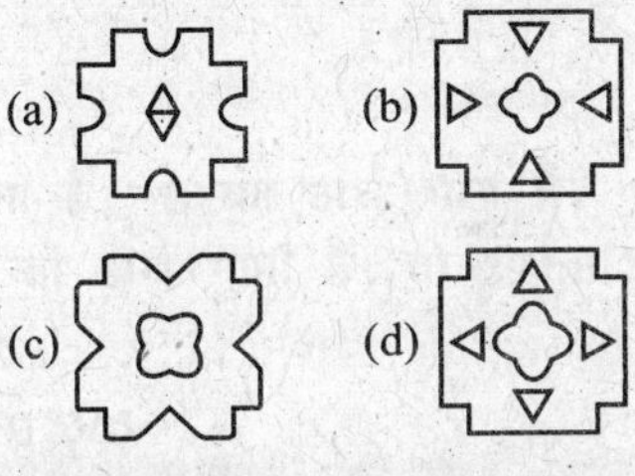

12. तीन संख्याओं के वर्गों का योग 336 है और पहली और दूसरी का अनुपात और दूसरी और तीसरी का अनुपात 1 : 2 है, तो तीसरी और पहली संख्या के बीच का अंतर ज्ञात करें–

(a) 12 (b) 16
(c) 10 (d) 14

13. निम्नलिखित चार संख्याओं में से तीन संख्याएँ एक निश्चित तरीके से एक जैसी हैं और एक अलग है। उस अलग संख्या का चयन कीजिए।

(a) 3864 (b) 6394
(c) 2936 (d) 4638

14. इराक का सम्बन्ध 'दीनार' से उसी तरह है, जैसे 'म्यांमार' का सम्बन्ध '............' से है–

(a) लीरा (b) क्यात
(c) येन (d) रेंड

15. ऐसे अक्षरों के संयोजन का चयन करें जोकि दी गई अक्षर शृंखला के रिक्त स्थानों में क्रमिक रूप से रखे जाने पर शृंखला को पूरा करेंगे।

ab_bead_b_ab_bcab_bc

(a) ddcdd (b) dcdcd
(c) cdcdc (d) ccdcc

16. गोपाल की आयु किसी संख्या का घन है। दो वर्ष पहले उसकी आयु किसी संख्या का वर्ग थी। उसकी आयु कितनी है?

(a) 25 (b) 24
(c) 62 (d) 9

17. निम्नलिखित शृंखला के रिक्त स्थान को भरने के लिए विकल्पों में से सही संख्या का चयन करें।

3, 27, 243, 2187, ...

(a) 13561 (b) 21377
(c) 19683 (d) 27139

18. निम्नलिखित शृंखला में कौन-सी संख्या प्रश्नचिह्न (?) के स्थान पर आएगी?

4, 10, 27, 140, ?

(a) 973
(b) 397
(c) 937
(d) 379

19. उस समुच्चय को चुनें, जिसमें संख्याएँ उसी तरह सम्बन्धित हैं, जैसे कि निम्नलिखित समुच्चय की संख्याएँ सम्बन्धित हैं–

(8, 101, 35)

(a) (9, 121, 39) (b) (7, 89, 31)
(c) (6, 76, 27) (d) (11, 136, 47)

20. उस शब्द-युग्म का चयन करें, जिसमें दो शब्द उसी तरह से सम्बन्धित हैं जैसे निम्नलिखित शब्द-युग्म में दो शब्द सम्बन्धित हैं।

मोमबत्ती : रोशनी

(a) पंखा : घुटन (b) तंदूर : पीसना
(c) बल्ब : अँधेरा (d) फ्रिज : ठंडा

21. उस आकृति का चयन करें, जो नीचे दी गई आकृति शृंखला में अलग स्थान पर आएगी।

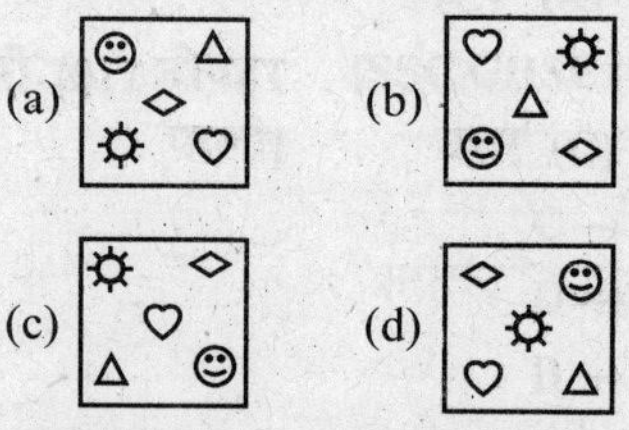

22. जब एक दर्पण को आकृति के दाईं ओर रखा जाए तो दिए गए चित्र की सही दर्पण छवि का चयन करें।

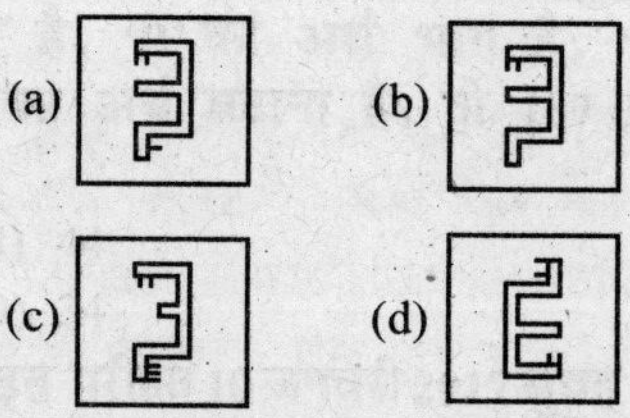

23. निम्नलिखित चार अक्षर समूहों में से तीन अक्षर-समूह एक निश्चित तरीके से एक जैसे हैं और एक अलग है। उस अलग अक्षर-समूह को चुनिए।

(a) UQJF (b) AWDZ
(c) IDWS (d) OKPL

24. यदि **MARBLES** को **181132192512** के रूप में कोडबद्ध किया जाता है और **INVITED** को **221969942520** के रूप में कोडबद्ध किया जाता है, तो **COMPARE** को कैसे कोडबद्ध किया जाएगा?

(a) 1312531653241
(b) 1322531253221
(c) 1322531652241
(d) 1322531653241

25. निम्नलिखित शब्दों को तार्किक और सार्थक क्रम में व्यवस्थित करें–

1. परिणाम **2. प्रचार अभियान**
3. शपथ **4. नामांकन**
5. मतदान

(a) 5, 2, 4, 1, 3
(b) 5, 4, 2, 1, 3
(c) 4, 5, 2, 1, 3
(d) 4, 2, 5, 1, 3

उत्तर (हल/संकेत)

1. (a) जिस प्रकार,

$81 \Rightarrow (8+1)(8-1)$
$= 9 \times 7 = 63$

उसी प्रकार,

$74 \Rightarrow (7+4)(7-4)$
$= 11 \times 3 = 33$

2. (c)

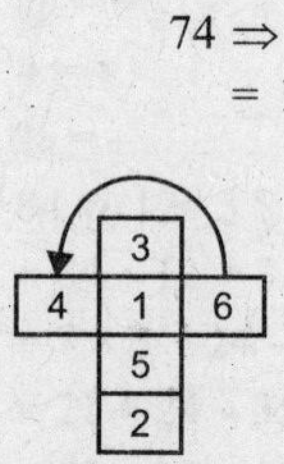

3. (b) त्रिभुजों की संख्या = 18

4. (c) जिस प्रकार,

P	E	A	R
↓	↓	↓	↓
16	5	1	18
↓	↓	↓	↓
1+6	5	1	1+8
↓	↓	↓	↓
7	5	1	9

तथा

T	O	I	L
↓	↓	↓	↓
20	15	9	12
↓	↓	↓	↓
2+0	1+5	9	1+2
↓	↓	↓	↓
2	6	9	3

उसी प्रकार,

D	O	C	T	O	R
↓	↓	↓	↓	↓	↓
4	15	3	20	15	18
↓	↓	↓	↓	↓	↓
4	1+5	3	2+0	1+5	1+8
↓	↓	↓	↓	↓	↓
4	6	3	2	6	9

5. (a) जिस प्रकार,

T	A	B	L	E	P	A	D	S
20	1	2	12	5	16	1	4	19
↓	↓	↓	↓	↓	↓	↓	↓	↓
2+0	1×1	2×2	1+2	5×5	1+6	1×1	4×4	1+9

↓ ↓ ↓ ↓ ↓ ↓ ↓ ↓ ↓
2 1 4 3 25 7 1 16 10
B A D C Y G A P J

उसी प्रकार,

B A C K S P A C E
2 1 3 11 19 16 1 3 5
↓ ↓ ↓ ↓ ↓ ↓ ↓ ↓ ↓
2×2 1×1 3×3 1+1 1+9 1+6 1×1 3×3 5×5
↓ ↓ ↓ ↓ ↓ ↓ ↓ ↓ ↓
4 1 9 2 10 7 1 9 25
D A I B J G A I Y

6. (a) (3, 13, 196)

$$(c)^3 + (13)^2 = 196$$
$$27 + 169 = 196$$
$$196 = 196$$

विकल्प (a) से,

(5, 15, 350)

$$(5)^3 + (15)^2 = 350$$
$$125 + 225 = 350$$
$$350 = 350$$

7. (d) उत्तर विकल्प (d) में प्रश्न आकृति अंतर्निहित है।

8. (d)

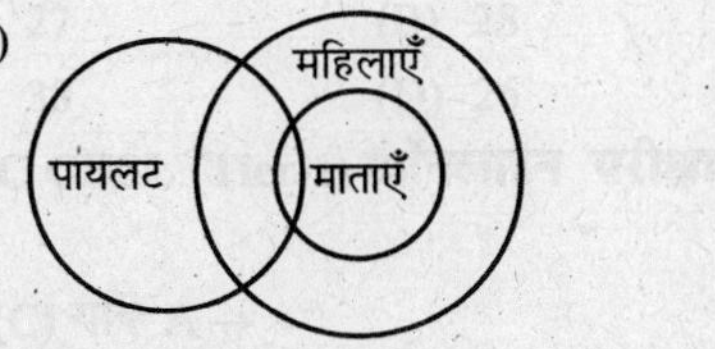

9. (c) जिस प्रकार,

L E N O V O
−7 −6 −5 +3 −3 +2
E K I S S Q

उसी प्रकार,

F I N G E R
−7 +6 −5 +4 −3 +2
Y O I K B T

10. (d) जिस प्रकार,

S L U M B E R
−3 +3 −3 +3 −3 +3 −3
P O R P Y H O

उसी प्रकार,

P U R P O S E
−3 +3 −3 +3 −3 +3 −3
M X O S L V B

11. (c) कागज को खोलने पर उत्तर आकृति (c) जैसी दिखाई देगी।

12. (a) माना पहली संख्या $= x$

$\therefore$ दूसरी संख्या $= 2x$

तीसरी संख्या $= 4x$

$$(x)^2 + (2x)^2 + (4x)^2 = 336$$
$$x^2 + 4x^2 + 16x^2 = 336$$
$$21x^2 = 336$$
$$x^2 = \frac{336}{21} = 16$$
$$\therefore x = 12$$

$\therefore$ आवश्यक अंतर $= 4x - x$
$= 3x$
$= 3 \times 4$
$= 12$

13. (b) $3864 \Rightarrow 3 \times 8 \times 6 \times 4$
$= 576$
$= (24)^2$

$6394 \Rightarrow 6 \times 3 \times 9 \times 4 = 648$

$2936 \Rightarrow 2 \times 9 \times 3 \times 6$
$= 324$
$= (18)^2$

$4338 \Rightarrow 4 \times 6 \times 3 \times 8$
$= 576$
$= (24)^2$

अत: 648 भिन्न है।

14. (b) जिस प्रकार 'इराक' की मुद्रा 'दीनार' है उसी प्रकार 'म्यांमार' की मुद्रा 'क्यात' है।

15. (a) ab<u>d</u>bc/ab<u>d</u>b<u>c</u>/ ab<u>d</u>be/ ab<u>d</u>be

16. (a) विकल्प (b) से,

27 की संख्या $= (c)^3$

इस प्रकार,

दो वर्ष पूर्व आयु $= 27 - 2 = 25$

25 की संख्या $= (5)^2$

17. (c) 3 27 243 2187 [19683]
×9 ×9 ×9 ×9

18. (a) 4 10 27 140 [973]
×2 + 2 ×3 − 3 ×5 + 5 ×7 − 7

19. (b) 8 101 35
−1 −12 −4
7 89 31

20. (d) जिस प्रकार 'मोमबत्ती' से 'रोशनी' होती है, उसी प्रकार 'फ्रिज' से 'ठंडा' होता है।

21. (a) क्रम से देखने पर उत्तर विकल्प (a) की आकृति अगले स्थान पर आएगी। मध्य की आकृति दाएँ हाथ की तरफ ऊपर के स्थान पर चली जाती है।

22. (a) आकृति को दर्पण के दाईं ओर रखे जाने पर विकल्प (a) में दी गई छवि बनकर सामने आएगी।

23. (c) UQ JF AW DZ ID WS OK PL
विपरीत विपरीत विपरीत विपरीत

24. (d) जिस प्रकार,

M A R B L E S
18 1 13 2 19 25 12

तथा

I N V I T E D
22 196 9 9 4 25 20

उसी प्रकार,

C O M P A R E
13 225 3 16 5 324 1

25. (d) शब्दों का तार्किक क्रम,

नामांकन (4) → प्रचार अभियान (2) → मतदान (5) → परिणाम (1) → शपथ (3)

❑❑❑

SSC CHSL (10+2) Tier-I भर्ती परीक्षा, संख्यात्मक योग्यता

सॉल्व्ड पेपर-2020

1. अगर
$24\sqrt{3}x^3 + 2\sqrt{2}y^3 = (2\sqrt{3}x + \sqrt{2}y)$ $(Ax^2\ Bxy + Cy^2)$ है, तो $(2A + \sqrt{6}\,B - C)$ बराबर है–

(a) 6 (b) 8
(c) 10 (d) 14

2. $\left(\dfrac{\sin^2 25° + \sin^2 65°}{\cos^2 24° + \cos^2 66°}\right) + \sin^2 71° + \cos 71° \sin 19°$ का सरलीकृत मान है–

(a) 3 (b) 0
(c) 1 (d) 2

3. A और B की वर्तमान आयु का अनुपात 6 : 5 है। चार वर्ष पूर्व यह अनुपात 5 : 4 था। अब से 12 वर्षों के बाद A और B की आयु का अनुपात क्या होगा?

(a) 8 : 7 (b) 7 : 6
(c) 9 : 8 (d) 3 : 2

4. एक बेलनाकार पोल का वक्र पृष्ठ क्षेत्रफल और आयतन क्रमश: 132 मी² और 528 मी³ है। पोल की ऊँचाई (मी में) क्या है? ($\pi = \dfrac{22}{7}$ मानें)

(a) $2\frac{1}{2}$ (b) $2\frac{5}{8}$
(c) $3\frac{5}{8}$ (d) $3\frac{1}{2}$

5. अगर $\operatorname{cosec} 31° = x$, तो $\sin^2 59° + \dfrac{1}{\operatorname{cosec}^2 31°} + \tan^2 59° - \dfrac{1}{\sin^2 59° . \operatorname{cosec}^2 31°}$ बराबर है–

(a) $x^2 + 1$ (b) $x^2 - 1$
(c) $x + 1$ (d) $x - 1$

6. किसी चतुर्भुज ABCD के शीर्ष A, B, C और D एक वृत्त पर स्थित हैं। ∠A, ∠C का तीन गुना है और ∠D, ∠B का दोगुना है। ∠B और ∠C के माप में क्या अंतर है?

(a) 18° (b) 20°
(c) 28° (d) 15°

निर्देश : दिया गया दंड आरेख (बार ग्राफ) विभिन्न वर्षों में एक स्कूल के विज्ञान और कला क्षेत्र के विद्यार्थियों की संख्या को दर्शाता है।

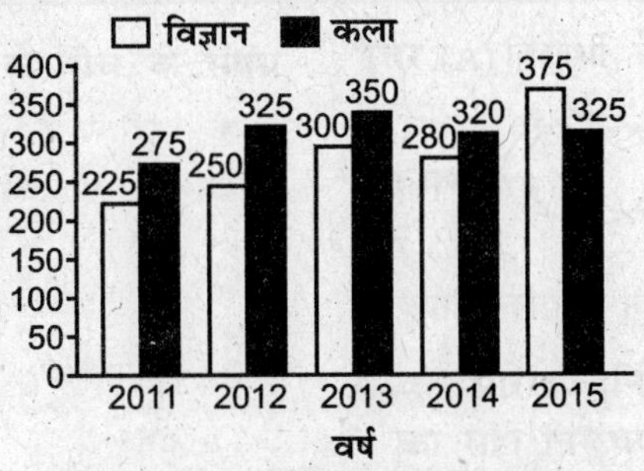

7. 2011, 2013 और 2015 में कला के विद्यार्थियों की कुल संख्या, दिए गए पाँच वर्षों में विज्ञान के विद्यार्थियों से कितने प्रतिशत कम है (एक दशमलव स्थान तक सही)?

(a) 34.2% (b) 32.8%
(c) 33.6% (d) 31.4%

8. PAT किसी वृत्त के बिन्दु A पर एक स्पर्श रेखा है और AB इस तरह एक जीवा है कि ∠BAT = 72° है। अगर वृत्त पर एक बिन्दु C इस तरह है कि ∠CBA = 58° है, तो ∠CAB का माप क्या है?

(a) 62° (b) 48°
(c) 50° (d) 60°

9. ₹ 7,500 की राशि एक निश्चित वार्षिक चक्रवृद्धि ब्याज दर पर 2 वर्ष के बाद बढ़कर ₹ 8,748 हो जाती है। पहले की ब्याज दर की दोगुनी दर से $4\frac{3}{5}$ वर्ष के लिए उसी राशि पर साधारण ब्याज क्या होगा?

(a) ₹ 4,140 (b) ₹ 2,760
(c) ₹ 8,180 (d) ₹ 5,520

10. अमित ने A से B की यात्रा 80 किमी/घण्टा की औसत गति से की। उसने शुरुआती 75% दूरी को दो-तिहाई समय में तय किया और शेष दूरी x किमी/घण्टा की अचर गति से तय की। x का मान है–

(a) 54 (b) 56
(c) 60 (d) 64

निर्देश : दिया गया दंड आरेख (बार ग्राफ) विभिन्न वर्षों में एक स्कूल के विज्ञान और कला क्षेत्र के विद्यार्थियों की संख्या को दर्शाता है।

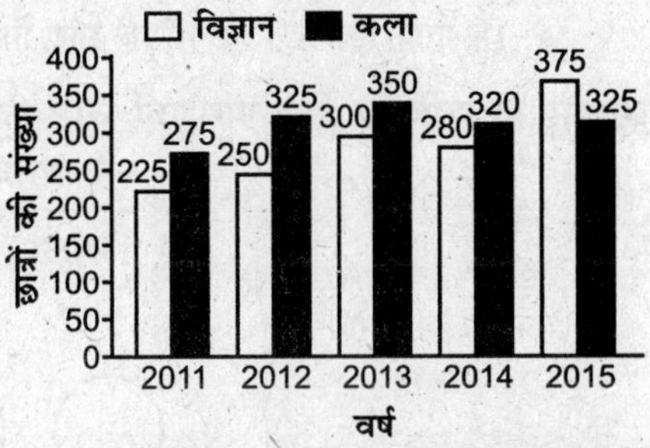

11. 2011 और 2015 में विज्ञान के विद्यार्थियों की कुल संख्या का 2012 और 2015 में कला के विद्यार्थियों की कुल संख्या से क्या अनुपात है?

(a) 9 : 10 (b) 11 : 12
(c) 12 : 13 (d) 8 : 9

12. 80 विद्यार्थियों की कक्षा में 60% विद्यार्थी खेल में भाग लेते हैं और बाकी नहीं खेलते हैं। पहले वाले समूह का औसत वजन, बाद वाले समूह की तुलना में 5% अधिक है। अगर सभी विद्यार्थियों का औसत वजन $51\frac{1}{2}$ किलोग्राम है, तो पहले वाले समूह का औसत वजन (किलोग्राम में) क्या है?

(a) 60 (b) 54.5
(c) 52.5 (d) 57.6

निर्देश : दिया गया दंड आरेख (बार ग्राफ) विभिन्न वर्षों में एक स्कूल के विज्ञान और कला क्षेत्र के विद्यार्थियों की संख्या को दर्शाता है।

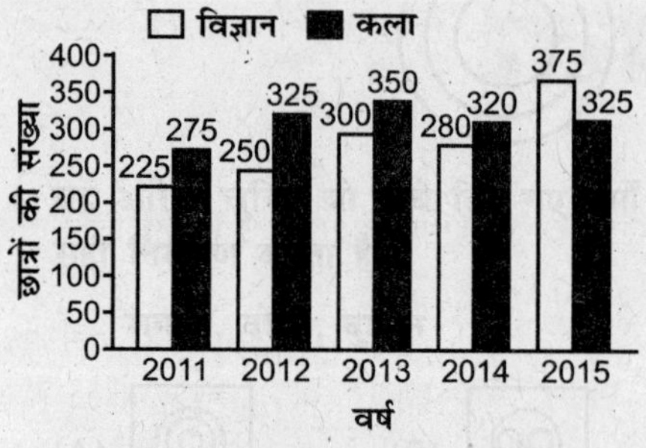

13. 2011, 2013 और 2015 में विज्ञान के विद्यार्थियों की औसत संख्या 2011 में कला के विद्यार्थियों की संख्या से कितने प्रतिशत अधिक है?

(a) $11\frac{1}{9}\%$ (b) $8\frac{1}{9}\%$

(c) $9\frac{3}{11}\%$ (d) $9\frac{1}{11}\%$

14. अगर $a + b + c = 4$ और $ab + bc + ca = 1$ है, तो $a^3 + b^3 + c^3 - 3abc$ का मान है–

(a) 47 (b) 60

(c) 52 (d) 50

15. ΔABC में, $\angle B$ और $\angle C$ के समद्विभाजक एक-दूसरे को बिन्दु D पर काटते हैं, अगर $\angle BDC = 104°$ है, तो $\angle A$ का माप है–

(a) 28° (b) 26°

(c) 32° (d) 30°

16. किसी निर्वाचन क्षेत्र में 40% मतदाता, वरिष्ठ नागरिक हैं। वरिष्ठ नागरिक मतदाताओं में से 40% निरक्षर हैं और 25% गैर-वरिष्ठ नागरिक मतदाता साक्षर हैं। निरक्षर गैर-वरिष्ठ नागरिक मतदाताओं की तुलना में साक्षर वरिष्ठ नागरिक मतदाताओं की संख्या कितने प्रतिशत कम है?

(a) 50 (b) $48\frac{1}{3}$

(c) 40 (d) $46\frac{2}{3}$

निर्देश : दिया गया दंड आरेख (बार ग्राफ) विभिन्न वर्षों में एक स्कूल के विज्ञान और कला क्षेत्र के विद्यार्थियों की संख्या को दर्शाता है।

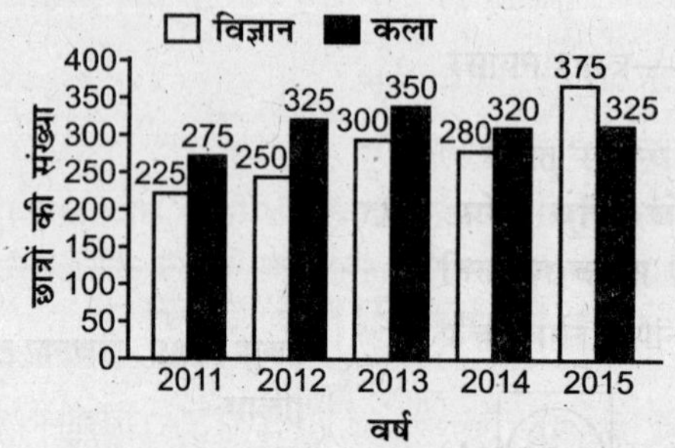

17. किस वर्ष में कला के विद्यार्थियों की संख्या विज्ञान के विद्यार्थियों की तुलना में 30% से अधिक है?

(a) 2013 (b) 2012

(c) 2011 (d) 2014

18. $3 \times 2 \div 3$ of $12 - 3 \div 2 \times (2 - 3) \times 2 + 3 \div 2$ of 3 का मान है–

(a) $2\frac{1}{3}$ (b) $-3\frac{2}{3}$

(c) $3\frac{2}{3}$ (d) $-2\frac{1}{3}$

19. ABCD एक चक्रीय चतुर्भुज है, जिसमें AB इस पर बने वृत्त का व्यास है तथा $\angle ADC = 158°$ है, तो $\angle BAC$ बराबर है–

(a) 50° (b) 38°

(c) 40° (d) 68°

20. अगर $3 \sin\theta = 2\cos^2\theta$, $0° < \theta < 90°$, तो $(\tan\theta + \cos\theta + \sin\theta)$ का मान है–

(a) $\frac{5\sqrt{3}}{6}$ (b) $\frac{5\sqrt{3}}{3}$

(c) $\frac{3+5\sqrt{3}}{6}$ (d) $\frac{3+5\sqrt{3}}{3}$

21. अगर नौ अंकों की संख्या $8175 \times 45y^2$ संख्या 72 से विभाज्य है, तो y के अधिकतम मान के लिए $\sqrt{4x + y}$ का मान है–

(a) 8 (b) 4

(c) 6 (d) 5

22. A, B और C एक काम को क्रमशः 42 दिन, 84 दिन और 28 दिन में पूरा कर सकते हैं। A ने काम शुरू किया। 3 दिन बाद B उसके साथ जुड़ गया। अगर काम शुरू होने के 5 दिन बाद C भी उनके साथ जुड़ा, तो काम पूरा होने तक A ने कितने दिन काम किया?

(a) 15 (b) 17

(c) 18 (d) 20

23. ΔABC में, AC और AB भुजाओं पर D और E बिन्दु क्रमशः इस प्रकार हैं कि $\angle ADE = \angle B$ है। अगर AD = 7.6 सेमी, AE = 7.2 सेमी, BE = 4.2 सेमी, BC = 8.4 सेमी है, तो DE बराबर है–

(a) 7.4 सेमी (b) 5.6 सेमी

(c) 5.8 सेमी (d) 6.3 सेमी

24. जब एक वस्तु को ₹ 291 में बेचा जाता है, तो 3% की हानि होती है। अगर उसे 8% के लाभ पर बेचा जाता है, तो वस्तु का विक्रय मूल्य क्या होगा?

(a) ₹ 308 (b) ₹ 324

(c) ₹ 316 (d) ₹ 332

25. अगर $\frac{1}{\sec\theta - \tan\theta} - \frac{1}{\cos\theta} = \sec\theta \times K$, $0° < \theta < 90°$ है, तो K बराबर है–

(a) cosec θ (b) cot θ

(c) tan θ (d) sin θ

उत्तर (हल/संकेत)

1. (b) $24\sqrt{3}x^3 + 2\sqrt{2}y^3$

$= (2\sqrt{3}x + \sqrt{2}y)\ (Ax^2 + Bxy + Cy^2)$

$(2\sqrt{3}x)^3 + (\sqrt{2}y)^3$

$= (2\sqrt{3}x + \sqrt{2}y)\ (Ax^2 + Bxy + Cy^2)$

$(2\sqrt{3}x + \sqrt{2}y)$

$[(2\sqrt{3}x)^2) - 2\sqrt{6}xy + (2y)^2]$

$= (2\sqrt{3}x \quad \sqrt{2}y)\ (Ax^2 + Bxy + Cy^2)$

$(12x^2 - 2\sqrt{6}xy + 4y^2)$

$= (Ax^2 + Bxy + Cy^2)$

$\therefore$ A = 12,

$B = -2\sqrt{6}$,

C = 4

$\therefore\ 2A + \sqrt{6}B - C$

$= 2 \times 12 + \sqrt{6} \times (-2\sqrt{6}) - 4$

$= 24 - 12 - 4$

$= 24 - 16$

$= 8$

2. (d) $\frac{\sin^2 25° + \sin^2 65°}{\cos^2 24° + \cos^2 66°} + \sin^2 71°$

$+ \cos 71° \sin 19°$

$= \frac{\sin^2 25° + \sin^2 (90 - 25)}{\cos^2 24° + \cos^2 (90 - 24)}$

$+ \sin^2 71° + \cos 71° . \sin (90° - 71°)$

$= \frac{\sin^2 25° + \sin^2 25°}{\cos^2 24° + \sin^2 24°}$

$+ \sin^2 71° + \cos 71° . \cos 71°$

$= \frac{1}{1} + \sin^2 71° + \cos^2 71°$

$= 1 + 1 = 2$

3. (c) A तथा B की वर्तमान आयु = $6x$ तथा $5x$ वर्ष

4 वर्ष पहले,

$\frac{6x - 4}{5x - 4} = \frac{5}{4}$

$24x - 16 = 25x - 20$

$25x - 24x = 20 - 16$

$x = 4$

∴ 12 वर्ष बाद,

$A : B = (6x + 12) : (5x + 12)$

$= (6×4+12):(5×4+12)$

$= (24 + 12) : (20 + 12)$

$= 36 : 32$

$= 9 : 8$

4. (b) पोल की ऊँचाई = h

त्रिज्या = r

आयतन = $\pi r^2 h = 528$

वक्रपृष्ठ का क्षेत्रफल

$= 2\pi rh = 132$

$\frac{2\pi rb}{\pi r^2 b} = \frac{132}{528}$

$\frac{2}{r} = \frac{132}{528}$

$r = \frac{528 \times 2}{132} = 8$ मीटर

∵ $2\pi rh = 132$

$2 \times \frac{22}{7} \times 8 \times h = 132$

$h = \frac{132 \times 7}{2 \times 22 \times 8}$

$= \frac{6 \times 7}{16}$

$= \frac{21}{8} = 2\frac{5}{8}$ मीटर

5. (b) $\sin^2 59° + \frac{1}{\operatorname{cosec}^2 31°} + \tan^2 59° - \frac{1}{\sin^2 59° . \operatorname{cosec}^2 31°}$

$= \sin^2 (90° - 31°) + \sin^2 31° + \tan^2 (90° - 31°) - \frac{1}{1}$

$= \cos^2 31° + \sin^2 31° + \cot^2 31° - 1$

$= 1 + \cot^2 31° - 1$

$= \operatorname{cosec}^2 31° - 1 = x^2 - 1$

[∵ $x = \operatorname{cosec} 31°$]

6. (d) ∠B तथा ∠D में अंतर = 15°

7. (c) 2011, 2013 तथा 2015 में कला विद्यार्थियों की संख्या = 275 + 350 + 325 = 950

पाँच वर्षों में विज्ञान के छात्रों की कुल संख्या

= 225 + 250 + 300 + 280 + 375

= 1430

∴ प्रतिशत = $\frac{(1430 - 950) \times 100}{1430}$

$= \frac{480 \times 100}{1430}$

= 33.6%

8. (c) ∠CAB = 50°

9. (d) ब्याज दर = x%

$7500\left(1 + \frac{x}{100}\right)^2 = 8748$

$\left(\frac{100 + x}{100}\right)^2 = \frac{8748}{7500}$

$(100 + x)^2 = \frac{8748}{7500} \times 10000$

$10000 + x^2 + 200x = 11664$

$10000 + x^2 + 200x - 11664 = 0$

$x^2 + 200x - 1664 = 0$

$x^2 + 208x - 8x - 1664 = 0$

$x(x + 208) - 8(x + 208) = 0$

$(x + 208)(x - 8) = 0$

∴ $x = 8\%$

∴ साधारण ब्याज

$= \left(4 + \frac{3}{5}\right) \times \frac{2 \times 8 \times 7500}{100}$

$= \frac{23}{5} \times 16 \times 75$

$= 23 \times 16 \times 75$

= ₹ 5520

10. (c) x का मान = 60

11. (c) अनुपात = (225 + 375) : (325 + 325)

= 600 : 650

= 12 : 13

12. (c) पहले समूह में कुल विद्यार्थी

$= \frac{80 \times 60}{100} = 48$

∴ दूसरे समूह में कुल विद्यार्थी

= 80 – 48 = 32

माना पहले समूह का औसत वजन = x

∴ दूसरे समूह का औसत वजन

$= \frac{100x}{105} = \frac{20x}{21}$

प्रश्नानुसार,

$48x + 32 \times \frac{20x}{21} = 51.5 \times 80$

$48x + \frac{640x}{21} = 4120$

$\frac{1008x + 640x}{21} = 4120$

$\frac{1648x}{21} = 4120$

$x = \frac{4120 \times 21}{1648}$

= 52.5 किग्रा

13. (d) 2011, 2013 तथा 2015 के विज्ञान के छात्रों का औसत

$= \frac{225 + 300 + 375}{3}$

$= \frac{900}{3} = 300$

∴ प्रतिशत = $\frac{(300 - 275)}{275} \times 100$

$= \frac{25 \times 4}{11} = \frac{100}{11}$

$= 9\frac{1}{11}\%$

14. (c) $a + b + c = 4$

$ab + bc + ca = 1$

$a^2 + b^2 + c^2 = (a + b + c)^2 - 2(ab + bc + ca)$

$= (d)^2 - 2 \times 1$

$= 16 - 2 = 14$

∴ $a^3 + b^3 + c^3 - 3abc = (a + b + c)(a^2 + b^2 + c^2 - ab - bc - ca)$

$= (d)(14 - 1)$

$= 4 \times 13 = 52$

15. (a)

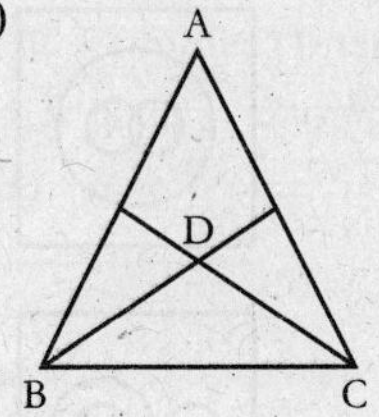

∵ ∠BDC = 104

∴ ∠DBC + ∠DCB = 180 – 108

= 76

∴ ∠ABC + ∠ACB = 76 × 2

= 152

∴ ∠A = 180 – 152

= 28

16. (d) माना कुल मतदाता = 100

∴ वरिष्ठ नागरिक = 40

गैर वरिष्ठ नागरिक = 60

निरक्षर वरिष्ठ नागरिक $= 40 \times \frac{40}{100} = 16$

साक्षर वरिष्ठ नागरिक $= 40 - 16 = 24$

साक्षर गैर वरिष्ठ नागरिक $= \frac{60 \times 25}{100} = 15$

निरक्षर गैर वरिष्ठ नागरिक $= 60 - 15 = 45$

आवश्यक प्रतिशत $= \frac{(45-24)\times 100}{45}$

$= \frac{21 \times 100}{45}$

$= \frac{140}{3} = 46\frac{2}{3}\%$

17. (b) आवश्यक प्रतिशत

$= \frac{(325-250)\times 100}{250}$

$= \frac{75 \times 2}{5} = 30\%$

अत: वर्ष 2012 में कला के विद्यार्थियों की संख्या विज्ञान के विद्यार्थियों की तुलना में 30% अधिक है।

18. (c) $? = 3 \times 2 \div 3 \text{ of } 12 - 3 \div 2 \times (2-3) \times 2 + 3 \div 2 \text{ of } 3$

$= 3 \times 2 \div 36 - \frac{3}{2} \times (-1) \times 2 + 3 \div 6$

$= - + 3 + \frac{1}{2}$

$= \frac{1 + 18 + 3}{6}$

$= \frac{22}{6} = \frac{11}{} = 3\frac{2}{3}$

19. (d) $\angle BAC = 68°$

20. (c) $3 \sin\theta = 2\cos^2\theta$

$\frac{3\sin\theta}{\cos\theta} = 2\cos\theta$

$3\tan\theta = 2\cos\theta$

∴ $\theta = 30°$

$\tan\theta + \cos\theta + \sin\theta$

$= \tan 30° + \cos 30° + \sin 30°$

$= \frac{1}{\sqrt{3}} + \frac{\sqrt{3}}{2} + \frac{1}{2}$

$= \frac{2 + 3 + \sqrt{3}}{2\sqrt{3}}$

$= \frac{5 + \sqrt{3}}{2\sqrt{3}}$

$= \frac{(5+\sqrt{3})\sqrt{3}}{2\sqrt{3} \times \sqrt{3}}$

$= \frac{3 + 5\sqrt{3}}{6}$

21. (d) मान = 5

22. (b) A का 3 दिन का कार्य $= \frac{3}{42} = \frac{1}{14}$

A तथा B का 2 दिन का कार्य

$= 2\left[\frac{1}{42} + \frac{1}{84}\right]$

$= 2\left[\frac{2+1}{84}\right]$

$= \frac{2 \times 3}{84} = \frac{1}{14}$

शेष कार्य $= 1 - \frac{1}{14} - \frac{1}{14}$

$= \frac{14 - 1 - 1}{14} = \frac{12}{14}$

$= \frac{6}{7}$

A, B तथा C का 1 दिन का कार्य

$= \frac{1}{42} + \frac{1}{84} + \frac{1}{28}$

$= \frac{2 + 1 + 3}{84} = \frac{6}{84}$

$= \frac{1}{14}$

शेष कार्य पूरा करने में लगा समय

$= \frac{6}{7} \times 14 = 12$ दिन

∴ A का कार्य समय

$= 12 + 5 = 17$ दिन

23. (b)

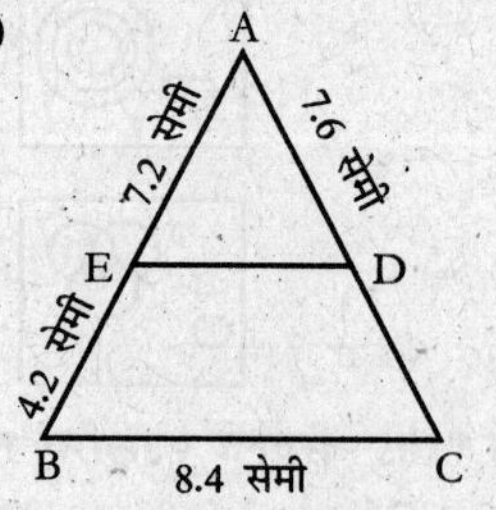

$\frac{AB}{BC} = \frac{AD}{DE}$

$\frac{11.4}{8.4} = \frac{7.6}{DE}$

$DE = \frac{7.6 \times 8.4}{11.4} = 5.6$

24. (b) आवश्यक विक्रय मूल्य

$= 291 \times \frac{108}{97}$

$= 3 \times 108$

= ₹ 324

25. (d) $\frac{1}{\sec\theta - \tan\theta} - \frac{1}{\cos\theta}$

$= \sec\theta \times K$

$\frac{\cos\theta - \sec\theta + \tan\theta}{(\sec\theta - \tan\theta)\cos\theta} = \sec\theta \times K$

$K = \frac{\cos\theta - \frac{1}{\cos\theta} + \frac{\sin\theta}{\cos\theta}}{\sec\theta \times \cos\theta\left(\frac{1}{\cos\theta} - \frac{\sin\theta}{\cos\theta}\right)}$

$= \frac{\frac{\cos^2\theta - 1 + \sin\theta}{\cos\theta}}{\frac{1 - \sin\theta}{\cos\theta}}$

$= \frac{-(1 - \cos^2\theta) + \sin\theta}{1 - \sin\theta}$

$= \frac{-\sin^2\theta + \sin\theta}{1 - \sin\theta}$

$= \frac{\sin\theta(1 - \sin\theta)}{1 - \sin\theta)} = \sin\theta$

□□□

SSC CHSL (10+2) Tier-I भर्ती परीक्षा, तर्कशक्ति परीक्षण

सॉल्व्ड पेपर-2019

1. एक ही पासे की दो अलग-अलग स्थितियों को नीचे दर्शाया गया हैं, जिनके छह फलकों पर 1 से 6 संख्याएँ अंकित है। '2' संख्या वाले फलक के सामने वाली संख्या ज्ञात कीजिए–

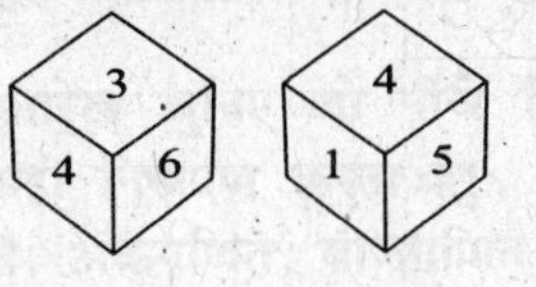

(a) 3 (b) 4
(c) 6 (d) 1

2. एक कोड भाषा में, **MILITARY** को **ATCVKNKO** के रूप में लिखा जाता है। **DISORDER** को उस भाषा में कैसे लिखा जाएगा?
(a) SHGTRUKF
(b) TGFTQUKF
(c) TIFSQULH
(d) TGFTSTLF

3. निम्नलिखित शृंखलाओं में कौन-सी संख्या प्रश्न चिह्न (?) के स्थान पर आएगी?
52, 54, 57, 62, 69, ?
(a) 95 (b) 95
(c) 90 (d) 80

4. उस वेन आरेख का चयन करें, जो निम्नलिखित वर्गों के बीच के संबंध को सबसे अच्छा दर्शाता है–
इंजीनियर, स्नातक, पुरुष

(a)  (b) 

(c)  (d) 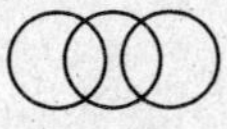

5. ऐसे अक्षरों के संयोजन का चयन करें, जो कि दी गई अक्षरों की शृंखला में रिक्त स्थानों में क्रमिक रूप से रखे जाने पर शृंखला को पूरा करेगा–
c_ _ plopc _ _ rplo _ c _c_ pl _ pc
(a) prccpcrr (b) crccpcro
(c) crpcprro (d) crpcpcro

6. उस शब्द-युग्म का चयन करें, जिसमें दो शब्द उसी तरह से संबंधित हैं, जैसे कि निम्नलिखित शब्द-युग्म में दो शब्द संबंधित हैं।
(a) अभियांत्रिकी : विज्ञान
(b) चिकित्सक : उपचार
(c) वकील : न्यायालय
(d) वैज्ञानिक : विशेषज्ञ

7. निम्नलिखित चार शब्दों में से तीन शब्द एक निश्चित तरीके से एक जैसे हैं और एक अलग है। उस अलग शब्द को चुनिए–
(a) थाइरोक्सिन (b) इंसुलिन
(c) एड्रेनासिन (d) हार्मोन

8. उस विकल्प का चयन करें, जिसमें प्रश्न आकृति अंतर्निहित है। (आकृति को घुमाने की अनुमति नहीं है)
प्रश्न आकृति

9. उस समुच्चय का चयन करें, जिसमें संख्याएँ उसी तरह से संबंधित हैं, जैसे कि निम्नलिखित समुच्चय की संख्याएँ संबंधित हैं–
(64, 7, 27)
(a) (216, 11, 125)
(b) (216, 15, 64)
(c) (343, 18, 125)
(d) (127, 15, 161)

10. निम्नलिखित समीकरण को सही बनाने के लिए इस समीकरण में किन दो चिन्हों को आपस में बदलना चाहिए?
612 ÷ 36 – 12 × 88 + 208 = 324
(a) × और – (b) + और ÷
(c) ÷ और × (d) ÷ और –

11. उस संख्या-युग्म का चयन करें, जिसमें दो संख्याएँ उसी तरह से संबंधित हैं, जैसे कि निम्नलिखित संख्या-युग्म की दो संख्याएँ संबंधित हैं।
8 : 128
(a) 9 : 152 (b) 6 : 82
(c) 12 : 288 (d) 10 : 220

12. दी गई आकृति में कितने त्रिभुज मौजूद हैं?

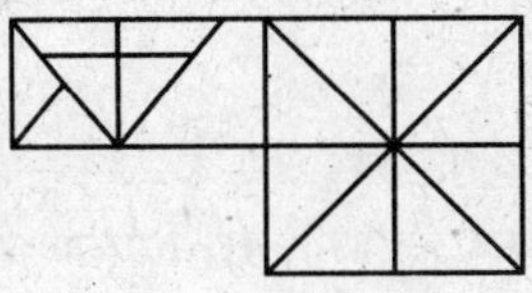

(a) 26 (b) 25
(c) 27 (d) 28

13. यदि **AWESOME** को **1551645** के रूप में कोडबद्ध किया जाता है, तो **DIGNITY** को कैसे कोडबद्ध किया जाएगा?
(a) 3965927 (b) 4974937
(c) 4975927 (d) 4875928

14. A + B का अर्थ है 'A बेटी है B की
'A – B का अर्थ है 'A पत्नी है B की
'A × B का अर्थ है 'A पति है B का 'A
÷ B का अर्थ है 'A पिता है B का'
यदि K – S ÷ J × B + C – Q है, तो Q कैसे संबंधित है J से?

(a) मामा (b) बेटा
(c) ससुर (d) पिता

15. उस आकृति का चयन करें, जो नीचे दी गई आकृति शृंखला में अगले स्थान पर आएगी–

प्रश्न आकृति

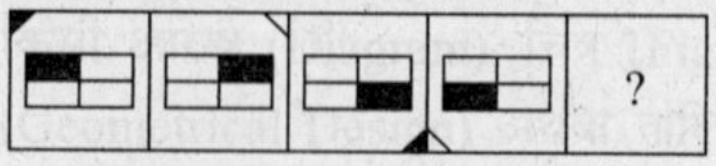

उत्तर आकृतियाँ

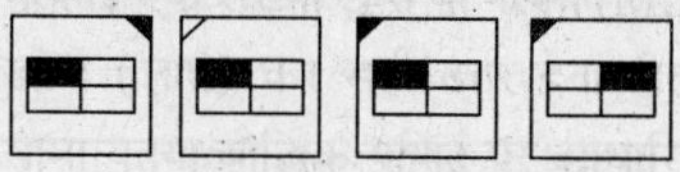

(a) (b) (c) (d)

16. निम्नलिखित गतिविधियों को तार्किक और सार्थक क्रम में व्यवस्थित करें–

1. दवाओं का पर्चा लिखा जाना
2. पेट में दर्द महसूस होना
3. डॉक्टर से मिलना
4. डॉक्टर द्वारा रोग-निर्णय करना
5. दवा को बताए गए समय के अनुसार लेना
6. दर्द से राहत मिलना

(a) 2, 3, 4, 5, 1, 6
(b) 2, 3, 1, 4, 5, 6
(c) 2, 3, 4, 1, 5, 6
(d) 3, 2, 4, 1, 5, 6

17. दो कथन दिए गए हैं, इसके बाद तीन निष्कर्ष I, II और III दिए गए हैं। कथनों को सत्य मानते हुए भले ही वे आमतौर पर ज्ञात तथ्यों से अलग हों, यह निर्णय लीजिए कि कौन-सा/से निष्कर्ष कथनों का तार्किक रूप से अनुसरण करता है/करते हैं।

कथन:
कुछ ऑटो साइकिल हैं।
सभी साइकिल ट्रक हैं।

निष्कर्ष:
I. कुछ ट्रक ऑटो हैं।
II. कुछ ट्रक साइकिल हैं।
III. कुछ साइकिल ऑटो हैं।

(a) केवल निष्कर्ष I और II अनुसरण करते हैं।
(b) सभी निष्कर्ष अनुसरण करते हैं।
(c) निष्कर्ष I और III अनुसरण करते हैं।
(d) केवल निष्कर्ष II और III अनुसरण करते हैं।

18. निम्नलिखित चार संख्याओं में से तीन संख्या एक निश्चित तरीके से एक जैसे हैं और एक अलग है। उस अलग संख्या का चयन कीजिए–

(a) 159 (b) 343
(c) 216 (d) 512

19. 'पीड़ा' उसी तरह 'यातना' से संबंधित है, जिस तरह से 'गुस्सा', '______' से संबंधित है।

(a) द्वेष (b) परम् आनंद
(c) आडम्बर (d) अति क्रुद्ध

20. उस विकल्प का चयन करें, जो तीसरे अक्षर-समूह से उसी तरह संबंधित हैं, जैसे दूसरा अक्षर-समूह पहले अक्षर-समूह से संबंधित है।

LPCK : QUHP : : HRMT : ?

(a) MWRY
(b) LWSY
(c) NWSY\
(d) MVRZ

21. तीन दोस्तों A, B और C के बीच ₹ 209 का कुल योग इस तरह वितरित किया जाता है कि A का धन B के धन से छह गुना है और C का धन B के धन से चार गुना है। A को कितने रुपए मिले हैं?

(a) 113 (b) 114
(c) 112 (d) 115

22. एक पारदर्शी शीट का चित्र एक पैटर्न के साथ नीचे दिया गया है। उस विकल्प का चयन करें, जो यह दिखाता है कि बिंदीदार रेखा पर पारदर्शी शीट को मोड़ने पर पैटर्न कैसा दिखाई देगा?

प्रश्न आकृति

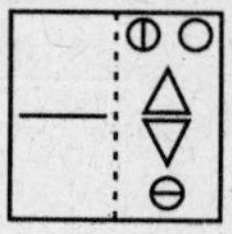

उत्तर आकृतियाँ

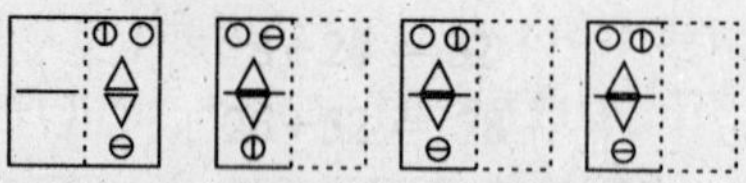

(a) (b) (c) (d)

23. उस समुच्चय का चयन करें, जिसमें संख्याएँ उसी तरह से संबंधित हैं, जैसे कि निम्नलिखित समुच्चय की संख्याएँ संबंधित हैं–

(140, 85, 115)

(a) (125, 65, 120)
(b) (55, 70, 90)
(c) (65, 50, 90)
(d) (115, 65, 80)

24. निम्नलिखित चार अक्षर-समूहों में से तीन अक्षर समूह एक निश्चित तरीके से एक जैसे हैं और एक अलग है। उस अलग अक्षर-समूह को चुनिए–

(a) SXCH
(b) CHMR
(c) LQVZ
(d) GLQV

25. अगर एक दर्पण को आकृति के दाईं ओर रखा जाए तो दिए गए चित्र की सही दर्पण छवि का चयन करें।

GJL71pfm

(a) mɟq I ⅂ ⅂ L Ɔ
(b) mɟd I ⅂ ⅂ L Ɔ
(c) mɟq I ⅂ ⅃ L Ɔ
(d) mɟq I ⅂ ⅃ L Ɔ

उत्तर (हल/संकेत)

1. (b) 2 – 4

3 – 5

6 – 1

2. (b)

3. (d) 52 54 57 62 69 80

+2 +3 +5 +7 +11

4. (b)

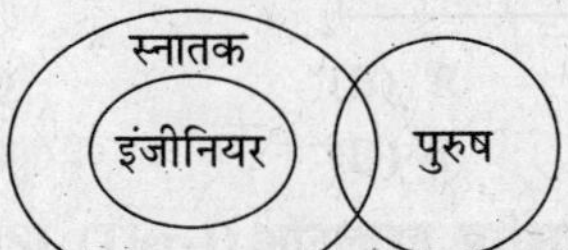

5. (b) c c r p l o p c c c r p l o p c c c o p l o p c

अभिष्ट उत्तर (b) है।

6. (b) चिकित्सक : उपचार

जिस प्रकार व्यापारी व्यापार करता है; वैसे ही चिकित्सक उपचार करता है।

7. (d) अभिष्ट उत्तर (d) है।

8. (d) आकृति (d) में प्रश्न आकृति अंतर्निहित है।

9. (a) (64, 7, 27)

$(4)^3 \rightarrow 64 \rightarrow 4$
$(3)^3 \rightarrow 27 \rightarrow 3$ $> 4 + 3 = 7$

इसी प्रकार

$(6)^3 \rightarrow 216 \rightarrow 6$
$(5)^3 \rightarrow 125 \rightarrow 5$ $> 6 + 5 = 11$

इसलिए अभिष्ट उत्तर (a) है।

10. (a) $612 \div 36 \times 12 - 88 + 208 = 324$

आपस में बदलने पर, × और –

$612 \div 36 \times 12 - 88 + 208 = 324$

$\Rightarrow \frac{612}{36} \times 12 - 88 + 208 = 324$

$\Rightarrow \frac{204}{3} - 88 + 208 = 324$

$\Rightarrow 204 - 88 + 208 = 324$

$\Rightarrow 412 - 88 = 34$

$\Rightarrow 324$

अत: अभिष्ट उत्तर (a) है।

11. (c) $8 : 128 \rightarrow 8^2 \times 2 = 128$

$12 : 288 \rightarrow 12^2 \times 2 = 288$

इस प्रकार अभिष्ट उत्तर (c) है।

12. (b)

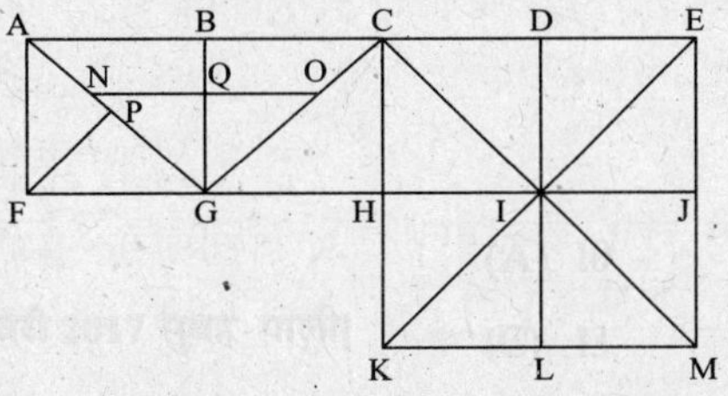

त्रिभुजों की संख्या:–

ABG, BCG, AFG, NQG, GQO, AFP, FPG, RHI, NGO, RDI, DIE, KLI, LIM, RHI, HKI, EIJ, IJM, RIE, KIM, RIK, EIM, EKM, RMK, PEE, RME.

कुल = 25

13. (c)

A	W	E	S	O	M	E
↓	↓	↓	↓	↓	↓	↓
1	5	5	1	6	4	5

इसमें इनके स्थायी मान को इकाई अंक में लिखा है।

D	I	G	N	I	T	Y
↓	↓	↓	↓	↓	↓	↓
4	9	7	(14)	9	(20)	(25)
			(1 + 4)		(2 + 10)	(2 – 5)
			5		2	7

14. (c) – → पत्नी

× → पति

÷ → पिता

+ → बेटी

□ → पुरुष

○ → स्त्री

Q, J से ससुर के नाते संबंधित है।

S की पत्नी K है। J, S एवं K का पुत्र है, B के माता-पिता C एवं Q है तथा J एवं B पति-पत्नी है, तो इस प्रकार J का ससुर Q है।

15. (c) अभिष्ट उत्तर (c) है।

16. (c) 2, 3, 4, 1, 5, 6

अभिष्ट सार्थक क्रम विकल्प (c) दर्शाता है।

17. (b)

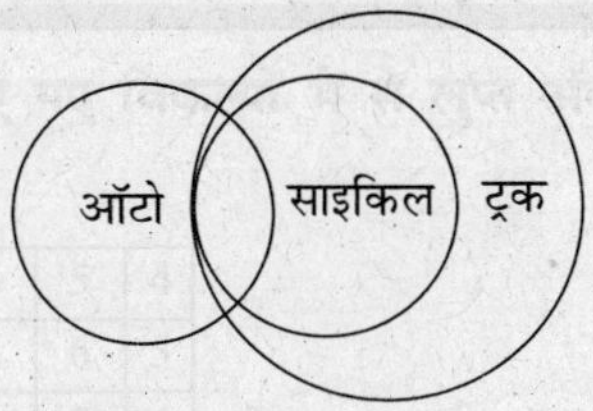

कुछ ऑटो साइकिल हैं।

सभी साइकिल ट्रक हैं।

निष्कर्ष

I. कुछ ट्रक ऑटो हैं। → (√)

II. कुछ ट्रक साइकिल हैं। → (√)

III. कुछ साइकिल ऑटो हैं। → (√)

विकल्प (b) सभी निष्कर्ष अनुसरण करते हैं।

18. (a) 343, 216, 512 क्रमश: 7, 6 व 8 के घन हैं, जबकि 159 घन इस समूह में विषम प्रतीत होता है।

19. (d) पीड़ा – यातना

जैसे यातना से पीड़ा होती है, ठीक उसी प्रकार अति क्रुद्ध होने से गुस्सा होता है।

20. (a) HRMT : MWRY

L	P	C	K	:	Q	U	H	P
12	16	3	11		17	21	8	16

21. (b) प्रश्नानुसार,

A का घन B के घन से छ: गुना

पुन: C का घन B के घन से चार गुना

A : B : C

$6x : 1x$

$$\frac{1x \ : \ 4x}{6x \ : \ 1x \ : \ 4x}$$

इसलिए $11x \rightarrow 209$

$\therefore \quad x = \frac{209}{11}$

A का घन राशि $= \frac{209}{11} \times 6$

$= 19 \times 6 = 114$

22. (c) अभिष्ट उत्तर (c) है।

23. (d) (140, 85, 115)

$140 \div 5 = 28$

$115 \div 5 = 23$

$\frac{28+23}{3} = 17$

$85 \div 5 = 7$

ठीक इसी प्रकार

$140 \div 5 = 23$

$80 \div 5 = 16$

$\frac{23+16}{3} = 13$

$65 \div 5 = 13$

इसलिए (d) (115, 65, 80) सही उत्तर है।

24. (c)

S X C H (+5 +5 +5) C H M R (+5 +5 +5)

L Q V Z (+5 +5 +5) G L Q V (+5 +5 +5)

इन सभी विकल्पों में प्रत्येक वर्ण में पाँच की बढ़ोत्तरी हैं, लेकिन LQVZ में V और Z के बीच में 4 का अंतर है।

इस प्रकार सही विकल्प (c) ∠QVZ

$L \xrightarrow{+5} Q \xrightarrow{+5} V \xrightarrow{+5} Z$

$S \xrightarrow{+5} X \xrightarrow{+5} C \xrightarrow{+5} H$

$C \xrightarrow{+5} H \xrightarrow{+5} M \xrightarrow{+5} R$

$G \xrightarrow{+5} L \xrightarrow{+5} Q \xrightarrow{+5} V$

25. (a) यदि G J L 7 1 p f m को दर्पण के दाईं ओर रखा जाए तो अभीष्ट छवि (c) होंगी।

❑❑❑

SSC CHSL (10+2) Tier-I भर्ती परीक्षा, संख्यात्मक परीक्षण

सॉल्व्ड पेपर-2019

1. ΔABC में, $\angle A = 52°$ है। इसकी भुजाएँ AB और AC क्रमश: D और E तक बढ़ाई जाती है। अगर $\angle CBD$ और $\angle BCE$ के समद्विभाजक बिंदु O पर मिलते हैं। तो $\angle BOC$ बराबर है–

(a) 16° (b) 106°
(c) 32° (d) 64°

2. किसी निश्चित राशि पर 21% में 2 वर्षों के लिए चक्रवृद्धि ब्याज ₹ 6961.5 है। इसी दर से और उतने ही समय के लिए इसका साधारण ब्याज है–

(a) 6100 (b) 6200
(c) 6300 (d) 6400

3. यदि $\cos\theta = 4x$ और $\sin\theta = 4/x$ ($x = 0$, x बराबर नहीं है 0 के, तो $(x^2 + 1/x^2)$ का मान है–

(a) 1/2 (b) 1/4
(c) 1/16 (d) 1/5

4. यदि $a^3 - b^3 = 899$ तथा $a - b = 31$, तो $(a - b)^2 + 3ab$ बराबर है–

(a) 31 (b) 29
(c) 23 (d) 26

5. 15 व्यक्तियों की औसत आयु 32 वर्ष है। अगर दो और व्यक्तियों को जोड़ दिया जाए तो औसत 3 वर्ष बढ़ जाता है। नए व्यक्तियों की आयु में 9 वर्ष का अंतर है। नए व्यक्तियों में से सबसे छोटे की आयु है–

(a) 51 (b) 53
(c) 56 (d) 59

6. दो रेलगाड़ियों की गति के बीच का अनुपात 2 : 5 है। यदि पहली रेलगाड़ी 5 घंटे में 250 किमी. चलती है, तो दोनों रेलगाड़ियों की गति में अंतर है–

(a) 68 (b) 78
(c) 75 (d) 65

7. 46 – 3/4 का 32 – 6/11 + 3/4 का (34 – 6) का सरलीकृत मान है–

(a) 1/7 (b) 1/6
(c) 1/5 (d) 1/2

8. दिया गया दंड आरेख पांच शैक्षणिक वर्षों, 2013-2014 से 2017-2018 तक, के दौरान एक स्कूल के परीक्षाफल के संदर्भ में विद्यार्थियों की संख्या को दर्शाता है।

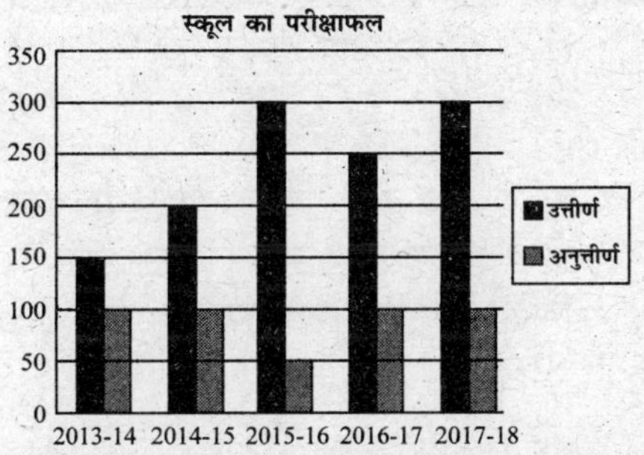

सभी पांच शैक्षणिक वर्षों के दौरान अनुत्तीर्ण हुए कुल विद्यार्थियों का अनुमानित प्रतिशत क्या है?

(a) 27%
(b) 21%
(c) 22%
(d) 28%

9. दिया गया दंड आरेख पांच शैक्षणिक वर्षों, 2013-2014 से 2017-2018 तक, के दौरान एक स्कूल के परीक्षाफल के संदर्भ में विद्यार्थियों की संख्या को दर्शाता है।

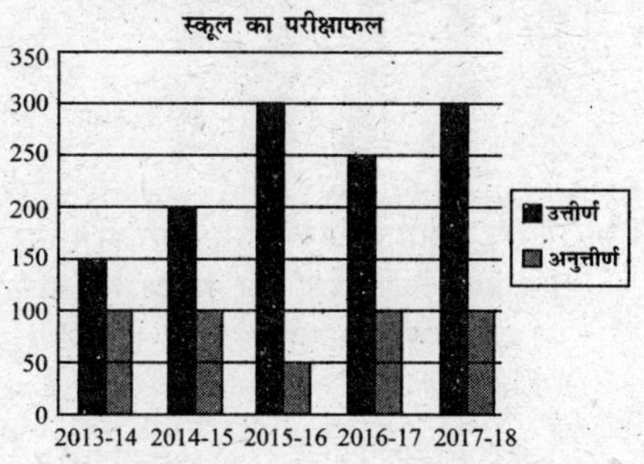

पांच शैक्षणिक वर्षों में उत्तीर्ण होने वाले विद्यार्थियों की औसत संख्या क्या है?

(a) 260 (b) 230
(c) 250 (d) 240

10. यदि $7(\text{cosec}^2 55° - \tan^2 35°) + 2\sin 90° - \tan^2 52°\ y \tan^2 38° = y/2$ है, तो y का मान है–

(a) 4 (b) 5
(c) 3 (d) 6

11. माना $\Delta ABC \sim \Delta QPR$ और $ar(\Delta ABC)/ar(\Delta PQR) = 4/25$ है। यदि AB = 12 सेमी, BC = 8 सेमी और AC = 10 सेमी है, तो PR बराबर है–

(a) 30 (b) 25
(c) 16 (d) 18

12. अगर $x = 2 + \sqrt{5}$ है, तो $x^3 + 1/x^{-3}$ = ?

(a) $36\sqrt{5}$ (b) $40\sqrt{5}$
(c) $34\sqrt{5}$ (d) $46\sqrt{5}$

13. किसी व्यक्ति ने तीन वस्तुएँ खरीदी, जिनमें से प्रत्येक की कीमत ₹ 3000 थी। उसने उन वस्तुओं को क्रमश: 15% लाभ, 10% लाभ, और 15% हानि पर बेच दिया। उसके द्वारा अर्जित कुल लाभ या हानि प्रतिशत है–

(a) 10/3% हानि (b) 10/3% लाभ
(c) 10% हानि (d) ना लाभ ना हानि

14. दिया गया दंड आरेख पांच शैक्षणिक वर्षों, 2013-2014 से 2017-2018 तक, के दौरान एक स्कूल के परीक्षाफल के संदर्भ में विद्यार्थियों की संख्या को दर्शाता है।

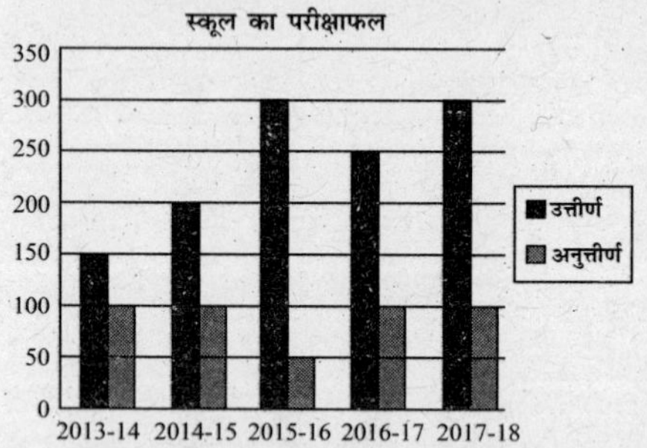

किस शैक्षणिक वर्षों में उत्तीर्ण और अनुत्तीर्ण विद्यार्थियों की संख्या के बीच का अंतर सबसे कम है?
(a) 2014-2015 (b) 2015-2017
(c) 2015-2016 (d) 2013-2014

15. ABCD एक चक्रीय चतुर्भुज है, जिसमें AB इस पर बने वृत्त का व्यास है और कोण ADC = 126° है। ∠BAC बराबर है–
(a) 15° (b) 30°
(c) 14° (d) 18°

16. A और B के वेतन का योग ₹ 42000 है। A अपने वेतन का 75% और B अपने वेतन का 90% खर्च करता है। यदि अब उनकी बचत समान है, तो B का वेतन है–
(a) 30000 (b) 20000
(c) 28000 (d) 16000

17. एक डीलर ₹ 30000 अंकित मूल्य का कोई सामान 20% और 5% की दो क्रमिक छूट पर खरीदता है। वह उसकी मरम्मत ₹ 1200 पर खर्च करता है और उस ₹ 30000 में बेच देता है। उसका लाभ/हानि प्रतिशत क्या है?
(a) 20 % हानि (b) 25 % लाभ
(c) 20 % लाभ (d) 25 % हानि

18. यदि आयत की प्रत्येक भुजा 11% कम कर दी जाए, तो इसका क्षेत्रफल कितने प्रतिशत कम हो जाएगा?
(a) 26.78% (b) 21.69%
(c) 13.13% (d) 20.79%

19. सात अंकों की संख्या $64x29y6 (x > y)$, यदि 72 से विभाज्य है, तो $(2x - 3y)$ का मान क्या है?
(a) 9 (b) 3
(c) 7 (d) 13

20. A और B किसी काम को क्रमशः 15 दिनों और 10 दिनों में पूरा कर सकते हैं। एक काम को ₹ 75000 में पूरा करने के लिए ठेका मिला, ठेके की राशि में A का हिस्सा होगा–
(a) 40000 (b) 30000
(c) 25000 (d) 35000

21. यदि $x^4 + x^{-4} = 194$ है, $(x > 0)$ है तो $(2x - 4)^2$ का मान है–
(a) 15 (b) 16
(c) 20 (d) 12

22. प्रत्येक 2.5 सेमी त्रिज्या वाले दो वृत्तों के केन्द्रों के बीच की दूरी 13 सेमी है। तिर्यक उभयनिष्ठ स्पर्शरेखा की लंबाई है–
(a) 14 (b) 12
(c) 10 (d) 8

23. दिया गया दंड आरेख पांच शैक्षणिक वर्षों, 2013-2014 से 2017-2018 तक, के दौरान एक स्कूल के परीक्षाफल के संदर्भ में विद्यार्थियों की संख्या को दर्शाता है।

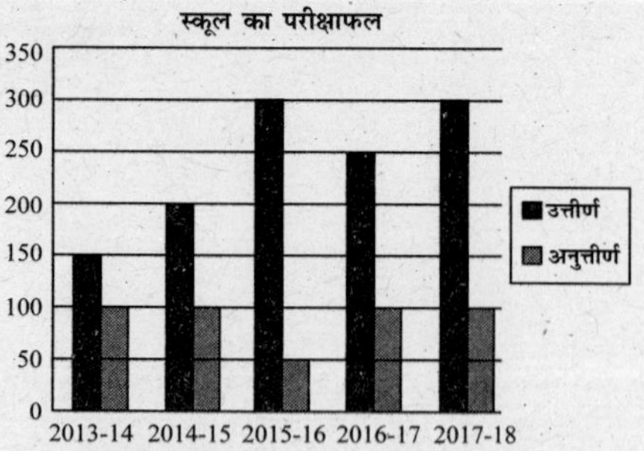

विद्यार्थियों की कुल संख्या में प्रतिशत वृद्धि पिछले शैक्षणिक वर्ष की तुलना में किस वर्ष सबसे कम है?
(a) 2015 – 2016
(b) 2017 – 2018
(c) 2016 – 2017
(d) 2014 – 2015

24. यदि $\cos x = -\frac{\sqrt{3}}{2}$ तो $2\cot^2 x + 3$ $\text{cossec}^2 x$ का मान है–
(a) 10 (b) 14
(c) 8 (d) 18

25. A प्रतिदिन ₹ 640 कमाता है और 8 घंटे करम करता है। B प्रतिदिन ₹ 360 कमाता है और 6 घंटे काम करता है। B और A की प्रतिदिन की मजदूरी का अनुपात है–
(a) 5 : 4 (b) 4 : 5
(c) 16 : 9 (d) 9 : 16

उत्तर (हल/संकेत)

1. (d)

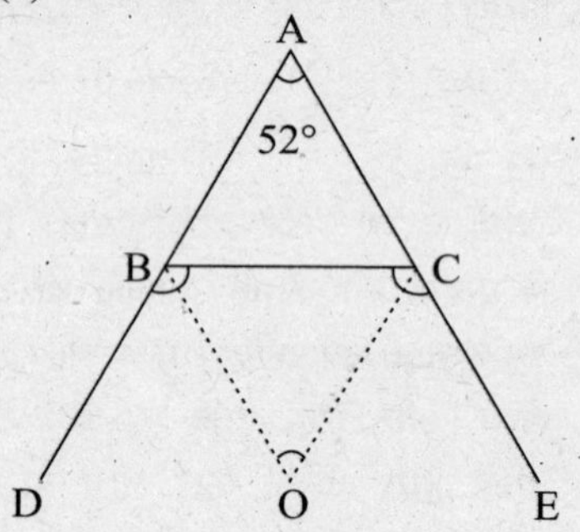

दिया हुआ है,

∠A = 52°

∠CBD और ∠BCE के ब्राह्य समद्विभाजक बिंदु O पर मिलते हैं, तो ∠BOC = ?

$$\angle BOC = 90 - \frac{1}{2}\angle A$$

$$= 90 - \frac{1}{2} \times 52°$$

$$= 90 - 26° = 64°$$

2. (c) माना कि मूलधन P है।

$$\left[P\left(1+\frac{21}{100}\right) - P\right] = 6961.5$$

$$P\left[\left(\frac{14}{100}\right) - 1\right] = 6961.5$$

$$P\left(\frac{14641}{10000} - 1\right) = 6961.5$$

$$P\left(\frac{4641}{10000}\right) = 6961.5$$

$$P - \frac{6961.5 \times 10000}{4641} = 15000$$

$$SI = \frac{PRT}{100}$$

$$\frac{15000 \times 21 \times 2}{100} = 6300$$

3. (c) $\cos\theta = 4x, \quad \sin\theta = \frac{4}{x}$

$$\therefore \quad x = \frac{\cos\theta}{4}, \quad \therefore \frac{1}{x} = \frac{\sin\theta}{4}$$

$$x^2 = \frac{\cos^2\theta}{16} \quad \frac{1}{x} = \frac{\sin^2\theta}{16}$$

अब, $x^2 + \frac{1}{x^2} = \frac{\cos 2\theta}{16} + \frac{\sin 2\theta}{16}$

$$= \frac{\cos 2\theta + \sin 2\theta}{16}$$

$$= \frac{1}{6}$$

4. (b) $a^3 - b^3 = 899$ तथा $a - b = 31$

तो, $(a - b)^2 + 3ab$

$a^3 - b^3 = (a - b)(a^2 + b^2 + ab)$

$899 = 31(a^2 + b^2 + ab)$

$29 = (a^2 + b^2 + ab)$ ...(i)

अब, $(a - b)^2 + 3ab$

$\Rightarrow a^2 + b^2 - 2ab + 3ab$

$\Rightarrow a^2 + b^2 + ab$ ...(ii)

समीकरण (i) से

$a^2 + b^2 + ab = 29$

5. (b) 15 व्यक्तियों की औसत आयु 32 वर्ष

$= 15 \times 32 = 480$

दो और व्यक्ति आ गए तो औसत आयु 3 वर्ष बढ़ जाती है।

$\therefore$ 17 व्यक्तियों का औसत आयु 35 है

$17 \times 35 = 595$

$\therefore$ दो व्यक्ति जो अंत में ग्रुप में जुड़े थे, उनकी उम्र का योग $= 595 - 480 = 115$

प्रश्नानुसार,

सदस्य के सबसे छोटे व्यक्ति की उम्र x वर्ष तथा दूसरे व्यक्ति की $(x + 9)$ वर्ष

$\Rightarrow x + x + 9 = 115$

$\Rightarrow 2x = 115 - 9$

$\Rightarrow 2x = 106$

$\Rightarrow x = 53$

इसलिए सबसे छोटे व्यक्ति की उम्र = 53 है।

6. (c) माना कि रेलगाड़ी की चाल x किमी./घंटा।

दो रेलगाड़ियों की गति के बीच का अनुपात 2 : 5 है, तो पहली रेलगाड़ी 5 घंटे में 250 किमी. चलती है।

तो पहली रेलगाड़ी की गति $= \frac{250}{5}$

= 50 किमी./घंटा

लेकिन इनके बीच अनुपातिक गति $2x$ है।

$2x = 50$ किमी./घंटा

$x = \frac{50}{2}$

= 25 किमी./घंटा

इनके बीच की चाल का अनुपातिक अंतर

$= 5x - 2x = 3x$

$\therefore$ $3x = 25$ किमी./घंटा

$x = 25$ किमी./घंटा $\times 3$

= 75 किमी./घंटा

7. (d) $\frac{46 - 3/4 \text{ of } 32 - 6}{11 + 3/4 \text{ of } (34 - 6)}$

अत: $\frac{46 - \frac{3}{4} \times 32 - 6}{11 + \frac{3}{4} \times 28} = \frac{46 - 24 - 6}{11 + 21}$

$$= \frac{46 - 30}{32}$$

$$= \frac{16}{32} = \frac{1}{2}$$

8. (a)

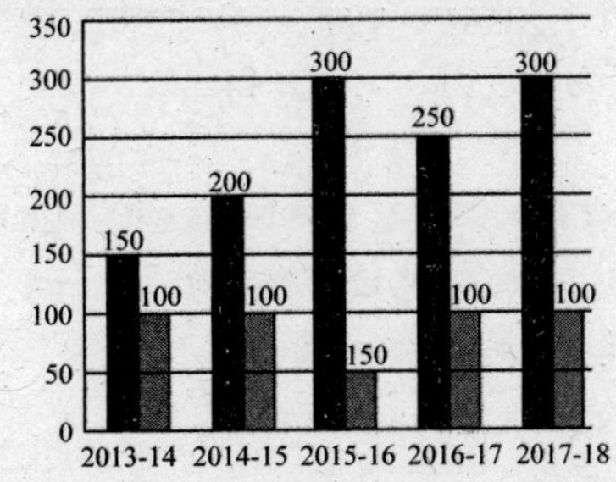

सभी अनुत्तीर्ण विद्यार्थी = 100 + 100 + 50 + 100 + 100 = 450

स्कूल में छात्रों की संख्या = 150 + 200 + 300 + 250 + 300 + 100 + 100 + 50 + 0 + 100 + 100 = 1650

$\therefore$ अनुमानित प्रतिशत $= \frac{450}{1650} = 27.27$

$\approx 27\%$

$\therefore$ अभिष्ट संख्या 27%

9. (d) पाँच वर्षों में उत्तीर्ण होने वाले विद्यार्थियों का

औसत = $\frac{\text{कुल उत्तीर्ण विद्यार्थियों की संख्या}}{\text{कुल वर्षों की संख्या}}$

$$= \frac{150 + 200 + 300 + 250 + 300}{5}$$

$$= \frac{1200}{5} = 240$$

10. (d) $7(\text{cosec}^2 55° - \tan^2 35°) + 2\sin 90° - \tan^2 52° y \tan^2 38° = y/2$

तो, $\tan y = ?$

$= 7(\text{cosec}^2 55° - \tan^2(90° - 35°)) + 2\sin 90° - \tan^2 52° y \tan(90° - 38°) = y/2$

$= 7(\text{cosec}^2 55° - \cot^2 55°) + 2\sin 90° + \tan^2 52° y \cot 52° = y/2$

$= 7 + 2 - y = y/2$

$= 7 + 2 = \frac{y}{2} + y$

$9 = \frac{3y}{2}$

$y = 6$

11. (b)

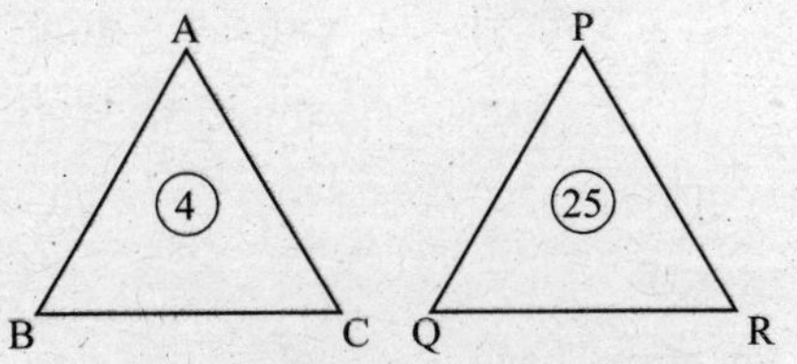

दिया हुआ है, कि $\Delta ABC \sim \Delta PQR$

और $\frac{ar(\Delta ABC)}{ar(\Delta PQR)} = \frac{1}{25}$

तो हम जानते हैं, कि दो समरूप त्रिभुजों का क्षेत्रफल उनकी संगत भुजाओं के वर्ग, माध्यिकाओं के वर्ग के समानुपाती होता है।

$$\therefore \quad \frac{ar(\Delta ABC)}{ar(\Delta PQR)} = \frac{(AC)2}{(PR)^2}$$

$$\frac{4}{25} = \frac{(10)2}{PR^2}$$

$$PR^2 = \frac{100 \times 25}{4}$$

$$PR^2 = 25 \times 25 = (25)^2$$

$$PR = 25$$

12. (c)

$$x = 2 + \sqrt{5}$$

$$\frac{1}{x} = \frac{1}{2+\sqrt{5}} \times \frac{2-\sqrt{5}}{(2)^2 - \sqrt{5}}$$

$$= \frac{2-\sqrt{5}}{(2)^2 - \left(\sqrt{5}\right)^2} = \frac{2-\sqrt{5}}{4-5}$$

$$\frac{1}{x} = -(2 - \sqrt{5})$$

$$\therefore \quad x + \frac{1}{x} = 2 + \sqrt{5} - 2 + \sqrt{5}$$

$$= 2\sqrt{5}$$

प्रश्नानुसार,

$$x^3 + \frac{1}{x^3} = \left(x + \frac{1}{x}\right)^3 - 3\left(x + \frac{1}{x}\right)$$

$$= (2 + \sqrt{5})^3 - 3(2\sqrt{5})$$

$$= 40\sqrt{5} - 6\sqrt{5}$$

$$= 34\sqrt{5}$$

13. (b) यहाँ तीनों वस्तुओं का क्रयमूल्य समान है एवं उन पर क्रमश: 15% का लाभ, 10% का लाभ एवं 15% की हानि होती है, इसलिए

	पहली वस्तु	दूसरी वस्तु	तीसरी वस्तु
क्रयमूल्य	20	10	20
लाभ/हानि	+ 3	+ 1	– 3
विक्रयमूल्य	23	11	17

प्रश्नानुसार,

सभी वस्तुओं का क्रयमूल्य समान है इसलिए क्रयमूल्य का अनुपातिक मान समान होगा।

	पहली वस्तु	दूसरी वस्तु	तीसरी वस्तु
क्रयमूल्य	20	10 × 2 [20]	20
लाभ/हानि	+ 3	+ 1 × 2 [2]	– 3
विक्रयमूल्य	23	11 × 2 [22]	17

तो हमारे पास तीनों वस्तुओं का क्रयमूल्य

$= 20 + 20 + 20 = 60$

विक्रयमूल्य $= 23 + 22 + 17 = 62$

$$\therefore \quad \text{लाभ\%} = \frac{2}{60} \times 100$$

$$= \frac{10}{3}\%$$

14. (d) दिए गए आंकड़े के आधार पर उत्तीर्ण तथा अनुत्तीर्ण विद्यार्थियों की संख्या के बीच का अंतर सबसे कम 2013 – 14 में है।

उत्तीर्ण = 150 एवं अनुत्तीर्ण = 100

∴ सबसे कम = 150 – 100 = 50

15. (b)

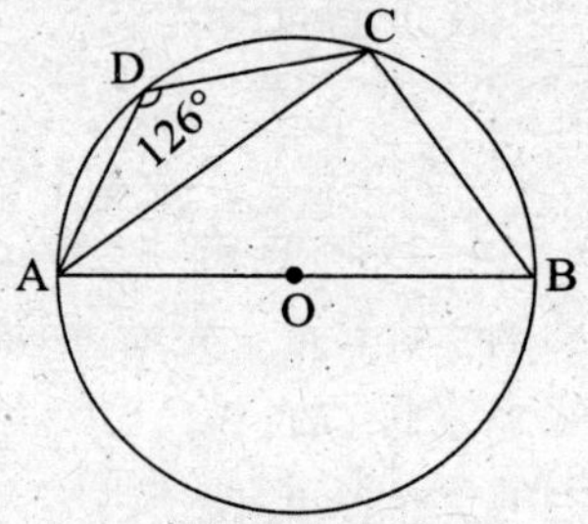

ABCD एक चक्रीय चतुर्भुज है,

तो हम जानते हैं कि इनके आमने-सामने के कोणों का योग 180° होगा।

$$\therefore \quad \angle ADC + \angle ABC = 180°$$

$$\angle ABC = 180° - \angle ADC$$

$$= 180° - 126°$$

$$\angle ABC = 54°$$

जहाँ ∠ACB एक अर्द्धवृत्त है, तो

$$\angle ACB = 90°$$

∠ABC में

$$\angle BAC + \angle ACB + \angle ABC = 180°$$

$$\angle BAC = 180° - (54° + 90°)$$

$$= 180° - 144°$$

$$= 36°$$

16. (a) A और B के वेतन का योग = 42000 है।

A अपने वेतन का 75% और B अपने वेतन का 90% खर्च करता है।

इनका बचत समान होता है।

तो,

A का 25% बचता है और B का 10% बचता है।

प्रश्नानुसार इनकी बचत समान है।

$$\therefore \quad A \times \frac{25}{100} = B \times \frac{10}{100}$$

$$A \times \frac{1}{4} = B \times \frac{1}{10}$$

$$\Rightarrow \quad — = \frac{B}{10}$$

$$\Rightarrow \quad 10A = 4B$$

$$\frac{A}{B} = \frac{4}{10}$$

माना उनकी बचत x रुपए है।

$$\therefore \quad 4x + 10x = 42000$$

$$14x = 42000$$

$$x = \frac{42000}{14}$$

$$= 3000$$

17. (b) अंकित मूल्य = ₹ 30000

पहली छूट 20% = 24000

दूसरी छूट 5% = 22800

लेकिन प्रश्नानुसार = ₹1200 मरम्मत पर खर्च हुआ

∴ क्रयमूल्य = 22800 + 1200

= ₹ 24000

विक्रयमूल्य = 30000

लाभ = 30000 – 24000

= ₹ 6000

लाभ प्रतिशत = 6000/24000 × 100

= 25%

18. (d) आयत की भुजा 11% कम जाए, तो लम्बाई एवं चौड़ाई दोनों क्रमिक कम होगी तो,

$$11 + 11 - \frac{11 \times 11}{100}$$

$$\Rightarrow \quad 22 \quad \frac{121}{100}$$

$$= 22 - 1.21 = 20.79\%$$

19. (b) संख्या = 64 × 29y6 ($x > y$)

यदि कोई संख्या 72 से विभाज्य होगी तो ये 9 तथा 8 से भी विभाज्य होगी।

∴ 8 से तभी विभाज्य होगी कोई संख्या जब इनके इकाई, दहाई तथा सैकड़ा की संख्या 8 से विभाज्य हो।

तो इनके अनुसार <u>9 y 6</u>, 8 से विभाज्य होने के लिए y की जगह 3 को रखना पड़ेगा।

पुनः 64×2936 तभी विभाज्य होगी 9 से, जब इनका योग 9 से विभाज्य हो तो हमें 6 की जरूरत होगी।

$\therefore \quad y = 6$

$\therefore \quad x = 6$

$y = 3$

हम से पूछा गया है, $(2x - 3y) = ?$

$= (2 \times 6 - 3 \times 3)$

$= (12 - 9) = 3$

20. (b) A और B किसी काम को 15 तथा 10 दिनों में पूरा करते हैं।

तो एक दिन का काम

A = 15 — 2

30

B = 10 — 3

इनके बीच राशि का बटवारा, कार्य के एक दिन के करने की कुशलता पर निर्भर करेगा. इसलिए,

$$\text{A का हिस्सा} = \frac{75000}{15} \times 2 = 30,000$$

21. (d) यदि $x^4 + \frac{1}{x^4} = 194$

$(x > 0)$ तो, $(2x - 4)^2 = ?$

$$x^4 + \frac{1}{x^4} = 194$$

$$x^2 + \frac{1}{x^2} = 14$$

$$x + \frac{1}{x} = 4$$

$$x - \frac{1}{x} = \sqrt{4^2}$$

$$= 2\sqrt{3}$$

दोनों का योग

$2x = 4 + 2\sqrt{3}$

अब, $(4 + 2\sqrt{3} - 4)^2 = 12$

22. (b)

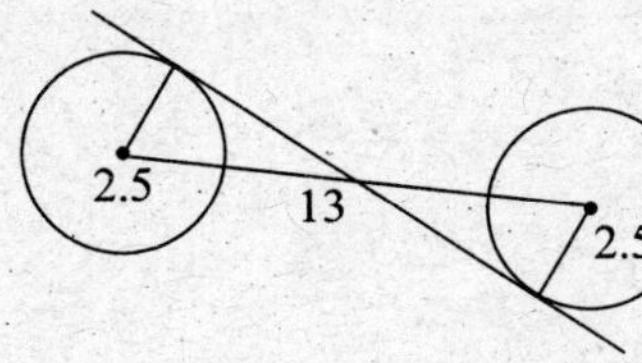

तिर्यक उभयनिष्ठ स्पर्श रेखा की लम्बाई

$= \sqrt{(\text{दूरी})^2 - (\text{त्रिज्याओं का योग})^2}$

$= \sqrt{(13)^2 - (2.5 + 2.5)^2}$

$= \sqrt{169 - 5^2}$

$= \sqrt{169 - 25}$

$= \sqrt{144}$

$= 12$

$\therefore$ तिर्यक उभयनिष्ठ स्पर्श रेखा की लम्बाई 12 सेमी.।

23. (c) 2013 – 14 में कुल छात्रों की संख्या $= 150 + 100 = 250$

2014 – 15 में कुल छात्रों की संख्या

$= 200 + 100 = 300$

2015 – 15 में कुल छात्रों की संख्या

$= 300 + 50 = 350$

2016 – 17 में कुल छात्रों की संख्या

$= 250 + 100 = 350$

2017 – 18 में कुल छात्रों की संख्या

$= 300 + 100 = 400$

प्रतिशत वृद्धि 2014 – 15

$= \frac{300 - 250}{100} \times 100$

$= \frac{50}{250}$

$= 20\%$

$$2015 - 16 = \frac{350 - 300}{300} \times 100$$

$$= \frac{50}{300}$$

$$= 16.66\%$$

$$2016 - 17 = \frac{350 - 350}{350} \times 100 = 0\%$$

$$2017 - 18 = \frac{50}{350} \times 100$$

$$= 14.28\%$$

$\therefore$ 2016 – 2017 में विद्यार्थियों की कुल संख्या में प्रतिशत वृद्धि पिछले साल की तुलना में कम रही।

इस प्रकार हम देख सकते हैं कि 2016 – 17 में अन्य शैक्षणिक वर्ष की तुलना में प्रतिशत वृद्धि सबसे कम है।

24. (d) $\cos x =$ तथा $\pi < x < 3\pi/2$ है।

हम जानते है,

$$\cos = -\frac{\sqrt{3}}{2}$$

$$\cos(210) = -\frac{\sqrt{3}}{2} \qquad \left[\because \pi < x < \frac{3\pi}{2}\right]$$

तो,

$2\cot^2 x + 3\text{cosec}^2 x = ?$

$2\cot^2(210)^\circ + 3\text{cosec}^2(210)^\circ$

$= 2\cot^2(180^\circ + 30^\circ) + 3\text{cosec}^2(180^\circ + 30^\circ)$

$= 2\cos^2 30^\circ + 3\text{cosec}^2 30^\circ$

$= 2 \times (\sqrt{3})^2 + 3 \times (2)^2$

$= 6 + 12 = 18$

25. (d) A प्रतिदिन 640 रुपए कमाता है एवं 8 घंटे काम करता है।

B प्रतिदिन 360 रुपए कमाता है एवं 6 घंटे काम करता है।

$\therefore$ इनका मजदूरी का अनुपात

$$= \frac{360}{640} = \frac{9}{16}$$

B तथा A के प्रतिदिन का मजदूरी का अनुपात $= 9 : 16$

SSC CHSL (10+2) Tier-I भर्ती परीक्षा,
तर्कशक्ति परीक्षण

तिथि : 23-03-2018
(प्रथम पाली)

सॉल्व्ड पेपर-2018

1. निम्नलिखित प्रश्न में दिए गए विकल्पों में से संबंधित शब्द युग्म को चुनिए-
सेना : सैनिक : : ? : ?
(a) मण्डली : कलाकार
(b) प्रधानाचार्य : विद्यालय
(c) पहिया : कार
(d) मंत्री : परिषद

2. निम्नलिखित प्रश्न में दिए गए विकल्पों में से संबंधित संख्या को चुनिए-
354 : 351 : : 478 : ?
(a) 481 (b) 447
(c) 475 (d) 477

3. निम्नलिखित प्रश्न में दिए गए विकल्पों में से संबंधित अक्षर/अक्षरों को चुनिए-
PTY : DHM : : SQZ : ?
(a) IEO (b) GEN
(c) GFN (d) IFP

4. निम्नलिखित प्रश्न में दिए गए विकल्पों में से विषम शब्द युग्म को चुनिए-
(a) टेबल टेनिस – इनडोर
(b) क्रिकेट – आउटडोर
(c) फुटबॉल – आउटडोर
(d) इनडोर – शतरंज

5. नीचे दिए गए प्रश्न में, चार संख्या युग्म दिए गए हैं। (–) के बायीं ओर दी संख्या (–) के दायीं ओर दी गई संख्या से तर्क/नियम से सम्बंधित है। तीन उसी एक तर्क/नियम के आधार पर समान हैं। दिए गए विकल्पों में से विभिन्न को चुनिए-
(a) 33 – 40 (b) 31 – 38
(c) 21 – 28 (d) 23 – 28

6. निम्नलिखित प्रश्न में दिए गए विकल्पों में से विषम अक्षर/अक्षरों को चुनिए-
(a) IQY (b) CKT
(c) EMU (d) HPX

7. निम्नलिखित शब्दों को शब्दकोश में आने वाले क्रम के अनुसार लिखें-
1. Infect 2. Inferior
3. Indulge 4. Induce
5. Indirect
(a) 52143 (b) 12453
(c) 54312 (d) 14532

8. निम्नलिखित प्रश्न में दिए गए विकल्पों में से लुप्त अंक ज्ञात कीजिए-
23, 28, 34, 41, 49, ?
(a) 57 (b) 59
(c) 56 (d) 58

9. एक अनुक्रम दिया गया है, जिसमें से एक पद लुप्त है। दिए गए विकल्पों में से वह सही विकल्प चुनिए, जो अनुक्रम को पूरा करें-
AFMG, CHOI, EJQK, GLSM, ?
(a) HMVP (b) IOUH
(c) MOUP (d) INUO

10. राहुल, ऋचा से लम्बा है परंतु मीता से छोटा नहीं है। मीता तथा मुकेश एक समान लम्बाई के हैं। राहुल, राजू से छोटा है। छात्रों में से, दूसरा सबसे लम्बा कौन है?
(a) मीता
(b) राहुल
(c) मुकेश
(d) ज्ञात नहीं किया जा सकता

11. दिए गए विकल्पों में से वह शब्द चुनिए, जो दिए गए शब्द के अक्षरों का प्रयोग करके नहीं बनाया जा सकता है-
Benevolent
(a) Been (b) Nevin
(c) Lent (d) Ben

12. एक विशिष्ट कोड भाषा में, "FULTE" को "UOFGV" लिखा जाता है। इस कोड भाषा में "LAMPS" को किस प्रकार लिखा जाएगा ?
(a) ONKPT (b) OZNPS
(c) OSNPZ (d) OZNKH

13. किसी निश्चित कोड भाषा में '÷', '+' को प्रदर्शित करता है, '–', '×' को प्रदर्शित करता है, '+', '÷' को प्रदर्शित करता है और '×', '–' को प्रदर्शित करता है। निम्नलिखित प्रश्न का उत्तर ज्ञात करें-
16 × 20 ÷ 5 – 20 + 4 = ?
(a) 11 (b) 37
(c) 14 (d) 35

14. निम्नलिखित समीकरण गलत है। इस समीकरण को सही करने के लिए किन दो चिन्हों को आपस में अदला-बदली करना चाहिए?
16 – 2 ÷ 40 + 4 × 18 = 40
(a) ÷ और – (b) + और ×
(c) + और ÷ (d) – और +

15. यदि 1!9 = 20, 9!5 = 28 और 5!5 = 20, तो 7!3 = ? का मान ज्ञात करें-
(a) 20 (b) 15
(c) 22 (d) 24

16. निम्नलिखित में से कौन-सा पद दी गयी सूची के क्रम के अनुसार है?
PQPQPRRQ, PQPQRRPQ, PQPRRQPQ, PQRRPQPQ, PRRQPQPQ,
(a) PQPQPQRR
(b) RRPQPQPQ
(c) PQPQRRQ
(d) PQPQRRPQ

17. एक क्रॉस कंट्री रेस रूट शुरू होता है और 2 कि.मी. पूर्व में जाता है, फिर वहाँ उत्तर दिशा में एक मोड़ है, जहां वह मार्ग 10 कि.मी. तक आगे जाता है, फिर पूर्व की तरफ एक मोड़ है, जहां वह मार्ग आगे 7 कि.मी. तक चला जाता है, फिर एक दाहिना मोड़ है जहां, से यह मार्ग अंतस्थल तक पहुंचने के लिए आगे 10 कि.मी. तक चला जाता है। उस शुरुआत में संबंध में अंतस्थल की स्थिति क्या है?

(a) 5 कि.मी. पूर्व
(b) 9 कि.मी. पश्चिम
(c) 5 कि.मी. पश्चिम
(d) 9 कि.मी. पूर्व

18. प्रश्न में दो कथन दिये गये हैं, जिसके आगे दो निष्कर्ष I और II निकाले गये हैं। आपको मानना है कि दोनों कथन सत्य हैं। चाहे वह सामान्यतः ज्ञात तथ्यों से भिन्न प्रतीत होते हों। आपको निर्णय करना है कि दिए गए निष्कर्षों में से कौन-सा/कौन-से निश्चित रूप से कथन द्वारा सही निकाला जा सकता है/सकते हैं, यदि कोई हो।

कथन I: सभी चेन रस्सियां होती हैं
कथन II: कुछ कड़ियां चेन होती हैं
निष्कर्ष I: कुछ रस्सियां कड़ियां होती हैं
निष्कर्ष II: सभी कड़ियां रस्सियां होती हैं

(a) केवल निष्कर्ष I सही है।
(b) केवल निष्कर्ष II सही है।
(c) दोनों निष्कर्ष I और II सही है।
(d) ना तो निष्कर्ष I सही है ना ही निष्कर्ष II

19. निम्नलिखित आकृति में, आयत पराचिकित्सक को प्रदर्शित करता है, वृत्त एथलीट्स को प्रदर्शित करता है, त्रिभुज कवियों को प्रदर्शित करता है और वर्ग जिम्नास्ट्स को प्रदर्शित करता है। अक्षरों का कौन-सा समूह उन जिम्नास्ट्स को प्रदर्शित करता है, जो एथलीट्स और कवि दोनों है?

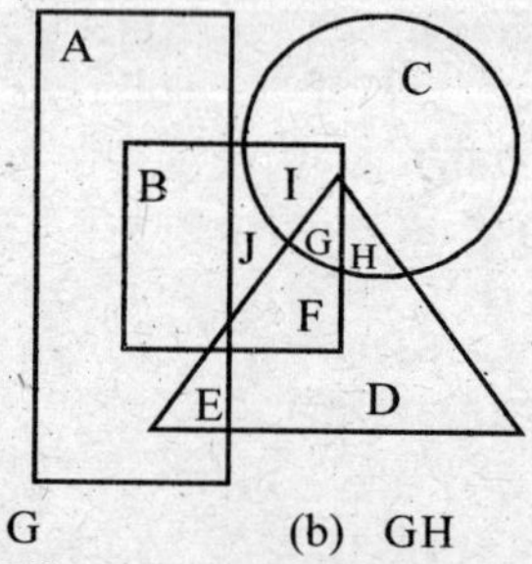

(a) G (b) GH
(c) IG (d) IGH

20. एक अनुक्रम दिया गया है, जिसमें से एक पद लुप्त है। दिए गए विकल्पों में से वह सही विकल्प चुनिए, जो अनुक्रम को पूरा करे-

HAT, MFY, RKD, WPI, ?

(a) YRK (b) AWO
(c) AVM (d) BUN

21. निम्नलिखित प्रश्न में दिए गए विकल्पों में से लुप्त अंक ज्ञात कीजिए-

669, 660, 651, 642, 633, ?

(a) 622 (b) 620
(c) 624 (d) 618

22. नीचे दिए गए प्रश्न में, तीन संख्याओं के चार समूह दिए गए हैं। प्रत्येक समूह में दूसरी तथा तीसरी संख्या पहली संख्या से किसी एक तर्क/नियम से सम्बंधित है। तीन उसी एक तर्क/नियम के आधार पर समान हैं। दिए गए विकल्पों में से भिन्न को चुनिए।

(a) (49, 45, 39) (b) (73, 68, 63)
(c) (94, 89, 54) (d) (66, 61, 56)

23. यदि एक दर्पण को MN रेखा पर रखा जाए तो दी गयी उत्तर आकृतियों में से कौन-सी आकृति प्रश्न आकृति का सही प्रतिबिम्ब होगी?

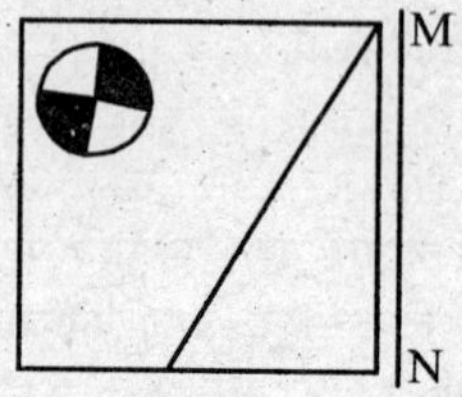

(a) 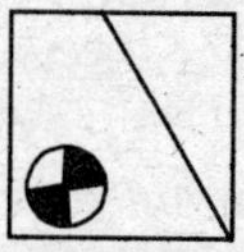 (b) 

(c)  (d) 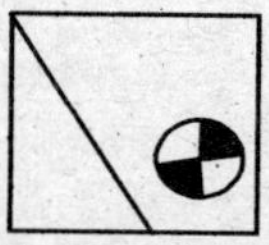

24. निम्नलिखित उत्तर आकृति में से कौन-सा घन दिए गए प्रश्न आकृति में से खुले घन से बनाया नहीं जा सकता ?

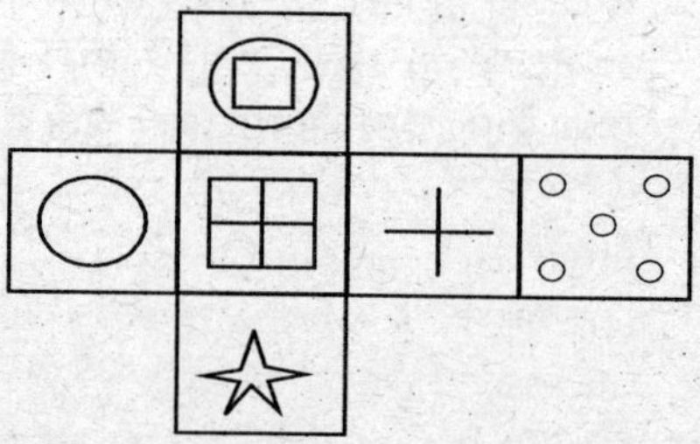

(a) 

(b) 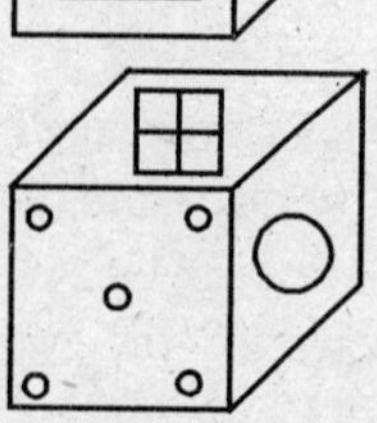

(c) 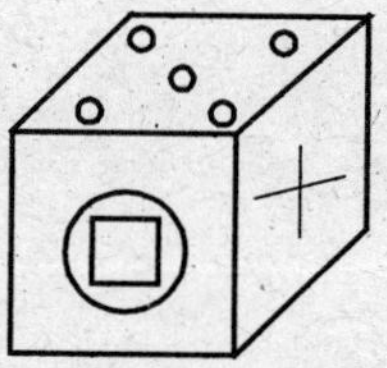

(d) 

25. एक शब्द केवल एक संख्या-समूह द्वारा दर्शाया गया है, जैसा कि विकल्पों में से किसी एक में दिया गया है। विकल्पों में दिए गए संख्या-समूह अक्षरों के दो वर्गों द्वारा दर्शाए गए हैं, जैसा कि दिए गए दो आव्यूहों में है। आव्यूह-I के स्तम्भ और पंक्ति की संख्या 0 से 4 और आव्यूह-II की 5 से 9 है। इन आव्यूहों से एक अक्षर को पहले उसकी पंक्ति और बाद में स्तम्भ संख्या द्वारा दर्शाया जा सकता है। उदाहरण के लिए 'C' को 30, 43 आदि द्वारा दर्शाया जा सकता है तथा 'S' को 86, 97 आदि के द्वारा दर्शाया जा सकता है। इसी तरह से आपको प्रश्न में दिए शब्द 'VOLT' के लिए समूह को पहचानना है।

आव्यूह-I

	0	1	2	3	4
0	A	F	B	I	M
1	F	C	J	C	B
2	B	G	F	F	F
3	C	L	E	J	B
4	K	A	M	C	E

आव्यूह-II

	5	6	7	8	9
5	V	U	X	Q	X
6	T	V	V	Q	X
7	W	Y	T	X	W
8	Z	S	N	Z	T
9	N	O	S	N	X

(a) 67, 96, 31, 65 (b) 20, 89, 14, 59
(c) 43, 58, 31, 65 (d) 30, 57, 30, 68

उत्तर (हल/संकेत)

1. (a) जिस प्रकार सेना का सम्बन्ध सैनिकों से होता है। उसी प्रकार मण्डली का सम्बन्ध कलाकार से होगा।

2. (c) जिस प्रकार,

354 – 3 = 351

उसी प्रकार,

478 – 3 = 475

3. (b) जिस प्रकार,

P T Y → D H M

16 20 25 → 4 8 13 (–12, –12, –12)

उसी प्रकार,

S Q Z → G E N

19 17 26 → 7 5 14 (–12, –12, –12)

4. (d) सभी विकल्पों में खेल और खेल से जुड़ा स्थान बताया गया है। जबकि विकल्प (d) में खेल का स्थान पहले और खेल बाद में बताया गया है। अतः विकल्प (d) इनडोर-शतरंज विषम शब्द युग्म है।

5. (d) 33 – 40 ⇒ 33 + 7 = 40

31 – 38 ⇒ 31 + 7 = 38

21 – 28 ⇒ 21 + 7 = 28

23 – 28 ⇒ 23 + 5 = 28

अतः 23-28 सभी से भिन्न है।

6. (b) I Q Y: 9 17 25 (+8, +8); C K T: 3 11 20 (+8, +9)

E M U: 5 13 21 (+8, +8); H P X: 8 16 24 (+8, +8)

अतः C K T विषम अक्षर युग्म है।

7. (c) शब्दकोश के अनुसार शब्दों का क्रम–

5. Indirect
↓
4. Induce
↓
3. Indulge
↓
1. Infect
↓
2. Inferior

8. (d)

23 → 28 → 34 → 41 → 49 → [58]

(+5, +6, +7, +8, +9)

अतः लुप्त पद 58 होगा।

9. (d)

A –+2→ C –+2→ E –+2→ G –+2→ I

F –+2→ H –+2→ J –+2→ L –+2→ N

M –+2→ O –+2→ Q –+2→ S –+2→ U

G –+2→ I –+2→ K –+2→ M –+2→ O

अतः लुप्त पद INUO होगा।

10. (d) दिये गये कथनानुसार

राहुल > ऋचा

राहुल < मीता

मीता = मुकेश

राजू < राहुल

अतः स्पष्ट नहीं कि दूसरा लम्बा छात्र कौन है, जिससे ज्ञात नही किया जा सकता।

11. (b) 'Benevalent' से Nevin शब्द नहीं बनाया जा सकता है। क्योंकि दिए हुए शब्द में i नहीं है।

12. (d)

जिस प्रकार,	उसी प्रकार,
F ⟶ U	L ⟶ O
L ⟶ O	A ⟶ Z
U ⟶ F	M ⟶ N
T ⟶ G	P ⟶ K
E ⟶ V	S ⟶ H
विपरीत वर्ण	विपरीत वर्ण

13. (a) यदि

÷ ⟶ +

– ⟶ ×

+ ⟶ ÷

× ⟶ –

तब 6 × 20 ÷ 5 – 20 + 4

चिन्ह परिवर्तन करने पर

6 – 20 + 5 × 20 ÷ 4

⇒ 6 – 20 + 5 × 5

⇒ 6 × 20 + 25

⇒ 31 – 20

⇒ 11

14. (a) दिया गया समीकरण

16 – 2 ÷ 40 + 4 × 18 = 40

÷ को – और – को ÷ से बदलने पर

16 ÷ 2 – 40 + 4 × 18 = 40

8 – 40 + 4 × 18 = 40

8 – 40 + 7 = 40

80 – 40 = 40

40 = 40

अतः ÷ और – को बदलना पड़ेगा।

15. (a) 1 ! 9 ⇒ 1 + 9 × 2 = 20

9 ! 5 ⇒ 9 + 5 × 2 = 28

5 ! 5 ⇒ 5 + 5 × 2 = 20

∴ 7 ! 3 ⇒ 7 + 3 × 2 = 20

16. (d) सूची का क्रम निम्न हैं–

PQPQPRRQ
↓
PQPQRRPQ
↓
PQPRRQPQ
↓
PQRRPQPQ
↓
PRRQPQPQ
↓
RRPQPQPQ

17. (d)

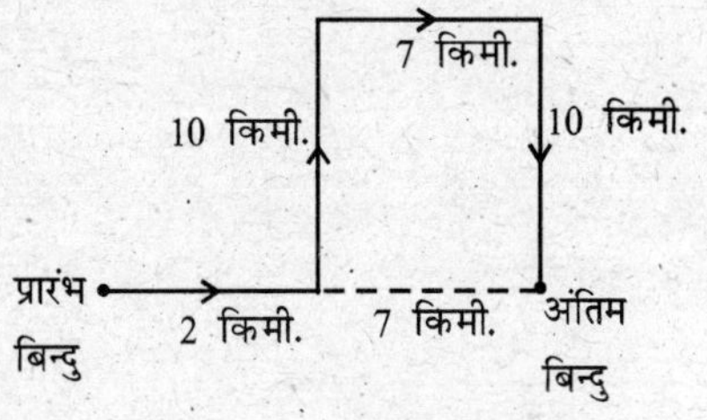

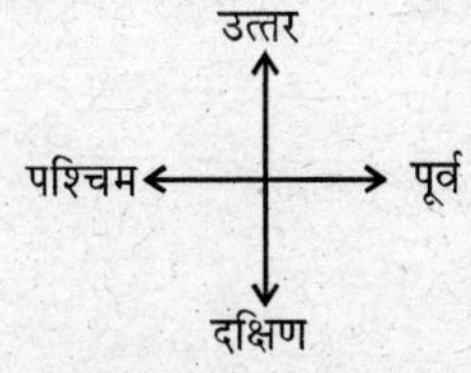

अतः शुरुआत से अंतिम बिन्दु तक दूरी

= 2 + 7 = 9 किमी.

तथा अंतः स्थल की स्थिति = पूर्व

अतः शुरूआत से अंतः स्थल की स्थिति 9 किमी. पूर्व होगी।

18. (a) दिये गये कथनानुसार केवल निष्कर्ष (I) सही है।

19. (a) पराचिकित्सक = {A, B, E}

एथलीट्स = {C, I, G, H}

कवि = {G, H, E, F, D}

जिमनास्ट्स = {B, I, J, G, F}

उभयनिष्ठ अक्षर (एथलीट्स, कवि, जिमनास्ट्स) = {G}

अत: अक्षर G वह जिमनास्ट्स है, जो एथलीट व कवि दोनों है।

20. (d)

H $\xrightarrow{+5}$ M $\xrightarrow{+5}$ R $\xrightarrow{+5}$ W $\xrightarrow{+5}$ B

A $\xrightarrow{+5}$ F $\xrightarrow{+5}$ K $\xrightarrow{+5}$ P $\xrightarrow{+5}$ U

T $\xrightarrow{+5}$ Y $\xrightarrow{+5}$ D $\xrightarrow{+5}$ I $\xrightarrow{+5}$ N

अत: लुप्त पद BUN होगा।

21. (c)

669 $\xrightarrow{-9}$ 660 $\xrightarrow{-9}$ 651 $\xrightarrow{-9}$ 642 $\xrightarrow{-9}$ 633 $\xrightarrow{-9}$ 624

अत: लुप्त पद 624 होगा।

22. (a) (49, 45, 39) ⇒ 49 – 4 = 45

45 – 6 = 39

(73, 68, 63) ⇒ 73 – 5 = 68

68 – 5 = 63

(94, 89, 84) ⇒ 94 – 5 = 89

89 – 5 = 84

(66, 61, 56) ⇒ 66 – 5 = 61

61 – 5 = 56

अत: (49, 45, 39) संख्याओं का समूह अन्य से भिन्न हैं।

23. (c)

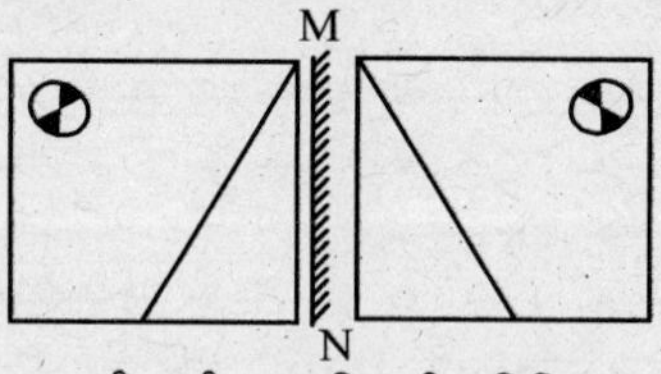

अत: दी गयी आकृति की प्रतिबिम्ब आकृति

होगी।

24. (b)

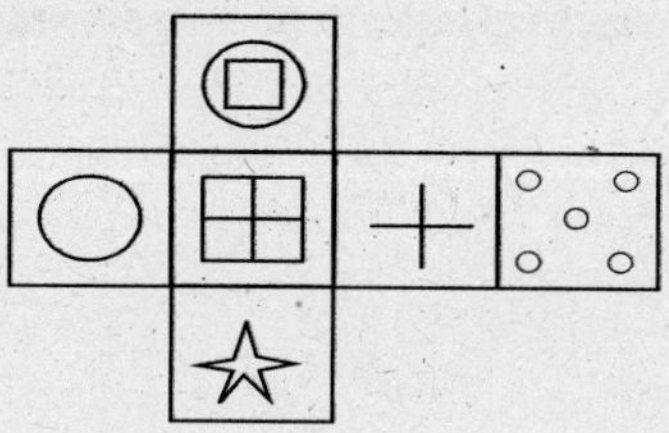

आकृति से 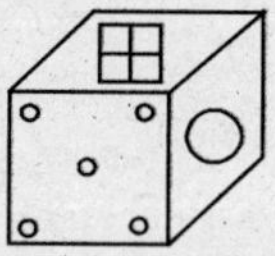 घन नहीं बनाया जा सकता है।

25. (a) VOLT के लिये–

V = {55, 66, 67}

O = {96}

L = {31}

T = {65, 77, 89}

अत: VOLT के लिये संख्या समूह 67, 96, 31, 65 होगा।

❑❑❑

SSC CHSL (10+2) Tier-I भर्ती परीक्षा, तर्कशक्ति परीक्षण

तिथि : 08-03-2018
(प्रथम पाली)

सॉल्व्ड पेपर-2018

1. निम्नलिखित प्रश्न में दिए गए विकल्पों में से संबंधित शब्द युग्म को चुनिए-
पुस्तक : पृष्ठ : : ? : ?
(a) लेखक : लिखना
(b) कलम : लिखना
(c) कार : पहिया
(d) पहिया : गोल

2. निम्नलिखित प्रश्न में दिए गए विकल्पों में से संबंधित संख्या को चुनिए :
553 : 551 : : 447 : ?
(a) 443 (b) 445
(c) 441 (d) 451

3. निम्नलिखित प्रश्न में दिए गए विकल्पों में से संबंधित अक्षर युग्म को चुनिए :
FOM : CLJ : : ? : ?
(a) RQS : POQ (b) RAX : OXU
(c) JKN : MNQ (d) ACD : CEF

4. निम्नलिखित प्रश्न में दिए गए विकल्पों में से विषम शब्द युग्म को चुनिए :
(a) जस्ता-धातु
(b) एल्युमीनियम-धातु
(c) मगरमच्छ-जल
(d) सोना-धातु

5. नीचे दिए गए प्रश्न में, चार संख्या युग्म दिए गए हैं, तीन उसी एक तर्क/नियम के आधार पर समान हैं दिए गए विकल्पों में से भिन्न को चुनिए :
(a) 9 – 81 (b) 8 – 64
(c) 6 – 36 (d) 7 – 47

6. निम्नलिखित प्रश्न में दिए गए विकल्पों में से विषम अक्षर/अक्षरों को चुनिए :
(a) BE (b) SU
(c) AD (d) OR

7. निम्नलिखित शब्दों को शब्दकोश में आने वाले क्रम के अनुसार लिखें :
1. Scrape 2. Scramble
3. Scream 4. Scornful
5. Scour
(a) 12354 (b) 35421
(c) 51243 (d) 45213

8. निम्नलिखित प्रश्न में दिए गए विकल्पों में से लुप्त अंक ज्ञात कीजिए :
9, 13, 18, 24, 31, ?
(a) 39 (b) 35
(c) 40 (d) 37

9. एक अनुक्रम दिया गया है, जिसमें से एक पद लुप्त है। दिए गए विकल्पों में से वह सही विकल्प चुनिए, जो अनुक्रम को पूरा करे :
XPK, VNJ, TLH, RJE, ?
(a) PHB (b) OIA
(c) OIB (d) PHA

10. तैराकों की एक पंक्ति में, मनीष बायें छोर से 23वाँ है। रमेश, मनीष से 11 स्थान बायीं ओर है। यदि रमेश दायें छोर से 16वाँ है, तो इस पंक्ति में कितने तैराक हैं ?
(a) 28 (b) 27
(c) 30 (d) 29

11. दिए गए विकल्पों में से वह शब्द चुनिए जो दिए गए शब्द के अक्षरों का प्रयोग करके नहीं बनाया जा सकता है।
RESOURCES
(a) SOURCE (b) RISE
(c) POUR (d) SOUR

12. एक विशिष्ट कोड भाषा में, "FRAME" को "79635" लिखा जाता है तथा "TOWEL" को "21854" लिखा जाता है। इस कोड भाषा में "WORM" को किस प्रकार लिखा जाएगा ?
(a) 9376 (b) 8193
(c) 9183 (d) 1593

13. किसी निश्चित कोड भाषा में '–', '×', को प्रदर्शित करता है, '÷', '+' को प्रदर्शित करता है, '+', '÷' को प्रदर्शित करता है और '×', '–' को प्रदर्शित करता है। निम्नलिखित प्रश्न का उत्तर ज्ञात करें।
12 – 6 + 4 × 10 ÷ 16 = ?
(a) 14 (b) 2
(c) 24 (d) 5

14. निम्नलिखित समीकरण गलत है। इस समीकरण को सही करने के लिए किन दो चिह्नों की आपस में अदला-बदली करना चाहिए?
18 – 2 ÷ 20 + 5 × 16 = 69
(a) ÷ और – (b) + और ×
(c) + और + (d) – और +

15. यदि – 2 @ –4 = – 8, –1 @ – 8 = – 8 और –1 @ 6 = 6, तो –1 @ 7 का मान ज्ञात करें।
(a) 95 (b) – 88
(c) 82 (d) 7

16. निम्नलिखित में से कौन-सा पद दी गयी सूची के क्रम के अनुसार है ?
XXXXXXYY, XXXXXYXY, XXXXYXXY, XXXYXXXY, XXYXXXXY, __________
(a) YXXXXXXY
(b) XXXXXXYY
(c) XYXXXXXY
(d) XXXXXYXY

17. एक विपणन कार्यकारी अपने क्षेत्र में काम पर जाता है और उत्तर की ओर 2 किमी. तक जाता है, फिर वह पश्चिम की तरफ मुड़ता है और आगे 6 किमी. की दूरी पर चलता है, फिर वह उत्तर की तरफ मुड़ता है और आगे 7 किमी. की दूरी तक जाता है, और फिर वह अपने दाहिनी ओर मुड़ता है और आगे 6 किमी. चलता है। अपनी शुरुआती स्थिति के संबंध में वह अब कहाँ है ?
(a) 5 किमी. उत्तर
(b) 9 किमी. उत्तर
(c) 9 किमी. दक्षिण
(d) 5 किमी. दक्षिण

18. प्रश्न में दो कथन दिए गए हैं जिसके आगे दो निष्कर्ष I और II निकाले गये हैं। आपको मानना है कि दोनों कथन सत्य है चाहे वह सामान्यत: ज्ञात तथ्यों से भिन्न प्रतीत होते हों। आपको निर्णय करना है कि दिए गए निष्कर्षों से कौन-सा/कौन-से निश्चित रूप से कथन द्वारा सही निकाला जा सकता है/सकते हैं, यदि कोई हो।

कथन :

I. सभी केक पेस्ट्री होती हैं।

II. कुछ ब्रेड केक होती हैं।

निष्कर्ष :

I. कोई भी पेस्ट्री ब्रेड नहीं होती।

II. कुछ ब्रेड पेस्ट्री होती हैं।

(a) केवल निष्कर्ष I सही है

(b) केवल निष्कर्ष II सही है

(c) दोनों निष्कर्ष I और II सही हैं

(d) ना तो निष्कर्ष I सही है ना ही निष्कर्ष II सही है

19. निम्नलिखित आकृति में, आयत शेफ को प्रदर्शित करता है, वृत्त कोरियोग्राफर को प्रदर्शित करता है, त्रिभुज गोताखोरों को प्रदर्शित करता है और वर्ग अमेरिकियों को प्रदर्शित करता है। अक्षरों को कौन-सा समूह उन अमेरिकियों को प्रदर्शित करता है जो या तो कोरियोग्राफ है या गोताखोर है?

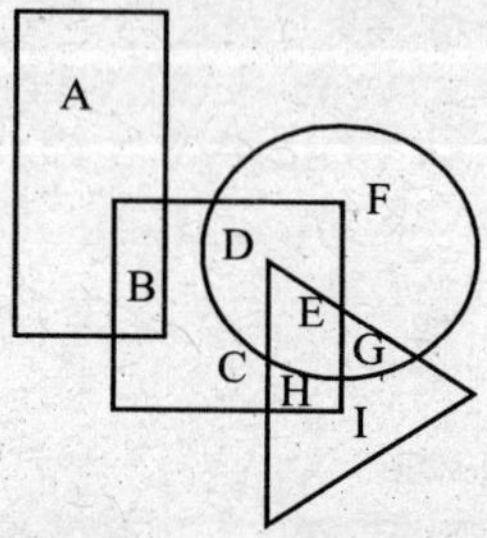

(a) CDE (b) EGI

(c) DEH (d) BCH

20. एक अनुक्रम दिया गया है, जिसमें से एक पद लुप्त है। दिए गए विकल्पों में से वह सही विकल्प चुनिए, जो अनुक्रम को पूरा करे :

MAN, ODR, QGV, SJZ, ?

(a) UMD (b) VNC

(c) UNC (d) VMD

21. निम्नलिखित प्रश्न में दिए गए विकल्पों में से लुप्त अंक ज्ञात कीजिए :

192, 186, 180, 174, ?, 162

(a) 166 (b) 168

(c) 164 (d) 170

22. नीचे दिए गए प्रश्न में, तीन संख्याओं के चार समूह दिए गए हैं। प्रत्येक समूह में दूसरी तथा तीसरी संख्या पहली संख्या से किसी एक तर्क/नियम से संबंधित है। तीन उसी एक तर्क/नियम के आधार पर समान हैं। दिए गए विकल्पों में से भिन्न को चुनिए।

(a) (13, 26, 39) (b) (15, 30, 45)

(c) (17, 34, 51) (d) (19, 38, 59)

23. यदि एक दर्पण को MN रेखा पर रखा जाए तो दी गयी उत्तर आकृतियों में से कौन-सी आकृति प्रश्न आकृति का सही प्रतिबिम्ब होगी ?

प्रश्न आकृति :

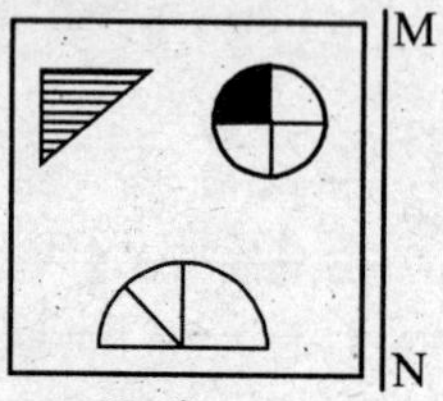

उत्तर आकृतियाँ :

(a) 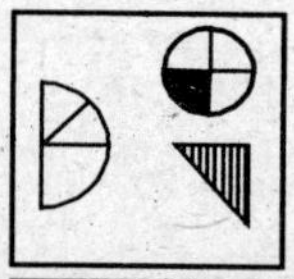

(b) 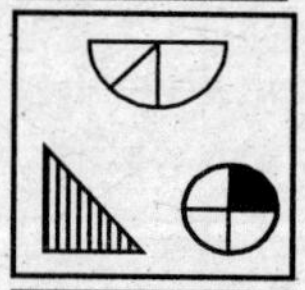

(c) 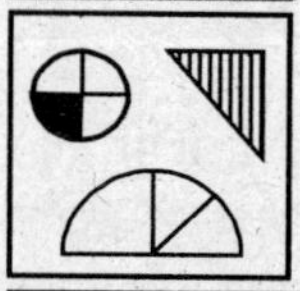

(d) 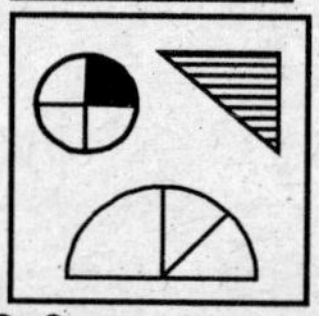

24. निम्नलिखित उत्तर आकृति में से कौन-सा घन दिए गए प्रश्न आकृति में से खुले घन से बनाया नहीं जा सकता ?

प्रश्न आकृति :

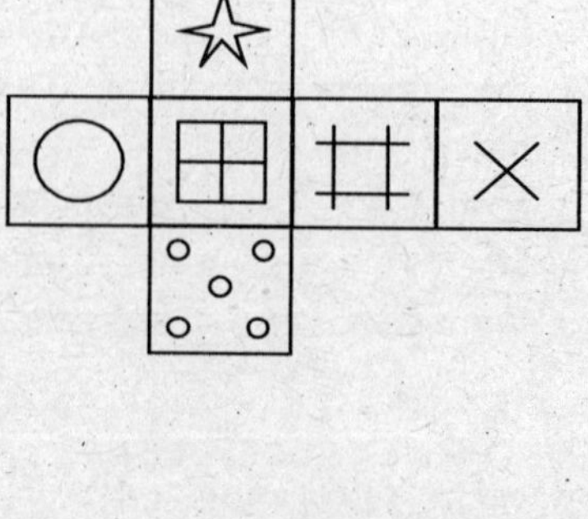

उत्तर आकृतियाँ :

(a)  (b) 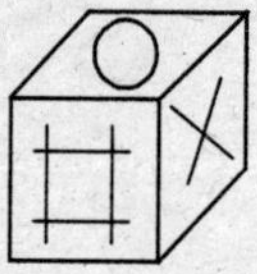

(c) 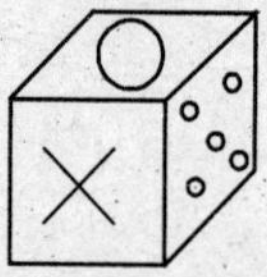 (d) 

25. एक शब्द केवल एक संख्या-समूह द्वारा दर्शाया गया है, जैसा कि विकल्पो में से किसी एक में दिया गया है। विकल्पों में दिए गए संख्या-समूह अक्षरों के दो वर्गों द्वारा दर्शाए गए हैं, जैसा कि दिए गए दो आव्यूहों में है। आव्यूह-I के स्तम्भ और पंक्ति की संख्या 0 से 4 और आव्यूह-II की 5 से 9 है। इन आव्यूहों से एक अक्षर को पहले उसकी पंक्ति और बाद में स्तम्भ संख्या द्वारा दर्शाया जा सकता है। उदाहरण के लिए 'J' को 21, 14 आदि द्वारा दर्शाया जा सकता है तथा 'P' को 95, 86 आदि द्वारा दर्शाया जा सकता है। इसी तरह से आपको प्रश्न मे दिए गए शब्द 'LITE' के लिए समह को पहचानना है।

आव्यूह-I

	0	1	2	3	4
0	C	C	F	C	H
1	F	G	G	C	J
2	L	J	F	L	J
3	B	E	M	L	M
4	H	M	D	I	M

आव्यूह-II

	5	6	7	8	9
5	T	W	W	Q	T
6	R	O	X	X	Z
7	X	S	Z	Z	T
8	Z	P	W	P	V
9	P	V	N	T	R

(a) 14, 97, 42, 78

(b) 22, 77, 22, 58

(c) 24, 79, 12, 56

(d) 20, 43, 55, 31

उत्तर (हल/संकेत)

1. (c) जिस प्रकार,

बहुत से पृष्ठ (मुद्रित) को मिलाकर पुस्तक बनती है। उसी प्रकार, पहिया कार का एक भाग है।

2. (b) जिस प्रकार,

$553 : 551$ (-2)

उसी प्रकार,

$447 : 445$ (-2)

3. (b) जिस प्रकार,

F O M : C L J (F $\xrightarrow{-3}$ C, O $\xrightarrow{-3}$ L, M $\xrightarrow{-3}$ J)

उसी प्रकार,

R A X : O X U (R $\xrightarrow{-3}$ O, A $\xrightarrow{-3}$ X, X $\xrightarrow{-3}$ U)

4. (c) शब्द-युग्म 'मगरमच्छ-जल' को छोड़कर अन्य सभी शब्द-युग्मों में पहला, दूसरे वर्ग के अंतर्गत आता है।

5. (d) संख्या युग्म '7 – 47' को छोड़कर अन्य सभी संख्या-युग्मों में दूसरी संख्या, पहली संख्या की पूर्ण वर्ग है।

6. (b) $B \xrightarrow{+3} E$

$A \xrightarrow{+3} D$

$O \xrightarrow{+3} R$

परंतु,

$S \xrightarrow{+2} U$

7. (d) शब्दकोश के अनुसार शब्दों का क्रम: 4. Scornful, 5. Scour, 2. Scramble, 1. Scrape, 3. Scream.

8. (a)

9. (d)

$X \xrightarrow{-2} V \xrightarrow{-2} T \xrightarrow{-2} R \xrightarrow{-2}$ X

$P \xrightarrow{-2} N \xrightarrow{-2} L \xrightarrow{-2} J \xrightarrow{-2}$ H

$K \xrightarrow{-1} J \xrightarrow{-2} H \xrightarrow{-3} E \xrightarrow{-4}$ A

10. (b) $\xrightarrow{11}$ R (12वाँ / 16वाँ) $\xleftrightarrow{10}$ M (23वाँ) $\xleftarrow{4}$

पंक्ति में तैराकों की कुल संख्या

$= (12 + 16 - 1) = 27$

11. (b) दिए गए शब्द में 'I' वर्ण नहीं है। अत: शब्द RISE नहीं बनाया जा सकता है।

दिए गए शब्द में 'P' वर्ण नहीं है। अत: शब्द POUR नहीं बनाया जा सकता।

12. (b)

जिस प्रकार, तथा

F	R	A	M	E		T	O	W	E	L
↓	↓	↓	↓	↓		↓	↓	↓	↓	↓
7	9	6	3	5		2	1	8	5	4

उसी प्रकार,

W	O	R	M
↓	↓	↓	↓
8	1	9	3

13. (c)

$- \Rightarrow \times$	$\div \Rightarrow +$
$+ \Rightarrow \div$	$\times \Rightarrow -$

$12 - 6 + 4 \times 10 \div 15 = ?$

प्रश्नानुसार, चिह्न बदलने पर

$\Rightarrow ? = 12 \times 6 \div 4 - 10 + 16$

$\Rightarrow ? = 18 - 10 + 16 = \boxed{24}$

14. (a) $18 - 2 \div 20 + 5 \times 16 = 69$

विकल्प (a) से,

$\Rightarrow 18 \div 2 - 20 + 5 \times 16 = 69$

$\Rightarrow 9 - 20 + 80 = 69$

$\Rightarrow 89 - 20 = 69$

$\Rightarrow 69 = 69$

15. (d) $-2 @ -4 = -8$

$\Rightarrow -2 \times [-(-4)] = -8$

$\Rightarrow -2 \times 4 = -8$

$-1 @ -8 = -8$

$\Rightarrow -1 \times [-(-8)] = -8$

$\Rightarrow -1 \times 8 = -8$

$-1 @ 6 = 6$

$\Rightarrow -1 \times (-6) = 6$

अत:, $-1 @ 7 = ?$

$\Rightarrow ? = -1 \times (-7) = 7$

16. (c) प्रत्येक अगले पद में, दायीं ओर से दूसरा Y बायीं ओर एक स्थान खिसक जाता है।

17. (b)

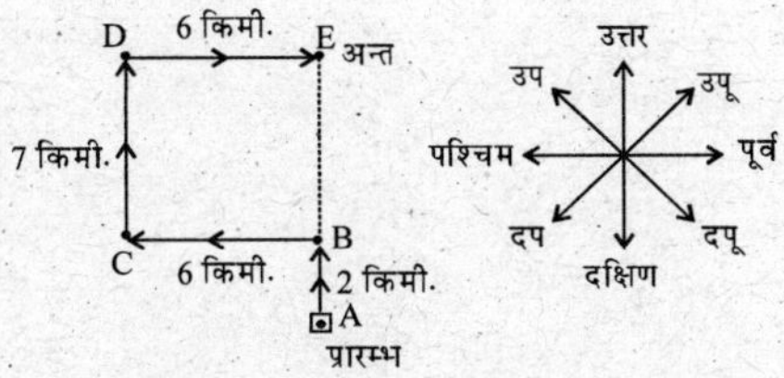

$EA = (EB + BA)$

$= (7 + 2)$ किमी. $= 9$ किमी.

अत: अभीष्ट दिशा = उत्तर

18. (b) कथनों के अनुसार

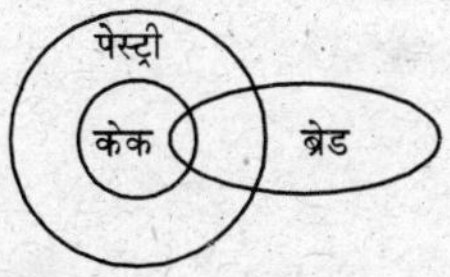

अत: केवल निष्कर्ष II निकलता है।

19. (c) अमेरिकी जो कोरियोग्राफर है को वृत्त तथा वर्ग में उभयनिष्ठ अक्षरों द्वारा प्रदर्शित किया जा सकता है। ऐसे अक्षर D तथा E है। अमेरिकी जो गोताखोर है को त्रिभुज तथा वर्ग में उभयनिष्ठ अक्षरों द्वारा प्रदर्शित किया जा सकता है। ऐसे अक्षर E तथा H है।

20. (a)

$M \xrightarrow{+2} O \xrightarrow{+2} Q \xrightarrow{+2} S \xrightarrow{+2}$ U

$A \xrightarrow{+3} D \xrightarrow{+3} G \xrightarrow{+3} J \xrightarrow{+3}$ M

$N \xrightarrow{+4} R \xrightarrow{+4} V \xrightarrow{+4} Z \xrightarrow{+4}$ D

21. (b) दी गई श्रृंखला निम्नलिखित है :

192 186 180 174 $\boxed{168}$ 162 (प्रत्येक में -6)

22. (d) संख्या-समूह (19, 38, 59) को छोड़कर अन्य सभी संख्या-समूहों में संख्याएँ निम्नलिखित पैटर्न पर आधारित हैं :

पहली संख्या × 2 = दूसरी संख्या

पहली संख्या × 3 = तीसरी संख्या

(13, 26, 39)

⇒ 13 × 2 = 26; 13 × 3 = 39

(15,l 30, 45)

⇒ 15 × 2 = 30; 15 × 3 = 45

(17, 34, 51)

⇒ 17 × 2 = 34; 17 × 3 = 51

परंतु

19, 38, 59)

⇒ 19 × 2 = 38;

19 × 3 = 57 (≠ 59)

23. (d) दी गई प्रश्न आकृति का सही दर्पण प्रतिबिम्ब उत्तर आकृति (d) से प्राप्त होता है।

24. (b) आकृति को मोड़ने पर:

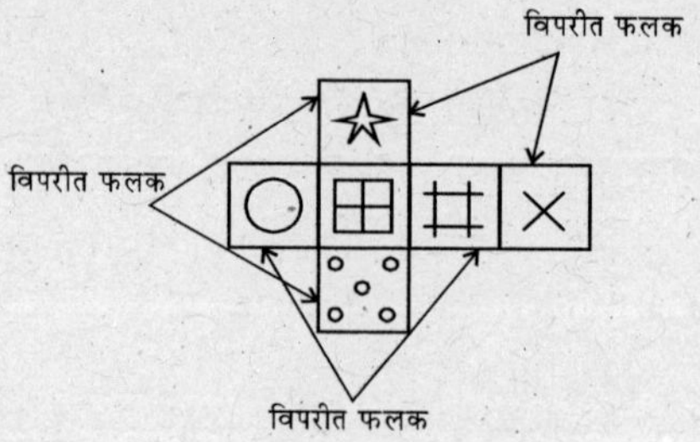

अत: केवल उत्तर आकृति (b) नहीं बनाई जा सकती है।

25. (d) L ⇒ (20); 23; 33

I ⇒ (43)

T ⇒ (55); 59; 79; 98

E ⇒ (31)

अत: LITE

⇒ 20, 43, 55, 31.

❑❑❑

SSC CHSL (10+2) Tier-I भर्ती परीक्षा,
संख्यात्मक योग्यता

तिथि : 23-03-2018
(प्रथम पाली)

सॉल्व्ड पेपर-2018

1. पटना शहर की आबादी 96,000 है, आबादी की घटती दर प्रति साल 800 हैं। पाटलिपुत्र की जनसंख्या 68,000 है, आबादी की बढ़ती दर प्रति वर्ष 1200 है। दोनों जगहों की आबादी कितने साल में बराबर होगी ?

(a) 10 (b) 14
(c) 18 (d) 22

2. 3 परीक्षा पैड और 2 पेंसिल की लागत मूल्य ₹ 96 है। 4 परीक्षा पैंड और 3 पेंसिल की लागत ₹ 134 है। एक परीक्षा पैड और एक पेंसिल की कुल लागत (रुपये में) ज्ञात कीजिए।

(a) 36 (b) 38
(c) 40 (d) 42

3. $x^2 + y^2$ का मान निकालिए, जबकि $x^3 - y^3 = 54$, $x - y = 18$ और $xy = 2$ है-

(a) 0 (b) 1
(c) 2 (d) 3

4. चिड़ियाघर में कुछ संख्या में पेंगुइन और ध्रुवीय भालू हैं। उन दोनों के सिर की कुछ संख्या 60 है और पैर की कुल संख्या 160 है। चिड़ियाघर में कुल कितने ध्रुवीय भालू हैं?

(a) 20 (b) 40
(c) 60 (d) 80

5. नीचे दी गई निम्न आकृति पर विचार करें और निम्नलिखित समीकरणों में से कौन-सा दोनों त्रिभुज की समानता के बारे में सही हैं?

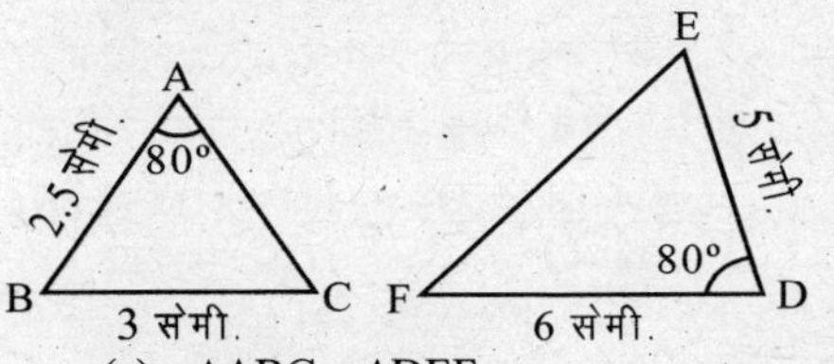

(a) $\Delta ABC \sim \Delta DEF$
(b) $\Delta ACB \sim \Delta DEF$
(c) $\Delta ABC \sim \Delta FDE$
(d) दोनों त्रिभुज समान नहीं है

6. निम्नलिखित चित्र पर विचार करें, जिसमें नीचे दिखाया गया है, जिसमें AB वृत की स्पर्शरेखा है। OQ की लंबाई (सेमी. में) ज्ञात करें, यदि उस वृत की सबसे बड़ी जीवा की माप 6 सेमी. और PQ, 4 सेंटीमीटर है-

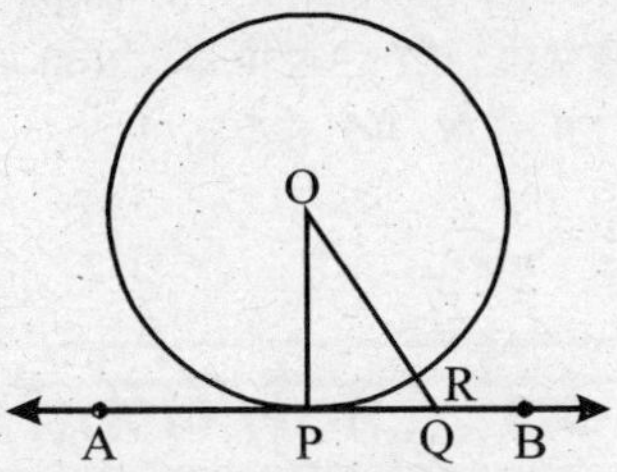

(a) 2 (b) 3
(c) 4 (d) 5

7. P की आय Q की आय से 50% अधिक है तथा Q की आय R की आय से 50% अधिक है। P की आय R की आय से कितने प्रतिशत अधिक है?

(a) 225 (b) 150
(c) 125 (d) 100

8. 7, 17, 22 तथा 47 प्रत्येक में कौन-सी संख्या जोड़ी जानी चाहिए ताकि परिणामी संख्याएँ एक समानुपात में हो?

(a) 1 : 3 (b) 3
(c) 2 : 4 (d) 4

9. 15% स्पिरीट मात्रा वाले मिश्रण को 25% स्पिरीट मात्रा वाले मिश्रण के साथ किस अनुपात में मिलाया जाए, जिससे कि एक 21% स्पिरीट मात्रा वाला नया मिश्रण मिल जाए?

(a) 1 : 3 (b) 2 : 3
(c) 3 : 4 (d) 4 : 5

10. तीन संख्याओं का औसत 58 है। पहली संख्या, तीसरी संख्या का 3/4 है यदि तीसरी संख्या दूसरी संख्या से 24 अधिक है, तो पहली तथा दूसरी संख्या के मध्य कितना अंतर होगा?

(a) 24 (b) 6
(c) 16 (d) 18

11. एक ₹ 2500 की राशि चक्रवृद्धि ब्याज की एक निश्चित दर से 2 वर्ष में ₹ 8100 हो जाती है। 4 वर्ष पश्चात राशि (₹ में) क्या होगी?

(a) 29824 (b) 36284
(c) 41624 (d) 26244

12. राहुल दो हेलमेट ₹ 1232 प्रति की दर से बेचता है। उसे एक पर 12% लाभ तथा दूसरे पर 12% की हानि होती है। पूरे सौदे में कुल हानि (₹ में) क्या होगी?

(a) 54 (b) 36
(c) 18 (d) 72

13. एक मेज का अंकित मूल्य, उसके क्रय मूल्य से 50% अधिक है। दुकानदार द्वारा अपनी मेज को न किसी लाभ या न किसी हानि पर बेचने के लिए, कितने प्रतिशत की छूट दी जानी चाहिए-

(a) 66.66 (b) 33.33
(c) 40 (d) 25

14. $7 \times 8 \times 9 \times 10$ के गुणनफल को एक पूर्ण वर्ग बनाने के लिए सबसे छोटी संख्या क्या जोड़ी जानी चाहिए?

(a) 144 (b) 1
(c) 289 (d) 3

15. 9 घंटे प्रतिदिन कार्य करके मनीष एक पुस्तक को 16 दिन में पढ़ सकता है। यदि वही कार्य 24 दिन में पूरा करना हो, तो उसे प्रतिदिन कितने घंटे कार्य करना चाहिए ?

(a) 5 (b) 7
(c) 8 (d) 6

16. दो रेलगड़ियाँ समान गति से विपरीत दिशाओं में चल रही है। यदि प्रत्येक रेलगाड़ी की लम्बाई 80 मीटर है तथा वे एक-दूसरे को 16 सेकेण्ड में पार करती हैं, तो प्रत्येक रेलगाड़ी की गति (कि.मी./घंटा में) क्या है?

(a) 12 (b) 18
(c) 24 (d) 30

निर्देश (प्रश्न संख्या 17–20) यह पाइ चार्ट एक ऑनलाइन सर्वेक्षण के परिणाम दर्शाता है, जिसमें लोगों को उनके पसंदीदा खेल के बारे में पूछा गया था। इस आरेख का अध्ययन करें और निम्नलिखित प्रश्नों के उत्तर दें।

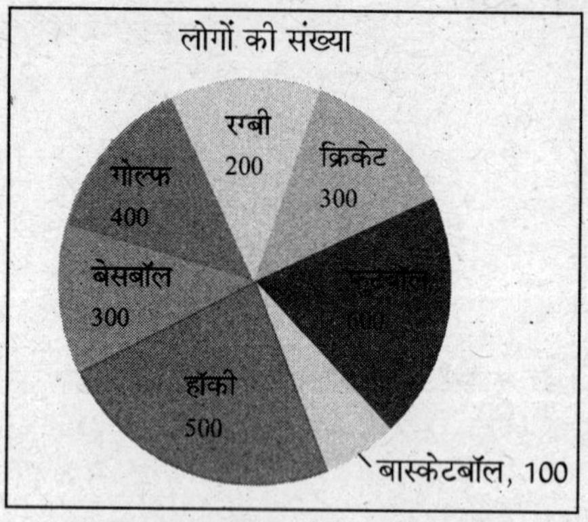

17. किए गए सर्वेक्षण में सबसे ज्यादा लोगों का पसंदीदा कौन-सा खेल है?

(a) बास्केटबॉल (b) फुटबॉल
(c) हॉकी (d) बेसबॉल

18. सर्वेक्षण में प्रतिक्रिया देने वाले लोगों की कुल संख्या क्या हैं?

(a) 2100 (b) 2200
(c) 2400 (d) 2500

19. बेसबॉल का प्रतिनिधित्व करने वाले क्षेत्र के केंद्रीय कोण की माप..................डिग्री है।

(a) 30 (b) 60
(c) 75 (d) 45

20. जो लोग कहते हैं कि उनका पसंदीदा खेल क्रिकेट है और जो लोग कहते हैं कि उनका पसंदीदा खेल हॉकी है, वे कुल उत्तरदाताओं का कितना प्रतिशत गठित करते हैं?

(a) 30% (b) 33.33%
(c) 25% (d) 40%

21. एक आयत का परिमाप और चौड़ाई क्रमशः 52 सें.मी. और 12 सें.मी. है। इसका क्षेत्रफल (वर्ग सें.मी. में) ज्ञात करें-

(a) 84 (b) 336
(c) 168 (d) 252

22. 7 सें.मी. त्रिज्या वाले एक अर्धवृत्त का परिमाप (सें.मी. में) ज्ञात करें-

(a) 36 (b) 72
(c) 44 (d) 88

23. एक लम्ब वृत्ताकार बेलन के वक्र सतह का क्षेत्रफल और ऊंचाई क्रमशः 660 वर्ग सें.मी. और 10 सें.मी. है। इसका व्यास (सें. मी. में) ज्ञात करें।

(a) 14 (b) 10.5
(c) 21 (d) 17.5

24. $(\tan 30° + \sqrt{3}/2)$ का मान क्या हैं?

(a) $(4 + \sqrt{3})/2$
(b) $5/2\sqrt{3}$
(c) $(4 + \sqrt{3})/2\sqrt{3}$
(d) $(\sqrt{3} + 1)/\sqrt{3}$

25. ΔXYZ में कोण Y की माप 90° हैं। यदि secX = 17/8 और XY = 0.8 सें.मी. है, तो भुजा XZ की लंबाई (सें.मी. में) क्या है?

(a) 1.7 (b) 1.5
(c) 2 (d) 2.5

उत्तर (हल/संकेत)

1. (b) पटना तथा पाटलिपुत्र की आबादी बराबर होगी

$= \dfrac{96000 - 68000}{800 + 1200}$

$= \dfrac{28000}{2000} = 14$ वर्ष

2. (b) माना परीक्षा पैड $= x$

तथा पेंसिल $= y$

प्रश्नानुसार,

$3x + 2y = 96$ .....(i) × 3

तथा $4x + 3y = 134$ .....(ii) × 2

$9x + 6y = 288$

$8x + 6y = 268$ घटाने पर

$x = 20$

समीकरण (i) से,

$3 \times 20 + 2y = 96$

$2y = 96 - 60$

$y = 18$

$\therefore$ कुल लागत मूल्य $= x + y$

$= 20 + 18 =$ ₹ 38

3. (b) $x^3 - y^3 = (x - y)(x^2 + y^2 + xy)$ ...(i)

समीकरण (i) से,

$54 = 18(x^2 + y^2 + 2)$

$3 = x^2 + y^2 + 2$

$x^2 + y^2 = 3 - 2 = 1$

4. (a) माना पेंगुइनों की संख्या $= x$

तथा ध्रुवीय भालुओ की संख्या $= y$

प्रश्नानुसार,

$x + y = 60$ ...(i)

तथा $2x + 4y = 160$

$x + 2y = 80$ ....(ii)

समीकरण (i) व (ii) से,

$x = 40$ तथा $y = 20$

चिड़ियाघर में ध्रुवीय भालुओं की संख्या = 20

5. (d)

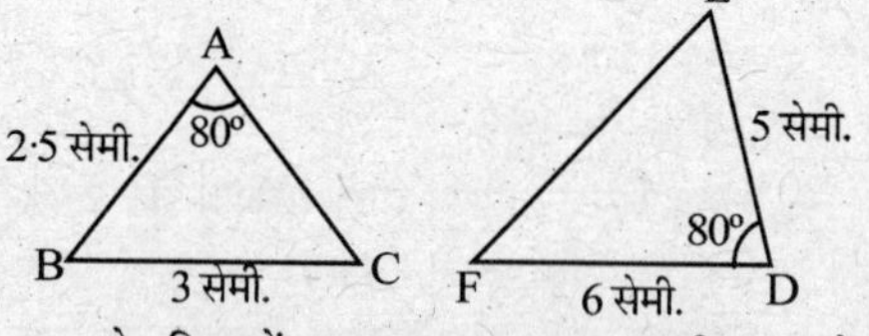

दो त्रिभुजों ABC तथा DEF की भुजायें समान नहीं है। लेकिन एक कोण समान है।

अतः दोनों त्रिभुज समान नहीं है।

6. (d)

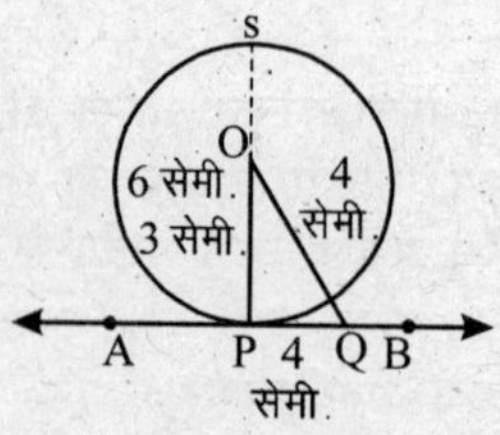

PS = 6 सेमी. (वृत्त की जीवा)

OQ = 3 सेमी.

PQ = 4 सेमी.

$OQ = \sqrt{PQ^2 + OP^2}$

$= \sqrt{(4)^2 + (3)^2}$

$= \sqrt{16 + 9}$

$= \sqrt{25} = 5$ सेमी.

अतः OQ की लम्बाई 5 सेमी. होगी।

7. (c) माना, R की आय = ₹ 100

Q की आय = 100 + 50 = ₹ 150

P की आय $= 150 + 150 \times \dfrac{50}{100}$

= 150 + 75 = ₹ 225

आय में वृद्धि = 225 – 100 = ₹ 125

$\therefore$ P की आय R की आय से 125% अधिक है।

8. (b) माना प्रत्येक संख्या में x जोड़ा जाये तो,

$(7 + x) : (17 + x) :: (22 + x) : (42 + x)$

$(7 + x)(47 + x) :: (17 + x)(22 + x)$

$329 + 7x + 47x + x^2 = 374 + 22x + 17x + x^2$

$329 + 54x = 374 + 39x$

$54x - 39x = 374 - 329$

$15x = 45$

$x = 3$

9. (b) मिश्रण नियम से,

25% 15%

21%

6 4

अभीष्ट अनुपात $= \frac{4}{6} = \frac{2}{3} = 2 : 3$

10. (b) माना तीन संख्यायें a, b तथा c हो तो,
प्रश्नानुसार,

$\frac{a+b+c}{3} = 58$

$a + b + c = 58 \times 3 = 174$ ....(i)

तथा $a = \frac{3c}{4}$,

$c = b - 24$ ....(ii)

समीकरण (i) से,

$\frac{3c}{4} + b + b - 24 = 174$

$\frac{3(b-24)}{4} + b + b - 24 = 174$

$11b = 528$

$b = 48$

समीकरण (i) से,

$a + b + c = 174$

$a + 48 + c = 174$

$a + c = 174 - 48$

$a + c = 126$

समीकरण (ii) से,

$\frac{3c}{4} + c = 126$

$7c = 504$

$c = 72$

$\therefore a = 174 - 72 - 48 = 54$

$a - b = 54 - 48 = 6$

11. (d) प्रश्नानुसार,

$2500\left(1 + \frac{\text{दर}}{100}\right)^2 = 8100$

$\left(1 + \frac{\text{दर}}{100}\right)^2 = \frac{8100}{2500}$

$1 + \frac{\text{दर}}{100} = \frac{9}{5}$

दर $= \left(\frac{9}{5} - 1\right) \times 100$

$= \frac{4}{5} \times 100 = 80\%$

अभीष्ट राशि $= 2500\left(1 + \frac{80}{100}\right)^4$

$= 2500\left(\frac{180}{100}\right)^4$

$= 2500 \times \frac{180 \times 180 \times 180 \times 180}{100 \times 100 \times 100 \times 100}$

$= 2500 \times 10·4976$

= ₹ 26244

12. (b) 12 % लाभ पर क्रयमूल्य

$= \frac{100 \times 1232}{112}$ = ₹ 1100

12% हानि पर क्रयमूल्य

$= \frac{100 \times 1232}{88}$ = ₹ 1400

कुल क्रय मूल्य = 1400 + 1100 = ₹ 2500

हेलमेट का विक्रय मूल्य

= 2 × 12 32 = ₹ 24 64

∴ हानि = 2500 − 24 64 = ₹ 36

13. (b) माना अंकित मूल्य = ₹ 100

प्रतिशत छूट $= \frac{100 \times 50}{150}$

$= \frac{100}{3} = 33·33\%$

14. (b) संख्या का गुणफल

$= 2 \times 8 \times 9 \times 10 = 5040$

संख्या में 1 जोड़ने पर संख्या पूर्णवर्ग बन जाती है।

$\therefore 5040 + 1 = 5041 = (71)^2$

15. (d) दिन घंटे

↑ 16 9

24 x ↓

$\frac{x}{9} = \frac{16}{24}$

$x = \frac{9 \times 16}{24} = 6$ घंटे

अतः मनीष को प्रतिदिन 6 घण्टे कार्य करना पड़ेगा।

16. (b) रेलगाड़ी की गति $= \frac{80}{16}$ मीटर/सेकेण्ड

$= \frac{80}{16} \times \frac{18}{5}$ किमी./घंटा = 18 किमी./घंटा

17. (b) दिये गये सर्वेक्षण के अनुसार सबसे ज्यादा लोगों का पसंदीदा खेल फुटबॉल है, जिसे 600 लोग पसन्द करते हैं।

18. (c) दिये गये सर्वेक्षण में,
प्रतिक्रिया देने वाले कोणों की संख्या

$= 400 + 200 + 300 + 600 + 100 + 500 + 300 = 2400$

19. (d) बेसबाल प्रतिनिधित्व करने वाले क्षेत्र की केन्द्रीय कोण का माप

$= \frac{\text{बेसबाल का मान}}{\text{कुलमान}} \times 360$

$= \frac{300 \times 360}{2400} = 45$

20. (b) कुल उत्तरदाताओं का प्रतिशत

= क्रिकेट खेलने वाले लोग
+ हॉकी खेलने वाले लोग

$\frac{\text{लोग}}{\text{कुल लोगों की संख्या}} \times 100$

$= \frac{300 + 500}{2400} \times 100 = \frac{800}{2400} \times 100$

$= \frac{100}{3} = 33·33\%$

21. (c) आयात की परिमाप

= 2 (लम्बाई + चौड़ाई)

52 = 2 (लम्बाई + 12)

26 = लम्बाई + 12

लम्बाई = 26 − 12 = 14 सेमी.

आयत का क्षेत्रफल = लम्बाई × चौड़ाई

= 14 × 12

= 168 वर्गसेमी.

22. (a) अर्धवृत्त की परिमाप $= \pi r + 2r$

$= \frac{22}{7} \times 7 + 2 \times 7 = 22 + 14 = 36$ सेमी.

23. (c) बेलन का व्यास $= 2r$

बेलन का वक्र पृष्ठ $= 2\pi rh$

$660 = 2\pi rh$

$660 = 2r \times 10 \times \frac{22}{7}$

$\therefore 2r = 21$ सेमी.

24. (b) $\left(\tan 30 + \frac{\sqrt{3}}{2}\right)$

$= \frac{1}{\sqrt{3}} + \frac{\sqrt{3}}{2} = \frac{2+3}{2\sqrt{3}} = \frac{5}{2 \times \sqrt{3}}$

25. (a) $\sec x = \frac{17}{8}$

Δxyz से,

$xz = xy \sec x = 0·8 \times \frac{17}{8} = 1·7$ सेमी.

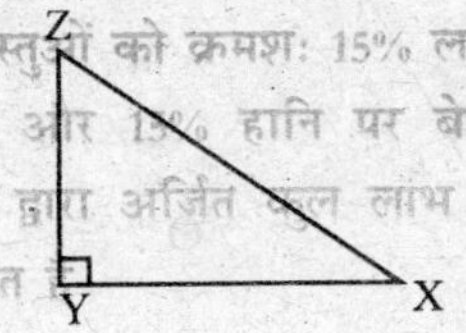

□□□

(a) 10/3% हानि (b) 10/3% लाभ

(c) 10% हानि (d) न लाभ न हानि

14. दिया गया दंड आरेख पांच शैक्षणिक वर्षों, 2013-2014 से 2017-2018 तक, के दौरान एक स्कूल के परीक्षाफल के संदर्भ में विद्यार्थियों की संख्या को दर्शाता है।

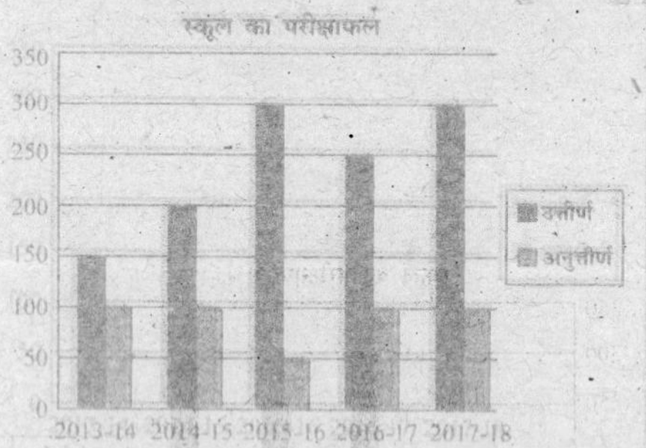

किस शैक्षणिक वर्षों में उत्तीर्ण और अनुत्तीर्ण विद्यार्थियों की संख्या के बीच का अंतर सबसे कम है?

(a) 2014-2015 (b) 2015-2017

(c) 2015-2016 (d) 2013-2014

15. ABCD एक चक्रीय चतुर्भुज है, जिसमें AB इस पर बने वृत्त का व्यास है और कोण ADC = 126° है। ∠BAC बराबर है–

(a) 15° (b) 30°

(c) 14° (d) 18°

16. A और B के वेतन का योग ₹ 42000 है। A अपने वेतन का 75% और B अपने वेतन का 90% खर्च करता है। यदि अब उनकी बचत समान है, तो B का वेतन है–

(a) 30000 (b) 20000

(c) 28000 (d) 16000

17. एक डीलर ₹ 30000 अंकित मूल्य का कोई सामान 20% और 5% की दो क्रमिक छूट पर खरीदता है। वह उसकी मरम्मत ₹ 1200 पर खर्च करता है और उस ₹ 30000 में बेच देता है। उसका लाभ/हानि प्रतिशत क्या है?

(a) 20% हानि (b) 25% लाभ

(c) 20% लाभ (d) 25% हानि

18. यदि आयत की प्रत्येक भुजा 11% कम कर दी जाए, तो इसका क्षेत्रफल कितने प्रतिशत कम हो जाएगा?

(a) 26.78% (b) 21.69%

(c) 13.13% (d) 20.79%

19. सात अंकों की संख्या $64x29y6 (x > y)$, यदि 72 से विभाज्य है, तो $(2x - 3y)$ का मान क्या है?

(a) 9 (b) 3

(c) 7 (d) 13

20. A और B किसी काम को क्रमशः 15 दिनों और 10 दिनों में पूरा कर सकते हैं। एक काम को ₹ 75000 में पूरा करने के लिए ठेका मिला, ठेके की राशि में A का हिस्सा होगा–

(a) 40000 (b) 30000

(c) 25000 (d) 35000

21. यदि $x^4 + x^{-4} = 194$ है, $(x > 0)$ है तो $(2x - 4)^2$ का मान है–

(a) 15 (b) 16

(c) 20 (d) 12

22. प्रत्येक 2.5 सेमी त्रिज्या वाले दो वृत्तों के केन्द्रों के बीच की दूरी 13 सेमी है। तिर्यक उभयनिष्ठ स्पर्शरेखा की लंबाई है–

(a) 14 (b) 12

(c) 10 (d) 8

23. दिया गया दंड आरेख पांच शैक्षणिक वर्षों, 2013-2014 से 2017-2018 तक, के दौरान एक स्कूल के परीक्षाफल के संदर्भ में विद्यार्थियों की संख्या को दर्शाता है।

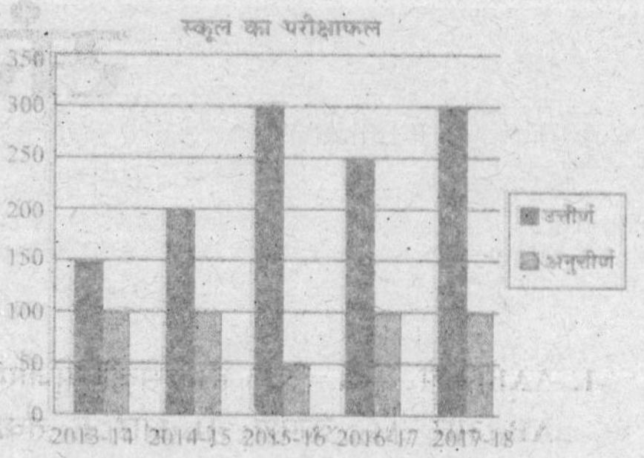

विद्यार्थियों की कुल संख्या में प्रतिशत वृद्धि पिछले शैक्षणिक वर्ष की तुलना में किस वर्ष सबसे कम है?

(a) 2015–2016

(b) 2017–2018

(c) 2016–2017

(d) 2014–2015

24. यदि $\cos x = -\frac{\sqrt{3}}{2}$ तो $2\cot^2 x + 3\operatorname{cosec}^2 x$ का मान है–

(a) 10 (b) 14

(c) 8 (d) 18

25. A प्रतिदिन ₹ 640 कमाता है और 8 घंटे करम करता है। B प्रतिदिन ₹ 360 कमाता है और 6 घंटे काम करता है। B और A की प्रतिदिन की मजबूरी का अनुपात है–

(a) 5 : 4 (b) 4 : 5

(c) 16 : 9 (d) 9 : 16

उत्तर (हल/संकेत)

1. (d)

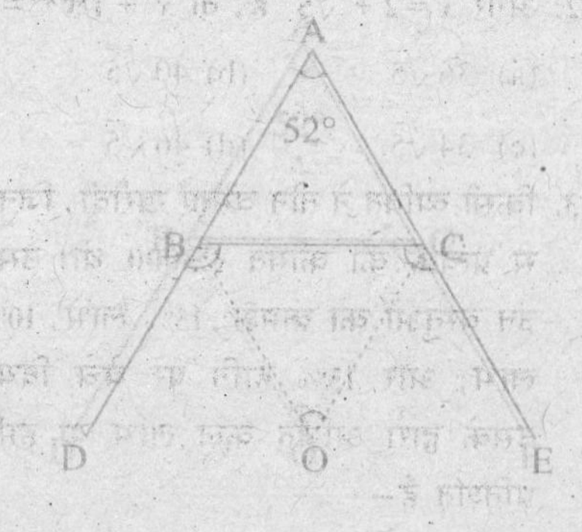

दिया हुआ है,

∠A = 52°

∠CBD और ∠BCE के बाह्य समद्विभाजक बिंदु O पर मिलते हैं, तो ∠BOC = ?

$$\angle BOC = 90 - \frac{1}{2}\angle A$$

$$= 90 - \frac{1}{2} \times 52°$$

$$= 90 - 26° = 64°$$

2. (c) माना कि मूलधन P है।

$$\left[P\left(1+\frac{21}{100}\right) - P\right] = 6961.5$$

$$P\left[\left(\frac{14}{100}\right) - 1\right] = 6961.5$$

$$P\left(\frac{14641}{10000} - 1\right) = 6961.5$$

$$P\left(\frac{4641}{10000}\right) = 6961.5$$

SSC CHSL (10+2) Tier-I भर्ती परीक्षा,
संख्यात्मक योग्यता
सॉल्व्ड पेपर-2018

तिथि : 08-03-2018
(प्रथम पाली)

1. 0.77777 + 0.7777 + 0.777 + 0.77 + 0.7 + 0.07 के मान की गणना कीजिए।

(a) 3.86274
(b) 3.80247
(c) 3.85274
(d) 3.87247

2. अंडे के एक टोकरे में, हर 25 अंडों में से एक सड़ा अंडा है। यदि 8 में से 5 सड़े अंडे अनुपयोगी होते हैं और टोकरी में कुल 10 व्यर्थ अंडे होते हैं, तो टोकरे में अंडों की संख्या की गणना करें।

(a) 380 (b) 400
(c) 420 (d) 440

3. x-अक्ष, y-अक्ष और रेखा $x + 2y = 6$ से घिरे क्षेत्र का क्षेत्रफल (वर्ग इकाइयों में) क्या हैं ?

(a) 3 (b) 6
(c) 9 (d) 12

4. 27 दशमलव स्थानों वाले घनमूल में दशमलव स्थानों की संख्या क्या है ?

(a) 3 (b) 6
(c) 9 (d) 27

5. निम्नलिखित शर्त में से कौन-सी शर्त पर्याप्त है जिससे कि त्रिभुज ABC और DEF समरूप कहे जा सकें ?

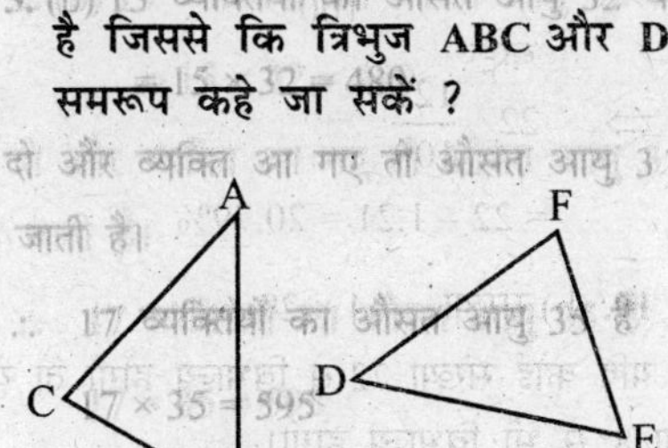

(a) ∠A = ∠D और ∠C = ∠F
(b) ∠A > ∠D और ∠B = ∠E
(c) ∠B = ∠E और ∠C < ∠F
(d) सभी विकल्प सही हैं

6. निम्न में से कौन-सा विकल्प निम्न चित्र के बारे में सही है ?

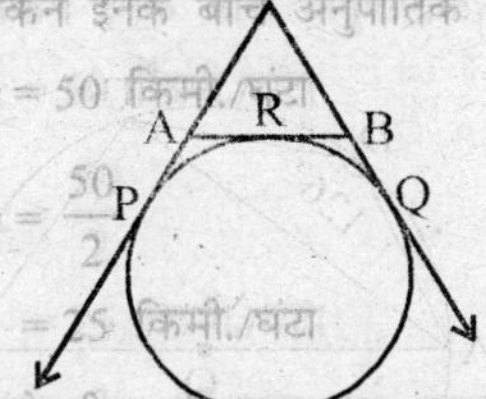

(a) OA – AR = OB + BR
(b) OA + AR = OB – BR
(c) OA + AR = OB + BR
(d) इनमे से कोई नहीं

7. यदि एक घन की भुजा को 10% से बढ़ाया जाता है, तो उसके आयतन में कितने प्रतिशत की वृद्धि होगी ?

(a) 30 (b) 31.3
(c) 136.1 (d) 33.1

8. ₹ 18200 को X, Y तथा Z में $\frac{1}{3}:\frac{1}{4}:\frac{1}{2}$ के अनुपात में विभाजित किया गया है। X का हिस्सा (₹ में) क्या है ?

(a) 7000 (b) 4400
(c) 4200 (d) 5600

9. 20% दूध वाले मिश्रण को 60% दूध वाले मिश्रण के साथ किस अनुपात में मिलाया जाए जिससे कि 25% दूध वाला एक नया मिश्रण मिल जाए ?

(a) 7 : 1 (b) 4 : 1
(c) 5 : 2 (d) 9 : 2

10. प्रथम 39 सम संख्याओं का औसत क्या है ?

(a) 39 (b) 40
(c) 20 (d) 68

11. एक राशि साधारण ब्याज में 3 वर्षों में ₹ 2286 तथा 4 वर्षों में ₹ 2448 हो जाती है। ब्याज की वार्षिक दर (प्रतिशत में) क्या है ?

(a) 10 (b) 9
(c) 8 (d) 11

12. एक पंखे का विक्रय मूल्य ₹ 4644 है। यदि लाभ प्रतिशत 29% है, तो पंखे का क्रय मूल्य (₹ में) क्या है ?

(a) 5900 (b) 3500
(c) 3800 (d) 3600

13. एक हेल्मेट का अंकित मूल्य उसके क्रय मूल्य से 30% अधिक है। यदि हेल्मेट को ₹ 36 की छूट के पश्चात् ₹ 744 में बेचा गया है, तो लाभ प्रतिशत क्या होगा ?

(a) 24 (b) 18
(c) 21 (d) 27

14. निम्नलिखित में से कौन-सा/से कथन सत्य है/हैं ?

I. $4\sqrt{3} > 3\sqrt{4}$

II. $8\sqrt{2} > 2\sqrt{8}$

(a) केवल I
(b) केवल II
(c) न तो I न ही II
(d) I तथा II दोनों।

15. S, T तथा U मिलकर एक कार्य को 30 दिनों में पूरा कर सकते हैं। यदि S, T तथा U की कार्य कुशलता का अनुपात क्रमशः 20 : 15 : 12 है, तो U अकेला उस कार्य को कितने दिनों में पूरा कर सकता है ?

(a) $\frac{195}{2}$ (b) $\frac{235}{2}$
(c) $\frac{225}{2}$ (d) $\frac{215}{2}$

16. एक रेलगाड़ी 90 किमी./घंटा की गति से चल रही है। 2275 मीटर की दूरी तय करने में वह कितने सेकण्ड लेगी ?

(a) 96 (b) 91
(c) 86 (d) 93.

निर्देश (17 – 20) : यह रेखा ग्राफ एक विशिष्ट राज्य में रेल दुर्घटनाओं के कारण होने वाली मौतों की संख्या को दर्शाता है। इस आरेख का अध्ययन करें और निम्नलिखित प्रश्नों के उत्तर दें।

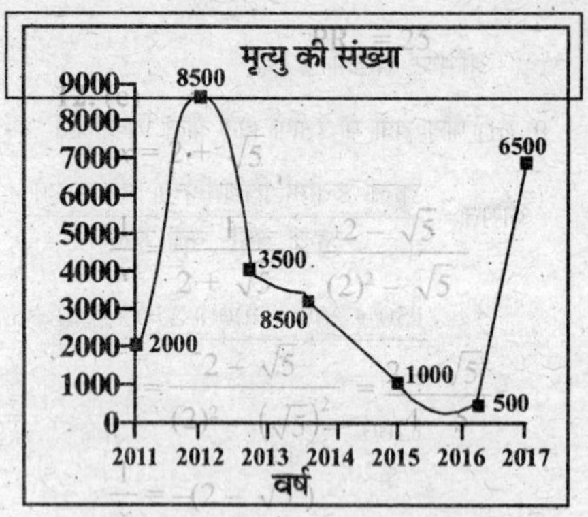

17. पिछले वर्ष की तुलना में किस वर्ष में हुई मृत्यु की संख्या अधिक थी?

(a) 2013 (b) 2012
(c) 2014 (d) 2015

18. वर्ष 2012 और 2015 के बीच हुई मृत्यु की संख्या में क्या अंतर था?

(a) 6500 (b) 8500
(c) 7500 (d) 5500

19. 2013 की तुलना में 2017 में हुई मृत्यु की संख्या ______ से अधिक थी।

(a) 50% (b) 35%
(c) 62.5% (d) 37.5%

20. यदि किसी रेल दुर्घटना के कारण हुई प्रत्येक मौत के लिए औसतन ₹ 5 लाख का बीमा दिया गया था, तो वर्ष 2014 में कितना बीमा (करोड़ ₹ में) दिया गया था?

(a) 225 (b) 275
(c) 125 (d) 175

21. एक आयत के विकर्ण की लम्बाई (सेमी. में) क्या होनी चाहिए, यदि इसका क्षेत्रफल और इसकी चौड़ाई क्रमशः 120 वर्ग सेमी. और 8 सेमी. है?

(a) 34 (b) 17
(c) 15 (d) 30

22. यदि एक नियमित बहुभुज के आंतरिक कोण की माप उसके बाह्य कोण की माप से 90° अधिक है, तो उसकी कितनी भुजाएँ हैं?

(a) 8 (b) 9
(c) 10 (d) 12

23. 21 सेमी. व्यास वाले एक अर्द्धगोले का आयतन (घन सेमी. में) ज्ञात करें।

(a) 2235.5
(b) 2425.5
(c) 2040
(d) 1860

24. $\left(\frac{\text{cosec } 30° - 1}{\sqrt{3}}\right)$ का मान क्या है ?

(a) $\frac{(2\sqrt{3}-1)}{\sqrt{3}}$ (b) $\frac{(\sqrt{3}-4)}{2\sqrt{3}}$

(c) $\frac{-1}{\sqrt{3}}$ (d) $\frac{2}{\sqrt{3}}$

25. ΔXYZ में कोण Y की माप 90° है। यदि $\text{cosec } X = \frac{13}{12}$ और XY = 1 सेमी. है, तो भुजा YZ की लम्बाई (सेमी. में) क्या है?

(a) 2.6 (b) 1.5
(c) 2.4 (d) 2

उत्तर (हल/संकेत)

1. (d) 0.77777
0.77770
0.77700
0.77000
0.70000
0.07000
3.87247

2. (b) ∵ जब 5 सड़े अंडे अनुपयोगी हैं तो सड़े अंडों की संख्या = 8

∴ जब 10 अनुपयोगी अंडे हों, तो सड़े अंडों की संख्या = 16

∵ 25 अंडों में से 1 अंडा सड़ा है।

∴ टोकरी में अंडों की कुल संख्या = 25 × 16 = 400

3. (c) $x + 2y = 6$ में, $x = 0$ रखने पर,

$0 + 2y = 6$

$\Rightarrow y = \frac{6}{2} = 3$

∴ y-अक्ष पर कटान-बिन्दु = (0, 3)

पुनः, $x + 2y = 6$ में $y = 0$ रखने पर,

$x + 0 = 6$

$\Rightarrow x = 6$

∴ x-अक्ष पर कटान बिन्दु = (6, 0)

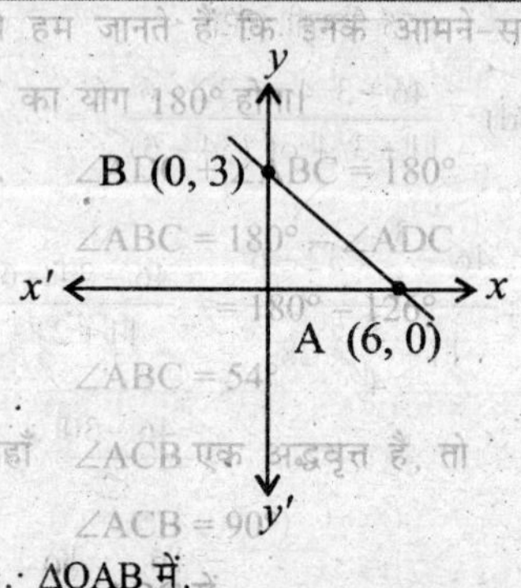

∵ ΔOAB में,

OA = 6 इकाई,

OB = 3 इकाई

∴ ΔOAB का क्षेत्रफल = $\frac{1}{2}$ × OA × OB

$= \frac{1}{2} \times 6 \times 3 = 9$ वर्ग इकाई

4. (c) घनमूल में दशमलव स्थानों की संख्या

$= \frac{27}{3} = 9$

$0.001 = 0.1 \times 0.1 \times 0.1$

$\therefore \sqrt[3]{0.001}$

$= \sqrt[3]{0.1 \times 0.1 \times 0.1} = 0.1$

5. (a) दो समान कोणीय त्रिभुज समरूप होते हैं।

यदि ∠A = ∠D एवं ∠C = ∠F

∴ ∠B = ∠E

6. (c)

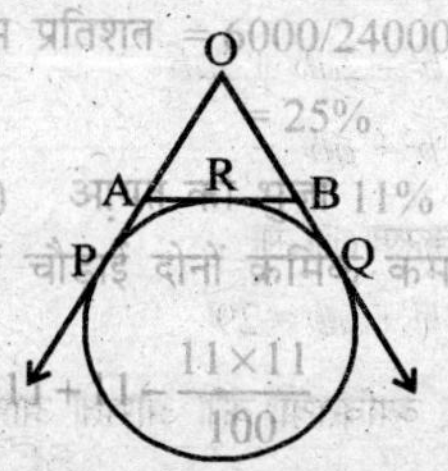

किसी बाह्य बिन्दु से किसी वृत्त पर खींची गई स्पर्श रेखाएँ समान होती हैं।

∵ AP = AR; BR = BQ

पुनः

OP = OQ

⇒ OA + AP = OB + BQ

⇒ OA + AR = OB + BR

7. (d) घन का आयतन = (किनारा)^3

माना, घन का किनारा = 10 इकाई

∴ घन का आरंभिक आयतन

= 1000 घन इकाई

= (11 × 11 × 11) घन इकाई

= 1331 घन इकाई

∴ आयतन में वृद्धि

= (1331 – 1000) घन इकाई

= 331 घन इकाई

∴ अभीष्ट प्रतिशत वृद्धि

$= \frac{331}{1000} \times 100 = 33.1\%$

8. (d) $X : Y : Z = \frac{1}{3} : \frac{1}{4} : \frac{1}{2}$

$= \left(\frac{1}{3} \times 12\right) : \left(\frac{1}{4} \times 12\right) : \left(\frac{1}{2} \times 12\right)$

= 4 : 3 : 6

आनुपातिक योग = 4 + 3 + 6 = 13

∴ X का हिस्सा = ₹ $\left(\frac{4}{13} \times 18200\right)$

= ₹ 5600

9. (a) प्रमिश्रण के नियम से,

प्रकार-I **प्रकार-II**

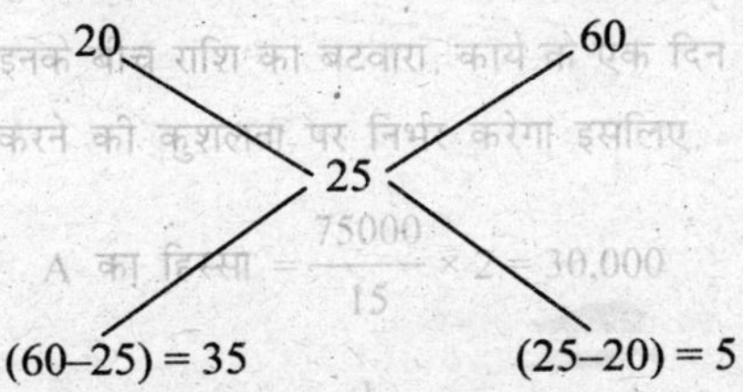

∴ अभीष्ट अनुपात = 35 : 5 = 7 : 1

10. (b) प्रथम n सम संख्याओं का औसत $= n + 1$

∴ अभीष्ट औसत = (39 + 1) = 40

11. (b) एक वर्ष का ब्याज

= ₹ 2448 – 2286 = ₹ 162

∴ 3 वर्ष का ब्याज = ₹ (3× 162) ⇒ ₹ 486

∴ मूलधन = ₹ (2286 – 486) = ₹ 1800

∴ दर $= \frac{\text{ब्याज} \times 100}{\text{मूलधन} \times \text{समय}}$

$= \frac{162 \times 100}{1800 \times 1}$ = 9% प्रतिवर्ष

12. (d) पंखे का क्रय मूल्य

= ₹ $\left(\frac{100}{129} \times 4644\right)$ = ₹ 3600

13. (a) माना हेल्मेट का क्रय मूल्य = ₹ x

∴ इसका अंकित मूल्य = ₹ $\frac{13x}{10}$

प्रश्नानुसार,

$\frac{13x}{10} - 36 = 744$

$\Rightarrow \frac{13x}{10} = 744 + 36 = 780$

$\Rightarrow x = \frac{780 \times 10}{13}$ = ₹ 600

∴ लाभ = ₹ (744 – 600) = ₹ 144

∴ लाभ प्रतिशत $= \left(\frac{144}{600} \times 100\right) = 24\%$

14. (d) I. $4\sqrt{3} = 4 \times 1.732 = 6.928$

$3\sqrt{4} = 3 \times 2 = 6$

$\therefore 4\sqrt{3} > 3\sqrt{4}$

II. $2\sqrt{8} = 2 \times 2\sqrt{2} = 4\sqrt{2}$

$\therefore 8\sqrt{2} > 2\sqrt{8}$

15. (b) S, T तथा U की कार्य कुशलता का अनुपात = 20 : 15 : 12

∴ इनके द्वारा लिए गए समय का अनुपात

$= \frac{1}{20} : \frac{1}{15} : \frac{1}{12}$

$= \left(\frac{1}{20} \times 60\right) : \left(\frac{1}{15} \times 60\right) : \left(\frac{1}{12} \times 60\right)$

[20, 15 एवं 12 का ल.स. = 60]

= 3 : 4 : 5

$\therefore \frac{1}{3x} + \frac{1}{4x} + \frac{1}{5x} = \frac{1}{30}$

$\Rightarrow \frac{20 + 15 + 12}{60x} = \frac{1}{30}$

$\Rightarrow \frac{47}{2x} = 1$

$\Rightarrow x = \frac{47}{2}$

∴ U द्वारा लिया गया समय $= 5x$

$= \left(5 \times \frac{47}{2}\right)$ दिन $= \frac{235}{2}$ दिन

16. (b) रेलगाड़ी की चाल = 90 किमी./घंटा

$= \left(\frac{90 \times 5}{18}\right)$ मीटर/सेकण्ड

= 25 मीटर/सेकण्ड

∴ अभीष्ट समय $= \frac{\text{दूरी}}{\text{समय}}$

$= \frac{2275}{25}$ = 91 सेकण्ड

17. (b) वर्ष 2012 में हुई मृत्यु में वृद्धि

= (8500 – 2000)

= 6500 जो सर्वाधिक है।

18. (c) अभीष्ट अंतर

= (8500 – 1000) = 7500

19. (c) अभीष्ट प्रतिशत

$= \left(\frac{6500 - 4000}{4000}\right) \times 100$

$= \frac{2500}{40} = 62.5\%$

20. (d) वर्ष 2014 में अदा की गई धनराशि

= ₹ (3500 × 5) लाख

= ₹ 17500 लाख

= ₹ 175 करोड़

21. (b) आयत की लंबाई $= \frac{\text{क्षेत्रफल}}{\text{चौड़ाई}}$

$= \frac{120}{8} = 15$ सेमी.

∴ आयत का विकर्ण

$= \sqrt{(\text{लंबाई})^2 + (\text{चौड़ाई})^2}$

$= \sqrt{(15)^2 + (8)^2} = \sqrt{225 + 64}$

$= \sqrt{289} = 17$ सेमी.

22. (a) n-भुजा वाले समबहुभुज का प्रत्येक अत: कोण

$= \frac{(2n - 4)90°}{n}$

प्रत्येक बहिष्कोण $= \frac{360°}{n}$

प्रश्नानुसार,

$\Rightarrow \left(\frac{2n - 4}{n}\right) \times 90° - \frac{360°}{n} = 90°$

$\Rightarrow \frac{2n - 4}{n} - \frac{4}{n} = 1$

$\Rightarrow 2 - \frac{4}{n} - \frac{4}{n} = 1$

$\Rightarrow 2 - \frac{8}{n} = 1$

$\Rightarrow \frac{8}{n} = 2 - 1 = 1$

$\Rightarrow n = 8$

23. (b)अर्द्ध गोले का आयतन $= \frac{2}{3}\pi r^3$

$= \left(\frac{2}{3} \times \frac{22}{7} \times \frac{21}{2} \times \frac{21}{2} \times \frac{21}{2}\right)$ घन सेमी.

= 2425.5 घन सेमी.

24. (a)$\text{cosec } 30° - \frac{1}{\sqrt{3}}$

$= 2 - \frac{1}{\sqrt{3}} = \frac{2\sqrt{3}-1}{\sqrt{3}}$

25. (c)

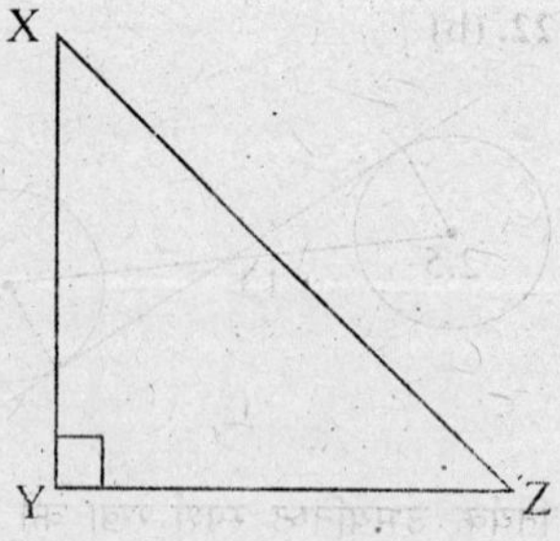

$\text{cosec X} = \frac{XY}{YZ} = \frac{13}{12} = \frac{13x}{12x}$

$\therefore XY = \sqrt{XZ^2 - YZ^2}$

$= \sqrt{(13^2 - 12^2)x^2}$

$= \sqrt{(13+12)(13-12)x^2}$

$= \sqrt{25}x = 5x$

$\because$ XY = 1 सेमी.

$\Rightarrow 5x = 1$

$\Rightarrow x = \frac{1}{5}$

$\therefore YZ = 12x = \frac{12}{5} = 2.4$ सेमी.

□□□

SSC CHSL (10+2) Tier-I भर्ती परीक्षा, तर्कशक्ति परीक्षण

तिथि : 23-03-2018 (प्रथम पाली)

सॉल्व्ड पेपर-2018

1. निम्नलिखित प्रश्न में दिए गए विकल्पों में से संबंधित शब्द युग्म को चुनिए-
सेना : सैनिक : : ? : ?
(a) मण्डली : कलाकार
(b) प्रधानाचार्य : विद्यालय
(c) पहिया : कार
(d) मंत्री : परिषद

2. निम्नलिखित प्रश्न में दिए गए विकल्पों में से संबंधित संख्या को चुनिए-
354 : 351 : : 478 : ?
(a) 481 (b) 447
(c) 475 (d) 477

3. निम्नलिखित प्रश्न में दिए गए विकल्पों में से संबंधित अक्षर/अक्षरों को चुनिए-
PTY : DHM : : SQZ : ?
(a) IEO (b) GEN
(c) GFN (d) IFP

4. निम्नलिखित प्रश्न में दिए गए विकल्पों में से विषम शब्द युग्म को चुनिए-
(a) टेबल टेनिस – इनडोर
(b) क्रिकेट – आउटडोर
(c) फुटबॉल – आउटडोर
(d) इनडोर – शतरंज

5. नीचे दिए गए प्रश्न में, चार संख्या युग्म दिए गए हैं। (–) के बायीं ओर दी संख्या (–) के दायीं ओर दी गई संख्या से तर्क/नियम से सम्बंधित है। तीन उसी एक तर्क/नियम के आधार पर समान हैं। दिए गए विकल्पों में से विभिन्न को चुनिए-
(a) 33 – 40 (b) 31 – 38
(c) 21 – 28 (d) 23 – 28

6. निम्नलिखित प्रश्न में दिए गए विकल्पों में से विषम अक्षर/अक्षरों को चुनिए-
(a) IQY (b) CKT
(c) EMU (d) HPX

7. निम्नलिखित शब्दों को शब्दकोश में आने वाले क्रम के अनुसार लिखें-
1. Infect 2. Inferior
3. Indulge 4. Induce
5. Indirect
(a) 52143 (b) 12453
(c) 54312 (d) 14532

8. निम्नलिखित प्रश्न में दिए गए विकल्पों में से लुप्त अंक ज्ञात कीजिए-
23, 28, 34, 41, 49, ?
(a) 57 (b) 59
(c) 56 (d) 58

9. एक अनुक्रम दिया गया है, जिसमें से एक पद लुप्त है। दिए गए विकल्पों में से वह सही विकल्प चुनिए, जो अनुक्रम को पूरा करें-
AFMG, CHOI, EJQK, GLSM, ?
(a) HMVP (b) IOUH
(c) MOUP (d) INUO

10. राहुल, ऋचा से लम्बा है परंतु मीता से छोटा नहीं है। मीता तथा मुकेश एक समान लम्बाई के हैं। राहुल, राजू से छोटा है। छात्रों में से, दूसरा सबसे लम्बा कौन है?
(a) मीता
(b) राहुल
(c) मुकेश
(d) ज्ञात नहीं किया जा सकता

11. दिए गए विकल्पों में से वह शब्द चुनिए, जो दिए गए शब्द के अक्षरों का प्रयोग करके नहीं बनाया जा सकता है-
Benevolent
(a) Been (b) Nevin
(c) Lent (d) Ben

12. एक विशिष्ट कोड भाषा में, "FULTE" को "UOFGV" लिखा जाता है। इस कोड भाषा में "LAMPS" को किस प्रकार लिखा जाएगा ?
(a) ONKPT (b) OZNPS
(c) OSNPZ (d) OZNKH

13. किसी निश्चित कोड भाषा में '÷', '+' को प्रदर्शित करता है, '–', '×' को प्रदर्शित करता है, '+', '÷' को प्रदर्शित करता है और '×', '–' को प्रदर्शित करता है। निम्नलिखित प्रश्न का उत्तर ज्ञात करें-
16 × 20 ÷ 5 – 20 + 4 = ?
(a) 11 (b) 37
(c) 14 (d) 35

14. निम्नलिखित समीकरण गलत है। इस समीकरण को सही करने के लिए किन दो चिन्हों को आपस में अदला-बदली करना चाहिए?
16 – 2 + 40 + 4 × 18 = 40
(a) + और – (b) + और ×
(c) + और ÷ (d) – और ÷

15. यदि 1!9 = 20, 9!5 = 28 और 5!5 = 20 तो 7!3 = ? का मान ज्ञात करें-
(a) 20 (b) 15
(c) 22 (d) 24

16. निम्नलिखित में से कौन-सा पद दी गयी सूची के क्रम के अनुसार है?
PQPQPRRQ, PQPQRRPQ, PQPRRQPQ, PQRRPQPQ, PRRQPQPQ,
(a) PQPQPQRR
(b) RRPQPQPQ
(c) PQPQRRQ
(d) PQPQRRPQ

17. एक क्रॉस कंट्री रेस रूट शुरू होता है और 2 कि.मी. पूर्व में जाता है, फिर वहाँ उत्तर दिशा में एक मोड़ है, जहां वह मार्ग 10 कि.मी. तक आगे जाता है, फिर पूर्व की तरफ एक मोड़ है, जहां वह मार्ग आगे 7 कि.मी. तक चला जाता है, फिर एक दाहिना मोड़ है जहां, से यह मार्ग अंतस्थल तक पहुंचने के लिए आगे 10 कि.मी. तक चला जाता है। उस शुरुआत में संबंध में अंतस्थल की स्थिति क्या है?

(a) 5 कि.मी. पूर्व
(b) 9 कि.मी. पश्चिम
(c) 5 कि.मी. पश्चिम
(d) 9 कि.मी. पूर्व

18. प्रश्न में दो कथन दिये गये हैं, जिसके आगे दो निष्कर्ष I और II निकाले गये हैं। आपको मानना है कि दोनों कथन सत्य हैं। चाहे वह सामान्यतः ज्ञात तथ्यों से भिन्न प्रतीत होते हों। आपको निर्णय करना है कि दिए गए निष्कर्षों में से कौन-सा/कौन-से निश्चित रूप से कथन द्वारा सही निकाला जा सकता है/सकते हैं, यदि कोई हो।

कथन I: सभी चेन रस्सियां होती हैं
कथन II: कुछ कड़ियां चेन होती हैं
निष्कर्ष I: कुछ रस्सियां कड़ियां होती हैं
निष्कर्ष II: सभी कड़ियां रस्सियां होती हैं

(a) केवल निष्कर्ष I सही है।
(b) केवल निष्कर्ष II सही है।
(c) दोनों निष्कर्ष I और II सही हैं।
(d) न तो निष्कर्ष I सही है ना ही निष्कर्ष II

19. निम्नलिखित आकृति में, आयत फार्माकिस्ट को प्रदर्शित करता है, वृत्त एथलीट्स को प्रदर्शित करता है, त्रिभुज कवियों को प्रदर्शित करता है और वर्ग जिम्नास्ट्स को प्रदर्शित करता है। अक्षरों का कौन-सा समूह उन जिम्नास्ट्स को प्रदर्शित करता है, जो एथलीट्स और कवि दोनों हैं?

(a) G (b) GH
(c) IG (d) IGH

20. एक अनुक्रम दिया गया है, जिसमें से एक पद लुप्त है। दिए गए विकल्पों में से वह सही विकल्प चुनिए, जो अनुक्रम को पूरा करे-

HAT, MEY, RKD, WPI, ?

(a) YRK (b) AWO
(c) AVM (d) BUN

21. निम्नलिखित प्रश्न में दिए गए विकल्पों में से लुप्त अंक ज्ञात कीजिए-

669, 660, 651, 642, 633, ?

(a) 622 (b) 620
(c) 624 (d) 618

22. नीचे दिए गए प्रश्न में, तीन संख्याओं के चार समूह दिए गए हैं। प्रत्येक समूह में दूसरी तथा तीसरी संख्या पहली संख्या से किसी एक तर्क/नियम से सम्बंधित है। तीन उसी एक तर्क/नियम के आधार पर समान हैं। दिए गए विकल्पों में से भिन्न को चुनिए।

(a) (49, 45, 39) (b) (73, 68, 63)
(c) (94, 89, 54) (d) (66, 61, 56)

23. यदि एक दर्पण को MN रेखा पर रखा जाए तो दी गयी उत्तर आकृतियों में से कौन-सी आकृति प्रश्न आकृति का सही प्रतिबिम्ब होगी?

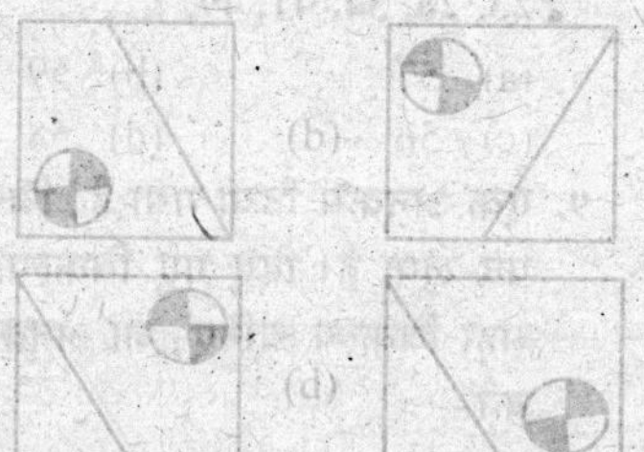

24. निम्नलिखित उत्तर आकृति में से कौन-सा घन दिए गए प्रश्न आकृति में से खुले घन से बनाया नहीं जा सकता ?

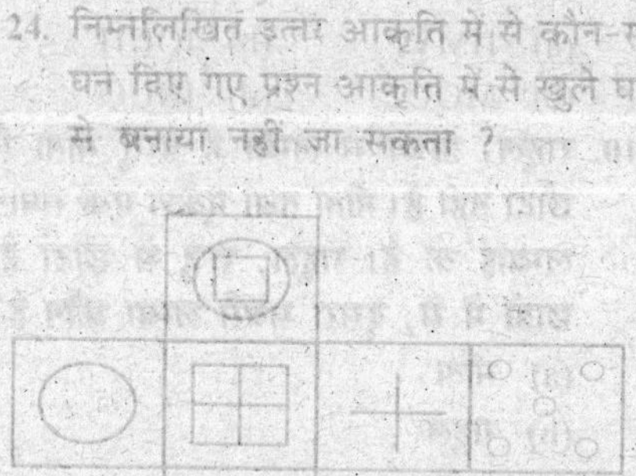

(a)

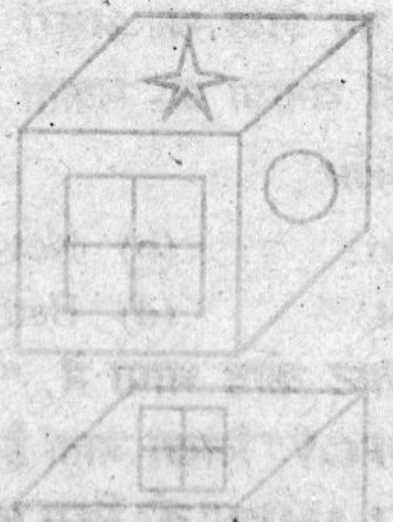

(b)

(c)

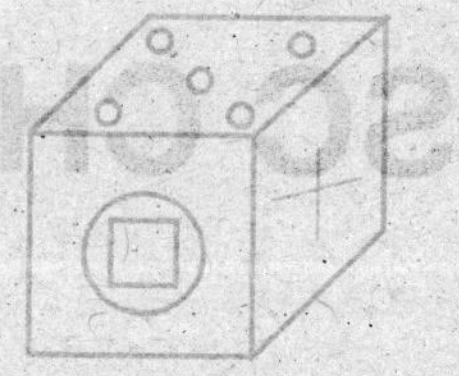

(d)

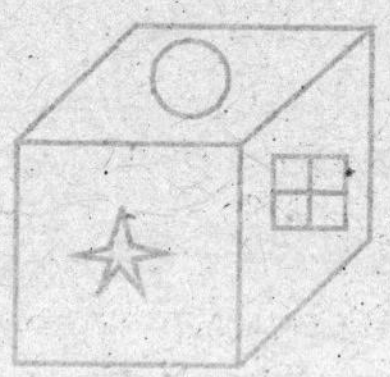

25. एक शब्द केवल एक संख्या-समूह द्वारा दर्शाया गया है, जैसा कि विकल्पों में से किसी एक में दिया गया है। विकल्पों में दिए गए संख्या-समूह अक्षरों के दो वर्गों द्वारा दर्शाए गए हैं, जैसा कि दिए गए दो आव्यूहों में है। आव्यूह-I के स्तम्भ और पंक्ति की संख्या 0 से 4 और आव्यूह-II की 5 से 9 है। इन आव्यूहों में से एक अक्षर को पहले उसकी पंक्ति और बाद में स्तम्भ संख्या द्वारा दर्शाया जा सकता है। उदाहरण के लिए 'C' को 30, 43 आदि द्वारा दर्शाया जा सकता है तथा 'S' को 86, 97 आदि के द्वारा दर्शाया जा सकता है। इसी तरह से आपको प्रश्न में दिए शब्द 'VOLT' के लिए समूह को पहचानना है।

आव्यूह-I

	0	1	2	3	4
0	A	F	B	I	M
1	F	C	J	C	B
2	B	G	F	F	F
3	C	L	E	J	B
4	K	A	M	C	E

आव्यूह-II

	5	6	7	8	9
5	V	U	X	Q	X
6	T	V	V	Q	X
7	W	Y	T	X	W
8	Z	S	N	Z	T
9	N	O	S	N	X

(a) 67, 96, 31, 65 (b) [illegible], 89, 14, 59
(c) 43, 58, 31, 65 (d) 30, 57, 20, 68

1 सादृश्यता परीक्षण

- सहसम्बन्ध, 'सामान्य मानसिक योग्यता' के अन्तर्गत आने वाले विभिन्न अध्यायों में से एक महत्त्वपूर्ण तथा रोचक अध्याय है। जैसा कि इस अध्याय के नाम से ही स्पष्ट है कि यह अध्याय विभिन्न वस्तुओं के बीच अन्तर्संबंधों पर आधारित है। इस अध्याय के विषय में कुछ और महत्त्वपूर्ण जानकारियां निम्न हैं—

(i) यदि आपसे कोई यह बताने के लिए कहे कि 'स्याही' के लिए 'दवात' कैसी चीज है, तो निश्चित रूप से आप कहेंगे कि 'दवात', 'स्याही' रखने का 'पात्र' (बर्तन) है। अब इसी आधार पर क्या आप बता सकते हैं कि 'स्याही' का जो सम्बन्ध 'दवात' से है, 'पानी' का वही सम्बन्ध किससे है? यह प्रश्न सुनते ही तत्काल आपके मस्तिष्क में लोटा, गिलास या बाल्टी अथवा घड़ा का नाम कौंधने लगता है और आसानी से आप इस प्रश्न का उत्तर दे देते हैं।

(ii) यदि फिर आपसे कोई पूछे कि 'कठिन' का 'आसान' से क्या सम्बन्ध है? तो आप सहज ही बता देंगे कि 'आसान' 'कठिन' का विपरीतार्थक शब्द है। है न!

अब इसी पर आधारित प्रश्न, कोई पूछे कि मजबूत का विपरीतार्थक शब्द कौन-सा है? तो सहसा आपके मस्तिष्क में 'कमजोर' शब्द कौंध जाता है और आप सही उत्तर दे देते हैं।

अब उपर्युक्त दोनों कथनों (i) और (ii) के आधार पर कहा जा सकता है कि—

(i) 'स्याही' का 'दवात' से जो सम्बन्ध है, वही सम्बन्ध 'पानी' का 'घड़ा' से है।

(ii) 'कठिन' का जो सम्बन्ध 'आसान' से है, वही सम्बन्ध 'मजबूत' का 'कमजोर' से है।

उपर्युक्त बातों को और भी स्पष्ट रूप से समझने के लिए नीचे दिये गये उदाहरणों को भली-भाँति देखें और समझें।

प्रत्येक प्रश्न के साथ दिये गये विकल्पों में से सही उत्तर का चुनाव करके रिक्त स्थानों को भरें—

उदाहरण:

1. जो सम्बन्ध 'स्याही' और 'दवात' का है, वही सम्बन्ध 'पानी' और .... का है।

(A) घड़ा (B) शुद्धता
(C) तालाब (D) पेय

2. जो सम्बन्ध 'कठिन' और 'आसान' का है, वही सम्बन्ध 'मजबूत' और .... का है।

(A) ताकत (B) पहलवान
(C) विटामिन (D) कमजोर

निश्चित रूप से प्रश्न 1 और 2 के लिए आपके उत्तर क्रमशः (A) और (D) होंगे।

अब तो आप समझ गये होंगे कि वस्तुतः सम-सम्बन्ध के प्रश्न इसी तरह बनते हैं। उपर्युक्त सभी बातें आपको यही समझाने के लिए कही गई हैं कि आप 'सम-सम्बन्ध' से सम्बन्धित प्रश्नों के स्वरूप को सहज ही समझ सकें। अब प्रश्न उठता है कि 'उत्तरों का चयन कैसे किया जाये' प्रायः कुछ हद तक यह बात भी आपके दिमाग में आ चुकी है, "बुद्धि परीक्षा के प्रश्नों की एक अलग विशेषता होती है कि उनके उत्तर प्रश्न में ही निहित होते हैं।"

कुछ महत्वपूर्ण सम्बन्ध

उपकरण और मापन

उपकरण	माप
थर्मामीटर	तापमान
एमीटर	विद्युत-धारा
लैक्टोमीटर	दूध की शुद्धता
बैरोमीटर	वायु दाब
कैलोरीमीटर	ऊष्मा
रेनगेज	वर्षा
सिस्मोग्राफ	भूकंप (तीव्रता और मूल स्थान)
वोल्टमीटर	विभव अंतर
प्लेनीमीटर	समतल सतह का क्षेत्रफल

लिंग सम्बन्ध

पुरुषवाचक	स्त्रीवाचक	पुरुषवाचक	स्त्रीवाचक
भतीजा	भतीजी	शासक	शासिका
बैल	गाय	हिरण	हिरणी
बछड़ा	बछिया	शेर	शेरनी
मृग	मृगी	मालिक	मालकिन
चाचा	चाची	सम्राट	साम्राज्ञी

राज्य और उनकी राजधानियाँ

क्र. सं.	राज्य	राजधानी
1.	असम	दिसपुर
2.	अरुणाचल प्रदेश	ईटानगर
3.	आंध्र प्रदेश	हैदराबाद
4.	उत्तर प्रदेश	लखनऊ
5.	ओडिशा (उड़ीसा)	भुवनेश्वर
6.	उत्तराखण्ड	देहरादून
7.	कर्नाटक	बंगलूरु
8.	केरल	तिरुवनन्तपुरम्
9.	गुजरात	गाँधीनगर
10.	गोवा	पणजी
11.	छत्तीसगढ़	रायपुर
12.	जम्मू-कश्मीर	श्रीनगर
13.	झारखण्ड	राँची
14.	तमिलनाडु	चेन्नई
15.	नगालैण्ड	कोहिमा
16.	पंजाब	चण्डीगढ़
17.	पश्चिम बंगाल	कोलकाता
18.	बिहार	पटना
19.	महाराष्ट्र	मुम्बई
20.	मध्य प्रदेश	भोपाल
21.	मणिपुर	इम्फाल
22.	मेघालय	शिलांग
23.	मिजोरम	आइजोल
24.	राजस्थान	जयपुर
25.	सिक्किम	गंगटोक
26.	हरियाणा	चंडीगढ़
27.	हिमाचल प्रदेश	शिमला
28.	त्रिपुरा	अगरतला
29.	तेलंगाना	हैदराबाद

क्र. सं.	केन्द्रशासित प्रदेश	राजधानी
1.	अंडमान-निकोबार द्वीप समूह	पोर्टब्लेयर
2.	चंडीगढ	चंडीगढ़
3.	दादरा और नगर हवेली	सिलवासा
4.	दिल्ली	दिल्ली
5.	दमन एवं दीव	दमन
6.	पुदुचेरी	पुदुचेरी
7.	लक्षद्वीप	कावारत्ती

क्र.	देश	राजधानी	मुद्रा	संसद
1.	अर्जेण्टीना	ब्यूनस आयर्स	ऑस्ट्रल	नेशनल कांग्रेस
2.	अफगानिस्तान	काबुल	अफगानी	शोरा
3.	आस्ट्रेलिया	कैनबरा	डॉलर	पार्लियामेंट
4.	ईरान	तेहरान	रियाल	मजलिस
5.	कनाडा	ओटावा	डॉलर	पार्लियामेंट
6.	जर्मनी	बर्लिन	यूरो	बुंडस्टाग
7.	जापान	टोक्यो	येन	डायट
8.	नेपाल	काठमांडू	रुपया	राष्ट्रीय पंचायत
9.	पेरू	लीमा	न्यूसोल	क्वेयुआ
10.	बांग्लादेश	ढाका	टका	जातीय संसद
11.	भारत	नई दिल्ली	रुपया	संसद
12.	यू. के. (ब्रिटेन)	लंदन	पाउण्ड स्टर्लिंग	पार्लियामेंट
13.	स्पेन	मैड्रिड	यूरो	कोर्टेस
14.	सं. राज्य अमेरिका	वाशिंगटन डी. सी.	डॉलर	कांग्रेस
15.	रूस	मास्को	रुबल	ड्यूमा

देश और जनजातियाँ

देश	जनजातियाँ
अमेरिका	रेड इंडियन
न्यूजीलैंड	मूरी
अरब, उत्तरी अफ्रीका	बद्दू
अफ्रीका, अमेरिका	नीग्रो
पाकिस्तान	अफरीदी
दक्षिण अफ्रीका	जुलू, बोयेर
तुर्की, ईरान, इराक	कुर्द
उत्तर अफ्रीका	मूर
नेपाल, तिब्बत	शेरपा, थारू
भारत	भोटिया, भील, अवोहर, मुंडा, चकमा, संथाल, कोल

स्मारक और स्थल

प्रसिद्ध स्थान/स्मारक	अवस्थिति
लाल किला, जामा मस्जिद	
कुतुब मीनार	दिल्ली
रेड स्क्वेयर, क्रेमलिन	मास्को
वाल स्ट्रीट, अल्बानी	न्यूयार्क
ओवल, 10 डाउनिंग स्ट्रीट	लंदन

रॉक गार्डन	चंडीगढ़
सिडनी	आस्ट्रेलिया
पेंटागन	वाशिंगटन
ताजमहल	आगरा
शिकागो	अमेरिका
मियामी	फ्लोरिडा
ब्राउन हाउस	बर्लिन
मरडेका पैलेस	जकार्ता
पिरामिड	मिस्र
पैगोडा	रंगून

औजार और उपयोगकर्ता

उपयोगकर्ता	औजार/उपकरण
लेखक	कलम
किसान	हल
माली	खुरपी
लुहार	हथौड़ा
नाई	कैंची
लकड़हारा	कुल्हाड़ी
चित्रकार	तूलिका (ब्रश)
मोची	सूआ
अध्यापक	श्यामपट्ट
शिल्पकार	छेनी

◎ **अंग्रेजी वर्णाक्षर एवं शब्दों पर आधारित सम-सम्बन्ध**

इस प्रकार के अंतर्गत अंग्रेजी वर्णमाला के अक्षरों, अक्षर समूहों अथवा शब्दों पर आधारित प्रश्न दिये जाते हैं। इन प्रश्नों में दिए गए प्रथम दो शब्दों के सम्बन्ध को शीघ्रता से पहचान कर इसी आधार पर तीसरे शब्द के लिए सही उत्तर की पहचान करनी होती है। इस प्रकार के प्रश्नों को अच्छी तरह समझने के लिए कुछ उदाहरण आगे दिए जा रहे हैं।

उदाहरण—

1. ABC तथा ZYX के बीच जो सम्बन्ध है, वही सम्बन्ध CBA का निम्नलिखित में से किससे है?

(A) ZXY (B) BCA
(C) XYZ (D) XZY

अथवा, ABC : ZYX : : CBA : ?

(A) ZXY (B) BCA
(C) XYZ (D) XZY

हल—(C)
A B C D E F G H I J K L M
| | | | | | | | | | | | |
Z Y X W V U T S R Q P O N

प्रश्न में दिए गए प्रथम दो शब्दों अक्षर-समूहों ABC तथा ZYX के बीच सम्बन्ध स्पष्ट है कि दोनों एक दूसरे के विपरीत वर्ण क्रम वाले अक्षर-समूह हैं ठीक इसी प्रकार CBA के विपरीत XYZ है। स्पष्टत: सही उत्तर विकल्प (C) है।

◉ **अंकों पर आधारित सम-सम्बन्ध—** इस प्रकार के प्रश्नों में अंकों के क्रम, अंकों के वर्गों के क्रम, अभाज्य संख्याओं के क्रम आदि पर आधारित प्रश्न पूछे जाते हैं। इस प्रकार के प्रश्नों को हल करने के लिए सर्वप्रथम दिए गए दोनों शब्दों के सम्बन्ध को पहचानना अत्यावश्यक है। इसके बाद उसी सम्बन्ध के आधार पर सही उत्तर का चुनाव करना होता है। कभी-कभी इस प्रकार के प्रश्नों में दिए गए सम्बन्ध को पहचानने में कठिनाइयाँ आती हैं, पर ध्यानपूर्वक पढ़ने पर इसमें छिपे सम्बन्ध का पता चल जाता है। अत: यदि कभी प्रश्न में दिए गए सम्बन्ध समझ में न आए तो आपको चाहिए कि विचलित हुए बिना आप उस प्रश्न को तीन से चार बार ध्यानपूर्वक पढ़ें। इससे प्रश्न के विषय में आप पूर्णत: अवगत हो पायेंगे किन्तु, इस प्रकार के प्रश्नों को हल करते समय आपको समय का भी ध्यान रखना चाहिए। इस प्रकार के प्रश्न सामान्यत: अधिक समय लेते हैं, अत: जितनी जल्दी हो सके इन प्रश्नों को समझकर सावधानीपूर्वक हल करने का प्रयास करना चाहिए। कुछ उदाहरण अग्रलिखित द्रष्टव्य हैं।

उदाहरण—

2. जिस प्रकार 26 सम्बन्धित है 28 से उसी प्रकार निम्नलिखित में से 30 किससे सम्बन्धित है?

(A) 32 (B) 36
(C) 34 (D) 31

अथवा, 26 : 28 : : 30 : ?

(A) 32 (B) 36
(C) 34 (D) 31

हल—(A) जिस प्रकार,

26 + 2 = 28

उसी प्रकार,

30 + 2 = 32

अत: सही उत्तर विकल्प (A) होगा।

उदाहरण—

3. जिस प्रकार 28 सम्बन्धित है 82 से ठीक उसी प्रकार 36 निम्नलिखित में .... से सम्बन्धित है।

अथवा, 28 : 82 : : 36 : ?

(A) 56 (B) 32
(C) 63 (D) 58

हल—(C) प्रश्न में दिए गए सम्बन्ध से स्पष्ट है कि दी गई संख्या के दोनों अंक आपस में बदलते हैं—

जिस प्रकार,

2 8 ⟶ 8 2

ठीक उसी प्रकार,

3 6 ⟶ 6 3

अत: सही उत्तर 63 अर्थात् विकल्प (C) है।

अभ्यास प्रश्न

1. दिए गए विकल्पों में से संबंधित शब्द/अक्षर/ संख्या को चुनिए।

भूकम्प विज्ञान : भूकम्प : : जलविज्ञान : ?

(A) बच्चा (B) पानी

(C) दवा (D) रोग

[SSC CHSL (Tier-1) ऑनलाइन परीक्षा 30 जनवरी 2017 सुबहपाली]

उत्तर (B) जिस प्रकार भूकम्प विज्ञान, भूकम्प से सम्बधित हैं। उसीप्रकार जलविज्ञान पानी से सम्बधित होगा।

2. दिए गए विकल्पों में से संबंधित शब्द/अक्षर/ संख्या को चुनिए।

DR : SE : : NC : ?

(A) PF (B) DO

(C) O (D) PE

[SSC CHSL (Tier-1) ऑनलाइन परीक्षा 30 जनवरी 2017 सुबहपाली]

उत्तर (B) जिस प्रकार

D R S E
4 18 19 5
+1
+1

उसीप्रकार

N C D O
14 3 4 15
+1
+1

अत: लुप्त पद DO होगा।

3. दिए गए विकल्पों में से संबंधित शब्द/अक्षर/ संख्या को चुनिए।

KD : PW : : RN : ?

(A) IM (B) MI

(C) WM (D) ME

[SSC CHSL (Tier-1) ऑनलाइन परीक्षा 30 जनवरी 2017 सुबहपाली]

उत्तर (A) जिस प्रकार

K D P W
11 4 16 23
+12
+12

उसी प्रकार

R N I M
18 14 9 13
−5
−5

अत: लुप्त पद IM होगा।

4. दिए गए विकल्पों में से संबंधित शब्द/अक्षर/संख्या को चुनिए।

37 : 10 : : 65 : ?

(A) 11 (B) 15

(C) 16 (D) 14

[SSC CHSL (Tier-1) ऑनलाइन परीक्षा 30 जनवरी 2017 सुबहपाली]

उत्तर (A) जिसप्रकार,

37 = 3 + 7 = 10

उसीप्रकार,

65 = 6 + 5 = 11

अत: लुप्त पद 11 होगा।

5. दिए गए विकल्पों में से सम्बन्धित शब्द/अक्षर /संख्या को चुनिए–

भेड़ : झुंड :: अंगूर : ?

(A) गुच्छा (B) भंडार

(C) हेक्टेयर (D) भूमि

[SSC CHSL (Tier-1) ऑनलाइन परीक्षा 30 जनवरी 2017 सायंपाली]

उत्तर (A) जिस प्रकार भेड़, झुण्ड में रहती है। उसी प्रकार अंगूर, गुच्छे में होंगे।

6. दिए गए विकल्पों में से सम्बन्धित शब्द/अक्षर/ संख्या को चुनिए–

HEK : MJP : : NKQ : ?

(A) SRX (B) SQY

(C) SPV (D) SUW

[SSC CHSL (Tier-1) ऑनलाइन परीक्षा 30 जनवरी 2017 सायंपाली]

उत्तर (C) जिस प्रकार,

H E K
8 5 11
↓+5 ↓+5 ↓+5
M J P
13 10 16

उसी प्रकार,

N	K	Q
14	11	17
↓+5	↓+5	↓+5
S	P	V
19	16	22

अतः लुप्त पद SPV होगा।

7. दिए गए विकल्पों में से सम्बन्धित शब्द/अक्षर /संख्या को चुनिए–

OPQ : MQO : : VWX : ?

(A) TXW (B) TXV
(C) UTS (D) USR

[SSC CHSL (Tier-1) ऑनलाइन परीक्षा 30 जनवरी 2017 सायंपाली]

उत्तर (B) जिस प्रकार,

O	P	Q
15	16	17
↓−2	↓+1	↓−2
M	Q	O
13	17	15

उसी प्रकार,

V	W	X
22	23	24
↓−2	↓+1	↓−2
T	X	V
20	24	22

अतः लुप्त पद TXV होगा।

8. दिए गए विकल्पों में से सम्बन्धित शब्द/अक्षर/ संख्या को चुनिए–

8 : 9 : : 25 : ?

(A) 32 (B) 36
(C) 49 (D) 55

[SSC CHSL (Tier-1) ऑनलाइन परीक्षा 30 जनवरी 2017 सायंपाली]

उत्तर (A) जिस प्रकार,

$8 = 2 \times 2 \times 2$
$= 2^3$
$9 = 3 \times 3$
$= 3^2$

उसी प्रकार, $25 = 5 \times 5$
$= 5^2$
$32 = 2 \times 2 \times 2 \times 2 \times 2$
$= 2^5$

अतः लुप्त पद 32 होगा।

9. दिए गए विकल्पों में से सम्बन्धित शब्द/अक्षर /संख्या को चुनिए–

इराक : दिनार : : कोरिया : ?

(A) पाउंड (B) येन
(C) डॉलर (D) वोन

[SSC CHSL (Tier-1) ऑनलाइन परीक्षा 29 जनवरी 2017 सुबहपाली]

उत्तर (D) जिस प्रकार इराक की मुद्रा दिनार है। उसी प्रकार कोरिया की मुद्रा वोन होगी।

10. दिए गए विकल्पों में से सम्बन्धित शब्द/अक्षर/ संख्या को चुनिए–

AOE : ? : : GMA : IUO

(A) MXI (B) MWS
(C) MWI (D) MXJ

[SSC CHSL (Tier-1) ऑनलाइन परीक्षा 29 जनवरी 2017 सुबहपाली]

उत्तर (C)

G	M	A		A	O	E
7	13	1		1	15	5
↓	↓	↓		↓	↓	↓
I	U	O		M	W	I
9	21	15		13	23	9

अतः लुप्त पद MWI होगा।

11. दिए गए विकल्पों में से सम्बन्धित शब्द/अक्षर/ संख्या को चुनिए–

deF : Ihg : : wxY : ?

(A) bAZ (B) Baz
(C) BaZ (D) baz

[SSC CHSL (Tier-1) ऑनलाइन परीक्षा 29 जनवरी 2017 सुबहपाली]

उत्तर (C) deF : Ihg : : wxY : ?

$d \xrightarrow{+5} I$; $e \xrightarrow{+3} h$; $F \xrightarrow{+1} g$
4 → 9 ; 5 → 8 ; 6 → 7

इसी प्रकार

$w \xrightarrow{+5} B$; $x \xrightarrow{+3} a$; $Y \xrightarrow{+1} Z$
23 → 2 ; 24 → 1 ; 25 → 26

अतः लुप्त पद BaZ होगा।

12. दिए गए विकल्पों में से सम्बन्धित शब्द/अक्षर/ संख्या को चुनिए–

81 : 121 : : 49 : ?

(A) 81 (B) 62
(C) 52 (D) 100

[SSC CHSL (Tier-1) ऑनलाइन परीक्षा 29 जनवरी 2017 सुबहपाली]

उत्तर (A) 81 : 121 : : 49 : ?

$81 = (9)^2$

$121 = (11)^2$

$49 = (7)^2$

$\therefore 9 + 2 = 11$

$\therefore 7 + 2 = 9 = (9)^2 = 81$

अत: लुप्त पद 81 होगा।

13. दिए गए विकल्पों में से सम्बन्धित शब्द/अक्षर/ संख्या को चुनिए–

कर्क रेखा : अक्षांश : : प्रधान मध्याह्न : ?

(A)

(A) विषुव (B) समोच्च रेखा

(C) देशान्तर (D) जलवायु क्षेत्र

[SSC CHSL (Tier-1) ऑनलाइन परीक्षा 25 जनवरी 2017 सुबहपाली]

उत्तर (C) जिस प्रकार कर्क रेखा का सम्बन्ध अक्षांश से होता है। उसी प्रकार प्रधान मध्याह्न का सम्बन्ध देशान्तर से होगा।

14. दिए गए विकल्पों में से सम्बन्धित शब्द/अक्षर/ संख्या को चुनिए–

ECEIN : NIECE : : VANISH: ?

(A) HSINVA (B) SHINAV

(C) HSINAV (D) HSNIAV

[SSC CHSL (Tier-1) ऑनलाइन परीक्षा 25 जनवरी 2017 सुबहपाली]

उत्तर (C) जिस प्रकार

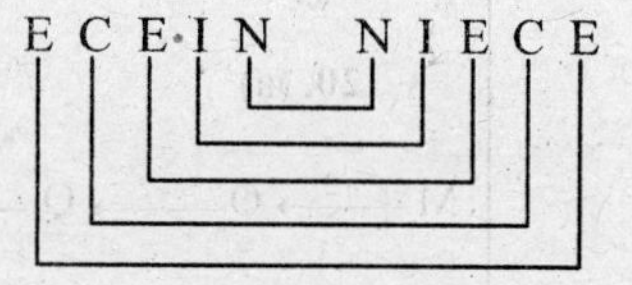

विपरीत क्रम

इसी प्रकार

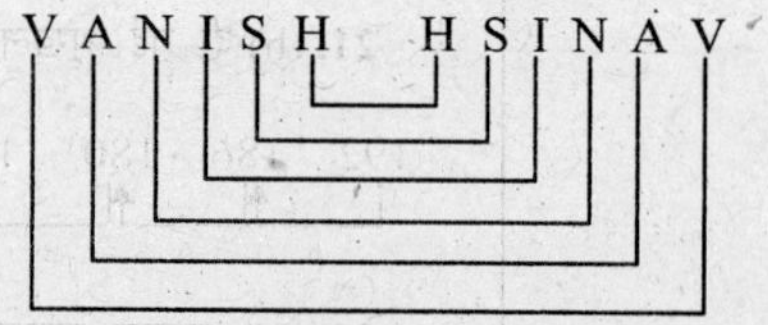

विपरीत क्रम

अत: VANISH को HSINAV लिखा जायेगा।

15. दिए गए विकल्पों में से सम्बन्धित शब्द/अक्षर/ संख्या को चुनिए–

HNP : JPR : : QRS : ?

(A) KNO (B) STU

(C) NQR (D) TZA

[SSC CHSL (Tier-1) ऑनलाइन परीक्षा 25 जनवरी 2017 सुबहपाली]

उत्तर (B) जिस प्रकार,

H N P

+2 ↓ +2 ↓ +2 ↓

J P R

उसी प्रकार,

Q R S

+2 ↓ +2 ↓ +2 ↓

S T U

अत: QRS को STU लिखा जायेगा।

16. दिए गए विकल्पों में से सम्बन्धित शब्द/अक्षर/ संख्या को चुनिए–

14 : 225 : : 17 : ?

(A) 225 (B) 324

(C) 342 (D) 569

[SSC CHSL (Tier-1) ऑनलाइन परीक्षा 25 जनवरी 2017 सुबहपाली]

उत्तर (B) 14 : 225 : : 17 : ?

$14 + 1 = 15 = (15)^2 = 225$

$17 + 1 = 18 = (18)^2 = 324$

अत: लुप्त पद 324 होगा।

17. दिए गए विकल्पों में से सम्बन्धित शब्द/अक्षर/ संख्या को चुनिए।

स्नूकर : छड़ी : : क्रिकेट : ?

(A) गेंद (B) बल्ला

(C) पैड (D) हेलमेट

[SSC CHSL (Tier-1) ऑनलाइन परीक्षा 24 जनवरी 2017 सुबहपाली]

उत्तर (B) जिस प्रकार स्नूकर छड़ी से खेला जाता है। उसी प्रकार क्रिकेट बल्ले से खेलेंगे।

18. दिए गए विकल्पों में से सम्बन्धित शब्द/अक्षर/संख्या को चुनिए।

MT : JW : : RP : ?

(A) LM (B) OS

(C) KL (D) NR

[SSC CHSL (Tier-1) ऑनलाइन परीक्षा 24 जनवरी 2017 सुबहपाली]

उत्तर (B) M T J W R P O S
13 20 10 23 18 16 15 19
−3 +3 −3 +3

अतः लुप्त पद OS होगा।

19. दिए गए विकल्पों में से सम्बन्धित शब्द/अक्षर/संख्या को चुनिए।

TZ : W : : NT : ?

(A) P (B) K
(C) R (D) Q

[SSC CHSL (Tier-1) ऑनलाइन परीक्षा 24 जनवरी 2017 सुबहपाली]

उत्तर (D) जिस प्रकार,

T Z → W इसी प्रकार N T → Q
20 26 23 14 20

$\frac{20+26}{2} = 23$, $\frac{14+20}{2} = 17$

अतः लुप्त पद Q होगा।

20. दिए गए विकल्पों में से सम्बन्धित शब्द/अक्षर/संख्या को चुनिए।

23 : 6 : : 43 : ?

(A) 10 (B) 9
(C) 18 (D) 12

[SSC CHSL (Tier-1) ऑनलाइन परीक्षा 24 जनवरी 2017 सुबहपाली]

उत्तर (D) 23 : 6 : : 43 : ?

$? = \frac{6 \times 43}{23}$

= 11.21

= 12 (निकटतम)

21. दिए गए विकल्पों में से सम्बन्धित शब्द/अक्षर/संख्या को चुनिए।

विद्यालय : अध्ययन : : प्रयोगशाला : ?

(A) खेलना (B) परीक्षण
(C) हल करना (D) प्रार्थना

[SSC CHSL (Tier-1) ऑनलाइन परीक्षा 24 जनवरी 2017 सायंपाली]

उत्तर (B) जिस प्रकार विद्यालय में अध्ययन किया जाता है। उसी प्रकार प्रयोगशाला में परीक्षण होता है।

22. दिए गए विकल्पों में से सम्बन्धित शब्द/अक्षर/संख्या को चुनिए।

COMMANDER : REDNAMMOC : : MANAGEMENT : ?

(A) TNEMEGANAM (B) TNEMEGAMAN
(C) TENMEGANAM (D) TNEMEPANAM

[SSC CHSL (Tier-1) ऑनलाइन परीक्षा 24 जनवरी 2017 सुबहपाली]

उत्तर (A) जिस प्रकार,

COMMANDER REDNAMMOC

इसी प्रकार,

MANAGEMENT TNEMEGANAM

अतः MANAGEMENT को TNEMEGANAM लिखा जायेगा।

23. दिए गए विकल्पों में से सम्बन्धित शब्द/अक्षर/संख्या को चुनिए।

WEFHY : DVUSB : : SFCLD : ?

(A) HUXOW (B) SUSWL
(C) SUSLW (D) SUSCL

[SSC CHSL (Tier-1) ऑनलाइन परीक्षा 24 जनवरी 2017 सुबहपाली]

उत्तर (A) जिस प्रकार

W E F H Y को D V U S B
23 5 6 8 25 4 22 21 19 2
−18 +1 +2 +17 +18 −1 −2 −17

उसी प्रकार,

S F C L D को H U X O W
19 6 3 12 4 8 21 24 15 23
−13 −3 +9 −8 +13 +3 −9 +8

लिखा जायेगा।

अतः SFCLD को HUXOW लिखेंगे।

24. दिए गए विकल्पों में से सम्बन्धित शब्द/अक्षर/संख्या को चुनिए।

8 : 32 : : 6 : ?

(A) 31 (B) 22
(C) 18 (D) 21

[SSC CHSL (Tier-1) ऑनलाइन परीक्षा 24 जनवरी 2017 सुबहपाली]

उत्तर (C) 8 : 32 : : 6 : ?

$8 \rightarrow 8^2 = \frac{64}{2} = 32$

$6 \rightarrow 6^2 = \frac{36}{2} = 18$

अत: लुप्त पद 18 होगा।

25. दिए गए विकल्पों में से सम्बन्धित शब्द/अक्षर/संख्या को चुनिए।

वी.वी.एस. लक्ष्मण : क्रिकेट : : ध्यानचन्द : ?

(A) हॉकी (B) फुटबॉल
(C) बॉस्केटबॉल (D) बॉलीबॉल

[SSC CHSL (Tier-1) ऑनलाइन परीक्षा 23 जनवरी 2017 दोपहरपाली]

उत्तर (A) जिस प्रकार वी. वी. एस. लक्ष्मण का सम्बन्ध क्रिकेट से है। उसी प्रकार ध्यानचन्द का सम्बन्ध हॉकी से है।

26. दिए गए विकल्पों में से सम्बन्धित शब्द/अक्षर/संख्या को चुनिए।

TN : WQ : : BV : ?

(A) QT (B) LK
(C) EY (D) EZ

[SSC CHSL (Tier-1) ऑनलाइन परीक्षा 23 जनवरी 2017 दोपहरपाली]

उत्तर (C)

T	N	W	Q	B	V	E	Y
20	14	23	17	2	22	5	25
	−6		−6		+20		+20

अत: लुप्त पद EY होगा।

27. दिए गए विकल्पों में से सम्बन्धित शब्द/अक्षर/संख्या को चुनिए।

उपयुक्त : अनउपयुक्त : : प्रकाशित करना : ?

(A) स्पष्टवादी (B) खुलासा करना
(C) छिपाना (D) संचारित करना

[SSC CHSL (Tier-1) ऑनलाइन परीक्षा 23 जनवरी 2017 दोपहरपाली]

उत्तर (C) जिस प्रकार उपयुक्त का विपरीत अनउपयुक्त होता है। उसी प्रकार 'प्रकाशित करना' का विपरीत छिपाना होगा।

28. दिए गए विकल्पों में से सम्बन्धित शब्द/अक्षर/संख्या को चुनिए।

6 : 108 : : 11 : ?

(A) 363 (B) 333
(C) 253 (D) 340

[SSC CHSL (Tier-1) ऑनलाइन परीक्षा 23 जनवरी 2017 दोपहरपाली]

उत्तर (A) $6 \rightarrow 6 \times 6 \times 3 \rightarrow 108$

$11 \rightarrow 11 \times 11 \times 3 \rightarrow 363$

अत: लुप्त पद 363 होगा।

29. दिए गए विकल्पों में से संबंधित शब्द/अक्षर/संख्या को चुनिए।

चिकित्सक : रोगी : : दुकानदार : ?

(A) उत्पाद (B) ग्राहक
(C) खुदरा विक्रेता (D) खेल

[SSC CHSL (Tier-1) ऑनलाइन परीक्षा 22 जनवरी 2017 सुबहपाली]

उत्तर (B) जिस प्रकार चिकित्सक का सम्बन्ध रोगी से होता है। उसी प्रकार दुकानदार का सम्बन्ध ग्राहक से होगा।

30. दिए गए विकल्पों में से संबंधित शब्द/अक्षर/संख्या को चुनिए।

EF : GH : : IJ : ?

(A) MN (B) LK
(C) KL (D) GH

[SSC CHSL (Tier-1) ऑनलाइन परीक्षा 22 जनवरी 2017 सुबहपाली]

उत्तर (C)

E	F	G	H	I	J	K	L
5	6	7	8	9	10	11	12
	+1		+1		+1		+1

अत: लुप्त पद KL होगा।

31. दिए गए विकल्पों में से संबंधित शब्द/ अक्षर/संख्या को चुनिए।

AE : FJ : : ? : PT

(A) OK (B) KO
(C) DE (D) FG

[SSC CHSL (Tier-1) ऑनलाइन परीक्षा 22 जनवरी 2017 सुबहपाली]

उत्तर (B)

A	E	F	J	K	O	P	L
1	5	6	10	11	15	16	20
	+4		+4		+4		+4

अत: लुप्त पद KO होगा।

32. दिए गए विकल्पों में से संबंधित शब्द/अक्षर/संख्या को चुनिए।

96 : 54 : : 89 : ?

(A) 76 (B) 72
(C) 67 (D) 64

[SSC CHSL (Tier-1) ऑनलाइन परीक्षा 22 जनवरी 2017 सुबहपाली]

उत्तर (B) $96 = 9 \times 6 \rightarrow 54$

$89 = 8 \times 9 \rightarrow 72$

अत: लुप्त पद 72 होगा।

33. दिए गए विकल्प में से संबंधित शब्द/अक्षर/ संख्या को चुनिए।

भारत : रूपया : : ? : टका

(A) इंडोनेशिया (B) नेपाल
(C) बांग्लादेश (D) श्रीलंका

[SSC CHSL (Tier-1) ऑनलाइन परीक्षा 22 जनवरी 2017 दोपहरपाली]

उत्तर (C) जिस प्रकार रूपया भारत की मुद्रा है। उसी प्रकार टका बांग्लादेश की मुद्रा होगी।

34. दिए गए विकल्प में से संबंधित शब्द/अक्षर/ संख्या को चुनिए।

RST : QPO : : MNO : ?

(A) YZA (B) GHI
(C) BAC (D) LKJ

[SSC CHSL (Tier-1) ऑनलाइन परीक्षा 22 जनवरी 2017 दोपहरपाली]

उत्तर (D) जिस प्रकार

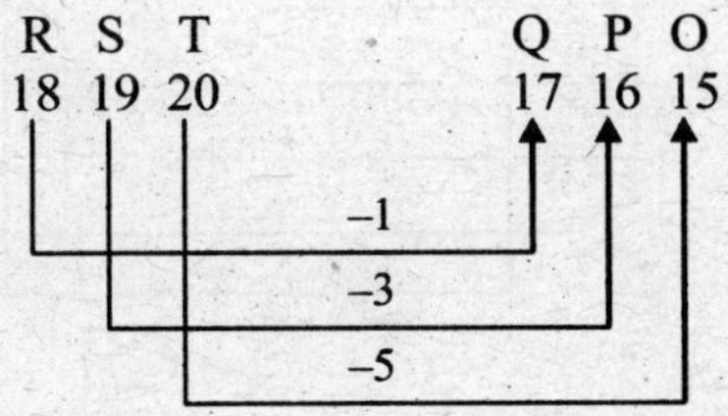

इसी प्रकार

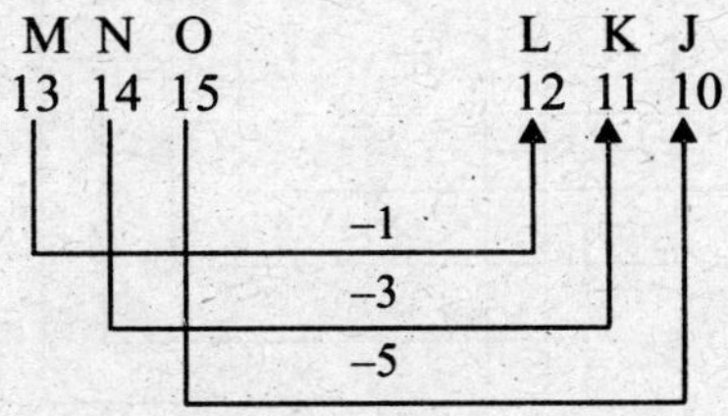

अत: लुप्त पद LKJ होगा।

35. दिए गए विकल्पों में से संबंधित शब्द/अक्षर/संख्या को चुनिए।

JOCKER : MRFNHU : : DRAUGHT : ?

(A) GUDXKWJ (B) GUDXJWK
(C) GUDXJKW (D) GUDJXKW

[SSC CHSL (Tier-1) ऑनलाइन परीक्षा 22 जनवरी 2017 दोपहरपाली]

उत्तर (C) जिस प्रकार

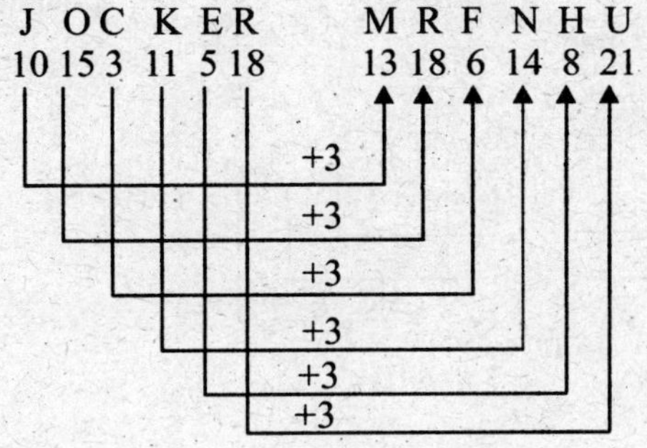

इसी प्रकार

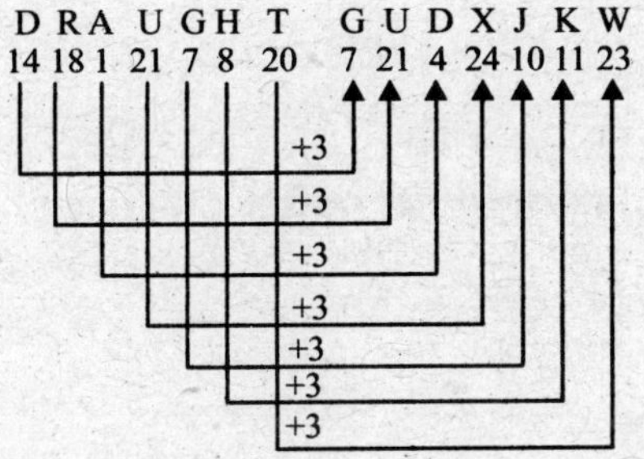

अत: लुप्त पद GUDXJKW होगा।

36. दिए गए विकल्पों में से संबंधित शब्द/अक्षर/ संख्या को चुनिए।

8 : 504 : : 11 : ?

(A) 1300 (B) 1310
(C) 1320 (D) 1302

[SSC CHSL (Tier-1) ऑनलाइन परीक्षा 22 जनवरी 2017 दोपहरपाली]

उत्तर (C) $8 \rightarrow 8^3 - 8 \rightarrow 504$

$11 \rightarrow 11^3 - 11 \rightarrow 1320$.

अत: लुप्त संख्या 1320 होगी।

37. दिए गए विकल्प में से संबंधित शब्द/अक्षर/संख्या को चुनिए।

लोकतंत्र : भारत : : साम्यवाद : ?

(A) फ्रांस (B) चीन
(C) ब्रिटेन (D) अमेरिका

[SSC CHSL (Tier-1) Online Exam Paper 21 January 2017 Evening Shift]

उत्तर (B) जिस प्रकार लोकतंन्त्र का सम्बन्ध भारत से है। उसी प्रकार साम्यवाद का सम्बन्ध चीन से है।

38. दिए गए विकल्प में से संबंधित शब्द/अक्षर/संख्या को चुनिए।

? : DDY :: BIG : CLL

(A) TAK (B) CAT

(C) TAC (D) TEF

[SSC CHSL (Tier-1) Online Exam Paper 21 January 2017 Evening Shift]

उत्तर (B) जिस प्रकार

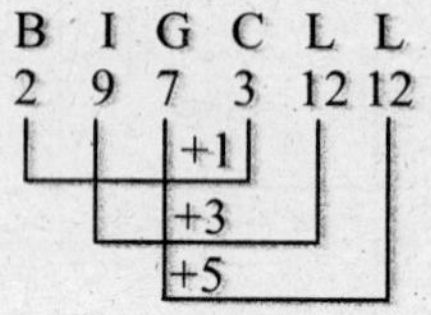

उसी प्रकार

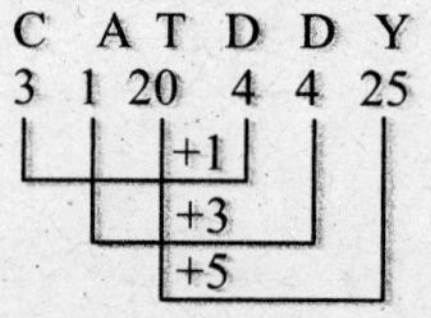

अतः लुप्त पद CAT होगा।

39. दिए गए विकल्प में से संबंधित शब्द/अक्षर/ संख्या को चुनिए।

? : LLH : : RMS : SLU

(A) NMK (B) KMF

(C) MKF (D) MMF

[SSC CHSL (Tier-1) Online Exam Paper 21 January 2017 Evening Shift]

उत्तर (B) जिस प्रकार

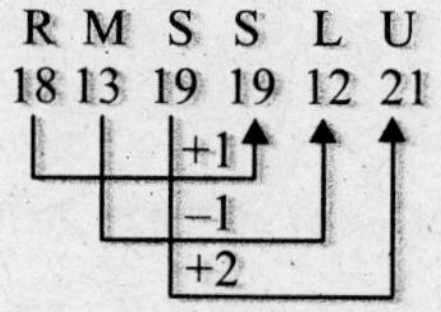

उसी प्रकार

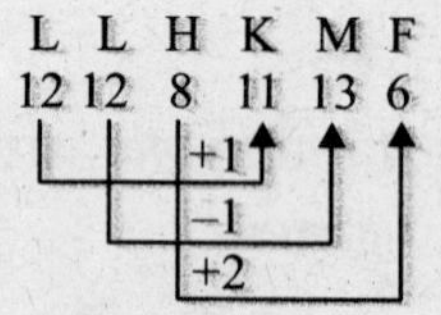

अतः लुप्त पद KMF होगा।

40. दिए गए विकल्प में से संबंधित शब्द/अक्षर/ संख्या को चुनिए।

11 : 1210 : : 10 : ?

(A) 910 (B) 980

(C) 1000 (D) 970

[SSC CHSL (Tier-1) Online Exam Paper 21 January 2017 Evening Shift]

उत्तर (C) $11 \rightarrow 11 \times 11 \times 10 \rightarrow 1210$

$10 \rightarrow 10 \times 10 \times 10 \rightarrow 1000$

अतः लुप्त संख्या 1000 होगी।

41. दिए गए विकल्प में से संबंधित शब्द/अक्षर/ संख्या को चुनिए।

प्रतिरोध : ओम : विद्युतधारा : ?

(A) फैराडे (B) ऐडियन

(C) एम्पियर (D) वोल्ट

[SSC CHSL (Tier-1) ऑनलाइन परीक्षा 18 जनवरी 2017 सायंपाली]

उत्तर (C) जिस प्रकार प्रतिरोध का मात्र ओम होता है। उसी प्रकार विद्युत धारा का मात्रक एम्पियर होगा।

42. दिए गए विकल्प में से संबंधित शब्द/अक्षर/ संख्या को चुनिए।

UHCDN : VIDEO : : OKZXDQ : ?

(A) REPLAY (B) REPOSE

(C) PLAYER (D) OPPOSE

[SSC CHSL (Tier-1) ऑनलाइन परीक्षा 18 जनवरी 2017 सायंपाली]

उत्तर (C) जिस प्रकार

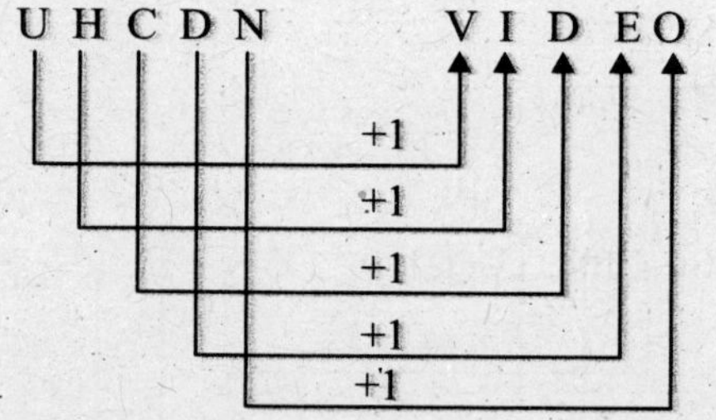

उसी प्रकार

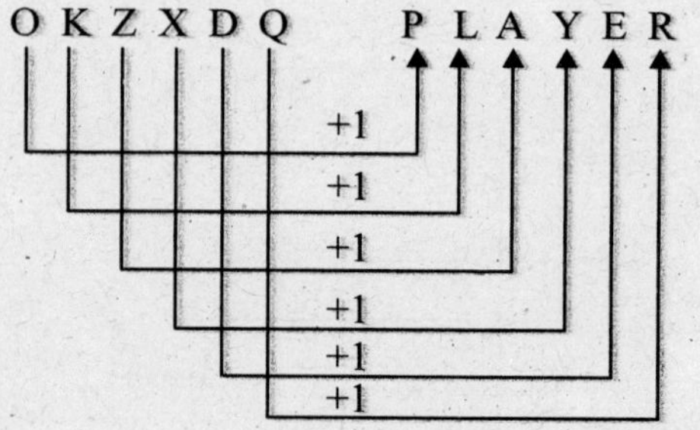

43. दिए गए विकल्प में से संबंधित शब्द/अक्षर/ संख्या को चुनिए।

64 : 8 : : 289 : ?

(A) 17 (B) 27

(C) 26 (D) 19

[SSC CHSL (Tier-1) ऑनलाइन परीक्षा 18 जनवरी 2017 सायंपाली]

उत्तर (A) $64 \rightarrow 8^2 \rightarrow 8$

$289 \rightarrow 17^2 \rightarrow 17$

अत: लुप्त पद 17 होगा।

44. दिए गए विकल्प में से संबंधित शब्द/अक्षर/ संख्या को चुनिए।

13 : 156 : : 17 : ?

(A) 135 (B) 270

(C) 272 (D) 130

[SSC CHSL (Tier-1) ऑनलाइन परीक्षा 18 जनवरी 2017 सायंपाली]

उत्तर (C) $13 \rightarrow 13 \times 13 \rightarrow 169 - 13 \rightarrow 156$

$17 \rightarrow 17 \times 17 \rightarrow 289 - 17 \rightarrow 272$

अत: लुप्त संख्या 272 होगी।

45. दिए गए विकल्प में से संबंधित शब्द/अक्षर/ संख्या को चुनिए।

प्राचीन : पुराना : : कमजोर : ?

(A) मजबूत (B) नाजुक

(C) ठोस (D) शक्तिशाली

[SSC CHSL (Tier-1) ऑनलाइन परीक्षा 18 जनवरी 2017 दोपहरपाली]

उत्तर (B) जिस प्रकार प्राचीन का अर्थ पुराना होता है। उसी प्रकार कमजोर का अर्थ नाजुक होगा।

46. दिए गए विकल्प में से संबंधित शब्द/अक्षर/ संख्या को चुनिए।

XY : AB : : LM : ?

(A) OP (B) PO

(C) RS (D) TU

[SSC CHSL (Tier-1) ऑनलाइन परीक्षा 18 जनवरी 2017 दोपहरपाली]

उत्तर (A) जिस प्रकार

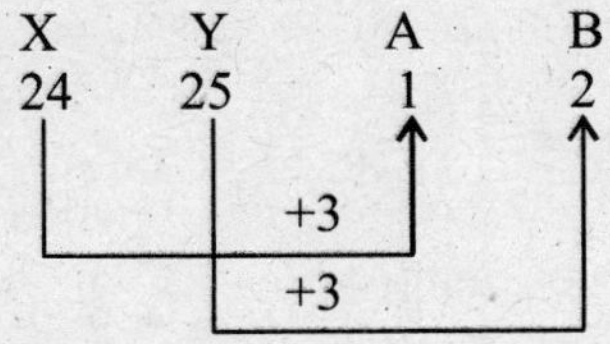

उसी प्रकार

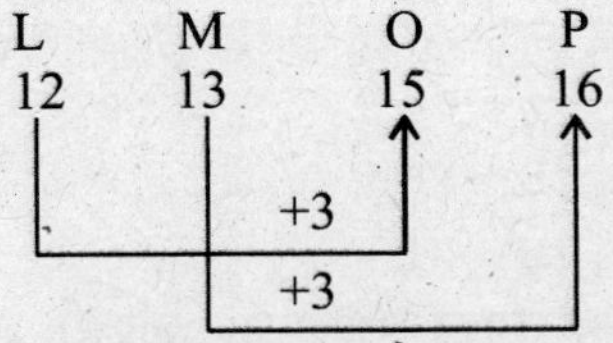

अत: लुप्त पद OP होगा।

47. दिए गए विकल्प में से संबंधित शब्द/अक्षर/संख्या को चुनिए।

CE : GK : : MQ : ?

(A) PQ (B) QW

(C) SV (D) TP

[SSC CHSL (Tier-1) ऑनलाइन परीक्षा 18 जनवरी 2017 दोपहरपाली]

उत्तर (B) जिस प्रकार

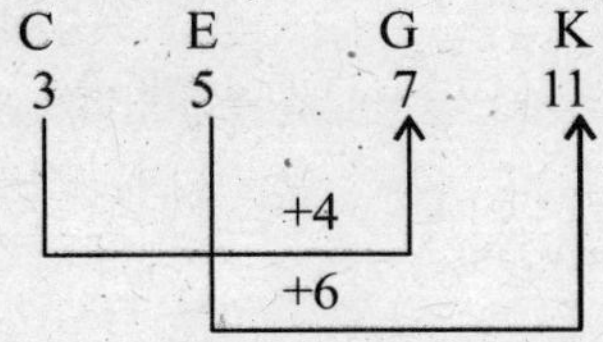

उसी प्रकार

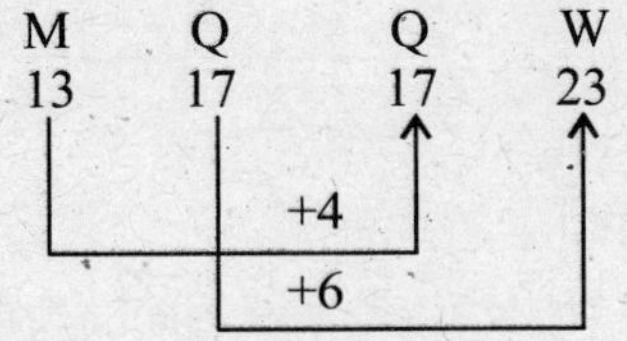

अत: लुप्त पद QW होगा।

48. दिए गए विकल्प में से संबंधित शब्द/अक्षर/ संख्या को चुनिए।

36 : 12 : : 72 : ?

(A) 20 (B) 24

(C) 17 (D) 16

[SSC CHSL (Tier-1) ऑनलाइन परीक्षा 18 जनवरी 2017 दोपहरपाली]

उत्तर (B) जिस प्रकार $36 \longleftrightarrow 12$

$\frac{36}{3}$

उसी प्रकार

$72 \longleftrightarrow 24$

$\frac{72}{3}$

अत: लुप्त संख्या 24 होगी।

49. दिए गए विकल्पों में से संबंधित शब्द/अक्षर/ संख्या को चुनिए।

सचिन तेंदुलकर : क्रिकेट : : रोजर फेडरर : ?

(A) लॉन टेनिस (B) फुटबॉल

(C) बास्केटबॉल (D) वॉलीबॉल

[SSC CHSL (Tier-1) ऑनलाइन परीक्षा 16 जनवरी 2017 सुबहपाली]

उत्तर (A) जिस प्रकार सचिन तेन्दुलकर का सम्बन्ध क्रिकेट से है। उसी प्रकार रोजर फेडरर का सम्बन्ध लॉन टेनिस से होगा।

50. दिए गए विकल्पों में से संबंधित शब्द/अक्षर/ संख्या को चुनिए।

TC : EV : : NS : ?

(A) QT (B) LK

(C) PU (D) UP

[SSC CHSL (Tier-1) ऑनलाइन परीक्षा 16 जनवरी 2017 सुबहपाली]

उत्तर (D)

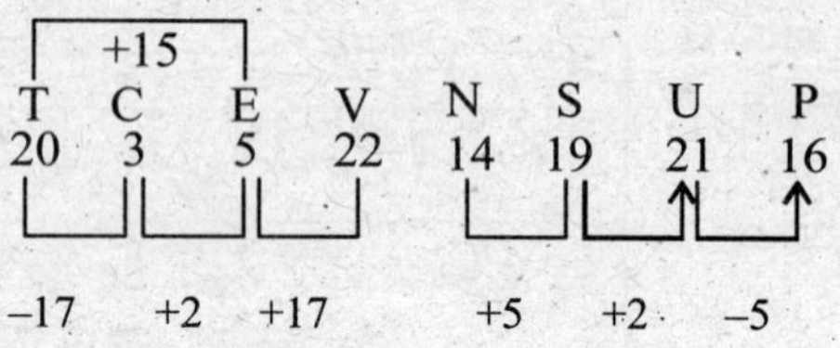

अत: लुप्त पद UP होगा।

51. दिए गए विकल्पों में से संबंधित शब्द/अक्षर/ संख्या को चुनिए।

DR : KK : : LN : ?

(A) QH (B) SH

(C) SG (D) GR

[SSC CHSL (Tier-1) ऑनलाइन परीक्षा 16 जनवरी 2017 सुबहपाली]

उत्तर (C) जिस प्रकार

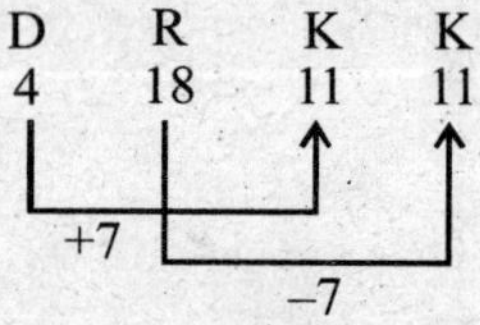

इसी प्रकार

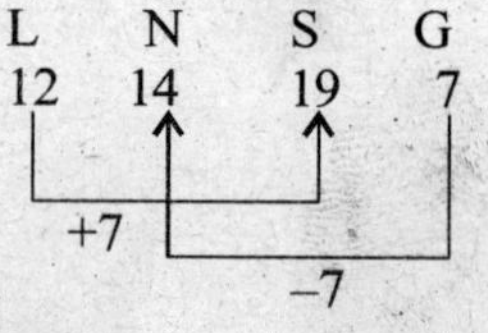

अत: लुप्त पद SG होगा।

52. दिए गए विकल्पों में से संबंधित शब्द/अक्षर/संख्या को चुनिए।

5 : 100 : : 6 : ?

(A) 180 (B) 150

(C) 160 (D) 170

[SSC CHSL (Tier-1) ऑनलाइन परीक्षा 16 जनवरी 2017 सुबहपाली]

उत्तर (A) $5 \rightarrow 5 \times 5 \times 4 \rightarrow 100$

$6 \rightarrow 6 \times 6 \times 5 \rightarrow 180$

इसी प्रकार लुप्त पद 180 होगा।

53. एक अनुक्रम दिया गया है, जिसमें से एक पद लुप्त है। दिए गए विकल्पों में से वह सही विकल्प चुनिए जो अनुक्रम को पूरा करे।

मैट्रिक : इंटरमीडिएट : : स्नातक : ?

(A) स्नातकोत्तर (B) डॉक्टरेट

(C) डिप्लोमा (D) दर्शनशास्त्र

[SSC CHSL (Tier-1) ऑनलाइन परीक्षा 16 जनवरी 2017 सुबहपाली]

उत्तर (A) सही अनुक्रम इस प्रकार है :

मैट्रिक, इंटरमीडिएट, स्नातक, स्नातकोत्तर

अत: लुप्त पद स्नातकोत्तर होगा।

54. दिए गए विकल्प में से संबंधित शब्द/अक्षर/ संख्या को चुनिए।

Ctrl+X : Cut : : Ctrl+C : ?

(A) अन्डू (B) पेस्ट

(C) रीडू (D) कॉपी

[SSC CHSL (Tier-1) ऑनलाइन परीक्षा 10 जनवरी 2017 सुबहपाली]

उत्तर (D) जिस प्रकार Ctrl+X → Cut होता है। उसी प्रकार Ctrl + C → कॉपी।

55. दिए गए विकल्प में से संबंधित शब्द/अक्षर/ संख्या को चुनिए।

DI : M : : CR : ?

(A) Y (B) Q

(C) P (D) U

[SSC CHSL (Tier-1) ऑनलाइन परीक्षा 10 जनवरी 2017 सुबहपाली]

उत्तर (D) जिस प्रकार

D I → M

4 9 (4+9=13)

उसी प्रकार

C R → U

3 18 (3+18=21)

अत: लुप्त पद U होगा।

56. दिए गए विकल्प में से संबंधित शब्द/अक्षर/ संख्या को चुनिए।

TU : MN : : JK : ?

(A) CD (B) RS

(C) TM (D) KL

[SSC CHSL (Tier-1) ऑनलाइन परीक्षा 10 जनवरी 2017 सुबहपाली]

उत्तर (C)

C D R S T M K L
3 4 18 19 20 13 11 12
7 37 33 23

इस प्रकार TM विषम शब्द समूह है।
शेष अभाज्य संख्याएं है।

57. दिए गए विकल्प में से संबंधित शब्द/अक्षर/संख्या को चुनिए।

36 : 25 : : 100 : ?

(A) 81 (B) 30
(C) 35 (D) 40

[SSC CHSL (Tier-1) ऑनलाइन परीक्षा 10 जनवरी 2017 सुबहपाली]

उत्तर (A) 36 ⟶ 25 ⟶ 100 ⟶ 81

↓ ↓ ↓ ↓
$(6)^2$ $(5)^2$ $(10)^2$ $(9)^2$

इस प्रकार 81 लुप्त संख्या होगी।

58. दिए गए विकल्प में से संबंधित शब्द/अक्षर/ संख्या को चुनिए।

आमलेट : अण्डा : : कपड़ा : ?

(A) अयस्क (B) लकड़ी
(C) रेशा (D) लुगदी

[SSC CHSL (Tier-1) ऑनलाइन परीक्षा 10 जनवरी 2017 सायंपाली]

उत्तर (C) जिस प्रकार अंडे का संबंध आमलेट से है। उसी प्रकार कपड़े का संबंध रेशे से होगा।

59. दिए गए विकल्प में से संबंधित शब्द/अक्षर/ संख्या को चुनिए।

JK : PQ : : FG : ?

(A) HI (B) TU
(C) EF (D) UT

[SSC CHSL (Tier-1) ऑनलाइन परीक्षा 10 जनवरी 2017 सायंपाली]

उत्तर (B)

J K P Q F G T U
10 11 16 17 6 7 20 21
+6 +6 +14 +14

इस प्रकार लुप्त पद TU होगा।

60. दिए गए विकल्प में से संबंधित शब्द/अक्षर/संख्या को चुनिए।

Tμ : Ab : : Cd : ?

(A) jk (B) JK
(C) kj (D) Jk

[SSC CHSL (Tier-1) ऑनलाइन परीक्षा 10 जनवरी 2017 सायंपाली]

उत्तर (D)

T u A b C d J k
20 21 1 2 3 4 10 11
+7 +7 +7 +7

अतः लुप्त पद Jk होगा।

61. दिए गए विकल्प में से संबंधित शब्द/अक्षर/ संख्या को चुनिए।

7 : 56 : : 9 : ?

(A) 30 (B) 90
(C) 60 (D) 50

[SSC CHSL (Tier-1) ऑनलाइन परीक्षा 10 जनवरी 2017 सायंपाली]

उत्तर (B) $7 \to 7 \times (7 + 1) \to 7 \times 8 \to 56$

$9 \to 9 \times (9 + 1) \to 9 \times 10 \to 90$

अतः लुप्त संख्या 90 होगी।

62. दिए गए विकल्पों में से सम्बन्धित शब्द/अक्षर/संख्या को चुनिए।

नुकसानदेह : घातक :: अभियोग लगाना : ?

(A) ढीठ (B) बेशर्म
(C) लूटना (D) अपराधी ठहराना

[SSC CHSL (Tier-1) ऑनलाइन परीक्षा 10 जनवरी 2017 सुबहपाली]

उत्तर (D) जिस प्रकार नुकसानदेह का सम्बन्ध घातक से है। उसी प्रकार अभियोग लगाना का सम्बन्ध अपराधी ठहराने से होगा।

63. दिए गए विकल्पों में से सम्बन्धित शब्द/अक्षर/ संख्या को चुनिए।

FG : UT :: HI : ?

(A) HI (B) GH
(C) SR (D) ED

[SSC CHSL (Tier-1) ऑनलाइन परीक्षा 10 जनवरी 2017 सुबहपाली]

उत्तर (C)

F G U T H I S R
6 7 21 20 8 9 19 18
+1 −1 +1 −1

अतः लुप्त पद SR होगा।

64. दिए गए विकल्पों में से सम्बन्धित शब्द/ अक्षर/ संख्या को चुनिए।

? : LM :: QR : WX

(A) CD (B) EF

(C) FG (D) TU

[SSC CHSL (Tier-1) ऑनलाइन परीक्षा 10 जनवरी 2017 सुबहपाली]

उत्तर (C)

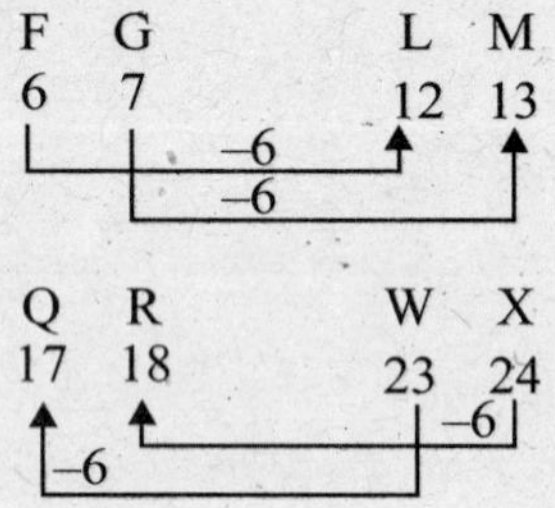

इस प्रकार लुप्त पद FG होगा।

65. दिए गए विकल्पों में से सम्बन्धित शब्द/अक्षर/संख्या को चुनिए।

4 : 44 :: ? : 77

(A) 3 (B) 6

(C) 7 (D) 5

[SSC CHSL (Tier-1) ऑनलाइन परीक्षा 10 जनवरी 2017 सुबहपाली]

उत्तर (C)

$4 \to 11 \times 4 \to 44$

$7 \to 11 \times 7 \to 77$

इसप्रकार लुप्त पद 7 होगा।

66. दिए गए विकल्पों में से सम्बन्धित शब्द/ अक्षर/संख्या को चुनिए।

फोटोग्राफर : कैमरा :: लेखक : ?

(A) कलम (B) गेंद

(C) आरी (D) चाकू

[SSC CHSL (Tier-1) ऑनलाइन परीक्षा 9 जनवरी 2017 सायंपाली]

उत्तर (A) जिस प्रकार फोटोग्राफर कैमरे का प्रयोग चित्र निकालने में करता है। उसी प्रकार लेखक, कलम का प्रयोग लिखने में करेगा।

67. दिए गए विकल्पों में से सम्बन्धित शब्द/अक्षर/संख्या को चुनिए।

AB : YX :: LM : ?

(A) NM (B) OP

(C) IJ (D) G

[SSC CHSL (Tier-1) ऑनलाइन परीक्षा 9 जनवरी 2017 सायंपाली]

उत्तर (A)

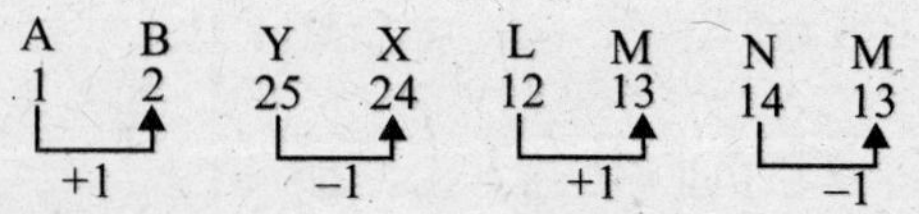

अत: लुप्त पद NM होगा।

68. दिए गए विकल्पों में से सम्बन्धित शब्द/अक्षर/संख्या को चुनिए।

DA : FE :: HI : ?

(A) KO (B) JM

(C) JK (D) K

[SSC CHSL (Tier-1) ऑनलाइन परीक्षा 9 जनवरी 2017 सायंपाली]

उत्तर (B)

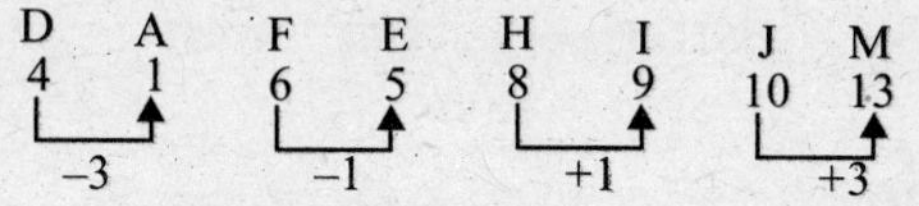

अत: लुप्त पद JM होगा।

69. दिए गए विकल्पों में से सम्बन्धित शब्द/अक्षर/संख्या को चुनिए।

2 : 16 :: 3 : ?

(A) 340 (B) 81

(C) 243 (D) 12

[SSC CHSL (Tier-1) ऑनलाइन परीक्षा 9 जनवरी 2017 सायंपाली]

उत्तर (B)

$2 \to 2^4 \to 16$

$2 \to 3^4 \to 81$

अत: लुप्त पद 81 होगा।

70. दिए गए विकल्पों में से सम्बन्धित शब्द/ अक्षर/संख्या को चुनिए।

दा टाइम मशीन : एच. जी. वेल्स :: जूलियस सीज़र : ?

(A) रवीन्द्र नाथ टैगोर (B) विलियम शेक्सपियर

(C) चार्ल्स डिकन्स (D) लियो टॉलस्टाय

[SSC CHSL (Tier-1) ऑनलाइन परीक्षा 7 जनवरी 2017 सायंपाली]

उत्तर (B) जिस प्रकार दा टाइम मशीन के लेखक एच.जी. वेल्स है। उसीप्रकार जूलियस सीजर के लेखक विलियम शेक्सपियर होंगे।

71. दिए गए विकल्पों में से सम्बन्धित शब्द/अक्षर/ संख्या को चुनिए।

SAP : WET :: ? : XVI

(A) TRE (B) SQR

(C) SRQ (D) PNR

[SSC CHSL (Tier-1) ऑनलाइन परीक्षा 7 जनवरी 2017 सायंपाली]

उत्तर (A) जिस प्रकार,

S A P
+4 ↓ +4 ↓ +4 ↓
W E T

उसी प्रकार,

T R E
+4 ↓ +4 ↓ +4 ↓
X V I

अतः लुप्तपद TRE होगा।

72. दिए गए विकल्पों में से सम्बन्धित शब्द/अक्षर/ संख्या को चुनिए।

LK : OP :: ? : UV

(A) ML (B) TU
(C) NQ (D) FE

[SSC CHSL (Tier-1) ऑनलाइन परीक्षा 7 जनवरी 2017 सायंपाली]

उत्तर (D) जिस प्रकार,

L K O P
12 11 15 16
−1 +1

उसी प्रकार

F E U V
6 5 21 22
−1 +1

अतः लुप्त पद FE होगा।

73. दिए गए विकल्पों में से सम्बन्धित शब्द/अक्षर/ संख्या को चुनिए।

16 : 50 :: 24 : ?

(A) 75 (B) 70
(C) 74 (D) 79

[SSC CHSL (Tier-1) ऑनलाइन परीक्षा 7 जनवरी 2017 सायंपाली]

उत्तर (C) $16 \rightarrow 16 \times 3 + 2 \rightarrow 50$

$24 \rightarrow 24 \times 3 + 2 \rightarrow 74$

अतः लुप्त संख्या 74 होगी।

74. दिए गए विकल्पों में से संबंधित शब्द/अक्षर /संख्या को चुनिए।

विद्यालय : शिक्षक : : अस्पताल : ?

(A) क्लर्क (B) चिकित्सक
(C) विद्यार्थी (D) रोगी

[SSC CHSL (Tier-1) ऑनलाइन परीक्षा 8 फरवरी 2017 सायंपाली]

उत्तर (B) जिसप्रकार विद्यालय का सम्बन्ध शिक्षक से हैं। उसीप्रकार अस्पताल का सम्बन्ध चिकित्सक से होगा।

75. दिए गए विकल्पों में से संबंधित शब्द/अक्षर/ संख्या को चुनिए।

JY : 35 : : RT : ?

(A) 48 (B) 38
(C) 35 (D) 24

[SSC CHSL (Tier-1) ऑनलाइन परीक्षा 8 फरवरी 2017 सायंपाली]

उत्तर (B) JY : 35 : : RT : ?

अंग्रेजी वर्णमाला के अक्षरों के स्थान के अनुसार

J Y R T
10 25 18 20
= 10 + 25 = 18 + 20 JY = 35
= 35 = 38 ∴ RT = 38

अतः RT का अनुपात 38 है।

76. दिए गए विकल्पों में से संबंधित शब्द/अक्षर/ संख्या को चुनिए।

AD : N : : BD : ?

(A) P (B) X
(C) Y (D) Z

[SSC CHSL (Tier-1) ऑनलाइन परीक्षा 8 फरवरी 2017 सायंपाली]

उत्तर (B) AD : N : : BD : ?

AD = 1 + 4 = 14 = N

∴ BD = 2 + 4 = 24 = X

अंग्रेजी वर्णमाला में अक्षरों के स्थान के अनुसार

A व D क्रमशः 1 व 4 पर जाते हैं। जिससे 14 वें स्थान पर N आता है। इसीप्रकार B व D क्रमशः 2 व 4 पर आते हैं। जिससे 24वें स्थान पर X आयेगा।

77. दिए गए विकल्पों में से संबंधित शब्द/अक्षर/ संख्या को चुनिए।

97 : 2 : : 84 : ?

(A) 4 (B) 3
(C) 6 (D) 5

[SSC CHSL (Tier-1) ऑनलाइन परीक्षा 8 फरवरी 2017 सायंपाली]

उत्तर (A) 97 : 2 : : 84 : ?

$9 - 7 = 2$

$8 - 4 = 4$

इसीलिये लुप्त संख्या 4 होगी।

78. दिए गए विकल्पों में से संबंधित शब्द/अक्षर/संख्या को चुनिए।

वैज्ञानिक : प्रयोगशाला : : खगोलविद् : ?

(A) गैरेज (B) युद्ध का मैदान

(C) वेधशाला (D) अस्पताल

[SSC CHSL (Tier-1) ऑनलाइन परीक्षा 7 फरवरी 2017 सुबहपाली]

उत्तर (C) जिस प्रकार वैज्ञानिक का सम्बन्ध प्रयोगशाला से होता है। उसी प्रकार खगोलविद् का सम्बन्ध वेधशाला से माना जायेगा।

79. दिए गए विकल्पों में से संबंधित शब्द/अक्षर/संख्या को चुनिए।

CGK : DHL : : UYC : ?

(A) VZD (B) WZD

(C) WZA (D) VAE

[SSC CHSL (Tier-1) ऑनलाइन परीक्षा 7 फरवरी 2017 सुबहपाली]

उत्तर (A) CGK : DHL : : UYC : ?

जिस प्रकार	उसी प्रकार
C $\xrightarrow{+1}$ D	U $\xrightarrow{+1}$ V
G $\xrightarrow{+1}$ H	Y $\xrightarrow{+1}$ Z
K $\xrightarrow{+1}$ L	C $\xrightarrow{+1}$ D

अत: UYC को VZD लिखा जायेगा।

80. दिए गए विकल्पों में से संबंधित शब्द/अक्षर/संख्या को चुनिए।

BCD : DEG : : FIJ : ?

(A) HKN (B) JLN

(C) FGH (D) KLN

[SSC CHSL (Tier-1) ऑनलाइन परीक्षा 7 फरवरी 2017 सुबहपाली]

उत्तर (B)

जिस प्रकार	उसी प्रकार
B $\xrightarrow{+2}$ D	F $\xrightarrow{+2}$ J
C $\xrightarrow{+2}$ E	I $\xrightarrow{+2}$ L
D $\xrightarrow{+3}$ G	J $\xrightarrow{+3}$ N

अत: FIJ को JLN लिखा जायेगा।

81. दिए गए विकल्पों में से संबंधित शब्द/अक्षर/ संख्या को चुनिए।

56 : 72 : : 90 : ?

(A) 96 (B) 97

(C) 100 (D) 110

[SSC CHSL (Tier-1) ऑनलाइन परीक्षा 7 फरवरी 2017 सुबहपाली]

उत्तर (D) जिस प्रकार 56 : 72 : 7 और 9 का अनुपात है और संख्याओं का अंतर 2 है।

उसी प्रकार 90 : 110 : 9 और 11 का अनुपात होगा।

अत: '?' के स्थान पर 110 आयेगा।

82. दिए गए विकल्पों में से सम्बन्धित शब्द/अक्षर/ संख्या को चुनिए–

स्वांग रचना : बहाना करना : : प्रकाशित करना : ?

(A) शांत करना (B) अनुरोध करना

(C) सहमत होना (D) उद्घाटित करना

[SSC CHSL (Tier-1) ऑनलाइन परीक्षा 3 फरवरी 2017 दोपहरपाली]

उत्तर (D) जिस प्रकार स्वांग रचना का अर्थ बहाना करना है। उसी प्रकार प्रकाशित करना का अर्थ उद्घाटित करना होगा।

83. दिए गए विकल्पों में से सम्बन्धित शब्द/अक्षर/ संख्या को चुनिए–

EF : OP : : ? : ST

(A) GH (B) LM

(C) JK (D) IJ

[SSC CHSL (Tier-1) ऑनलाइन परीक्षा 3 फरवरी 2017 दोपहरपाली]

उत्तर (D) EF : OP : : ? : ST

अंग्रेजी वर्णमाला के अक्षरों के स्थानों के अनुसार

E F $\xrightarrow{+10}$ O P (E +10 → O, F +10 → P)

इसी प्रकार

I J $\xleftarrow{-10}$ S T (S −10 → I, T −10 → J)

अत: IJ का अनुपात ST से होगा।

84. दिए गए विकल्पों में से सम्बन्धित शब्द/अक्षर/ संख्या को चुनिए–

TZ : GA : : QR : ?

(A) KN (B) RS

(C) NQ (D) JI

[SSC CHSL (Tier-1) ऑनलाइन परीक्षा 3 फरवरी 2017 दोपहरपाली]

उत्तर (D) TZ : GA : : QR : ?

अंग्रेजी वर्णमाला के अक्षरों के स्थान के अनुसार

T	Z	G	A
20	26	7	1

दोनों अक्षरों के बीच का अन्तर = 6

इसी प्रकार

$\underset{17}{Q}\ \underset{18}{R}$ का अनुपात $\underset{10}{J}\ \underset{9}{I}$ से होगा।

85. दिए गए विकल्पों में से संबंधित शब्द/अक्षर/संख्या को चुनिए।

तमिलनाडु : चेन्नई :: मणिपुर : ?

(A) इम्फाल (B) आइजोल

(C) इटानगर (D) दिसपुर

[SSC CHSL (Tier-1) ऑनलाइन परीक्षा 3 फरवरी 2017 सायंपाली]

उत्तर (A) जिसप्रकार तमिलनाडु की राजधानी चेन्नई है। उसीप्रकार मणिपुर की राजधानी इम्फाल होगी।

86. दिए गए विकल्पों में से संबंधित शब्द/ अक्षर/संख्या को चुनिए।

CD : 916 : : ? : 100144

(A) HG (B) MO

(C) RS (D) JL

[SSC CHSL (Tier-1) ऑनलाइन परीक्षा 3 फरवरी 2017 सायंपाली]

उत्तर (D)

C D → 916

34

J L → 100144

1012

अत: लुप्त पद JL होगा।

87. दिए गए विकल्पों में से संबंधित शब्द/अक्षर/संख्या को चुनिए।

RARE : ERAR : : ROCKET : ?

(A) TKEROC (B) TEKRCO

(C) TEKROC (D) TEKCOR

[SSC CHSL (Tier-1) ऑनलाइन परीक्षा 3 फरवरी 2017 सायंपाली]

उत्तर (D)

RARE → ERAR

दिए गए अक्षरों को विपरीत क्रम में लिखा गया है।

ROCKET → TEKCOR

अतः लुप्त शब्द TEKCORहोगा।

88. दिए गए विकल्पों में से संबंधित शब्द/अक्षर/संख्या को चुनिए।

19 : 6859 : : 21 : ?

(A) 9291 (B) 9281

(C) 9261 (D) 9200

[SSC CHSL (Tier-1) ऑनलाइन परीक्षा 3 फरवरी 2017 सायंपाली]

उत्तर (C) 19 : 6859 : : 21 : ?

$19 = 6859 = (19)^2 \times 19$

$21 = (21)^2 \times 21$

$= 441 \times 21$

$= 9261$

2 वर्गीकरण

- किसी अक्षर-समूह/शब्द/संख्या को उनके सामान्य गुण, धर्म, आकार, रंग, रूप, लक्षण एवं अन्य गुणों के आधार पर किसी समूह में वर्गीकृत करने की प्रक्रिया को वर्गीकरण कहते हैं। इसे विजातीय चयन भी कहते हैं, क्योंकि इस प्रकार के प्रश्नों में सामान्यत: चार/पाँच अक्षर-समूह/शब्द/संख्या के समूह दिए होते हैं, जिनमें से तीन/चार अक्षर-समूह/ शब्द/संख्या किसी-न-किसी प्रकार से आपस में सम्बन्धित होते हैं, जबकि शेष एक शब्द अन्य शब्दों से भिन्न होता है।
- **अंग्रेजी अक्षर, अक्षर-समूह व शब्दों का वर्गीकरण** (Classification of English Letters, Group of Letters and Words)—इसके अन्तर्गत कुछ अंग्रेजी अक्षर या अक्षर-समूह या शब्द दिए होते हैं, जिनमें से एक को छोड़कर अन्य सभी किसी प्रकार से समान होते हैं। भिन्न अक्षर/अक्षर-समूह/शब्द को उत्तर के रूप में चुनना होता है।

  ऐसे प्रश्नों को हल करने में अंग्रेजी वर्णमाला में अक्षरों की स्थिति, अक्षरों का रेखीय क्रम तथा वृत्तीय क्रम इत्यादि का ज्ञान होना आवश्यक है।

अंग्रेजी अक्षरों की स्थिति

अंग्रेजी अक्षर	A	B	C	D	E	F	G	H	I	J	K	L	M
संगत क्रमांक	1	2	3	4	5	6	7	8	9	10	11	12	13
अंग्रेजी अक्षर	N	O	P	Q	R	S	T	U	V	W	X	Y	Z
संगत क्रमांक	14	15	16	17	18	19	20	21	22	23	24	25	26

अंग्रेजी अक्षरों का रेखीय क्रम

A B C D E F G H I J K L M N O P Q R S T U V W X Y Z

1 2 3 4 5 6 7 8 9 10 11 12 13 14 15 16 17 18 19 20 21 22 23 24 25 26

- **संख्याओं का वर्गीकरण**—किसी अंक या संख्या को उसके सामान्य गुणों के आधार पर किसी समूह में वर्गीकृत करने की क्रिया को संख्याओं का वर्गीकरण कहते हैं। इसके अन्तर्गत निम्न प्रश्न पूछे जाते हैं।
- **चार/पाँच अंक या संख्या**—इनके अन्तर्गत प्रश्नों में अंकों या संख्याओं के कुछ समूह दिए गए होते हैं, जिनमें से आपको उस एक अंक/संख्या को ज्ञात करना होता है, जो समूह में उपस्थित अन्य से समानता प्रकट नहीं करता है अर्थात् अन्य से भिन्न है। संख्याओं का वर्गीकरण निम्नलिखित आधार पर किया जाता है
- **सम संख्या की समानता के आधार पर वर्गीकरण** —इसके अन्तर्गत संख्याओं का वर्गीकरण सम संख्या की समानता के आधार पर किया जाता है।

  वे प्राकृतिक संख्याएँ, जिनमें अंक 2 से भाग देने पर संख्या पूर्णत: विभक्त हो जाए और शेष कुछ भी न बचे, उन्हें सम संख्याएँ कहते हैं। जैसे– 2, 4, 6, 8.... इत्यादि।

  ऐसे प्रश्नों में एक संख्या को छोड़कर, अन्य सभी सम संख्या होती हैं।
- **हिन्दी शब्दों का वर्गीकरण** (Classification of Hindi Words)—इसके अन्तर्गत तीन/चार शब्द एक समूह, वर्ग या जाति के होते हैं, जबकि बचा हुआ आखिरी शब्द दूसरे अर्थात् भिन्न समूह जाति या वर्ग का होता है। इसी एक भिन्न वर्ग, समूह या जाति वाले शब्द अर्थात् असंगत, बेमेल या विजातीय शब्द को चुनने के लिए आप से कहा जाता है।

शब्दों के समूह, वर्ग या जाति

समूह	वर्ग	जाति
विश्व	1. महादेश	एशिया, अफ्रीका, यूरोप, ऑस्ट्रेलिया, उत्तरी अमेरिका, दक्षिणी अमेरिका
	2. महासागर	प्रशान्त महासागर, हिन्द महासागर, अटलांटिक महासागर
	3. देश	भारत, पाकिस्तान, चीन, नेपाल, श्रीलंका, म्यांमार, भूटान, जापान, संयुक्त राज्य अमेरिका, इटली, फ्रांस, कनाडा
	4. देश की राजधानियाँ	नई दिल्ली, काबुल, टोक्यो, काठमाण्डू, मास्को, लन्दन
	5. देश की मुद्राएँ	रुपया, टका, येन, यूरो, युआन, अफगानी, रूबल, डॉलर
	6. देश की भाषाएँ	हिन्दी, अरबी, अंग्रेजी, मन्दारिन, नेपाली
	7. देश की संसद,	कांग्रेस ड्यूमा, मजलिस, डायट, शोरा, पार्लियामेन्ट

	8. देश की नदियाँ	गंगा, सिन्धु, नील, सीन, टेम्स, डेन्यूब
	9. देश की जनजातियां	रेड इण्डियन, मूरी, बडडू, नीग्रो अफरीदी, कुर्द, मूर
	10. देश के राष्ट्रीय खेल	हॉकी, क्रिकेट, रग्बी, फुटबॉल, बेसबॉल, आइस हॉकी
	समूह	**वर्ग जाति**
भारत	1. राज्य	उत्तर, प्रदेश, मध्य प्रदेश, अरुणाचल प्रदेश, उत्तराखण्ड, झारखण्ड
	2. केन्द्रशासित प्रदेश	दिल्ली, चण्डीगढ़, पुदुचेरी, लक्षद्वीप, दमन और दीव
	3. राज्य की राजधानियाँ	लखनऊ, भोपाल, ईटा नगर, देहरादून, राँची
	4. शहर	नई दिल्ली, कोलकाता, चेन्नई, मुम्बई, लखनऊ, इलाहाबाद
	5. नदियाँ	गंगा, यमुना, सरस्वती, नर्मदा, कोसी, सोन
ग्रह	ग्रह	बुध (मरकरी), शुक्र (वीनस), पृथ्वी (अर्थ), मंगल (मार्स), बृहस्पति (जुपीटर), शनि (सेटर्न), वरुण (नेप्च्यून), अरुण (यूरेनस)
समय	1. दिन	सोमवार, मंगलवार, बुधवार, बृहस्पतिवार (गुरुवार), शुक्रवार, शनिवार, रविवार
	2. महीना	
	(a) 28 दिन	फरवरी (साधारण वर्ष में)
	(b) 29 दिन	फरवरी (अधिवर्ष अर्थात् लीप वर्ष में)
	(c) 30 दिन	अप्रैल, जून, सितम्बर, नवम्बर
	(d) 31 दिन	जनवरी, मार्च, मई, जुलाई, अगस्त, अक्टूबर, दिसम्बर
विज्ञान	1 शाखा	भौतिक विज्ञान, रसायन विज्ञान, जीव विज्ञान, जन्तु विज्ञान, वनस्पति विज्ञान
	2. उपकरण	हाइग्रोमीटर, लेक्टोमीटर, एरोमीटर, फैदोमीटर
	3. राशि	बल, कार्य, ऊर्जा, शक्ति, ऊष्मा, आवृत्ति
	4. इकाई	जूल, वाट, न्यूटन, डाइन, हर्ट्ज कैलोरी
	5. विटामिन	ए, बी, सी, डी, ई, के

उदाहरण हल सहित

उदाहरण 1. भिन्न अक्षर-समूह को चुनिए।

(A) AC (B) CD

(C) DF (D) FH

हल— (B)

A C [C D] D F F H

+2 +1 +2 +2

'CD' अक्षर-समूह को छोड़कर, अन्य सभी अक्षर-समूहों में दोनों-अक्षरों के बीच एक अक्षर का अन्तर है।

दोनों अक्षरों के बीच संगत संख्याओं के योग के आधार पर वर्गीकरण : इसके अन्तर्गत अक्षरों का वर्गीकरण दोनों अक्षरों के बीच संगत संख्याओं के योग के आधार पर किया जाता है।

उदाहरण 2. भिन्न अक्षर-समूह को चुनिए।

(A) ABDE (B) FGIJ

(C) KLMN (D) OPRS

हल— (C)

A B D E F G I J [K L M N] O P R S

+3 +3 +2 +3

'KLMN' अक्षर-समूह को छोड़कर, अन्य सभी अक्षर-समूहों में पहले और तीसरे स्थान के अक्षरों के बीच में दो अक्षरों का अन्तर है।

पहले और चौथे स्थान के अक्षरों के बीच में समानता के आधार पर वर्गीकरण : इसके अन्तर्गत अक्षरों का वर्गीकरण पहले और चौथे स्थान के अक्षरों के बीच में समानता के आधार पर किया जाता है।

उदाहरण 3. भिन्न अक्षर-समूह को चुनिए।

(A) JKMO (B) PQRT

(C) UVXZ (D) DEFG

हल— (D)

J K M O P Q R T U V X Z [D E F G]

+2 +2 +2 +1

'DEFG' अक्षर-समूह को छोड़कर, अन्य सभी अक्षर-समूहों में तीसरे और चौथे स्थान के अक्षरों के बीच में एक अक्षर का अन्तर है।

चारों अक्षरों के बीच में समानता के आधार पर वर्गीकरण : इसके अन्तर्गत अक्षरों का वर्गीकरण चारों स्थान के अक्षरों के बीच में समानता के आधार पर किया जाता है।

अक्षरों के प्रकार में समानता के अधार पर वर्गीकरण : इसके अन्तर्गत अक्षर समूहों का वर्गीकरण अक्षरों में समानता के आधार पर किया जाता है।

उदाहरण 4. भिन्न अक्षर-समूह को चुनिए।

(A) ABCDE (B) FGHIJ
(C) KLMNO (D) PQRSS

हल— (D) 'PQRSS' अक्षर समूह को छोड़कर, अन्य सभी अक्षर समूह में पाँचों अक्षर भिन्न प्रकार के हैं तथा क्रमागत हैं।

अक्षरों की संख्या में समानता के आधार पर वर्गीकरण : इसके अन्तर्गत अक्षर-समूह का वर्गीकरण अक्षरों की संख्या में समानता के आधार पर किया जाता है।

उदाहरण 5. निम्नलिखित तीन संख्याओं के चार संख्या-युग्मों में से तीन संख्या -युग्म किसी प्रकार से एक-से हैं और इस प्रकार से ये अपने एक समूह का निर्माण करते हैं। बताएँ कि इनमें से कौन-सा एक ऐसा संख्या-युग्म है, जो अन्य तीन से भिन्न है?

(A) 12, 24, 30 (B) 18, 36, 40
(C) 20, 40, 46 (D) 25, 50, 56

हल— (B) '18, 36, 40' को छोड़कर, अन्य सभी संख्या-युग्मों में दूसरी संख्या, पहली संख्या की दोगुनी है तथा तीसरी संख्या, दूसरी संख्या से 6 अधिक है। अर्थात्

$$12 \xrightarrow{\times 2} 24 \xrightarrow{+6} 30$$
$$18 \xrightarrow{\times 2} 36 \xrightarrow{+4} 40$$
$$20 \xrightarrow{\times 2} 40 \xrightarrow{+6} 46$$
$$25 \xrightarrow{\times 2} 50 \xrightarrow{+6} 56$$

उदाहरण 6. भिन्न संख्या को चुनिए।

(A) 121 (B) 232
(C) 344 (D) 567

हल— (D) संख्या '567' को छोड़कर, अन्य सभी संख्याओं में दो अंक समान हैं।

संख्या के अंकों के योग की समानता के आधार पर वर्गीकरण : इसके अन्तर्गत संख्याओं का वर्गीकरण संख्या के अंको के योग की समानता के आधार पर किया जाता है।

ऐसे प्रश्नों में एक संख्या को छोड़कर, अन्य सभी संख्याओं के अंकों का योग एक निश्चित संख्या होती है।

उदाहरण 7. भिन्न संख्या को चुनिए।

(A) 236 (B) 345
(C) 128 (D) 245

हल— (B) संख्या '345' को छोड़कर, अन्य सभी संख्याओं के अंकों का योग समान अर्थात् 11 है।

$$236 \Rightarrow 2+3+6 = 11$$
$$345 \Rightarrow 3+4+5 = 12$$
$$128 \Rightarrow 1+2+8 = 11$$
$$245 \Rightarrow 2+4+5 = 11$$

उदाहरण 8. नीचे शब्दों के चार जोड़े दिए गए हैं, जिसमें से तीन जो किसी प्रकार से एक जैसे हैं और इस प्रकार से ये अपने एक समूह का निर्माण करते हैं। बताएँ कि इनमें से कौन-सा एक जोड़ा ऐसा है, जो अन्य तीन जोड़ों से भिन्न है?

(A) दूध - दही (B) अंगूर - शराब
(C) बांस - कागज (D) कपास - चीनी

हल— (D) दूध से दही बनता है, अंगूर से शराब बनती है, बांस से कागज बनता है, परन्तु कपास से चीनी नहीं बनती है।

उदाहरण 9. नीचे तीन शब्दों के चार समूह दिए गए हैं, इनमें से केवल एक ही समूह ऐसा है, जिसके तीनों शब्दों में कुछ समान लक्षण/विशेषता है और इस प्रकार से यह समूह अन्य तीन से भिन्न है। बताएँ कि वह समूह कौन-सा है?

(A) सूर्य, चन्द्रमा, पृथ्वी (B) पृथ्वी, चन्द्रमा, मंगल
(C) सूर्य, तारा, चन्द्रमा (D) मंगल, बुध, बृहस्पति

हल— (C) मंगल, बुध, बृहस्पति— ये तीनों ग्रह हैं।

अभ्यास प्रश्न

1. दिए गए विकल्पों में से विषम शब्द/अक्षर/संख्या/संख्या युग्म को चुनिए।

(A) भारत छोड़ों आंदोलन (B) असहयोग आंदोलन
(C) नमक सत्याग्रह आंदोलन (D) बारदोली सत्याग्रह आंदोलन

[SSC CHSL (Tier-1) ऑनलाइन परीक्षा 30 जनवरी 2017 सुबह पाली]

उत्तर (D) वारदोली सत्यागृह आन्दोलन, को छोड़कर सभी आन्दोलन एक ही समय के है।

2. दिए गए विकल्पों में में विषम शब्द/अक्षर/संख्या/संख्या युग्म को चुनिए।

(A) PR (B) LN
(C) YW (D) AC

[SSC CHSL (Tier-1) ऑनलाइन परीक्षा 30 जनवरी 2017 सुबह पाली]

उत्तर (C)

$$\underset{16}{P} \xrightarrow{+2} \underset{18}{R} \quad \underset{12}{L} \xrightarrow{+2} \underset{14}{N} \quad \underset{25}{Y} \xrightarrow{-2} \underset{23}{W} \quad \underset{1}{A} \xrightarrow{+2} \underset{3}{C}$$

अत: YW विषम शब्द है।

3. दिए गए विकल्पों में से विषम शब्द/अक्षर/संख्या/संख्या युग्म को चुनिए।

(A) 235 (B) 678
(C) 347 (D) 268

[SSC CHSL (Tier-1) ऑनलाइन परीक्षा 30 जनवरी 2017 सुबह पाली]

उत्तर (B) $235 = 2 + 3 \rightarrow 5$

$678 = 6 + 7 \rightarrow 13 \neq 8$

$347 = 3 + 4 \rightarrow 7$

$268 = 2 + 6 \rightarrow 8$

अत: 678 विषम संख्या युग्म है।

4. दिए गए विकल्पों में से विषम शब्द/अक्षर/संख्या/संख्या युग्म को चुनिए।

(A) 48 (B) 180

(C) 18 (D) 150

[SSC CHSL (Tier-1) ऑनलाइन परीक्षा 30 जनवरी 2017 सुबह पाली]

उत्तर (D) 150 को छोड़कर शेष संख्याए 18 से विभाज्य है।

5. दिए गए विकल्पों में से विषम शब्द/अक्षर/संख्या युग्म को चुनिए–

(A) झुंड (B) भंडार

(C) गिरोह (D) शावक

[SSC CHSL (Tier-1) ऑनलाइन परीक्षा 30 जनवरी 2017 सायं पाली]

उत्तर (D) झुण्ड, भंडार और गिरोह समूह को प्रदर्शित करते हैं। जबकि शावक नहीं। अत: शावक विषम शब्द है।

6. दिए गए विकल्पों में से विषम शब्द/अक्षर/ संख्या युग्म को चुनिए–

(A) AZ (B) CX

(C) BY (D) DV

[SSC CHSL (Tier-1) ऑनलाइन परीक्षा 30 जनवरी 2017 सायं पाली]

उत्तर (D)

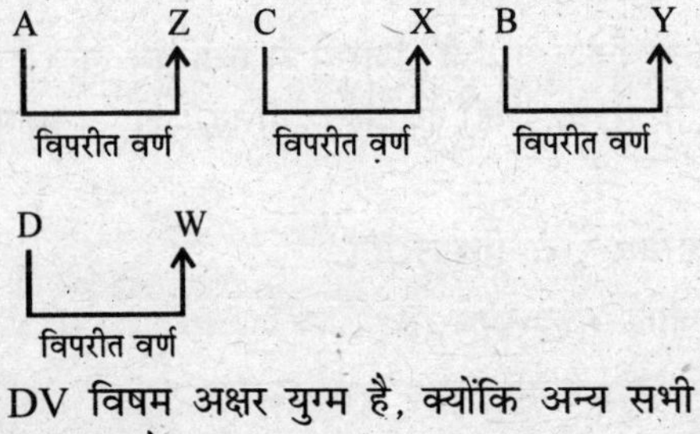

अत: DV विषम अक्षर युग्म है, क्योंकि अन्य सभी एक दूसरे के विपरीत अक्षर हैं।

7. दिए गए विकल्पों में से विषम शब्द/अक्षर/ संख्या युग्म को चुनिए–

(A) 1728 (B) 4096

(C) 5832 (D) 2746

[SSC CHSL (Tier-1) ऑनलाइन परीक्षा 30 जनवरी 2017 सायं पाली]

उत्तर (D) $1728 = (12)^3$

$4096 = (16)^3$

$5832 = (18)^3$

2746 संख्या घन संख्या नहीं है।

अत: 2746 एक विषम संख्या है।

8. दिए गए विकल्पों में से विषम शब्द/अक्षर/ संख्या युग्म को चुनिए–

(A) 655 (B) 360

(C) 826 (D) 995

[SSC CHSL (Tier-1) ऑनलाइन परीक्षा 30 जनवरी 2017 सायं पाली]

उत्तर (C) $655 = 700 - 655 = 45$

$360 = 400 - 360 = 40$

$826 = 900 - 826 = 74$

$995 = 1000 - 995 = 5$

अत: 826 को छोड़कर सभी संख्याओं को पूर्णांकों से घटाने पर प्राप्त संख्यायें 5 के गुणज हैं।

अत: 826 विषम संख्या होगी।

9. दिए गए विकल्पों में से विषम शब्द/अक्षर/ संख्या युग्म को चुनिए–

(A) कार (B) हेलीकॉप्टर

(C) बस (D) ट्रेन

[SSC CHSL (Tier-1) ऑनलाइन परीक्षा 29 जनवरी 2017 सुबह पाली]

उत्तर (B) कार, बस और ट्रेन को छोड़कर हेलीकॉप्टर हवा में उड़ता है। अत: हेलीकॉप्टर विषम शब्द है।

10. दिए गए विकल्पों में से विषम शब्द/ अक्षर/संख्या/संख्या युग्म को चुनिए–

(A) BEH (B) DGJ

(C) HKN (D) MNO

[SSC CHSL (Tier-1) ऑनलाइन परीक्षा 29 जनवरी 2017 सुबह पाली]

उत्तर (D)

BEH $\rightarrow 258 \rightarrow 2 + 3 \rightarrow 5 \rightarrow 5 + 3 \rightarrow 8$

DGJ $\rightarrow 4710 \rightarrow 4 + 3 \rightarrow 7 \rightarrow 7 + 3 \rightarrow 10$

HKN $\rightarrow 81114 \rightarrow 8 + 3 \rightarrow 11 \rightarrow 11 + 3 \rightarrow 14$

MNO $\rightarrow 131415 \rightarrow 13 + 3 \rightarrow 16 \rightarrow 16 + 3 \rightarrow 19$

अत: MNO विषम शब्द है।

11. दिए गए विकल्पों में से विषम शब्द/ अक्षर/संख्या/संख्या युग्म को चुनिए–

(A) 5210 (B) 8432

(C) 8648 (D) 7240

[SSC CHSL (Tier-1) ऑनलाइन परीक्षा 29 जनवरी 2017 सुबह पाली]

उत्तर (D) $5210 \rightarrow 5 \times 2 = 10$

$8432 \rightarrow 8 \times 4 = 32$

$8648 \rightarrow 8 \times 6 = 48$

$7240 \rightarrow 7 \times 2 = 14 \neq 40$

अत: विषम संख्या 7240 है।

12. दिए गए विकल्पों में से सम्बन्धित शब्द/अक्षर/संख्या/संख्या युग्म को चुनिए–

(A) 81 (B) 125
(C) 64 (D) 198

[SSC CHSL (Tier-1) ऑनलाइन परीक्षा 29 जनवरी 2017 सुबह पाली]

उत्तर (D)
$81 = (9)^2$
$125 = (5)^3$
$64 = (4)^3$
$198 \Rightarrow (14)^2 + 2$

अत: 198 विषम संख्या है।

13. एक अनुक्रम दिया गया है, जिसमें से एक पद लुप्त है। दिए गए विकल्पों में से वह सही विकल्प चुनिए, जो अनुक्रम को पूरा करे–

बीज, तना, पत्ती, ?

(A) पौधा (B) पेड़
(C) फल (D) फूल

[SSC CHSL (Tier-1) ऑनलाइन परीक्षा 29 जनवरी 2017 सुबह पाली]

उत्तर (D) जिस प्रकार बीज का सम्बन्ध तना से है। उसी प्रकार पत्ती का सम्बन्ध फूल से होगा।

14. दिए गए विकल्पों में से विषम शब्द/अक्षर/ संख्या/संख्या युग्म को चुनिए–

(A) पुल (B) एस्केलेटर
(C) काठ की सीढ़ी (D) सीढ़ी

[SSC CHSL (Tier-1) ऑनलाइन परीक्षा 25 जनवरी 2017 सुबह पाली]

उत्तर (A) एस्केलेटर, काठ की सीढ़ी, सीढ़ी तीनों सीढ़ियों की श्रेणी में आते हैं। लेकिन पुल नहीं। अत: पुल विषम शब्द होगा।

15. दिए गए विकल्पों में से विषम शब्द/अक्षर/ संख्या/संख्या युग्म को चुनिए–

(A) VTR (B) JLO
(C) PNL (D) HFD

[SSC CHSL (Tier-1) ऑनलाइन परीक्षा 25 जनवरी 2017 सुबह पाली]

उत्तर (B)

V	T	R	J	L	O	P	N	L	H	F	D
22	20	18	10	12	15	16	14	12	8	6	4
	−2	−2		+2	+3		−2	−2		−2	−2

इसलिये JLO विषम शब्द युग्म् होगा।

16. दिए गए विकल्पों में से विषम शब्द/अक्षर/ संख्या/संख्या युग्म को चुनिए–

(A) 1256 (B) 5397
(C) 8765 (D) 9842

[SSC CHSL (Tier-1) ऑनलाइन परीक्षा 25 जनवरी 2017 सुबह पाली]

उत्तर (D) $1256 = 1 + 2 + 5 + 6 = 14$

$5397 = 5 + 3 + 9 + 7 = 24$

$8765 = 8 + 7 + 6 + 5 = 26$

$9842 = 9 + 8 + 4 + 2 = 23$

सभी संख्याओं के अंकों का योग सम है।

लेकिन 9842 संख्या के अंकों का योग विषम है।

अत: 9842 संख्या विषम है।

17. दिए गए विकल्पों में से विषम शब्द/अक्षर/ संख्या/संख्या युग्म को चुनिए–

(A) 1728 (B) 5789
(C) 6088 (D) 4321

[SSC CHSL (Tier-1) ऑनलाइन परीक्षा 25 जनवरी 2017 सुबह पाली]

उत्तर (A) $1728 = (12)^3$

5789

6988

4321

1728, 12 का घन है। तथा शेष संख्या किसी भी संख्या का घन नहीं है। अत: 1728 विषम संख्या युग्म है।

18. एक अनुक्रम दिया गया है, जिसमें से एक पद लुप्त है। दिए गए विकल्पों में से वह सही विकल्प चुनिए, जो अनुक्रम को पूरा करे–

चिड़ियाघर, राष्ट्रीय उद्यान,

वन्यजीव अभ्यारण्य, ?

(A) जीवमण्डल रिजर्व (B) जंगल
(C) वनस्पति उद्यान (D) घास का मैदान

[SSC CHSL (Tier-1) ऑनलाइन परीक्षा 25 जनवरी 2017 सुबह पाली]

उत्तर (A) जिस प्रकार चिड़ियाघर का सम्बन्ध राष्ट्रीय उद्यान से है। उसी प्रकार वन्यजीव अभ्यारण्य का सम्बन्ध जीवमण्डल रिजर्व से होगा।

19. दिए गए विकल्पों में से विषम शब्द/अक्षर/ संख्या/संख्या युग्म चुनिए।

(A) सागरमठ (B) माउंट एवरेस्ट
(C) कंचनजंगा (D) चोमोलंगमा

[SSC CHSL (Tier-1) ऑनलाइन परीक्षा 24 जनवरी 2017 सुबह पाली]

उत्तर (C) अन्य सभी चोटियाँ भारत के बाहर स्थित है तथा कंचनजंगा भारत में स्थित है।

20. दिए गए विकल्पों में से विषम शब्द/अक्षर/ संख्या/संख्या युग्म चुनिए।

(A) MNO (B) LSS

(C) PQR (D) TUV

[SSC CHSL (Tier-1) ऑनलाइन परीक्षा 24 जनवरी 2017 सुबह पाली]

उत्तर (B) LSS को छोड़कर अन्य सभी अक्षर समूह क्रमगत हैं अत: LSS अन्य तीनों से भिन्न है।

21. दिए गए विकल्पों में से विषम शब्द/अक्षर/ संख्या/संख्या युग्म चुनिए।

(A) 222 (B) 2222

(C) 2332 (D) 10648

[SSC CHSL (Tier-1) ऑनलाइन परीक्षा 24 जनवरी 2017 सुबह पाली]

उत्तर (A) 222, 2222, 2332, 10648 में 222 को छोड़कर सभी संख्यायें 11 से विभाज्य है।

22. दिए गए विकल्पों में से विषम शब्द/अक्षर/संख्या/संख्या युग्म चुनिए।

(A) 5687 (B) 4267

(C) 5789 (D) 4977

[SSC CHSL (Tier-1) ऑनलाइन परीक्षा 24 जनवरी 2017 सुबह पाली]

उत्तर (C) $5687 \Rightarrow 56 = 8 \times 7$

$4267 \Rightarrow 42 = 6 \times 7$

$5789 \Rightarrow 57 = 8 \times 9 = 72$

$4977 \Rightarrow 49 = 7 \times 7$

अत: 5789 विषम संख्या युग्म है।

23. दिए गए विकल्पों में से विषम शब्द/अक्षर/संख्या/संख्या युग्म चुनिए।

(A) टन (B) क्विंटल

(C) किलोग्राम (D) गैलन

[SSC CHSL (Tier-1) ऑनलाइन परीक्षा 24 जनवरी 2017 सायं पाली]

उत्तर (D) टन, क्विंटल और किलोग्राम से वस्तुओं को तौला जाता है। लेकिन गैलन से द्रव पदार्थ की मात्रा ज्ञात की जाती है।

अत: गैलन विषम शब्द है।

24. दिए गए विकल्पों में से विषम शब्द/अक्षर/संख्या/संख्या युग्म चुनिए।

(A) XTD (B) TSE

(C) MDI (D) SOD

[SSC CHSL (Tier-1) ऑनलाइन परीक्षा 24 जनवरी 2017 सायं पाली]

उत्तर (B)

X T D T S E M D I S O D

24 20 4 20 19 5 13 4 9 19 15 4

$24 = 20 + 4$ $20 \neq 19 + 5$ $13 = 4 + 9$ $19 = 15 + 4$

अत: TSE विषम अक्षर युग्म है।

25. दिए गए विकल्पों में से विषम शब्द /अक्षर/संख्या//संख्या युग्म चुनिए।

(A) 1232 (B) 1188

(C) 1320 (D) 1050

[SSC CHSL (Tier-1) ऑनलाइन परीक्षा 24 जनवरी 2017 सायं पाली]

उत्तर (D) 1050 को छोड़कर शेष सख्यायें 11 से विभाज्य है।

26. दिए गए विकल्पों में से विषम शब्द /अक्षर/संख्या/संख्या युग्म चुनिए।

(A) 4832 (B) 7855

(C) 6742 (D) 5735

[SSC CHSL (Tier-1) ऑनलाइन परीक्षा 24 जनवरी 2017 सायं पाली]

उत्तर (B) $48\underline{32} = 4 \times 8 = 32$

$78\underline{55} = 7 \times 8 = 56$

$67\underline{42} = 6 \times 7 = 42$

$57\underline{35} = 5 \times 7 = 35$

अत: 7855 विषम संख्या युग्म है।

27. दिए गए विकल्पों में से विषम शब्द/अक्षर/संख्या/संख्या युग्म चुनिए।

(A) नैतिक (B) वास्तविक

(C) पक्षपातपूर्ण (D) विश्वसनीय

[SSC CHSL (Tier-1) ऑनलाइन परीक्षा 23 जनवरी 2017 दोपहर पाली]

उत्तर (C) नैतिक, वास्तविक, विश्वसनीय को एक श्रेणी में रखा गया है। जबकि पक्षपातपूर्ण विषम शब्द है।

28. दिए गए विकल्पों में से विषम शब्द/अक्षर/संख्या/संख्या युग्म चुनिए।

(A) TSP (B) IHE

(C) MLI (D) POM

[SSC CHSL (Tier-1) ऑनलाइन परीक्षा 23 जनवरी 2017 दोपहर पाली]

उत्तर (D)

T S P I H E

20 19 16 9 8 5

−1 −3 −1 −3

M L I P O M
13 12 9 16 15 13
–1 –3 –1 –2

अत: POM विषम शब्द होगा।

29. दिए गए विकल्पों में से विषम शब्द/अक्षर/संख्या/संख्या युग्म चुनिए।

(A) 176 (B) 263
(C) 132 (D) 297

[SSC CHSL (Tier-1) ऑनलाइन परीक्षा 23 जनवरी 2017 दोपहर पाली]

उत्तर (B) 176 = 1 + 7 + 6 = 14

263 = 2 + 6 + 3 = 11

132 = 1 + 3 + 2 = 6

297 = 2 + 9 + 7 = 18

दी गयी संख्याओं के अंकों को जोड़ने पर 263 को छोड़कर सभी संख्याओं के अंकों का योग सम है।

अत: 263 विषम संख्या समूह है।

30. दिए गए विकल्पों में से विषम शब्द/अक्षर/संख्या/संख्या युग्म चुनिए।

(A) 2437 (B) 9118
(C) 8548 (D) 7649

[SSC CHSL (Tier-1) ऑनलाइन परीक्षा 23 जनवरी 2017 दोपहर पाली]

उत्तर (A) 2437, 9118, 8548, 7649 में 2437 एक अभाज्य संख्या है।

शेष सभी संख्यायें भाज्य है।

अत: 2437 एक विषम संख्या है।

31. एक अनुक्रम दिया गया है जिसमें से एक पद लुप्त है। दिए गए विकल्पों में से वह सही विकल्प चुनिए, जो अनुक्रम को पूरा करे।

हट, कॉटेज, बंगला, ?

(A) महल (B) घर
(C) मॉल (D) होटल

[SSC CHSL (Tier-1) ऑनलाइन परीक्षा 23 जनवरी 2017 दोपहर पाली]

उत्तर (A) हट < कॉटेज < बंगला < महल

ये सभी छोटे से बड़े क्रम में है। इसलिये महल क्रम को पूर्ण करेगा।

32. दिए गए विकल्पों में से विषम शब्द/अक्षर/संख्या युग्म चुनिए।

(A) मैजेंटा (B) मैरुन
(C) फिरोजी (D) पिकासा

[SSC CHSL (Tier-1) ऑनलाइन परीक्षा 22 जनवरी 2017 सुबह पाली]

उत्तर (D) दिये गये सभी रंग हैं लेकिन पिकासा नहीं अत: पिकासा विषय शब्द है।

33. दिए गए विकल्पों में से विषम शब्द/ अक्षर/संख्या युग्म चुनिए।

(A) AI (B) OU
(C) AD (D) IO

[SSC CHSL (Tier-1) ऑनलाइन परीक्षा 22 जनवरी 2017 सुबह पाली]

उत्तर (C)

A (1) —+8→ I (9) O (15) —+6→ U (21) A (1) —+3→ D (4) I (9) —+6→ O (15)

अत: AD विषम पद है।

34. दिए गए विकल्पों में से विषम शब्द/ अक्षर/संख्या युग्म चुनिए।

(A) 3 (B) 2
(C) 5 (D) 1

[SSC CHSL (Tier-1) ऑनलाइन परीक्षा 22 जनवरी 2017 सुबह पाली]

उत्तर (D) 3, 2, 5 तथा 1 में 1 विषम पद है।

35. दिए गए विकल्पों में से विषम शब्द/ अक्षर/संख्या युग्म चुनिए।

(A) 525 (B) 745
(C) 636 (D) 419

[SSC CHSL (Tier-1) ऑनलाइन परीक्षा 22 जनवरी 2017 सुबह पाली]

उत्तर (C) 525 = 5 + 2 + 5 = 12 = (1 + 2) = 3

745 = 7 + 4 + 5 = 16 = (1 + 6) = 7

636 = 6 + 3 + 6 = 15 = (1 + 5) = 6

419 = 4 + 1 + 9 = 14 = (1 + 4) = 5

अत: 745 विषम संख्या है।

36. दिए गए विकल्पों में से विषम शब्द/अक्षर/संख्या/संख्या युग्म को चुनिए।

(A) घोड़ा (B) टट्टु (पोनी)
(C) घोड़ी (D) सिंहशावक

[SSC CHSL (Tier-1) ऑनलाइन परीक्षा 21 जनवरी 2017 दोपहर पाली]

उत्तर (D) घोड़ा, पोनी, घोड़ी एक ही वर्ग के प्राणी है। अत: सिंह शावक विषम शब्द है।

37. दिए गए विकल्पों में से विषम शब्द/अक्षर/संख्या/संख्या युग्म को चुनिए।

(A) VW (B) ST
(C) BD (D) PQ

[SSC CHSL (Tier-1) ऑनलाइन परीक्षा 21 जनवरी 2017 दोपहर पाली]

उत्तर (C)

V W S T B D P Q
22 23 19 20 2 4 16 17
+1 +1 +2 +1

अत: BD विषम पद है।

38. दिए गए विकल्पों में से विषम शब्द/अक्षर/ संख्या/संख्या युग्म को चुनिए।

(A) 85431 (B) 23870

(C) 99300 (D) 11559

[SSC CHSL (Tier-1) ऑनलाइन परीक्षा 21 जनवरी 2017 दोपहर पाली]

उत्तर (B) 85431 = 8 + 5 + 4 + 3 + 1 = 21

23870 = 2 + 3 + 8 + 7 + 0 = 20

99300 = 9 + 9 + 3 + 0 + 0 = 21

11559 = 1 + 1 + 5 + 5 + 9 = 21

अत: 23870 विषम संख्या युग्म है।

39. दिए गए विकल्पों में से विषम शब्द/अक्षर/ संख्या/संख्या युग्म को चुनिए।

(A) 9 (B) 729

(C) 81 (D) 243

[SSC CHSL (Tier-1) ऑनलाइन परीक्षा 21 जनवरी 2017 दोपहर पाली]

उत्तर (D) $9 = 3^2$

$729 = 27^2$

$81 = 9^2$

$243 = 9^2 \times 3$

अत: 243 संख्या विषम है।

40. दिए गए विकल्पों में से विषम शब्द/अक्षर/ संख्या/संख्या युग्म को चुनिए।

(A) टोपी (B) पगड़ी

(C) पतलून (D) टोप

[SSC CHSL (Tier-1) ऑनलाइन परीक्षा 21 जनवरी 2017 सायं पाली]

उत्तर (C) टोपी, पगड़ी और टोप सिर पर पहनने वाली वस्तुयें हैं। और पतलून पैरों में पहनी जाती है। अत: पतलून विषम शब्द है।

41. दिए गए विकल्पों में से विषम शब्द/अक्षर/ संख्या/संख्या युग्म को चुनिए।

(A) DAH (B) IFM

(C) ROV (D) FHA

[SSC CHSL (Tier-1) ऑनलाइन परीक्षा 21 जनवरी 2017 सायं पाली]

उत्तर (D)

D	A	H	I	F	M	R	O	V	F	H	A
4	1	8	9	6	13	18	15	22	6	8	1

−3 +7 −3 +7 −3 +7 +2 −7

अत: FHA विषम शब्द होगा।

42. दिए गए विकल्पों में से विषम शब्द/अक्षर/ संख्या/संख्या युग्म को चुनिए।

(A) 12 (B) 24

(C) 80 (D) 48

[SSC CHSL (Tier-1) ऑनलाइन परीक्षा 21 जनवरी 2017 सायं पाली]

उत्तर (A) 12 = 1 + 2 = 3

24 = 2 + 4 = 6

80 = 8 + 0 = 8

48 = 4 + 8 = 12

सभी संख्याओं के अंकों को जोड़ने पर 12 को छोड़कर सभी का योग सम है। अत: 12 विषम संख्या होगी।

43. दिए गए विकल्पों में से विषम शब्द/अक्षर/ संख्या/संख्या युग्म को चुनिए।

(A) 125 (B) 144

(C) 256 (D) 361

[SSC CHSL (Tier-1) ऑनलाइन परीक्षा 21 जनवरी 2017 सायं पाली]

उत्तर (A) $125 = 11 \times 11 + 4$

$144 = 12 \times 12 = 12^2$

$256 = 16 \times 16 = 16^2$

$361 = 19 \times 19 = 19^2$

125 को छोड़कर सभी संख्यायें किसी संख्या का वर्ग है। अत: 125 विषम संख्या है।

44. दिए गए विकल्पों में से विषम शब्द/अक्षर/ संख्या/संख्या युग्म को चुनिए।

(A) इस्लामाबाद (B) काबुल

(C) कैनबेरा (D) सिडनी

[SSC CHSL (Tier-1) ऑनलाइन परीक्षा 18 जनवरी 2017 सायं पाली]

उत्तर (D) सिडनी को छोड़कर शेष (इस्लामाबाद, काबुल, केनबरा) राजधानियाँ है। अत: सिडनी विषम शब्द है।

45. दिए गए विकल्पों में से विषम शब्द/अक्षर/ संख्या/संख्या युग्म को चुनिए।

(A) EG (B) EB

(C) BY (D) GD

[SSC CHSL (Tier-1) ऑनलाइन परीक्षा 18 जनवरी 2017 सायं पाली]

उत्तर (A)

E	G	E	B	B	Y	G	D
5	7	5	2	2	25	7	4

EG = 5 + 7 = 12

EB = 5 + 2 = 7

BY = 2 + 25 = 27

GD = 7 + 4 = 11

$\therefore$ 12 सम संख्या है शेष विषम संख्याएं है।

अत: EG विषम शब्द होगा।

46. दिए गए विकल्पों में से विषम शब्द/अक्षर/संख्या/संख्या युग्म को चुनिए।

(A) 2378 (B) 7562

(C) 6662 (D) 1155

[SSC CHSL (Tier-1) ऑनलाइन परीक्षा 18 जनवरी 2017 सायं पाली]

उत्तर (D) 2378 = 2 + 3 + 7 + 8 = 20

7562 = 7 + 5 + 6 + 2 = 20

6662 = 6 + 6 + 6 + 2 = 20

1155 = 1 + 1 + 5 + 5 = 12

इस प्रकार संख्याओं के अंकों का योग 1155 संख्या से भिन्न है। अत: 1155 विषम संख्या समूह होगा।

47. दिए गए विकल्पों में से विषम शब्द/अक्षर/संख्या/संख्या युग्म को चुनिए।

(A) 149 (B) 157

(C) 199 (D) 121

[SSC CHSL (Tier-1) ऑनलाइन परीक्षा 18 जनवरी 2017 सायं पाली]

उत्तर (D) 121, 11 का वर्ग है। लेकिन शेष संख्यायें किसी भी संख्या का वर्ग नहीं है। अत: 121 विषम संख्या है।

48. दिए गए विकल्पों में से विषम शब्द/अक्षर/ संख्या/संख्या युग्म को चुनिए।

(A) सेब (B) केला

(C) टमाटर (D) फूलगोभी

[SSC CHSL (Tier-1) ऑनलाइन परीक्षा 17 जनवरी 2017 दोपहर पाली]

उत्तर (D) फूलगोभी को छोड़कर सभी (सेब, केला टमाटर) के आकार छोटे हैं। अत: फूलगोभी विषम शब्द है।

49. दिए गए विकल्पों में से विषम शब्द/अक्षर/ संख्या/संख्या युग्म को चुनिए।

(A) LMO (B) PQS

(C) XYB (D) DEG

[SSC CHSL (Tier-1) ऑनलाइन परीक्षा 17 जनवरी 2017 दोपहर पाली]

उत्तर (C)

L M O P Q S X Y B D E G

12 13 15 16 17 19 24 25 2 4 5 7

+1 +2 +1 +2 +1 +3 +1 +2

इसप्रकार XYB विषम शब्द समूह है।

50. दिए गए विकल्पों में से विषम शब्द/अक्षर/ संख्या/संख्या युग्म को चुनिए।

(A) 256 (B) 289

(C) 343 (D) 144

[SSC CHSL (Tier-1) ऑनलाइन परीक्षा 17 जनवरी 2017 दोपहर पाली]

उत्तर (C) $256 = 16 \times 16 = 16^2$

$289 = 17 \times 17 = 17^2$

$343 = 7 \times 7 \times 7 = 7^3$

$144 = 12 \times 12 = 12^2$

अत: 343 विषम संख्या है।

51. दिए गए विकल्पों में से विषम शब्द/अक्षर/संख्या/संख्या युग्म को चुनिए।

(A) 373 (B) 265

(C) 490 (D) 672

[SSC CHSL (Tier-1) ऑनलाइन परीक्षा 17 जनवरी 2017 दोपहर पाली]

उत्तर (D) 373 = 3 + 7 + 3 = 13

265 = 2 + 6 + 5 = 13

490 = 4 + 9 + 0 = 13

672 = 6 + 7 + 2 = 15

अत: संख्या 672 विषम होगी।

52. दिए गए विकल्पों में से विषम शब्द/अक्षर/ संख्या/संख्या युग्म को चुनिए।

(A) धनराज पिल्लई (B) पंकज आडवाणी

(C) ध्यान चंद (D) सरदार सिंह

[SSC CHSL (Tier-1) ऑनलाइन परीक्षा 16 जनवरी 2017 सुबह पाली]

उत्तर (B) पंकज आडवाणी को छोड़कर सभी खिलाड़ी हॉकी खेलते हैं। अत: पंकज आडवाणी विषम शब्द है।

53. दिए गए विकल्पों में से विषम शब्द/अक्षर/संख्या/संख्या युग्म को चुनिए।

(A) LJH (B) XUS

(C) VTR (D) FDB

[SSC CHSL (Tier-1) ऑनलाइन परीक्षा 16 जनवरी 2017 सुबह पाली]

उत्तर (B) XUS

L J H X U S V T R F D B

12 10 8 20 24 19 22 20 18 6 4 2

−2 −2 −3 −2 −2 −2 −2 −2

इस प्रकार XUS विषम शब्द समूह होगा।

54. दिए गए विकल्पों में से विषम शब्द/अक्षर/संख्या/संख्या युग्म को चुनिए।

(A) 153 (B) 261

(C) 104 (D) 108

[SSC CHSL (Tier-1) ऑनलाइन परीक्षा 16 जनवरी 2017 सुबह पाली]

उत्तर (C) 153 = 1 + 5 + 3 = 9

261 = 2 + 6 + 1 = 9

104 = 1 + 0 + 4 = 5

108 = 1 + 0 + 8 = 9

अत: 104 विषम संख्या है।

55. दिए गए विकल्पों में से विषम शब्द/अक्षर/संख्या/संख्या युग्म को चुनिए।

(A) 243 (B) 687

(C) 978 (D) 456

[SSC CHSL (Tier-1) ऑनलाइन परीक्षा 16 जनवरी 2017 सुबह पाली]

उत्तर (D) 456 विषम संख्या है।

56. दिए गए विकल्पों में से विषम शब्द/अक्षर/ संख्या/संख्या युग्म को चुनिए।

(A) शाक (B) झाड़ी

(C) पेड़ (D) जड़

[SSC CHSL (Tier-1) ऑनलाइन परीक्षा 10 जनवरी 2017 सुबह पाली]

उत्तर (D) शाक, झाड़ी और पेड़ जमीन के ऊपर होते है। जबकि जड़ जमीन के नीचे होती है। इस प्रकार जड़ विषम शब्द है।

57. दिए गए विकल्पों में से विषम शब्द/अक्षर/ संख्या/संख्या युग्म को चुनिए।

(A) MS (B) RX

(C) BI (D) JP

[SSC CHSL (Tier-1) ऑनलाइन परीक्षा 10 जनवरी 2017 सुबह पाली]

उत्तर (C)

M S R X B I J P

13 19 18 24 2 9 10 16

+6 +6 +7 +6

इस प्रकार BI विषम शब्द समूह है।

58. दिए गए विकल्पों में से विषम शब्द/अक्षर/ संख्या/संख्या युग्म को चुनिए।

(A) 82 (B) 75

(C) 64 (D) 31

[SSC CHSL (Tier-1) ऑनलाइन परीक्षा 10 जनवरी 2017 सुबह पाली]

उत्तर (C) 82, 75, 31 किसी भी संख्या का वर्ग नहीं है। जबकि 64, 8 का वर्ग है। अत: 64 विषम संख्या होगी।

59. दिए गए विकल्पों में से विषम शब्द/अक्षर/संख्या/संख्या युग्म को चुनिए।

(A) 512 (B) 100

(C) 125 (D) 216

[SSC CHSL (Tier-1) ऑनलाइन परीक्षा 10 जनवरी 2017 सुबह पाली]

उत्तर (B) $512 = 8 \times 8 \times 8 = 8^3$

$100 = 10 \times 10 = 10^2$

$125 = 5 \times 5 \times 5 = 5^3$

$216 = 6 \times 6 \times 6 = 6^3$

अत: 100 विषम संख्या है।

60. दिए गए विकल्पों में से विषम शब्द/अक्षर/संख्या/संख्या युग्म को चुनिए।

(A) ईमानदारी (B) सच्चाई

(C) धूर्तता (D) सत्यता

[SSC CHSL (Tier-1) ऑनलाइन परीक्षा 10 जनवरी 2017 सायं पाली]

उत्तर (C) ईमानदारी, सच्चाई तथा सत्यता आपस में संबंधित है। लेकिन धूर्तता विषम शब्द है।

61. दिए गए विकल्पों में से विषम शब्द/अक्षर/ संख्या/संख्या युग्म को चुनिए।

(A) TBC (B) DEZ

(C) VUW (D) BAM

[SSC CHSL (Tier-1) ऑनलाइन परीक्षा 10 जनवरी 2017 सायं पाली]

उत्तर (A)

अक्षर युग्म TBC को छोड़कर अन्य सभी एक समान नियम का पालन करते हैं।

62. दिए गए विकल्पों में से विषम शब्द/अक्षर/ संख्या/संख्या युग्म को चुनिए।

(A) 216 (B) 841

(C) 676 (D) 784

[SSC CHSL (Tier-1) ऑनलाइन परीक्षा 10 जनवरी 2017 सायं पाली]

उत्तर (A) $216 = 6 \times 6 \times 6 = 6^3$

$841 = 29 \times 29$

$676 = 26 \times 26$

$784 = 28 \times 28$

अत: 216 विषम संख्या है।

63. दिए गए विकल्पों में से विषम शब्द/अक्षर/ संख्या/संख्या युग्म को चुनिए।

(A) 422 (B) 716

(C) 928 (D) 734

[SSC CHSL (Tier-1) ऑनलाइन परीक्षा 10 जनवरी 2017 सायं पाली]

उत्तर (C) $422 = 4 + 2 + 2 = 8$

$716 = 7 + 1 + 6 = 14$

$928 = 9 + 2 + 8 = 19$

$734 = 7 + 3 + 4 = 14$

अत: 928 के अंकों का योग विषम संख्या है।

अत: 928 विषम संख्या है।

64. दिए गए विकल्पों में से विषम शब्द/ अक्षर/ संख्या/संख्या युग्म को चुनिए।

(A) शीर्ष बिन्दु (B) चरम बिन्दु

(C) शिखर (D) पतन

[SSC CHSL (Tier-1) ऑनलाइन परीक्षा 9 जनवरी 2017 सुबह पाली]

उत्तर (D) शीर्ष बिन्दु, चरम बिन्दु, शिखर तीनों का अर्थ एक ही होता है। परन्तु पतन का नहीं, अत: पतन विषम/विपरीत शब्द है।

65. दिए गए विकल्पों में से विषम शब्द/अक्षर/ संख्या/संख्या युग्म को चुनिए।

(A) TP (B) DH

(C) WS (D) RN

[SSC CHSL (Tier-1) ऑनलाइन परीक्षा 9 जनवरी 2017 सुबह पाली]

उत्तर (B)

T	P	D	H	W	S	R	N
20	16	4	8	23	19	18	14
−4		+4		−4		−4	

अत: DH विषम शब्द होगा।

66. दिए गए विकल्पों में से विषम शब्द/अक्षर/संख्या/संख्या युग्म को चुनिए।

(A) 431 (B) 936

(C) 871 (D) 652

[SSC CHSL (Tier-1) ऑनलाइन परीक्षा 9 जनवरी 2017 सुबह पाली]

उत्तर (D) $431 = 4 + 3 + 1 = 8$

$936 = 9 + 3 + 6 = 18$

$871 = 8 + 7 + 1 = 16$

$652 = 6 + 5 + 2 = 13$

अत: संख्या के अंकों का योग करने पर 652 को छोड़कर सभी संख्याओं के अंकों का योग सम है। इसलिये 652 विषम संख्या होगी।

67. दिए गए विकल्पों में से विषम शब्द/अक्षर/संख्या/संख्या युग्म को चुनिए।

(A) 5210 (B) 7214

(C) 9218 (D) 7426

[SSC CHSL (Tier-1) ऑनलाइन परीक्षा 9 जनवरी 2017 सुबह पाली]

उत्तर (D) $5210 = 5 + 2 + 1 + 0 = 8$

$7214 = 7 + 2 + 1 + 4 = 14$

$9218 = 9 + 2 + 1 + 8 = 20$

$7426 = 7 + 4 + 2 + 6 = 19$

अत: 7426 विषम संख्या होगी।

68. दिए गए विकल्पों में से विषम शब्द/ अक्षर/संख्या/संख्या युग्म को चुनिए।

(A) आइजोल (B) अगरतला

(C) शिलोंग (D) दार्जिलिंग

[SSC CHSL (Tier-1) ऑनलाइन परीक्षा 9 जनवरी 2017 सायं पाली]

उत्तर (D) दार्जिलिंग को छोड़कर सभी राज्यों की राजधानियाँ है। अत: दार्जिलिंग विषम शब्द है।

69. दिए गए विकल्पों में से विषम शब्द/ अक्षर/संख्या/संख्या युग्म को चुनिए।

(A) VT (B) FD

(C) PN (D) J

[SSC CHSL (Tier-1) ऑनलाइन परीक्षा 9 जनवरी 2017 सायं पाली]

उत्तर (D)

V T	F D	P N	J
22 20	6 4	16 14	10

अत: J को छोड़कर सभी पद जोड़े में है। इसलिए J विषम शब्द होगा।

70. दिए गए विकल्पों में से विषम शब्द/ अक्षर/संख्या /संख्या युग्म को चुनिए।

(A) 13981 (B) 93172

(C) 47542 (D) 6732

[SSC CHSL (Tier-1) ऑनलाइन परीक्षा 9 जनवरी 2017 सायं पाली]

उत्तर (D) 6732 संख्या को छोड़कर सभी संख्यायें 5 अंकों की है अत: 6732 विषम संख्या है।

71. दिए गए विकल्पों में से विषम शब्द/ अक्षर/संख्या /संख्या युग्म को चुनिए।

(A) 5712 (B) 6212
(C) 3811 (D) 812

[SSC CHSL (Tier-1) ऑनलाइन परीक्षा 9 जनवरी 2017 सायं पाली]

उत्तर (C) 3811 विषम संख्या है। अन्य सभी सम संख्याएँ हैं।

72. दिए गए विकल्पों में से विषम शब्द/अक्षर/संख्या/संख्या युग्म को चुनिए।

(A) विशाखापत्तनम (B) मुम्बई
(C) कोची (D) भुवनेश्वर

[SSC CHSL (Tier-1) ऑनलाइन परीक्षा 7 जनवरी 2017 सायं पाली]

उत्तर (D) भुवनेश्वर को छोड़कर सभी शहर नदी/महासागर के किनारे स्थित है। इसलिये भुवनेश्वर विषम शब्द है।

73. दिए गए विकल्पों में से विषम शब्द/अक्षर/संख्या/संख्या युग्म को चुनिए।

(A) eno (B) iqa
(C) ubu (D) olr

[SSC CHSL (Tier-1) ऑनलाइन परीक्षा 7 जनवरी 2017 सायं पाली]

उत्तर (D) e n o i q a u b u o l r

5 14 15 9 17 1 21 2 21 15 1218

e n o $\rightarrow$ two vowels

i q a $\rightarrow$ two vowels

u b u $\rightarrow$ two vowels

o l r $\rightarrow$ one vowel

अत: olr विषम शब्द होगा।

74. दिए गए विकल्पों में से विषम शब्द/अक्षर/संख्या/संख्या युग्म को चुनिए।

(A) 2691 (B) 9900
(C) 5632 (D) 2790

[SSC CHSL (Tier-1) ऑनलाइन परीक्षा 7 जनवरी 2017 सायं पाली]

उत्तर (C) 5632 को छोड़कर सभी संख्याएं 3 से विभाज्य है।

अत: 5632 विषम संख्या है।

75. दिए गए विकल्पों में से विषम शब्द/अक्षर/संख्या/संख्या युग्म को चुनिए।

(A) 308 (B) 108
(C) 288 (D) 240

उत्तर (A) 308 को छोड़कर सभी संख्याएं 3 से विभाज्य है।

अत: 308 विषम संख्या है।

76. दिए गए विकल्पों में से विषम शब्द/अक्षर/संख्या/संख्या युग्म को चुनिए।

(A) भतीजी (B) भांजा
(C) चाची (D) बहन

[SSC CHSL (Tier-1) ऑनलाइन परीक्षा 8 जनवरी 2017 दोपहर पाली]

उत्तर (B) भतीजी, भांजा, चाची, बहन में भांजा को छोड़कर सभी स्त्रीलिंग है और भांजा पुल्लिंग है। इसलिए विषम शब्द भांजा होगा।

77. दिए गए विकल्पों में विषम शब्द/अक्षर/संख्या/संख्या युग्म को चुनिए।

(A) AE (B) IO
(C) UA (D) GH

[SSC CHSL (Tier-1) ऑनलाइन परीक्षा 8 जनवरी 2017 दोपहर पाली]

उत्तर (D) AE = 15 = 1 + 5 = 6

IO = 915 = 9 + 15 = 24

UA = 211 = 21 + 1 = 22

GH = 78 = 7 + 8 = 15

दिये गये अक्षरों के स्थानों का योग करने पर सम संख्याएं प्राप्त होती हैं केवल GH के अक्षरों के स्थानों का योग करने पर विषम संख्या प्राप्त होती हैं इसलिये GH विषम शब्द होगा।

78. दिए गए विकल्पों में से विषम शब्द/अक्षर/संख्या/संख्या युग्म को चुनिए।

(A) 17 (B) 23
(C) 29 (D) 33

[SSC CHSL (Tier-1) ऑनलाइन परीक्षा 8 जनवरी 2017 दोपहर पाली]

उत्तर (D) 33 को छोड़कर अन्य सभी अभाज्य संख्या हैं।

79. दिए गए विकल्पों में से विषम शब्द/अक्षर/संख्या/संख्या युग्म को चुनिए।

(A) 7214 (B) 3618
(C) 3536 (D) 9436

[SSC CHSL (Tier-1) ऑनलाइन परीक्षा 8 जनवरी 2017 दोपहर पाली]

उत्तर (C) 7214, 3618, 3536, 9436

7214 = 7 × 2 = 14

3618 = 3 × 6 = 18

3536 = 3 × 5 = 15

9436 = 9 × 4 = 36

इसलिए 3536 संख्या विषम होगी।

80. दिए गये विकल्पों में से विषम शब्द/अक्षर /संख्या/संख्या युग्म को चुनिए।

(A) वर्ग (B) समकोण
(C) समचतुर्भुज (D) बहुभुज

[SSC CHSL (Tier-1) ऑनलाइन परीक्षा 7 February 2017 सुबह पाली]

उत्तर (D) दिये गये विकल्पों में वर्ग, समकोण और समचतुर्भुज एक दूसरे से सम्बन्धित है लेकिन बहुभुज नहीं इसलिये बहुभुज विषम शब्द होगा।

81. दिए गए विकल्पों में से विषम शब्द/अक्षर /संख्या युग्म को चुनिए।

(A) WYA (B) MNO

(C) ACE (D) EGI

[SSC CHSL (Tier-1) ऑनलाइन परीक्षा 7 February 2017 सुबह पाली]

उत्तर (B)

$W \xrightarrow{+2} Y \xrightarrow{+2} A$

$M \xrightarrow{+1} N \xrightarrow{+1} O$

$A \xrightarrow{+2} C \xrightarrow{+2} E$

$E \xrightarrow{+2} G \xrightarrow{+2} I$

इस प्रकार प्रत्येक शब्दों के बीच +2 का सम्बन्ध है लेकिन MNO में +1 का इसलिये MNO दिये गये विकल्पों में से विषम अक्षर युग्म होगा।

82. दिए गए विकल्पों में से विषम शब्द/अक्षर/संख्या/संख्या युग्म को चुनिए।

(A) 243 (B) 264

(C) 333 (D) 405

[SSC CHSL (Tier-1) ऑनलाइन परीक्षा 7 February 2017 सुबह पाली]

उत्तर (B) 243, 264, 333, 405 दी गयी संख्याओं के अंको को जोड़ने पर

$2 + 4 + 3 = 9$

$2 + 6 + 4 = 12$

$3 + 3 + 3 = 9$

$4 + 0 + 5 = 9$

हमें ज्ञात होता है कि सभी संख्याओं के अंकों का योग समान है लेकिन 264 के अंको का नहीं। इसलिये 264 एक विषम संख्या युग्म होगी।

83. दिए गए विकल्पों में से विषम शब्द/अक्षर /संख्या/संख्या युग्म को चुनिए।

(A) 369 (B) 257

(C) 346 (D) 628

[SSC CHSL (Tier-1) ऑनलाइन परीक्षा 7 February 2017 सुबह पाली]

उत्तर (C) दी गयी संख्याओं के अंकों को जोड़ने पर

$369 = 3 + 6 + 9 = 18$

$257 = 2 + 5 + 7 = 14$

$346 = 3 + 4 + 6 = 13$

$628 = 6 + 2 + 8 = 16$

इस प्रकार हमें ज्ञात होता है कि सभी संख्याओं के अंकों का योग सम संख्या है लेकिन 346 संख्याओं के अंकों का योग 13 एक विषम संख्या है। इसलिये 346 एक विषम संख्या युग्म होगी।

84. एक अनुक्रम दिया गया है, जिसमें से एक पद लुप्त है। दिए गए विकल्पों में से वह सही विकल्प चुनिए, जो अनुक्रम को पूरा करे।

लाल, नारंगी, पीला ?

(A) हरा (B) बैंगनी

(C) नील (D) नीला

[SSC CHSL (Tier-1) ऑनलाइन परीक्षा 7 February 2017 सुबह पाली]

उत्तर (A)

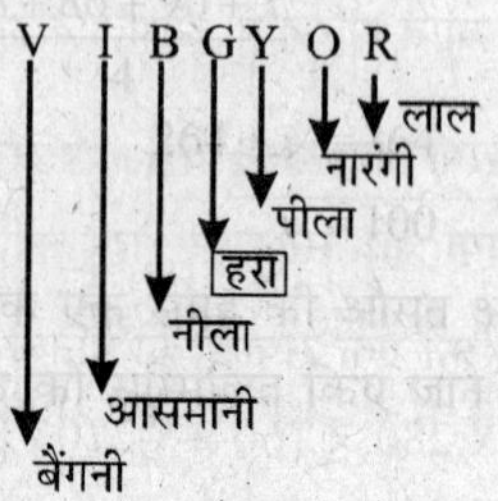

इस प्रकार तरंगदैर्ध्य के अवरोही क्रम से चलने पर लाल, नारंगी, पीला रंग के बाद हरा रंग आयेगा अतः हरा सही क्रम में होगा।

85. दिए गए विकल्पों में से सम्बन्धित शब्द/अक्षर/ संख्या को चुनिए–

15 : 62 : : 16 : ?

(A) 66 (B) 64

(C) 32 (D) 56

[SSC CHSL (Tier-1) ऑनलाइन परीक्षा 3 February 2017 दोपहर पाली]

उत्तर (A) 15 : 62 : : 16 : ?

$? = \frac{62 \times 16}{15}$

$= 66.13$

$= 66$

86. दिए गए विकल्पों में से विषम शब्द/अक्षर/संख्या/संख्या युग्म को चुनिए–

(A) नरोरा (B) रावतभाटा

(C) तारापुर (D) भिलाई

[SSC CHSL (Tier-1) ऑनलाइन परीक्षा 3 February 2017 दोपहर पाली]

उत्तर (D) दिए गए विकल्पों में नरोरा, रावतभाटा और तारापुर परमाणु केन्द्र है। जब्रकि भिलाई नहीं इसलिये भिलाई विषम शब्द होगा।

87. दिए गए विकल्पों में से विषम शब्द/अक्षर/ संख्या/संख्या युग्म को चुनिए–

(A) AIO (B) OEU

(C) UIO (D) BOI

[SSC CHSL (Tier-1) ऑनलाइन परीक्षा 3 February 2017 दोपहर पाली]

उत्तर (D) AIO = 1915 = 1 + 9 + 1 + 5 = 16

OEU = 15521 = 1 + 5 + 5 + 2 + 1 = 14

UIO = 21915 = 2 + 1 + 9 + 1 + 5 = 18

BOI = 2159 = 2 + 1 + 5 + 9 = 17

इस प्रकार सभी अक्षर युग्मों के अंकों का योग सम है। लेकिन BOI का नहीं

अत: BOI विषम अक्षर युग्म होगा।

88. दिए गए विकल्पों में से विषम शब्द/अक्षर/संख्या/संख्या युग्म को चुनिए–

(A) 5611 (B) 5492

(C) 8750 (D) 9911

[SSC CHSL (Tier-1) ऑनलाइन परीक्षा 3 February 2017 दोपहर पाली]

उत्तर (A) 5611 = 5 + 6 + 1+ 1 = 13

5492 = 5 + 4 + 9 + 2 = 20

8750 = 8 + 7 + 5 + 0 = 20

9911 = 9 + 9 + 1 + 1 = 20

इस प्रकार 5611 विषम संख्या युग्म है।

85. दिए गए विकल्पों में से विषम शब्द/अक्षर/ संख्या/संख्या युग्म को चुनिए–

(A) 289 (B) 484

(C) 784 (D) 1331

[SSC CHSL (Tier-1) ऑनलाइन परीक्षा 3 February 2017 दोपहर पाली]

उत्तर (D) 289 = $(17)^2$

484 = $(22)^2$

784 = $(28)^2$

1331 = $(11)^3$

अत: 1331 विषम संख्या युग्म है।

86. दिए गए विकल्पों में से विषम शब्द/अक्षर/संख्या/संख्या युग्म को चुनिए।

(A) जवाहरलाल नेहरु (B) मनमोहन सिंह

(C) लाल बहादुर शास्त्री (D) राजेन्द्र प्रसाद

[SSC CHSL (Tier-1) ऑनलाइन परीक्षा 3 February 2017 सायं पाली]

उत्तर (D) दिये गये विकल्पों में सभी प्रधानमंत्री है। केवल राजेन्द्र प्रसाद राष्ट्रपति हैं। अत: राजेन्द्र प्रसाद विषम शब्द है।

87. दिए गए विकल्पों में से विषम शब्द/अक्षर/संख्या/संख्या युग्म को चुनिए।

(A) ABC (B) MNO

(C) DEF (D) QRT

[SSC CHSL (Tier-1) ऑनलाइन परीक्षा 3 February 2017 सायं पाली]

उत्तर (D) ABC,MNO, DEF सभी शब्द अंग्रेजी वर्णमाला के क्रम में है जबकि QRT शब्द नहीं इसलिये QRT शब्द विषम शब्द हैं।

88. दिए गए विकल्पों में से विषम शब्द/अक्षर/संख्या/संख्या युग्म को चुनिए।

(A) 6260 (B) 8411

(C) 9413 (D) 5612

[SSC CHSL (Tier-1) ऑनलाइन परीक्षा 3 February 2017 सायं पाली]

उत्तर (C) 6260 = 6 + 2 + 6 + 0 = 14

8411 = 8 + 4 + 1 + 1 = 14

9413 = 9 + 4 + 1 + 3 = 17

5612 = 5 + 6 + 1 + 2 = 14

अत: 9413 विषम संख्या है।

89. दिए गए विकल्पों में से विषम शब्द/अक्षर/संख्या/संख्या युग्म को चुनिए।

(A) 926 (B) 122

(C) 225 (D) 491

[SSC CHSL (Tier-1) ऑनलाइन परीक्षा 3 February 2017 सायं पाली]

उत्तर (C) 225 को छोड़कर अन्य दी गयी संख्याऐं किसी संख्या का वर्ग नहीं है लेकिन 225 = $(15)^2$ का वर्ग है। इसलिए 225 विषम संख्या है।

90. एक अनुक्रम दिया गया है, जिसमें से एक पद लुप्त है। दिए गए विकल्पों में से वह सही विकल्प चुनिए, जो अनुक्रम को पूरा करे।

मुक्केबाजी, टेनिस डबल्स, वॉलीबॉल ?

(A) क्रिकेट (B) शतरंज

(C) बास्केटबाल (D) बैडमिंटन

[SSC CHSL (Tier-1) ऑनलाइन परीक्षा 3 February 2017 सायं पाली]

उत्तर (A) दिये गये सभी खेलों में क्रिकेट को छोड़कर सभी खेलों का मैदान छोटा होता है। अत: क्रिकेट विषम शब्द है।

3 शृंखला परीक्षण

- इस परीक्षण के अन्तर्गत पूछे जाने वाले प्रश्न अंक अथवा अक्षर पर आधारित होते हैं। इस परीक्षण के माध्यम से अभ्यर्थियों के तेजी से गणना करने की क्षमता की जाँच करना होता है। साथ ही, ऐसे प्रश्नों के द्वारा विभिन्न अक्षरों या अंकों के बीच उनकी स्थिति के आधार पर आप कितनी शीघ्रता से उनके बीच के सम्बन्धों का निर्धारण करते हैं, इसकी भी जाँच की जाती है। इस परीक्षण के अन्तर्गत पूछे जाने वाले प्रश्नों को निम्नलिखित वर्गों में वर्गीकृत किया जा सकता है
- **संख्या शृंखला** (Number Series) : इसके अन्तर्गत पूछे जाने वाले प्रश्नों में अंकों की शृंखला दी जाती है। यह शृंखला जोड़, घटाव, गुणा, भाग, वर्ग, वर्गमूल, घन, घनमूल आदि पर आधारित होती हैं। इससे सम्बन्धित प्रश्नों को हल करने के लिए नीचे दिए गए प्रमुख बिन्दु पर ध्यान रखना आवश्यक है
- यदि दी गई शृंखला के अंकों के मान में सामान्य वृद्धि हो रही है, तो निश्चित रूप से वहाँ सिर्फ जोड़ का कार्य हो रहा है।
- यदि दी गई शृंखला के अंकों के मान में सामान्य कमी हो रही है, तो निश्चित रूप से वहाँ घटाने का कार्य हो रहा है।
- यदि दी गई शृंखला के अंकों में काफी तीव्रता के साथ वृद्धि हो रही है, तो निश्चित रूप से वहाँ गुणा का कार्य हो रहा है, इसके अलावा जोड़ एवं घटाव या जोड़ अथवा घटाव भी साथ में सम्भव है।
- यदि शृंखला के आंकिक मान में तीव्रता के साथ कमी हो रही है, तो वहाँ भाग का काम हो रहा है। साथ ही जोड़ अथवा घटाव भी सम्भव है।
- यदि शृंखला तीव्रता के साथ पहले बढ़ती हो तथा बाद में घटती हो, तो वहाँ गुणा तथा भाग की क्रिया एक-एक करके अपनाई जा रही है।
- यदि शृंखला में अंकों का मान पहले बढ़े फिर घटे लेकिन कम-से-कम अन्तर से हो, तो वहाँ जोड़ तथा घटाव का कार्य बदल-बदल कर चल रहा है।

⇒ संख्या शृंखला के अन्तर्गत सामान्यत: दो प्रकार के प्रश्न पूछे जाते हैं

(a) **दी गई शृंखला को पूरा करना** (Complete the Given Series) : इसके अन्तर्गत दिए गए शृंखला क्रम में किसी विशेष स्थान को रिक्त छोड़ दिया जाता है अथवा प्रश्नवाचक (?) द्वारा निरूपित कर दिया जाता है, फिर अभ्यर्थियों से यह अपेक्षा की जाती है कि वह उस क्रम का पता लगाकर दिए गए प्रश्नवाचक चिन्ह (?) के स्थान पर आने वाली उपयुक्त संख्या का चयन करें।

अब उपर्युक्त तथ्यों के स्पष्टीकरण के लिए नीचे दिए गए प्रमुख उदाहरणों का ध्यानपूर्वक अवलोकन करें।

उदाहरण 1. निम्नलिखित शृंखला में प्रश्नवाचक चिन्ह (?) के स्थान पर नीचे दिए गए विकल्पों में से कौन-सी संख्या आएगी?

16 23 31 40 50 61 ?

(A) 73 (B) 77

(C) 83 (D) 81

हल (A): चूँकि उपरोक्त शृंखला का ध्यानपूर्वक अवलोकन करने पर हम पाते हैं कि शृंखला + 7, + 8, +9, + 10..... के क्रम में बढ़ रही है। इस प्रकार, इसे निम्न प्रकार से व्यक्त किया जा सकता है।

16	23	31	40	50	61	73
	+7	+8	+9	+10	+11	+12

अत: प्रश्नवाचक चिन्ह (?) के स्थान पर आने वाली उपयुक्त संख्या 73 होगी।

(b) **दी गई शृंखला से गलत पद ज्ञात करना** (Finding the wrong term in the given series) : इसके अन्तर्गत दिए गए शृंखला क्रम में किसी विशेष स्थान पर आने वाले अंक के स्थान पर कोई गलत अंक संयोजित कर दिया जाता है जिसे अभ्यर्थियों को दिए गए क्रम का पता लगाकर शृंखला में प्रयुक्त गलत पद ज्ञात करना होता है। इसके लिए अभ्यर्थियों को सर्वप्रथम यह ज्ञात करना चाहिए कि श्रेणी में पद किस नियम के अनुसार बदल रहे हैं, फिर यह ज्ञात करना चाहिए कि उस नियम के अनुसार कौन-सा पद परिवर्तित नहीं हो रहा है, वही गलत पद है।

अब, उपर्युक्त तथ्यों के स्पष्टीकरण के लिए प्रमुख उदाहरणों का ध्यानपूर्वक अवलोकन करें।

उदाहरण 2. निम्नलिखित संख्या श्रेणी में सिर्फ एक पद गलत है, उस गलत पद को ज्ञात कीजिए।

3 4 7 11 20 29 47 76

(A) 7 (B) 11

(C) 20 (D) 47

हल— (C)

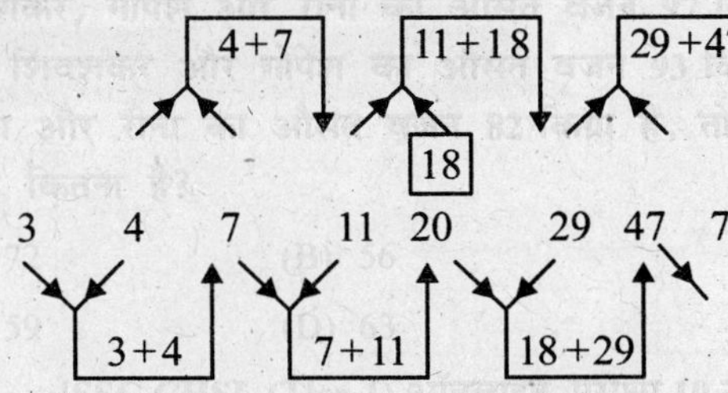

अर्थात् $3+4=7, 4+7=11, 7+11=18$

$11+18=29, 18+29=47, 29+47=76$

अत: शृंखला में संख्या 20 एक अनुपयुक्त संख्या है, क्योंकि 20 के स्थान पर 18 होना चाहिए।

(c) **वर्णमाला शृंखला** (Alphabet Series) : इसके अन्तर्गत दी गई शृंखला में अंग्रेजी वर्णमाला से सम्बन्धित अक्षरों की एक शृंखला दी जाती है जिसमें एक या दो अक्षर लुप्त कर दिया जाता है अथवा उस स्थान को प्रश्नवाचक चिन्ह (?) द्वारा निरूपित किया जाता है, फिर नीचे दिए गए विकल्पों से प्रश्नवाचक चिन्ह (?) के स्थान पर आने वाले उपयुक्त अक्षर का चयन करना होता है। इसके लिए अभ्यर्थियों को दी गई शृंखला का ध्यानपूर्वक अवलोकन करते हुए यह पता करना होता है कि शृंखला किस नियम के अनुसार परिवर्तित हो रही और उस परिवर्तित नियम के अनुसार, प्रश्नवाचक चिन्ह (?) के स्थान पर कौन-सा अक्षर उपयुक्त होगा।

इस शृंखला से सम्बन्धित प्रश्नों को आसानी से हल करने के लिए वर्णमाला क्रमांकिक जैसे– $A=1, B=2, C=3$ इसी प्रकार $Z=26$ तक याद रखना आवश्यक है।

अब आइए, उपर्युक्त तथ्यों के स्पष्टीकरण के लिए कुछ प्रमुख उदाहरणों व उसके व्याख्यात्मक हल का ध्यानपूर्वक अवलोकन करें।

निर्देश (उदाहरण 3 – 4)–निम्नलिखित दिए गए प्रत्येक प्रश्न में अक्षरों की एक शृंखला दी गई है। इस शृंखला में एक या दो अक्षर को लुप्त कर दिया गया है तथा उनके स्थान पर प्रश्नवाचक दी गई शृंखला का ध्यान से अध्ययन करके नीचे दिए गए चार विकल्पों में से उस एक विकल्प को ज्ञात कीजिए जोकि शृंखला में प्रश्नवाचक चिन्ह (?) के स्थान पर उपयुक्त बैठता हो।

उदाहरण 3. Z L X J V H T F ? ?

(A) SE (B) RD

(C) QD (D) RE

हल–(B) : दी गई संख्या का ध्यानपूर्वक अवलोकन करने पर हम पाते हैं कि शृंखला दो खण्डों में विभाजित है। प्रथम खण्ड के अन्तर्गत शृंखला में विषम स्थान पर प्रयुक्त अक्षर वर्णमाला क्रमांकिक मान के अनुरूप 2 से घटते हुए क्रम में हैं, फिर दूसरे खण्ड के अन्तर्गत, सम संख्या के स्थान पर प्रयुक्त अक्षर भी वर्णमाला क्रमांकिक मान से 2 घटते हुए क्रम में हैं, इसे निम्न रूप से प्रदर्शित किया जा सकता है

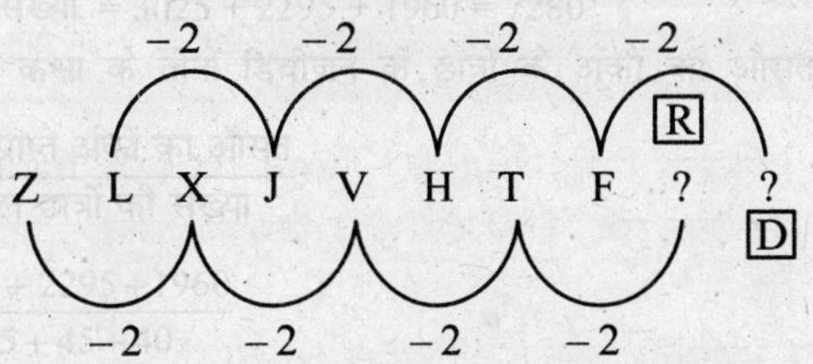

अत: प्रश्नवाचक चिन्ह (?) के स्थान पर आने वाला उपयुक्त अक्षर = RD

उदाहरण 4. निम्नलिखित अक्षरों की शृंखला में नीचे दिए गए विकल्पों में से कौन-सा प्रश्नवाचक चिन्ह (?) के स्थान पर आएगा ?

BXF DVI FTL HRO ?

(A) JOL (B) KPM

(C) KPL (D) JPR

हल–(d) : दी गई अक्षर शृंखला का ध्यानपूर्वक अवलोकन करने पर हम पाते हैं कि वह शृंखला के प्रत्येक समूह का पहला अक्षर +2, +2, +2, ...के बढ़ते हुए क्रम में, प्रत्येक समूह का दूसरा अक्षर –2, –2, –2, ...के घटते हुए क्रम में एवं प्रत्येक समूह का तीसरा अक्षर +3, +3, +3 .... के बढ़ते हुए क्रम में व्यवस्थित है, जिसे निम्न प्रकार से व्यक्त किया गया है

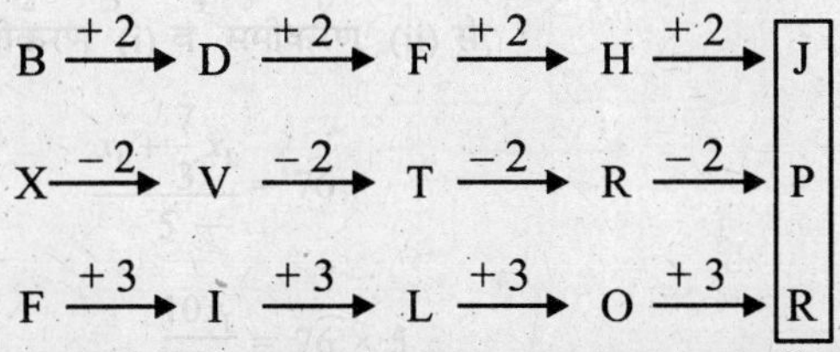

अत: प्रश्नवाचक चिन्ह (?) के स्थान पर आने वाले अक्षरों का उपयुक्त समूह 'JPR' होगा।

उदाहरण 5 : निम्नलिखित दिए गए प्रत्येक प्रश्न में अक्षरों की शृंखला दी गई है। इन शृंखलाओं में कुछ अक्षरों को लुप्त कर दिया गया है तथा उन्हें शृंखला के नीचे दिए गए विकल्पों में उसी क्रम में दिया गया है जिस प्रकार से उसे शृंखला में होना चाहिए। दी गई शृंखला का अध्ययन करके नीचे दिए गए विकल्पों में से उस एक विकल्प को ज्ञात कीजिए जो शृंखला के लुप्त अक्षरों के स्थान पर उपयुक्त है।

ab_ ba/abc _a/abc b_ /abc b_

(A) bcaa (B) cbaa

(C) abca (D) aacb

हल– (B) ऐसे प्रश्नों को हल करने के लिए दी गई शृंखला के शुरू में हम देखते है कि खाली स्थान के दोनों और अक्षर 'b' प्रयुक्त होता है तथा उस शृंखला में आगे दो 'b' के बीच 'c' अक्षर प्रयुक्त हुआ है इसलिए शृंखला के शुरू में दो 'b' के बीच खाली स्थान पर अक्षर 'c' प्रयुक्त करेंगे, इस प्रकार बनी शृंखला होगी

ab_c_baabc _ aabcb _ abcb_

अभ्यास प्रश्न

1. एक अनुक्रम दिया गया है, जिसमें से एक पद लुप्त है। दिए गए विकल्पों में से वह सही विकल्प चुनिए, जो अनुक्रम को पूरा करे।

? उप-राष्ट्रपति, प्रधानमंत्री, उप प्रधानमंत्री

(A) मुख्यमंत्री (B) गवर्नर
(C) रक्षा मंत्री (D) राष्ट्रपति

[SSC CHSL (Tier-1) ऑनलाइन परीक्षा 30 जनवरी 2017 सुबह पाली]

उत्तर (D) सही अनुक्रम इस प्रकार होगा–
राष्ट्रपति, उप-राष्ट्रपति, प्रधानमंत्री, उप प्रधानमंत्री।

2. एक अनुक्रम दिया गया है, जिसमें से एक पद लुप्त है। दिए गए विकल्पों में से वह सही विकल्प चुनिए, जो अनुक्रम को पूरा करे।

JI, LK, NM, ?

(A) ST (B) OP
(C) QR (D) PO

[SSC CHSL (Tier-1) ऑनलाइन परीक्षा 30 जनवरी 2017 सुबह पाली]

उत्तर (D)

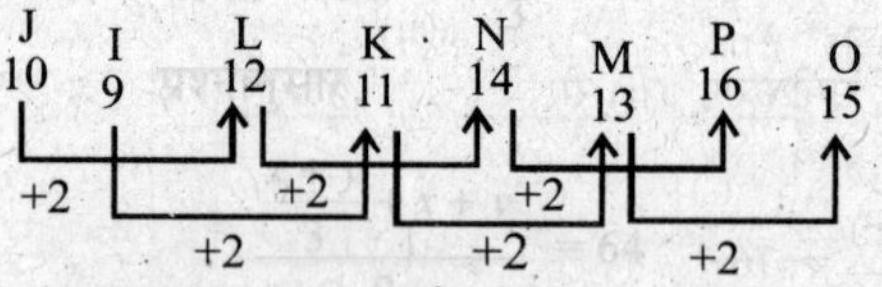

अत: लुप्त पद PO होगा।

3. एक अनुक्रम दिया गया है, जिसमें से एक पद लुप्त है। दिए गए विकल्पों में से वह सही विकल्प चुनिए, जो अनुक्रम को पूरा करे।

Gw, Jt, Np, ?

(A) SK (B) Sk
(C) Rk (D) RI

[SSC CHSL (Tier-1) ऑनलाइन परीक्षा 30 जनवरी 2017 सुबह पाली]

उत्तर (B)

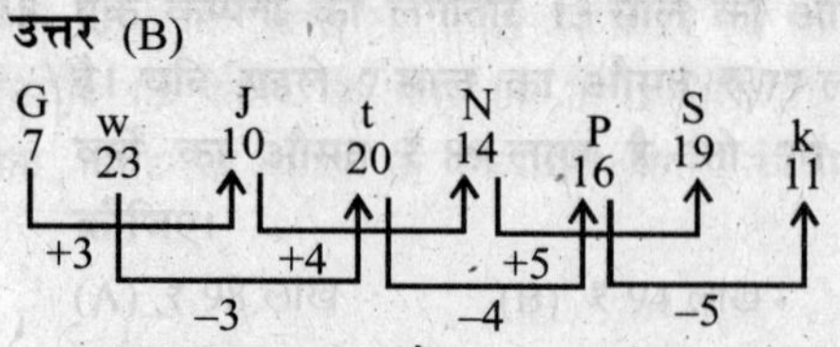

अत: Sk लुप्त पद होगा।

4. एक अनुक्रम दिया गया है, जिसमें से एक पद लुप्त है। दिए गए विकल्पों में से वह सही विकल्प चुनिए, जो अनुक्रम को पूरा करें।

17, 27, 42, 62, ?

(A) 82 (B) 87
(C) 81 (D) 84

[SSC CHSL (Tier-1) ऑनलाइन परीक्षा 30 जनवरी 2017 सुबह पाली]

उत्तर (B)

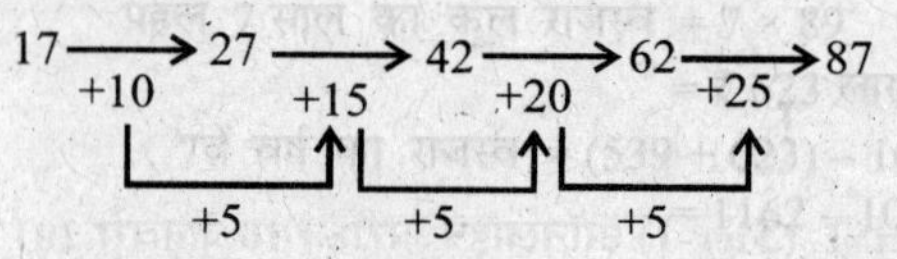

अत: लुप्त पद 87 होगा।

5. निम्नलिखित प्रश्न में अक्षरों का कौन सा समूह खाली स्थानों पर क्रमवार रखने से दी गई अक्षर श्रृंखला को पूरा करेगा ?

M_N_M_MR_R_N

(A) RMRMN (B) RRNNM
(C) RNRNM (D) MMRRN

[SSC CHSL (Tier-1) ऑनलाइन परीक्षा 30 जनवरी 2017 सुबह पाली]

उत्तर (B) दी गयी श्रृंखला

M[R]N[R]M[N]MR[N]R[M]N

उपयुक्त श्रेणी MRNRMN MRNRMN

अत: RRNNM अक्षर समूह श्रृंखला को पूर्ण करेगा।

6. एक अनुक्रम दिया गया है, जिसमें से एक पद लुप्त है। दिए गए विकल्पों में से वह सही विकल्प चुनिए, जो अनुक्रम को पूरा करें–

CD, GH, KL, ?

(A) PN (B) NO
(C) NP (D) OP

[SSC CHSL (Tier-1) ऑनलाइन परीक्षा 30 जनवरी 2017 सायं पाली]

उत्तर (D) C $\xrightarrow{+4}$ G $\xrightarrow{+4}$ K $\xrightarrow{+4}$ [O]

D $\xrightarrow{+4}$ H $\xrightarrow{+4}$ L $\xrightarrow{+4}$ [P]

अत: लुप्त पद OP 15, 16 होगा।

7. एक अनुक्रम दिया गया है, जिसमें से एक पद लुप्त है। दिए गए विकल्पों में से वह सही विकल्प चुनिए, जो अनुक्रम को पूरा करे–

EDCB, IHGF, MLKJ ?

(A) QPON (B) QLNO
(C) KNOL (D) LMON

[SSC CHSL (Tier-1) ऑनलाइन परीक्षा 30 जनवरी 2017 सायं पाली]

उत्तर (A) E —+4→ I —+4→ M —+4→ Q
D —+4→ H —+4→ L —+4→ P
C —+4→ G —+4→ K —+4→ O
B —+4→ F —+4→ J —+4→ N

अत: लुप्त पद QPON होगा।

8. एक अनुक्रम दिया गया है, जिसमें से एक पद लुप्त है। दिए गए विकल्पों में से वह सही विकल्प चुनिए, जो अनुक्रम को पूरा करे–

13, 21, 48, 112, ?

(A) 237 (B) 280
(C) 255 (D) 290

[SSC CHSL (Tier-1) ऑनलाइन परीक्षा 30 जनवरी 2017 सायं पाली]

उत्तर (A) 13—21—48—112—237
+8, +27, +64, +125
$(2)^3$, $(3)^3$, $(4)^3$, $(5)^3$

अत: लुप्त पद 237 होगा।

9. एक अनुक्रम दिया गया है, जिसमें से एक पद लुप्त है। दिए गए विकल्पों में से वह सही विकल्प चुनिए, जो अनुक्रम को पूरा करे

शिशु, बचपन, किशोरावस्था, ?

(A) कुवांरा (B) वयस्क
(C) विधाता (D) वृद्ध

[SSC CHSL (Tier-1) ऑनलाइन परीक्षा 30 जनवरी 2017 सायं पाली]

उत्तर (B) जिस प्रकार शिशु का सम्बन्ध बचपन से है। उसी प्रकार किशोरावस्था का सम्बन्ध वयस्क से होगा।

10. निम्नलिखित प्रश्न में अक्षरों का कौन सा समूह खाली स्थानों पर क्रमवार रखने से दी गई अक्षर श्रृंखला को पूरा करेगा?

ab_d_bb_a_bd

(A) badd (B) babd
(C) badb (D) abdd

[SSC CHSL (Tier-1) ऑनलाइन परीक्षा 30 जनवरी 2017 सायं पाली]

उत्तर (C) a b [b] d [a] bb [d] a [b] bd

इस प्रकार प्राप्त अक्षरश्रृंखला abbdabbdabbd होगी अत: badb शब्द समूहश्रृंखला को पूरा करेगा।

11. एक अनुक्रम दिया गया है, जिसमें से एक पद लुप्त है। दिए गए विकल्पों में से वह सही विकल्प चुनिए, जो अनुक्रम को पूरा करें–

ijk, mno, lmn, pqr, opq ?

(A) stv (B) suv
(C) stu (D) stt

[SSC CHSL (Tier-1) ऑनलाइन परीक्षा 29 जनवरी 2017 Morning Shift]

उत्तर (C) ijk, mno, lmn, pqr, opq, stu

इसलिए इस क्रम को stu पूरा करेगा।

12. एक अनुक्रम दिया गया है, जिसमें से एक पद लुप्त है। दिए गए विकल्पों में से वह सही विकल्प चुनिए, जो अनुक्रम को पूरा करे–

AZ, BY, CX ?

(A) CW (B) DW
(C) DX (D) DY

[SSC CHSL (Tier-1) ऑनलाइन परीक्षा 29 जनवरी 2017 Morning Shift]

उत्तर (B) AZ BY CX DW (–1, –1)
126 225 324 423 (+1, +1)

अत: लुप्त पद DW होगा।

13. एक अनुक्रम दिया गया है, जिसमें से एक पद लुप्त है। दिए गए विकल्पों में से वह सही विकल्प चुनिए, जो अनुक्रम को पूरा करें–

23, 32, 42, 53, 65, ?

(A) 78 (B) 88
(C) 58 (D) 98

[SSC CHSL (Tier-1) ऑनलाइन परीक्षा 29 जनवरी 2017 Morning Shift]

उत्तर (A)
23 —+9→ 32 —+10→ 42 —+11→
53 —+12→ 65 —+13→ 78

अत: लुप्त पद 78 होगा।

14. निम्नलिखित प्रश्न में अक्षरों का कौन-सा समूह खाली स्थानों पर क्रमवार रखने से दी गई अक्षर श्रृंखला को पूरा करेगा?

ab_bc_bb_ _abb_c

(A) babcb (B) bbaaa
(C) aabbc (D) abcbc

[SSC CHSL (Tier-1) ऑनलाइन परीक्षा 29 जनवरी 2017 Morning Shift]

उत्तर (A) ab_ bc _ bb _ _abb_c
b a b c b

इसलिये समूह a b b b c a b b b c a b b b c प्राप्त होगा।

अतः babcb समूह श्रृंखला को पूरा करेगा।

15. एक अनुक्रम दिया गया है, जिसमें से एक पद लुप्त है। दिए गए विकल्पों में से वह सही विकल्प चुनिए, जो अनुक्रम को पूरा करे–

LMN, NPP, PSR, ?

(A) QRS (B) RQT
(C) PQR (D) RVT

[SSC CHSL (Tier-1) ऑनलाइन परीक्षा 25 जनवरी 2017 Morning Shift]

उत्तर (D)

L M N   N P P   P S R   R V T
12 13 14   14 16 16   16 19 18   18 22 20

अतः लुप्त पद RVT होगा।

16. एक अनुक्रम दिया गया है, जिसमें से एक पद लुप्त है। दिए गए विकल्पों में से वह सही विकल्प चुनिए, जो अनुक्रम को पूरा करे–

FD, HF, KH, OJ, ?

(A) GH (B) EF
(C) RS (D) TL

[SSC CHSL (Tier-1) ऑनलाइन परीक्षा 25 जनवरी 2017 Morning Shift]

उत्तर (D)

F D H F K H O J T L
6 4 8 6 11 8 15 10 20 12
–2 –2 –3 –5 –8

F D H F   H F K H   H K H O J   O J T L
6 4 8 6   8 6 11 8   11 8 15 10   15 10 20 12
+2 +2   +3 +2   +4 +2   +5 +2

अतः लुप्त संख्या TL होगी।

17. एक अनुक्रम दिया गया है, जिसमें से एक पद लुप्त है। दिए गए विकल्पों में से वह सही विकल्प चुनिए, जो अनुक्रम को पूरा करे–

1, 6, 21, 66, ?

(A) 250 (B) 201
(C) 310 (D) 308

[SSC CHSL (Tier-1) ऑनलाइन परीक्षा 25 जनवरी 2017 Morning Shift]

उत्तर (B)

$$1 \xrightarrow[+5]{} 6 \xrightarrow[+15]{} 21 \xrightarrow[+45]{} 66 \xrightarrow[+135]{} 201$$
(5×3) (15×3) (45×3)

अतः लुप्त संख्या 201 होगी।

18. निम्नलिखित प्रश्न में अक्षरों का कौनसा समूह खाली स्थानों पर क्रमवार रखने से दी गई अक्षर श्रृंखला को पूरा करेगा ?

CDEF_EDC_DE_FED_

(A) FCFC (B) FCCD
(C) DCCC (D) DEFC

[SSC CHSL (Tier-1) ऑनलाइन परीक्षा 25 जनवरी 2017 Morning Shift]

उत्तर (A) C D E F _ E D C _ D E _ F E D _

C D E F [F] E D C [C] D E [F] F E D [C]

अतः FCFC अक्षर समूहश्रृंखला को पूरा करेगा।

19. एक अनुक्रम दिया गया है, जिसमें से एक पद लुप्त है। दिए गए विकल्पों में से वह सही विकल्प चुनिए जो अनुक्रम को पूरा करे।

टेलीफोन, रेडियो, ?, लैपटाप

(A) टेलिस्कोप (B) बल्ब
(C) पेन (D) मोबाइल

[SSC CHSL (Tier-1) ऑनलाइन परीक्षा 24 जनवरी 2017 Morning Shift]

उत्तर (D) जिस प्रकार टेलीफोन और रेडियो एक श्रेणी में आते है। उसी प्रकार मोबाइल और लैपटॉप भी एक श्रेणी में आयेंगे।

20. एक अनुक्रम दिया गया है, जिसमें से एक पद लुप्त है। दिए गए विकल्पों में से वह सही विकल्प चुनिए जो अनुक्रम को पूरा करे।

AB, FG, KL, PQ, ?

(A) ST (B) UV
(C) QS (D) FO

[SSC CHSL (Tier-1) ऑनलाइन परीक्षा 24 जनवरी 2017 Morning Shift]

उत्तर (B)

AB FG
1 2 5 6
+4 +4

F G K L   K L P Q   P Q [U V]
5 6 11 12   11 12 16 17   16 17 [21 22]
+6 +6   +5 +5   +5 +5

अतः लुप्त पद UV होगा।

21. एक अनुक्रम दिया गया है, जिसमें से एक पद लुप्त है। दिए गए विकल्पों में से वह सही विकल्प चुनिए जो अनुक्रम को पूरा करे।

KRK, LTN, MVQ, ?

(A) OXT (B) NYT
(C) NXT (D) NYU

[SSC CHSL (Tier-1) ऑनलाइन परीक्षा 24 जनवरी 2017 Morning Shift]

उत्तर (C)

K R K L T N M V Q ⟶ N X T
11 18 11 12 20 14 13 22 17 14 24 20
+1 +1
+2 +2
+3 +3

अत: लुप्त पद NXT होगा।

22. एक अनुक्रम दिया गया है, जिसमें से एक पद लुप्त है। दिए गए विकल्पों में से वह सही विकल्प चुनिए जो अनुक्रम को पूरा करे।

11, 121, 1331, 14641, ?

(A) 16051 (B) 161051

(C) 131769 (D) 29282

[SSC CHSL (Tier-1) ऑनलाइन परीक्षा 24 जनवरी 2017 Morning Shift]

उत्तर (B) $11 = (11)^1$

$121 = (11)^2$

$1331 = (11)^3$

$14641 = (11)^4$

$161051 = (11)^5$

अत: लुप्त पद 161051 होगा।

23. निम्नलिखित प्रश्न में अक्षरों का कौन-सा समूह खाली स्थानों पर क्रमवार रखने से दी गई अक्षर शृंखला को पूरा करेगा ?

K_L_K_LN_M_N

(A) MNMLK (B) NMMLK

(C) MNMKL (D) MLNKM

[SSC CHSL (Tier-1) ऑनलाइन परीक्षा 24 जनवरी 2017 Morning Shift]

उत्तर (C)

K [M] L [N] / K [M] L N / [K] M [L] N

MNMKL शब्द समूह शृंखला पूरी करेगा।

24. एक अनुक्रम दिया गया है जिसमें से एक पद लुप्त है। दिए गए विकल्पों में से वह सही विकल्प चुनिए, जो अनुक्रम को पूरा करे।

गामा किरणें, एक्स-रेज, अल्ट्रावायलेट किरणें, ?, इन्फ्रारेडकिरणें

(A) माइक्रोवेव (B) रेडियो तरंगें

(C) दृश्य प्रकाश (D) ध्वनि तरंगें

[SSC CHSL (Tier-1) ऑनलाइन परीक्षा 24 जनवरी 2017 सायं पाली]

उत्तर (C) गामा किरणें, एक्स-रेज, अल्ट्रावायलेट किरणें, दृश्य प्रकाश, इन्फ्रारेड किरणें इस प्रकार दृश्य प्रकाश दिये गये अनुक्रम को पूरा करेगा।

25. एक अनुक्रम दिया गया है, जिसमें से एक पद लुप्त है। दिए गए विकल्पों में से वह सही विकल्प चुनिए, जो अनुक्रम को पूरा करे।

XT, YU, BX, GC, ?

(A) NO (B) NJ

(C) NM (D) MN

[SSC CHSL (Tier-1) ऑनलाइन परीक्षा 24 जनवरी 2017 सायं पाली]

उत्तर (B)

X —+1→ Y —+3→ B —+5→ G —+7→ N

T —+1→ U —+3→ X —+5→ C —+7→ J

26. एक अनुक्रम दिया गया है, जिसमें से एक पद लुप्त है। दिए गए विकल्पों में से वह सही विकल्प चुनिए, जो अनुक्रम को पूरा करे।

OP, ST, XY, DE, ?

(A) KN (B) KL

(C) GI (D) WE

[SSC CHSL (Tier-1) ऑनलाइन परीक्षा 24 जनवरी 2017 EveningShift]

उत्तर (B)

O —+4→ S —+5→ X —+6→ D —+7→ K

P —+4→ T —+5→ Y —+6→ E —+7→ L

27. एक अनुक्रम दिया गया है जिसमें से एक पद लुप्त है। दिए गए विकल्पों में से वह सही विकल्प चुनिए, जो अनुक्रम को पूरा करे।

76, 38, 19, 9.5, ?

(A) 4.25 (B) 4.15

(C) 4.69 (D) 4.75

[SSC CHSL (Tier-1) ऑनलाइन परीक्षा 24 जनवरी 2017 सायं पाली]

उत्तर (D) 76, 38, 19, 9.5, ?

$\frac{76}{2} = 38$

$\frac{38}{2} = 19$

$\frac{19}{2} = 9.5$

$\frac{9.5}{2} = 4.75$

अत: लुप्त संख्या 4.75 होगी।

28. निम्नलिखित प्रश्न में अक्षरों का कौन सा समूह खाली स्थानों पर क्रमवार रखने से दी गई। अक्षर श्रृंखला को पूरा करेगा?

PE_NP_ON_EO_

(A) PEEN (B) OPEN
(C) OEPN (D) OPNE

[SSC CHSL (Tier-1) ऑनलाइन परीक्षा 24 जनवरी 2017 सायं पाली]

उत्तर (C)

P E [O] N / P [E] O N / [P] E O [N]

∴ OEPN अक्षर समूहश्रृंखला पूरी करेगी।

29. एक अनुक्रम दिया गया है, जिसमें से एक पद लुप्त है। दिए गए विकल्पों में से वह सही विकल्प चुनिए, जो अनुक्रम को पूरा करे।

NR, SW, WA, ZD, ?

(A) BF (B) BE
(C) CF (D) DE

[SSC CHSL (Tier-1) ऑनलाइन परीक्षा 23 जनवरी 2017 दोपहर पाली]

उत्तर (A) N R S W W A Z D B F
14 18 19 23 23 01 26 4 2 6
+5 +4 +3 +2
+5 +4 +3 +2

अत: लुप्त पद BF होगा।

30. एक अनुक्रम दिया गया है, जिसमें से एक पद लुप्त है। दिए गए विकल्पों में से वह सही विकल्प चुनिए, जो अनुक्रम को पूरा करे।

EF, K, JK, U, OP, ?

(A) Q (B) G
(C) F (D) E

[SSC CHSL (Tier-1) ऑनलाइन परीक्षा 23 जनवरी 2017 दोपहर पाली]

उत्तर (D) E F K
5 6 11 $5+6 \rightarrow 11$
J K U $10+11 \rightarrow 21$
10 11 21
O P E $15+16 \rightarrow 31-26 \rightarrow 5$
15 16 5

31. एक अनुक्रम दिया गया है जिसमें से एक पद लुप्त है। दिए गए विकल्पों में से वह सही विकल्प चुनिए, जो अनुक्रम को पूरा करे।

14, 19, 29, 44 ?

(A) 50 (B) 52
(C) 43 (D) 64

[SSC CHSL (Tier-1) ऑनलाइन परीक्षा 23 जनवरी 2017 दोपहर पाली]

उत्तर (D) 14, 19, 29, 44, ?

$14+5=19$

$19+10=29$

$29+15=44$

$44+20=64$

32. निम्नलिखित प्रश्न में अक्षरों का कौन सा समूह खाली स्थानों पर क्रमवार रखने से दी गई। अक्षर श्रृंखला को पूरा करेगा?

S_RTR_ST_T_S

(A) TRSR (B) RTSS
(C) TSRR (D) TSRS

[SSC CHSL (Tier-1) ऑनलाइन परीक्षा 23 जनवरी 2017 दोपहर पाली]

उत्तर (C) S [T] R T R [S] / S T [R] T [R] S

∴ TSRR शब्द समूहश्रृंखला पूरी करेगा।

33. एक अनुक्रम दिया गया है, जिसमें से एक पद लुप्त है। दिए गए विकल्पों में से वह सही विकल्प चुनिए जो अनुक्रम को पूरा करे।

नाइट्रोजन, स्थिरीकरण, एमोनियाकरण, नाइट्रिकरण, ?

(A) विनाइट्रिकरण (B) नाइट्रेट
(C) विच्छेदक (D) जीवाश्म ईंधन

[SSC CHSL (Tier-1) ऑनलाइन परीक्षा 22 जनवरी 2017 Morning Shift]

उत्तर (A) जिस प्रकार नाइट्रोजन स्थिरीकरण का एमोनियाकरण होता है। उसी प्रकार नाइट्रीकरण का विनाइट्रीकरण होगा।

34. एक अनुक्रम दिया गया है, जिसमें से एक पद लुप्त है। दिए गए विकल्पों में से वह सही विकल्प चुनिए, जो अनुक्रम को पूरा करे।

CEA, GIE, KMI, ?

(A) NOP (B) OPM
(C) OQM (D) LMN

[SSC CHSL (Tier-1) ऑनलाइन परीक्षा 22 जनवरी 2017 Morning Shift]

उत्तर (C)

C E A G I E K M I O Q M
3 5 1 7 9 5 11 13 9 15 17 13
+2 −4 +2 −4 +2 −4 +2 −4

अत: लुप्त पद OQM होगा।

35. एक अनुक्रम दिया गया है, जिसमें से एक पद लुप्त है। दिए गए विकल्पों में से वह सही विकल्प चुनिए, जो अनुक्रम को पूरा करे।

CD, XW, GH, TS, KL, ?

(A) QP (B) PO
(C) OP (D) PQ

[SSC CHSL (Tier-1) ऑनलाइन परीक्षा 22 जनवरी 2017 Morning Shift]

उत्तर (B)

C D X W G H T S K L P O
3 4 24 23 7 8 20 19 11 12 16 15
+1 −1 +1 −1 +1 −1

अतः लुप्त पद PO होगा।

36. एक अनुक्रम दिया गया है, जिसमें से एक पद लुप्त है। दिए गए विकल्पों में से वह सही विकल्प चुनिए, जो अनुक्रम को पूरा करे।

9, 26, 60, 111, ?

(A) 128 (B) 179
(C) 162 (D) 145

[SSC CHSL (Tier-1) ऑनलाइन परीक्षा 22 जनवरी 2017 Morning Shift]

उत्तर (B)

9 ⟶ 26 ⟶ 60 ⟶ 111 ⟶ 179
+17 × 1, +17 × 2, +17 × 3, +17 × 4

अतः लुप्त पद 179 होगा।

37. निम्नलिखित प्रश्न में अक्षरों का कौन सा समूह खाली स्थानों पर क्रमवार रखने से दी गई अक्षर श्रृंखला को पूरा करेगा ?

P_r_s_q_p_rs

(A) qrspq (B) qsrpq
(C) qsrpq (D) qsprq

[SSC CHSL (Tier-1) ऑनलाइन परीक्षा 22 जनवरी 2017 Morning Shift]

उत्तर (B) p_r_s_q_p_rs
q s r p q

∴ pqrs srqp pqrs श्रृंखला बनेगी

∴ qsrpq अक्षर समूह श्रृंखला पूर्ण करेगा।

38. एक अनुक्रम दिया गया है, जिसमें से एक पद लुप्त है। दिए गए विकल्पों में से वह सही विकल्प चुनिए जो अनुक्रम को पूरा करे।

अण्डा, ? प्यूपा, वयस्क

(A) लार्वा (B) चूजा
(C) स्तनधारी (D) कीट

[SSC CHSL (Tier-1) ऑनलाइन परीक्षा 21 जनवरी 2017 दोपहर पाली]

उत्तर (A) अंडा → लार्वा → प्यूपा → वयस्क

अतः लार्वा अनुक्रम को पूर्णांकित करेगा।

39. एक अनुक्रम दिया गया है, जिसमें से एक पद लुप्त है। दिए गए विकल्पों में से वह सही विकल्प चुनिए जो अनुक्रम को पूरा करे।

? LKJ, DCB, UTS

(A) SRQ (B) SPQ
(C) SPO (D) SRT

[SSC CHSL (Tier-1) ऑनलाइन परीक्षा 21 जनवरी 2017 दोपहर पाली]

उत्तर (A)

S R Q L K J D C B U T S
19 18 17 12 11 10 4 3 2 21 20 19
−1 −1 −1 −1 −1 −1 −1 −1

अतः लुप्त पद SRQ होगा।

40. एक अनुक्रम दिया गया है, जिसमें से एक पद लुप्त है। दिए गए विकल्पों में से वह सही विकल्प चुनिए जो अनुक्रम को पूरा करे।

WX, AB, FG, ?

(A) LI (B) LO
(C) LM (D) LN

[SSC CHSL (Tier-1) ऑनलाइन परीक्षा 21 जनवरी 2017 दोपहर पाली]

उत्तर (C)

W X A B F G L M
23 24 1 2 6 7 12 13
+1 +1 +1 +1

अतः लुप्त पद LM होगा।

41. एक अनुक्रम दिया गया है, जिसमें से एक पद लुप्त है। दिए गए विकल्पों में से वह सही विकल्प चुनिए जो अनुक्रम को पूरा करे।

35, 39, 34, 38 ?

(A) 39 (B) 33
(C) 32 (D) 31

[SSC CHSL (Tier-1) ऑनलाइन परीक्षा 21 जनवरी 2017 दोपहर पाली]

उत्तर (B) 35 $\xrightarrow{+4}$ 39 $\xrightarrow{-5}$ 34 $\xrightarrow{+4}$ 38 $\xrightarrow{-5}$ 33

अतः लुप्त संख्या 33 होगी।

42. निम्नलिखित प्रश्न में अक्षरों का कौन-सा समूह खाली स्थानों पर क्रमवार रखने से दी गई अक्षर श्रृंखला को पूरा करेगा?

_q_rpq_r_qq_

(A) pqqpr (B) prpqr
(C) pqqqr (D) prrrp

[SSC CHSL (Tier-1) ऑनलाइन परीक्षा 21 जनवरी 2017 दोपहर पाली]

उत्तर (A) [p]q[q]r / pq[p]r / [p]qq[r]

अतः pqqpr शब्द समूह श्रृंखला पूर्ण करेगा।

43. एक अनुक्रम दिया गया है, जिसमें से एक पद लुप्त है। दिए गए विकल्पों में से वह सही विकल्प चुनिए जो अनुक्रम को पूरा करे।

?, जेम्स गारफील्ड, विलियम मैककिनले, जॉन एफ. कैनेडी

(A) फ्रैंकलिन रूजवेल्ट (B) जॉर्ज डब्ल्यू बुश

(C) अब्राहम लिंकन (D) बिल क्लिंटन

[SSC CHSL (Tier-1) ऑनलाइन परीक्षा 21 जनवरी 2017 सायं पाली]

उत्तर (C) अमेरिका के राष्ट्रपतियों का सही क्रम इस प्रकार है-

अब्राहम लिंकन, जेम्स गारफील्ड, विलियम मैककिनले, जॉन एफ. कैनेडी इस प्रकार अब्राहम लिंकन अनुक्रम को पूरा करेगा।

44. एक अनुक्रम दिया गया है, जिसमें से एक पद लुप्त है। दिए गए विकल्पों में से वह सही विकल्प चुनिए जो अनुक्रम को पूरा करे।

AK, CO, ES, ?

(A) NO (B) FH

(C) GW (D) GV

[SSC CHSL (Tier-1) ऑनलाइन परीक्षा 21 जनवरी 2017 सायं पाली]

उत्तर (C)

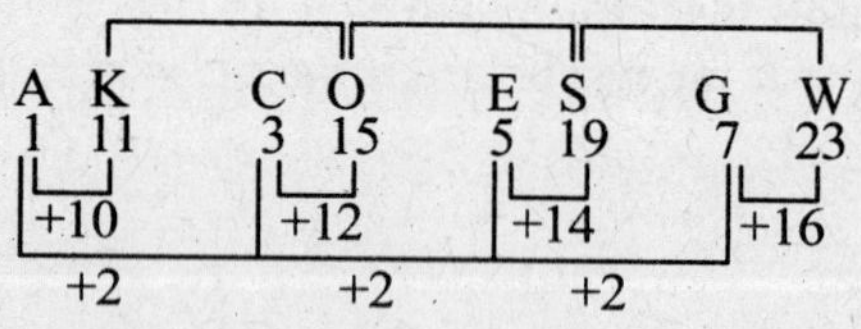

इस प्रकार लुप्त पद GW होगा।

45. एक अनुक्रम दिया गया है, जिसमें से एक पद लुप्त है। दिए गए विकल्पों में से वह सही विकल्प चुनिए जो अनुक्रम को पूरा करे।

CDE, HIJ, MNO, ?

(A) KNM (B) TRS

(C) QRS (D) RST

[SSC CHSL (Tier-1) ऑनलाइन परीक्षा 21 जनवरी 2017 सायं पाली]

उत्तर (D)

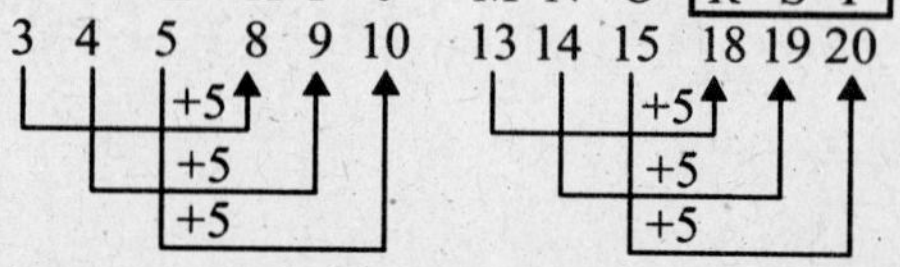

इस प्रकार लुप्त पद RST होगा।

46. एक अनुक्रम दिया गया है, जिसमें से एक पद लुप्त है। दिए गए विकल्पों में से वह सही विकल्प चुनिए जो अनुक्रम को पूरा करे।

3, 6, 11, 20, ?

(A) 42 (B) 41

(C) 37 (D) 47

[SSC CHSL (Tier-1) ऑनलाइन परीक्षा 21 जनवरी 2017 सायं पाली]

उत्तर (C)

$3 \xrightarrow[+3]{} 6 \xrightarrow[+5]{} 11 \xrightarrow[+9]{} 20 \xrightarrow[+17]{} 37$

$3\times1 \quad 3\times2-1 \quad 9\times1 \quad 9\times2-1$

अतः लुप्त पद 37 होगी।

47. निम्नलिखित प्रश्न में अक्षरों का कौन-सा समूह खाली स्थानों पर क्रमवार रखने से दी गई अक्षर श्रृंखला को पूरा करेगा?

X _ ZX_YY_ZX_Z

(A) XXYY (B) YXZY

(C) YYXY (D) XXXY

[SSC CHSL (Tier-1) ऑनलाइन परीक्षा 21 जनवरी 2017 सायं पाली]

उत्तर (B) X _ ZX _ YY _ ZX _ Z

Y X Z Y

∴ <u>XYZ</u> <u>XXYYZZ</u> <u>XYZ</u> श्रृंखला बनेगी।

∴ YXZY शब्द समूह श्रृंखला पूरा करेगा।

48. एक अनुक्रम दिया गया है, जिसमें से एक पद लुप्त है। दिए गए विकल्पों में से वह सही विकल्प चुनिए जो अनुक्रम को पूरा करे।

लेफ्टिनेंट, कैप्टन, ? लेफ्टिनेंट कर्नल

(A) ब्रिगेडियर (B) मेजर

(C) उपलेफ्टिनेंट (D) मेजरजनरल

[SSC CHSL (Tier-1) ऑनलाइन परीक्षा 18 जनवरी 2017 सायं पाली]

उत्तर (B) दिये गये शब्दों का सही अनुक्रम इस प्रकार है,

लेफ्टिनेंट, कैप्टन, मेजर, लेफ्टिनेंट कर्नल

अतः लुप्त शब्द मेजर होगा।

49. एक अनुक्रम दिया गया है, जिसमें से एक पद लुप्त है। दिए गए विकल्पों में से वह सही विकल्प चुनिए जो अनुक्रम को पूरा करे।

LMN, RST, WXY

(A) EGF (B) DFE

(C) DEF (D) EFG

[SSC CHSL (Tier-1) ऑनलाइन परीक्षा 18 जनवरी 2017 सायं पाली]

उत्तर (D)

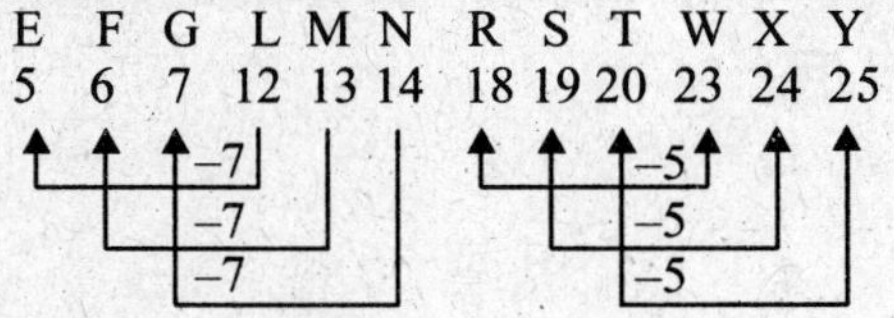

इसलिए लुप्त पद EFG होगा।

50. एक अनुक्रम दिया गया है, जिसमें से एक पद लुप्त है। दिए गए विकल्पों में से वह सही विकल्प चुनिए जो अनुक्रम को पूरा करे।

TU, ? NO, XY

(A) IJ (B) FG

(C) DF (D) DE

[SSC CHSL (Tier-1) ऑनलाइन परीक्षा 18 जनवरी 2017 सायं पाली]

उत्तर (D)

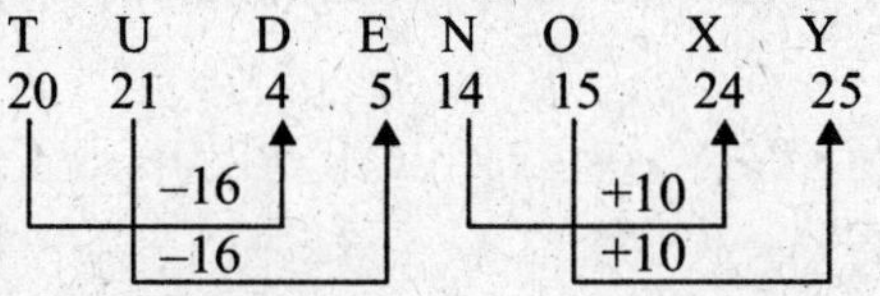

अत: लुप्त पद DE होगा।

51. एक अनुक्रम दिया गया है, जिसमें से एक पद लुप्त है। दिए गए विकल्पों में से वह सही विकल्प चुनिए जो अनुक्रम को पूरा करे।

3. 12, 48 ?

(A) 96 (B) 184

(C) 192 (D) 384

[SSC CHSL (Tier-1) ऑनलाइन परीक्षा 18 जनवरी 2017 सायं पाली]

उत्तर (C) $3 \rightarrow 3 \times 4 \rightarrow 12$

$48 \rightarrow 48 \times 4 \rightarrow 192$

अत: लुप्त पद 192 होगी।

52. निम्नलिखित प्रश्न में अक्षरों का कौन-सा समूह खाली स्थानों पर क्रमवार रखने से दी गई अक्षर श्रृंखला को पूरा करेगा?

P_R_S_QRR_

(A) QPRS (B) QRPS

(C) QRPP (D) QPSR

[SSC CHSL (Tier-1) ऑनलाइन परीक्षा 18 जनवरी 2017 सायं पाली]

उत्तर (B) P [Q] R [R] S/[P] QRR [S]

अत PQRRSPQRRS श्रृंखला बनेगी और QRPS शब्द समूह श्रृंखला पूरा करेगा।

53. एक अनुक्रम दिया गया है, जिसमें से एक पद लुप्त है। दिए गए विकल्पों में से वह सही विकल्प चुनिए जो अनुक्रम को पूरा करे।

हाइड्रोजन, हीलियम, लीथियम, ?

(A) बेरिलियम (B) बोरोन

(C) कार्बन (D) नाइट्रोजन

[SSC CHSL (Tier-1) ऑनलाइन परीक्षा 17 जनवरी 2017 दोपहर पाली]

उत्तर (A) सही अनुक्रम इस प्रकार है :

हाइड्रोजन, हीलियम, लिथियम, बेरिलियम

54. एक अनुक्रम दिया गया है, जिसमें से एक पद लुप्त है। दिए गए विकल्पों में से वह सही विकल्प चुनिए जो अनुक्रम को पूरा करे।

FIL, LOR, RUX, ?

(A) XBE (B) XAD

(C) YAD (D) XYD

[SSC CHSL (Tier-1) ऑनलाइन परीक्षा 17 जनवरी 2017 दोपहर पाली]

उत्तर (B)

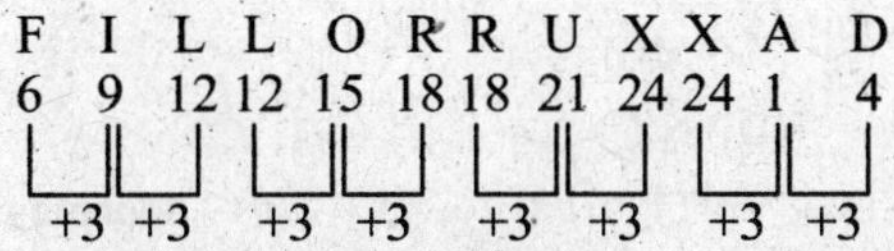

अत: लुप्त पद XAD होगा।

55. एक अनुक्रम दिया गया है, जिसमें से एक पद लुप्त है। दिए गए विकल्पों में से वह सही विकल्प चुनिए जो अनुक्रम को पूरा करे।

FU, HS, JQ, ?

(A) LO (B) MN

(C) LM (D) LN

[SSC CHSL (Tier-1) ऑनलाइन परीक्षा 17 जनवरी 2017 दोपहर पाली]

उत्तर (A)

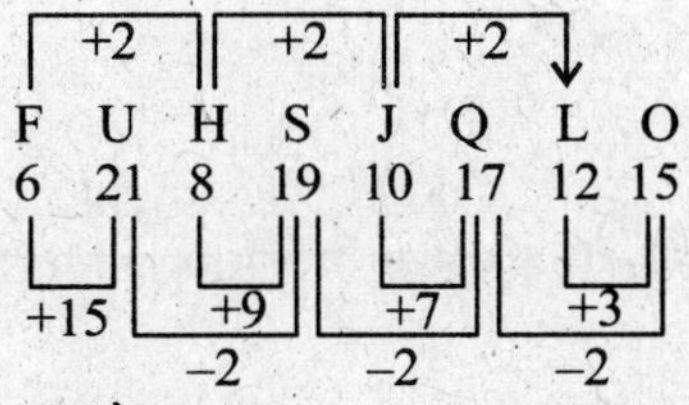

अत: लुप्त पद LO होगा।

56. एक अनुक्रम दिया गया है, जिसमें से एक पद लुप्त है। दिए गए विकल्पों में से वह सही विकल्प चुनिए जो अनुक्रम को पूरा करे।

3, 9, 4, 16, 5, ?

(A) 6 (B) 25

(C) 20 (D) 18

[SSC CHSL (Tier-1) ऑनलाइन परीक्षा 17 जनवरी 2017 दोपहर पाली]

उत्तर (B) 3 — 3 × 3 → 9

4 — 4 × 4 → 16

5 — 5 × 5 → 25

अत: लुप्त पद 25 होगा।

57. निम्नलिखित प्रश्न में अक्षरों का कौन-सा समूह खाली स्थानों पर क्रमवार रखने से दी गई अक्षर श्रृंखला को पूरा करेगा?

b_d_ed_b_c_e

(A) cedbc (B) cecbd

(C) ceabc (D) cecdb

[SSC CHSL (Tier-1) ऑनलाइन परीक्षा 17 जनवरी 2017 दोपहर पाली]

उत्तर (B) b_d_ed_b_c_e

c e c b d

अत: <u>bcde edcb bcde</u> श्रृंखला बनेगी।

∴ cecbd शब्द समूह श्रृंखला पूरा करेगा।

58. एक अनुक्रम दिया गया है, जिसमें से एक पद लुप्त है। दिए गए विकल्पों में से वह सही विकल्प चुनिए जो अनुक्रम को पूरा करे

AK, DQ, GV, JZ, ?

(A) NY (B) MC

(C) MY (D) NZ

[SSC CHSL (Tier-1) ऑनलाइन परीक्षा 16 जनवरी 2017 Morning Shift]

उत्तर (B)

+6 +5 +4 +3

A K D Q G V J Z M C

+3 +3 +3 +3

लुप्त पद MC होगा।

59. एक अनुक्रम दिया गया है, जिसमें से एक पद लुप्त है। दिए गए विकल्पों में से वह सही विकल्प चुनिए जो अनुक्रम को पूरा करे।

SQ, R, XV, W, IK ?

(A) J (B) L

(C) M (D) O

[SSC CHSL (Tier-1) ऑनलाइन परीक्षा 16 जनवरी 2017 Morning Shift]

उत्तर (A)

S	Q →	R
19	17	18
X	V →	W
24	22	23
I	K →	J
9	11	10

अत: लुप्त पद J होगा।

60. एक अनुक्रम दिया गया है, जिसमें से एक पद लुप्त है। दिए गए विकल्पों में से वह सही विकल्प चुनिए जो अनुक्रम को पूरा करे।

19, 29, 40, 44, ?

(A) 50 (B) 52

(C) 54 (D) 48

[SSC CHSL (Tier-1) ऑनलाइन परीक्षा 16 जनवरी 2017 Morning Shift]

उत्तर (B) लुप्त पद 52 होगा।

61. निम्नलिखित प्रश्न में अक्षरों का कौन-सा समूह खाली स्थानों पर क्रमवार रखने से दी गई अक्षर श्रृंखला को पूरा करेगा?

M_P_M_R_PM_PM_PR_P

(A) RMPPRMP (B) RRMPPMP

(C) RMRPRMP (D) MRMPRMP

[SSC CHSL (Tier-1) ऑनलाइन परीक्षा 16 जनवरी 2017 Morning Shift]

उत्तर (C) M _ P _ M _ R _ PM _ PM _ RR _ P

R M R P R M P

अत: <u>MRP</u> <u>MMRRPP</u> <u>MRP</u> <u>MMRRPP</u> श्रृंखला बनेगी।

∴ RMRPRMP शब्द समूह श्रृंखला पूरा करेगा।

62. एक अनुक्रम दिया गया है, जिसमें से एक पद लुप्त है। दिए गए विकल्पों में से वह सही विकल्प चुनिए जो अनुक्रम को पूरा करे।

कोशिका, ऊतक, अंग ?

(A) श्वसन प्रणाली (B) अंग प्रणाली

(C) पाचन तंत्र (D) तंत्रिका तंत्र

[SSC CHSL (Tier-1) ऑनलाइन परीक्षा 10 जनवरी 2017 Morning Shift]

उत्तर (B) जिस प्रकार कोशिका का संबंध ऊतक से है। उसी प्रकार अंग का संबंध अंग प्रणाली से होगा।

63. एक अनुक्रम दिया गया है, जिसमें से एक पद लुप्त है। दिए गए विकल्पों में से वह सही विकल्प चुनिए जो अनुक्रम को पूरा करे।

ZA, TG, NM, ?

(A) HS (B) SH

(C) GT (D) TG

[SSC CHSL (Tier-1) ऑनलाइन परीक्षा 10 जनवरी 2017 Morning Shift]

उत्तर (A)

+6 +6 +6

Z A T G N M H S
26 1 20 7 14 13 8 19

−6 −6 −6

अत: लुप्त पद HS होगा।

64. एक अनुक्रम दिया गया है, जिसमें से एक पद लुप्त है। दिए गए विकल्पों में से वह सही विकल्प चुनिए जो अनुक्रम को पूरा करे।

NM, PK, SI, ?

(A) VE (B) WF

(C) VG (D) WG

[SSC CHSL (Tier-1) ऑनलाइन परीक्षा 10 जनवरी 2017 Morning Shift]

उत्तर (D)

−2 −2 −2

N M P K S I W G
14 13 16 11 19 9 23 7

+2 +3 +4

इस प्रकार WG लुप्त पद होगा।

65. एक अनुक्रम दिया गया है, जिसमें से एक पद लुप्त है। दिए गए विकल्पों में से वह सही विकल्प चुनिए जो अनुक्रम को पूरा करे।

1, 5, 30, 210, 1682, ?

(A) 15120 (B) 13440

(C) 11760 (D) 8400

[SSC CHSL (Tier-1) ऑनलाइन परीक्षा 10 जनवरी 2017 Morning Shift]

उत्तर (A) $1 \rightarrow 1 \times 5 \rightarrow 5 \rightarrow 5 \times 6 \rightarrow 30$

$5 \times 6 \times 7 \rightarrow 210$

$5 \times 6 \times 7 \times 8 \rightarrow 1680$

$5 \times 6 \times 7 \times 8 \times 9 \rightarrow 15120$

1—5—30—210—1680—15120

×5 ×6 ×7 ×8 ×9

अत: लुप्त पद 15120 होगा।

66. अक्षरों का कौन-सा समूह खाली स्थानों पर क्रमवार रखने से दी गई अक्षर श्रृंखला को पूरा करेगा?

l_n_o_m_lm_o

(A) mnoln (B) minmn

(C) monln (D) mnmno

[SSC CHSL (Tier-1) ऑनलाइन परीक्षा 10 जनवरी 2017 Morning Shift]

उत्तर (C) *l* [*m*] *n* [*o*] / *o* [*n*] *m* [*l*] / *l m* [*n*] *o*

∴ monln शब्द समूह श्रृंखला पूरा करेगा।

67. एक अनुक्रम दिया गया है, जिसमें से एक पद लुप्त है। दिए गए विकल्पों में से वह सही विकल्प चुनिए जो अनुक्रम को पूरा करे।

ऑक्सीजन, आर्गन, कार्बनडाई ऑक्साइड ?

(A) नाइट्रोजन (B) जलवाष्प

(C) मीथेन (D) कार्बन मोनो ऑक्साइड

[SSC CHSL (Tier-1) ऑनलाइन परीक्षा 10 जनवरी 2017 सायं पाली]

उत्तर (A) सही अनुक्रम इस प्रकार है :

नाइट्रोजन, ऑक्सीजन, आर्गन, कार्बनडाई ऑक्साइड

अत: लुप्त पद नाइट्रोजन होगा।

68. एक अनुक्रम दिया गया है, जिसमें से एक पद लुप्त है। दिए गए विकल्पों में से वह सही विकल्प चुनिए जो अनुक्रम को पूरा करे।

4, 6, 9, 13.5 ?

(A) 23.25 (B) 32.5

(C) 31.25 (D) 20.25

[SSC CHSL (Tier-1) ऑनलाइन परीक्षा 10 जनवरी 2017 सायं पाली]

उत्तर (D) $4 \xrightarrow{4+\frac{4}{2}} 6 \xrightarrow{6+\frac{6}{2}} 9 \xrightarrow{9+\frac{9}{2}}$

$13.5 \xrightarrow{13.5+\frac{13.5}{2}} \boxed{20.25}$

अत: लुप्त पद 20.25 होगा।

69. एक अनुक्रम दिया गया है, जिसमें से एक पद लुप्त है। दिए गए विकल्पों में से वह सही विकल्प चुनिए जो अनुक्रम को पूरा करे।

WW, ss, QQ, ? , KK

(A) gg (B) MM

(C) mm (D) ee

[SSC CHSL (Tier-1) ऑनलाइन परीक्षा 10 जनवरी 2017 सायं पाली]

उत्तर (C) WW ⟶ ss
23 19
−4

QQ ⟶ mm
17 13
−4

mm ⟶ KK
13 11
−2

अत: लुप्त पद mm होगा।

70. एक अनुक्रम दिया गया है, जिसमें से एक पद लुप्त है। दिए गए विकल्पों में से वह सही विकल्प चुनिए जो अनुक्रम को पूरा करे।

IG, MK, RP ?

(A) ZA (B) AB

(C) XV (D) GE

[SSC CHSL (Tier-1) ऑनलाइन परीक्षा 10 जनवरी 2017 सायं पाली]

उत्तर (C)

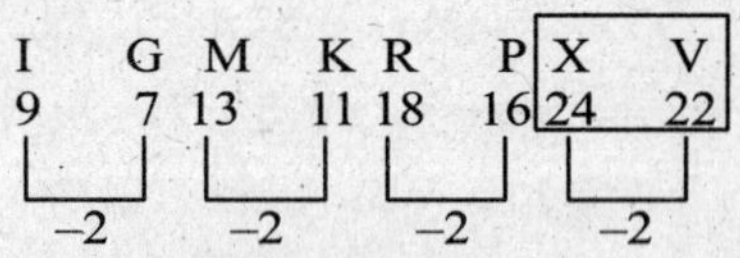

अतः XV लुप्त पद होगा।

71. एक अनुक्रम दिया गया है, जिसमें से एक पद लुप्त है। दिए गए विकल्पों में से वह सही विकल्प चुनिए जो अनुक्रम को पूरा करे।

राजस्थान, मध्य प्रदेश, महाराष्ट्र, ?

(A) उत्तर प्रदेश (B) जम्मू कश्मीर

(C) तमिल नाडु (D) असम

[SSC CHSL (Tier-1) ऑनलाइन परीक्षा 9 जनवरी 2017 Morning Shift]

उत्तर (A) दिया हुआ क्रम राज्यों का अवरोही क्रम है. सही अनुक्रम इस प्रकार है–

राजस्थान, मध्य प्रदेश, महाराष्ट्र, उत्तर प्रदेश

अतः लुप्त शब्द उत्तर प्रदेश होगा।

72. एक अनुक्रम दिया गया है, जिसमें से एक पद लुप्त है। दिए गए विकल्पों में से वह सही विकल्प चुनिए जो अनुक्रम को पूरा करे।

200, 100, 50, 25, 12.5, 6.25, ?

(A) 2.125 (B) 3.024

(C) 3.125 (D) 2.025

[SSC CHSL (Tier-1) ऑनलाइन परीक्षा 9 जनवरी 2017 Morning Shift]

उत्तर (C)

$200 \xrightarrow[\times 1/2]{} 100 \xrightarrow[\times 1/2]{} 50 \xrightarrow[\times 1/2]{} 25 \xrightarrow[\times 1/2]{} 12\cdot5 \xrightarrow[\times 1/2]{}$

$6\cdot25 \xrightarrow[\times 1/2]{} 3\cdot125$

अतः लुप्त संख्या 3.125 होगी।

73. एक अनुक्रम दिया गया है, जिसमें से एक पद लुप्त है। दिए गए विकल्पों में से वह सही विकल्प चुनिए जो अनुक्रम को पूरा करे।

?, ONM, GFE, XWV

(A) TUV (B) VUT

(C) GHI (D) PQR

[SSC CHSL (Tier-1) ऑनलाइन परीक्षा 9 जनवरी 2017 Morning Shift]

उत्तर (B)

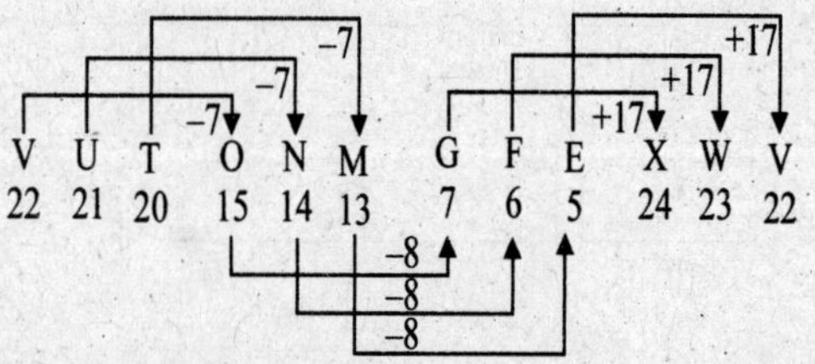

इस प्रकार VUT लुप्त पद होगा।

74. एक अनुक्रम दिया गया है, जिसमें से एक पद लुप्त है। दिए गए विकल्पों में से वह सही विकल्प चुनिए जो अनुक्रम को पूरा करे।

RS, ?, BC, GH

(A) WX (B) XY

(C) UV (D) GE

[SSC CHSL (Tier-1) ऑनलाइन परीक्षा 9 जनवरी 2017 Morning Shift]

उत्तर (A)

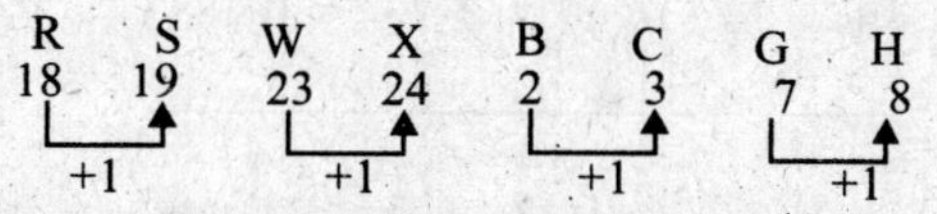

इस प्रकार WX लुप्त पद होगा।

75. अक्षरों का कौन सा समूह खाली स्थानों पर क्रमवार रखने से दी गई अक्षर शृंखला को पूरा करेगा?

_qr_srq_p_rs_r_p

(A) pqrsss (B) qprsss

(C) pspqsq (D) pspqqq

[SSC CHSL (Tier-1) ऑनलाइन परीक्षा 9 जनवरी 2017 Morning Shift]

उत्तर (C)

[p] q r [s] / srq[p] / p[q] r s / [s] r [q] p

और pspqsq शब्द समूह शृंखला पूरा करेगा।

76. एक अनुक्रम दिया गया है, जिसमें से एक पद लुप्त है। दिए गए विकल्पों में से वह सही विकल्प चुनिए जो अनुक्रम को पूरा करे।

जलियाँवाला बाग नरसंहार, साइमन कमिशन, दांडी मार्च,

(A) भारत-छोड़ो आंदोलन (B) अंग्रेजों का आगमन

(C) फ्रांसीसियों का आगमन (D) चम्पारण सत्याग्रह

[SSC CHSL (Tier-1) ऑनलाइन परीक्षा 9 जनवरी 2017 सायं पाली]

उत्तर (A) उचित अनुक्रम इस प्रकार है:

जलियाँवाला बाग नरसंहार, साइमन कमीशन, दांडी मार्च, भारत छोड़ो आन्दोलन

अतः लुप्त पद भारत छोड़ो आन्दोलन होगा।

77. एक अनुक्रम दिया गया है, जिसमें से एक पद लुप्त है। दिए गए विकल्पों में से वह सही विकल्प चुनिए जो अनुक्रम को पूरा करे।

ZA, XC, TG, NM,

(A) KL (B) FU

(C) LM (D) TI

[SSC CHSL (Tier-1) ऑनलाइन परीक्षा 9 जनवरी 2017 सायं पाली]

उत्तर (B)

−2 −4 −6 −8

Z A X C T G N M F U

26 1 24 3 20 7 14 13 6 21

+2 +4 +6 +8

अतः लुप्त पद FU होगा।

78. एक अनुक्रम दिया गया है, जिसमें से एक पद लुप्त है। दिए गए विकल्पों में से वह सही विकल्प चुनिए जो अनुक्रम को पूरा करे।

CD, ?, MN, UV, EF

(A) EF (B) GH

(C) KL (D) M

[SSC CHSL (Tier-1) ऑनलाइन परीक्षा 9 जनवरी 2017 सायं पाली]

उत्तर (B)

C D G H M N U V E F

3 4 7 8 13 14 21 22 5 6

+4 +1 +1 +1 +1

अतः लुप्त पद GH होगा।

79. एक अनुक्रम दिया गया है, जिसमें से एक पद लुप्त है। दिए गए विकल्पों में से वह सही विकल्प चुनिए जो अनुक्रम को पूरा करे।

72, 56, 42, 30,20, ?

(A) 22 (B) 20

(C) 12 (D) 6

[SSC CHSL (Tier-1) ऑनलाइन परीक्षा 9 जनवरी 2017 सायं पाली]

उत्तर (C)

$72 \xrightarrow[-16]{} 56 \xrightarrow[-14]{} 42 \xrightarrow[-12]{} 30 \xrightarrow[-10]{} 20 \xrightarrow[-8]{} 12$

अतः लुप्त पद 12 होगा।

80. अक्षरों का कौनसा समूह खाली स्थानों पर क्रमवार रखने से दी गई अक्षर शृंखला को पूरा करेगा?

T_ST_S_U_T_

(A) UUSTT (B) TUUTS

(C) TTSTU (D) UUTSU

[SSC CHSL (Tier-1) ऑनलाइन परीक्षा 9 जनवरी 2017 सायं पाली]

उत्तर (D) T_ST_S_U_T_S

U U T S U

अतः TUSTUSTUSTUS शब्द शृंखला बनेगी

तथा UUTSU शब्द समूह शृंखला पूरी करेगा।

81. एक अनुक्रम दिया गया है, जिसमें से एक पद लुप्त है। दिए गए विकल्पों में से वह सही विकल्प चुनिए, जो अनुक्रम को पूरा करे।

न्यूनकोण, समकोण, अधिककोण, ?

(A) बाह्यकोण (B) वृहत्तकोण

(C) ऋजुकोण (D) पूरककोण

[SSC CHSL (Tier-1) ऑनलाइन परीक्षा 7 जनवरी 2017 सायं पाली]

उत्तर (C) सही अनुक्रम इस प्रकार है–

न्यूनकोण, समकोण, अधिक कोण, ऋजुकोण

82. एक अनुक्रम दिया गया है, जिसमें से एक पद लुप्त है। दिए गए विकल्पों में से वह सही विकल्प चुनिए, जो अनुक्रम को पूरा करे।

RS, WX, ? ,GH

(A) BC (B) AB

(C) CD (D) EG

[SSC CHSL (Tier-1) ऑनलाइन परीक्षा 7 जनवरी 2017 सायं पाली]

उत्तर (A)

R S W X

18 19 23 24

+5 +5

B C G H

2 3 7 8

+5 +5

अतः लुप्त पद BC होगा।

83. एक अनुक्रम दिया गया है, जिसमें से एक पद लुप्त है। दिए गए विकल्पों में से वह सही विकल्प चुनिए, जो अनुक्रम को पूरा करे।

VUT, ONM, GFE, ?

(A) XWV (B) WVX

(C) XYZ (D) WVU

[SSC CHSL (Tier-1) ऑनलाइन परीक्षा 7 जनवरी 2017 सायं पाली]

उत्तर (A)

V $\xrightarrow{-7}$ O $\xrightarrow{-8}$ G $\xrightarrow{-9}$ X

U $\xrightarrow{-7}$ N $\xrightarrow{-8}$ F $\xrightarrow{-9}$ W

T $\xrightarrow{-7}$ M $\xrightarrow{-8}$ E $\xrightarrow{-9}$ V

अत: लुप्त अक्षर = XWV

84. एक अनुक्रम दिया गया है, जिसमें से एक पद लुप्त है। दिए गए विकल्पों में से वह सही विकल्प चुनिए, जो अनुक्रम को पूरा करे।

10, 22, 46, ?

(A) 90 (B) 91

(C) 95 (D) 94

[SSC CHSL (Tier-1) ऑनलाइन परीक्षा 7 जनवरी 2017 सायं पाली]

उत्तर (D)

10 ⟶ 22 ⟶ 46 ⟶ 94

+ 12 + 24 + 48

अत: लुप्त संख्या 94 होगी।

85. निम्नलिखित प्रश्न में अक्षरों का कौनसा समूह खाली स्थानों पर क्रमवार रखने से दी गई अक्षर श्रृंखला को पूरा करेगा?

c_e_cd_f_de_

(A) dfecf (B) dfcef

(C) fdcef (D) dffcd

[SSC CHSL (Tier-1) ऑनलाइन परीक्षा 7 जनवरी 2017 सायं पाली]

उत्तर (A) c [d] e [f]/ c d [e] f /[c] d e [f]

शब्द dfecf समूह श्रृंखला पूरी करेगा।

86. एक अनुक्रम दिया गया है, जिसमें से एक पद लुप्त है। दिए गए विकल्पों में से वह सही विकल्प चुनिए, जो अनुक्रम को पूरा करे।

हिमनद, झरना, नदी, ?

(A) समुद्र (B) नाला

(C) पर्वत (D) बर्फ

[SSC CHSL (Tier-1) ऑनलाइन परीक्षा 8 फरवरी 2017 दोपहर पाली]

उत्तर (A) जिसप्रकार हिमनद, झरना से सम्बन्धित है। उसीप्रकार नदी समुद्र से सम्बन्धित होगी।

87. एक अनुक्रम दिया गया है, जिसमें से एक पद लुप्त है। दिए गए विकल्पों में से वह सही विकल्प चुनिए, जो अनुक्रम को पूरा करे।

?. HI, OP, WX

(A) AB (B) BC

(C) DE (D) EF

[SSC CHSL (Tier-1) ऑनलाइन परीक्षा 8 फरवरी 2017 दोपहर पाली]

उत्तर (B) ?, HI, OP, WX

अंग्रेजी वर्णमाला के अक्षरों के स्थानों को लिखने पर

B	C	H	I	O	P	W	X
2	3	8	9	15	16	23	24

(H → B: −6, O → H: −7, W → O: −8; I → C: −6, P → I: −7, X → P: −8)

इसलिए लुप्त अक्षर युग्म BC होगा।

88. एक अनुक्रम दिया गया है, जिसमें से एक पद लुप्त है। दिए गए विकल्पों में से वह सही विकल्प चुनिए, जो अनुक्रम को पूरा करे।

144, 256, 400, ?

(A) 441 (B) 576

(C) 625 (D) 289

[SSC CHSL (Tier-1) ऑनलाइन परीक्षा 8 फरवरी 2017 दोपहर पाली]

उत्तर (B) 144, 256, 400, ?

$(12)^2, (16)^2, (20)^2, (24)^2$

दी गयी संख्याऐं 12, 16, 20 का वर्ग हैं तथा इनमें 4 का अन्तर हैं

इसलिए लुप्त संख्या 20 + 4 = 24 होगी।

89. एक अनुक्रम दिया गया है, जिसमें से एक पद लुप्त है। दिए गए विकल्पों में से वह सही विकल्प चुनिए, जो अनुक्रम को पूरा करे।

5, 7.5, 12.5, 22.5, ?

(A) 42.5 (B) 42

(C) 44 (D) 43.5

[SSC CHSL (Tier-1) ऑनलाइन परीक्षा 8 फरवरी 2017 दोपहर पाली]

उत्तर (A) 5, 7.5, 12.5, 22.5, ?

7.5 – 5 = 2.5 12.5 – 7.5 = 5.0

12.5 – 12.5 = 10

दी गयी संख्याऐं

2.5 × 2 = 5.0

5.0 × 2 = 10.0

10.0 × 2 = 20.0

इसलिए लुप्त संख्या = 22.5 + 20.0 = 42.5

90. अक्षरों का कौन सा समूह खाली स्थानों पर क्रमवार रखने से दी गई अक्षर श्रृंखला को पूरा करेगा ?

A_BC_BBC_BB

(A) BAAC (B) BBBC

(C) BABA (D) ABBC

[SSC CHSL (Tier-1) ऑनलाइन परीक्षा 8 फरवरी 2017 दोपहर पाली]

उत्तर (A) A [B] BC/ [A] BBC [A] BB [C]

इसीलिए लुप्त संख्या BAAC होगी।

91. एक अनुक्रम दिया गया है, जिसमें से एक पद लुप्त है। दिए गए विकल्पों में से वह सही विकल्प चुनिए, जो अनुक्रम को पूरा करे।

CM, EK, GI ?

(A) IK (B) IG

(C) LM (D) PS

[SSC CHSL (Tier-1) ऑनलाइन परीक्षा 7 फरवरी 2017 Morning Shift]

उत्तर (B)

$C \rightarrow M$ $G \rightarrow I$

$E \rightarrow K$ $I \rightarrow G$

जिस प्रकार

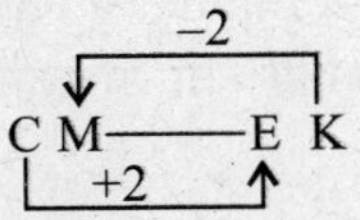

उसी प्रकार

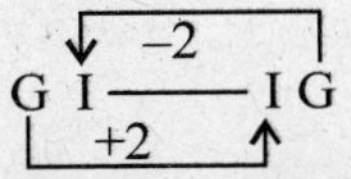

इसलिये GI को IG लिखेगें।

92. एक अनुक्रम दिया गया है, जिसमें से एक पद लुप्त है। दिए गए विकल्पों में से सही विकल्प चुनिए, जो अनुक्रम को पूरा करे।

FGH, NOP, VWX ?

(A) FGH (B) DEF

(C) EFG (D) FGH

[SSC CHSL (Tier-1) ऑनलाइन परीक्षा 7 फरवरी 2017 Morning Shift]

उत्तर (B)

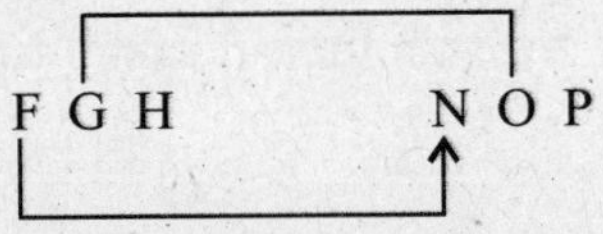

$F \xrightarrow{+7} N$ $V \xrightarrow{+7} D$

$G \xrightarrow{+7} O$ $W \xrightarrow{+7} E$

$H \xrightarrow{+7} P$ $X \xrightarrow{+7} F$

अत: जिस प्रकार FGH को NOP लिखेगें उसी प्रकार VWX को DEF लिखेगें।

93. एक अनुक्रम दिया गया है, जिसमें से एक पद लुप्त है। दिए गए विकल्पों में से वह सही विकल्प चुनिए, जो अनुक्रम को पूरा करे।

4, 9, 25, 64, 169 ?

(A) 441 (B) 225

(C) 289 (D) 256

[SSC CHSL (Tier-1) ऑनलाइन परीक्षा 7 फरवरी 2017 Morning Shift]

उत्तर (A) दी गयी संख्याएं

4, 9, 25, 64, 169. ?

ये संख्याएं क्रमशः 2, 3, 5, 8, 13 का वर्ग हैं। इस प्रकार प्रत्येक संख्या अपनी पिछली संख्या का योग है इसलिये अगली संख्या 8 + 13 = 21 होगी जिसका वर्ग 441 होगा।

94. निम्नलिखित प्रश्न में अक्षरों का कौन सा समूह खाली स्थानों पर क्रमवार रखने से दी गई अक्षर श्रृखंला को पूरा करेगा

r_pr_p_q_r_p

(A) qrppq (B) qqrpq

(C) qrprp (D) qrppr

[SSC CHSL (Tier-1) ऑनलाइन परीक्षा 7 फरवरी 2017 Morning Shift]

उत्तर (B) *r – pr – p – q – r – p*

अक्षरों के स्थानों का अंक लिखने पर

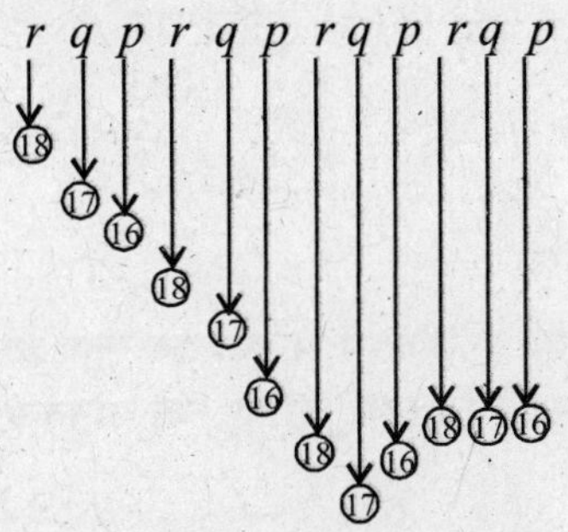

इस प्रकार *qqrpq* अक्षरों का समूह दी श्रृंखला को पूरा करेगा।

95. एक अनुक्रम दिया गया है, जिसमें से एक पद लुप्त है। दिए गए विकल्पों में से वह सही विकल्प चुनिए, जो अनुक्रम को पूरा करे–

मोहम्मद हामिद अंसारी, भैरों सिंह शेखावत, कृष्णकांत,

(A) राजेन्द्र प्रसाद (B) के. आर. नारायणन

(C) शंकर दयाल शर्मा (D) वी.वी गिरी

[SSC CHSL (Tier-1) ऑनलाइन परीक्षा 3 फरवरी 2017 दोपहर पाली]

उत्तर (B) ऊपर दिया गया क्रम भारत के उपराष्ट्रपतियों का नए से पुराना क्रम है?

∴ सही क्रम : मोहम्मद हामिद अंसारी, भैरों सिंह शेखावत, कृष्णकांत, के. आर. नारायणन

96. एक अनुक्रम दिया गया है, जिसमें से एक पद लुप्त है। दिए गए विकल्पों में से वह सही विकल्प चुनिए, जो अनुक्रम को पूरा करे–

GH, LM, PQ, ST, ?

(A) UZ (B) UY

(C) UX (D) UV

[SSC CHSL (Tier-1) ऑनलाइन परीक्षा 3 फरवरी 2017 दोपहर पाली]

उत्तर (D) GH, LM, PQ, ST, ?

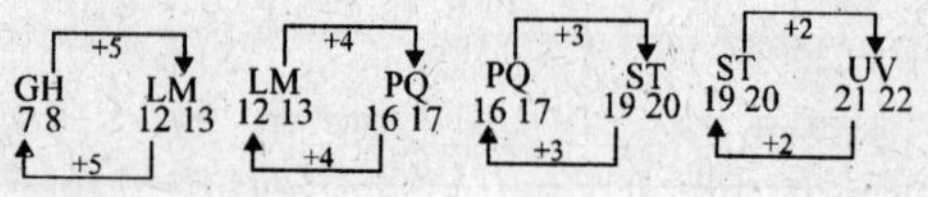

अत: लुप्त पद UV होगा।

97. एक अनुक्रम दिया गया है, जिसमें से एक पद लुप्त है। दिए गए विकल्पों में से वह सही विकल्प चुनिए, जो अनुक्रम को पूरा करे–

SR, ON, ?, GF

(A) EF (B) HI

(C) KJ (D) HK

[SSC CHSL (Tier-1) ऑनलाइन परीक्षा 3 फरवरी 2017 दोपहर पाली]

उत्तर (C) SR, ON, ?, GF

अत: लुप्त पद KJ होगा।

98. एक अनुक्रम दिया गया है, जिसमें से एक पद लुप्त है। दिए गए विकल्पों में से वह सही विकल्प चुनिए, जो अनुक्रम को पूरा करे–

60, 121, 243, ?

(A) 480 (B) 487

(C) 484 (D) 486

[SSC CHSL (Tier-1) ऑनलाइन परीक्षा 3 फरवरी 2017 दोपहर पाली]

उत्तर (B) 60, 121, 243, ?

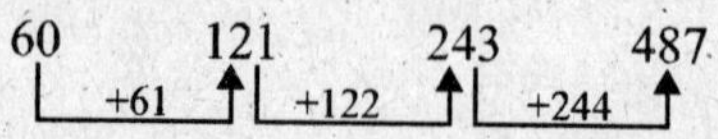

अंकों के बीच का अन्तर दो गुना हो रहा है। तब संख्या प्राप्त हो रही है।

99. निम्नलिखित प्रश्न में अक्षरों का कौनसा समूह खाली स्थानों पर क्रमवार रखने से दी गई अक्षर शृंखला को पूरा करेगा?

a_c_a_cb_ccb

(A) cbca (B) abcd

(C) bdac (D) abdc

[SSC CHSL (Tier-1) ऑनलाइन परीक्षा 3 फरवरी 2017 दोपहर पाली]

उत्तर (A) a c c b /a c cb/ a ccb

अत: cbca समूह शृंखला को पूरा करेगा।

100. एक अनुक्रम दिया गया है, जिसमें से एक पद लुप्त है। दिए गए विकल्पों में से वह सही विकल्प चुनिए, जो अनुक्रम को पूरा करें।

BD, HJ, NP, ?

(A) TU (B) TV

(C) ST (D) SU

[SSC CHSL (Tier-1) ऑनलाइन परीक्षा 3 फरवरी 2017 सायं पाली]

उत्तर (B)

B $\xrightarrow{+6}$ H $\xrightarrow{+6}$ N $\xrightarrow{+6}$ T

D $\xrightarrow{+6}$ J $\xrightarrow{+6}$ P $\xrightarrow{+6}$ V

अत: लुप्त पद TV होगा।

101. एक अनुक्रम दिया गया है, जिसमें से एक पद लुप्त है। दिए गए विकल्पों में से वह सही विकल्प चुनिए, जो अनुक्रम को पूरा करे।

AB, GH, MN, ST, ?

(A) UT (B) XY

(C) ZY (D) YZ

[SSC CHSL (Tier-1) ऑनलाइन परीक्षा 3 फरवरी 2017 सायं पाली]

उत्तर (D)

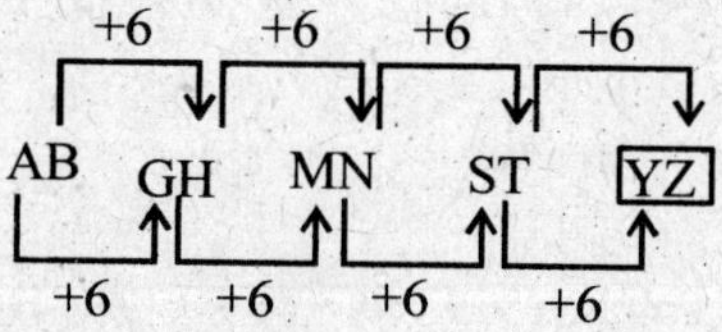

अत: लुप्त पद YZ होगा।

102. एक अनुक्रम दिया गया है, जिसमें से एक पद लुप्त है। दिए गए विकल्पों में से वह सही विकल्प चुनिए, जो अनुक्रम को पूरा करे।

12, 60, 240, 720, ?

(A) 1440 (B) 1420

(C) 1400 (D) 1480

[SSC CHSL (Tier-1) ऑनलाइन परीक्षा 3 फरवरी 2017 सायं पाली]

उत्तर (A) $12 \xrightarrow{\times 5} 60 \xrightarrow{\times 4} 240 \xrightarrow{\times 3} 720 \xrightarrow{\times 2} 1440$

अत: लुप्त पद 1440 होगा।

103. निम्नलिखित प्रश्न में, दो कथन दिए गए हैं जिनके आगे दो निष्कर्ष I और II निकाले गए हैं। आपको मानना है कि कथन सत्य हैं चाहे वे सामान्यत: ज्ञात तथ्यों से भिन्न प्रतीत होते हो। आपको निर्णय करना है कि दिए गए निष्कर्षों में से कौन सा/कौन से निश्चित रुप से कथनों द्वारा सही निकाला जा सकता है/सकते हैं, यदि कोई हो।

कथन:

(I) अगर हम भाग्यशाली हैं तो चीजें अपने आप सही जगह पर आ जाती हैं।

(II) भाग्य तभी हमारा साथ देता है जब हम कठोर परिश्रम करते हैं।

निष्कर्ष:

(I) कठोर परिश्रम सफलता की कुंजी है।

(II) अगर आप कड़ी मेहनत नहीं करते तो भाग्य आपका साथ नहीं देगा।

(A) केवल निष्कर्ष II लागू होता है।

(B) निष्कर्ष I और II दोनों लागू होता है।

(C) न निष्कर्ष I न ही II लागू होता है।

(D) केवल निष्कर्ष I लागू होता है।

उत्तर (B) दिये गये कथनों के अनुसार निष्कर्ष (I) व (II) दोनों लागू होते हैं।

104. निम्नलिखित प्रश्न में अक्षरों का कौन सा समूह खाली स्थानों पर क्रमवार रखने से दी गई अक्षर श्रृंखला को पूरा करेगा ?

d_c_d_cb_c_b

(A) cbccd (B) cbcdc

(C) cbbdc (D) cbdbc

[SSC CHSL (Tier-1) ऑनलाइन परीक्षा 3 फरवरी 2017 सायं पाली]

उत्तर (B) d c c b / d c c b / d c c b

अत: cbcdc अक्षरों का समूह श्रृंखला पूरी करेगा।

4 कोडिंग डिकोडिंग

- किसी अक्षर / शब्द / वाक्य को किसी सांकेतिक भाषा में लिखने की प्रक्रिया को संकेतबद्धता / संकेतन / कूटीकरण / कूटन / कोडिंग कहते हैं तथा किसी सांकेतिक भाषा में लिखे अक्षर / शब्द / वाक्य को उसके मूल या वास्तविक अर्थ में परिवर्तन करने की प्रक्रिया को विसंकेतबद्धता / विसंकेतन / कूटवाचन / अकूटीकरण / अवकूटन / डिकोडिंग कहते हैं।
- **कोडिंग** (Coding) : किसी अर्थपूर्ण शब्द को एक विशेष नियम के अनुसार अर्थविहीन शब्द/अक्षर/अंक में परिवर्तन करने की विधि को कोडिंग कहते हैं।

  जैसे– SANTOSH → TZMGLHS/TBOUPTI/RZMSNRG
- **डिकोडिंग** (Decoding) : किसी अर्थविहीन शब्द/अक्षर को एक विशेष नियम के अनुसार अर्थपूर्ण शब्द में परिवर्तन करने की विधि को डिकोडिंग कहते हैं।

  जैसे– WFITVHS → DURGESH

सांकेतिक भाषा परीक्षण के प्रश्नों को हल करने से पूर्व निम्नलिखित महत्त्वपूर्ण तथ्यों की जानकारी होना अति आवश्यक है।

अंग्रेजी वर्णमाला (English Alphabet) के सभी अक्षरों (A से Z) के स्थानीय मान को अच्छी तरह से याद कर लेना चाहिए।

अंग्रेजी वर्णमाला (English Alphabet) में कुल 26 अक्षर होते हैं जिनके क्रमांकिक मान निम्नवत् हैं।

1	2	3	4	5	6	7	8	9	10	11	12	13
A	B	C	D	E	F	G	H	I	J	K	L	M
14	15	16	17	18	19	20	21	22	23	24	25	26
N	O	P	Q	R	S	T	U	V	W	X	Y	Z

अंग्रेजी वर्णमाला (English Alphabet) के क्रमांकिक मान को याद रखने की एक ट्रिक (Trick)

5	10	15	20	25
E	J	O	T	Y

उपर्युक्त शब्द EJOTY (इजोटी) की सहायता से अंग्रेजी वर्णमाला के अक्षरों के क्रमांकिक मान को आसानी से याद किया जा सकता है।

हल सहित उदाहरण

उदाहरण 1. अंग्रेजी वर्णमाला में आपके बाएं से 17वां अक्षर कौन-सा है?

(A) N (B) P
(C) M (D) K

हल– (A) : शब्द EJOTY (इजोटी) की सहायता से हम जानते हैं कि J = 15

अत: 14 = 10 + 4 = J + 4 = N

सांकेतिक भाषा के बहुत सारे प्रश्नों को हल करने के लिए प्रत्येक अक्षर के उल्टे अक्षर की जानकारी होना भी अति आवश्यक है।

विपरीत अक्षर (Opposite Letter)

$A \rightleftharpoons Z$ $B \rightleftharpoons Y$ $C \rightleftharpoons X$ $D \rightleftharpoons W$ $E \rightleftharpoons V$

$F \rightleftharpoons U$ $G \rightleftharpoons T$ $H \rightleftharpoons S$ $I \rightleftharpoons R$ $J \rightleftharpoons Q$

$K \rightleftharpoons P$ $L \rightleftharpoons O$ $M \rightleftharpoons N$ $N \rightleftharpoons M$

उदाहरण 2. यदि किसी सांकेतिक भाषा में 'VIJAY' को 'YAJIV' लिखा जाता है, तो उसी सांकेतिक भाषा में 'SUMAN' को कैसे लिखा जाएगा?

(A) SNMUA (B) MAUSN
(C) AUSNM (D) NAMUS

हल– (D) : जिस प्रकार, $\frac{V}{1}\frac{I}{2}\frac{J}{3}\frac{A}{4}\frac{Y}{5} \longrightarrow \frac{Y}{5}\frac{A}{4}\frac{J}{3}\frac{I}{2}\frac{V}{1}$

उसी प्रकार,

S U M A N → N A M U S
1 2 3 4 5   5 4 3 2 1

उदाहरण 3. अंग्रेजी वर्णमाला में R का विपरीत अक्षर कौन है?

(A) I (B) N
(C) B (D) L

हल– (A) : विशेष ट्रिक (Trick) से,

$I \rightleftharpoons R$

अत: R का विपरीत अक्षर = I

उदाहरण 4. यदि किसी सांकेतिक भाषा में 'WATCH' को 'XBUDI' लिखा जाता है, तो उसी सांकेतिक भाषा में 'CLOCK' को कैसे लिखा जाएगा?

(A) DKPBL (B) DMPDL
(C) BMNDJ (D) BMPBL

हल– (B) : जिस प्रकार,

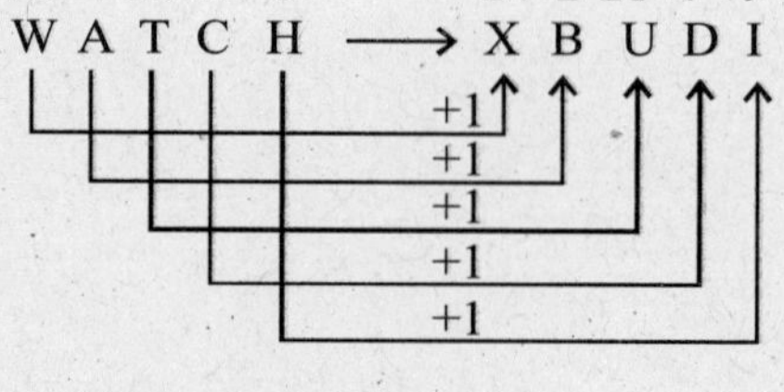

उसी प्रकार,

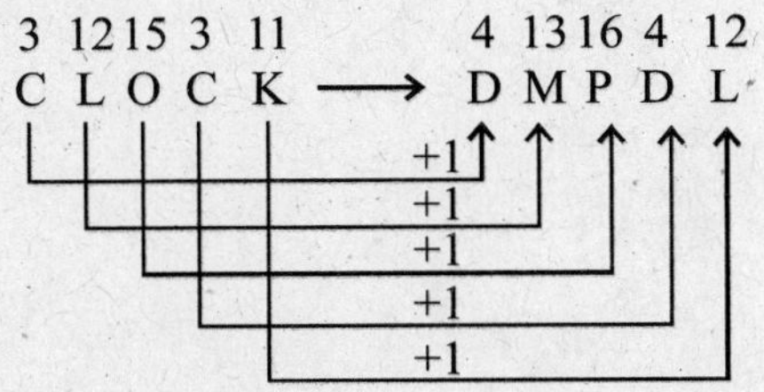

उदाहरण 5. यदि किसी सांकेतिक भाषा में LATE शब्द को 38 लिखा जाता है, तो उसी सांकेतिक भाषा में LIVE शब्द को लिखा जाएगा।

(A) 42 (B) 40

(C) 45 (D) 48

हल— (D) : जिस प्रकार,

L	→	12
A	→	1
T	→	20
E	→	5
योग	=	38

उसी प्रकार,

L	→	12
I	→	9
V	→	22
E	→	5
योग	=	48

उदाहरण 6. यदि '256' का अर्थ 'लाल रंग चाक', '589' का अर्थ है 'हरे रंग फूल' तथा '245' का अर्थ 'सफेद रंग चाक' हो तो बताएँ फूल को किस अंक से संकेतबद्ध किया गया है?

(A) 5 (B) 2

(C) 4 (D) 8

हल— (C) :

(2) [5] 6 → लाल [रंग] (चाक) ...(i)

[5] 8 9 → हरे [रंग] फूल ...(ii)

(2) 4 [5] → सफेद [रंग] (चाक) ...(iii)

समी (i) से

9 ⇒ फूल

अत: फूल को अंक 9 से संकेतबद्ध किया गया है।

उदाहरण 7. यदि 'पीला' को 'लाल', 'लाल' को 'नीला', 'नीला' को 'हरा', 'हरा' को 'सफेद' और 'सफेद' को 'काला' कहा जाए, तो घास का रंग क्या होगा?

(A) नीला (B) काला

(C) सफेद (D) हरा

हल— (C) : हम जानते हैं कि घास का रंग हरा होता है।

शब्द श्रृंखला में हरा को सफेद कहा गया है।

अत: कूटानुसार, घास का रंग सफेद होगा।

अभ्यास प्रश्न

1. एक विशिष्ट कोड भाषा में "MASTER" को "RETSAM" लिखा जाता है। इस कोड भाषा में "LITERACY" को किस प्रकार लिखा जाएगा ?

(A) ETICRACY (B) YCARETIL

(C) YARCETIC (D) ETICYACR

[SSC CHSL (Tier-1) ऑनलाइन परीक्षा 30 जनवरी 2017 सुबह पाली]

उत्तर (B) जिस प्रकार,

उसी प्रकार,

अत: LITERACY' को 'YCARETIL' लिखा जाएगा।

2. किसी विशिष्ट कोड भाषा में "FIRMLY" को "TKHWJK" लिखा जाता है। इस कोड भाषा में "PUBLIC" को किस प्रकार लिखा जाएगा?

(A) DOXRAG (B) DWRAGJ

(C) DWRAGK (D) DWRAHJ

[SSC CHSL (Tier-1) ऑनलाइन परीक्षा 30 जनवरी 2017 सायं पाली]

उत्तर (B) जिस प्रकार

F I R M L Y
↓ ↓ ↓ ↓ ↓ ↓
T K H W J K

उसी प्रकार

P U B L I C
↓ ↓ ↓ ↓ ↓ ↓
D W R A G J

जिस प्रकार FIRMLY को TKHWJK लिखा जाता है। उसी प्रकार PUBLIC को DWRAGJ लिखा जायेगा।

3. किसी विशिष्ट कोड भाषा में 'TITANIC' को '7371835' और 'SEMATIC' को '6241735' लिखा जाता है। इस कोड भाषा में 'MAINTAIN' को किस प्रकार लिखा जाएगा?

(A) 41387138 (B) 43187138

(C) 41837138 (D) 41783138

[SSC CHSL (Tier-1) ऑनलाइन परीक्षा 29 जनवरी 2017 सुबह पाली]

उत्तर (A) T I T A N I C
↓ ↓ ↓ ↓ ↓ ↓ ↓
7 3 7 1 8 3 5

तथा S E M A T I C
↓ ↓ ↓ ↓ ↓ ↓ ↓
6 2 4 1 7 3 5

इसलिए M A I N T A I N
↓ ↓ ↓ ↓ ↓ ↓ ↓ ↓
4 1 3 8 7 1 3 8

अतः MAINTAIN को 41387138 लिखा जाएगा।

4. एक विशिष्ट कोड भाषा में AUSTRALIA को @$!#^@*?@ लिखा जाता है। इस कोड भाषा में STRAIT को किस प्रकार लिखा जाएगा?

(A) !#^@?# (B) !#@^?#

(C) !#^?@# (D) !#^@#?

[SSC CHSL (Tier-1) ऑनलाइन परीक्षा 25 जनवरी 2017 सुबह पाली]

उत्तर (A) A → @ इसी प्रकार S → !
U → $ T → #
S → ! R → ^
T → # A → @
R → ^ I → ?
A → @ T → #
L → *
I → ?
A → @

STRAIT को ! # ^ @ ? # लिखा जाएगा।

5. एक विशिष्ट कोड भाषा में "RUMOUR" को "MURRUO" लिखा जाता है। इस कोड भाषा में "RACKET" को किस प्रकार लिखा जाएगा ?

(A) TEKCAR (B) CARKET

(C) CARTEK (D) TEKCAR

[SSC CHSL (Tier-1) ऑनलाइन परीक्षा 24 जनवरी 2017 सुबह पाली]

उत्तर (C) R U M O U R
M U R R U O

इसी प्रकार,

R A C K E T
C A R T E K

अतः RACKET को CARTEK लिखा जाएगा।

6. एक विशिष्ट कोड भाषा में "FIRST" को "@#$!?" लिखा जाता है और "EYE" को "^*^" लिखा जाता है। इस कोड भाषा में "TYRE" को किस प्रकार लिखा जाएगा ?

(A)? *$^ (B) ?*^$

(C) ?**^ (D) ?*^^

[SSC CHSL (Tier-1) ऑनलाइन परीक्षा 24 जनवरी 2017 सायं पाली]

उत्तर (A) जिस प्रकार,

F I R S T तथा E Y E
↓ ↓ ↓ ↓ ↓ ↓ ↓ ↓
@ # $! ? ^ * ^

उसी प्रकार,

∴ TYRE को ? * $ ^ लिखेंगें।

7. एक विशिष्ट कोड भाषा में "EXCITED" को "DETICXE" लिखा जाता है। इस कोड भाषा में "KINLEY" को किस प्रकार लिखा जाएगा?

(A) YELNIK (B) NIKLEY

(C) NIKYEL (D) LJOMFZ

[SSC CHSL (Tier-1) ऑनलाइन परीक्षा 23 जनवरी 2017 दोपहर पाली]

उत्तर (A) E X C I T E D D E T I C X E

इसी प्रकार

K I N L E Y Y E L N I K

अतः KINLEY को YELNIK लिखा जायेगा।

8. एक विशिष्ट कोड भाषा में "CANADA" को "BZMBEB" लिखा जाता है। इस कोड भाषा में "SYDNEY" को किस प्रकार लिखा जाएगा?

(A) RXOCFZ (B) OFZRXC

(C) RXCOFZ (D) ZFOCXR

[SSC CHSL (Tier-1) ऑनलाइन परीक्षा 22 जनवरी 2017 सुबह पाली]

उत्तर (C)

जिस प्रकार C →(−1) B, A →(−1) Z, N →(−1) M, A →(+1) B, D →(+1) E, A →(+1) B

उसी प्रकार S →(−1) R, Y →(+1) X, D →(−1) C, N →(+1) O, E →(+1) F, Y →(+1) Z

अत: SYDNEY को RXCOFZ लिखा जाएगा।

9. एक विशिष्ट कोड भाषा में 'DOMINOS' को '5981796' लिखा जाता है। इस कोड भाषा में 'MONEY' को 89742 लिखा जाता है। इस कोड में 'MOMOS' को किस प्रकार लिखा जाएगा।

(A) 89872 (B) 89896

(C) 89895 (D) 89897

[SSC CHSL (Tier-1) ऑनलाइन परीक्षा 21 जनवरी 2017 दोपहर पाली]

उत्तर (B)

D O M I N O S
↓ ↓ ↓ ↓ ↓ ↓ ↓
5 9 8 1 7 6 9

और
M O N E Y
↓ ↓ ↓ ↓ ↓
8 9 7 4 2
लिखा जाता है।

∴
M O M O S
↓ ↓ ↓ ↓ ↓
8 9 8 9 6

अत: MOMOS को 89896 लिखा जाएगा।

10. एक विशिष्ट कोड भाषा में 'SIGHT' को @?*^! लिखा जाता है। इस कोड भाषा में ANT को #&! लिखा जाता है। इस कोड में NIGHT को किस प्रकार लिखा जाएगा।

(A) &?*^! (B) &?*~^

(C) &*?^! (D) ?&*^!

[SSC CHSL (Tier-1) ऑनलाइन परीक्षा 21 जनवरी 2017 सायं पाली]

उत्तर (A) जिस प्रकार

S → @ तथा A → #
I → ? N → &
G → * T → !
H → ^
T → !

उसी प्रकार

∴ N → &
I → ?
G → *
H → ^
T → !

अत: Night को '&?*^!' लिखा जाएगा।

11. एक विशिष्ट कोड भाषा में 'DENGER' को '175237' लिखा जाता है। इस कोड भाषा में 'RANCOR' को 74967 लिखा जाता है। इस कोड में 'RAGE' को किस प्रकार लिखा जाएगा।

(A) 7231 (B) 7234

(C) 7423 (D) 7441

[SSC CHSL (Tier-1) ऑनलाइन परीक्षा 17 जनवरी 2017 सायं पाली]

उत्तर (C)

D A N G E R
↓ ↓ ↓ ↓ ↓ ↓
1 4 5 2 3 7
और

R A N C O R
↓ ↓ ↓ ↓ ↓ ↓
7 4 5 9 6 7
लिखा जाता है।

इसलिए
R A G E
↓ ↓ ↓ ↓
7 4 2 3
को 7423 लिखा जाएगा।

12. एक विशिष्ट कोड भाषा में 'BROTHER' को 'CSPUIFS' लिखा जाता है। इस कोड भाषा में 'SISTER' को किस प्रकार लिखा जाएगा?

(A) TJTFUS (B) TJTUFS

(C) SFUTJT (D) TJTSFU

[SSC CHSL (Tier-1) ऑनलाइन परीक्षा 17 जनवरी 2017 दोपहर पाली]

उत्तर (B) जिस प्रकार

B R O T H E R
↓ ↓ ↓ ↓ ↓ ↓ ↓
C S P U I F S

लिखा जाता है।

उसी प्रकार
S I S T E R
↓ ↓ ↓ ↓ ↓ ↓
T J T U F S
लिखा जाएगा।

13. एक विशिष्ट कोड भाषा में 'CERTAIN' को 'DFSTBJO' लिखा जाता है। इस कोड भाषा में 'CRICKET' को किस प्रकार लिखा जाएगा?

(A) DSJBLFU (B) DSJDLFU

(C) DSJCLFU (D) DSJCLFV

[SSC CHSL (Tier-1) ऑनलाइन परीक्षा 16 जनवरी 2017 सुबह पाली]

उत्तर (C) जिस प्रकार

C E R T A I N

↓+1 ↓+1 ↓+1 ↓+1 ↓+1 ↓+1 ↓+1

D F S T B J O

उसी प्रकार फिगर

C R I C K E T

↓+1 ↓+1 ↓+1 ↓+1 ↓+1 ↓+1 ↓+1

D S J C L F U

अत: CRICKET को DSJCLFU लिखा जाएगा।

14. एक विशिष्ट कोड भाषा में 'INSTANT' को 'IOUWESZ' लिखा जाता है। इस कोड भाषा में 'FORGET' को किस प्रकार लिखा जाएगा?

(A) FPOGXI (B) FOSIGX

(C) FPSKHW (D) FPTJIY

[SSC CHSL (Tier-1) ऑनलाइन परीक्षा 10 जनवरी 2017 सुबह पाली]

उत्तर (D) जिस प्रकार

I N S T A N T

+0↓ +1↓ +2↓ +3↓ +4↓ +5↓ +6↓

I O U W E S Z

लिखा जाता है।

उसी प्रकार

F O R G E T

+0↓ +1↓ +2↓ +3↓ +4↓ +5↓

F P T J I Y

लिखा जाएगा

अत: FORJET को FPTJIY लिखा जाएगा।

15. एक विशिष्ट कोड भाषा में 'ROYALTY' को 'ZUMBZPS' लिखा जाता है। इस कोड भाषा में 'LINGER' को किस प्रकार लिखा जाएगा?

(A) SFHJOM (B) SFHOJM

(C) SHFOJM (D) SHFOMJ

[SSC CHSL (Tier-1) ऑनलाइन परीक्षा 10 जनवरी 2017 सायं पाली]

उत्तर (B) जिस प्रकार

R O Y A L T Y

↓ ↓ ↓ ↓ ↓ ↓ ↓

Z U M B Z P S

उसी प्रकार

L I N G E R

↓ ↓ ↓ ↓ ↓ ↓

S F H O J M

अत: LINGER को SFHOJM लिखा जाएगा।

16. एक विशिष्ट कोड भाषा में "LOYALTY" को "MPZBMUZ" लिखा जाता है। इस कोड भाषा में "PROCLAIM" को किस प्रकार लिखा जाएगा?

(A) QSPDDBJN (B) QSPDBMJN

(C) QSPDMBJN (D) QPSDMBJN

[SSC CHSL (Tier-1) ऑनलाइन परीक्षा 9 जनवरी 2017 सुबह पाली]

उत्तर (C) जिस प्रकार,

L O Y A L T Y

+1↓ +1↓ +1↓ +1↓ +1↓ +1↓ +1↓

M P Z B M U Z

उसी प्रकार,

P R O C L A I M

+1↓ +1↓ +1↓ +1↓ +1↓ +1↓ +1↓ +1↓

Q S P D M B J N

अत: PROCLAIM को QSPDMBJN लिखा जाएगा।

17. एक विशिष्ट कोड भाषा में 'TRUMPET' को '7591427' लिखा जाता है और 'SORROW' को '385586' लिखा जाता है। इस कोड भाषा में 'EMPRESS' को किस प्रकार लिखा जाएगा–

(A) 2145237 (B) 2145233

(C) 2154323 (D) 315423

[SSC CHSL (Tier-1) ऑनलाइन परीक्षा 9 जनवरी 2017 सायं पाली]

उत्तर (B) T R U M P E T

↓ ↓ ↓ ↓ ↓ ↓ ↓

7 5 9 1 4 2 7

तथा S O R R O W

↓ ↓ ↓ ↓ ↓ ↓

3 8 5 5 8 6

उसी प्रकार,

E M P R E S S

↓ ↓ ↓ ↓ ↓ ↓ ↓

2 1 4 5 2 3 3

अत: EMPRESS को 2145233 लिखा जाएगा।

18. किसी विशिष्ट कोड भाषा में "TOAST" को "56345" लिखा जाता है, और "TRAIN" को "59310" लिखा जाता है। इस कोड भाषा में "TORN" को किस प्रकार लिखा जाएगा?

(A) 5634 (B) 5609
(C) 5690 (D) 5663

[SSC CHSL (Tier-1) ऑनलाइन परीक्षा 7 जनवरी 2017 सायं पाली]

उत्तर (C) जिस प्रकार,

T O A S T
5 6 3 4 5

तथा T R A I N
5 9 3 1 0

इसी प्रकार

T O R N
↓ ↓ ↓ ↓
5 6 9 0

अत: T O R N को 5690 लिखेंगे।

19. एक विशिष्ट कोड भाषा में "BORROW" को "769965" लिखा जाता है, और "BOMB" को "7647" लिखा जाता है। इस कोड भाषा में "WOMB" को किस प्रकार लिखा जाएगा ?

(A) 5647 (B) 5467
(C) 5677 (D) 5776

[SSC CHSL (Tier-1) ऑनलाइन परीक्षा 8 जनवरी 2017 दोपहर पाली]

उत्तर (A) BORROW तथा BOMB को लिखते हैं।
769965 7647
इसलिए WOMB को 5647 लिखा जाएगा।

20. एक विशिष्ट कोड भाषा में "SELDOM" को "NPEMFT" लिखा जाता है। इस कोड भाषा में "SACRIFICE" को किस प्रकार लिखा जाएगा?

(A) FDJGJDSBT (B) FDJGJSDBT
(C) FDJSJGTBD (D) FGDJGDSBT

[SSC CHSL (Tier-1) ऑनलाइन परीक्षा 7 फरवरी 2017 सुबह पाली]

उत्तर (B) जिस प्रकार, SELDOM — NPEMFT
लिखा जाता है।

S ⟶ N
E ⟶ P
L ⟶ E
D ⟶ M
O ⟶ F
M ⟶ T

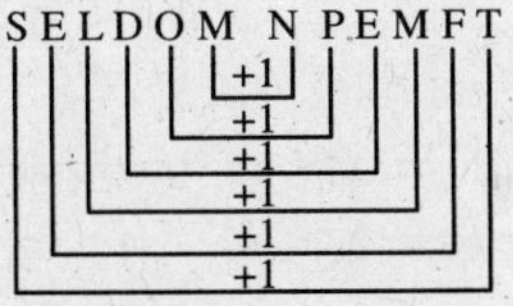

उसी प्रकार, SACRIFICE को लिखने पर

S ⟶ F
A ⟶ D
C ⟶ J
R ⟶ G
I ⟶ J
F ⟶ S
I ⟶ D
C ⟶ B
E ⟶ T

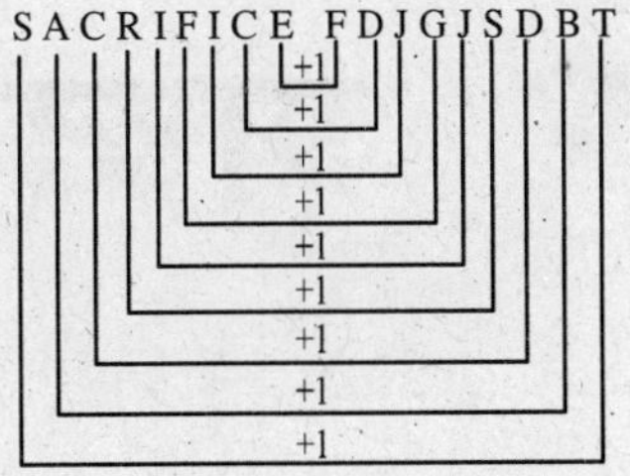

इस प्रकार हमें FDJGJSDBT प्राप्त होगा।

21. किसी विशिष्ट कोड भाषा में, "TOMATO" को "023402" लिखा जाता है और "ORIONL" को "275269" लिखा जाता है। इस कोड भाषा में "NORMAL" को किस प्रकार लिखा जाएगा?

(a) 627340 (b) 627344
(c) 627349 (d) 627430

[SSC CHSL (Tier-1) ऑनलाइन परीक्षा 3 फरवरी 2017 दोपहर पाली]

उत्तर (c) ROMATO तथा ORIONL
023402 275269
∴ NORMAL को 627349 लिखा जाएगा।

22. एक विशिष्ट कोड भाषा में "CAUGHT" को "125679" लिखा जाता है और "HEN" को "740" लिखा जाता है। इस कोड भाषा में "TAUGHT" को किस प्रकार लिखा जाएगा?

(A) 952679 (B) 925697
(C) 925679 (D) 952697

[SSC CHSL (Tier-1) ऑनलाइन परीक्षा 3 फरवरी 2017 सायं पाली]

उत्तर (C) जिस प्रकार,

C A U G H T और H E N
↓ ↓ ↓ ↓ ↓ ↓ ↓ ↓ ↓
1 2 5 6 7 9 7 4 0

∴ उसी प्रकार,

T A U G H T
↓ ↓ ↓ ↓ ↓ ↓
9 2 5 6 7 9

अत: TAUGHT को 925679 लिखा जाएगा।

5 शब्दकोश में शब्दों का स्थान क्रम

इस अध्याय के अन्तर्गत पूछे जाने वाले प्रश्नों में पांच या छ: शब्द दिए जाते हैं जो या तो आपस में किसी-न-किसी रूप में सम्बन्धित होते हैं या उनमें आपस में कोई तादात्मय रहता है लेकिन इसके बावजूद इनका क्रम अव्यवस्थित होता है। प्रतियोगिता को उसी सम्बन्ध या तादामय के अनुसार उन शब्दों को एक अर्थपूर्ण क्रम में अर्थात् बढ़ते हुए क्रम अथवा घटते हुए क्रम में व्यवस्थित करना होता है, इसके लिए अभ्यर्थियों को शब्दों का अर्थ, उसके महत्व, सघनता, विस्तार व उसकी अवस्था पर अच्छी पकड़ होना आवश्यक है। अब इसके अन्तर्गत पूछे जाने वाले प्रश्नों के प्रारूप एवं उपर्युक्त तथ्यों के स्पष्टीकरण के लिए नीचे दिए गए कुछ प्रमुख उदाहरणों व उसके व्याख्यात्मक हल का ध्यानपूर्वक अवलोकन करें।

हल सहित उदाहरण :

उदाहरण 1. निम्न विकल्पों में कौन-सा विकल्प नीचे दिए हुए शब्दों का अर्थपूर्ण क्रम प्रदर्शित करता है?

1. सांप 2. घास 3. चील 4. मेंढक 5. टिड्डा

(a) 3, 2, 1, 4, 5 (b) 5, 2, 1, 4, 3

(c) 2, 5, 4, 1, 3 (d) 2, 4, 5, 3, 1

हल— (c) : उपरोक्त शब्दों का अवलोकन करने पर हम पाते हैं कि दिए गए सभी शब्द एक-दूसरे के आहार शृंखला के आधार पर हैं, यहां 'घास' का प्रयोग भोजन के रूप में टिड्डा करता है, 'टिड्डा' का प्रयोग भोजन के रूप में मेंढक करता है, 'मेंढक' को सांप अपने भोजन में प्रयोग करता है और 'सांप' का प्रयोग भोजन के रूप में चील द्वारा होता है; अत: उपरोक्त शब्दों का अर्थपूर्ण क्रम इस प्रकार होगा—

घास → टिड्डा → मेंढक → सांप → चील
↓ ↓ ↓ ↓ ↓
2 5 4 1 3

उदाहरण 2. निम्नलिखित शब्दों का तर्कसंगत क्रम नीचे दिए गए विकल्पों में से कौन-सा होगा?

1. टेबल 2. वृक्ष 3. लकड़ी 4. बीज 5. पौधा

(a) 4, 5, 3, 2, 1 (b) 4, 5, 2, 3, 1

(c) 4, 1, 3, 5, 2 (d) 4, 2, 1, 5, 3

हल— (b) : चूंकि उपर्युक्त शब्दों को क्रम में व्यवस्थित करने के लिए सबसे पहले बीज को रखना होगा, क्योंकि बीज से ही पौधा तैयार होता है और वह पौधा कुछ वर्षों के बाद वृक्ष का रूप धारण कर लेता है, फिर हम लोग उस वृक्ष से लकड़ी प्राप्त करते हैं जिसका उपयोग विभिन्न प्रकार के फर्नीचरों जैसे टेबल आदि को बनाने में करते हैं; अत: उपर्युक्त दिए गए शब्दों को अर्थपूर्ण क्रम में व्यवस्थित करने पर निम्न प्रकार का क्रम प्राप्त होगा।

बीज → पौधा → वृक्ष → लकड़ी → टेबल
↓ ↓ ↓ ↓ ↓
4 5 2 3 1

उदाहरण 3. निम्न विकल्पों में कौन-सा विकल्प नीचे दिए हुए शब्दों का अर्थपूर्ण क्रम दर्शाता है?

1. शिशु 2. वृद्ध 3. प्रौढ़ 4. किशोर 5. बालक

(a) 5, 4, 3, 2, 1 (b) 3, 4, 2, 1, 5

(c) 1, 5, 4, 3, 2 (d) 2, 3, 4, 5, 1

हल— (c) : दिए गए प्रश्नों में शब्दों का प्रयोग किसी व्यक्ति को ध्यान में रखकर किया गया है और हम जानते हैं कि किसी व्यक्ति की अवस्था का प्रथम पायदान 'शिशु' कहलाता है, फिर दिए गए शब्दों में 'शिशु' के बाद की अवस्था 'बालक' के रूप में होती है, ठीक उसके बाद की अवस्था 'किशोर' की होती है, फिर वह 'प्रौढ़' कहलाता है और अन्त में 'वृद्ध' अवस्था में चला जाता है। अत: उपर्युक्त शब्दों का अर्थपूर्ण क्रम इस प्रकार होगा—

शिशु → बालक → किशोर → प्रौढ़ → वृद्ध
↓ ↓ ↓ ↓ ↓
1 5 4 3 2

उदाहरण 4. निम्न विकल्पों में से कौन-सा विकल्प नीचे दिए हुए शब्दों का अर्थपूर्ण क्रम प्रदर्शित करता है?

1. परिवीक्षा 2. साक्षात्कार 3. चयन 4. नियुक्ति
5. विज्ञापन 6. आवेदन

(a) 5, 6, 3, 2, 4, 1 (b) 5, 6, 4, 2, 3, 1

(c) 6, 5, 4, 2, 3, 1 (d) 5, 6, 2, 3, 4, 1

हल— (d) : चूंकि हम जानते है कि सबसे पहले विज्ञापन निकलता है, फिर आवेदन दिया जाता है, फिर साक्षात्कार होता है, तब उसका चयन किया जाता है, चयन प्रक्रिया पूरी करने के बाद उसे विभिन्न पदों के लिए नियुक्ति दी जाती है, उसके बाद परिवीक्षा का कार्य सम्पन्न होता है; अत: सही क्रम इस प्रकार होगा—

विज्ञापन → आवेदन → साक्षात्कार → चयन →नियुक्ति
↓ ↓ ↓ ↓ ↓
5 6 2 3 4
→ परिवीक्षा
↓
1

उदाहरण 5. निम्न विकल्पों में से कौन-सा विकल्प नीचे दिए हुए शब्दों का अर्थपूर्ण क्रम प्रदर्शित करता है ?

1. मृत्यु 2. विवाह 3. शिक्षा 4. जन्म 5. श्मशान

(a) 4, 3, 2, 1, 5 (b) 4, 3, 2, 5, 1
(c) 3, 2, 1, 4, 5 (d) 1, 3, 2, 5, 4

हल— (a) : दिए गए शब्दों को व्यवस्थित करने पर—

जन्म → शिक्षा → विवाह → मृत्यु → श्मशान
↓ ↓ ↓ ↓ ↓
4 3 2 1 5

सर्वप्रथम किसी व्यक्ति का 'जन्म' होता है फिर वह 'शिक्षा' ग्रहण करता है तब 'विवाह' होता है तब उसके बाद 'मृत्यु' का क्रम आता है तथा सबसे अन्तिम काम है 'श्मशान' पहुंचाना। इस प्रकार हम देखते हैं कि दिए गए शब्दों का क्रम 4, 3, 2, 1 तथा 5 प्राप्त हो रहा है।

अत: विकल्प (a) प्रश्न का अभीष्ट उत्तर होगा।

अभ्यास प्रश्न

1. निम्नलिखित शब्दों को शब्दकोश में आने वाले क्रम के अनुसार लिखें।

i. Heredity
ii. Hesitate
iii. Heavy
iv. Herald

(A) iii, iv, i, ii (B) i, iv, iii, ii
(C) ii, iii, i, iv (D) iv, iii, ii, i

[SSC CHSL (Tier-1) ऑनलाइन परीक्षा 30 जनवरी 2017 सुबह पाली]

उत्तर (A) शब्दकोश के अनुसार क्रम
iii. Heavy, iv. Herald, i. Heredity, ii. Hesitate.

2. निम्नलिखित शब्दों को शब्दकोश में आने वाले क्रम के अनुसार लिखिए–

(I) Misleader
(II) Monarchy
(III) Mobil
(IV) Manage

(A) I, IV, III, II, V (B) IV, I, III, V, II
(C) I, III, II, V, IV (D) IV, I, III, II, V

[SSC CHSL (Tier-1) ऑनलाइन परीक्षा 30 जनवरी 2017 सायं पाली]

उत्तर (D) (i) Misleader
(ii) Monarchy
(iii) Mobil
(iv) Manage
(v) Movies
इस प्रकार शब्दों का सही क्रम
Manage, Misleader, Mobil, Monarchy, Movies

3. निम्नलिखित शब्दों को शब्दकोश में आने वाले क्रम के अनुसार लिखिए–

1. Stable 2. Stranger
3. Stability 4. Struggle

(A) 3, 2, 1, 4 (B) 3, 1, 2, 4
(C) 3, 4, 1, 2 (D) 4, 1, 2, 3

[SSC CHSL (Tier-1) ऑनलाइन परीक्षा 29 जनवरी 2017 सुबह पाली]

उत्तर (B) 1. Stable 2. Stranger
3. Stability 4. Struggle
शब्द कोश में शब्दों का क्रम इस प्रकार होगा।
(3) Stability, (1) stable, (2) stranger, (4) struggle

4. निम्नलिखित शब्दों को शब्दकोश में आने वाले क्रम के अनुसार लिखिए–

1. Regulate 2. Remedy
3. Reassemble 4. Research

(A) 3, 1, 2, 4 (B) 1, 2, 3, 4
(C) 4, 2, 1, 3 (D) 1, 3, 4, 2

[SSC CHSL (Tier-1) ऑनलाइन परीक्षा 25 जनवरी 2017 सुबह पाली]

उत्तर (A) (1) Regulate
(2) Remedy
(3) Reassemble
(4) Reasearch
शब्दों का सही क्रम शब्दकोश के अनुसार
Reassembali, Regulate, Remedy, Reaserch

5. निम्नलिखित शब्दों को शब्दकोश में आने वाले क्रम के अनुसार लिखें।

(i) Savage
(ii) Sausage

(iii) Savour

(iv) Saviour

(A) (iii), (iv), (i), (ii) (B) (ii), (i), (iv), (iii)

(C) (ii), (iii), (i), (iv) (D) (iii), (iv), (ii), (i)

[SSC CHSL (Tier-1) ऑनलाइन परीक्षा 24 जनवरी 2017 सुबह पाली]

उत्तर (B) शब्दकोश के अनुसार सही क्रम इस प्रकार होगा :

Sausage, Savage, Saviour, Savour

6. निम्नलिखित शब्दों को शब्दकोश में आने वाले क्रम के अनुसार लिखें।

(i) Agent (ii) Argentine

(iii) Assiduous (iv) Accentuate

(A) (iii), (ii), (i), (iv) (B) (iv), (iii), (i), (ii)

(C) (iv), (ii), (i), (iii) (D) (iv), (i), (ii), (iii)

[SSC CHSL (Tier-1) ऑनलाइन परीक्षा 24 जनवरी 2017 सायं पाली]

उत्तर (D) शब्द कोश के अनुसार सही क्रम इस प्रकार है—

Accentuate, Agent, Argentine, Assiduous

7. निम्नलिखित शब्दों को शब्दकोश में आने वाले क्रम के अनुसार लिखें।

(i) Treasure (ii) Treat

(iii) Tremor (iv) Trestle

(A) (i), (ii), (iii), (iv) (B) (iv), (iii), (i), (ii)

(C) (ii), (iii), (i), (iv) (D) (iv), (iii), (ii), (i)

[SSC CHSL (Tier-1) ऑनलाइन परीक्षा 23 जनवरी 2017 दोपहर पाली]

उत्तर (A) शब्दकोश के अनुसार सही क्रम इस प्रकार है—

Treasure, Treat, Tremor, Trestle

8. निम्नलिखित शब्दों को शब्द कोश में आने वाले क्रम के अनुसार लिखें।

i. Gesture

ii. Germination

iii. Geriatric

iv. Genetic

(A) i, ii, iii, iv (B) iv, iii, ii, i

(C) iii, ii, iv i (D) iv, ii, iii, i

[SSC CHSL (Tier-1) ऑनलाइन परीक्षा 22 जनवरी 2017 सुबह पाली]

उत्तर (B) शब्दकोश के अनुसार सही क्रम इस प्रकार है—

Genetic, Geriatric, Germination, Gesture

9. निम्नलिखित शब्दों को शब्दकोश में आने वाले क्रम के अनुसार लिखें।

(i) Parachute

(ii) Pacable

(iii) Pachometer

(iv) Pabloism

(A) iv, ii, i, iii (B) iv, i, ii, iii

(C) iii, i, iv, ii (D) iv, ii, iii, i

[SSC CHSL (Tier-1) ऑनलाइन परीक्षा 21 जनवरी 2017 दोपहर पाली]

उत्तर (D) शब्द कोश के अनुसार सही क्रम

Pabloism, Pacable, Pachometer, Parachute

10. निम्नलिखित शब्दों को शब्दकोश में आने वाले क्रम के अनुसार लिखें।

(i) Latitude

(ii) Longitude

(iii) Laugh

(iv) Latent

(A) iii, ii, i, iv (B) iv, iii, i, ii

(C) iv, i, iii, ii (D) iv, i, ii, iii

[SSC CHSL (Tier-1) ऑनलाइन परीक्षा 21 जनवरी 2017 सायं पाली]

उत्तर (C) शब्द कोश के अनुसार सही क्रम इस प्रकार है :

Latent, Lattitude, Laugh, Longitude

11. निम्नलिखित शब्दों को शब्दकोश में आने वाले क्रम के अनुसार लिखें।

(i) Joke

(ii) Jokey

(iii) jocular

(iv) jocund

(A) iv, ii, i, iii (B) ii, iii, iv, i

(C) ii, iii, i, iv (D) v, ii, iii, i

[SSC CHSL (Tier-1) ऑनलाइन परीक्षा 18 जनवरी 2017 सायं पाली]

उत्तर (B) शब्द कोश के अनुसार सही क्रम

Jockey, Jocular, Jocund, Joke

12. निम्नलिखित शब्दों को शब्दकोश में आने वाले क्रम के अनुसार लिखें।

(i) Recognize

(ii) Receptive

(iii) Record

(iv) Recur

(A) ii, i, iii, iv (B) iv, iii, ii, i

(C) ii, i, iv, iii (D) i, ii, iii, iv

[SSC CHSL (Tier-1) ऑनलाइन परीक्षा 17 जनवरी 2017 दोपहर पाली]

उत्तर (A) शब्द कोश के अनुसार सही क्रम

Receptive, Recognize, Record, Recur

13. निम्नलिखित शब्दों को शब्दकोश में आने वाले क्रम के अनुसार लिखें।

(i) Accuse

(ii) Accustom

(iii) Accumulation

(iv) Accompany

(A) iii, iv, i, ii (B) iv, iii, i, ii

(C) ii, iii, i, iv (D) iv, iii, ii, i

[SSC CHSL (Tier-1) ऑनलाइन परीक्षा 16 जनवरी 2017 सुबह पाली]

उत्तर (B) शब्द कोश के अनुसार सही क्रम

Accompany, Accumulation, Accuse, Accustom

14. निम्नलिखित शब्दों को शब्दकोश में आने वाले क्रम के अनुसार लिखें।

(i) Translucent

(ii) Transparent

(iii) Transport

(iv) Transistor

(A) iv, i, ii, iii (B) iv, i, iii, ii

(C) i, iii, ii, iv (D) i, ii, iii, iv

[SSC CHSL (Tier-1) ऑनलाइन परीक्षा 10 जनवरी 2017 सुबह पाली]

उत्तर (A) शब्द कोश के अनुसार सही क्रम

Transistor, Translucent, Transparent, Transport

15. निम्नलिखित शब्दों को शब्दकोश में आने वाले क्रम के अनुसार लिखें।

(i) Amoeba

(ii) Amok

(iii) Amlable

(iv) Amalgamate

(A) ii, i, iv, iii (B) iii, iv, ii, i

(C) iv, iii, i, ii (D) ii, iv, iii, i

[SSC CHSL (Tier-1) ऑनलाइन परीक्षा 10 जनवरी 2017 सायं पाली]

उत्तर (C) शब्द कोश के अनुसार सही क्रम

Amalgamate, Amiable, Amoeba, Amok

16. निम्नलिखित प्रश्न में अक्षरों का कौन-सा समूह खाली स्थानों पर क्रमवार रखने से दी गई अक्षर श्रृंखला को पूरा करेगा?

_b_b_da_bbcd

(A) dcdc (B) caca

(C) addd (D) abcb

[SSC CHSL (Tier-1) ऑनलाइन परीक्षा 10 जनवरी 2017 सायं पाली]

उत्तर (D) [a] b [b] b [c] d / a [b] b b c d

∴ abcb शब्द समूह श्रृंखला पूरा करेगा।

17. निम्नलिखित शब्दों को शब्दकोश में आने वाले क्रम के अनुसार लिखें।

I. Arise II. abysmal

III. Agility IV. Accrue

(A) II, I, IV, III (B) III, IV, II, I

(C) II, IV, I, III (D) II, IV, III, I

[SSC CHSL (Tier-1) ऑनलाइन परीक्षा 9 जनवरी 2017 सुबह पाली]

उत्तर (D) शब्दकोश के अनुसार सही क्रम–

Abysmal, Accrue, Agility, Arise

18. निम्नलिखित शब्दों को शब्दकोश में आने वाले क्रम के अनुसार लिखिए–

I. Victory II. Victorious

III. Vaccine IV. Vacancy

(A) II, I, IV, III (B) II, I, IV, III

(C) II, IV, III, I (D) IV, III, II, I

[SSC CHSL (Tier-1) ऑनलाइन परीक्षा 9 जनवरी 2017 सायं पाली]

उत्तर (D) शब्दकोश के अनुसार क्रम,

Vacancy, Vaccine, Victorious, Victory

19. निम्नलिखित शब्दों को शब्दकोश में आने वाले क्रम के अनुसार लिखिए।

I. Manufacture II. Manualism

III. Manumission IV. Manual

(A) IV, II, I, III (B) III, II, I, IV

(C) II, IV, I, III (D) I, II, III, IV

[SSC CHSL (Tier-1) ऑनलाइन परीक्षा 7 जनवरी 2017 सायं पाली]

उत्तर (A) शब्द कोश के अनुसार,

manual, Manualism, Manufacture, Manumission

8 February 2017 दोपहर पाली

20. निम्नलिखित शब्दों को शब्दकोश में आने वाले क्रम के अनुसार लिखें।

I. Raibow II. Rancour III. Rattle IV. Rainy

(A) I, III, II, IV (B) I, IV, II, III

(C) I, IV, III, II (D) II, I, IV, III

[SSC CHSL (Tier-1) ऑनलाइन परीक्षा 8 फरवरी 2017 दोपहर पाली]

उत्तर (B) (i) Rainbow

(ii) Raincour

(iii) Rattle

(iv) Rainy

दिए गए शब्दों को क्रम से लिखने पर

Rainbow > Rainy > Rancour > Rattle

अत: अनुक्रम (i) , (iv), (ii), (iii) सही होगा।

21. निम्नलिखित शब्दों को शब्दकोश में आने वाले क्रम के अनुसार लिखें।

i. Forehead
ii. Forensic
iii. Forest
iv. Foremost

(A) i, iv, ii, iii (B) iii, ii, iv, i
(C) i, ii, iii, iv (D) i, iv, iii, ii

[SSC CHSL (Tier-1) ऑनलाइन परीक्षा 7 फरवरी 2017 सुबह पाली]

उत्तर (A) उपर्युक्त शब्दों को शब्दकोश के अनुसार लिखने पर Forehead, Foremost, Forensic, Forest सही क्रम होगा।

22. निम्नलिखित शब्दों को शब्दकोष में आने वाले क्रम के अनुसार लिखिए–

I. Catadrome II. Catagenesis
III. Catabolic IV. Catabolism

(a) II, III, IV, I (b) III, IV, I, II
(c) III, IV, II, I (d) I, II, III, IV

[SSC CHSL (Tier-1) ऑनलाइन परीक्षा 3 फरवरी 2017 दोपहर पाली]

उत्तर (b) (i) Catadrome
(ii) Catagenesis
(iii) Catabolic
(iv) Catabolism

इसका उचित क्रम Catabolic, Catabolism, Catadrome, Catagenesis होगा। अत: विकल्प (b) सही उत्तर होगा।

23. निम्नलिखित शब्दों को शब्दकोश में आने वाले क्रम के अनुसार लिखें।

i. Foresay

ii. Foreseize

iii. Foreseeable

iv. Foresail

Options :

(A) i, iii, iv, ii (B) i, iii, ii, iv
(C) iii, i, ii, iv (D) iv, i, iii, ii

[SSC CHSL (Tier-1) ऑनलाइन परीक्षा 3 फरवरी 2017 सायं पाली]

उत्तर (D) (i) Foresay
(ii) Foresize
(iii) Foreseeable
(iv) Forsail

दिए गए शब्दों के अनुसार सही क्रम इसप्रकार होगा :

Foresail, Foresay, Foreseeable, Foresize

□□

6 दिशा ज्ञान परीक्षण

- **दिशा** (Direction)
- दिशा एक मानक परिकल्पना है, जिसे हम सूर्य एवं ध्रुवतारा के आधार पर ज्ञात कर सकते हैं। इस परिकल्पनानुसार, सूर्य जिस ओर उदित होता है, उस ओर को हम पूर्व दिशा कहते हैं तथा जिस ओर अस्त होता है, उस ओर को हम पश्चिम दिशा कहते हैं।
- यदि हम सूर्योदय के समय सूर्य की ओर मुख करके खड़े हो जाएं, तो हमारे सामने की ओर पूर्व दिशा, पीछे की ओर पश्चिम दिशा, हमारे बाएं हाथ की ओर उत्तर दिशा एवं दाएं हाथ की ओर दक्षिण दिशा होगी।
- यदि हम सूर्यास्त के समय सूर्य की ओर मुख करके खड़े हो जाएं तो हमारे सामने की ओर पश्चिम दिशा, पीछे की ओर पूर्व दिशा, हमारे बाएं हाथ की ओर दक्षिण दिशा एवं दाएं हाथ की तरफ उत्तर दिशा होगी।
- साधारणत: हम सूर्योदय के समय के अनुसार ही दिशा को निरूपित करते हैं। मूल रूप से दिशाएं चार होती हैं, जो निम्न हैं–

1. उत्तर (North)
2. दक्षिण (South)
3. पूर्व (East)
4. पश्चिम (West)

उपर्युक्त चारों मूल दिशाओं के अतिरिक्त निम्न चार उप-दिशाएं भी होती हैं।

1. उत्तर–पूर्व (North-East)
2. दक्षिण–पूर्व (South-East)
3. दक्षिण–पश्चिम (South-West)
4. उत्तर–पश्चिम (North-West)

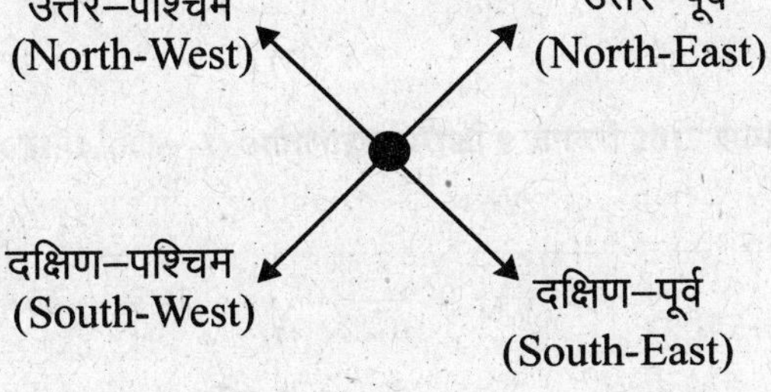

कागज पर दिशाओं का निरूपण निम्न प्रकार से किया जाता है।

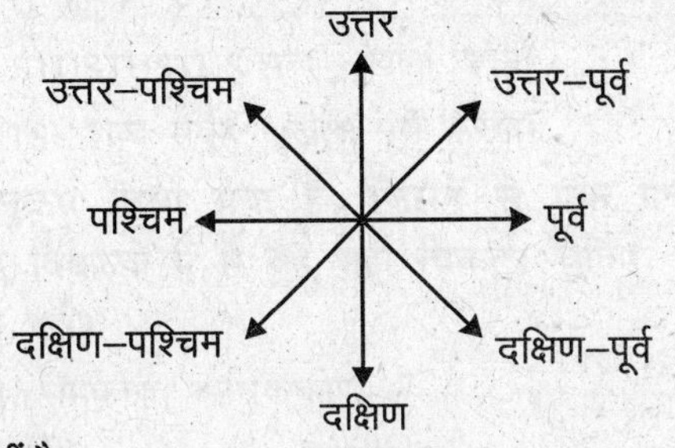

स्पष्ट नहीं है

उपरोक्त आरेख के मध्य बिन्दु पर कोई व्यक्ति खड़ा है, तो उसके सामने अर्थात् ऊपर की ओर उत्तर दिशा पीछे की ओर अर्थात् नीचे की ओर दक्षिण दिशा दाईं और ओर पूर्व दिशा एवं बाईं ओर पश्चिम दिशा होती है।

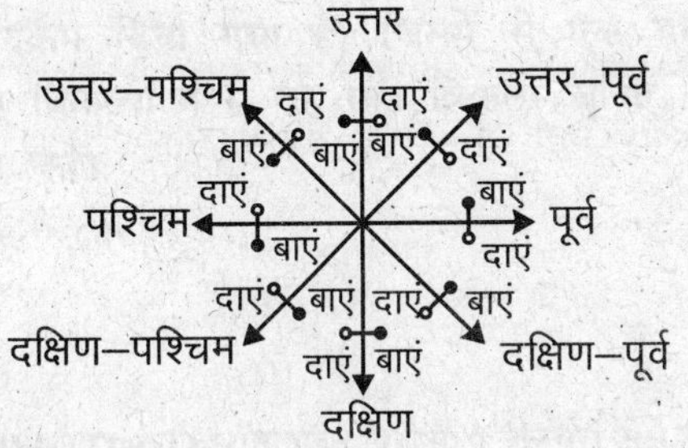

मुड़ना (Turning)

1. यदि किसी व्यक्ति का चेहरा **उत्तर** की ओर है और वह अपने **बाएं** मुड़ता है, तो उसका चेहरा **पश्चिम** की ओर हो जाता है।

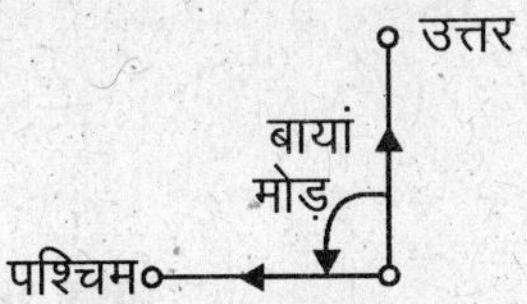

2. यदि किसी व्यक्ति का चेहरा **उत्तर** की ओर है और वह अपने **दाएं** मुड़ता है, तो उसका चेहरा **पूर्व** की ओर हो जाता है।

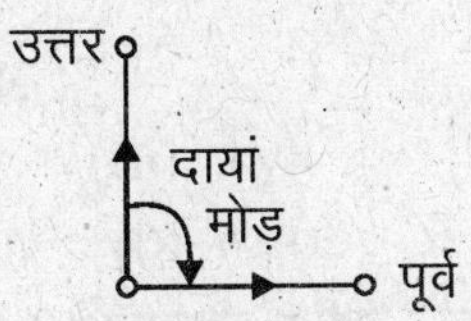

3. यदि किसी व्यक्ति का चेहरा **दक्षिण** की ओर है और वह अपने **बाएं** मुड़ता है, तो उसका चेहरा **पूर्व** की ओर हो जाता है।

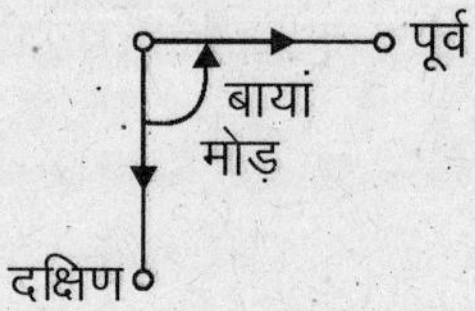

4. यदि किसी व्यक्ति का चेहरा **दक्षिण** की ओर है और वह अपने **दाएं** मुड़ता है, तो उसका चेहरा **पश्चिम** की ओर हो जाता है।

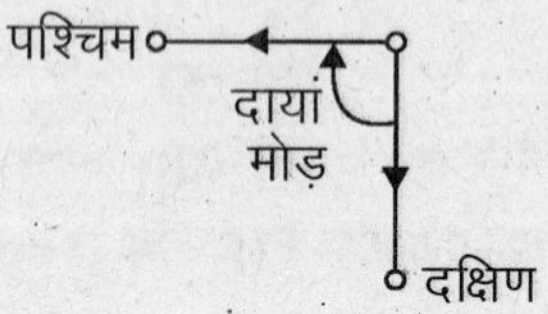

5. यदि किसी व्यक्ति का चेहरा **पूर्व** की ओर है और वह अपने **बाएं** मुड़ता है, तो उसका चेहरा **उत्तर** की ओर हो जाता है।

6. यदि किसी व्यक्ति का चेहरा **पूर्व** की ओर है और वह अपने **दाएं** मुड़ता है, तो उसका चेहरा **दक्षिण** की ओर हो जाता है।

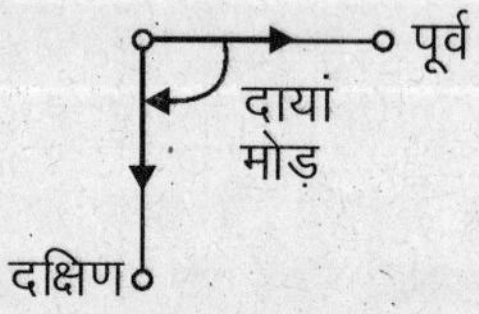

7. यदि किसी व्यक्ति का चेहरा **पश्चिम** की ओर है और वह अपने **बाएं** मुड़ता है, तो उसका चेहरा **दक्षिण** की ओर हो जाता है।

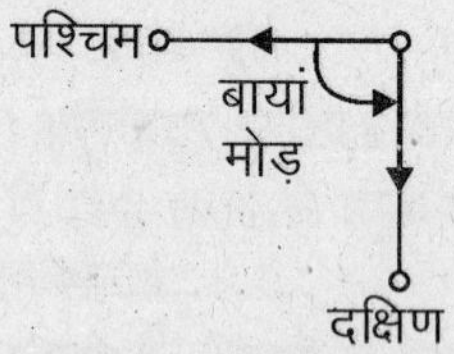

8. यदि किसी व्यक्ति का चेहरा **पश्चिम** की ओर है वह अपने **दाएं** मुड़ता है और उसका चेहरा **उत्तर** की ओर हो जाता है।

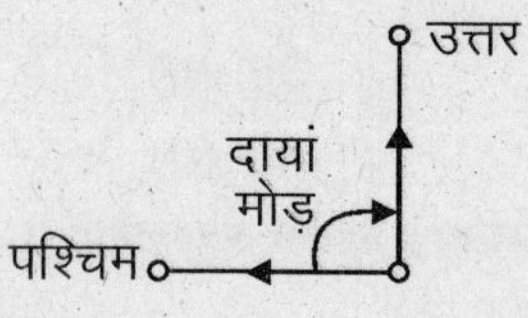

9. पाइथागोरस प्रमेय

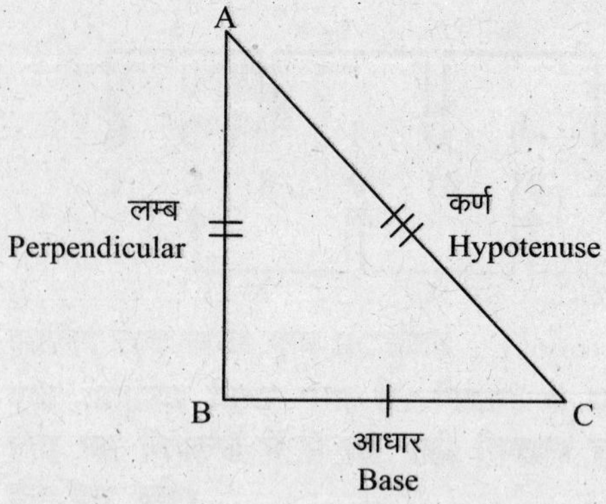

माना ΔABC एक समकोण त्रिभुज है, जिसमें AB लम्ब, BC आधार तथा AC कर्ण है, तो पाइथागोरस प्रमेय के अनुसार,

$$(\text{कर्ण})^2 = (\text{लम्ब})^2 + (\text{आधार})^2$$

$$\Rightarrow (AC)^2 = (AB)^2 + (BC)^2$$

$$\Rightarrow (h)^2 = (p)^2 + (b)^2$$

$$h = \sqrt{(p)^2 + (b)^2}$$

या, $$p = \sqrt{(h)^2 - (b)^2}$$

या, $$b = \sqrt{(h)^2 - (p)^2}$$

हल सहित उदाहरण :

उदाहरण 1. अजय उत्तर की ओर जा रहा है। उसके बाद वह दाएं मुड़ता है और फिर दाएं मुड़ता है, फिर बाएं मुड़ता है और फिर बाएं मुड़ता है। आप यह बताएं कि अजय अब किस दिशा में जा रहा है।

(a) उत्तर (b) दक्षिण-पूर्व

(c) पूर्व (d) दक्षिण-पश्चिम

हल— (a) :

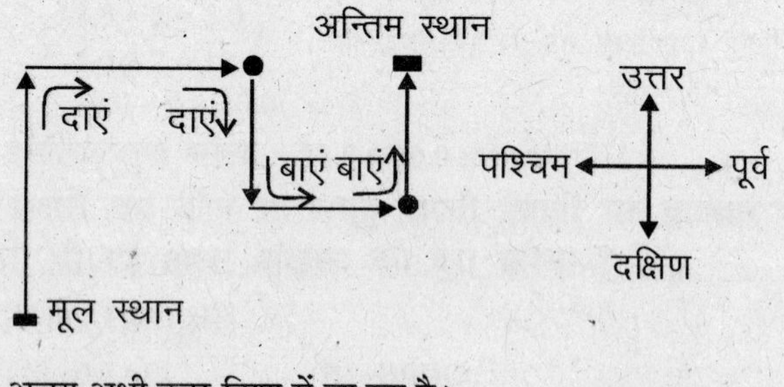

अजय अभी उत्तर दिशा में जा रहा है।

उदाहरण 2. रोहन उत्तर दिशा में 10 मी चला। पुन: बाएं मुड़कर 30 मी चला और अन्त में बाएं मुड़कर 20 मी चला, तो रोहन ने कितनी दूरी तय की ?

(a) 10 मी (b) 20 मी

(c) 90 मी (d) 60 मी

हल— (c) :

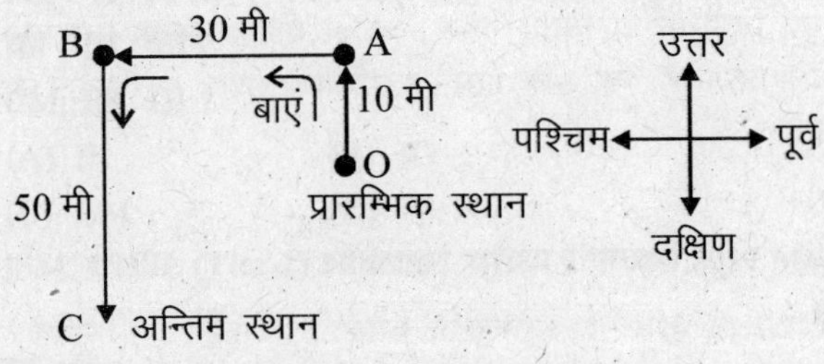

रोहन द्वारा तय की गई कूल दूरी = OA + AB + BC

= 10 + 30 + 50 = 90 मी

उदाहरण 3. संजय उत्तर दिशा में 10 मी चला। पुन: बाएं मुड़कर 30 मी चला और अन्त में बाएं मुड़कर 50 मी चला, तो संजय अब प्रारम्भिक स्थान से कितनी दूरी पर है?

(a) 10 मी (b) 30 मी

(c) 70 मी (d) 50 मी

हल— (d) :

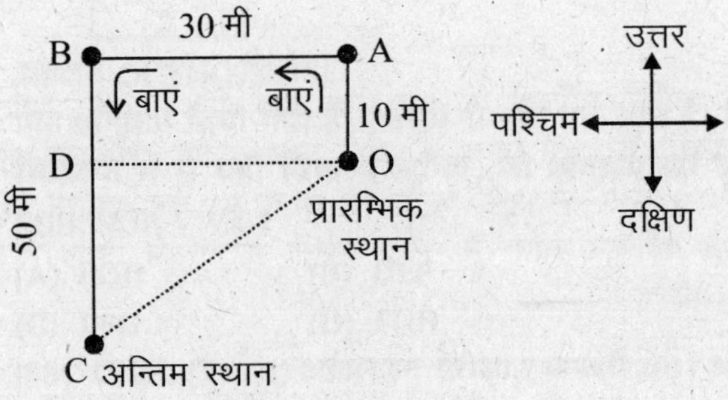

OA = 10 मी

AB = 30 मी

BC = 50 मी

BD = OA = 10 मी

OD = AB = 30 मी

CD = BC − BD = 50 − 10 = 40 मी

∴ अभीष्ट दूरी = OC = $\sqrt{(CD)^2 + (OD)^2}$

$= \sqrt{(40)^2 + (30)^2}$

$= \sqrt{1600 + 900} = \sqrt{2500}$

= 50 मी

उदाहरण 4. रोहन 10 किमी उत्तर की ओर जाता है, वहां से वह फिर 6 किमी दक्षिणं की ओर जाता है, फिर वह 3 किमी पूर्व की ओर जाता है। बताएं कि वह अपने प्रारम्भिक स्थान से किस दिशा में और कितनी दूरी पर है?

(a) 5 किमी, उत्तर-पूर्व (b) 5 किमी, दक्षिण-पूर्व

(c) 8 किमी, उत्तर-पूर्व (d) 9 किमी, दक्षिण-पूर्व

हल— (a) :

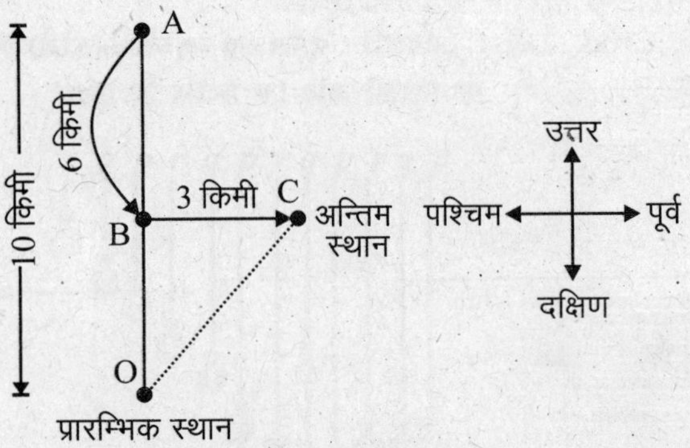

OA = 10 किमी

AB = 6 किमी

BC = 3 किमी

OB = OA − AB = 10 − 6 = 4 किमी

OC = $\sqrt{(OB)^2 + (BC)^2}$

$= \sqrt{(4)^2 + (3)^2}$

$= \sqrt{16 + 9} = \sqrt{25} = 5$ किमी

O से C की दिशा = उत्तर-पूर्व

महेश अपने प्रारम्भिक स्थान से 5 किमी की दूरी पर उत्तर-पूर्व दिशा में है।

अभ्यास प्रश्न

1. मनीष अपने घर से 25 कि.मी. दक्षिण-पूर्व में जाता है और फिर पश्चिम में मुड़कर 7 कि.मी. चलता है। अब वह अपने घर से कितनी दूरी (कि. मी. में) पर है ?

(A) 21 (B) 23

(C) 24 (D) 28

[SSC CHSL (Tier-1) ऑनलाइन परीक्षा 30 जनवरी 2017 सुबह पाली]

उत्तर (C)

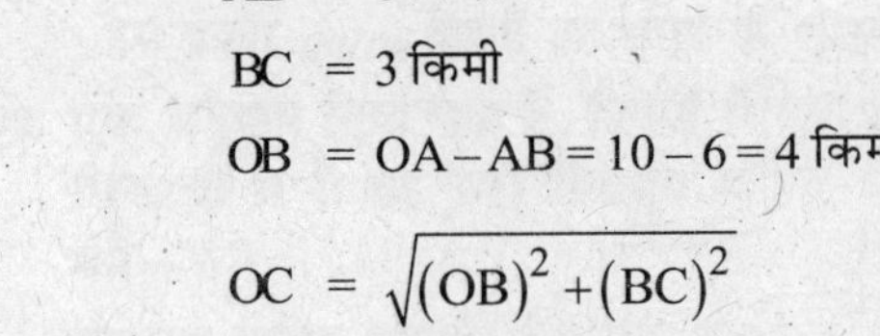

$OB^2 = OA^2 - AB^2$
$= (25)^2 - (7)^2$
$= 625 - 49 = 576$
$OB = \sqrt{576} = 24$ कि.मी.

अत: मनीष अपने घर से 24 कि.मी दूर होगा।

2. एक बिन्दु से शुरुआत कर, सूरज 20 मीटर दक्षिण की ओर चलता है, और फिर बाईं ओर मुड़कर 18 मीटर चलता है, वह फिर बाईं ओर मुड़कर 18 मीटर चलता है और फिर वह दाईं ओर मुड़कर 10 मीटर चलता है। अब वह अपने आरम्भिक बिन्दु से कितनी दूरी पर और किस दिशा में है?

(A) उत्तर में $\sqrt{784}$ मीटर
(B) दक्षिण-पूर्व में $\sqrt{788}$ मीटर
(C) दक्षिण-पश्चिम में $\sqrt{786}$ मीटर
(D) उत्तर-पश्चिम में $\sqrt{790}$ मीटर

[SSC CHSL (Tier-1) ऑनलाइन परीक्षा 30 जनवरी 2017 सायं पाली]

उत्तर (B)

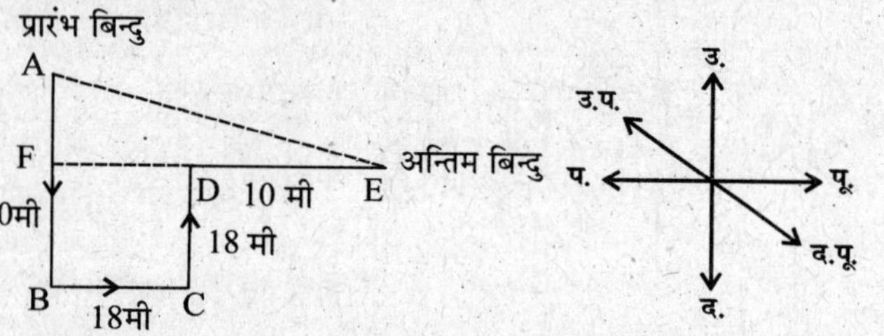

$AF = 20 - 18 = 2$ मी.
$EF = 18 + 10 = 28$ मी.

ΔAFE में, $AE^2 = EF^2 + AF^2$
$= (28)^2 + (2)^2$
$= 784 + 4 = 788$
$AE = \sqrt{788}$ मी.

दक्षिण-पूर्व दिशा होगी।

3. मैं उत्तर की ओर मुंह करके खड़ा हूं। मैं बाईं ओर मुड़ता हूं और 30 मीटर चलता हूं। फिर उसके बाद मैं दाईं ओर मुड़कर 20 मीटर चलता हूं और फिर मैं बाईं और मुड़कर 10 मीटर चलता हूं और फिर उसके बाद दाईं ओर मुड़कर 50 मीटर चलता हूं। फिर उसके बाद बाईं ओर मुड़कर 50 मीटर चलता हूं। मैं अपने आरम्भिक बिन्दु से किस दिशा में हूं?

(A) उत्तर (B) दक्षिण
(C) उत्तर-पश्चिम (D) उत्तर-पूर्व

[SSC CHSL (Tier-1) ऑनलाइन परीक्षा 25 जनवरी 2017 सुबह पाली]

उत्तर (C)

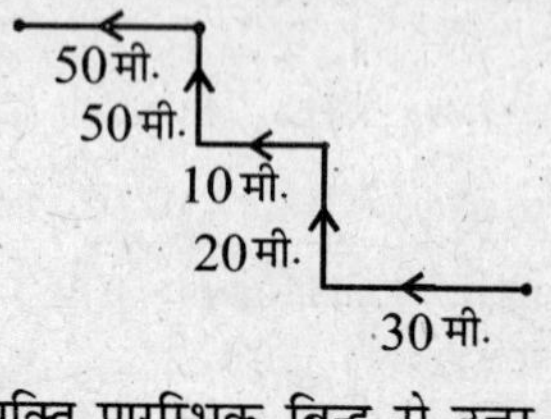

अत: व्यक्ति प्रारम्भिक बिन्दु से उत्तर-पश्चिम दिशा में होगा।

4. एक लड़का अपने घर से चलता है। वह पहले 45 मीटर दक्षिण-पश्चिम दिशा में चलता है और फिर 145 मीटर उत्तर पूर्व दिशा में चलता है। फिर, वह 60 मीटर दक्षिण दिशा में आगे बढ़ जाता है। वह अब अपने प्रारम्भिक स्थान से कितनी दूरी पर है?

(A) 100 मीटर (B) 80 मीटर
(C) 40 मीटर (D) 60 मीटर

[SSC CHSL (Tier-1) ऑनलाइन परीक्षा 25 जनवरी 2017 सुबह पाली]

उत्तर (B)

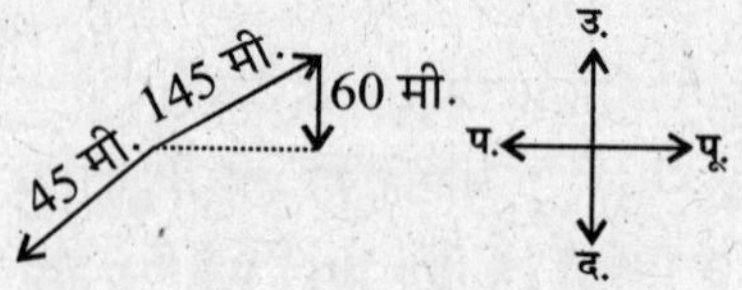

लड़के की प्रारम्भिक स्थान से दूरी

$= \frac{100 + 60}{2}$
$= \frac{160}{2}$
$= 80$ मीटर

5. एक व्यक्ति पश्चिम की ओर मुंह किए हुए है। वह दक्षिणावर्त 45 डिग्री पर घूम जाता है और फिर दोबारा वामावर्त दिशा में 180 डिग्री पर घूम जाता है। अन्त में, वह दाहिने में 90 डिग्री पर घूम जाता है। अब उसका मुंह किस दिशा में है?

(A) पश्चिम (B) दक्षिण-पूर्व
(C) उत्तर-पूर्व (D) दक्षिण-पश्चिम

[SSC CHSL (Tier-1) ऑनलाइन परीक्षा 24 जनवरी 2017 सुबह पाली]

उत्तर (D) व्यक्ति का मुंह दक्षिण-पश्चिम दिशा में होगा।

6. हीरा अपने घर से कॉलेज जाने के लिए पूर्व दिशा में चलना शुरू करती है। वह पूर्व दिशा में 10 किमी. चलती है, फिर बाएं मुड़ती है, आगे 20 किमी. चलती है और अपने कॉलेज पहुंच जाती है। उसके कॉलेज से उसका घर किस दिशा में है?

(A) उत्तर-पश्चिम (B) पश्चिम
(C) उत्तर (D) दक्षिण-पश्चिम

[SSC CHSL (Tier-1) ऑनलाइन परीक्षा 24 जनवरी 2017 सायं पाली]

उत्तर (D)

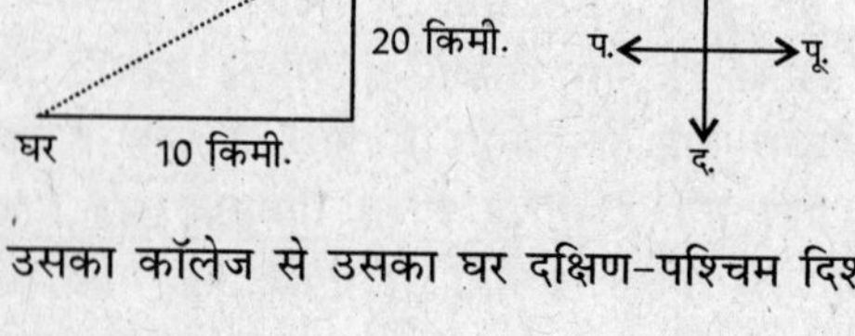

उसका कॉलेज से उसका घर दक्षिण-पश्चिम दिशा में होगा।

7. आप दक्षिण दिशा में चलते हैं और बाएं मुड़ते है। आप फिर से बाएं मुड़ते हैं और फिर दाहिनी दिशा की ओर मुड़ते हैं। अब आप किस दिशा की ओर है?

(A) पूर्व (B) उत्तर

(C) पश्चिम (D) दक्षिण

[SSC CHSL (Tier-1) ऑनलाइन परीक्षा 23 जनवरी 2017 दोपहर पाली]

उत्तर (A)

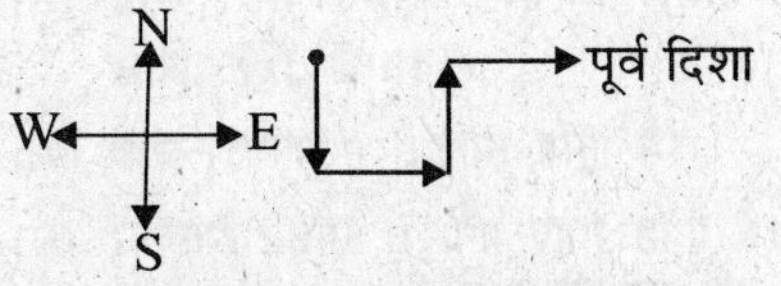

अत: आप पूर्व दिशा की ओर है।

8. रोहन 5 कि. मी. पश्चिम चलने के पश्चात् बाएं मुड़ता है और फिर 12 कि. मी. जाता है। तो उसके शुरुआती और अंतिम स्थिति के बीच की कम से कम दूरी ज्ञात करें।

(A) 13 कि.मी. (B) 7 कि. मी.

(C) 6 कि. मी. (D) 17 कि. मी.

[SSC CHSL (Tier-1) ऑनलाइन परीक्षा 22 जनवरी 2017 सुबह पाली]

उत्तर (A)

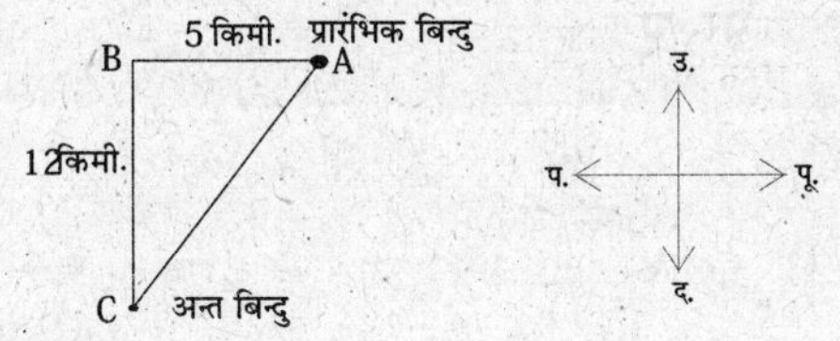

ABC में

$AC^2 = BC^2 + AB^2$

$AC^2 = (12)^2 + (5)^2$

$AC^2 = 144 + 25$

$AC^2 = 169$

AC = 13 किमी.

अत: रोहन प्रारंभ से अन्तिम स्थिति के बीच 13 किमी दूरी तय करेगा।

9. रिया विद्यालय जाने के लिए घर से चलती है। वह पूर्व की दिशा में 5 किमी चलती है, फिर वह दक्षिण-पूर्व दिशा में मुड़कर 10 कि.मी. चलती है, वह फिर उत्तर-पूर्व दिशा में मुड़कर 10 कि.मी. चलती है। विद्यालय पहुंचने के लिए वह वहां से अंत में 5 कि.मी. पूर्व की ओर चलती है। वह अपने घर से कितनी दूरी पर है?

(A) $10 + 10\sqrt{2}$ कि.मी (B) $10 + 20\sqrt{2}$ कि.मी

(C) $20 + 10\sqrt{2}$ कि.मी (D) $15 + 20\sqrt{2}$ कि.मी

[SSC CHSL (Tier-1) ऑनलाइन परीक्षा 21 जनवरी 2017 दोपहर पाली]

उत्तर (A)

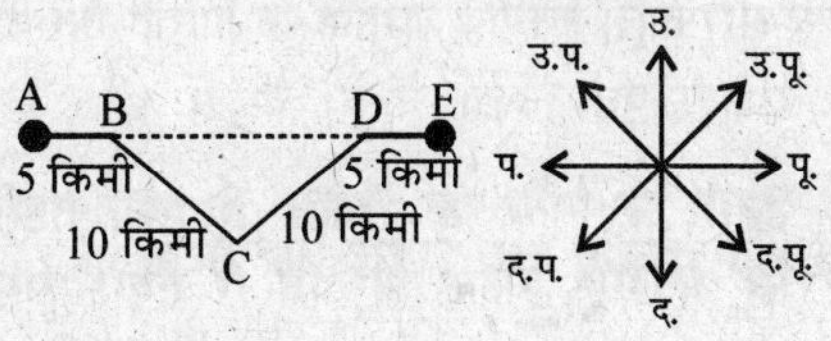

Δ BCD में

$BD^2 = BC^2 + CD^2$

$BD^2 = (10)^2 + (10)^2$

$BD^2 = 200$

$BD = 10\sqrt{2}$ किमी

बिन्दु A से बिन्दु E तक की दूरी

= AB + BD + DE

$= 5 + 10\sqrt{2} + 5$

$= 10 + 10\sqrt{2}$ किमी

10. एक लड़की पूर्व दिशा की ओर मुंह करके खड़ी है। वह घड़ी की सुई के चलने की विपरीत दिशा में 45 डिग्री पर मुड़ जाती है, और फिर घड़ी की सुई के चलने की दिशा में 180 डिग्री पर घूम जाती है। अब उसका मुंह किस दिशा की ओर है?

(A) पश्चिम (B) दक्षिण

(C) उत्तर (D) दक्षिण-पश्चिम

[SSC CHSL (Tier-1) ऑनलाइन परीक्षा 21 जनवरी 2017 सायं पाली]

उत्तर (D)

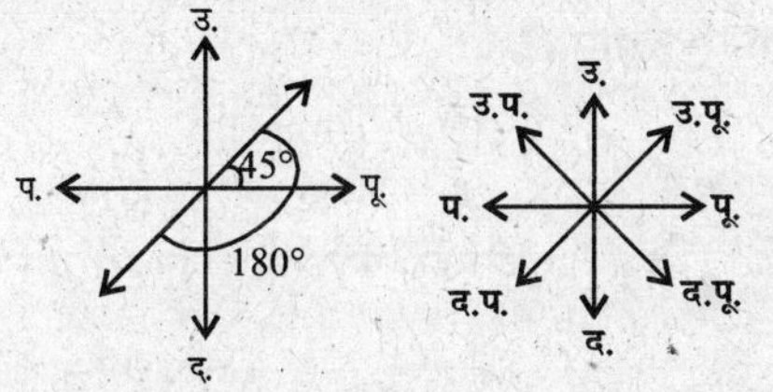

अत: इस प्रकार लड़की का मुंह दक्षिण-पश्चिम दिशा में होगा।

11. काजल अस्पताल जाने के लिए घर से चलती है। वह पूर्व की दिशा में 5 कि.मी. चलती है, फिर वह दक्षिण-पूर्व दिशा में मुड़कर 10 कि.मी चलती है, वह फिर उत्तर-पूर्व दिशा में मुड़कर 10 कि.मी. चलती है और अंतत: अस्पताल पहुंच जाती है। उसके घर से अस्पताल किस दिशा में हैं।

(A) दक्षिण (B) उत्तर

(C) पश्चिम (D) पूर्व

[SSC CHSL (Tier-1) ऑनलाइन परीक्षा 18 जनवरी 2017 सायं पाली]

उत्तर (D)

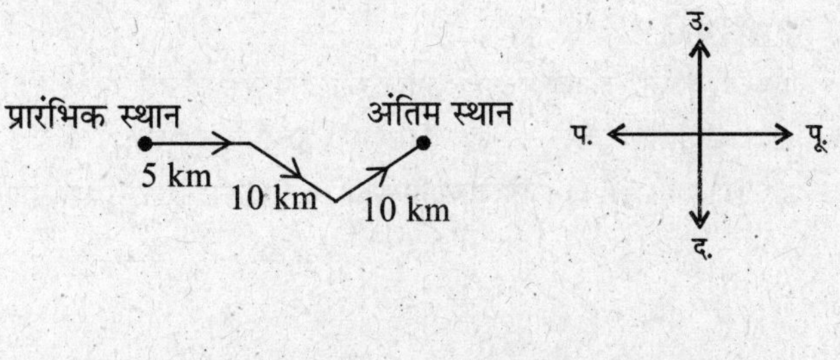

अत: काजल घर से यात्रा करके अस्पताल पहुंच जाती है। इस प्रकार से अस्पताल पूर्व दिशा में है।

12. A, B के दक्षिण-पूर्व दिशा में है। तो B, A के किस दिशा में है?

(A) दक्षिण–पश्चिम (B) उत्तर–पश्चिम

(C) उत्तर–पूर्व (D) दक्षिण–पूर्व

[SSC CHSL (Tier-1) ऑनलाइन परीक्षा 17 जनवरी 2017 दोपहर पाली]

उत्तर (B)

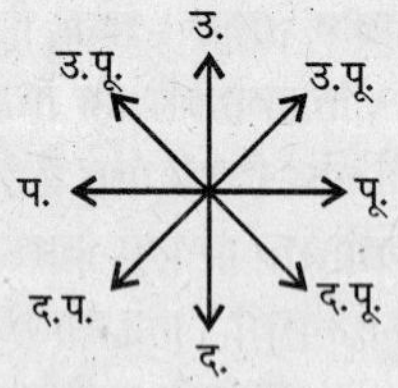

प्रश्नानुसार

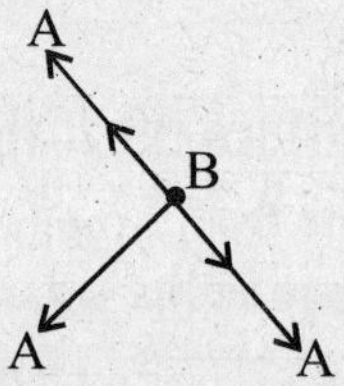

अत: B, A के उत्तर–पश्चिम दिशा में होगा।

13. एक कंपास गलत दिशा बता रहा है। और पश्चिम की जगह दक्षिण-पश्चिम बता रहा हैं। यह कंपास उत्तर के लिए कौन सी दिशा दिखाएगा?

(A) पूर्व (B) उत्तर–पश्चिम

(C) उत्तर–पूर्व (D) दक्षिण–पूर्व

[SSC CHSL (Tier-1) ऑनलाइन परीक्षा 16 जनवरी 2017 सुबह पाली]

उत्तर (B)

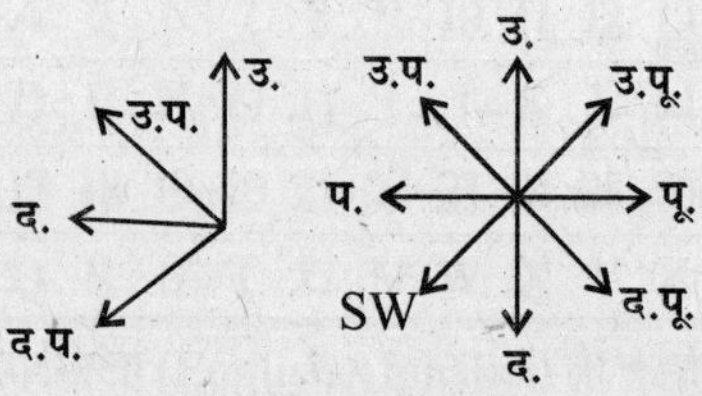

कंपास पश्चिम के स्थान पर दक्षिण–पश्चिम बताता है।

∴ उत्तर के स्थान पर उत्तर–पश्चिम दिशा बताएगा।

14. एक लड़का दक्षिणा दिशा में चलते हुए 4 कि.मी. की दूरी तय करता है और फिर दाएं मुड़कर 3 कि.मी. की दूरी तय करता है। वह अपने मूल स्थान से कितना दूर और किस दिशा में है?

(A) 6 कि.मी. दक्षिण (B) 5 कि.मी. दक्षिण–पश्चिम

(C) 4 कि.मी. उत्तर (D) 5 कि.मी. उत्तर–पश्चिम

[SSC CHSL (Tier-1) ऑनलाइन परीक्षा 10 जनवरी 2017 सुबह पाली]

उत्तर (B)

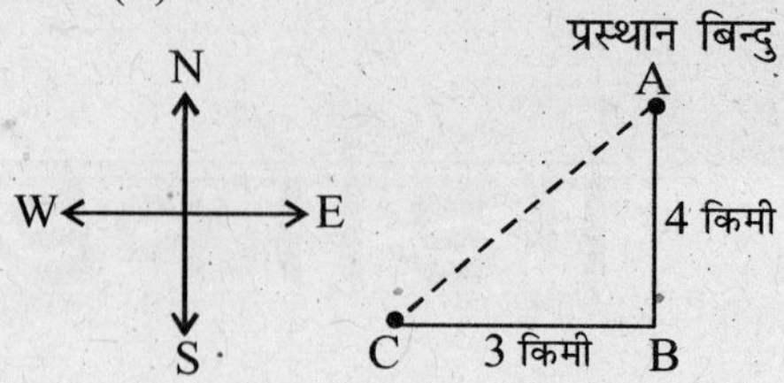

ΔABC में

$$AC^2 = AB^2 + BC^2$$
$$= (4)^2 + (3)^2$$
$$= 16 + 9$$
$$= 25$$
$$AC = 5 \text{ किमी.}$$

अत: 5 किमी दक्षिण–पश्चिम दिशा में है।

15. अमित का घर, अंकित के घर से पूर्व दिशा में सुमन का घर, अमित के घर से दक्षिण दिशा में है। रमन का घर, अमित के घर से पूर्व दिशा में है। रमन का घर सुमन के घर से किस दिशा में है?

(A) पूर्व (B) उत्तर–पूर्व

(C) दक्षिण–पूर्व (D) दक्षिण

[SSC CHSL (Tier-1) ऑनलाइन परीक्षा 10 जनवरी 2017 सायं पाली]

उत्तर (B)

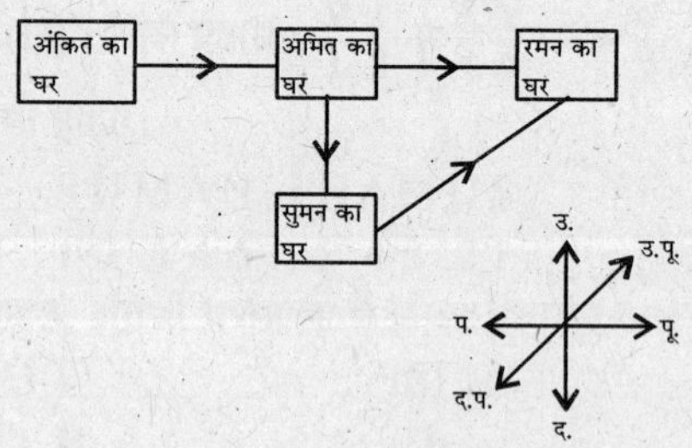

सुमन का घर

इस प्रकार रमन का घर, सुमन के घर से उत्तर–पूर्व दिशा में होगा।

16. फरहान उत्तर-पूर्व दिशा में 4 किमी. तक चलता है, और फिर दक्षिण-पूर्व दिशा में मुड़कर 3 किमी. जाता है। वह अब अपने मूल स्थान से कितनी दूर है?

(A) 4 किमी. (B) 6 किमी.

(C) 7 किमी. (D) 5 किमी.

[SSC CHSL (Tier-1) ऑनलाइन परीक्षा 9 जनवरी 2017 सुबह पाली]

उत्तर (D)

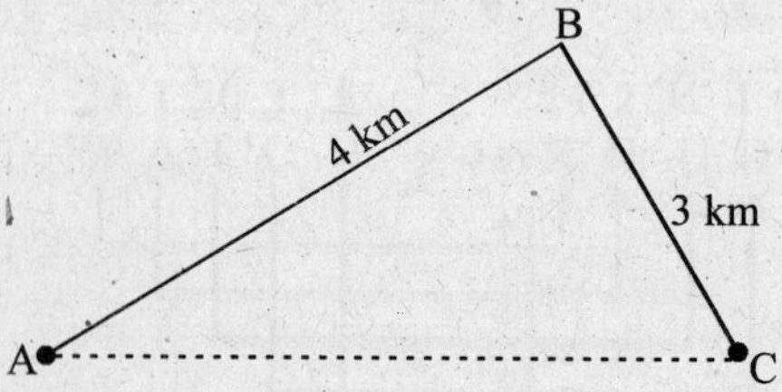

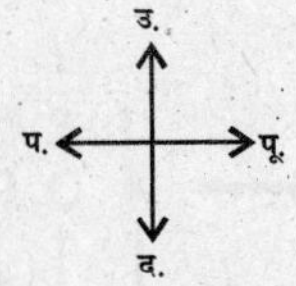

Δ ABC में,

$$AC^2 = AB^2 + BC^2$$
$$= (4)^2 + (3)^2$$
$$= 16 + 9$$
$$= 25$$
$$\therefore \quad AC = 5 \text{ किमी}$$

17. एक व्यक्ति पूर्व की ओर मुंह किए हुए है। वह 60 डिग्री पर घड़ी की सुई के चलने की विपरीत दिशा में घूम जाता है और फिर दोबारा उसी दिशा में 120 डिग्री पर घूम जाता है। वह अभी किस दिशा की ओर मुंह किए हुए है?

(A) पूर्व (B) उत्तर-पश्चिम
(C) दक्षिण-पूर्व (D) पश्चिम

[SSC CHSL (Tier-1) ऑनलाइन परीक्षा 9 जनवरी 2017 सुबह पाली]

उत्तर (D)

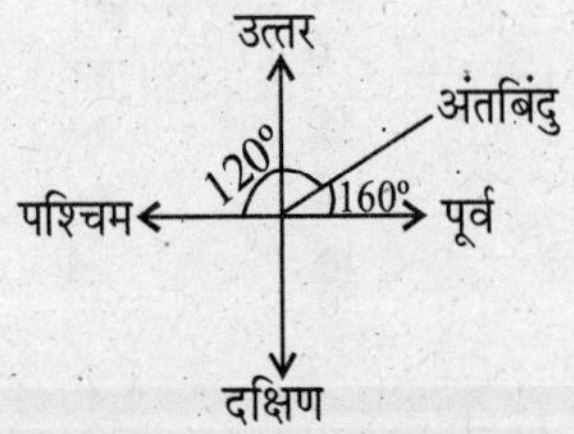

अत: व्यक्ति पश्चिम दिशा की ओर मुंह किए हुए है।

9 जनवरी 2017 सायं पाली

18. विशाल 8 किमी पूर्व में जाता है, फिर बाएं मुड़कर 5 किमी चलता है, फिर 270 डिग्री पर घड़ी की सुई के चलने की दिशा में मुड़ जाता है। वह अब किस दिशा की ओर मुंह किए हुए है–

(A) पश्चिम (B) पूर्व
(C) उत्तर (D) दक्षिण

[SSC CHSL (Tier-1) ऑनलाइन परीक्षा 9 जनवरी 2017 सायं पाली]

उत्तर (A)

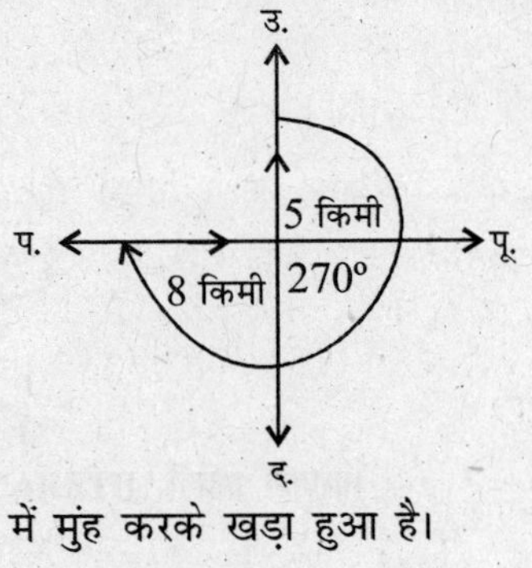

अत: विशाल पश्चिम दिशा में मुंह करके खड़ा हुआ है।

19. अर्जुन पूर्व की ओर मुंह करके खड़ा है। वह इस दिशा में 10 मी. चलता है, फिर वह बाएं मुड़कर 10 मी. चलता है, फिर दाएं मुड़कर 25 मी. चलता है और फिर वहां से 10 मी. दक्षिण में चलता है। अंत में वह अपने बाईं ओर मुड़कर 50 मी. चलता है वह अपने मूल स्थान से कितनी दूरी पर है?

(A) 85 मी. (B) 80 मी.
(C) 75 मी. (D) 90 मी.

[SSC CHSL (Tier-1) ऑनलाइन परीक्षा 7 जनवरी 2017 सायं पाली]

उत्तर (A)

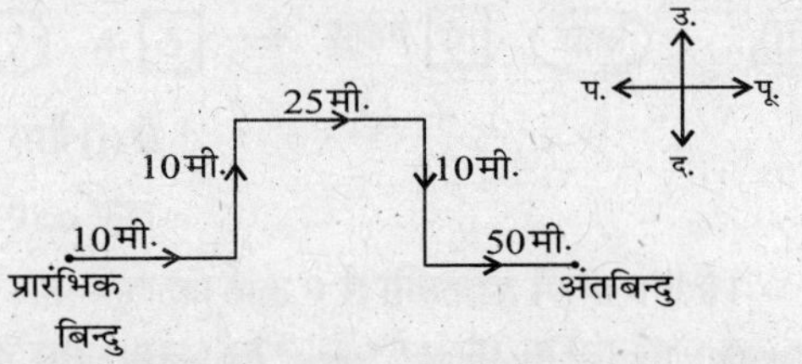

कुल दूरी = (10 + 25 + 50)मी.
= 85 मी.

20. राहुल दक्षिण दिशा में 5 किमी. चलता है फिर बाएं मुड़कर 5 किमी. चलता है। वहां से फिर बाएं मुड़कर 10 किमी. चलता है और अंत में वह पश्चिम दिशा में 5 किमी. चलता है। वह अपने प्रारंभिक स्थान से किस दिशा में है ?

Options :

(A) पश्चिम (B) पूर्व
(C) दक्षिण (D) उत्तर

[SSC CHSL (Tier-1) ऑनलाइन परीक्षा 8 फरवरी 2017 दोपहर पाली]

उत्तर (D)

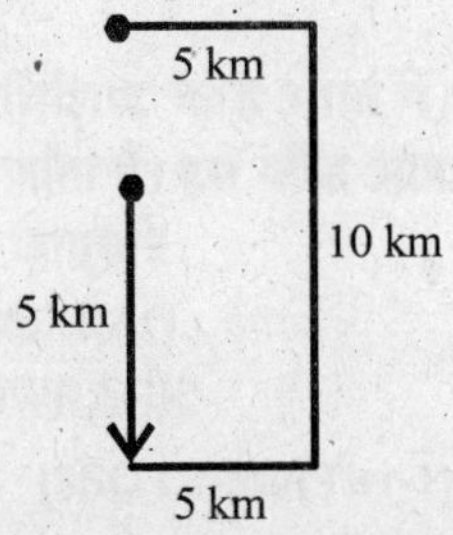

इस प्रकार स्पष्ट होता है कि राहुल अपने प्रारम्भिक स्थान से उत्तर दिशा में है।

21. एक आदमी 24 मीटर दक्षिण दिशा में जाता है और 90 डिग्री पर वामावर्त घूमकर और 7 मीटर जाता है, फिर दाहिने मुड़कर 3 मीटर जाता है और वहां से फिर 3 मीटर उत्तर दिशा में चलता है। तो अंतिम और प्रारम्भिक स्थान के बीच की दूरी ज्ञात करें।

(A) 25 मी. (B) 30 मी.
(C) 27 मी. (D) 35 मी.

[SSC CHSL (Tier-1) ऑनलाइन परीक्षा 7 फरवरी 2017 सुबह पाली]

उत्तर (A)

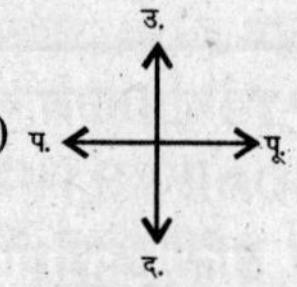

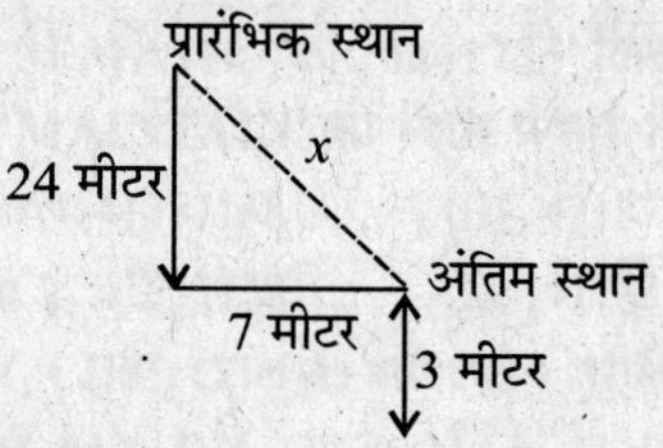

प्रश्नानुसार

माना बीच की दूरी $= x$ मीटर

$\therefore \quad x^2 = (24)^2 + (7)^2$

$x^2 = 576 + 49$

$x^2 = 625$

$\therefore \quad x = \sqrt{625} = 25$ मीटर

22. अर्जुन का मुंह दक्षिण की ओर है, फिर वह 45° दाहिने मुड़कर 50 मी जाता है, फिर उत्तर-पश्चिम मुड़कर 50 मी जाता है और वहां से 50 मी पश्चिम में जाता है। तो वह अपने मूल स्थान से कौनसी दिशा/स्थान पर है?

(A) पश्चिम (B) उत्तर

(C) पूर्व (D) उत्तर-पश्चिम

[SSC CHSL (Tier-1) ऑनलाइन परीक्षा 3 फरवरी 2017 दोपहर पाली]

उत्तर (A)

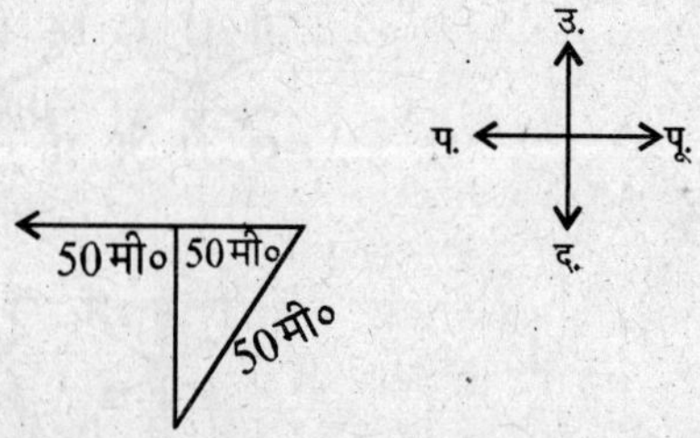

इस प्रकार अर्जुन अपने मूल स्थान दक्षिण दिशा से यात्रा प्रारम्भ करके पश्चिम दिशा समाप्त करता है। अत: वह पश्चिम दिशा में है।

23. राज का मुंह उत्तर की ओर है। वह 8 किमी. साइकल चलाता है, फिर वह दक्षिण-पूर्व दिशा में घूमकर 10 किमी. जाता है और फिर वहां से 6 किमी. पश्चिम की ओर जाता है। वह अपने मूलस्थान से किस दिशा/स्थान में है ?

(A) उत्तर (B) पूर्व

(C) पश्चिम (D) शुरुआती स्थान पर

[SSC CHSL (Tier-1) ऑनलाइन परीक्षा 3 फरवरी 2017 सायं पाली]

उत्तर (D)

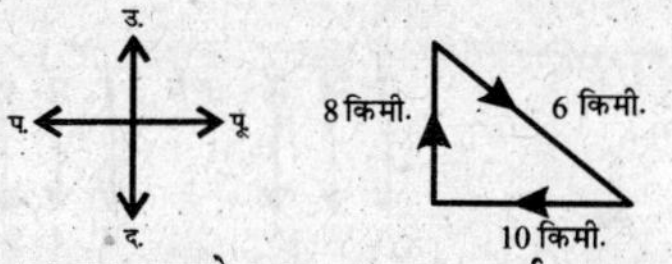

इस प्रकार राजू अपने मूल स्थान अर्थात् शुरुआती स्थान पर ही है।

❑❑

7 रक्त सम्बन्ध

- इस अध्याय के अन्तर्गत आने वाले प्रश्नों के माध्यम से मानवीय रिश्तों अर्थात् पारिवारिक सम्बन्धों या रक्त सम्बन्धों (खून के रिश्तों) से सम्बन्धित आपके ज्ञान की जांच की जाती है। इस प्रकार के प्रश्नों में किन्हीं दो व्यक्तियों या अन्य अनेक व्यक्तियों के आपसी (पारस्परिक) सम्बन्धों का विवरण दिया जाता है तथा उस विवरण (या जानकारियों) के आधार पर अन्य व्यक्तियों या किसी विशेष के साथ किसी एक व्यक्ति के सम्बन्ध को निरूपित (स्पष्ट) करने के लिए कहा जाता है।
- सामान्यत: रक्त सम्बन्ध पर आधारित प्रश्न हमारे या आपके व्यक्तिगत या पारिवारिक जीवन से जुड़े होते हैं, क्योंकि रक्त सम्बन्धों की कड़ियों के द्वारा हम अपने सम्बन्धियों या रिश्तेदारों से जुड़े हैं। विभिन्न प्रतियोगिता परीक्षाओं में सरल सम्बन्धों (रक्त सम्बन्धों) को परिभाषित करने के लिए अपेक्षाकृत जटिल या उलझनपूर्ण परिभाषाओं अथवा घुमावदार भाषा का इस्तेमाल (उपयोग) किया जाता है। परन्तु, आप से अर्थात् अभ्यर्थियों या परीक्षार्थियों से सम्बन्धों की इन परिभाषाओं या जटिलताओं को शीघ्रतापूर्वक समझने की आशा व अपेक्षा की जाती है।
- इस प्रकार के (रक्त सम्बन्ध पर आधारित) प्रश्नों को शुद्धता से तथा शीघ्रतापूर्वक हल करने के लिए मूल आधार स्वयं को ही मानना श्रेयस्कर व सुविधापूर्ण होता है। रक्त सम्बन्धों पर आधारित प्रश्नों को 'निगमन तरीका' (Deduction Method) या आरेख (Diagram) के माध्यम से हल किया जा सकता है। परन्तु, इस प्रकार के प्रश्नों को सुगमतापूर्वक हल करने के लिए आपसी (पारिवारिक व सामाजिक) रिश्तों का ज्ञान होना अत्यंत आवश्यक है। रक्त सम्बन्धों पर आधारित रिश्तों तथा परीक्षा या प्रश्न में उनके लिए प्रयुक्त होने वाले शब्दों की एक संक्षिप्त सूची आगे (अगामी पृष्ठों में) प्रस्तुत की गई है, जिसे पूरी तरह ध्यान से पढ़ व समझकर याद कर लेना चाहिए, ताकि इस प्रकार के प्रश्नों को आसानी से हल किया जा सके।
- **पीढ़ी** (Generation)—साधारणत: रक्त सम्बन्धी प्रश्नों में सात पीढ़ियों के अन्तर्गत ही प्रश्न पूछे जाते हैं। प्रश्न हल करते समय स्वयं को इन सातों पीढ़ियों के ठीक बीच में रखना चाहिए अर्थात् तीन पीढ़ी आपके ऊपर एवं तीन पीढ़ी आपके नीचे होंगी। पीढ़ी के अनुसार व्यक्तियों के बीच के सम्बन्ध का नाम नीचे दी गई तालिका में दर्शाया गया है।

पीढ़ी (Generation)	**पुरुष** (Male)	**महिला** (Female)
तीन पीढ़ी ऊपर	(i) परदादा (Great grand father)	(i) परदादी (Great grand mother)
↑ ↑ ↑	(ii) परनाना (Great meternal grand father)	(ii) परनानी (Great maternal grand mother)
	(iii) परदादा/नाना ससुर (Great grand father-in- law)	(iii) परदादी/नानी सास (Great grand mother-in law)
दो पीढ़ी ऊपर	(i) दादा (Grand father)	(i) दादी (Grand mother)
↑ ↑	(ii) नाना (Maternal grand father)	(ii) नानी (Meternal grand mother)
	(iii) दादा/नाना ससुर (Grand father-in-law)	(iii) दादी/नानी सास (Grand mother-in-law)
एक पीढ़ी ऊपर	(i) पिता (Father)	(i) माता (Mother)
↑	(ii) चाचा, फूफा (Uncle)	(ii) चाची, फुआ (बुआ) (Aunt)
	(iii) मामा, मौसा (Maternal uncle)	(iii) मामी, मौसी (Maternal aunt)
	(iv) ससुर (Father-in-law)	(iv) सास (Mother-in-law)
स्वयं की पीढ़ी	(i) पति (Husband)	(i) पत्नी (Wife)
→	(ii) भाई (Brother)	(ii) बहन (Sister)
	(iii) चचेरा, फुफेरा, ममेरा, मौसेरा भाई (Cousin)	(i) चचेरी, फुफेरी, ममेरी बहन (Cousin)
	(iv) बहनोई, साली का पति, साला, देवर, जेठ ननदोई (Brother-in-law)	(iv) भाभी, साली, साले की पत्नी, ननद, जेठानी, देवरानी (Sister in law)
एक पीढ़ी नीचे	(i) पुत्र (Son)	(i) बेटी (Daughter)

↓	(ii) भतीजा, भांजा (भगीना) (Nephew)	(ii) भतीजी, भांजी (भगीनी) (Niece)
	(iii) दामाद (Son-in-law)	(iii) पुत्रवधू (Daughter-in- law)
दो पीढ़ी नीचे	(i) पोता, नाती (Grand son)	(i) पोती, नातिन (Grand daughter)
↓ ↓	(ii) पोती या नातिन का पति (Grand son -in-law)	(ii) पोता या नाती की पत्नी (Grand daughter-in-law)
तीन पीढ़ी नीचे	(i) परपोता, परनाती (Great grand son)	(i) परपोती, परनातिन (Great grand daughter)
↓ ↓ ↓	(ii) परपोती या परनातिन का पति (Great grand son-in-law)	(ii) परपोता या परनाती की पत्नी (Great grand daughter-in-law)

हल सहित उदाहरण :

उदाहरण 1. शंकर, मीता का भाई है। यदि शीला, जो मीता की बहन है, रमेश की भतीजी है, तो शंकर का रमेश से क्या सम्बन्ध है?

(A) भाई (B) भतीजा
(C) पुत्र (D) पिता

हल— (b) प्रश्नानुसार, सम्बन्ध आरेख बनाने पर,

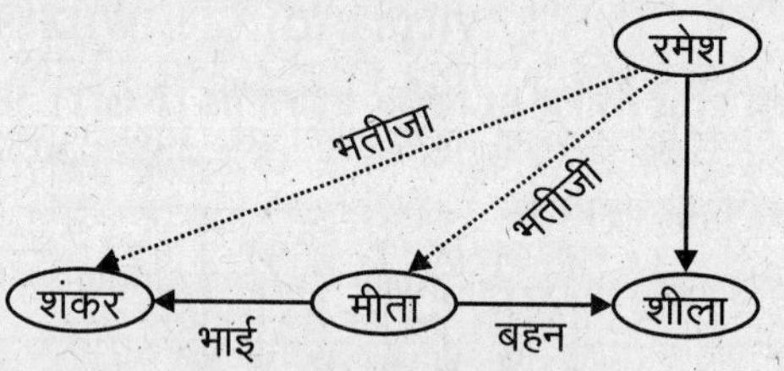

शीला, मीता की बहन है अर्थात् वह शंकर की भी बहन होगी, क्योंकि शंकर और मींता भाई-बहन हैं। चूंकि शीला, रमेश की भतीजी है। इसलिए शंकर, रमेश का भतीजा होगा।

उदाहरण 2. सुधा, राहुल के बारे में अपनी एक सहेली से कहती है कि "वह मेरे भाई के दादा का इकलौता पुत्र है", तो बताएं कि सुधा, राहुल से किस प्रकार सम्बन्धित है?

(A) माता (B) चाची
(C) बहन (D) पुत्री

हल— (D) प्रश्नानुसार, सम्बन्ध आरेख बनाने पर,

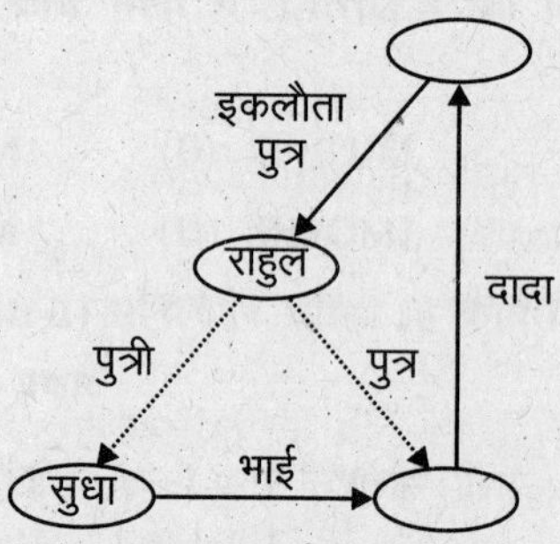

राहुल, सुधा के सगे भाई के दादा का इकलौता पुत्र है अर्थात् वह सुधा का पिता है। इस प्रकार सुधा, राहुल की पुत्री होगी।

उदाहरण 3. राधा की ओर संकेत करते हुए कृष्णा ने कहा, "वह मेरे दादा के इकलौते पुत्र की पुत्री है।" राधा, कृष्णा से किस प्रकार सम्बन्धित है?

(A) माता (B) बहन
(C) पुत्री (D) बुआ

हल— (B) प्रश्नानुसार, सम्बन्ध आरेख बनाने पर

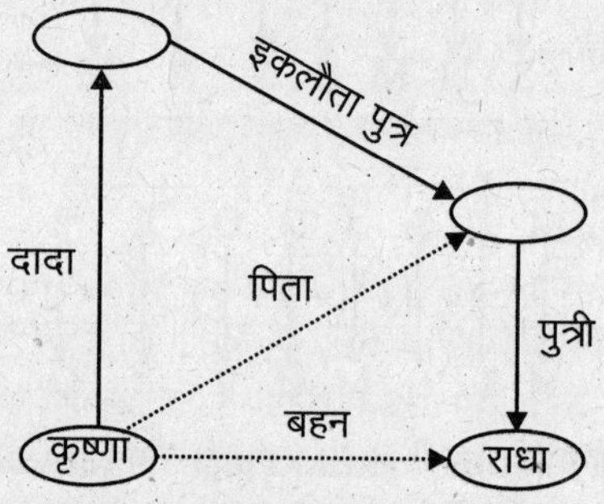

कृष्णा के दादा का इकलौता पुत्र, कृष्णा का पिता होगा तथा कृष्णा के पिता की पुत्री, कृष्णा की बहन होगी।

उदाहरण 4. एक औरत की तस्वीर दिखाते हुए एक व्यक्ति ने कहा कि वह मेरे इकलौते पुत्र की सास की इकलौती लड़की है। औरत का उस व्यक्ति से क्या सम्बन्ध है?

(A) सास (B) बेटी
(C) पत्नी (D) बहू

हल— (D) प्रश्नानुसार, सम्बन्ध आरेख बनाने पर,

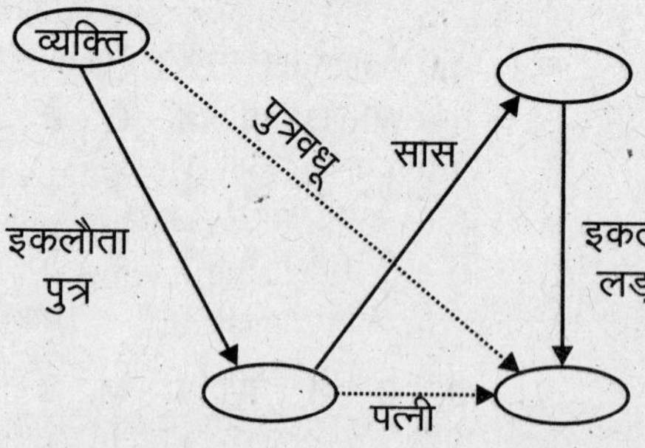

व्यक्ति के इकलौते पुत्र की सास की इकलौती बेटी, उसके बेटी की पत्नी अर्थात् व्यक्ति की बहू होगी।

अभ्यास प्रश्न

1. अंजलि का भाई, श्याम, राजेन्द्र, के बेटे का दादा है। श्याम, राजेन्द्र से कैसे संबंधित है?

(A) भाई (B) बेटा
(C) पिता (D) मामा

[SSC CHSL (Tier-1) ऑनलाइन परीक्षा 30 जनवरी 2017 सुबह पाली]

उत्तर (C)

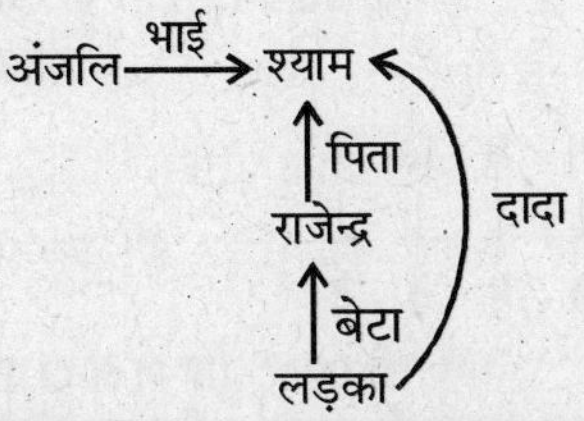

अतः श्याम राजेन्द्र का पिता होगा।

2. राहुल कहता है, ''तस्वीर में जो लड़का है वह मेरे दादा के इकलौते बेटे की बेटी का भाई है।'' तस्वीर वाला लड़का राहुल से कैसे सम्बन्धित है?

(A) चचेरा भाई (B) पिता
(C) भांजा (D) भाई

[SSC CHSL (Tier-1) ऑनलाइन परीक्षा 30 जनवरी 2017 सायं पाली]

उत्तर (D)

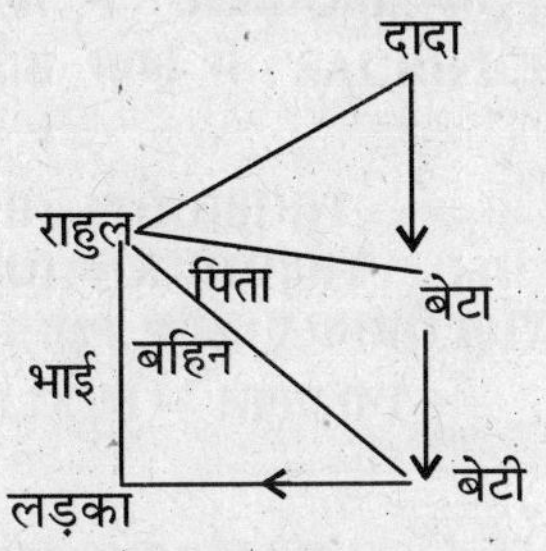

अतः तस्वीर वाला लड़का राहुल का भाई होगा।

3. राजू, यश का परिचय कराते हुए कहता है, ''वह, मेरी दादी के पति की पोती का पति है।'' यश, राजू से कैसे सम्बन्धित है?

(A) भांजा (B) पिता
(C) भाई (D) बहनोई

[SSC CHSL (Tier-1) ऑनलाइन परीक्षा 29 जनवरी 2017 सुबह पाली]

उत्तर (D)

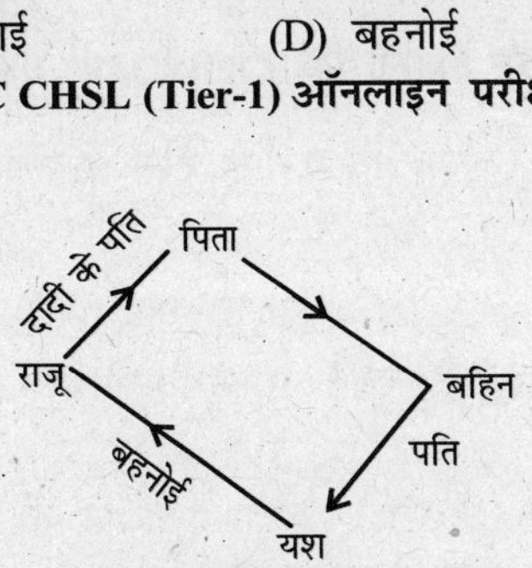

अतः यश राजू का बहनोई होगा।

4. एक लड़के का परिचय कराते हुए एक लड़की कहती है, ''वह मेरी मां के भाई की इकलौती बहन का बेटा है। वह लड़का, उस लड़की से कैसे सम्बन्धित है?

(A) ससुर (B) भाई
(C) चचेरा भाई (D) भांजी

[SSC CHSL (Tier-1) ऑनलाइन परीक्षा 25 जनवरी 2017 सुबह पाली]

उत्तर (B) कथन के अनुसार मां का भाई मामा होगा, मामा की इकलौती बहन लड़के की मां होगी, इकलौती बहन का बेटा उस लड़की का भाई होगा।

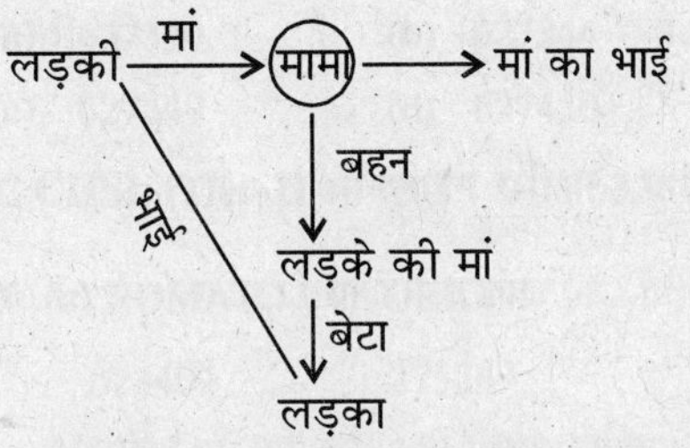

5. शुभम की मां, शशि की ननद है और शशि, परमेश्वर की इकलौती बेटी है। रवि, शुभम का भाई है। शशि, रवि से कैसे सम्बन्धित है ?

(A) दादी (B) मामी
(C) बहन (D) चचेरी बहन

[SSC CHSL (Tier-1) ऑनलाइन परीक्षा 24 जनवरी 2017 सुबह पाली]

उत्तर (B)

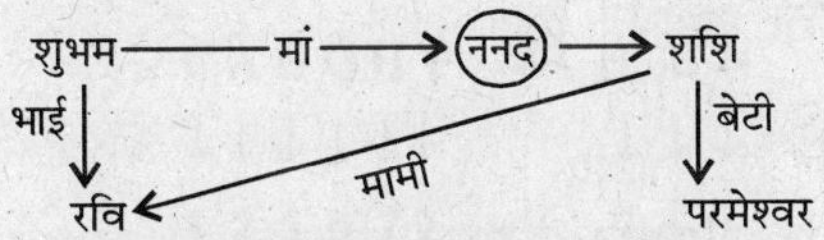

अतः शशि, रवि की मामी होगी।

6. एक लड़की का परिचय कराते हुए, एक लड़का कहता है, ''वह मेरे पिता के इकलौते साले/बहनोई की बेटी है।'' लड़की, लड़के से कैसे सम्बन्धित है ?

(A) भाभी (B) पोती
(C) ममेरी/फुफेरी बहन (D) बेटी

[SSC CHSL (Tier-1) ऑनलाइन परीक्षा 24 जनवरी 2017 सायं पाली]

उत्तर (C)

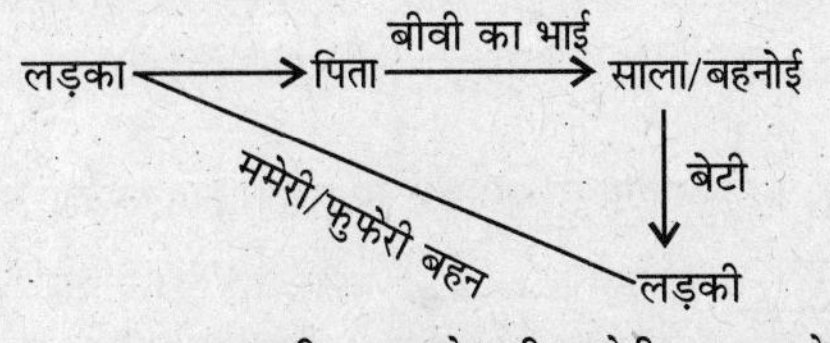

अतः लड़की, लड़के की ममेरी या फुफेरी बहन होगी।

7. सौरभ की मां, अजीत की इकलौती बहन की बेटी है। रितिक, अजीत का पोता है। रितिक, सौरभ से कैसे सम्बन्धित है?

(A) चचेरा/मौसेरा/ममेरा भाई (B) भाई
(C) चाचा (D) मामा

[SSC CHSL (Tier-1) ऑनलाइन परीक्षा 23 जनवरी 2017 दोपहर पाली]

उत्तर (A)

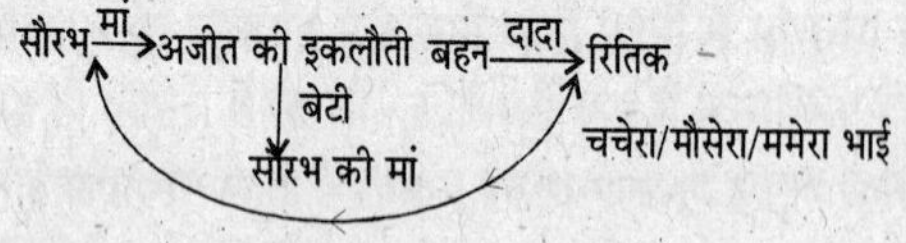

अतः स्पष्ट होता है। कि रितिक सौरभ का चचेरा/मौसेरा/ममेरा भाई होगा।

8. B, A का भाई है और A, C का बेटा है।, D, C के पिता है। B, D से कैसे संबंधित है?

(A) दादा (B) भाई
(C) पोता (D) पिता

[SSC CHSL (Tier-1) ऑनलाइन परीक्षा 22 जनवरी 2017 सुबह पाली]

उत्तर (C)

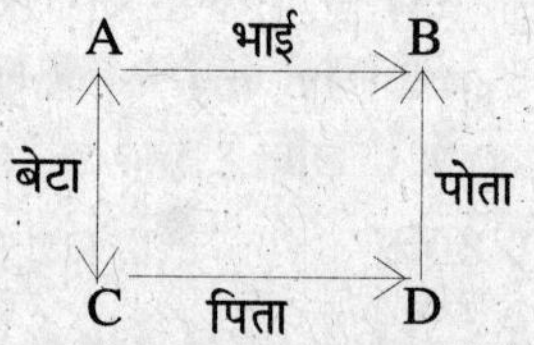

इस प्रकार B, D का पोता होगा।

9. तस्वीर में एक महिला की ओर संकेत करते हुए जतिन कहता है, ''वह मेरे, दादा की पत्नी की इकलौती बहू है।'' वह महिला जतिन से कैसे संबंधित है?

(A) चचेरी बहन (B) मां
(C) बहन (D) भांजी

[SSC CHSL (Tier-1) ऑनलाइन परीक्षा 21 जनवरी 2017 दोपहर पाली]

उत्तर (B)

दादा की पत्नी होगी और दादी की इकलौती बहू जतिन की मां होगी।

10. एक आदमी का परिचय कराते हुए अमर ने कहा ''उसकी पत्नी, मेरे नाना की इकलौती बेटी है।'' वह आदमी, अमर से कैसे संबंधित हैं।

(A) पिता (B) दादा
(C) बेटा (D) पोता

[SSC CHSL (Tier-1) ऑनलाइन परीक्षा 21 जनवरी 2017 सायं पाली]

उत्तर (A) अमर —पिता→ आदमी ——→ नाना की इकलौती बेटी

इस प्रकार अमर, उस आदमी का पिता होगा।

11. दीपक के एक भाई का नाम आदित्य है। दीपक कुलदीप का बेटा है। बंटी कुलदीप के पिता हैं। आदित्य, बंटी कैसे संबंधित है।

(A) चाचा (B) भाई
(C) पोता (D) दादा

[SSC CHSL (Tier-1) ऑनलाइन परीक्षा 18 जनवरी 2017 सायं पाली]

उत्तर (C)

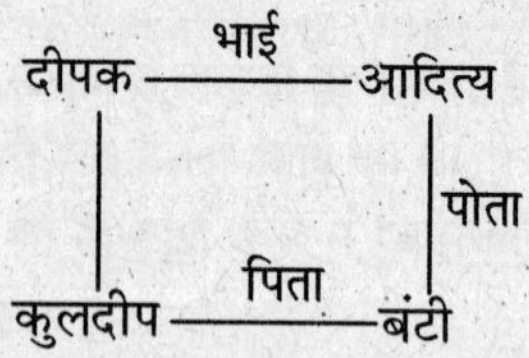

अतः आदित्य बंटी के दादा और बंटी पोता होगा।

12. अंकित का इकलौता भाई श्वेता का देवर है। श्वेता अंकित से कैसे संबंधित है?

(A) पत्नी (B) बहन
(C) मां (D) चाची

[SSC CHSL (Tier-1) ऑनलाइन परीक्षा 17 जनवरी 2017 दोपहर पाली]

उत्तर (A) अंकित का इकलौता भाई श्वेता का देवर है।

अतः श्वेता अंकित की पत्नी होगी।

13. नेहा अपने पिता की इकलौती पुत्री है और उसके पिता प्रणव के भाई के ससुर हैं। प्रणव, राजीव का भतीजा है। राजीव नेहा से कैसे संबंधित हैं?

(A) ससुर (B) बहू
(C) चाचा (D) भाई

[SSC CHSL (Tier-1) ऑनलाइन परीक्षा 16 जनवरी 2017 सुबह पाली]

उत्तर (A)

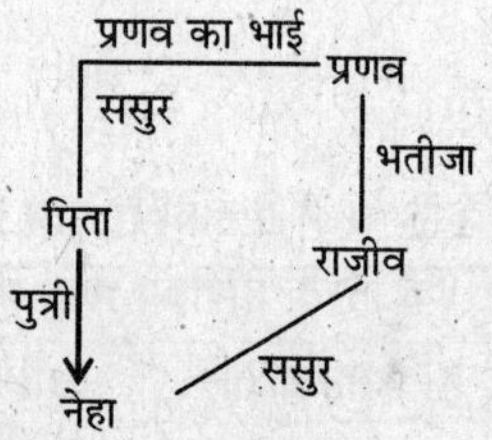

अतः राजीव, नेहा का ससुर होगा।

14. किशन, राजेश के ससुर का दामाद है। राजेश की पत्नी की एक छोटी बहन है। राजेश, किशन से कैसे संबंधित है?

(A) साढ़ू (B) भाई
(C) पिता (D) चचेरा भाई

[SSC CHSL (Tier-1) ऑनलाइन परीक्षा 10 जनवरी 2017 सुबह पाली]

उत्तर (A) किशन राजेश के ससुर का दामाद है। राजेश की पत्नी की एक छोटी बहन है। इसलिए उसकी बहन किशन की पत्नी होगी

इसलिए राजेश, किशन का साढ़ू होगा।

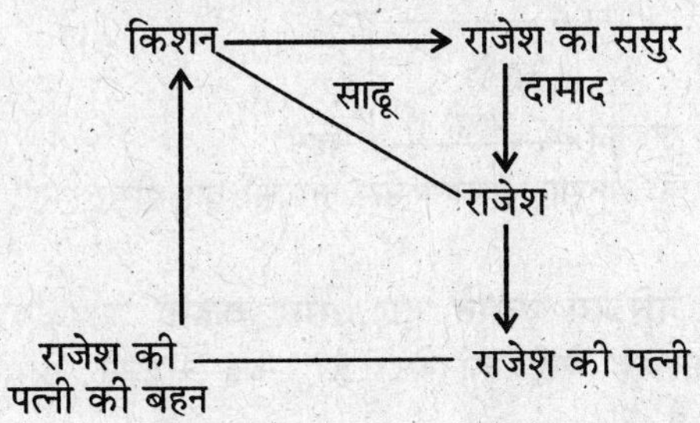

15. एक लड़के का परिचय कराते हुए अंकुर कहता है, यह मेरे दादा की बहु की इकलौती बहन का बेटा है।'' वह लड़का अंकुर से कैसे संबंधित है?

(A) भांजा/भतीजा (B) दामाद

(C) बेटा (D) मौसेरा भाई

[SSC CHSL (Tier-1) ऑनलाइन परीक्षा 10 जनवरी 2017 सायं पाली]

उत्तर (D) दादा की बहू अंकुर की मां होगी और और मां की बहन मौसी होगी और मौसी का बेटा अंकुर का मौसेरा भाई होगा।

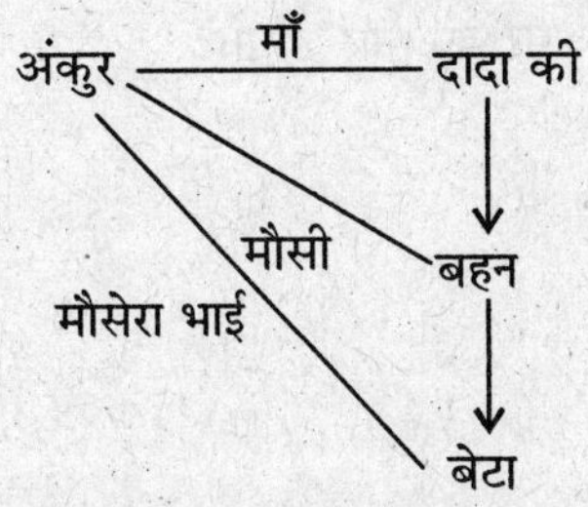

अत: वह लड़का अंकुर का मौसेरा भाई होगा।

16. एक महिला का परिचय कराते हुए अंजलि कहती है, ''वह मेरी बेटी के इकलौते भाई की पत्नी है।'' वह महिला, अंजलि से कैसे सम्बन्धित है?

(A) भतीजी (B) बहू

(C) बहन (D) चचेरी बहन

[SSC CHSL (Tier-1) ऑनलाइन परीक्षा 9 जनवरी 2017 सुबह पाली]

उत्तर (B)

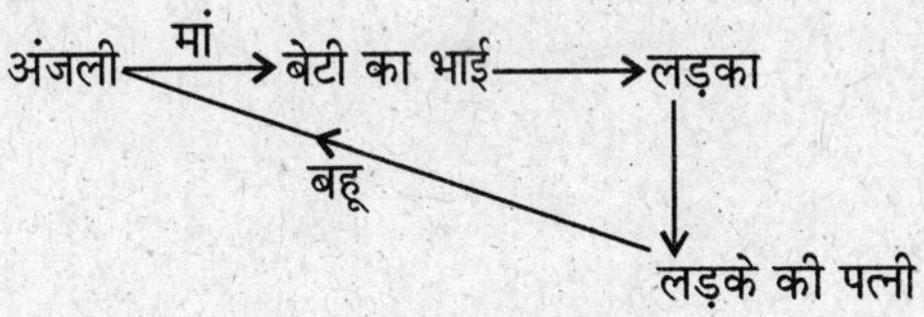

अत: वह महिला, अंजली की बहू होगी।

17. रमेश और सुरेश भाई हैं। धर्मेन्द्र, रमेश के पिता हैं और सुनीता, सुरेश के एकमात्र भाई की पत्नी है। सपना, सुनीता की बेटी है। सपना, धर्मेन्द्र से कैसे सम्बन्धित है–

(A) बेटी (B) भाभी

(C) भांजी (D) पोती

[SSC CHSL (Tier-1) ऑनलाइन परीक्षा 9 जनवरी 2017 सायं पाली]

उत्तर (D)

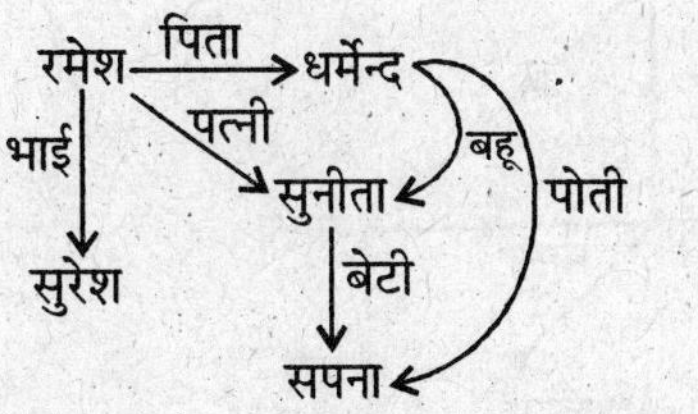

अत: सपना धर्मेन्द्र के बेटे की बेटी है।

इसलिए सपना, धर्मेन्द्र की पोती होगी।

18. एक लड़की का परिचय कराते हुए अंजलि कहती है, ''वह मेरी मां के बेटे की इकलोती बहन की बेटी है।'' वह लड़की अंजलि से कैसे सम्बन्धित है?

(A) चचेरी बहन (B) बेटी

(C) ननद (D) भांजी

[SSC CHSL (Tier-1) ऑनलाइन परीक्षा 7 जनवरी 2017 सायं पाली]

उत्तर (B)

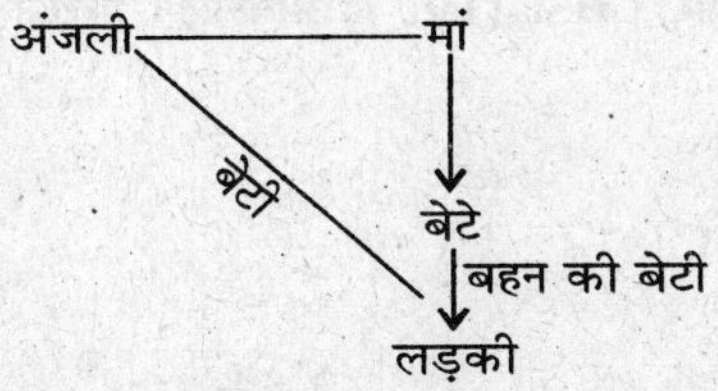

अत: इस प्रकार वह लड़की, अंजलि की बेटी होगी।

19. जॉन के पिता, निशा की इकलौती बहन के बहनोई हैं। जॉन, निशा से कैसे संबंधित है ?

(A) बेटा (B) पोता

(C) पिता (D) चचेरा भाई

[SSC CHSL (Tier-1) ऑनलाइन परीक्षा 8 फरवरी 2017 दोपहर पाली]

उत्तर (A)

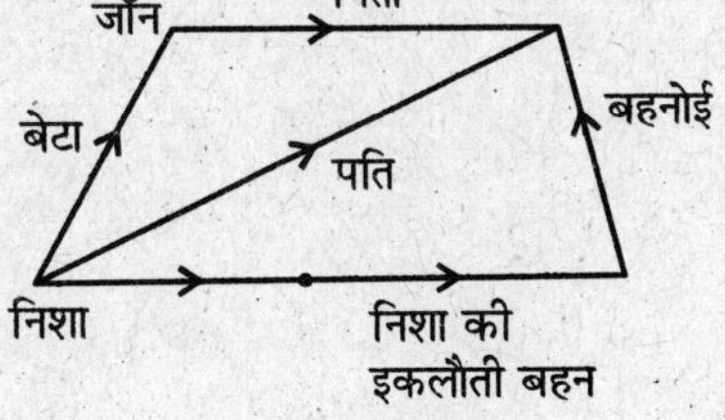

अत: जॉन, निशा का बेटा होगा।

20. निशा के पिता का साला, नेहा का भाई है। निशा, नेहा से कैसे संबंधित है ?

(A) बहन (B) भतीजी/भांजी

(C) मां (D) सास

[SSC CHSL (Tier-1) ऑनलाइन परीक्षा 7 फरवरी 2017 सुबह पाली]

उत्तर (B)

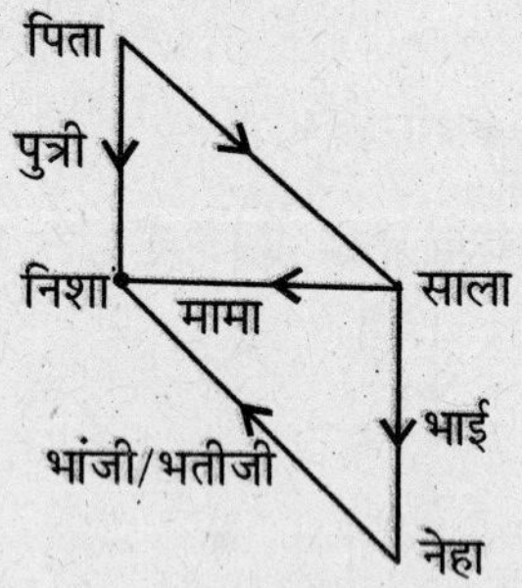

निशा के पिता का साला, नेहा का भाई है इसलिए निशा नेहा की भतीजी या भांजी होगी।

21. एक लड़के का परिचय कराते हुए एक लड़की कहती है कि, "वह मेरी मां के भाई की बहन का बेटा है।" वह लड़का उस लड़की से कैसे सम्बन्धित है?

(A) मौसेरा भाई (B) मामा

(C) ससुर (D) भांजी

[SSC CHSL (Tier-1) ऑनलाइन परीक्षा 3 फरवरी 2017 दोपहर पाली]

उत्तर (A)

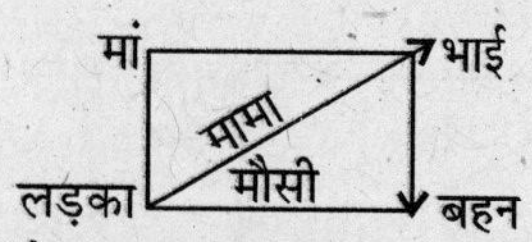

अत: दिए गए कथन के अनुसार लड़का उस लड़की का मौसेरा भाई होगा।

22. एक लड़के का परिचय कराते हुए अमर कहता है, "वह मेरे नानी की इकलौती बेटी का बेटा है।" वह लड़का, अमर से कैसे संबंधित है ?

(A) चचेरा भाई (B) भाई

(C) ससुर (D) भांजा

[SSC CHSL (Tier-1) ऑनलाइन परीक्षा 3 फरवरी 2017 सायं पाली]

उत्तर (B)

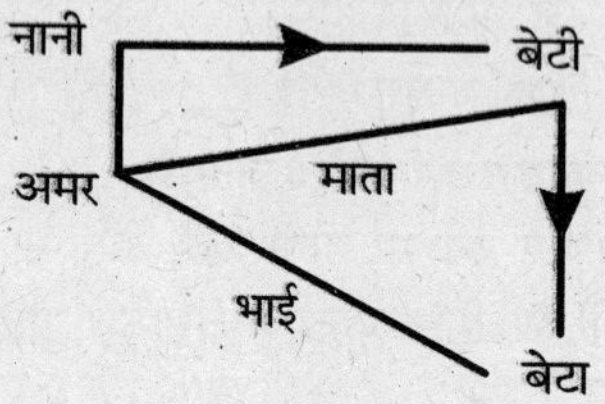

अत: वह लड़का अमर का भाई होगा।

8 गणितीय संक्रियाएं

- दिए गए गणितीय व्यंजक के वास्तविक गणितीय/अक्षर युक्त चिन्हों को प्रश्नानुसार परिवर्तित करते हुए व्यंजक को हल करने की प्रक्रिया को गणितीय संक्रियाएं कहते हैं।
- गणितीय संक्रियाओं के अन्तर्गत '+', '–', '÷', '×' तथा 'P', 'Q' एवं कभी-कभी 'बड़ा है', 'छोटा है', 'बराबर है' आदि चिन्हों का भी प्रयोग होता है। परीक्षार्थियों को दिए गए व्यंजक में प्रयुक्त चिन्हों को प्रश्नानुसार परिवर्तित करते हुए व्यंजक को हल करना होता है।
- गणितीय संक्रियाओं को हल करने से पहले BODMAS सूत्र के प्रयोग की जानकारी आवश्यक है।

  B — Bracket (कोष्ठक)

  O — Of (का)

  D — Division (भाग)

  M — Multiplication (गुणा)

  A — Addition (जोड़)

  S — Subtraction (घटाव)

  अत: गणितीय व्यंजक का हल उपर्युक्त BODMAS सूत्र के क्रम में करना चाहिए अर्थात् सबसे पहले 'कोष्ठक', फिर 'का', फिर 'भाग' इसके बाद 'गुणा', फिर 'जोड़' तथा सबसे अन्त में 'घटाव' को हल करना चाहिए।

हल सहित उदाहरण :

इस प्रकार के प्रश्नों के अन्तर्गत प्रश्न में ही कुछ व्यंजक एक विशेष नियम के अनुसार दिए गए रहते हैं। परीक्षार्थियों को इस विशेष नियम का पता लगाकर इन प्रश्नों को हल करना होता है।

उदाहरण 1. यदि 53 = 10, 78 = 49

तब 67 = ?

(A) 45 (B) 48

(C) 35 (D) 36

हल— (D) : जिस प्रकार, $53 = 5 \times (3 - 1) = 10$

तथा $78 = 7 \times (8 - 1) = 49$

उसी प्रकार, $67 = 6 \times (7 - 1) = 36$

उदाहरण 2. यदि 5@6 = 61, 8 @ 10 = 164,

तब 7 @ 9 = ?

(A) 130 (B) 145

(C) 110 (D) 125

हल— (A) : जिस प्रकार, $5 @ 6 \Rightarrow 5^2 + 6^2 = 61$

तथा $8 @ 10 \Rightarrow 8^2 + 10^2 = 164$

उसी प्रकार, $7 @ 9 \Rightarrow 7^2 + 9^2 = 130$

उदाहरण 3. यदि '÷' का अर्थ '+', '–' का अर्थ '÷' '×' का अर्थ '–' और '+' का अर्थ '×' हो, तो—

$$\frac{(36\times4)-8\times4}{4+8\times2+16\div1} = ?$$

(A) 2 (B) 0

(C) 5 (D) 4

हल— (B) : दिया गया व्यंजक $= \frac{(36\times4)-8\times4}{4+8\times2+16\div1}$ प्रश्नानुसार, गणितीय चिन्हों को परिवर्तित करने पर, $\frac{(36-4)\div8-4}{4\times8-2\times16+1}$

$$= \frac{32\div8-4}{32-32+1} = \frac{4-4}{1} = \frac{0}{1} = 0$$

उदाहरण 4. यदि 'P' का अर्थ '÷', 'Q' का अर्थ '×', 'R' का अर्थ '+' और 'S' का अर्थ '–' हो, तो—

18 Q 12 P 4 R 5 S 6 = ?

(A) 65 (B) 36

(C) 53 (D) 59

हल— (C) : दिया गया व्यंजक 18 Q 12 P 4 R 5 S 6 = ?

प्रश्नानुसार, अक्षरों को गणितीय चिन्हों में परिवर्तित करने पर,

$18 \times 12 \div 4 + 5 - 6 = ?$

या $? = 18 \times 3 + 5 - 6 = 59 - 6 = 53$

अत: ? = 53

उदाहरण 5. किसी निश्चित सांकेतिक भाषा में A ÷ B का तात्पर्य है A को B में जोड़ें, A – B का तात्पर्य है A को B से गुणा करें, A × B का तात्पर्य है A को B से भाग दें और A + B का तात्पर्य है B को A से घटाएं, तो 96 × 12 ÷ 2 – 8 + 16 का कुल मान क्या होगा ?

(A) 8 (B) 24

(C) 28 (D) 4

हल— (a) : दिया गया व्यंजक

$96 \times 12 \div 2 - 8 + 16 = ?$

प्रश्नानुसार, अक्षरों को गणितीय चिन्हों में परिवर्तित करने पर, $96 \div 12 + 2 \times 8 - 16 = ?$

या $? = 8 + 16 - 16 = 8$

उदाहरण 6. गणित की एक काल्पनिक संक्रिया में $-$ से भाग का अभिप्राय है, $+$ का अर्थ गुणा करना है, $\div$ का अर्थ घटाना है, $\times$ का अर्थ जोड़ना हो, तो नीचे दिए गए समीकरणों में कौन-सा सही है?

(A) $6 \div 20 \times 12 + 7 - 1 = 70$

(B) $6 + 20 - 12 \div 7 \times 1 = 62$

(C) $6 - 20 \div 12 \times 7 + 1 = 57$

(D) $6 + 20 - 12 \div 7 - 1 = 38$

हल— (A) : विकल्प (A) लेने पर,

प्रश्नानुसार, गणितीय चिन्हों को परिवर्तित करने पर,

$6 - 20 + 12 \times 7 \div 1 = 6 - 20 + 12 \times 7$

$= 6 - 20 + 84 = 70$

अतः प्रश्नानुसार, विकल्प (A) में प्रयुक्त उत्तर सही है।

अभ्यास प्रश्न

1. यदि "A" का अर्थ ''जोड़'' है, "B" का अर्थ ''भाग'' है, "C" का अर्थ ''गुणा'' है और D का अर्थ ''घटाना'' है, तो 76 B 19 C 7 A 3 D 25 = ?

(A) 4 (B) 3

(C) 5 (D) 6

[SSC CHSL (Tier-1) ऑनलाइन परीक्षा 30 जनवरी 2017 सुबह पाली]

उत्तर (D) A $\longrightarrow$ +
B $\longrightarrow$ ÷
C $\longrightarrow$ ×
D $\longrightarrow$ −

76 B 19 C 7 A 3 D 25

$\Rightarrow 76 \div 19 \times 7 + 3 - 25$

$\Rightarrow 4 \times 7 + 3 - 25$

$\Rightarrow 28 + 3 - 25$

$\Rightarrow 31 - 25$

$\Rightarrow 6$

2. यदि 52*14 = 33, 44*8 = 26 और 86*14 = 50 है, तो 43*15 क्या होगा?

(A) 43 (B) 58

(C) 26 (D) 29

[SSC CHSL (Tier-1) ऑनलाइन परीक्षा 30 जनवरी 2017 सायं पाली]

उत्तर (D) 53*14 = 23

$\Rightarrow \quad = \frac{52+14}{2} = \frac{66}{2} = 33$

44*8 = 26

$\Rightarrow \quad = \frac{44+8}{2} = \frac{52}{2} = 26$

86*14 = 50

$\Rightarrow \quad = \frac{86\,14}{2} = \frac{100}{2} = 50$

$\therefore \quad 43*15 = \frac{43+15}{2}$

$= \frac{58}{2} = 29$

3. यदि '+' का अर्थ 'घटाना' है, "×" का अर्थ ''भाग'' है, "÷" का अर्थ ''जोड़'' है और "–" का अर्थ ''गुणा'' है, तो–

$154 \times 11 + 78 - 5 \div 45 = ?$

(A) −331 (B) −460

(C) −475 (D) −743

[SSC CHSL (Tier-1) ऑनलाइन परीक्षा 25 जनवरी 2017 सुबह पाली]

उत्तर (A) + → −
× → ÷
÷ → +
− → ×

व्यंजक $= 154 \times 11 + 78 - 5 \div 45$

$= 154 \div 11 - 78 \times 5 + 45$

$= 14 - 78 \times 5 + 45$

$= 14 - 390 + 45$

$= -390 + 59$

$= -331$

4. यदि "A" का अर्थ ''जोड़'' है, "B" का अर्थ ''भाग'' है, "C" का अर्थ ''गुणा'' है और "D" का अर्थ ''घटाना'' है, तो

162 B 27 C 5 A 8 D 35 = ?

(A) 0 (B) 3

(C) 1 (D) 2

[SSC CHSL (Tier-1) ऑनलाइन परीक्षा 24 जनवरी 2017 सुबह पाली]

उत्तर (B) A → +
B → ÷
C → ×
D → −

∴ 162 B 27 C 5 A 8 D 35

$= 162 \div 27 \times 5 + 8 - 35$

$= 6 \times 5 + 8 - 35$

$= 30 + 8 - 35$

$= 38 - 35 = 3$

5. यदि "A" का अर्थ ''घटाना'' है, "B" का अर्थ ''भाग'' है, "C" का अर्थ ''जोड़'' है और "D" का अर्थ ''गुणा'' है, तो

411 B 3 A 29 C 53 D 20 = ?

(A) 1169 (B) 1156

(C) 1168 (D) 1163

[SSC CHSL (Tier-1) ऑनलाइन परीक्षा 24 जनवरी 2017 सायं पाली]

उत्तर (C) A → –

B → ÷

C → +

D → ×

∴ 411B 3A 29C 53 D 20

व्यंजक $= 411 \div 3 - 29 + 53 \times 20$

$= 137 - 29 + 53 \times 20$

$= 137 - 29 + 1060$

$= 1197 - 29 = 1168$

6. यदि "$" का अर्थ ''जोड़'' है, "@" का अर्थ ''भाग'' है, "#" का अर्थ ''गुणा'' है और "%" का अर्थ ''घटाना'' है, तो

136 @ 17 # 0 $ 19 % 5 = ?

(A) 67 (B) 24

(C) 14 (D) 23

[SSC CHSL (Tier-1) ऑनलाइन परीक्षा 23 जनवरी 2017 दोपहर पाली]

उत्तर (C) $ → +

@ → ÷

→ ×

% → –

व्यंजक 136 @ 17 # 0 $ 19 % 5

$= 136 - 17 \times 0 + 19 - 5$

$= 19 - 5 = 14$

7. यदि "S" का अर्थ ''गुणा'' है, "V" का अर्थ ''घटाना'' है, "M" का अर्थ ''जोड़'' है और "L" का अर्थ ''भाग'' है, तो

10 V 12 M 42 L 6 S 4 = ?

(A) 26 (B) 24

(C) 20 (D) 28

[SSC CHSL (Tier-1) ऑनलाइन परीक्षा 22 जनवरी 2017 सुबह पाली]

उत्तर (A) S → ×

V → – R/F

M → + R/F

L → ÷ R/F

? = 10 V 12 M 42 L 6 S 4

$= 10 - 12 + 42 \div 6 \times 4$

$= 10 - 12 + 7 \times 4$

$= 10 - 12 + 28$

$= 38 - 12 = 26$

8. यदि 'K' का अर्थ घटना है, 'L' का अर्थ भाग है, 'M' का अर्थ जोड़ है और 'D' का अर्थ गुणा है, तो

104 L 2 K 25 M 2 D 9 = ?

(A) 15 (B) 25

(C) 35 (D) 45

[SSC CHSL (Tier-1) ऑनलाइन परीक्षा 21 जनवरी 2017 सुबह पाली]

उत्तर (D) K→ –

L → ÷

M → +

D → ×

∴ 104 L 2 K 25 M 2 D 9

$= 104 \div 2 - 25 + 2 \times 9$

$= 52 - 25 + 2 \times 9$

$= 52 - 25 + 18$

$= 70 - 25$

$= 45.$

9. यदि 'A' का अर्थ घटाना है, 'B' का अर्थ भाग है, 'C' का अर्थ जोड़ है और 'D' का अर्थ गुणा है, तो 294 B 7 A 40 C 33 D 11 = ?

(A) 369 (B) 365

(C) 368 (D) 363

[SSC CHSL (Tier-1) ऑनलाइन परीक्षा 21 जनवरी 2017 सायं पाली]

उत्तर (B) A → –

B → ÷

C → +

D → ×

∴ 294 B 7 A 40 C 33 D 11

$= 294 \div 7 - 40 + 33 \times 11$

$= 42 - 40 + 33 \times 11$

$= 42 - 40 + 363$

$= 405 - 40 = 365$

10. यदि 'K' का अर्थ घटाना है, 'L' का अर्थ भाग है, 'M' का अर्थ जोड़ है और 'D' का अर्थ गुणा है, तो 17 L 3 K 5 M 12 D 8 = ?

(A) 150 (B) 125

(C) 130 (D) 145

[SSC CHSL (Tier-1) ऑनलाइन परीक्षा 18 जनवरी 2017 सायं पाली]

उत्तर (C) K → –

L → ÷

M → +

O → ×

∴ व्यंजक = 117 L 3 K 5 M 12 D 8

= 117 ÷ 3 – 5 + 12 × 8

= 39 – 5 + 12 × 8

= 39 – 5 + 96

= 135 – 5 = 130

11. यदि 'S' का अर्थ गुणा है, 'V' का अर्थ घटाना है, 'M' का अर्थ जोड़ है और 'L' का अर्थ भाग है, तो 11V 9M 88L 11S 9 = ?

(A) 66 (B) 70

(C) 74 (D) 72

[SSC CHSL (Tier-1) ऑनलाइन परीक्षा 17 जनवरी 2017 दोपहर पाली]

उत्तर (C) S → ×

V → –

M → +

L → ÷

∴ 11V 9M 88 L 11 L 9

= 11 – 9 + 88 ÷ 11 × 9

= 11 – 9 + 8 × 9

= 11 – 9 + 72

= 83 – 9 = 74

12. यदि '$' का अर्थ जोड़ है, '@' का अर्थ भाग है, '#' का अर्थ गुणा है और '%' का अर्थ घटाना है, तो 84@ 12# 3$ 24% 35 = ?

(A) 9 (B) 8

(C) 10 (D) 6

[SSC CHSL (Tier-1) ऑनलाइन परीक्षा 16 जनवरी 2017 सुबह पाली]

उत्तर (C) $ = +

@ = ÷

= ×

% = –

∴ 84 @ 12# 3 $ 24 % 35

= 84 ÷ 12 × 3 + 24 – 35

= 7 × 3 + 24 – 35

= 21 + 24 – 35

= 45 – 35 = 10

13. यदि 'A' का अर्थ जोड़ है, 'B' का अर्थ भाग है, 'C' का अर्थ गुणा है और 'D' का अर्थ घटाना है, तो 187 B 17 C 4 A 7 D 1 = ?

(A) 30 (B) 44

(C) 33 (D) 34

[SSC CHSL (Tier-1) ऑनलाइन परीक्षा 10 जनवरी 2017 सुबह पाली]

उत्तर (D) A → +

B → ÷

C → ×

D → –

∴ 187 B 17 C 4 A 7 D 17

= 187 ÷ 17 × 4 + 7 – 17

= 11 × 4 + 7 – 17

= 44 + 7 – 17

= 51 – 17 = 34

14. यदि 'A' का अर्थ गुणा है, 'C' का अर्थ घटाना है, 'D' का अर्थ जोड़ है और 'B' का अर्थ भाग है, तो 8C 45 D 180 B 9A 11 = ?

(A) 141 (B) 142

(C) 183 (D) 143

[SSC CHSL (Tier-1) ऑनलाइन परीक्षा 10 जनवरी 2017 सायं पाली]

उत्तर (C) A → ×

C → –

D → +

B → ÷

∴ 8C 45D 180 B 9 A 11

= 8 – 45 + 180 ÷ 9 × 11

= 8 – 45 + 20 × 11

= 8 – 45 + 220

= 228 – 45 = 183.

15. यदि "S" का अर्थ ''गुणा'' है, "V" का अर्थ ''घटाना'' है, "M" का अर्थ ''जोड़'' है और "L" का अर्थ ''भाग'' है, तो 8 V 10 M 96 L 6 S 9 = ?

(A) 140 (B) 142

(C) 134 (D) 144

[SSC CHSL (Tier-1) ऑनलाइन परीक्षा 9 जनवरी 2017 सुबह पाली]

उत्तर (B) यदि S → ×

V → –

M → +

L → ÷

∴ 8 V 10 M 96 L 6 L S 9

= 8 – 10 + 96 ÷ 6 × 9

= 8 – 10 + 16 × 9

= 8 – 10 + 144

= 152 – 10 = 142

16. यदि "P" का अर्थ ''गुणा'' है, "R" का अर्थ ''घटाना'' है, "S" का अर्थ ''जोड़'' है और "Q" का अर्थ ''भाग'' है, तो 6 P 7 S 169 Q 13 R 5 = ?

(A) 55 (B) 50

(C) 45 (D) 4

[SSC CHSL (Tier-1) ऑनलाइन परीक्षा 9 जनवरी 2017 सायं पाली]

उत्तर (B) यदि P → ×

R → –

S → +

Q → ÷

∴ 6P7S1169Q13RS = ?

= 6 × 7 + 169 ÷ 13 – 5

= 6 × 7 + 13 – 5

= 42 + 13 – 5

= 55 – 5 = 50

17. यदि "A" का अर्थ ''गुणा'' है, "B" का अर्थ ''घटाना'' है, "C" का अर्थ ''जोड़ा'' है और "D" का अर्थ ''भाग'' है, तो

7 B 17 C 88 D 11 A 6 = ?

(A) 27 (B) 28

(C) 38 (D) 26

[SSC CHSL (Tier-1) ऑनलाइन परीक्षा 8 फरवरी 2017 दोपहर पाली]

उत्तर (C) यदि A → ×

B → –

C → +

D → ÷

तो, 7 B 17 C 88 D 11 A 6

⇒ 7 – 178 + 88 ÷ 11 × 6

⇒ 7 – 17 + 8 × 6

⇒ 7 – 17 + 48

⇒ 55 – 17 = 38

18. यदि "–" का अर्थ जोड़ है "×" का अर्थ ''भाग'' है "÷" का अर्थ ''गुणा'' है और "+" का अर्थ ''घटाना'' है, तो

25 + 54 × 6 – 20 ÷ 10 = ?

(A) 218 (B) 219

(C) 216 (D) 230

[SSC CHSL (Tier-1) ऑनलाइन परीक्षा 7 जनवरी 2017 सायं पाली]

उत्तर (C) यदि

– → +

× → ÷

÷ → ×

+ → –

∴ 25 + 54 × 6 – 20 ÷ 10

= 25 – 54 ÷ 6 + 20 × 10

= 25 – 9 + 20 × 10

= 25 – 9 + 200

= 225 – 9 = 216

19. यदि "S" का अर्थ ''गुणा'' है, "V" का अर्थ ''घटाना'' है, "M" का अर्थ ''जोड़'' है और "L" का अर्थ ''भाग'' है, तो

343 L 7 S 6 V 94 M 11 = ?

(A) 189 (B) 200

(C) 211 (D) 305

[SSC CHSL (Tier-1) ऑनलाइन परीक्षा 7 जनवरी 2017 सुबह पाली]

उत्तर (C) S → ×

V → –

M → +

L → ÷

इसलिए, 343 L 7 S 6 V 94 M 11

343 ÷ 7 × 6 – 94 + 11

= 49 × 6 – 94 +11

= 294 – 94 + 11

= 200 + 11 = 211

अत: सही उत्तर 211 होगा।

20. यदि '+' का अर्थ 'घटाना', '×' का अर्थ 'भाग', '÷' का अर्थ 'जोड़' और '–' का अर्थ 'गुणा' है, तो

104 × 13 + 9 – 5 ÷ 6 = ?

(A) – 31 (B) – 36

(C) – 37 (D) – 34

[SSC CHSL (Tier-1) ऑनलाइन परीक्षा 3 फरवरी 2017 दोपहर पाली]

उत्तर (A) ∴ + = –

× = ÷

÷ = +

– = ×

∴ 104 × 13 + 9 – 5 ÷ 6

⇒ 104 ÷ 13 – 9 × 5 + 6

⇒ 8 – 45 + 6

⇒ – 45 + 14

⇒ – 31

21. यदि "+" का अर्थ ''घटाना'' है, "X" का अर्थ ''भाग'' है, "÷" का अर्थ ''जोड़'' है और "–" का अर्थ ''गुणा'' है, तो

108 × 12 + 3 – 6 ÷ 4 = ?

(A) –10 (B) –1

(C) –7 (D) –5

[SSC CHSL (Tier-1) ऑनलाइन परीक्षा 3 फरवरी 2017 सायं पाली]

उत्तर (D) + → –

× → ÷

÷ → +

– → ×

∴ 108 × 12 + 3 – 6 ÷ 4

= 108 ÷ 12 – 3 × 6 + 4

= 9 – 3 × 6 + 4

= 9 – 18 + 4

= 13 – 18 = – 5

9 वेन आरेख

प्रश्नों में दिए गए वस्तुओं के समूह में से वस्तुओं के वर्ग या संख्या को आरेख के माध्यम से निरूपित करने की प्रक्रिया को आरेखीय निरूपण कहते हैं।

आरेखीय निरूपण परीक्षण में दो प्रकार के प्रश्न पूछे जाते हैं।

1. **संख्याओं/अक्षरों के माध्यम से किसी विशेष वर्ग के अंतर्गत आने वाली वस्तुओं अथवा उसकी संख्या ज्ञात करना**—इसके अंतर्गत पूछे जाने वाले प्रश्नों में एक-दूसरे से संयुक्त कुछ आरेख दिए गए होते हैं, जिसके अंदर विभिन्न स्थानों पर भिन्न-भिन्न संख्याओं अथवा अक्षरों को निरूपित किया गया होता है। प्रत्येक आरेख अलग-अलग वर्ग के द्योतक होते हैं। अभ्यर्थियों को इन्हीं आरेख या इनके अंदर दी गई संख्याओं के माध्यम से किसी विशेष वर्ग में आने वाली वस्तुओं की संख्या अथवा वस्तुओं को प्रश्नानुसार ज्ञात करना होता है। इस पद्धति का प्रयोग अंतरों तथा तत्त्वों के आधार पर होता है। यह भिन्न कार्यकारी नियमों द्वारा संचालित होते हैं। तत्त्वों का यह पृथक सेट तभी दिया जाता है, जब यह खास कार्यकारी नियमों से संबंधित हो या दो से ज्यादा ऐसे पृथक सेट के आधार पर कोई नया सेट स्थापित करना हो, इनका संघ तथा प्रतिच्छेदन दो प्रकार से होता है। यहां दो सेट A तथा B हो, तो संघ A का अर्थ है कि A तथा B के सारे तत्त्व सम्मिलित होंगे, जबकि A प्रतिच्छेद B के सेट में केवल वही तत्व शामिल रहेंगे जो A तथा B में एक समान होंगे। जब कोई सूचना सेट के रूप में प्रस्तुत की जाती है, तभी समंक प्रस्तुति की प्रक्रिया लागू होती है। एक सेट तत्त्वों का संग्रह है, जो समान कार्यकारी नियमों द्वारा संचालित होते हैं। उदाहरण के तौर पर जैसे वॉलीबॉल खेलने वाली लड़कियों का सेट क्रिकेट खेलने वाली लड़कियों के सेट से भिन्न है।

   अब इसके अंतर्गत पूछे जाने वाले प्रश्नों के प्रारूप एवं उपरोक्त तथ्यों के स्पष्टीकरण हेतु नीचे दिए गए प्रमुख उदाहरणों का ध्यानपूर्वक अवलोकन करें—

2. **आरेखों के माध्यम से दिए गए वस्तुओं के समूहों को व्यवस्थित करना**— इसके अंतर्गत पूछे जाने वाले प्रश्नों में सर्वप्रथम कुछ वस्तुओं के समूह दिए जाते हैं तथा इनके नीचे कुछ आरेख दिए गए होते हैं। प्रतियोगियों को प्रश्नानुसार इन आरेखों के माध्यम से उस एक आरेख को ज्ञात करना होता है, जो कि प्रश्न में दिए गए वस्तुओं के समूहों को पूर्ण एवं सही तौर पर वर्गीकृत करते हैं या उनके बीच के संबंध को निरूपित करते हैं।

   इस प्रकार के प्रश्नों का प्रमुख उद्देश्य अभ्यर्थियों से निश्चित वर्गों को समझने तथा उसके चित्रात्मक व्याख्या करने की क्षमता की जांच करना होता है। अभ्यर्थी को सामान्यतया: यह निर्णय करना होता है कि तथ्य सेट या उप-सेट के आकार से संबंधित है अथवा वह किसी अन्य सेट से संबंधित होगा। तथ्य समुच्चय अथवा उप-समुच्चय से भी संबंधित हो सकता है, यद्यपि प्रश्नों में सेट थ्योरी की भाषा और चिह्नों का प्रयोग नहीं होता है।

   अब नीचे दिए गए संबंधों का ध्यानपूर्वक अवलोकन करें—

(A) दिया गया आरेख यह दर्शाता है कि एक वर्ग, दूसरे में पूरी तरह समाहित है, लेकिन मिला-जुला नहीं है।

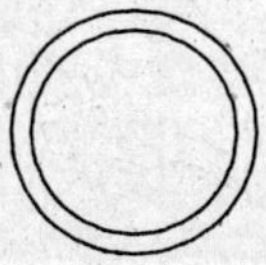

(B) दिया गया आरेख यह दर्शाता है कि कोई भी वर्ग एक-दूसरे में पूरी तरह समाहित नहीं है, लेकिन दोनों में कुछ समान सदस्य हैं।

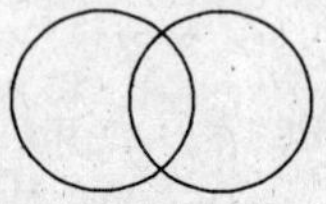

(C) दिया गया आरेख यह दर्शाता है कि कोई सदस्य एक समान (common) नहीं है। संबंध परिचयात्मक ढंग से होना चाहिए, जैसे A, A है या A, B नहीं है तथा दोनों में कोई संबंध स्थापित नहीं हो सकता। अत: दो प्रकार के ही संबंध स्थापित हो सकते हैं।

1. समान वर्ग 2. असमान वर्ग

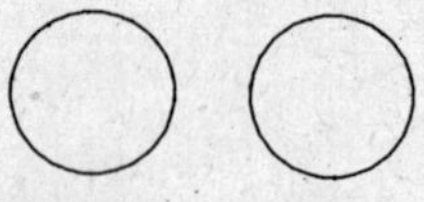

हल सहित उदाहरण—

उदाहरण 1: निम्नांकित आरेख में तीन वर्गों में आने वाले व्यक्तियों की संख्या को तीन संयुक्त आरेखों के माध्यम से निरूपित किया गया है। इन आरेखों में से त्रिभुज के द्वारा लेखकों को, वर्ग के द्वारा संपादकों को तथा वृत्त के द्वारा मुद्रकों को निरूपित किया गया है। इन आरेखों का ध्यान से अध्ययन करके यह ज्ञात कीजिए कि ऐसे व्यक्ति जो कि लेखक, संपादक एवं मुद्रक तीनों वर्गों

के अंतर्गत आते हैं, उनकी संख्या कितनी हैं?

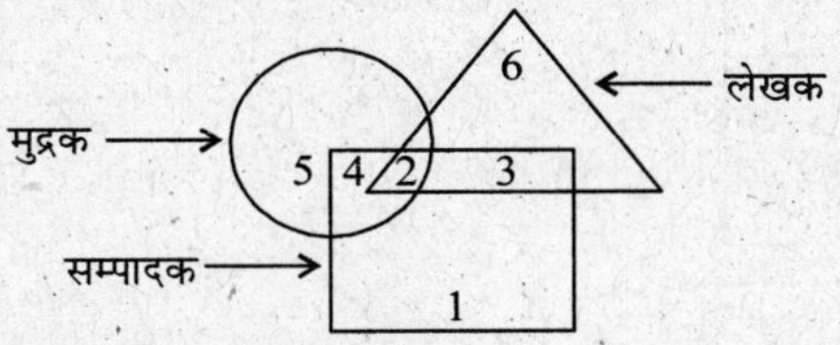

(A) 5 (B) 4
(C) 3 (D) 4

हल (D) : आरेख से यह स्पष्ट है कि ऐसे व्यक्ति जो कि लेखक, संपादक तथा मुद्रक तीनों हैं, उनकी संख्या 2 है।

उदाहरण 2: नीचे दिए गए वेन आरेखों में से कौन-सा आरेख दिए गए तीन वर्ग पशु, कुत्ता तथा बिल्ली के बीच के सम्बन्ध को सही तौर पर निरूपित करता हैं। सही निरूपण करने वाले वेन आरेख का अक्षरांक ही आपका उत्तर होगा।

(A)  (B) 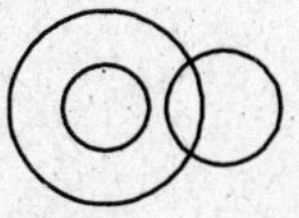

(C) 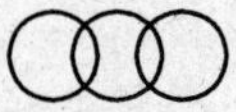 (D) 

हल (C) : कुत्ता और बिल्ली दोनों पशु के अंतर्गत आते हैं, लेकिन दोनों भिन्न प्रकार के पशु हैं।

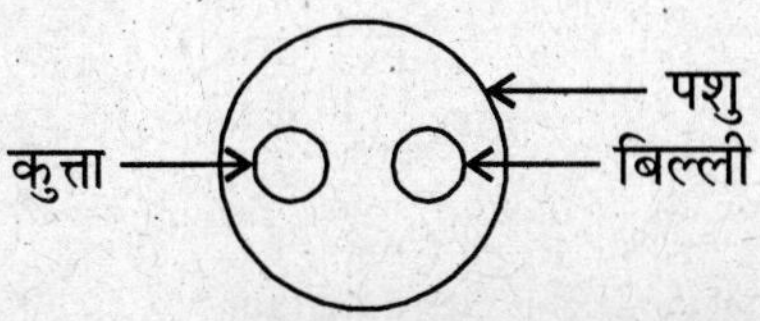

अभ्यास प्रश्न

1. वह आरेख चुनिए जो नीचे दिए गए वर्गों के बीच के संबंध का सही निरूपण करता है।
पति, पत्नी, बेटा

(A) 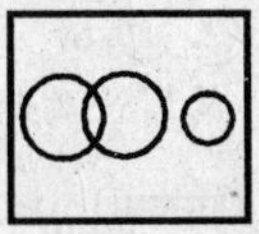 (B) 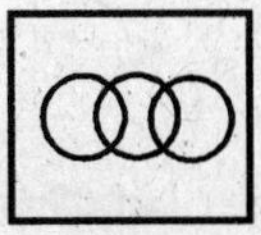

(C)  (D) 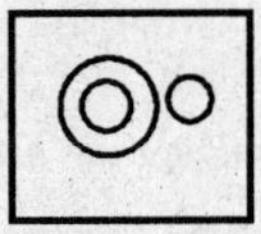

[SSC CHSL (Tier-1) ऑनलाइन परीक्षा 30 जनवरी 2017 सुबह पाली]

उत्तर (D) पति, पत्नी और बेटा के सम्बन्ध का सही निरूपण इस प्रकार है। 

2. वह आरेख चुनिए, जो नीचे दिए गए वर्गों के बीच के सम्बन्ध का सही निरूपण करता है।
विद्यार्थी, बैडमिन्टन खिलाड़ी, लड़की

(A) 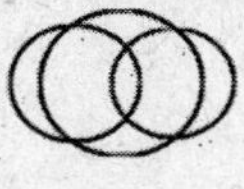

(B) 

(C) 

(D) 

[SSC CHSL (Tier-1) ऑनलाइन परीक्षा 30 जनवरी 2017 सायं पाली]

उत्तर (A) विद्यार्थी, बैडमिन्टन खिलाड़ी और लड़की का सही सम्बन्ध निरूपण  होगा।

क्योंकि लड़की विद्यार्थी और बैडमिन्टन खिलाड़ी दोनों हैं।

3. वह आरेख चुनिए जो नीचे दिए गए वर्गों के बीच के सम्बन्ध का सही निरूपण करता है–

रसोईघर, बर्तन, ग्लास

(A) 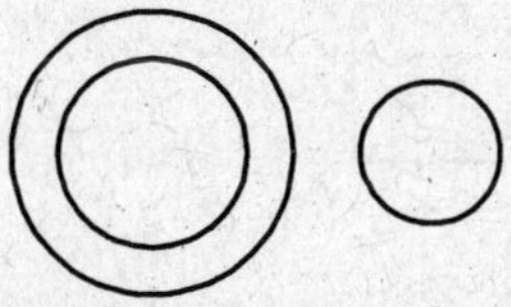

(B) 

(C) 

(D) 

[SSC CHSL (Tier-1) ऑनलाइन परीक्षा 29 जनवरी 2017 सुबह पाली]

उत्तर (B) ∵ रसोईघर में बर्तन और ग्लास दोनों होते हैं।

∴ इसका सही सम्बन्ध निरूपण निम्न होगा–

4. वह आरेख चुनिए जो नीचे दिए गए वर्गों के बीच के सम्बन्ध का सही निरूपण करता है–

समाज, दोस्त, दुश्मन

(A)  (B) 

(C) 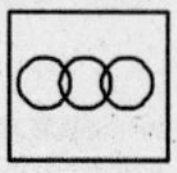 (D) 

[SSC CHSL (Tier-1) ऑनलाइन परीक्षा 25 जनवरी 2017 सुबह पाली]

उत्तर (B) समाज में दोस्त और दुश्मन दोनों होते हैं। अत: इनके सम्बन्ध का सही निरूपण निम्न होगा–

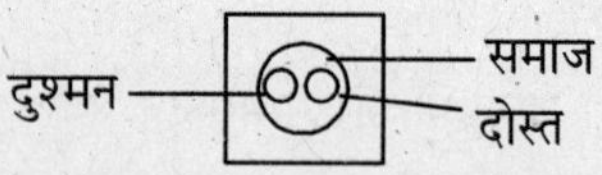

5. वह आरेख चुनिए जो नीचे दिए गए वर्गों के बीच के सम्बन्ध का सही निरूपण करता है।

महिला, प्रशिक्षक, पायलट

(A)  (B) 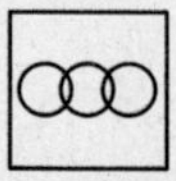

(C) 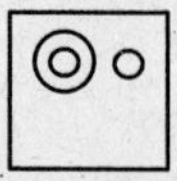 (D) 

[SSC CHSL (Tier-1) ऑनलाइन परीक्षा 24 जनवरी 2017 सुबह पाली]

उत्तर (A) महिला, प्रशिक्षक और पायलट दोनों हो सकती है। इसलिये इनके

सम्बन्ध का सही निरुपण : 

6.वह आरेख चुनिए जो नीचे दिए गए वर्गों के बीच के सम्बन्ध का सही निरूपण करता है।

विज्ञान, भौतिकी, रसायनशास्त्र

(A) 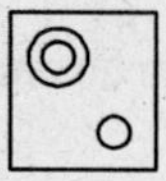

(B) 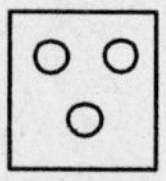

(C) 

(D) 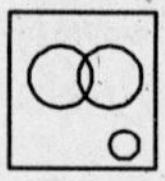

[SSC CHSL (Tier-1) ऑनलाइन परीक्षा 24 जनवरी 2017 सायं पाली]

उत्तर (C) भौतिकी और रसायन शास्त्र विज्ञान की शाखाएं है।

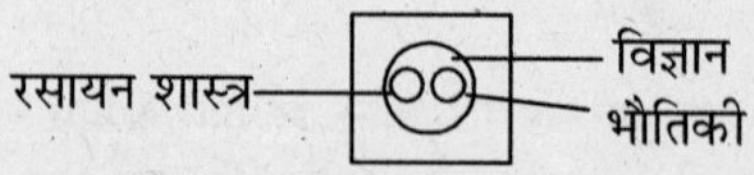

∴ उचित सम्बन्ध निरूपण इस प्रकार होगा।

7.वह आरेख चुनिए जो नीचे दिए गए वर्गों के बीच के सम्बन्ध का सही निरूपण करता है।

फ्रेंच, जर्मन, स्पेनिश, भाषाएं

(A) 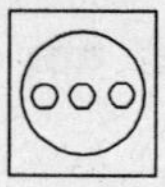 (B) 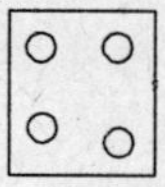

(C) 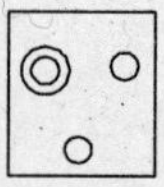 (D) 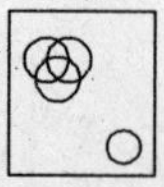

[SSC CHSL (Tier-1) ऑनलाइन परीक्षा 23 जनवरी 2017 दोपहर पाली]

उत्तर (A) फ्रेंच, जर्मन, स्पेनिश सभी विभिन्न भाषाएं है।

अत: इसका सम्बन्ध निरूपण निम्न प्रकार है—

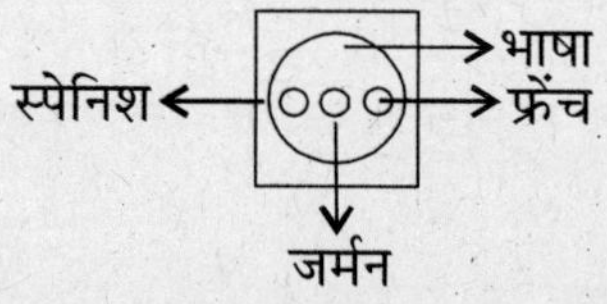

22 जनवरी 2017 सुबह पाली

8. वह आरेख चुनिए जो नीचे दिए गए वर्गों के बीच के संबंध का सही निरूपण करता है।

इलेक्ट्रॉन, न्यूक्लियस, न्यूट्रॉन

(A)  (B) 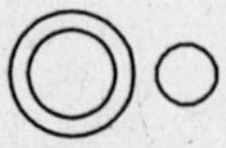

(C)  (D) 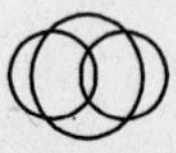

[SSC CHSL (Tier-1) ऑनलाइन परीक्षा 22 जनवरी 2017 सुबह पाली]

उत्तर (B) न्यूक्लियस में न्यूट्रॉन और प्रोट्रॉन होते है। इलेक्ट्रॉन नहीं इसलिए इलेक्ट्रॉन, न्यूक्लियस और न्यूट्रॉन के सम्बन्ध का सही

निरूपण इस प्रकार है—

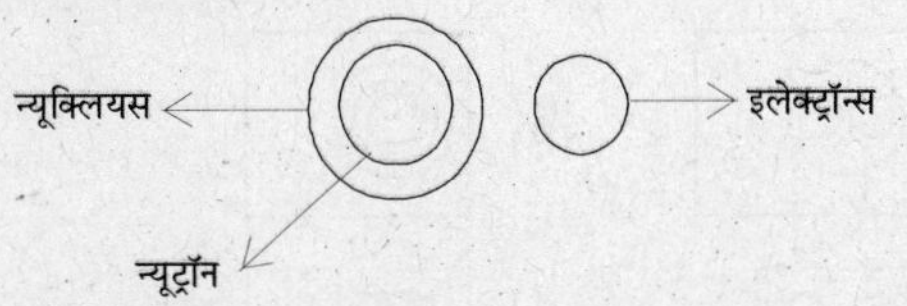

9. वह आरेख चुनिए जो नीचे दिए गए वर्गों के बीच के संबंध का सही निरूपण करता है।
फर्नीचर, सोफा, टेबल्स

(A)  (B) 

(C)  (D) 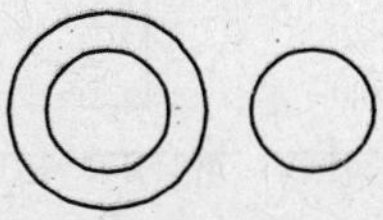

[SSC CHSL (Tier-1) ऑनलाइन परीक्षा 21 जनवरी 2017 दोपहर पाली]

उत्तर (A) फर्नीचर, टेबल्स और सोफा का संबंध निरूपण  होगा।

10. वह आरेख चुनिए जो नीचे दिए गए वर्गों के बीच के संबंध का सही निरूपण करता है।
सर्वाहारी, भालू, हिरण

(A) 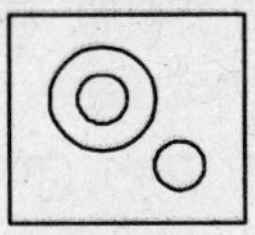 (B) 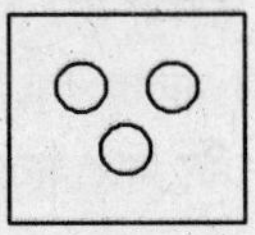

(C) 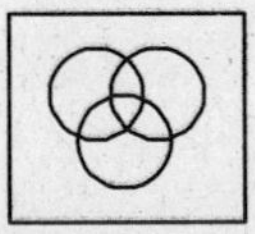 (D) 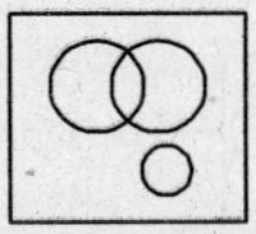

[SSC CHSL (Tier-1) ऑनलाइन परीक्षा 21 जनवरी 2017 सायं पाली]

उत्तर (A) सर्वाहारी, भालू और हिरण के बीच के संबंध का सही निरूपण

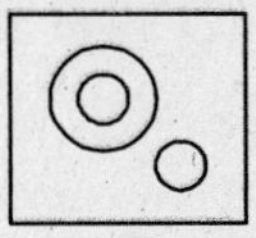 होगा।

11. वह आरेख चुनिए जो नीचे दिए गए वर्गों के बीच के संबंध का सही निरूपण करता है।
पुरुष, चिकित्सक, भाई

(A) 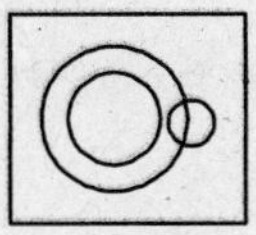 (B) 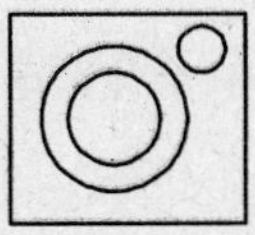

(C) 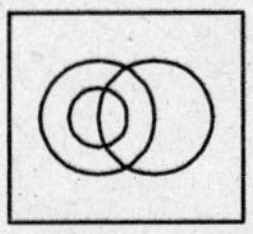 (D) 

[SSC CHSL (Tier-1) ऑनलाइन परीक्षा 18 जनवरी 2017 सायं पाली]

उत्तर (C) पुरुष चिकित्सक भी हो सकता है, जिसका एक भाई है। इस प्रकार पुरुष, चिकित्सक और भाई के संबंध का सही निरूपण है।

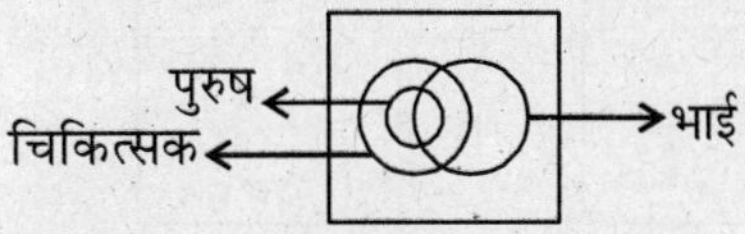

12. वह आरेख चुनिए जो नीचे दिए गए वर्गों के बीच के संबंध का सही निरूपण करता है।
पौधे, मनुष्य, श्वसन

(A) 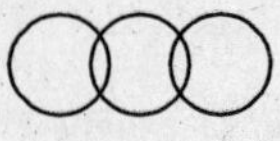 (B) 

(C) 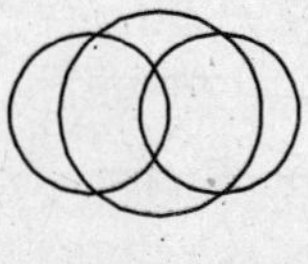 (D) 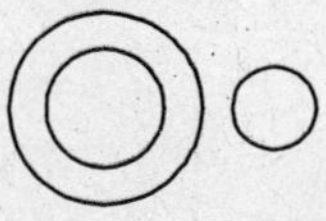

[SSC CHSL (Tier-1) ऑनलाइन परीक्षा 17 जनवरी 2017 दोपहर पाली]

उत्तर (B) पौधे मनुष्य के लिए ऑक्सीजन प्रदान करते हैं। और वह श्वसन क्रिया करता हैं। अत: पौधे मनुष्य व श्वसन के संबंध का सही

निरूपण इस प्रकार होगा 

13. वह आरेख चुनिए जो नीचे दिए गए वर्गों के बीच के संबंध का सही निरूपण करता है।
क्रिकेटर, फुटबॉलर, भारतीय

(A) 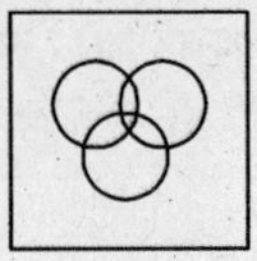 (B) 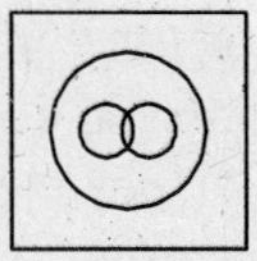

(C) 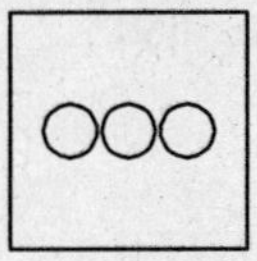 (D) 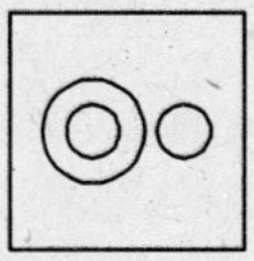

[SSC CHSL (Tier-1) ऑनलाइन परीक्षा 16 जनवरी 2017 सुबह पाली]

उत्तर (A) भारतीय, क्रिकेट व फुटबॉलर दोनों हो सकते है। इसलिए तीनों के संबंध का सही निरूपण इस प्रकार है :

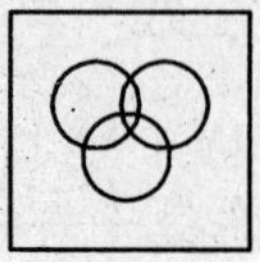

14. वह आरेख चुनिए जो नीचे दिए गए वर्गों के बीच के संबंध का सही निरूपण करता है।

स्तनधारी, कुत्ता, मनुष्य

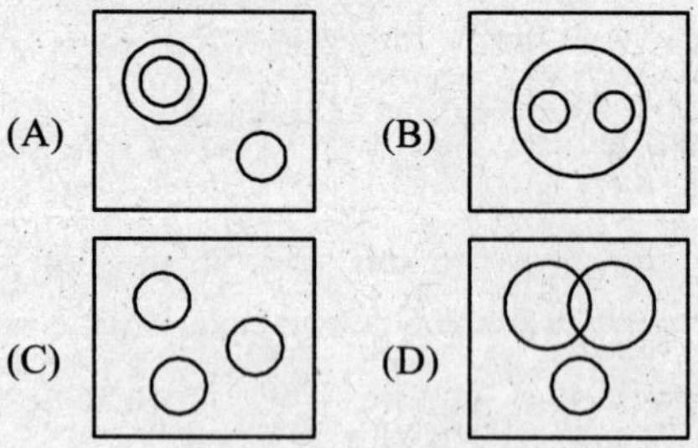

[SSC CHSL (Tier-1) ऑनलाइन परीक्षा 10 जनवरी 2017 सुबह पाली]

उत्तर (B) स्तनधारी, कुत्ता व मनुष्य दोनों में होता है। इसलिए इनके बीच सही संबंध निरूपण निम्न होगा।

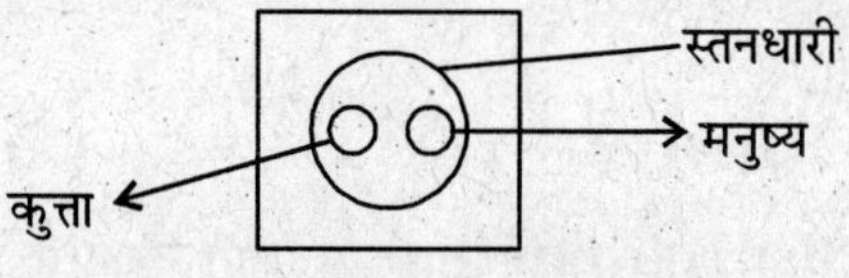

10 जनवरी 2017 सायं पाली

15. वह आरेख चुनिए जो नीचे दिए गए वर्गों के बीच के संबंध का सही निरूपण करता है।

त्यौहार, ईद, दुर्गा पूजा, दीपावली

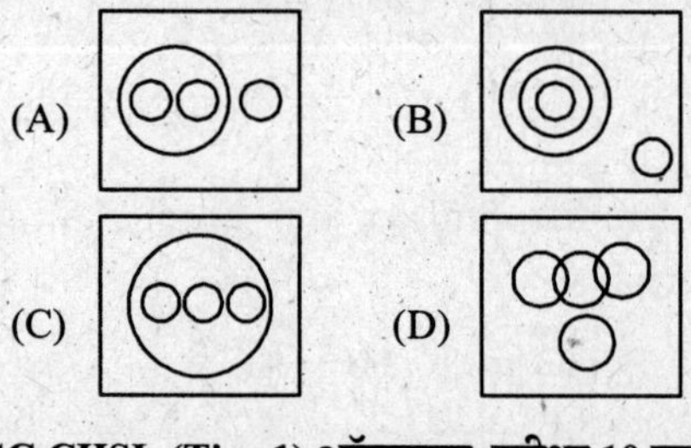

[SSC CHSL (Tier-1) ऑनलाइन परीक्षा 10 जनवरी 2017 सायं पाली]

उत्तर (C) ईद, दीपावली, दुर्गापूजा ये सभी त्यौहारों की श्रेणी में आते है। इसलिए इनका संबंध निरूपण निम्न होगा।

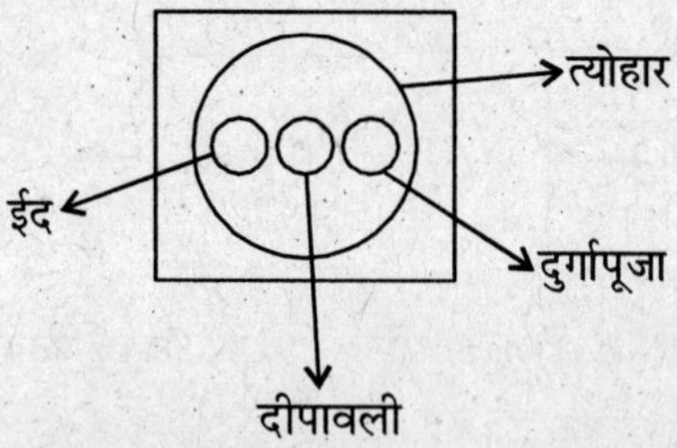

16. वह आरेख चुनिए जो नीचे दिए गए वर्गों के बीच के सम्बन्ध का सही निरूपण करता है।

कम्प्यूटर हार्डवेयर, मॉनिटर, कीबोर्ड, ऑपरेटिंग सिस्टम

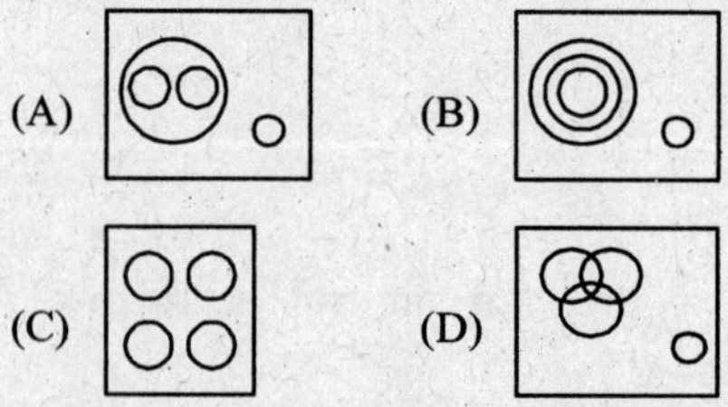

[SSC CHSL (Tier-1) ऑनलाइन परीक्षा 9 जनवरी 2017 सुबह पाली]

उत्तर (A) कम्प्यूटर, हार्डवेयर, मॉनीटर, कीबोर्ड, ऑपरेटिंग सिस्टम का उचित सम्बन्ध निरूपण इस प्रकार है–

17. वह आरेख चुनिए जो नीचे दिए गए वर्गों के बीच के सम्बन्ध का सही निरूपण करता है–

बर्तन, मग, कैलकुलेटर

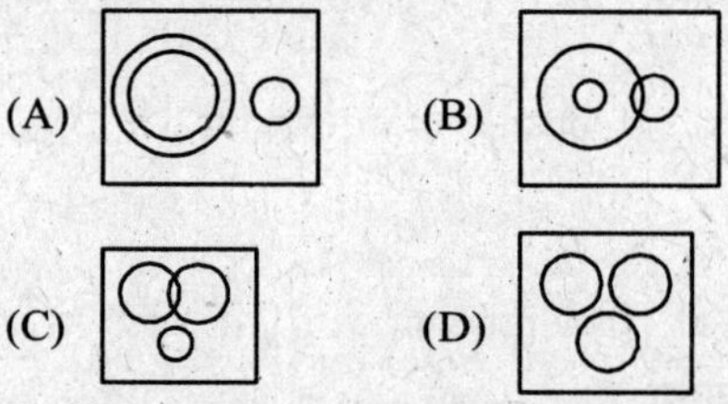

[SSC CHSL (Tier-1) ऑनलाइन परीक्षा 9 जनवरी 2017 सायं पाली]

उत्तर (A) बर्तन, मग, कैलकुलेटर में बर्तन, मग एक ही वर्ग के है। जबकि कैलकुलेटर अलग वर्ग का उपकरण है।

इसलिए बर्तन, मग और कैलकुलेटर का सही संबंध निरूपण इस प्रकार है–

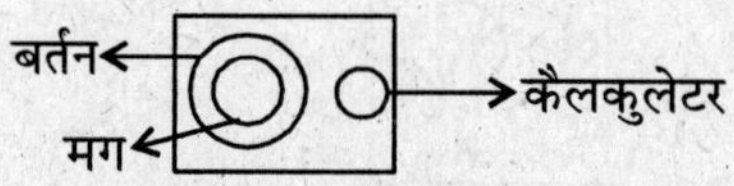

18. वह आरेख चुनिए जो नीचे दिए गए वर्गों के बीच के सम्बन्ध का सही निरूपण करता है।

द्रव्य, पानी, तेल

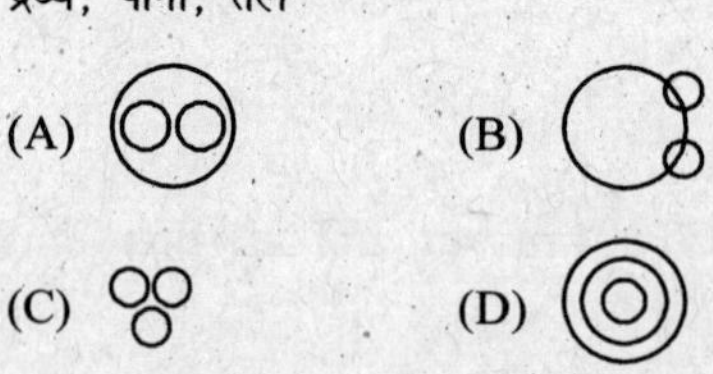

[SSC CHSL (Tier-1) ऑनलाइन परीक्षा 7 जनवरी 2017 सायं पाली]

उत्तर (A) द्रव्य, पानी, तेल, के बीच सम्बन्ध का सही निरूपण  होगा।

19. वह आरेख चुनिए जो नीचे दिए गए वर्गों के बीच के संबंध का सही निरुपण करता है। चिकित्सक, धूम्रपान करने वाला, भारतीय, धूम्रपान नहीं करने वाला

(A) 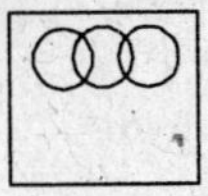 (B) 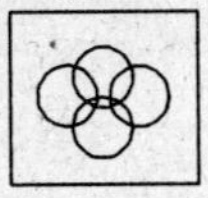

(C) 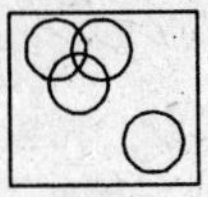 (D) 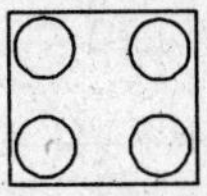

[SSC CHSL (Tier-1) ऑनलाइन परीक्षा 8 फरवरी 2017 दोपहर पाली]

उत्तर (D) चिकित्सक, धूम्रपान करने वाला, भारतीय, धूम्रपान नहीं करने वाला

चिकित्सक भारतीय हैं और वह धूम्रपान करने वाला या धूम्रपान नहीं करने वाला है।, का सम्बन्ध का सही निरूपण निम्नलिखित हैं।

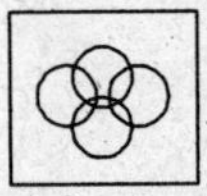

20. वह आरेख चुनिए जो नीचे दिए वर्गों के बीच के संबंध का सही निरूपण करता है। गणित, अंकगणित, बीजगणित

(A)  (B) 

(C)  (D) 

[SSC CHSL (Tier-1) ऑनलाइन परीक्षा 7 फरवरी 2017 सुबह पाली]

उत्तर (D) 

चूंकि अंकगणित और बीजगणित, गणित के ही अन्तर्गत आते हैं इसलिए इसका सम्बन्ध निम्न प्रकार से होगा।

21. वह आरेख चुनिए जो नीचे दिए गए वर्गों के बीच के सम्बन्ध का सही निरूपण करता है। धातु, ऑक्सिजन, तांबा

(a)  (b) 

(c) 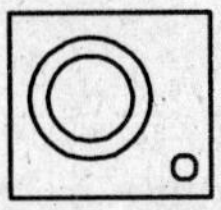 (d) 

[SSC CHSL (Tier-1) ऑनलाइन परीक्षा 3 फरवरी 2017 दोपहर पाली]

उत्तर (c) धातु, ऑक्सीजन, तांबा में से धातु, तांबा एक वर्ग के है। जबकि ऑक्सीजन गैस है। इसलिए इसका सही निरूपण होगा।

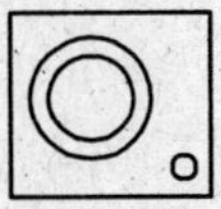

22. वह आरेख चुनिए जो नीचे दिए गए वर्गों के बीच के संबध का सही निरूपण करता है। गायक, नर्तक, कवि

(A) 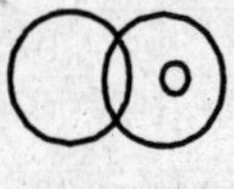 (B) 

(C)  (D) 

[SSC CHSL (Tier-1) ऑनलाइन परीक्षा 3 फरवरी 2017 सायं पाली]

उत्तर (B) गायक, नर्तक व कवि तीनों एक-दूसरे से सम्बन्धित है।

∴ इनके बीच का सही संबंध निरूपण निम्न होगा–

10 लुप्त संख्या/अक्षर ज्ञात करना

- सामान्य मानसिक योग्यता के अन्तर्गत कुछ ऐसे प्रश्न भी दिए जाते हैं, जिनमें त्वरित मानसिक गणना (fast mental calculation) की आवश्यकता होती है, क्योंकि इस प्रकार के प्रश्नों में कुछ अंकों या संख्याओं को किसी विशेष तार्किक व गणितीय गणना के आधार पर किसी आरेख (Diagram), चित्र (Figure) या ज्यामितीय आकृति (Geometrical Design) अथवा तालिका या सारणी (Table) में संस्थापित किया जाता है। अलग-अलग समूहों (Groups) में बंटी संख्याओं में कोई एक संख्या लुप्त या गायब (Missing) रहती है, जिसें शीघ्रता से खोज (ज्ञात) कर सही उत्तर देना होता है। इस अध्याय के अन्तर्गत सामान्यतया बौद्धिक गणित पर आधारित प्रश्न पूछे जाते हैं। इस प्रकार के प्रश्नों में एक या एक से अधिक आरेखों में कुछ संख्याएं दी जाती हैं। दी गई आकृतियों या आरेखों में किसी एक स्थान पर प्रश्नवाचक चिन्ह के रूप में खाली स्थान छोड़ दिया जाता है। आपको प्रश्नवाचक चिन्ह के स्थान पर आने वाली संख्या दिये गए विकल्पों में से ज्ञात करनी होती है। इस अध्याय के अन्तर्गत आने वाले प्रश्नों को उनकी विशेषताओं के आधार पर निम्नलिखित प्रकारों में बांटा जा सकता है–

हल सहित उदाहरण

उदाहरण 1. दी गई आकृति में रिक्त स्थान पर आने वाली संख्या ज्ञात करें।

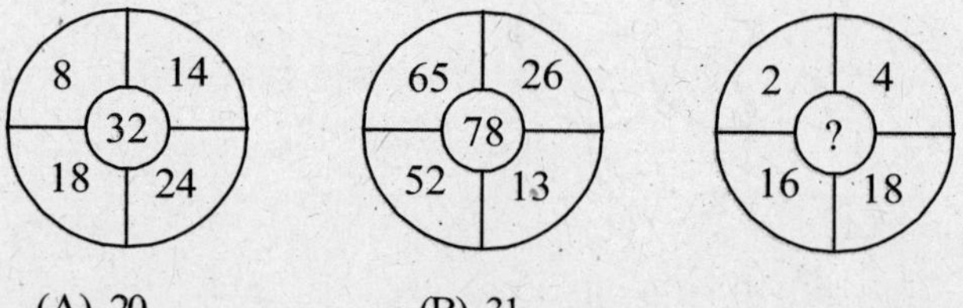

(A) 20 (B) 31

(C) 21 (D) 30

हल— (a) : प्रश्न में तीन आकृतियां दी गई हैं। इन आकृतियों में बाएं से अंतिम आकृति के मध्य में प्रश्नवाचक चिन्ह देकर स्थान खाली छोड़ा गया है। आपको इसी स्थान पर आने वाली उपयुक्त संख्या दिए गए विकल्पों में से ज्ञात करनी है। प्रथम और द्वितीय आकृतियों को देखने से पता चलता है कि आकृति के मध्य एक छोटा-सा वृत्त है, इस वृत्त से चार पट्टियां निकली हुई हैं। आमने-सामने की पट्टियों के बीच में लिखी हुई संख्याओं का योग बीच में स्थित वृत्त में छिपा हुआ है।

प्रथम आकृति में – $14 + 18 = 32$

$8 + 24 = 32$

द्वितीय आकृति में– $26 + 52 = 78$

$65 + 13 = 78$

उसी प्रकार तृतीय वृत्त में– $4 + 16 = 20$

$2 + 18 = 20$

उदाहरण 2.

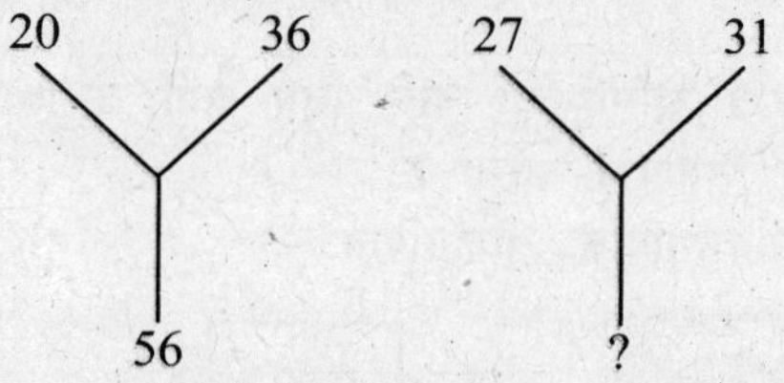

(i) (ii)

प्रदत्तर आकृतियों में लुप्त संख्या ज्ञात करें।

(A) 55 (B) 56

(C) 57 (D) 58

हल— (d) : जिस प्रकार चित्र (i) में–

$20 + 36 = 56$

उसी प्रकार चित्र (ii) में–

$27 + 31 = 58$

उदारहण 3.

प्रदत्त आकृति में लुप्त संख्या ज्ञात करें।

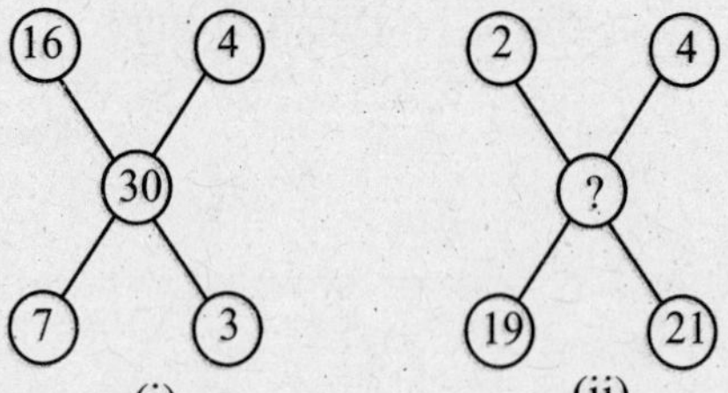

(i) (ii)

(A) 46 (B) 47

(C) 48 (D) 45

हल— (A) : जिस प्रकार चित्र I में–

$16 + 4 + 7 + 3 = 39$

उसी प्रकार चित्र II में—

$2 + 4 + 19 + 21 = \boxed{46}$

उदाहरण 4.

प्रदत्त आकृति में लुप्त संख्या ज्ञात करें।

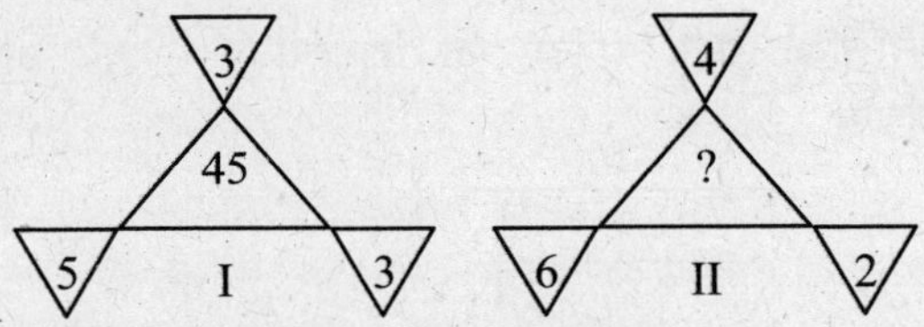

(A) 45

(B) 48

(C) 46

(D) 47

हल— (B) : जिस प्रकार चित्र I में—

$3 \times 3 \times 5 = 45$

उसी प्रकार चित्र II में—

$6 \times 4 \times 2 = \boxed{48}$

अभ्यास प्रश्न

1. निम्नलिखित प्रश्न में दिए गए विकल्पों में से लुप्त अंक ज्ञात कीजिए।

R	X	?
D	V	L
N	B	F

(A) Q (B) R

(C) S (D) T

[SSC CHSL (Tier-1) ऑनलाइन परीक्षा 30 जनवरी 2017 सुबह पाली]

उत्तर (B) R = D + N

18 = 4 + 14 = 18

X = V + B

24 = 22 + 2 = 24

इसी प्रकार,

? = L + F

= 12 + 6 = 18 = R

अतः लुप्त पद R होगा।

2. निम्नलिखित प्रश्न में दिए गए विकल्पों में से लुप्त अंक ज्ञात कीजिए–

19	29	45
4	5	3
5	6	?
3	4	6

(A) 5 (B) 7

(C) 4 (D) 3

[SSC CHSL (Tier-1) ऑनलाइन परीक्षा 30 जनवरीं 2017 सायं पाली]

उत्तर (B)जिस प्रकार $3 \times 5 + 4 = 19$

तथा

$4 \times 6 + 5 = 29$

उसी प्रकार

$6 \times ? + 3 = 45$

$\therefore \quad ? = \boxed{7}$

3. निम्नलिखित प्रश्न में दिए गए विकल्पों में से लुप्त अंक ज्ञात कीजिए–

6	5	4
7	6	5
5	7	6
37	23	?

(A) 10 (B) 12

(C) 13 (D) 14

[SSC CHSL (Tier-1) ऑनलाइन परीक्षा 29 जनवरी 2017 सुबह पाली]

उत्तर (D) $6 \times 7 - 5 = 37$

$5 \times 6 - 7 = 23$

$4 \times 5 - 6 = 14$

$\therefore$ लुप्त संख्या 14 होगी।

4. + और × एवं 12 और 18 को उलट-पलट किए जाने से निम्न में से कौन-सा समीकरण सही हो जाएगा ?

(A) $(9 + 12) \times 18 = 60$

(B) $(18 + 6) \times 12 = 90$

(C) $(12 + 18) \times 12 = 72$

(D) $(12 + 6) \times 18 = 36$

[SSC CHSL (Tier-1) ऑनलाइन परीक्षा 29 जनवरी 2017 सुबह पाली]

उत्तर (B) + — 12

× — 18

को उलट पलट किए जाने से,

$(18 + 6) \times 12 = 90$ समीकरण प्राप्त होगा।

5. निम्नलिखित प्रश्न में दिए गए विकल्पों में से लुप्त अंक ज्ञात कीजिए–

P	M	Q
F	C	F
J	J	?

(A) R (B) K

(C) L (D) O

[SSC CHSL (Tier-1) ऑनलाइन परीक्षा 25 जनवरी 2017 सुबह पाली]

उत्तर (B) P = F + J

16 = 6 + 10

M = C + J

13 = 3 + 10

इसी प्रकार

Q = F + K

17 = 6 + 11

अत: लुप्त पद K होगा।

6. निम्नलिखित प्रश्न में दिए गए विकल्पों में से लुप्त अंक ज्ञात कीजिए।

2	3	6
5	5	7
343	512	?

(A) 2197 (B) 729

(C) 709 (D) 1000

[SSC CHSL (Tier-1) ऑनलाइन परीक्षा 24 जनवरी 2017 सुबह पाली]

उत्तर (A) $2 + 5 = 7 \Rightarrow 7^3 = 343$

$3 + 5 = 8 \Rightarrow 8^3 = 512$

इसी प्रकार

$6 + 7 = 13 \Rightarrow 13^3 = 2197$

अत: लुप्त पद 2197 होगा।

7. निम्नलिखित प्रश्न में दिए गए विकल्पों में से लुप्त अंक ज्ञात कीजिए।

12	13	11
16	17	?
400	458	221

(A) 10 (B) 91

(C) 17 (D) 81

[SSC CHSL (Tier-1) ऑनलाइन परीक्षा 24 जनवरी 2017 सायं पाली]

उत्तर (A) $(12)^2 + (16)^2 = 400$

$(13)^2 + (17)^2 = 458$

$(11)^2 + (10)^2 = 221$

अत: लुप्त पद 10 होगा।

8. निम्नलिखित प्रश्न में दिए गए विकल्पों में से लुप्त अंक ज्ञात कीजिए।

7	6	9
7	8	11
94	84	?

(A) 81 (B) 45

(C) 99 (D) 28

[SSC CHSL (Tier-1) ऑनलाइन परीक्षा 23 जनवरी 2017 दोपहर पाली]

उत्तर (C) $7 \times 7 \rightarrow 49 \xrightarrow{\text{विपरीत}} 94$

$6 \times 8 \rightarrow 48 \xrightarrow{\text{विपरीत}} 84$

$9 \times 11 \rightarrow 99 \xrightarrow{\text{विपरीत}} 99$

9. निम्नलिखित प्रश्न में दिए गए विकल्पों में से लुप्त अंक ज्ञात कीजिए।

13	F	14
6	?	3
7	H	9

(A) P (B) L

(C) O (D) R

[SSC CHSL (Tier-1) ऑनलाइन परीक्षा 22 जनवरी 2017 सुबह पाली]

उत्तर (B) 13 + 6 + 7 = 26

14 + 3 + 9 = 26

F + ? + H = 26

6 + ? + H = 26

6 + ? + 8 = 26

? + 14 = 26

? = 26 – 14

? = 12

= L

अत: लुप्त पद L होगा।

10. निम्नलिखित प्रश्न में दिए गए विकल्पों में से लुप्त अंक ज्ञात कीजिए।

17	8	136
19	?	171
8	13	104

(A) 7 (B) 9

(C) 6 (D) 2

[SSC CHSL (Tier-1) ऑनलाइन परीक्षा 21 जनवरी 2017 दोपहर पाली]

उत्तर (B) $17 \times 8 = 136$

$8 \times 13 = 104$

$19 \times ? = 171$

$? = \frac{171}{19} = 9$

11. निम्नलिखित प्रश्न में दिए गए विकल्पों में से लुप्त अंक ज्ञात कीजिए।

B	J	I
E	K	B
G	U	?

(A) O (B) M

(C) K (D) P

[SSC CHSL (Tier-1) ऑनलाइन परीक्षा 21 जनवरी 2017 सायं पाली]

उत्तर (C) B J I ∴ B + E = G

2 10 9   2 + 5 = 7

E K B   J + K = U

5 11 2   10 + 11 = 21

G U ∴ I + B = K

7 21   9 + 2 = 11

अत: लुप्त संख्या K होगी।

12. निम्नलिखित प्रश्न में दिए गए विकल्पों में से लुप्त अंक ज्ञात कीजिए।

5	6	7
5	5	6
9	11	?

(A) 19 (B) 1

(C) 21 (D) 13

[SSC CHSL (Tier-1) ऑनलाइन परीक्षा 18 जनवरी 2017 सायं पाली]

उत्तर (D) $5 + 4 = 9$

$6 + 5 = 11$

$7 + 6 = 13$

अत: लुप्त संख्या 13 होगी।

13. निम्नलिखित प्रश्न में दिए गए विकल्पों में से लुप्त अंक ज्ञात कीजिए।

15	28	7
23	?	17
20	16	14

(A) 17 (B) 8

(C) 26 (D) 10

[SSC CHSL (Tier-1) ऑनलाइन परीक्षा 17 जनवरी 2017 दोपहर पाली]

उत्तर (D) $15 + 28 + 7 = 50$

$20 + 16 + 14 = 50$

$23 + ? + 17 = 50$

$? + 40 = 50$

$? = 50 - 40$

$= 10$

14. निम्नलिखित प्रश्न में दिए गए विकल्पों में से लुप्त अंक ज्ञात कीजिए।

7	6	5
2	3	3
98	?	75

(A) 108 (B) 216

(C) 144 (D) 288

[SSC CHSL (Tier-1) ऑनलाइन परीक्षा 16 जनवरी 2017 सुबह पाली]

उत्तर (A) जिस प्रकार

$7 \times 2 \times 7 = 98$

$5 \times 3 \times 5 = 75$

इसी प्रकार

$6 \times 3 \times 6 = 108$

अत: लुप्त संख्या 108 होगी।

15. निम्नलिखित प्रश्न में दिए गए विकल्पों में से लुप्त अंक ज्ञात कीजिए।

?	198	120
9	11	12
4	18	10

(A) 32 (B) 30

(C) 28 (D) 36

[SSC CHSL (Tier-1) ऑनलाइन परीक्षा 10 जनवरी 2017 सुबह पाली]

उत्तर (D) $18 \times 11 = 198$

$10 \times 12 = 120$

$9 \times 4 = 36$

अत: लुप्त संख्या 36 होगी।

16. निम्नलिखित प्रश्न में दिए गए विकल्पों में से लुप्त अंक ज्ञात कीजिए।

16	81	49
6	5	6
52	106	?

(A) 24 (B) 32

(C) 20 (D) 85

[SSC CHSL (Tier-1) ऑनलाइन परीक्षा 10 जनवरी 2017 सायं पाली]

उत्तर (D) $16 + (6)^2 \to 52$

$81 + (5)^2 \to 106$

$49 + (6)^2 \to 85$

अत: लुप्त संख्या 85 होगी।

17. निम्नलिखित प्रश्न में दिए गए विकल्पों में से लुप्त अंक ज्ञात कीजिए।

256	289	484
6	5	6
96	85	?

(A) 124 (B) 132

(C) 120 (D) 125

[SSC CHSL (Tier-1) ऑनलाइन परीक्षा 9 जनवरी 2017 सुबह पाली]

उत्तर (B) $256 = (16)^2 \to 16 \times 6 \to 96$

$289 = (17)^2 \to 17 \times 5 \to 85$

$484 = (22)^2 \to 22 \times 6 \to 132$

अत: लुप्त संख्या 132 होगी।

18. निम्नलिखित प्रश्न में दिए गए विकल्पों में से लुप्त अंक ज्ञात कीजिए।

7	13	17
5	?	3
35	104	51

(A) 8 (B) 12

(C) 7 (D) 10

[SSC CHSL (Tier-1) ऑनलाइन परीक्षा 9 जनवरी 2017 सायं पाली]

उत्तर (A) जिस प्रकार,

$7 \times 5 = 35$

तथा

$17 \times 3 = 51$

उसी प्रकार

$13 \times ? = 104$

$? = \frac{104}{13}$

$? = 8$

अत: लुप्त संख्या 8 होगी।

19. निम्नलिखित प्रश्न में दिए गए विकल्पों में से लुप्त अंक ज्ञात कीजिए।

25	144	60
81	225	135
49	289	?

(A) 119 (B) 120

(C) 170 (D) 190

[SSC CHSL (Tier-1) ऑनलाइन परीक्षा 9 जनवरी 2017 सायं पाली]

उत्तर (A)

$25 \to (5)^2 \to 5 \to 5 \times 12 \to 60$

$144 \to (12)^2 \to 12$

$81 \to (9)^2 \to 9 \to 9 \times 15 \to 135$

$225 \to (15)^2 \to 15$

$49 \to (7)^2 \to 7 \to 7 \times 17 \to 119$

$289 \to (17)^2 \to 17$

अत: लुप्त संख्या 119 होगी

20. निम्नलिखित प्रश्न में दिए गए विकल्पों में से लुप्त अंक ज्ञात कीजिए।

5	15	10
4	17	9
10	?	10

(A) 11 (B) 12

(C) 15 (D) 10

[SSC CHSL (Tier-1) ऑनलाइन परीक्षा 8 फरवरी 2017 दोपहर पाली]

उत्तर (D)

5	15	10
4	17	9
10	?	10

अंकों को जोड़ने पर

$5 + 15 + 10 = 30$

$4 + 17 + 9 = 30$

$10 + 10 + 10 = 30$

अत: लुप्त संख्या 10 होगी।

21. निम्नलिखित प्रश्न में दिए गए विकल्पों में से लुप्त अंक ज्ञात कीजिए।

17	24	16
8	?	11
81	100	25

(A) 1 (B) 16

(C) 14 (D) 20

[SSC CHSL (Tier-1) ऑनलाइन परीक्षा 7 फरवरी 2017 सुबह पाली]

उत्तर (C)

17	24	16
8	?	11
81	100	25

$81 = (9)^2 = 9 - 1 = 8 = 9 + 8 = 17$

$100 = (10)^2 = 10 + 4 = 14 = 10 + 14 = 24$

$25 = (5)^2 = 5 + 6 = 11 = 5 + 11 = 16$

इसलिये लुप्त संख्या 14 होगी।

22. निम्नलिखित प्रश्न में दिए गए विकल्पों में से लुप्त अंक ज्ञात कीजिए–

3	12	24
4	16	32
5	20	?

(a) 17 (b) 50

(c) 40 (d) 25

[SSC CHSL (Tier-1) ऑनलाइन परीक्षा 3 फरवरी 2017 दोपहर पाली]

उत्तर (c)

$3 \xrightarrow{\times 4} 12 \xrightarrow{\times 2} 24$

$4 \xrightarrow{\times 4} 16 \xrightarrow{\times 2} 32$

$5 \xrightarrow{\times 4} 20 \xrightarrow{\times 2} 40$

अत: लुप्त संख्या 40 होगी।

23. निम्नलिखित प्रश्न में दिए गए विकल्पों में से लुप्त अंक ज्ञात कीजिए।

49	169	196
17	28	?
100	225	144

(A) 27 (B) 28

(C) 26 (D) 25

[SSC CHSL (Tier-1) ऑनलाइन परीक्षा 3 फरवरी 2017 सायं पाली]

उत्तर (C) जिस प्रकार,

$\sqrt{49} + \sqrt{100} = (7 + 10) = 17$ (मध्य पद)

$\sqrt{169} + \sqrt{225} = (13 + 15) = 28$ (मध्य पद)

उसी प्रकार,

$\sqrt{196} + \sqrt{144} = (14 + 12) = 26$ (मध्य पद)

11 कथन एवं निष्कर्ष

किसी विषय के बारे में जब कोई बात कही जाती है तो वह कथन कहलाता है, और जब कथन को सत्य मानते हुए जब हम उसका सार्थक अर्थ निकालते हैं तो वह निष्कर्ष कहलाता है। निष्कर्ष किसी भी कथन का शत-प्रतिशत परिणाम होता है और कथन से सीधा सम्बन्ध रखता है।

कुछ महत्त्वपूर्ण तथ्यों को ध्यान में रखकर प्रश्नों को हल किया जाता है।

(i) कथन को सत्य मानना चाहिए उसी के आधार पर निष्कर्ष निकालते हैं।

उदाहरण :

कथन : समाचार पत्रों के नियमित पढ़ने से सामान्य ज्ञान की वृद्धि होती है।

निष्कर्ष : I. समाचार पत्रों में बहुत सी सामान्य ज्ञान की जानकारी होती है।

II. सामान्य ज्ञान की वृद्धि से जीवन में सफलता मिलती है।

हल: कथन के अनुसार निष्कर्ष I निकलता है क्योंकि समाचार पत्रों को पढ़ने से सामान्य ज्ञान बढ़ता है यह बात कही जा रही है जबकि जीवन में सफलता की कथन में कोई बात नहीं हो रही है अत: निष्कर्ष II सही उत्तर नही है।

(ii) यदि निष्कर्ष में पूर्वानुमान या पूर्वधारणा दी गई हो तो वह निष्कर्ष नहीं होता है।

उदाहरण :

कथन : 75% साक्षरता दर पाने के लिए सन् 2016 तक के लिए सरकार ने 1 नवम्बर 2012 को एक योजना की शुरुआत की।

निष्कर्ष : I. 75% की साक्षरता दर पाना संभव है।

II. 1 नवम्बर 2012 तक साक्षरता दर 75% से कम थी।

हल: यहां निष्कर्ष II सही है क्योंकि कथन से स्पष्ट हो रहा है कि 75% साक्षरता दर पाने के लिए योजना शुरू की जा रही है अर्थात् अभी 75% साक्षरता दर नहीं है। लेकिन निष्कर्ष I सत्य नही है, 2016 तक साक्षरता दर 75% होगी या नही यह एक भविष्यकाल की बात है।

(iii) अगर निष्कर्ष में भविष्यकाल की बात की जाए तो वह निष्कर्ष नहीं होता है।

उदाहरण :

कथन : नई सरकार ने ''सभी के लिए बिजली'' योजना का लक्ष्य 2 वर्ष आगे बढ़ाया।

निष्कर्ष : I. पहले तय की गई समय सीमा में लक्ष्य पूरा होना संभव नहीं था।

II. नई समय सीमा में लक्ष्य पूरा हो जाएगा।

हल: निष्कर्ष I सही उत्तर होगा क्योंकि सरकार ने लक्ष्य 2 वर्ष आगे बढ़ाया इसका सीधा निष्कर्ष है कि योजना पिछले तय समय सीमा में पूरी नहीं हो सकती थी लेकिन निष्कर्ष II गलत है क्योंकि लक्ष्य पूरा हो जाएगा ए भविष्यवाणी है और यह पूर्वानुमान भी है। अत: उत्तर I सही निष्कर्ष है।

(iv) यदि निष्कर्ष में ''केवल'', ''एकमात्र'', ''प्रत्एक'' आदि शब्द हो तो वह निष्कर्ष नहीं होता है।

उदाहरण :

कथन : बैंगलोर से मुम्बई के लिए वायुयान से यात्रा करना अधिक तेज है।

निष्कर्ष : I. बैंगलोर और मुम्बई के बीच यात्रा करने के लिए वायुयान ही यात्रा का एकमात्र तरीका है।

II. बैंगलोर और मुम्बई हवाई सेवा से जुड़े हैं।

हल: यहां निष्कर्ष II सही है क्योंकि कथन से स्पष्ट है कि बैंगलोर और मुम्बई के बीच हवाई सेवा है लेकिन I के अनुसार एकमात्र जरिया है ए कथन में नहीं दिया है अत: निष्कर्ष II सही है पर I गलत है।

एक कथन पर आधारित चार तरह के निष्कर्ष में से सही निष्कर्ष चुनना।

उदाहरण :

कथन : दुकान 'X' के अधिकांश कपड़े महंगे हैं।

निष्कर्ष : I. दुकान X में सस्ते कपड़े नहीं हैं।

II. दुकान X में हाथों के बने कपड़े सस्ते हैं।

III. दुकान X में सस्ते कपड़े भी हैं।

IV. दुकान X में कपड़ों के अलावा अन्य वस्तुएं भी हैं।

हल: कथन ही सत्यता के अनुसार निष्कर्ष III सही है क्योंकि अधिकांश कपड़े कथन में दिया गया है। सभी कपड़े नहीं अत: निष्कर्ष III शत-प्रतिशत सही है।

उदाहरण :

कथन : यह किताब सहायक साबित हो सकती है क्योंकि सभी अच्छी किताब सहायक होती है।

निष्कर्ष : I. यह एक अच्छी किताब नहीं है।

II. यह एक अच्छी किताब है।

III. कोई भी अच्छी किताब सहायक नहीं होती है।

IV. कुछ अच्छी किताबें सहायक होती है।

हल: कथन की सत्यता के अनुसार निष्कर्ष II सही है क्योंकि अच्छी किताब मददगार साबित हो सकती है अत: यह किताब अच्छी है।

अभ्यास प्रश्न

1. निम्नलिखित प्रश्न में, दो कथन दिए गए हैं। जिनके आगे दो निष्कर्ष I और II निकाले गए हैं। आपको मानना है कि कथन सत्य है चाहे वे सामान्यतः ज्ञात तथ्यों से भिन्न प्रतीत होते हों। आपको निर्णय करना है कि दिए गए निष्कर्षों में से कौन सा/कौन से निश्चित रूप से कथनों द्वारा सही निकाला जा सकता है/सकते है/सकते हैं, यदि कोई हो।

कथन :

(I) अगर दिनचर्या में कई सारे रिवाजों को शामिल कर लिया जाए तो यह किसी की जिंदगी में सकारात्मक बदलाव ला सकता है।

(II) मस्जिद में झुककर इबादत करना या ईश्वर के सामने सिर झुकाना यह सर्वोत्तम व्यायाम है, क्योंकि इसमें बैठना, झुकना, उठना और पीठ का झुकाव शामिल है।

निष्कर्ष :

(I) व्यायाम के लिए धर्म कई अवसर देता है।

(II) अगर हर रोज केवल इन्हीं रिवाजों का अभ्यास कर लिया जाए तो ए किसी व्यक्ति के जीवन में सकारात्मक बदलाव ला सकता है।

(A) केवल निष्कर्ष II लागू होता है।
(B) निष्कर्ष I और II दोनों लागू होता है।
(C) न निष्कर्ष I न ही II लागू होता है।
(D) केवल निष्कर्ष I लागू होता है।

[SSC CHSL (Tier-1) ऑनलाइन परीक्षा 30 जनवरी 2017 सुबह पाली]

उत्तर (B) दिए गए कथन के अनुसार निष्कर्ष I और निष्कर्ष II दोनों लागू होते है।

2. निम्नलिखित प्रश्न में, दो कथन दिए गए हैं जिनके आगे दो निष्कर्ष I और II निकाले गए हैं। आपको मानना है कि कथन सत्य है चाहे वे सामान्यतः ज्ञात तथ्यों से भिन्न प्रतीत होते हों। आपको निर्णय करना है कि दिए गए निष्कर्षों में से कौन-सा/कौन-से निश्चित रूप से कथनों द्वारा सही निकाला जा सकता है/सकते हैं, यदि कोई हो।

कथन :

(I) प्री-स्कूल संस्कृति अब देश के सभी हिस्से में प्रचलित हो रही है।

(II) माता-पिता के पास बच्चों के लिए समय कम है, इसलिए नन्हें बच्चों को बहुत कम उम्र में ही स्कूल में दाखिला करा दिया जाता है।

निष्कर्ष :

(I) देश के हर हिस्से में प्री-स्कूलों की संख्या बढ़ रही है।

(II) बच्चे बहुत कम उम्र में ही बाहरी दुनिया के सम्पर्क में आ जाते हैं इसलिए उनके व्यवहार के तौर-तरीके में भी बदलाव आ रहा है।

(A) केवल निष्कर्ष II लागू होता है।
(B) निष्कर्ष I और II दोनों लागू होता है।
(C) न निष्कर्ष I न ही II लागू होता है।
(D) केवल निष्कर्ष I लागू होता है।

[SSC CHSL (Tier-1) ऑनलाइन परीक्षा 30 जनवरी 2017 सायं पाली]

उत्तर (D) दिए गए कथनों के अनुसार केवल निष्कर्ष (I) लागू होता है।

3. निम्नलिखित प्रश्न में, दो कथन दिए गए हैं जिनके आगे दो निष्कर्ष I और II निकाले गए हैं। आपको मानना है कि कथन सत्य है चाहे वे सामान्यतः ज्ञात तथ्यों से भिन्न प्रतीत होते हों। आपको निर्णय करना है कि दिए गए निष्कर्षों में से कौन-सा/कौन-से निश्चित रूप से कथनों द्वारा सही निकाला जा सकता है/सकते हैं, यदि कोई हो–

कथन :

(I) जीवन कुछ बेहद परिचित, कुछ आंशिक रूप से परिचित और अधिकतर पूरी तरह से अजनबी लोगों के साथ की यात्रा है।

(II) यात्रा में गंतव्य का महत्व ठीक उतना ही है जितना उस गंतव्य तक पहुंचने का मार्ग।

निष्कर्ष :

(I) जिन्दगी में लोगों का महत्व है क्योंकि वे हमारी यात्रा के साथी होते हैं।

(II) जीवन हमें विभिन्न ज्ञात और अज्ञात मुश्किलों का सामना करना सिखाता है।

(A) केवल निष्कर्ष II लागू होता है।
(B) निष्कर्ष I और II दोनों लागू होता है।
(C) न निष्कर्ष I न ही II लागू होता है।
(D) केवल निष्कर्ष I लागू होता है।

[SSC CHSL (Tier-1) ऑनलाइन परीक्षा 29 जनवरी 2017 सुबह पाली]

उत्तर (D) दिए गए कथनों के अनुसार केवल निष्कर्ष (I) लागू होता है।

4. निम्नलिखित प्रश्न में, दो कथन दिए गए हैं जिनके आगे दो निष्कर्ष I और II निकाले गए हैं। आपको मानना है कि कथन सत्य है चाहे वे सामान्यतः ज्ञात तथ्यों से भिन्न प्रतीत होते हों। आप को निर्णय करना है कि दिए गए निष्कर्षों में से कौन-सा/कौन से निश्चित रूप से कथनों द्वारा सही निकाला जा सकता है/सकते हैं, कोई हो–

कथन :

(I) विमुद्रीकरण ने इलेक्ट्रॉनिक भुगतान प्रणाली (ईपीएस) की आवश्यकता के प्रति झुकाव विकसित किया है।

(II) ईपीएस लोगों को नकदी विहीन रहने और प्लास्टिक मनी से ज्यादातर लेन-देन में सक्षम बनाएगा।

निष्कर्ष :

(I) ईपीएस पैसे के लेने-देने में एक खाते से दूसरे खाते में अंतरण के लिए त्वरित, सुरक्षित और आसान तरीका है।

(II) बिना नकद लेने-देन आगे के समय में पैसे की कालाबाजारी को रोकेगा।

(A) केवल निष्कर्ष II लागू होता है।

(B) निष्कर्ष I और II दोनों लागू होता है।

(C) न निष्कर्ष I न ही II लागू होता है।

(D) केवल निष्कर्ष I लागू होता है।

[SSC CHSL (Tier-1) ऑनलाइन परीक्षा 25 जनवरी 2017 सुबह पाली]

उत्तर (C) दिए गए कथनों के अनुसार न निष्कर्ष (I) और न ही निष्कर्ष (II) लागू होते हैं।

5. निम्नलिखित प्रश्न में, दो कथन दिए गए हैं जिनके आगे दो निष्कर्ष I और II निकाले गए हैं। आपको मानना है कि कथन सत्य है चाहे वे सामान्यतः ज्ञात तथ्यों से भिन्न प्रतीत होते हों। आपको निर्णय करना है कि दिए गए निष्कर्षों में से कौन-सा/कौन से निश्चित रूप से कथनों द्वारा सही निकाला जा सकता है/सकते हैं, यदि कोई हो।

कथन :

(i) खुशी हर किसी के आसपास है, हमें इसे ढूंढना है।

(ii) खुशी मन की एक अवस्था है। अगर हम इसे ढूंढ न सकें तो इसे सृजित करना चाहिए।

निष्कर्ष :

(i) खुशी का सृजन खुद व्यक्ति को सन्तुष्ट और प्रसन्न बनाता है, क्योंकि सृजन रचनात्मक है।

(ii) यह सब खुशी को समझने के परिस्थितजन्य कारणों का विश्लेषण है।

(A) केवल निष्कर्ष II लागू होता है।

(B) निष्कर्ष I और II दोनों लागू होता है।

(C) न निष्कर्ष I न ही II लागू होता है।

(D) केवल निष्कर्ष I लागू होता है।

[SSC CHSL (Tier-1) ऑनलाइन परीक्षा 24 जनवरी 2017 सुबह पाली]

उत्तर (C) दिए गए कथन के अनुसार न निष्कर्ष I और न निष्कर्ष II लागू होंगे।

6. निम्नलिखित प्रश्न में, दो कथन दिए गए है जिनके आगे दो निष्कर्ष I और II निकाले **गए हैं।**

आपको मानना है कि कथन सत्य है चाहे वे सामान्यतः ज्ञात तथ्यों से भिन्न प्रतीत होते हों। आपको निर्णय करना है कि दिए गए निष्कर्षों में से कौन-सा/कौन से निश्चित रूप से कथनों द्वारा सही निकाला जा सकता है/सकते हैं, यदि कोई हो।

कथन

(i) भारत में जीएसटी मॉडल में, यह एक दोहरा कर (जीएसटी) होगा जिसमें केन्द्र और राज्य सरकारें उभयनिष्ट आधार पर एक साथ कर लगाएंगी।

(ii) केन्द्र और राज्य जीएसटी सामानों की हर आपूर्ति और सेवाओं के लेनदेन पर एक साथ लगाया जाएगा।

निष्कर्ष

(i) यह नई कर व्यवस्था देश के आम आदमी को लाभ देगी।

(ii) राज्य और केन्द्रीय घटकों की अधिक स्पष्टता होगी।

(A) केवल निष्कर्ष II लागू होता है।

(B) निष्कर्ष I और II दोनों लागू होता है।

(C) न निष्कर्ष I न ही II लागू होता है।

(D) केवल निष्कर्ष I लागू होता है।

[SSC CHSL (Tier-1) ऑनलाइन परीक्षा 24 जनवरी 2017 सायं पाली]

उत्तर (C) दिए गए कथन के अनुसार न निष्कर्ष (i) और न निष्कर्ष (ii) लागू होते हैं।

7. निम्नलिखित प्रश्न में, दो कथन दिए गए हैं जिनके आगे दो निष्कर्ष I और II निकाले **गए हैं।**

आपको मानना है कि कथन सत्य है चाहे वे सामान्यतः ज्ञात तथ्यों से भिन्न प्रतीत होते हों। आपको निर्णय करना है कि दिए गए निष्कर्षों में से कौन-सा/कौन से निश्चित रूप से कथनों द्वारा सही निकाला जा सकता है/सकते हैं, यदि कोई हो।

कथन

(i) रिक्त समुच्चय किसी समुच्चय का उप- समुच्चय है।

(ii) एक समुच्चय शक्ति समुच्चय का उप-समुच्चय है।

निष्कर्ष

(i) रिक्त समुच्चय एक शक्ति समुच्चय है।

(ii) एक समुच्चय शक्ति समुच्चय का उप-समुच्चय है।

(A) निष्कर्ष I सही है

(B) निष्कर्ष II सही है

(C) न तो I और न ही II सही है

(D) I और II दोनों सही हैं

[SSC CHSL (Tier-1) ऑनलाइन परीक्षा 23 जनवरी 2017 दोपहर पाली]

उत्तर (A) दिए गए कथनों के अनुसार निष्कर्ष (I) सही है।

8. निम्नलिखित प्रश्न में, दो कथन दिए गए है जिनके आगे दो निष्कर्ष I और II निकाले गए है। आपको मानना है कि कथन सत्य है चाहे वे सामान्यत ज्ञात तथ्यों से भिन्न प्रतीत होते है। आपको निर्णय करना है कि दिए गए निष्कर्षों में से कौन-सा कौन-से निश्चित रूप से कथनों द्वारा सही निकाला जा सकता है/सकते हैं, यदि कोई हो।

कथन :

(i) सभी कुत्ते चूहे हैं।

(ii) कुछ चूहे छिपकलियां हैं।

निष्कर्ष :

(i) कुछ कुत्ते छिपकलियां हैं।

(ii) कुछ छिपकलियां कुत्ते हैं।

(A) निष्कर्ष I सही है

(B) निष्कर्ष II सही है

(C) न तो I और न ही II सही हैं

(D) I और II दोनों सही हैं

[SSC CHSL (Tier-1) ऑनलाइन परीक्षा 22 जनवरी 2017 सुबह पाली]

उत्तर (C) दिए गए कथन के अनुसार न निष्कर्ष न निष्कर्ष (I) और न ही निष्कर्ष (II) सही है।

9. निम्नलिखित प्रश्न में दो कथन दिए गए है जिनके आगे दो निष्कर्ष I और II निकाले गए हैं।

आपको मानना है कि कथन सत्य है चाहे वे सामान्यतः ज्ञात तथ्यों से भिन्न प्रतीत होते हो। आपको निर्णय करना है कि दिए गए निष्कर्षों में से कौन-सा/कौन-से निश्चित रूप से कथनों द्वारा सही निकाला जा सकता है/सकते हैं, यदि कोई हो।

कथन :

(I) रमा बुद्धिमान है।

(II) रमा एक स्त्री है।

निष्कर्ष :

(I) स्त्रियां बुद्धिमान होती हैं।

(II) रमा बुद्धिमान है क्योंकि वह एक स्त्री है।

(A) निष्कर्ष I सही है

(B) निष्कर्ष II सही है

(C) न तो I और न ही II सही है

(D) I और II दोनों सही हैं

[SSC CHSL (Tier-1) ऑनलाइन परीक्षा 21 जनवरी 2017 दोपहर पाली]

उत्तर (C) दिए गए कथन के अनुसार न निष्कर्ष (I) सही है। और न निष्कर्ष (II) सही है।

10. निम्नलिखित प्रश्न में दो कथन दिए गए है जिनके आगे दो निष्कर्ष I और II निकाले गए हैं।

आपको मानना है कि कथन सत्य है चाहे वे सामान्यतः ज्ञात तथ्यों से भिन्न प्रतीत होते हो। आपको निर्णय करना है कि दिए गए निष्कर्षों में से कौन-सा/कौन से निश्चित रूप से कथनों द्वारा सही निकाला जा सकता है/सकते हैं, यदि कोई हो।

कथन

(I) सभी कुत्ते बैल हैं।

(II) सभी बैल बकरिया हैं।

निष्कर्ष

(i) सभी कुत्ते बकरियां हैं।

(ii) सभी बकरियां कुत्ते हैं।

(A) निष्कर्ष I सही है

(B) निष्कर्ष II सही है

(C) न तो I और न ही II सही है

(D) I और II दोनों सही हैं

[SSC CHSL (Tier-1) ऑनलाइन परीक्षा 21 जनवरी 2017 सायं पाली]

उत्तर (A) दिए गए कथन के अनुसार निष्कर्ष (I) उचित है।

11. निम्नलिखित प्रश्न में दो कथन दिए गए है जिनके आगे दो निष्कर्ष I और II निकाले गए हैं।

आपको मानना है कि कथन सत्य है चाहे वे सामान्यतः ज्ञात तथ्यों से भिन्न प्रतीत होते हो। आपको निर्णय करना है कि दिए गए निष्कर्षों में से कौन-सा कौन से निश्चित रूप से कथनों द्वारा सही निकाला जा सकता है/सकते हैं, यदि कोई हो।

कथन :

(I) कुछ ऊंट जहाज हैं।

(II) कोई जहाज नाव नहीं हैं।

निष्कर्ष :

(i) कुछ जहाज ऊंट हैं।

(ii) कुछ ऊंट नाव नहीं हैं।

(A) निष्कर्ष I सही है

(B) निष्कर्ष II सही है

(C) न तो I और न ही II सही है

(D) I और II दोनों सही हैं

[SSC CHSL (Tier-1) ऑनलाइन परीक्षा 18 जनवरी 2017 सायं पाली]

उत्तर (D) दिए गए कथन के अनुसार निष्कर्ष (I) व (II) दोनों कथन सार्थक हैं।

12. निम्नलिखित प्रश्न में दो कथन दिए गए हैं जिनके आगे दो निष्कर्ष I और II निकाले गए हैं।

आपको मानना है कि कथन सत्य है चाहे वे सामान्यतः ज्ञात तथ्यों से भिन्न प्रतीत होते हों। आपको निर्णय करना है कि दिए गए निष्कर्षों में से कौन-सा/कौन-से निश्चित रूप से कथनों द्वारा सही निकाला जा सकता है/सकते हैं, यदि कोई हो।

कथन

(I) कुछ पुरुष शिक्षित हैं।

(II) शिक्षित व्यक्ति छोटे परिवार पसंद करते हैं।

निष्कर्ष

(i) सभी परिवार शिक्षित हैं।

(ii) कुछ व्यक्ति छोटे परिवार पसंद करते हैं।

(A) निष्कर्ष I सही है

(B) निष्कर्ष II सही है

(C) न तो I और न ही II सही है

(D) I और II दोनों सही हैं

[SSC CHSL (Tier-1) ऑनलाइन परीक्षा 17 जनवरी 2017 दोपहर पाली]

उत्तर (B) दिए हुए कथन के अनुसार निष्कर्ष (II) सही है।

13. निम्नलिखित प्रश्न में दो कथन दिए गए हैं। जिनके आगे दो निष्कर्ष I और II निकाले गए हैं।

आपको मानना है कि कथन सत्य है चाहे वे सामान्यतः ज्ञात तथ्यों से भिन्न प्रतीत होते हों। आपको निर्णय करना है कि दिए गए निष्कर्षों में से कौन-सा कौन से निश्चित रूप से कथनों द्वारा सही निकाला जा सकता है/सकते हैं, यदि कोई हो।

कथन :

(I) पुरुष, पापी है।

(II) संत, पुरुष हैं।

निष्कर्ष :

(i) संत, पापी हैं।

(ii) पापी, संत हैं।

(A) निष्कर्ष I सही है

(B) निष्कर्ष II सही है

(C) न तो I और न ही II सही है

(D) I और II दोनों सही हैं

[SSC CHSL (Tier-1) ऑनलाइन परीक्षा 16 जनवरी 2017 सुबह पाली]

उत्तर (A) दिए हुए कथन के अनुसार निष्कर्ष I सही है।

14. निम्नलिखित प्रश्न में दो कथन दिए गए हैं जिनके आगे दो निष्कर्ष I और II निकाले गए हैं।

आपको मानना है कि कथन सत्य है चाहे वे सामान्यतः ज्ञात तथ्यों से भिन्न प्रतीत होते हो। आपको निर्णय करना है कि दिए गए निष्कर्षों में से कौन-सा कौन-से निश्चित रूप से कथनों द्वारा सही निकाला जा सकता है/सकते हैं, यदि कोई हो।

कथन

(I) $1 < 2$

(II) $2 < 3$

निष्कर्ष

(i) $1 < 3$

(ii) $2 < 3$

(A) निष्कर्ष I सही है

(B) निष्कर्ष II सही है

(C) न तो I और न ही II सही है

(D) I और II दोनों सही हैं

[SSC CHSL (Tier-1) ऑनलाइन परीक्षा 10 जनवरी 2017 सुबह पाली]

उत्तर (D) दिए हुए कथन के अनुसार निष्कर्ष (I) व (II) दोनों सही है।

15. निम्नलिखित प्रश्न में दो कथन दिए गए है जिनके आगे दो निष्कर्ष I और II निकाले गए हैं।

आपको मानना है कि कथन सत्य है चाहे वे सामान्यतः ज्ञात तथ्यों से भिन्न प्रतीत होते हो। आपको निर्णय करना है कि दिए गए निष्कर्षों में से कौन-सा कौन-से निश्चित रूप से कथनी द्वारा सही निकाला जा सकता है/सकते हैं, यदि कोई हो।

कथन

(I) वास्तविक संख्या में प्राकृतिक संख्या शामिल है।

(II) प्राकृतिक संख्या पूर्ण संख्या में शामिल नहीं है।

निष्कर्ष

(I) प्राकृतिक संख्या पूर्ण संख्या नहीं है।

(II) वास्तविक संख्या, प्राकृतिक और पूर्व संख्या है।

(A) निष्कर्ष I सही है

(B) निष्कर्ष II सही है

(C) न तो I और न ही II सही है

(D) I और II दोनों सही हैं

[SSC CHSL (Tier-1) ऑनलाइन परीक्षा 10 जनवरी 2017 सायं पाली]

उत्तर (A) दिए गए कथन के अनुसार निष्कर्ष (I) सही है।

16. निम्नलिखित प्रश्न में, दो कथन दिए गए हैं जिनके आगे दो निष्कर्ष I और II निकाले गए हैं।

आपको मानना है कि कथन सत्य हैं चाहे वे सामान्यतः ज्ञात तथ्यों से भिन्न प्रतीत होते हों। आपको निर्णय करना है कि दिए गए निष्कर्षों में से कौन-सा/कौन-से निश्चित रूप से कथनों द्वारा सही निकाला जा सकता है/सकते हैं, यदि कोई हो।

कथन :

(I) a R b

(II) b R a

निष्कर्ष :

(I) यह सम्बन्ध सममित है।

(II) यह एक सम्बन्ध है।

(A) निष्कर्ष I सही है

(B) निष्कर्ष II सही है

(C) न तो I और न ही II सही है

(D) I और II दोनों सही हैं

[SSC CHSL (Tier-1) ऑनलाइन परीक्षा 9 जनवरी 2017 सुबह पाली]

उत्तर (B) दिए गए कथन के अनुसार निष्कर्ष (II) सही है।

17. निम्नलिखित प्रश्न में, दो कथन दिए गए हैं जिनके आगे दो निष्कर्ष I और II निकाले गए हैं। आपको मानना है कि कथन सत्य है चाहे वे सामान्यतः ज्ञात तथ्यों से भिन्न प्रतीत होते हों। आपको निर्णय करना है कि दिए गए निष्कर्षों में से कौन-सा/कौन-से निश्चित रूप से कथनों द्वारा सही निकाला जा सकता है/सकते हैं, यदि कोई हो।

कथन :

(I) कुछ सफेद, काला है।

(II) कोई काला, हरा नहीं है।

निष्कर्ष :

(I) कुंछ सफेद, हरा है।

(II) कुछ सफेद, हरा नहीं है।

(A) निष्कर्ष I सही है

(B) निष्कर्ष II सही है

(C) या तो I या II सही है

(D) I और II दोनों सही हैं

[SSC CHSL (Tier-1) ऑनलाइन परीक्षा 9 जनवरी 2017 सायं पाली]

उत्तर (C) दिए गए कथन के अनुसार स्पष्ट नहीं है कि न निष्कर्ष (I) सही है और न निष्कर्ष (II) सही है

18. निम्नलिखित प्रश्न में, दो कथन दिए गए हैं जिनके आगे दो निष्कर्ष I और II निकाले गए हैं। आपको मानना है कि कथन सत्य है चाहे वे सामान्यतः ज्ञात तथ्यों से भिन्न प्रतीत होते हों। आपको निर्णय करना है कि दिए गए निष्कर्षों में से कौन-सा/कौन-से निश्चित रूप से कथनों द्वारा सही निकाला जा सकता है/सकते हैं, यदि कोई हो।

कथन :

(I) पानी को प्रदूषित करने वाले तत्व धीरे-धीरे बढ़ रहे हैं और पानी की पवित्रता खत्म हो रही है।

(II) जल प्रदूषण का मुख्य कारण औद्योगीकरण और पर्यावरण के प्रति स्थायी दृष्टिकोण की कमी है।

निष्कर्ष :

(I) उद्योगों से निकली सारी गंदगी को निकटवर्ती जल स्रोत में मिलाया जा रहा है, जो कि भारी प्रदूषण का कारण बन रहा है।

(II) प्रदूषणकारी गतिविधियों में शामिल होने से पहले भविष्य की पीढ़ियों के बारे में सोचना चाहिए।

(A) केवल निष्कर्ष II लागू होता है।

(B) निष्कर्ष I और II दोनों लागू होते हैं।

(C) न निष्कर्ष I न ही II लागू होता है।

(D) केवल निष्कर्ष I लागू होता है।

[SSC CHSL (Tier-1) ऑनलाइन परीक्षा 7 जनवरी 2017 सायं पाली]

उत्तर (A) दिए गए कथन के अनुसार निष्कर्ष (A) सही होगा।

19. निम्नलिखित प्रश्न में, दो कथन दिए गए हैं जिनके आगे दो निष्कर्ष I आगे II निकाले गए हैं। आपको मानना है कि कथ न सत्य है, चाहे वे सामान्यतः ज्ञात तथ्यों से भिन्न प्रतीत होते हों। आपको निर्णय करना है कि दिए गए निष्कर्ष में से कौन-सा/कौन-से रुप से कथनों द्वारा सही निकाला जा सकता है/सकते हैं, यदि कोई हो।

कथनः

(I) सभी शालें कालीन हैं।

(II) कोई कालीन पुलोवर नहीं हैं।

निष्कर्षः

(I) कोई शाल पुलोवर नहीं है।

(II) सभी कालीन शालें हैं।

(A) निष्कर्ष I सही है

(B) निकर्ष II सही है

(C) न तो I और न ही II सही हैं

(D) I और II दोनों सही हैं

[SSC CHSL (Tier-1) ऑनलाइन परीक्षा7 फरवरी 2017 दोपहर पाली]

उत्तर (A) दिए गए कथनों में निष्फर्ष I सही हैं।

7 फरवरी 2017 सुबह पाली

20. निम्नलिखित प्रश्न में, दो कथन दिए गए हैं जिनके आगे दो निष्कर्ष 1 और II निकाले गए हैं। आपको मानना है कि कथन सत्य है चाहे वे सामान्यतः ज्ञात तथ्यों से भिन्न प्रतीत होते हों। आपको निर्णय करना है कि दिए गए निष्कर्षों में से कौन सा/कौन से निश्चित रूप से कथनों द्वारा सही निकाला जा सकता है। सकते हैं, यदि कोई हो।

कथन :

(i) डीआरडीओ ने एक भारतीय एयरफोर्स एयरक्राफ्ट से एक स्मार्ट हवाईक्षेत्र हथियार का परीक्षण किया है।

(i) यह हल्का और अचूक निशाने वाला बम विश्व स्तरीय हथियार प्रणाली में से एक है।

निष्कर्ष :

(i) डीआरडीओ के अध्यक्ष डॉ एक क्रिस्टोफर ने डीआरडीओ और भारतीय वायुसेना की टीमों को सफल मिशन के लिए बधाई दी।

(ii) परीक्षण भारतीय वायुसेना के विमान और सिस्टम परीक्षण प्रतिष्ठान द्वारा किया गया।

(A) केवल निष्कार्ष I लागू होता है।

(B) निष्कार्ष I और II दोनों लागू होता है।

(C) न निष्कार्ष I न ही II लागू होता है।

(D) केवलल निष्कार्ष I लागू होता है।

[SSC CHSL (Tier-1) ऑनलाइन परीक्षा7 फरवरी 2017 सुबह पाली]

उत्तर (C) दिए गए दोनों कथनों का एक दूसरे से कोई सम्बन्ध नहीं है इसलिए कोई निष्कर्ष न निकाला जा सकता है और न ही लागू होता है।

21. निम्नलिखित प्रश्न में, दो कथन दिए गए हैं जिनके आगे दो निष्कर्ष I और II निकाले गए हैं। आपको मानना है कि कथन सत्य है चाहे वे सामान्यतः ज्ञात तथ्यों से भिन्न प्रतीत होते हों। आपको निर्णय करना है कि दिए गए निष्कर्षों में से कौनसा/कौनसे से निश्चित रूप से कथनों द्वारा सही निकाला जा सकता है/सकते हैं, यदि कोई हो–

कथन :

(I) अवकाश का मकसद आराम, आनंद और फिर से ऊर्जा से लबरेज होना है।

(II) आम तौर पर लोग छुट्टी में बाहर घूमने के लिए जाते हैं और वहीं थक जाते हैं।

निष्कर्ष :

(I) अवकाश आराम करने के लिए होता है।

(II) बाहर घूमना और एक अलग वातावरण खुद ही आनंद से भर देता है।

(A) केवल निष्कर्ष II लागू होता है।

(B) निष्कर्ष I और II दोनों लागू होता है।

(C) न निष्कर्ष I न ही II लागू होता है।

(D) केवल निष्कर्ष I लागू होता है।

[SSC CHSL (Tier-1) ऑनलाइन परीक्षा 3 फरवरी 2017 दोपहर पाली]

उत्तर (d) दिए गए कथनों के अनुसार निष्कर्ष (I) सही है। अतः विकल्प (d) सही होगा।

12 क्रम व्यवस्था परीक्षण

- Ranking से तात्पर्य है किसी व्यक्ति का कुल व्यक्तियों के समूह में स्थान। इसमें कुछ शर्तें दी जाती हैं जिनके आधार पर किसी व्यक्ति का ऊपर या नीचे तथा दाएं या बाएं से स्थान ज्ञात करना होता है। कुछ प्रश्नों में किसी व्यक्ति का आगे तथा पीछे से स्थान दिया गया होता है और आपको कुल व्यक्तियों की संख्या ज्ञात करनी होती है। कई बार कुछ व्यक्तियों की संख्या दी जाती है और उसमें से एक का आगे या पीछे से स्थान दिया गया होता है। अगर आगे से स्थान दिया गया होता है, तो पीछे से उसका स्थान ज्ञात करना होता है या फिर पीछे से उसका स्थान दिया गया होता है और आगे से स्थान प्राप्त करना होता है। कई बार दो व्यक्तियों में से एक का आगे से तथा एक बार पीछे से स्थान दिया गया होता है और उनके बीच कुछ लोग होते हैं, जिनकी संख्या दी गई होती है और आपको सभी लोगों की संख्या ज्ञात करनी होती है। कभी-कभी दो व्यक्तियों का बाएं तथा दाएं से स्थान दिया गया होता है। अगर वे आपस में अपना स्थान बदल लें तो उनका उनकी उल्टी दिशा में स्थान दिया गया होता है और आपको लोगों की कुल संख्या ज्ञात करनी होती है। अब, नीचे कुछ उदाहरण द्वारा इन प्रश्नों और उसके हल करने के तरीकों को समझेंगे।

हल सहित उदाहरण :

उदाहरण 1. संजय का स्थान अपने वर्ग में ऊपर से चौथा और नीचे से 41वां है। वर्ग में कुल कितने छात्र हैं?

(A) 45 वां (B) 46 वां

(C) 44 वां (D) 43 वां

हल— (C) : कुल छात्रों की संख्या = 41 + 4 – 1 = 44 वां

अब प्रश्न यह है कि कुल संख्या में से 1 क्यों घटाया गया? ऐसा इसलिए हुआ, क्योंकि ऊपर से चौथा नीचे से 41वां स्थान एक ही है। जब हम दोनों संख्याओं (4 तथा 41) को जोड़ते हैं तो संजय का स्थान (ऊपर से चौथा एवं नीचे से इकतालीसवां) दो बार गिना जाता है जो गलत है; अत: उत्तर (C) होगा।

उदाहरण 2. 21 छात्रों की पंक्ति में विपुल अगर चार स्थान दाएं चला जाता है तो उसका स्थान बाएं से 15वां हो जाता है। बताएं कि–

(i) पहली पंक्ति में बाएं से उसका क्या स्थान था?

(ii) पहले उसका पंक्ति में दाएं से क्या स्थान था एवं

(iii) अब उसका दाएं से क्या स्थान है?

(A) 11, 11, 8 (B) 12, 11, 8

(C) 11, 11, 7 (D) 12, 11, 7

हल— (C) : विपुल का स्थान निम्नलिखित प्रकार दर्शाया जा सकता है–

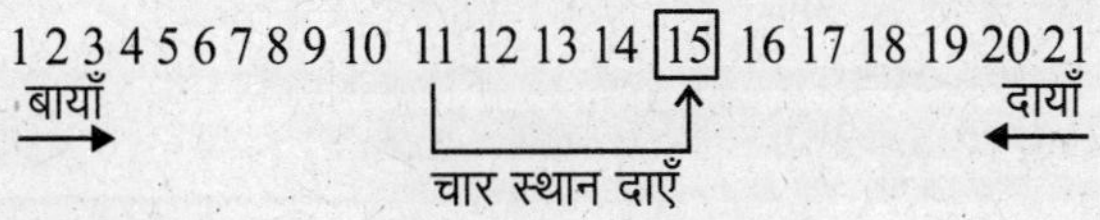

चित्रानुसार,

(i) पहले उसका पंक्ति में बाएं से 11वां स्थान था।

(ii) पहले उसका पंक्ति में बाएं से स्थान = 21 – 11 + 1 = 11 वां (यहां + 1 क्यों किया गया यह आप पहले ही समझ चुके हैं।)

(iii) वर्तमान में उसका दाएं से स्थान = 21 – 15 + 1 = 7 वां

उदाहरण 3. विशाल एवं सरोज का स्थान अपने ग्रुप में क्रमश: बाएं से 12वां एवं दाएं से 8 वां है। अगर वे अपना स्थान आपस में बदल लेते हैं तो सरोज का स्थान दाएं से 17वां हो जाता है। बताएं कि विशाल का बाएं से कौन-सा स्थान होगा तथा ग्रुप में कितने लोग हैं?

(A) 20, 28 (B) 21, 27

(C) 21, 28 (D) 21, 22

हल— (C) :

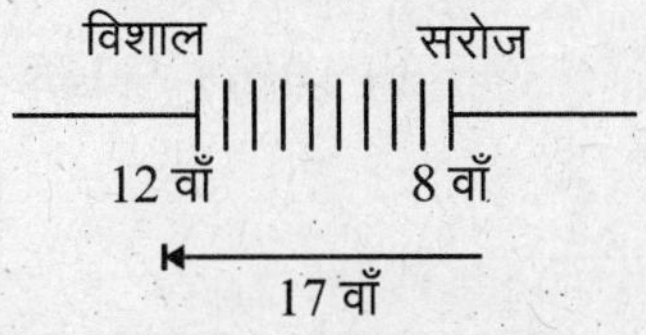

स्थान परिवर्तन के बाद सरोज का स्थान दाएं से 17वां हो जाता है अर्थात् प्रारम्भ में विशाल एवं सरोज के बीच लोगों की संख्या

⇒ 17 – 8 – 1 = 8

इसलिए स्थान परिवर्तन के बाद विशाल का स्थान बाएं से (12 – 8 + 1) = 21 वां

अत: कुल लोगों की संख्या = 12 + 8 + 8 = 28

उदाहरण 4. 72 छात्रों के समूह में आकाश का स्थान नीचे से 42वां है, तो ऊपर से उसका स्थान होगा?

(A) 30 वां (B) 31 वां

(C) 29 वां (D) 32 वां

हल— (B) आकाश का स्थान नीचे से 42 वां है अर्थात् ऊपर

कुल 72 – 42 = 30 छात्र है। इसलिए आकाश का ऊपर से स्थान 30 + 1 = 31वां होगा। ध्यान दें कि हमने यहां +1 किया है। यहां +1 इसलिए

किया है, क्योंकि 30 व्यक्ति उसके स्थान के अलावा हैं, जिनके नीचे आकाश का स्थान है इसलिए उत्तर (b) होगा।

उदाहरण 5. अवनीश का अपने वर्ग में बाएं से 15वां स्थान है और सुरेश का उसी वर्ग में दाएं से 12वां। सुरेश अवनीश के दाएं है। उनके बीच में 4 छात्र हैं। बताएं कि–

(i) कक्षा में कुल कितने छात्र हैं?

(ii) अवनीश का दाएं से कौन-सा स्थान है तथा

(iii) सुरेश का बाएं से कौन-सा स्थान है?

(a) 31, 17, 20 (b) 32, 17, 20

(c) 31, 18, 19 (d) 19, 18, 20

हल– (a) : (i) कुल छात्रों की संख्या = 15 – 12 + 4 = 31

(यहां +1 या –1 नहीं करना पड़ा, क्योंकि किसी का स्थान एक-दूसरे पर Overlap नहीं कर रहा था)

(ii) अवनीश का बाएं से 15वां स्थान है।

दाएं से उसका स्थान = 31 – 15 + 1 = 17वां होगा।

(iii) सुरेश का दाएं से स्थान 12वां है।

बाएं से उसका स्थान 31 – 12 + 1 = 20वां होगा।

अभ्यास प्रश्न

1. M, N, O, P और Q एक रेखा में खड़े हैं। P अंत में है और O के दाहिने में तीसरा है। N, Q के दाहिने में है, किन्तु P के बाएं है। बाएं छोर के अंत पर कौन है?

(A) M (B) N

(C) O (D) P

[SSC CHSL (Tier-1) ऑनलाइन परीक्षा 30 जनवरी 2017 सुबह पाली]

उत्तर (A) M, N, O, P और Q एक रेखा में है।

∴ प्रश्नानुसार,

M—O—Q—N—P

इसलिए बाएं छोर के अन्त पर M होगा।

2. B, C से बड़ा है, किन्तु D जितना बड़ा नहीं है। E, B जितना बड़ा नहीं है। इनमें सबसे बड़ा कौन है?

(A) B (B) E

(C) C (D) D

[SSC CHSL (Tier-1) ऑनलाइन परीक्षा 29 जनवरी 2017 सुबह पाली]

उत्तर (D) D > E > B > C

इस प्रकार D सबसे बड़ा होगा।

3. एक परिवार में वीरेन्द्र का वजन, परमिंदर के वजन से अधिक है। परमिंदर का वजन, कुलदीप के वजन से कम है किन्तु गुरजीत के वजन से अधिक है। कुलदीप और टॉमी के वजन का योग, वीरेन्द्र के वजन के बराबर है। परिवार में सबसे भारी कौन है ?

(A) वीरेन्द्र (B) कुलदीप

(C) गुरजीत (D) परमिंदर

[SSC CHSL (Tier-1) ऑनलाइन परीक्षा 23 जनवरी 2017 दोपहर पाली]

उत्तर (A) वजन के अनुसार

(K + T) = V

(कुलदीप + टॉमी) = वीरेन्द्र

∴ वीरेन्द्र का वजन सबसे अधिक होगा।

4. बुमरा, जग्गू, माही, युवी और सहवाग क्रिकेट खेलते है। सहवाग, युवी से ज्यादा किन्तु माही से कम रन बनाता है। बुमरा, माही से ज्यादा किन्तु जग्गू से कम रन बनाता है। कौन सबसे अधिक रन बनाता है?

(A) युवी (B) बुमरा

(C) माही (D) जग्गू

[SSC CHSL (Tier-1) ऑनलाइन परीक्षा 21 जनवरी 2017 दोपहर पाली]

उत्तर (D) माही > सहवाग > युवी

बुमरा > माही > जग्गू

∴ सही क्रम जग्गू > बुमरा > माही > सहवाग > युवी

अत: जग्गू सबसे अधिक रन बनाता है।

5. P, Q, R, S और T साथ बैठे हैं। एक अंतिम छोर पर है। P, T का पड़ोसी है और Q के बाएं से तीसरे स्थान पर है। T के दाएं चौथे स्थान पर कौन हैं?

(A) P (B) T

(C) Q (D) S

[SSC CHSL (Tier-1) ऑनलाइन परीक्षा 18 जनवरी 2017 सायं पाली]

उत्तर (C) कथन के अनुसार

T < P < S < R < Q

इस प्रकार T के दाएं से चौथे स्थान पर Q होगा।

6. A, B से कद में लम्बा है, जो कि C से छोटा और D से लम्बा है। तो इनमें सबसे छोटा कौन है?

(A) B (B) C

(C) D (D) A

[SSC CHSL (Tier-1) ऑनलाइन परीक्षा 17 जनवरी 2017 दोपहर पाली]

उत्तर (C) A > B > C > D

अत: सबसे छोटा D होगा।

7. विशु, पूजा, विशाखा, रानी और राम एक कतार में बैठे हुए हैं। पूजा दाहिने ओर के अंतिम से तीसरे स्थान पर बैठी

हुई है। विशु, पूजा के बाएं से दूसरे स्थान पर बैठा हुआ है। विशाखा, पूजा के दाहिने में है। रानी, राम के दाहिने से तीसरे स्थान पर है, जो विशु के एकदम बगल में है, तो मध्य में कौन बैठा हुआ है?

(A) पूजा (B) राम
(C) विशाखा (D) रानी

[SSC CHSL (Tier-1) ऑनलाइन परीक्षा 9 जनवरी 2017 सायं पाली]

उत्तर (A) प्रश्नानुसार,

विशु–रानी–पूजा–विशाखा–राम
बायां→ ←दायां

इस प्रकार पूजा मध्य में बैठी हुई है।

8. विनीत, रमण से लम्बा है किन्तु ज्योति से छोटा है। सुमित की लम्बाई सबसे कम हैं। दीपक, सुमित से लम्बा है किन्तु रमण से छोटा है। किसकी लम्बाई सबसे अधिक है ?

(A) ज्योति (B) रमण
(C) विनीत (D) दीपक

[SSC CHSL (Tier-1) ऑनलाइन परीक्षा 8 फरवरी 2017 दोपहर पाली]

उत्तर (A) इसलिए ज्योति की लम्बाई सबसे अधिक हैं।

ज्योति > विनीत > रमण > दीपक > सुमित

अत: ज्योति सबसे लम्बी होगी।

9. संजीव को कक्षा में सबसे अधिक अंक प्राप्त हुए। राहुल को निर्भय से ज्यादा किन्तु समीर से कम अंक प्राप्त हुए। अर्पित को राहुल से अधिक अंक प्राप्त हुए। इन पांचों में से किसे चौथा स्थान प्राप्त हुआ है ?

(A) समीर (B) निर्भय
(C) राहुल (D) अर्पित

[SSC CHSL (Tier-1) ऑनलाइन परीक्षा 7 फरवरी 2017 सुबह पाली]

उत्तर (C) दिए गए कथन के अनुसार

संजीव > निर्भय > समीर > अर्पित < राहुल

इन्हें सही क्रम में लिखने पर

संजीव > निर्भय > समीर > राहुल > अर्पित

अत: कक्षा में सबसे अधिक अंक समीर को और सबसे कम अंक अर्पित को प्राप्त होंगे और राहुल को चौथा स्थान प्राप्त होगा।

10. पांच लड़के P, Q, R, S और T एक कतार में खड़े हैं। Q कद में T से लम्बा है किन्तु P से छोटा है। S, T, से छोटा है किन्तु R से लम्बा है। सबसे छोटा कौन है?

(a) S (b) R
(c) T (d) P

[SSC CHSL (Tier-1) ऑनलाइन परीक्षा 3 फरवरी 2017 दोपहर पाली]

उत्तर (b) दिए गए कथनों के अनुसार R सबसे छोटा होगा।

इस प्रकार क्रम बनेगा, P > S > Q > T > R

P > R

11. P, Q, R, S और T एक कतार में खड़े हैं। P कद में S से लंबा है, किन्तु Q से छोटा है। T, S से छोटा है किन्तु R से लंबा है। तो दूसरा लंबा व्यक्ति कौन है ?

(A) T (B) S
(C) R (D) P

[SSC CHSL (Tier-1) ऑनलाइन परीक्षा 3 फरवरी 2017 सायं पाली]

उत्तर (D) P, Q, R, S, T एक कतार में है।

Q > P > S
R < T < S

अत: सबसे लम्बा व्यक्ति Q उसके बाद दूसरा व्यक्ति P होगा।

13 मैट्रिक्स

इसके अंतर्गत अक्षरों तथा संख्याओं के कोड एक या दो मैट्रिक्स में दिए जाते हैं। इन मैट्रिक्स में प्रत्येक अक्षर के लिए दो-दो अंकों की संख्याओं का कूट निर्धारित होता है। इसे हल करने के लिए सर्वप्रथम दिए गए सभी अक्षरों का सम्भावित मान लिख लेना चाहिए और उसके बाद दिए गए विकल्पों में से सही उत्तर को चुनना चाहिए।

हल सहित उदाहरण :

निर्देश— नीचे दो मैट्रिक्स दिए हैं, जिनमें से प्रत्येक में 25 कोष्ठक और दो प्रकार की अक्षरमाला दी गई है। मैट्रिक्स I के स्तंभों एवं पंक्तियों को 0 से 4 क्रमांकित किया गया है और मैट्रिक्स II में 5 से 9 तक। इन मैट्रिक्स का कोई अक्षर पहले इसकी पंक्ति संख्या और फिर इसकी स्तंभ संख्या द्वारा प्रदर्शित किया जा सकता है। यथा 'R' को '01' तथा '44' आदि से प्रदर्शित कर सकते हैं। इसी तरह 'V' को '59', '78' आदि द्वारा प्रदर्शित कर सकते हैं। निम्नांकित प्रत्येक प्रश्न में संख्याओं के एक जोड़े की पहचान (A), (B), (C), व (D) में से करें, जोकि दिए हुए शब्द को प्रदर्शित करता है।

मैट्रिक्स I

	0	1	2	3	4
0	M	R	H	N	F
1	N	F	M	R	H
2	R	H	N	F	M
3	F	M	R	H	N
4	H	N	F	M	R

मैट्रिक्स II

	5	6	7	8	9
5	O	E	A	K	V
6	K	U	O	E	A
7	E	A	K	V	O
8	U	O	E	A	K
9	A	K	U	O	E

उदाहरण 1: FORK

(A) 11, 79, 20, 67 (B) 30, 86, 13, 77
(C) 20, 96, 32, 55 (D) 23, 86, 11, 77

हल (B) :
F $\Rightarrow$ 04, 11, 23, 30, 42
O $\Rightarrow$ 55, 67, 79, 86, 98
R $\Rightarrow$ 01, 13, 20, 32, 44
K $\Rightarrow$ 58, 65, 77, 89, 96
$\therefore$ FORK $\Rightarrow$ 30, 86, 13, 77

निर्देश: (उदाहरण 2-3) : नीचे दिए गए प्रश्नों में एक शब्द केवल एक संख्या समूह द्वारा दर्शाया गया है, जैसा कि विकल्पों में से किसी एक में दिया गया है। विकल्पों में दिए गए संख्या समूह अक्षरों के दो वर्गों द्वारा दर्शाए गए हैं, जैसा कि नीचे दिए गए दोनों मैट्रिक्स में हैं। मैट्रिक्स I के स्तंभों और पंक्तियों की संख्या 0 से 4 दी गई है और मैट्रिक्स II की 5 से 9। इन मैट्रिक्स से किसी भी अक्षर को पहले उसकी पंक्ति और बाद में स्तंभ संख्या द्वारा दर्शाया जा सकता है। उदाहरण के लिए M को 14, 21 आदि द्वारा दर्शाया जा सकता है। O को 20, 32 आदि द्वारा दर्शाया जा सकता है। इसी प्रकार से आपको प्रश्न में दिए गए शब्द के लिए समूह को पहचानना है।

मैट्रिक्स I

	0	1	2	3	4
0	F	O	M	S	R
1	S	R	F	O	M
2	O	M	S	R	F
3	R	F	O	M	S
4	M	S	R	F	O

मैट्रिक्स II

	5	6	7	8	9
5	A	T	D	I	P
6	I	P	A	T	D
7	T	D	I	P	A
8	P	A	T	D	I
9	D	I	P	A	T

उदाहरण 2: शब्द ROAD को निम्न में से कौन दर्शाता है?

(A) 04, 20, 55, 78 (B) 23, 32, 98, 99
(C) 42, 32, 79, 58 (D) 11, 13, 67, 69

हल (D): चूंकि दिए गए विकल्पों से शब्द ROAD को दर्शाने वाला कोड ज्ञात करना है। इसलिए हम सबसे पहले यह ज्ञात करेंगे कि शब्द ROAD में प्रयुक्त प्रत्येक अक्षर के लिए कौन-कौन-सा अंक कोड प्रयुक्त किया गया है।

R = 04, 11, 23, 30, 42 O = 01, 13, 20, 32, 44
A = 55, 67, 79, 86, 98 D = 57, 69, 76, 88, 95

अब, दिए गए विकल्पों का ध्यानपूर्वक अवलोकन करने पर हम पाते हैं कि ROAD शब्द को 11, 13, 67 एवं 69 द्वारा दर्शाया गया है, जो विकल्प (D) में मौजूद है।

उदाहरण 3: शब्द MOST को निम्न में से कौन दर्शाता है?

(A) 02, 13, 34, 56 (B) 21, 00, 03, 88
(C) 33, 20, 11, 79 (D) 40, 44, 22, 89

हल (A): चूंकि दिए गए विकल्पों से शब्द MOST को दर्शाने वाला कोड ज्ञात करना है। इसलिए हम सबसे पहले यह ज्ञात करेंगे कि शब्द MOST में प्रयुक्त प्रत्येक अक्षर के लिए कौन-कौन-सा अंक-कोड प्रयुक्त किया गया है।

M = 02, 14, 21, 33, 40 O = 01, 13, 20, 32, 44

S = 03, 10, 22, 34, 41 T = 56, 68, 75, 87, 99

अब, दिए गए विकल्पों का ध्यानपूर्वक अवलोकन करने पर हम पाते हैं कि MOST शब्द को 02, 13, 34 एवं 56 द्वारा दर्शाया गया है, जो विकल्प (A) में मौजूद है।

अभ्यास प्रश्न

1. एक शब्द केवल एक संख्या-समूह द्वारा दर्शाया गया है, जैसाकि विकल्पों में से किसी एक में दिया गया है। विकल्पों में दिए गए संख्या-समूह अक्षरों के दो वर्गों द्वारा दर्शाए गए हैं, जैसाकि दिए गए दो आव्यूहों में है। आव्यूह-I के स्तम्भ और पंक्ति की संख्या 0 से 4 और आव्यूह-II की 5 से 9 है। इन आव्यूहों में से एक अक्षर को पहले उसकी पंक्ति और बाद में स्तम्भ संख्या द्वारा दर्शाया जा सकता है। उदाहरण के लिए 'F' को 32, 42 आदि द्वारा दर्शाया जा सकता है तथा 'M' को 88, 68 आदि द्वारा दर्शाया जा सकता है। इसी तरह से आपको प्रश्न में दिए शब्द "SNOW' के लिए समूह को पहचानना है।

आव्यूह-I

	0	1	2	3	4
0	I	N	U	H	E
1	U	I	N	L	L
2	W	G	I	N	E
3	W	W	F	I	U
4	W	W	F	N	E

आव्यूह-II

	5	6	7	8	9
5	I	S	D	R	O
6	O	I	I	M	S
7	O	S	G	I	O
8	D	M	T	M	I
9	S	D	D	M	S

SA

(A) 76, 43, 59, 21 (B) 95, 23, 79, 10
(C) 99, 01, 57, 30 (D) 69, 12, 65, 20

[SSC CHSL (Tier-1) ऑनलाइन परीक्षा 30 जनवरी 2017 सुबह पाली]

उत्तर (D) S = 56, 69, 75, 95, 99
N = 01, 12, 23, 43
O = 54, 65, 75, 79
W = 20, 50, 31, 40, 41

अतः 'SNOW' के लिए संख्या समूह 69, 12, 65, 20 होगा।

2. एक शब्द केवल एक संख्या-समूह द्वारा दर्शाया गया है, जैसाकि विकल्पों में से किसी एक में दिया गया है। विकल्पों में दिए गए संख्या-समूह अक्षरों के दो वर्गों द्वारा दर्शाए गए हैं, जैसा कि दिए गए दो आव्यूहों में है। आव्यूह-I के स्तम्भ और पंक्ति की संख्या 0 से 4 में दी गई है और आव्यूह-II की 5 से 9 में दी गई है। इन आव्यूहों से एक अक्षर को पहले उसकी पंक्ति और बाद में स्तम्भ संख्या द्वारा दर्शाया जा सकता है। उदाहरण के लिए 'U' को 10, 33 आदि द्वारा दर्शाया जा सकता है तथा 'N' को 75, 89 आदि द्वारा दर्शाया जा सकता है। इसी तरह से आपको प्रश्न में दिए शब्द 'BOARD' के लिए समूह को पहचानना है।

आव्यूह-I

	0	1	2	3	4
0	R	B	U	P	A
1	U	A	R	B	P
2	P	R	U	A	B
3	A	P	B	U	R
4	B	U	A	R	P

आव्यूह-II

	5	6	7	8	9
5	D	N	S	H	O
6	S	D	O	N	H
7	N	O	H	D	S
8	H	S	D	O	N
9	O	H	N	S	D

(A) 32, 76, 04, 21, 55 (B) 01, 66, 11, 43, 99
(C) 40, 59, 41, 00, 66 (D) 30, 67, 42, 34, 78

[SSC CHSL (Tier-1) ऑनलाइन परीक्षा 30 जनवरी 2017 सायं पाली]

उत्तर (A) BOARD के लिए,

B = 01, 13, 24, 32, 40
O = 59, 67, 76, 88, 95
A = 04, 11, 23, 30, 42
R = 0, 0, 12, 21, 34, 43
D = 55, 66, 78, 87, 99

BOARD के लिए समूह 32, 76, 04, 21, 55, होगा।

3. एक शब्द केवल एक संख्या समूह द्वारा दर्शाया गया है, जैसा कि विकल्प में से किसी एक में दिया गया है। विकल्प में दिए गए संख्या समूह अक्षरों के दो वर्गों द्वारा दर्शाया गए हैं, जैसा कि नीचे दिए गए दो अव्यूहों में है। आव्यूह-I के स्तम्भ और पंक्ति की संख्या 0 से 4 और आव्यूह-II की 5 से 9 है। इन आव्यूहों से एक अक्षर को पहले उसकी पंक्ति और बाद में स्तम्भ संख्या द्वारा दर्शाया जा सकता है। उदाहरण के लिए 'M' को 10, 03 आदि द्वारा दर्शाया जा सकता है तथा 'H' को 55, 78 आदि द्वारा दर्शाया जा सकता है। इसी तरह से आपको प्रश्न में दिए शब्द 'MATHS' के लिए समूह को पहचानना है।

आव्यूह-I

	0	1	2	3	4
0	T	S	N	M	E
1	M	T	S	N	E
2	S	E	M	T	N
3	N	M	E	S	T
4	E	N	T	S	M

आव्यूह-II

	5	6	7	8	9
5	H	G	I	P	A
6	G	H	A	I	P
7	A	I	G	H	I
8	I	P	H	A	G
9	P	A	P	G	H

(A) 03, 59, 11, 78, 43 (B) 10, 67, 22, 55, 01

(C) 22, 75, 00, 66, 21 (D) 44, 88, 23, 98, 20

[SSC CHSL (Tier-1) ऑनलाइन परीक्षा 29 जनवरी 2017 सुबह पाली]

उत्तर (A) M = 03, 10, 22, 31, 44

A = 59, 67, 75, 88, 96

T = 00, 11, 23, 34, 42

H = 55, 66, 78, 87, 99

S = 01, 12, 20, 33, 43

MATHS के लिए समूह 03, 59, 11, 78, 43 होगा।

4. एक शब्द केवल एक संख्या समूह द्वारा दर्शाया गया है, जैसा कि विकल्पों में से किसी एक में दिया गया है विकल्पों में दिए गए संख्या समूह अक्षरों के दो वर्गों द्वारा दर्शाए गए हैं, जैसा कि दिए गए दो आव्यूहों में है। आव्यूह-I के स्तम्भ और पंक्ति की संख्या 0 से 4 और आव्यूह-II की 5 से 9 हैं। इन आव्यूहों से एक अक्षर को पहले उसकी पंक्ति और बाद में स्तम्भ संख्या द्वारा दर्शाया जा सकता है। उदाहरण के लिए 'N' को 21, 43 आदि द्वारा दर्शाया जा सकता है तथा 'R' को 66, 57 आदि द्वारा दर्शाया जा सकता है। इसी तरह से आपको प्रश्न में दिए शब्द 'GEAR' के लिए समूह को पहचानना है।

आव्यूह-I

	0	1	2	3	4
0	A	S	E	G	A
1	Q	D	H	L	S
2	W	N	T	K	D
3	H	D	Y	A	F
4	R	G	A	N	G

आव्यूह-II

	5	6	7	8	9
5	E	T	R	R	F
6	G	R	P	L	R
7	I	O	U	R	M
8	D	F	R	K	Q
9	S	R	W	D	E

(A) 03, 99, 57, 77 (B) 44, 55, 42, 66

(C) 41, 00, 02, 78 (D) 65, 02, 00, 43

[SSC CHSL (Tier-1) ऑनलाइन परीक्षा 25 जनवरी 2017 सुबह पाली]

उत्तर (B) G = 03, 44, 65

E = 02, 55, 99

A = 00, 04, 33, 42

R = 40, 57, 58, 66, 69, 78, 87, 96

GEAR के समूह 44, 55, 42, 66 होगा।

5. एक शब्द केवल एक संख्या-समूह द्वारा दर्शाया गया है, जैसा कि विकल्पों में से किसी एक में दिया गया है। विकल्पों में दिए गए संख्या-समूह अक्षरों के दो वर्गों द्वारा दर्शाए गए हैं, जैसा कि दिए गए दो आव्यूहों में है। आव्यूह-I के स्तम्भ और पंक्ति की संख्या 0 से 4 और आव्यूह-II की 5 से 9 है। इन आव्यूहों से एक अक्षर को पहले उसकी पंक्ति और बाद में स्तम्भ संख्या द्वारा दर्शाया जा सकता है। उदाहरण के लिए 'F' को 32, 42 आदि द्वारा दर्शाया जा सकता है तथा 'M' को 88, 68 आदि द्वारा दर्शाया जा सकता है। इसी तरह से आपको प्रश्न में दिए शब्द 'TURN' के लिए समूह को पहचानना है।

आव्यूह - I

	0	1	2	3	4
0	A	N	U	H	E
1	U	A	N	L	L
2	U	G	A	N	E
3	U	L	F	A	U
4	U	L	F	N	E

आव्यूह - II

	5	6	7	8	9
5	I	S	T	R	O
6	R	I	T	M	S
7	R	S	G	R	O
8	T	S	T	M	R
9	S	T	T	M	S

(A) 67, 20, 76, 43 (B) 57, 01, 65, 12

(C) 85, 30, 89, 23 (D) 97, 02, 78, 22

[SSC CHSL (Tier-1) ऑनलाइन परीक्षा 24 जनवरी 2017 सुबह पाली]

उत्तर (C) TURN के लिए,

T = 57, 67, 85, 87, 96, 97

U = 02, 10, 20, 30, 34, 40

R = 58, 65, 75, 78, 89

N = 01, 12, 23, 43

समूह 85, 30, 89, 23 उचित समूह होगा।

6. एक शब्द केवल एक संख्या-समूह द्वारा दर्शाया गया है, जैसा कि विकल्पों में से किसी एक में दिया गया है। विकल्पों में दिए गए संख्या समूह अक्षरों के दो वर्गों द्वारा दर्शाए गए हैं, जैसा कि दिए गए दो आव्यूहों में है। आव्यूह I के स्तम्भ और पंक्ति की संख्या 0 से 4 और आव्यूह-II की 5 से 9 है। इन आव्यूहों से एक अक्षर को पहले उसकी पंक्ति और बाद में स्तम्भ संख्या द्वारा दर्शाया जा सकता है। उदाहरण के लिए 'W' को 21, 23 आदि द्वारा दर्शाया जा सकता है तथा 'J' को 79, 97 आदि द्वारा दर्शाया जा सकता है। इसी तरह से आपको प्रश्न में दिए शब्द 'GERM' के लिए समूह को पहचानना है।

आव्यूह - I

	0	1	2	3	4
0	M	A	R	E	G
1	G	E	M	Q	H
2	U	W	R	W	P
3	G	V	A	P	O
4	M	A	R	Y	I

आव्यूह - II

	5	6	7	8	9
5	V	M	P	G	M
6	R	P	E	D	U
7	P	M	G	E	J
8	N	R	E	A	K
9	M	U	J	S	L

(A) 10, 11, 02, 59 (B) 04, 87, 31, 76
(C) 30, 67, 44, 40 (D) 77, 96, 12, 95

[SSC CHSL (Tier-1) ऑनलाइन परीक्षा 24 जनवरी 2017 सायं पाली]

उत्तर (A) G = 04, (10), 30, 58, 77

E = 03, (11), 67, 78, 87

R = (02), 22, 42, 65, 86

M = 00, 12, 40, 56, (59), 76, 95

GERM के लिए समूह 10, 11, 02, 59 बनेगा।

7. एक शब्द केवल एक संख्या-समूह द्वारा दर्शाया गया है, जैसा कि विकल्पों में से किसी एक में दिया गया है। विकल्पों में दिए गए संख्या समूह अक्षरों के दो वर्गों द्वारा दर्शाए गए हैं, जैसा कि दिए गए दो आव्यूहों में है। आव्यूह I के स्तम्भ और पंक्ति की संख्या 0 से 4 है और आव्यूह-II की 5 से 9 है। इन आव्यूहों से एक अक्षर को पहले उसकी पंक्ति और बाद में स्तम्भ संख्या द्वारा दर्शाया जा सकता है। उदाहरण के लिए F को 32, 42 आदि द्वारा दर्शाया जा सकता है तथा M को 88, 68 आदि द्वारा दर्शाया जा सकता है। इसी तरह से आपको प्रश्न में दिए शब्द MOVIE के लिए समूह को पहचानना है।

आव्यूह-I

	0	1	2	3	4
0	I	N	U	H	E
1	U	I	E	L	L
2	V	G	I	N	E
3	V	W	F	I	U
4	V	V	F	N	E

आव्यूह-II

	5	6	7	8	9
5	I	S	D	R	O
6	O	I	I	M	S
7	O	S	G	I	O
8	D	M	T	M	I
9	S	D	D	M	S

(A) 98, 59, 42, 33, 44 (B) 86, 79, 40, 22, 43
(C) 88, 65, 20, 11, 24 (D) 68, 75, 30, 00, 13

[SSC CHSL (Tier-1) ऑनलाइन परीक्षा 23 जनवरी 2017 दोपहर पाली]

उत्तर (C)

M = 68, 86, (88), 98

O = 59, (65), 75, 79

V = (20), 30, 40, 41

I = 00, (11), 22, 33, 55, 66, 67, 78, 89

E = 04, 12, (24), 44

MOVIE के लिए समूह 88, 65, 20, 11, 24 बनेगा।

8. एक शब्द केवल एक संख्या-समूह द्वारा दर्शाया गया है, जैसा कि विकल्पों में से किसी एक में दिया गया है। विकल्पों में दिए गए संख्या-समूह अक्षरों के दो वर्गों द्वारा दर्शाए गए हैं, जैसा कि दिए गए दो आव्यूहों में है। आव्यूह-I और पंक्ति की संख्या 0 से 4 है और आव्यूह-II की 5 से 9। इन आव्यूहों से एक अक्षर को पहले उसकी पंक्ति और बाद में स्तम्भ संख्या द्वारा दर्शाया जा के सकता है। उदाहरण के लिए S को 43, 42 आदि द्वारा दर्शाया जा सकता है तथा 0 को 79, 78 आदि द्वारा दर्शाया जा सकता है। इसी तरह से आपको प्रश्न में दिए शब्द TERM के लिए समूह को पहचानना है।

आव्यूह-I

	0	1	2	3	4
0	A	R	U	T	P
1	A	R	T	P	P
2	O	T	R	O	A
3	T	N	N	R	A
4	U	Q	S	S	S

आव्यूह-II

	5	6	7	8	9
5	V	E	V	M	K
6	H	E	M	I	K
7	H	M	E	J	J
8	M	F	D	E	L
9	V	H	C	E	L

(A) 21, 77, 33, 76 (B) 12, 76, 22, 85
(C) 30, 66, 89, 76 (D) 31, 98, 33, 58

[SSC CHSL (Tier-1) ऑनलाइन परीक्षा 22 जनवरी 2017 सुबह पाली]

उत्तर (A) T = 03, 12, 21 , 30

E = 56, 66, 77 , 88, 98
R = 01, 11, 22, 33
M = 58, 67, 76 , 85
TERM के लिये समूह = 21, 77, 33, 76

9. एक शब्द केवल एक संख्या समूह द्वारा दर्शाया गया है, जैसा कि विकल्पों में से किसी एक में दिया गया है। विकल्पों में दिए गए संख्या समूह अक्षरों के दो वर्गों द्वारा दर्शाए गए हैं, जैसा कि दिए गए दो आव्यूहों में है। आव्यूह-I के स्तम्भ और पक्ति की संख्या 0 से 4, आव्यूह-II की 5 से 9 है। इन आव्यूहों में से एक अक्षर को पहले उसकी पंक्ति और बाद में स्तम्भ संख्या द्वारा दर्शाया जा सकता है। उदाहरण के लिए 'D' को 10, 01 आदि द्वारा दर्शाया जा सकता है तथा 'R' को 22, 34 आदि द्वारा दर्शाया जा सकता है। इसी तरह से आपको प्रश्न में दिए शब्द 'GREEN' के लिए समूह को पहचानना है।

आव्यूह-I

	0	1	2	3	4
0	A	D	N	M	R
1	D	T	W	R	W
2	S	H	R	B	E
3	F	R	E	V	R
4	R	E	G	C	F

आव्यूह-II

	5	6	7	8	9
5	H	E	Z	A	T
6	E	G	A	D	Y
7	K	A	X	G	M
8	A	B	C	M	W
9	K	V	M	H	N

(A) 98, 40, 85, 19. 20 (B) 01, 04, 42, 76, 98
(C) 78, 34, 65, 24, 99 (D) 42, 04, 24, 41, 88

[SSC CHSL (Tier-1) ऑनलाइन परीक्षा 21 जनवरी 2017 दोपहर पाली]

उत्तर (C) G = 42, 66, (78)

R = 04, 13, 22, 31, (34), 40

E = 24, 32, 41, 56, (65)

E = (24), 32, 41, 56, 65

N = 02, (99)

अत: GREEN के लिए समूह 78, 34, 65, 24, 99 होगा।

10. एक शब्द केवल एक संख्या समूह द्वारा दर्शाया गया है, जैसा कि विकल्पों में से किसी एक में दिया गया है। विकल्पों में दिए गए संख्या समूह अक्षरों के दो वर्गों द्वारा दर्शाए गए हैं, जैसा कि दिए गए दो आव्यूहों में है। आव्यूह-I के स्तम्भ और पक्ति की संख्या 0 से 4, आव्यूह-II की 5 से 9 है। इन आव्यूहों से एक अक्षर को पहले उसकी पंक्ति और बाद में स्तम्भ संख्या द्वारा दर्शाया जा सकता है। उदाहरण के लिए 'N' को 21, 67 आदि द्वारा दर्शाया जा सकता है तथा 'R' को 66, 57 आदि द्वारा दर्शाया जा सकता है। इसी तरह से आपको प्रश्न में दिए शब्द 'CARGO के लिए समूह को पहचानना है।

आव्यूह-I

	0	1	2	3	4
0	R	A	R	Y	A
1	A	C	G	Q	H
2	*U*	G	L	C	P
3	A	V	A	P	C
4	R	A	C	G	O

आव्यूह-II

	5	6	7	8	9
5	C	M	R	G	M
6	A	R	C	O	U
7	R	G	A	C	A
8	C	X	C	A	Y
9	O	G	Y	S	L

(A) 78, 10, 57, 21, 95

(B) 55, 31, 75, 12, 68

(C) 42, 65, 02, 98, 44

(D) 34, 88, 40, 76, 86

[SSC CHSL (Tier-1) ऑनलाइन परीक्षा 21 जनवरी 2017 सायं पाली]

उत्तर (A) C = 11, 23, 34, 42, 55, 67, (78), 85, 87

A = 01, 04, (10), 30, 32, 41, 65, 77, 79, 88

R = 00, 02, 40, (57), 66, 75

G = 12, (21), 43, 76, 96

O = 44, 68, (95)

∴ CARGO के लिए समूह 78, 10, 57, 21, 95 होगा।

11. एक शब्द केवल एक संख्या समूह द्वारा दर्शाया गया है, जैसा कि विकल्पों में से किसी एक में दिया गया है। विकल्पों में दिए गए संख्या समूह अक्षरों के दो वर्गों द्वारा दर्शाए गए हैं, जैसा कि दिए गए दो आव्यूहों में है। आव्यूह-I के स्तम्भ और पक्ति की संख्या 0 से 4 आव्यूह-II की 5 से 9 है। इन आव्यूहों से एक अक्षर को पहले उसकी पंक्ति और बाद में स्तम्भ संख्या द्वारा दर्शाया जा सकता है। उदाहरण के लिए 'D' को 21, 67 आदि द्वारा दर्शाया जा सकता है तथा 'R' को 66, 57 आदि द्वारा दर्शाया जा सकता है। इसी तरह से आपको प्रश्न में दिए शब्द 'PIZZA' के लिए समूह को पहचानना है।

आव्यूह-I

	0	1	2	3	4
0	I	P	I	M	R
1	D	I	W	R	W
2	S	H	R	B	E
3	F	R	E	P	R
4	R	E	P	C	F

आव्यूह-II

	5	6	7	8	9
5	A	E	Z	A	Z
6	E	G	A	D	Y
7	K	A	X	G	M
8	A	B	C	A	W
9	Z	V	M	H	N

(A) 33, 40, 85, 19, 20

(B) 01, 02, 95, 66, 85

(C) 42, 02, 57, 57, 10

(D) 33, 11, 57, 95, 58

[SSC CHSL (Tier-1) ऑनलाइन परीक्षा 18 जनवरी 2017 सायं पाली]

उत्तर (D) P = 01, (33), 42

I = 00, 02, (11)

Z = (57), 59, 95

Z = 57, 59, (95)

A = 55, (58), 67, 76, 85, 88

अत: PIZZA के लिए समूह 33, 11, 57, 95, 58 होगा।

12. एक शब्द केवल एक संख्या समूह द्वारा दर्शाया गया है, जैसा कि विकल्पों में से किसी एक में दिया गया है। विकल्पों में दिए गए संख्या समूह अक्षरों के दो वर्गों द्वारा दर्शाए गए हैं, जैसा कि दिए गए दो आव्यूहों में है। आव्यूह-I के स्तम्भ और पक्ति की संख्या 0 से 4 है और आव्यूह-II की 5 से 9 है। इन आव्यूहों से एक अक्षर को पहले उसकी पंक्ति और बाद में स्तम्भ संख्या द्वारा दर्शाया जा सकता है। उदाहरण के लिए 'D' को 13, 24 आदि द्वारा दर्शाया जा सकता है तथा 'R' को 68, 69 आदि द्वारा दर्शाया जा सकता है। इसी तरह से आपको प्रश्न में दिए शब्द 'CLASS' के लिए समूह को पहचानना है।

आव्यूह-I

	0	1	2	3	4
0	E	A	D	I	I
1	C	E	A	D	I
2	H	C	E	A	D
3	I	H	C	E	A
4	I	I	H	C	E

आव्यूह-II

	5	6	7	8	9
5	B	L	B	B	S
6	S	Y	L	R	R
7	J	S	Y	L	Q
8	J	Q	S	Y	L
9	K	K	K	S	Y

(A) 32, 67, 12, 87, 98

(B) 43, 78, 23, 98, 95

(C) 21, 34, 23, 98, 87

(D) 32, 67, 12, 65, 42

[SSC CHSL (Tier-1) ऑनलाइन परीक्षा 17 जनवरी 2017 दोपहर पाली]

उत्तर (A) C = 10, 21, (32), 43

L = 56, (67), 78, 89

A = 01, (12), 23, 34

S = 59, 65, 76, (87), 98

S= 59, 65, 76, 87, (98)

अत: CLASS समूह के लिए उपर्युक्त समूह 32, 67, 12, 87, 98 होगा।

13. एक शब्द केवल एक संख्या समूह द्वारा दर्शाया गया है, जैसा कि विकल्पों में से किसी एक में दिया गया है। विकल्पों में दिए गए संख्या समूह अक्षरों के दो वर्गों द्वारा दर्शाए गए हैं, जैसा कि दिए गए दो आव्यूहों में है। आव्यूह-I के स्तम्भ और पंक्ति

की संख्या 0 से 4 एवं आव्यूह-II की 5 से 9 है। इन आव्यूहों से एक अक्षर को पहले उसकी पंक्ति और बाद में स्तम्भ संख्या द्वारा दर्शाया जा सकता है। उदाहरण के लिए 'F' को 32, 42 आदि द्वारा दर्शाया जा सकता है तथा 'M' को 88, 68 आदि द्वारा दर्शाया जा सकता है। इसी तरह से आपको प्रश्न में दिए शब्द 'MOVE' के लिए समूह को पहचानना है।

आव्यूह-I

	0	1	2	3	4
0	I	N	U	H	E
1	U	I	E	L	L
2	V	G	I	N	E
3	V	W	F	I	U
4	V	V	F	N	E

आव्यूह-II

	5	6	7	8	9
5	1	S	D	R	O
6	O	I	I	M	S
7	O	S	G	I	O
8	D	M	T	M	I
9	S	D	D	M	S

(A) 98, 59, 42, 44

(B) 86, 79, 40, 43

(C) 88, 65, 20, 24

(D) 68, 75, 30, 13

[SSC CHSL (Tier-1) ऑनलाइन परीक्षा 16 जनवरी 2017 सुबह पाली]

उत्तर (C) M = 68, 86, (88), 98

O = 59, (65), 75, 79

V = 10, (20), 30, 40, 41

E = 04, 12, (24), 44

MOVE के लिये समूह 88, 65, 20, 24 होगा।

14. एक शब्द केवल एक संख्या समूह द्वारा दर्शाया गया है, जैसा कि विकल्पों में से किसी एक में दिया गया है। विकल्पों में दिए गए संख्या समूह अक्षरों के दो वर्गों द्वारा दर्शाए गए हैं, जैसा कि दिए गए दो आव्यूहों में है। आव्यूह-I के स्तम्भ और पंक्ति की संख्या 0 से 4 और आव्यूह-II की 5 से 9 है। इन आव्यूहों से एक अक्षर को पहले उसकी पंक्ति और बाद में स्तम्भ संख्या द्वारा दर्शाया जा सकता है। उदाहरण के लिए 'F' को 32, 42 आदि द्वारा दर्शाया जा सकता है तथा 'M' को 88, 68 आदि द्वारा दर्शाया जा सकता है। इसी तरह से आपको प्रश्न में दिए शब्द 'TEST' के लिए समूह को पहचानना है।

आव्यूह-I

	0	1	2	3	4
0	P	S	H	H	E
1	D	T	S	L	I
2	E	G	T	S	E
3	E	L	F	T	S
4	L	G	F	S	E

आव्यूह-II

	5	6	7	8	9
5	I	R	B	T	O
6	R	I	T	M	S
7	R	T	B	I	O
8	T	S	B	M	I
9	S	T	B	M	O

(A) 96, 20, 34, 77

(B) 58, 30, 69, 79

(C) 76, 44, 23, 11

(D) 85, 04, 88, 33

[SSC CHSL (Tier-1) ऑनलाइन परीक्षा 10 जनवरी 2017 सुबह पाली]

उत्तर (C) T = 11, 22, 33, 58, 67, (76), 85, 96

E = 04, 20, 24, 30, (44)

S = 01, 12, (23), 34, 43, 69, 86, 95

T = (11), 22, 33, 58, 67, 76, 85, 96

अत: TEST समूह के लिए उपर्युक्त समूह 76, 44, 23, 11 होगा।

15. एक शब्द केवल एक संख्या समूह द्वारा दर्शाया गया है, जैसा कि विकल्पों में से किसी एक में दिया गया है। विकल्पों में दिए गए संख्या समूह अक्षरों के दो वर्गों द्वारा दर्शाए गए हैं, जैसा कि दिए गए दो आव्यूहों में है। आव्यूह-I के स्तम्भ और पंक्ति की संख्या 0 से 4 आव्यूह-II की 5 से 9 है। इन आव्यूहों से एक अक्षर को पहले उसकी पंक्ति और बाद में स्तम्भ संख्या द्वारा दर्शाया जा सकता है। उदाहरण के लिए 'N' को 21, 67 आदि द्वारा दर्शाया जा सकता है तथा 'R' को 66, 57 आदि द्वारा दर्शाया जा सकता है। इसी तरह से आपको प्रश्न में दिए शब्द 'NUMBER' के लिए समूह को पहचानना है।

आव्यूह-I

	0	1	2	3	4
0	Q	O	A	N	B
1	W	I	N	H	L
2	E	N	S	G	O
3	N	Y	D	O	M
4	M	T	O	F	A

आव्यूह-II

	5	6	7	8	9
5	Z	M	R	S	Q
6	X	R	N	W	A
7	C	S	Y	E	U
8	S	N	T	E	S
9	V	B	E	R	U

(A) 67, 99, 56, 04, 02, 57

(B) 12, 79, 56, 04, 20, 34

(C) 86, 99, 56, 43, 20, 57

(D) 21, 79, 56, 04, 20, 57

[SSC CHSL (Tier-1) ऑनलाइन परीक्षा 10 जनवरी 2017 सायं पाली]

उत्तर (D) N = 03, 12, (21), 30, 67, 86

U = (79), 99

M = 34, 40, (56)

B = (04), 96

E = (20), 78, 88, 97

R = (57), 66, 98

NUMBER के लिए समूह 21, 79, 56, 04, 20, 57 होगा।

16. एक शब्द केवल एक संख्या-समूह द्वारा दर्शाया गया है, जैसा कि विकल्पों में से किसी एक में दिया गया है। विकल्पों में दिए गए संख्या-समूह अक्षरों के दो वर्गों द्वारा दर्शाए गए हैं, जैसा कि दिए गए दो आव्यूहों में है। आव्यूह-I के स्तम्भ और पंक्ति की संख्या 0 से 4 और आव्यूह-II की 5 से 9 है। इन आव्यूहों से एक अक्षर को पहले उसकी पंक्ति और बाद में स्तम्भ संख्या द्वारा दर्शाया जा सकता है। उदाहरण के लिए 'N' को 21, 67 आदि द्वारा दर्शाया जा सकता है तथा 'R' को 66, 57 आदि द्वारा दर्शाया जा सकता है। इसी तरह से आपको प्रश्न में दिए शब्द 'GRAIN' के लिए समूह को पहचानना है।

आव्यूह-I

	0	1	2	3	4
0	Q	O	A	N	K
1	W	I	N	H	L
2	E	N	S	G	O
3	N	Y	D	O	M
4	R	T	O	F	A

आव्यूह-II

	5	6	7	8	9
5	Z	M	R	S	Q
6	X	R	N	W	A
7	C	S	Y	E	N
8	S	N	T	E	S
9	V	B	E	R	G

(A) 99, 33, 76, 88, 76

(B) 23, 24, 76, 75, 89

(C) 23, 66, 69, 11, 21

(D) 99, 20, 89, 11, 44

[SSC CHSL (Tier-1) ऑनलाइन परीक्षा 9 जनवरी 2017 सुबह पाली]

उत्तर (C) G = (23), 99

R = 40, 57, (66), 98

A = 02, 44, (69)

I = (11)

N = 12, (21), 30, 67, 79, 86

अत: GRAIN के लिए समूह 23, 66, 69, 11, 21 होगा।

17. एक शब्द केवल एक संख्या-समूह द्वारा दर्शाया गया है, जैसा कि विकल्पों में से किसी एक में दिया गया है। विकल्पों में दिए गए संख्या-समूह अक्षरों के दो वर्गों द्वारा दर्शाए गए हैं, जैसा कि दिए गए दो आव्युहों में है। आव्यूह-I के स्तम्भ और पंक्ति की संख्या 0 से 4 है और आव्यूह-II की 5 से 9। इन आव्यूहों से एक अक्षर को पहले उसकी पंक्ति और बाद में स्तम्भ संख्या द्वारा दर्शाया जा सकता है। उदाहरण के लिए 'E' को 11, 00 आदि द्वारा दर्शाया जा सकता है तथा 'S' को 20, 75 आदि द्वारा दर्शाया जा सकता है। इसी तरह से आपको प्रश्न में दिए शब्द 'FLOW' के लिए समूह को पहचानना है–

आव्यूह-I

	0	1	2	3	4
0	E	R	G	N	A
1	D	E	N	K	S
2	S	N	F	L	O
3	N	Y	H	O	R
4	F	U	O	N	T

आव्यूह-II

	5	6	7	8	9
5	F	Q	R	S	I
6	L	R	S	Y	E
7	S	L	R	E	F
8	G	J	L	S	P
9	H	E	W	L	O

(A) 22, 23, 98, 11 (B) 79, 65, 11, 77
(C) 40, 87, 99, 97 (D) 55, 66, 11, 5

[SSC CHSL (Tier-1) ऑनलाइन परीक्षा 9 जनवरी 2017 सायं पाली]

उत्तर (C) F = 22, 40, 55, 79
L = 23, 65,76, 87, 98
O = 24, 33, 42, 99
W = 97

FLOW के लिए समूह 40, 87, 99, 97 बनेगा।

18. एक शब्द केवल एक संख्या-समूह द्वारा दर्शाया गया है, जैसा कि विकल्पों में से किसी एक में दिया गया है। विकल्पों में दिए गए संख्या-समूह अक्षरों के दो वर्गों द्वारा दर्शाए गए हैं, जैसा कि नीचे दिए गए दो आव्यूहों में है। आव्यूह-I के स्तम्भ और पंक्ति की संख्या 0 से 4 में दी गई है और आव्यूह-II की 5 से 9 में दी गई है। इन आव्यूहों से एक अक्षर को पहले उसकी पंक्ति और बाद में स्तम्भ संख्या द्वारा दर्शाया जा सकता है। उदाहरण के लिए 'N' को 23, 00 आदि द्वारा दर्शाया जा सकता है तथा 'R' को 88, 95 आदि द्वारा दर्शाया जा सकता है। इसी तरह से आपको प्रश्न में दिए शब्द 'HIGHLY' के लिए समूह को पहचानना है।

आव्यूह-I

	0	1	2	3	4
0	N	D	P	R	B
1	G	E	R	A	R
2	H	R	L	N	E
3	R	C	Y	E	G
4	S	V	E	Y	H

आव्यूह-II

	5	6	7	8	9
5	S	H	L	H	G
6	D	L	H	G	G
7	E	H	N	I	D
8	Q	S	I	R	A
9	R	I	Y	B	S

(A) 58, 78, 69, 20, 22, 31 (B) 76, 96, 68, 43, 66, 43
(C) 76, 78, 10, 44, 57, 32 (D) 67, 87, 98, 76, 77, 86

[SSC CHSL (Tier-1) ऑनलाइन परीक्षा 7 जनवरी 2017 सायं पाली]

उत्तर (C)H = 20, 44, 56, 58, 67, (76)

I = (78), 87, 96

G = (10), 34, 59, 68, 69

H = 20, (44), 56, 58, 67, 76

L = 22, (57), 66

Y = (32), 43, 97

अतः HIGHLY के लिए समूह 76, 78, 10, 44, 57, 32 बनेगा।

19. एक शब्द केवल एक संख्या-समूह द्वारा दर्शाया गया है, जैसा कि विकल्पों में से किसी एक में दिया गया है। विकल्पों में दिए संख्या-समूह अक्षरों के दो वर्गों द्वारा दर्शाए गए हैं, जैसा कि दिए गए दो आव्यूहों में है। आव्यूह-I के स्तम्भ और पंक्ति की संख्या 0 से 4 है और आव्यूह-II की 5 से 9। इन आव्यूहों से एक अक्षर को पहले उसकी पंक्ति और बाद में स्तम्भ संख्या द्वारा दर्शाया जा सकता है। उदाहरण के लिए 'N' को 21, 43 आदि द्वारा दर्शाया जा सकता है तथा 'R' को 57, 66 आदि द्वारा दर्शाया जा सकता है। इसी तरह से आपको प्रश्न में दिए शब्द 'JOIN' के लिए समूह को पहचानना है।

आव्यूह-I

	0	1	2	3	4
0	J	H	J	K	A
1	E	J	O	J	O
2	J	N	P	O	S
3	T	F	O	H	D
4	Q	O	W	N	F

आव्यूह-II

	5	6	7	8	9
5	X	Z	R	P	A
6	Z	R	I	I	S
7	I	C	F	K	N
8	N	I	G	N	M
9	M	V	N	P	N

(A) 00, 43, 32, 79 (B) 02, 67, 14, 57
(C) 11, 32, 66, 79 (D) 20, 23, 86, 97

[SSC CHSL (Tier-1) ऑनलाइन परीक्षा 8 फरवरी 2017 दोपहर पाली]

उत्तर (D) JOIN के लिए,

J = 00, 02, 11, 13, (20)

O = 12, 14, (23), 32, 41

I = 67, 68, 75, (86)

N = 21, 43, 79, 85, 88, (97) 99

अतः समूह 20, 23, 86, 97 होगा।

20. एक शब्द केवल एक संख्या-समूह द्वारा दर्शाया गया है, जैसा कि विकल्पों में से किसी एक में दिया गया है। विकल्पों में दिए गए संख्या-समूह अक्षरों के दो वर्गों द्वारा दर्शाए गए हैं, जैसा कि दिए गए दो आव्यूहों में है। आव्यूह-I के स्तम्भ और पंक्ति की संख्या 0 से 4 और आव्यूह-II की 5 से 9 है। इन आव्यूहों से एक अक्षर को पहले उसकी पंक्ति और बाद में स्तम्भ संख्या

द्वारा दर्शाया जा सकता है। उदाहरण के लिए 'C' को 14, 02 आदि द्वारा दर्शाया जा सकता है तथा 'G' को 96, 85, आदि द्वारा दर्शाया जा सकता है। इसी तरह से आपको प्रश्न में दिए शब्द 'MODEST' के लिए समूह को पहचानना है।

आव्यूह – I

	0	1	2	3	4
0	H	E	C	F	F
1	A	T	E	O	C
2	O	A	T	E	F
3	H	O	A	T	E
4	I	I	O	A	T

आव्यूह – II

	5	6	7	8	9
5	K	M	O	R	R
6	P	S	M	O	Q
7	D	P	S	M	O
8	G	D	P	S	M
9	J	G	D	P	S

(A) 78, 43, 86, 01, 77, 89 (B) 89, 42, 97, 01, 66, 23
(C) 56, 31, 76, 23, 66, 23 (D) 67, 13, 86, 34, 77, 33

[SSC CHSL (Tier-1) ऑनलाइन परीक्षा 7 फरवरी 2017 सुबह पाली]

उत्तर (D) MODEST के लिए

M – 56, (67), 78, 89
O – (13), 20, 31, 42, 57, 68, 79
D – 75, (86), 97
E – 01, 12, 23, (34)
S – 66, (77), 88, 99
T – 11, 22, (33), 44

समूह 67, 13, 86, 34, 77, 33 होगा।

21. **एक शब्द केवल एक संख्या-समूह द्वारा दर्शाया गया है, जैसाकि विकल्पों में से किसी एक में दिया गया है। विकल्पों में दिए गए संख्या-समूह अक्षरों के दो वर्गों द्वारा दर्शाए गए हैं, जैसा कि दिए गए दो आव्यूहों में है। आव्यूह-I के स्तम्भ और पंक्ति की संख्या 0 से 4 और आव्यूह-II की 5 से 9 है। इन आव्यूहों से एक अक्षर को पहले उसकी पंक्ति और बाद में स्तम्भ द्वारा दर्शाया जा सकता है। उदाहरण के लिए 'R' को 02, 20 आदि द्वारा दर्शाया जा सकता है तथा 'U' को 59, 65 आदि द्वारा दर्शाया जा सकता है। इसी तरह से आपको प्रश्न में दिए शब्द 'ROUGH' के लिए समूह को पहचानना है।**

आव्यूह-I

	0	1	2	3	4
0	A	Q	R	V	W
1	S	R	K	G	O
2	R	E	J	O	Y
3	F	T	O	E	L
4	G	O	L	D	F

आव्यूह-II

	5	6	7	8	9
5	D	U	L	G	H
6	U	K	G	R	S
7	T	G	E	P	H
8	G	A	A	H	I
9	V	S	H	O	K

(A) 02, 23, 65, 31, 97 (B) 02, 23, 56, 13, 78
(C) 02, 23, 56, 13, 97 (D) 02, 33, 56, 13, 97

[SSC CHSL (Tier-1) ऑनलाइन परीक्षा 3 फरवरी 2017 दोपहर पाली]

उत्तर (c) ROUGH के लिए,

R = (02), 11, 20, 68
O = 14, (23), 32, 41, 98
U = (56), 65
G = (13), 40, 58, 67, 76, 85
H = 59, 79, 88, (97),

अत: ROUGH के लिए समूह
= 02, 23, 56, 13, 97

22. **एक शब्द केवल एक संख्या-समूह द्वारा दर्शाया गया है, जैसा कि विकल्पों में से किसी एक में दिया गया है। विकल्पों में दिए गए संख्या-समूह अक्षरों के दो वर्गों द्वारा दर्शाए गए हैं, जैसा कि दिए गए दो अव्यूहों में है। आव्यूह-I के स्तम्भ और पंक्ति की संख्या 0 से 4 और आव्यूह-II की 5 से 9 है। इन आव्यूहों से एक अक्षर को पहले उसकी पंक्ति और बाद में स्तम्भ संख्या द्वारा दर्शाया जा सकता है। उदाहरण के लिए "G" को 56, 65 आदि द्वारा दर्शाया जा सकता है तथा 'R' को 58, 67 आदि द्वारा दर्शाया जा सकता है। इसी तरह से आपको प्रश्न में दिए शब्द 'GIRL' के लिए समूह को पहचानना है।**

आव्यूह-I

	0	1	2	3	4
0	S	T	G	D	B
1	A	G	O	F	A
2	G	T	P	I	N
3	D	G	I	S	M
4	G	I	Q	W	I

आव्यूह- II

	5	6	7	8	9
5	F	G	M	R	C
6	G	N	R	K	L
7	A	R	Y	J	F
8	R	B	W	G	Y
9	S	V	L	H	T

(A) 40, 32, 76, 98 (B) 40, 32, 67, 99
(C) 40, 22, 76, 97 (D) 40, 32, 76, 97

[SSC CHSL (Tier-1) ऑनलाइन परीक्षा 3 फरवरी 2017 सायं पाली]

उत्तर (D) GIRL के लिए,

G = 02, 11, 20, 31, (40) ,56 65, 88
I = 23, (32), 41, 44
R = 58, 67, (76), 85
L = 69, (97)

अत: GIRL के लिए समूह 40, 32, 76, 97 होगा।

14 दर्पण प्रतिबिम्ब

प्रतिबिम्ब का शाब्दिक अर्थ 'परछाई' से होता है। किसी व्यक्ति या वस्तु की उसी की तरह परछाई बनने को प्रतिबिम्ब कहते हैं। प्रतिबिम्ब से सम्बन्धित प्रश्न सामान्यत: दर्पण प्रतिबिम्ब से होते हैं।

दर्पण प्रतिबिम्ब

दर्पण में किसी वस्तु, वर्ण, संख्या या किसी आकृति को देखने पर उसके समान जो आकृति दिखाई देती है, उसे ही उस वस्तु का दर्पण प्रतिबिम्ब कहते हैं।

उदाहरणस्वरूप जब हम अपने को दर्पण में देखते हैं, तब दर्पण में हमारा दर्पण प्रतिबिम्ब बनता है। अपने आप के दर्पण प्रतिबिम्ब को ध्यान से देखने पर पाते हैं कि हमारे शरीर का दाहिना भाग प्रतिबिम्ब में बाईं ओर तथा बायां भाग प्रतिबिम्ब में दाईं ओर होता है। यह सिर्फ हमारे साथ नहीं बल्कि सभी वस्तुओं के प्रतिबिम्ब के साथ होता है अर्थात् यह दर्पण प्रतिबिम्ब का गुण है कि इसमें वस्तु, वर्ण, संख्या या किसी आकृति का बाया भाग दाई ओर तथा दायां भाग बाई ओर दिखता है। इसी गुण को पार्शिवक उत्क्रमण कहते हैं।

दर्पण प्रतिबिम्ब से सम्बन्धित पूछे जाने वाले प्रश्न दो प्रकार के होते हैं। दर्पण प्रतिबिम्ब से सम्बन्धित प्रश्नों में यह दिया रहता है कि वस्तु के किस ओर (अर्थात् दाएं या बाएं या ऊपर या नीचे) दर्पण रखा गया है। फिर यह पूछा जाता है कि उस ओर दर्पण रखने पर वस्तु का प्रतिबिम्ब कैसा बनेगा। अन्य प्रकार के प्रश्नों में सिर्फ यह पूछा जाता है कि वस्तु का प्रतिबिम्ब कैसा बनेगा। इस प्रकार के प्रश्नों में दर्पण की स्थिति को वस्तु के सामने माना जाता है अर्थात् दर्पण की स्थिति दाई या बाई ओर होती है।

यदि प्रश्न में दर्पण वस्तु के सामने हो, तो इस स्थिति में अभ्यर्थी को दर्पण प्रतिबिम्ब ज्ञात करने हेतु उस आकृति को पीछे के पृष्ठ से देखना चाहिए कि वह कैसा दिखता है। जैसी वस्तु पीछे वाले पृष्ठ से दिखेगी, वैसा ही दर्पण प्रतिबिम्ब बनेगा।

अब हम कुछ वस्तुओं, संख्याओं तथा आकृतियों के दर्पण प्रतिबिम्ब को उदाहरणस्वरूप देखेंगे।

1. यदि दर्पण दाएं या बाएं हो

वस्तु	दर्पण प्रतिबिम्ब	वस्तु	दर्पण प्रतिबिम्ब
O	O	↗	↖
A	A	→	←
B	ᗺ	↓↑	↑↓
C	Ↄ		
7	Γ	AB	ᗺA
G	Ә	08	80

2. यदि दर्पण ऊपर या नीचे हो?

वस्तु	दर्पण प्रतिबिम्ब	वस्तु	दर्पण प्रतिबिम्ब
O	O	↗	↘
A	∀	→	→
B	B	↓↑	↑↓
C	Ↄ		
7	⅃	AB	AB
G	⅁	08	80

दर्पण के बाईं या दाईं ओर होने पर प्रतिबिम्ब का गुण

- यदि वस्तु के दाईं या बाईं ओर दर्पण हो, तो दर्पण प्रतिबिम्ब में हमेशा वस्तु का ऊपरी तथा निचला भाग स्थिर रहता है।
- वस्तु का दायां भाग दर्पण प्रतिबिम्ब में बाईं ओर तथा वस्तु का बायां भाग दर्पण प्रतिबिम्ब में दाईं ओर हो जाता है।
- वस्तु का प्रतिबिम्ब बीच से ही बदलता है अर्थात् बीच से दाई ओर का भाग प्रतिबिम्ब में बाईं ओर तथा बाईं ओर का भाग प्रतिबिम्ब में दाई ओर दिखेगा।

दर्पण के ऊपर या नीचे रहने पर प्रतिबिम्ब का गुण

- यदि वस्तु के ऊपर या नीचे दर्पण रखा हो, तो वस्तु का ऊपरी भाग दर्पण में नीचे तथा वस्तु का निचला भाग दर्पण में ऊपर होता है।
- वस्तु : ↑ ⇒ प्रतिबिम्ब (दर्पण ऊपर या नीचे हो)↓

हल सहित उदाहरण :

उदाहरण 1. निम्न आकृति का दर्पण प्रतिबिम्ब कौन-सा होगा?

प्रश्न आकृति

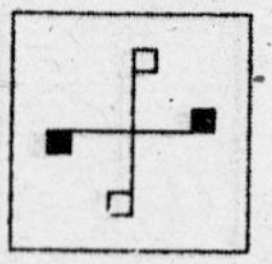

उत्तर आकृतियां

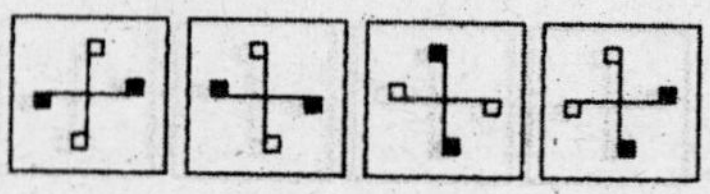

(A) (B) (C) (D)

हल (B): दी गई उत्तर आकृतियों में से उत्तर आकृति (B) प्रश्न आकृति का दर्पण प्रतिबिम्ब है, जिसमें ऊपर की आकृति नीचे तथा नीचे की आकृति ऊपर है।

उदाहरण 2. निम्न आकृति का दर्पण प्रतिबिम्ब कौन-सा होगा?

प्रश्न आकृति

उत्तर आकृतियां

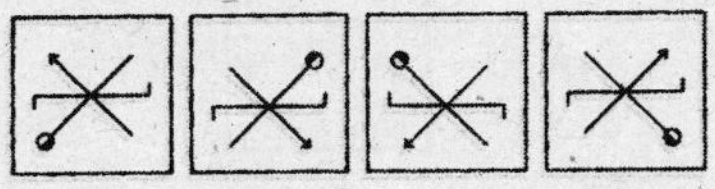

(A) (B) (C) (D)

हल (A): दी गई उत्तर आकृतियों में से उत्तर आकृति (A) प्रश्न आकृति का दर्पण प्रतिबिम्ब है, जिसमें दाईं ओर की आकृति बायीं ओर तथा बाईं ओर की आकृति दाईं ओर है।

उदाहरण 3. निम्न प्रश्न आकृति का दर्पण प्रतिबिम्ब उत्तर आकृतियों में से ढूंढिए।

प्रश्न आकृति

उत्तर आकृतियां

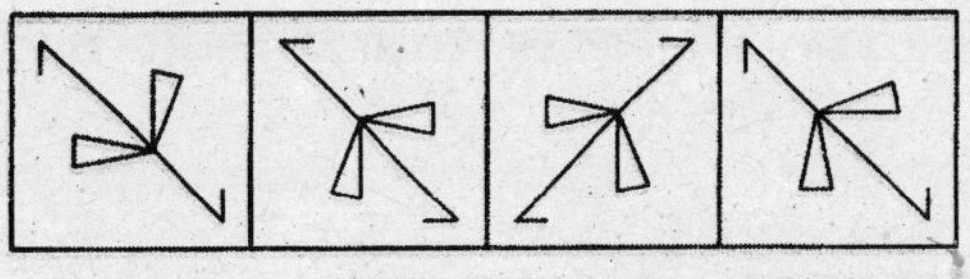

(A) (B) (C) (D)

हल (D): दी गई प्रश्न आकृति का उत्तर आकृति (D) होगा, जिसमे मूल आकृति का दायां भाग बाएं में परिवर्तित हो जाता है, जब दर्पण AB पर रखा हो।

अभ्यास प्रश्न

1. यदि एक दर्पण को MN रेखा पर रखा जाए, तो दी गई उत्तर आकृतियों में से कौन सी आकृति प्रश्न आकृति की सही प्रतिबिम्ब होगी?

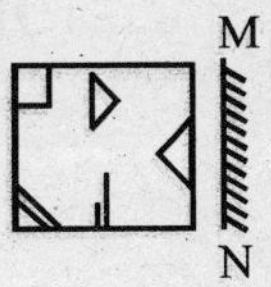

(A)  (B) 

(C)  (D) 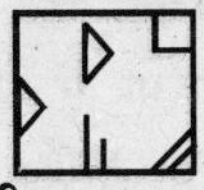

[SSC CHSL (Tier-1) ऑनलाइन परीक्षा 30 जनवरी 2017 सुबह पाली]

उत्तर (B)

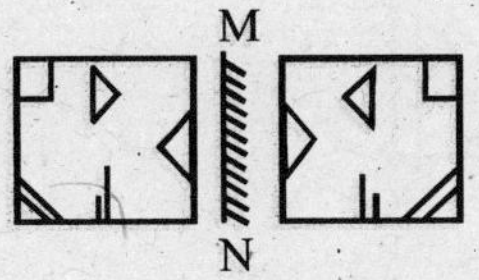

अत: दी गई आकृति का सही प्रतिबिम्ब 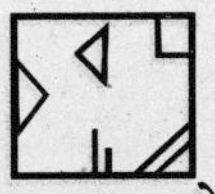 आकृति होगी।

2. यदि एक दर्पण को MN रेखा पर रखा जाए, तो दी गई उत्तर आकृतियों में से कौनसी आकृति प्रश्न आकृति की सही प्रतिबिम्ब होगी?

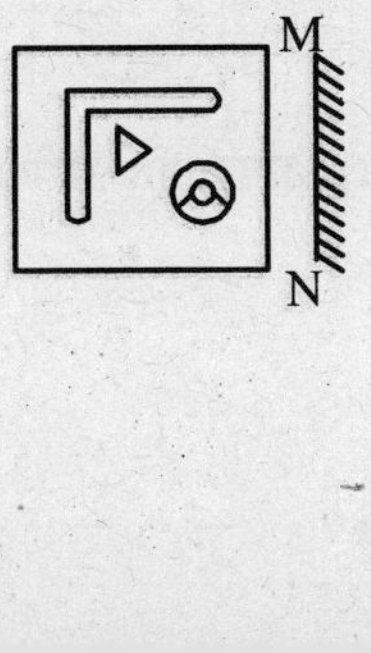

(A) 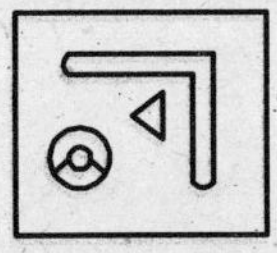 (B) 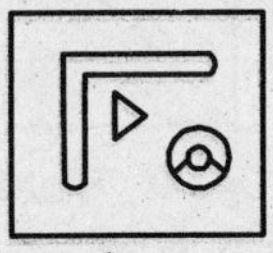

(C) 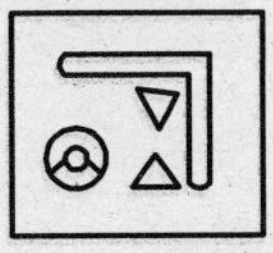 (D) 

[SSC CHSL (Tier-1) ऑनलाइन परीक्षा 30 जनवरी 2017 सायं पाली]

उत्तर (A) 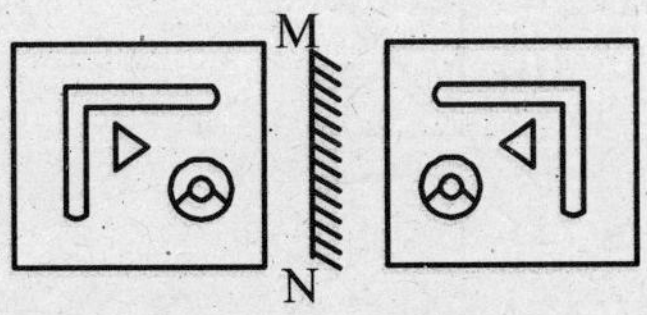

अत: 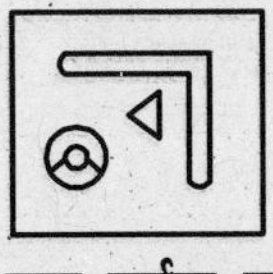 सही प्रतिबिम्ब आकृति होगी।

3. यदि एक दर्पण को XY रेखा पर रखा जाए, तो दी गई उत्तर आकृतियों में कौनसी आकृति प्रश्न आकृति का सही प्रतिबिम्ब होगी?

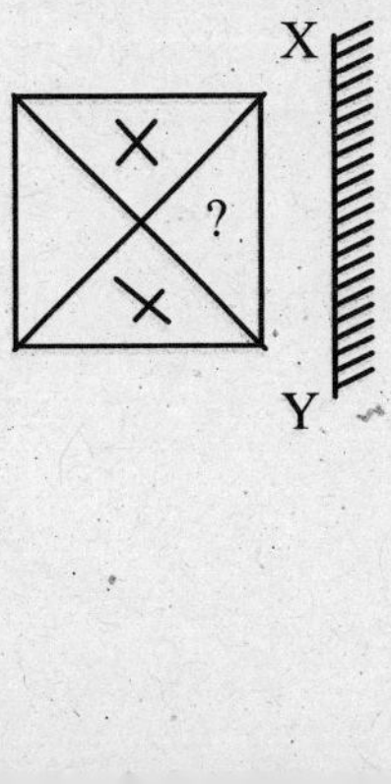

(A) 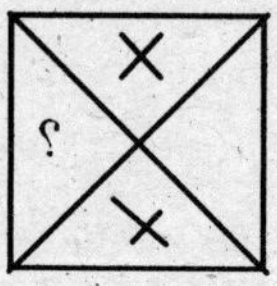 (B) 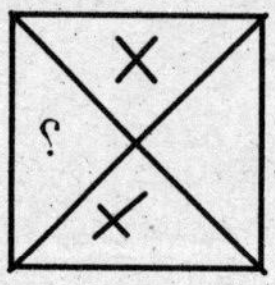

(C) 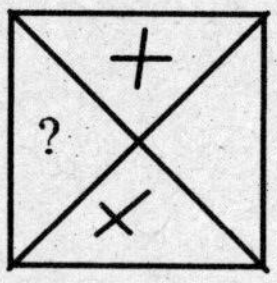 (D) 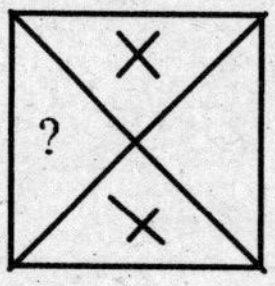

[SSC CHSL (Tier-1) ऑनलाइन परीक्षा 29 जनवरी 2017 सुबह पाली]

उत्तर (B)

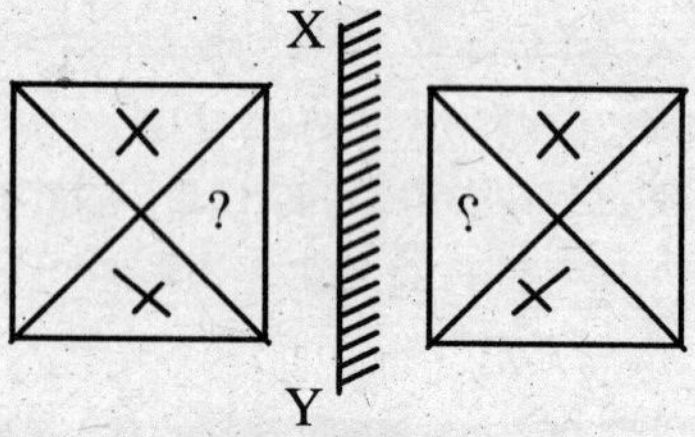

अत: आकृति 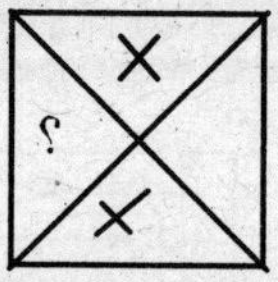 सही प्रतिबिम्ब आकृति होगी।

4. यदि एक दर्पण को MN रेखा पर रखा जाए, तो दी गई उत्तर आकृतियों में से कौनसी आकृति प्रश्न आकृति की सही प्रतिबिम्ब होगी?

(A)  (B) 

(C)  (D) 

[SSC CHSL (Tier-1) ऑनलाइन परीक्षा 25 जनवरी 2017 सुबह पाली]

उत्तर (C)

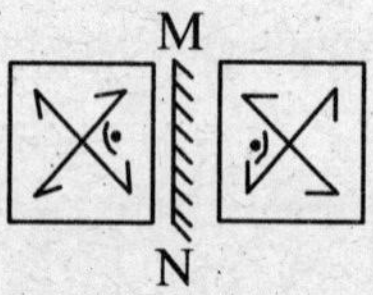

अत:  सही आकृति होगा।

5. यदि एक दर्पण को MN रेखा पर रखा जाए, तो दी गई उत्तर आकृतियों में से कौन सी आकृति प्रश्न आकृति की सही प्रतिबिम्ब होगी?

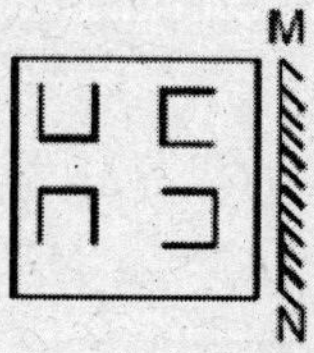

(A)  (B) 

(C)  (D) 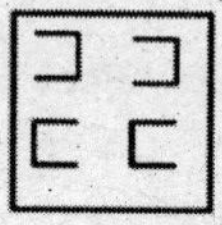

[SSC CHSL (Tier-1) ऑनलाइन परीक्षा 24 जनवरी 2017 सुबह पाली]

उत्तर (A) 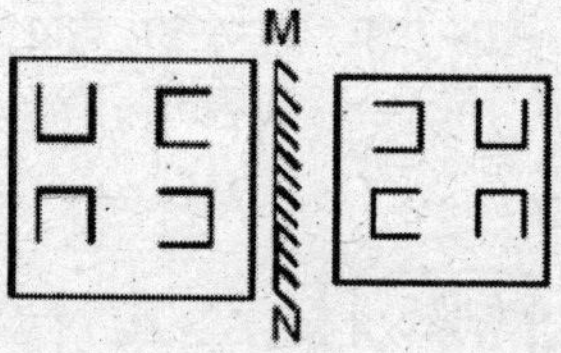

अत:  उचित प्रतिबिम्ब होगा।

6. यदि एक दर्पण को MN रेखा पर रखा जाए, तो दी गई उत्तर आकृतियों में से कौन सी आकृति प्रश्न आकृति की सही प्रतिबिम्ब होगी?

(A) 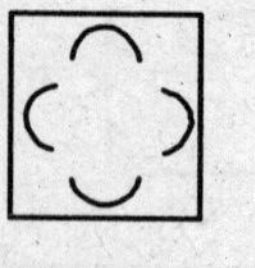 (B) 

(C)  (D) 

[SSC CHSL (Tier-1) ऑनलाइन परीक्षा 24 जनवरी 2017 सायं पाली]

उत्तर (B) 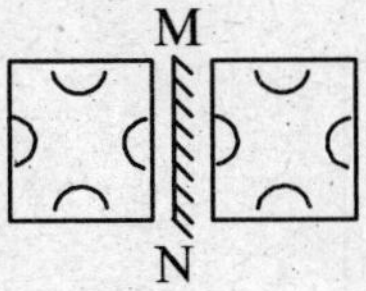

इस प्रकार प्रतिबिम्ब की  आकृति बनेगी।

7. यदि एक दर्पण को MN रेखा पर रखा जाए, तो दी गई उत्तर आकृतियों में से कौन सी आकृति प्रश्न आकृति की सही प्रतिबिम्ब होगी?

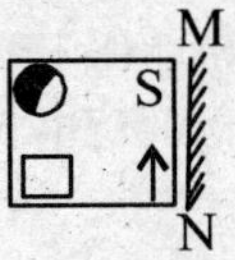

(A)  (B) 

(C)  (D) 

[SSC CHSL (Tier-1) ऑनलाइन परीक्षा 22 जनवरी 2017 सुबह पाली]

उत्तर (A)

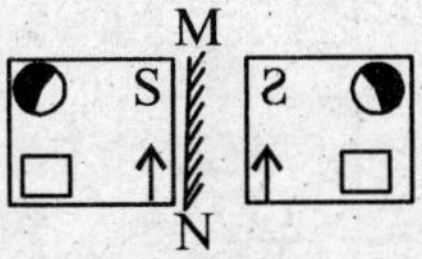

इस प्रकार  सही प्रतिबिम्ब आकृति होगी।

8. यदि एक दर्पण को MN रेखा पर रखा जाए, तो दी गई उत्तर आकृतिओं में से कौन सी आकृति प्रश्न आकृति की सही प्रतिबिम्ब होगी?

(A)  (B) 

(C)  (D) 

[SSC CHSL (Tier-1) ऑनलाइन परीक्षा 23 जनवरी 2017 दोपहर पाली]

उत्तर (D) 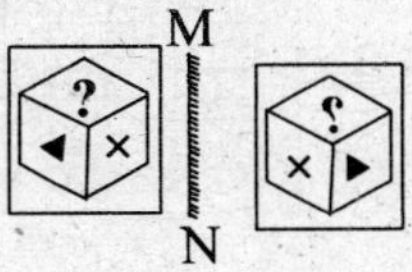

अत: दर्पण की प्रतिबिम्ब आकृति 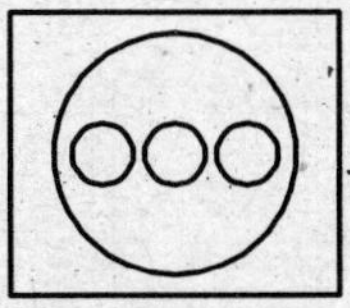 बनेगी।

9. यदि एक दर्पण को MN रेखा पर रखा जाए तो दी गई उत्तर आकृतिओं में से कौन-सी आकृति का सही प्रतिबिम्ब होगी?

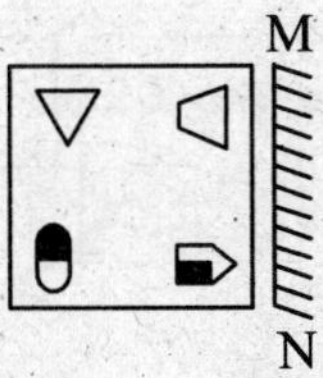

(A) 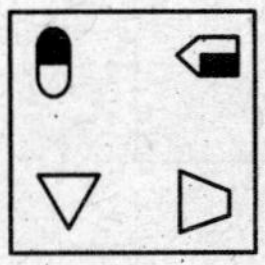 (B) 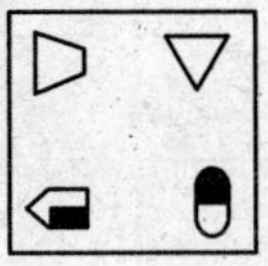

(C) 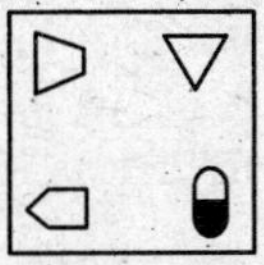 (D) 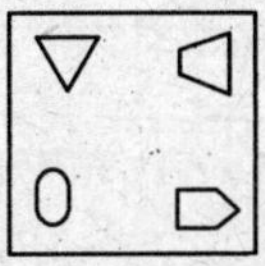

[SSC CHSL (Tier-1) ऑनलाइन परीक्षा 21 जनवरी 2017 दोपहर पाली]

उत्तर (B) 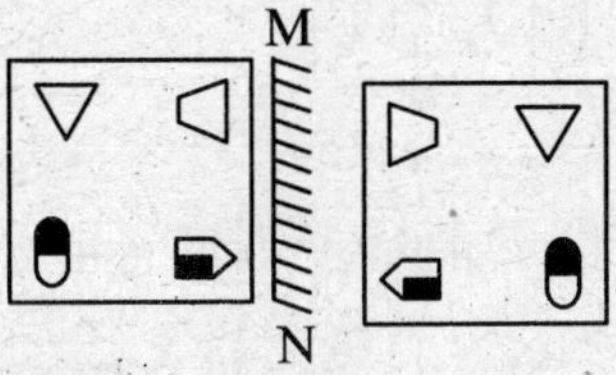 अत: 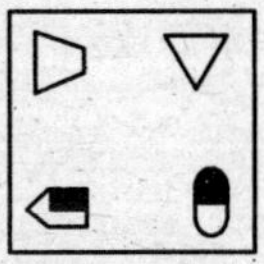

सही प्रतिबिम्ब आकृति होगी।

10. यदि एक दर्पण को MN रेखा पर खा जाए तो दी गई उत्तर आकृतिओं में से कौन-सी आकृति का सही प्रतिबिम्ब होगी?

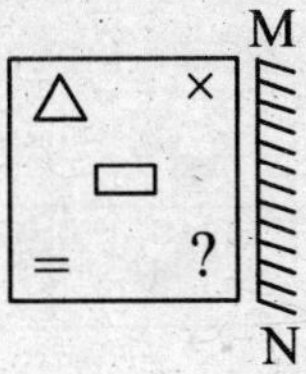

(A) 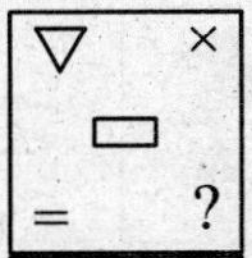 (B) 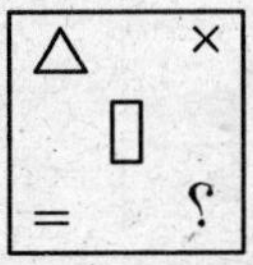

(C) 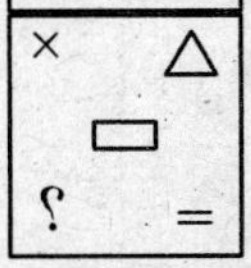 (D) 

[SSC CHSL (Tier-1) ऑनलाइन परीक्षा 21 जनवरी 2017 सायं पाली]

उत्तर (C) 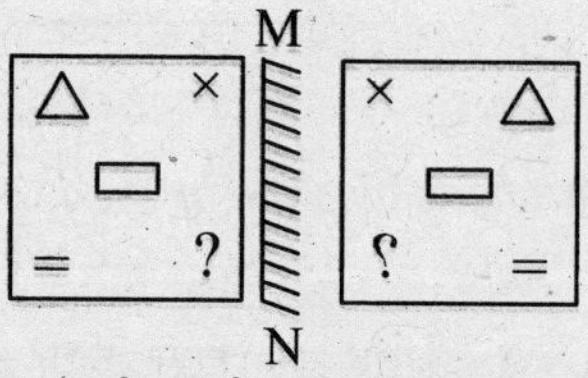

11. यदि एक दर्पण को MN रेखा पर खा जाए, तो दी गई उत्तर आकृतिओं में से कौन-सी आकृति का सही प्रतिबिम्ब होगी?

(A)  (B) 

(C)  (D) 

[SSC CHSL (Tier-1) ऑनलाइन परीक्षा 18 जनवरी 2017 सायं पाली]

उत्तर (C) 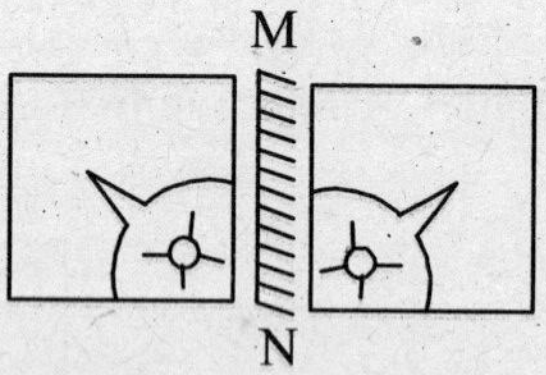

अत:  उचित प्रतिबिम्ब आकृति होगी।

12. यदि एक दर्पण को MN रेखा पर रखा जाए तो दी गई उत्तर आकृतियों में से कौन सी आकृति प्रश्न आकृति की सही प्रतिबिम्ब होगी?

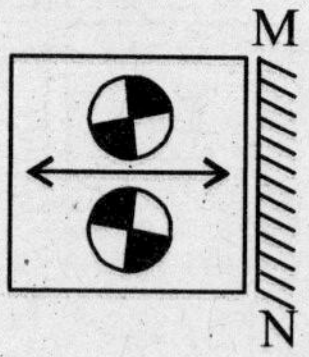

(A) 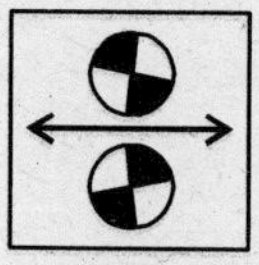 (B) 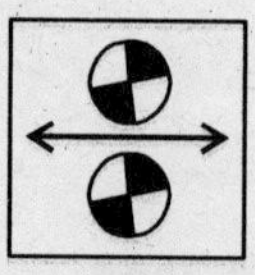

(C) 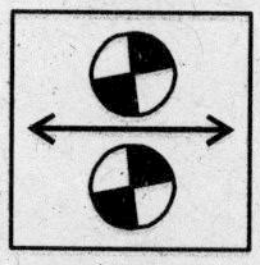 (D) 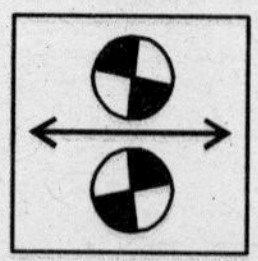

[SSC CHSL (Tier-1) ऑनलाइन परीक्षा 17 जनवरी 2017 दोपहर पाली]

उत्तर (A) 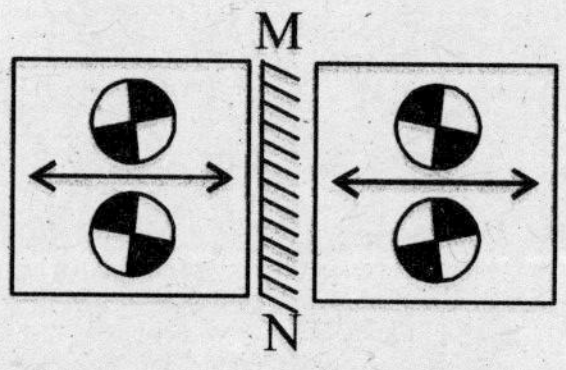

अत: दर्पण द्वारा प्रतिबिम्ब आकृति

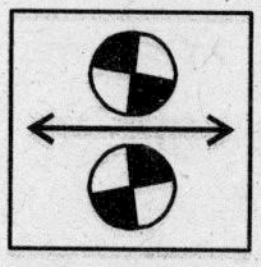 प्राप्त होगी।

13. यदि एक दर्पण को MN रेखा पर खा जाए तो दी गई उत्तर आकृतिओं में से कौन-सी आकृति प्रश्न आकृति का सही प्रतिबिम्ब होगी?

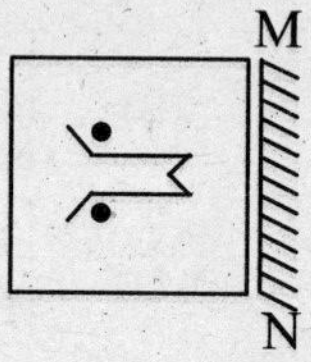

(A) 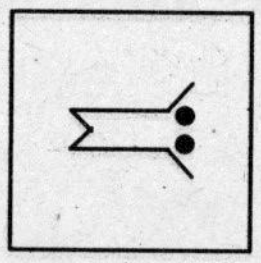 (B) 

(C) 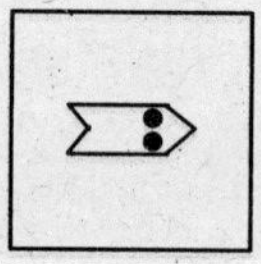 (D) 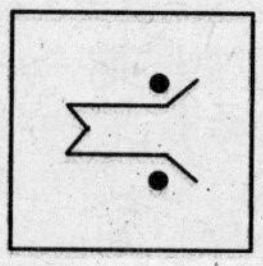

[SSC CHSL (Tier-1) ऑनलाइन परीक्षा 16 जनवरी 2017 सुबह पाली]

उत्तर (B) 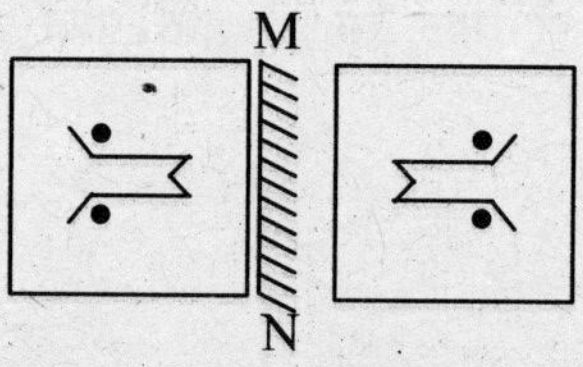

अत:  सही प्रतिबिम्ब आकृति होगी।

14. यदि एक दर्पण को MN रेखा पर रखा जाए तो दी गई उत्तर आकृतियों में से कौन सी आकृति प्रश्न आकृति की सही प्रतिबिम्ब होगी?

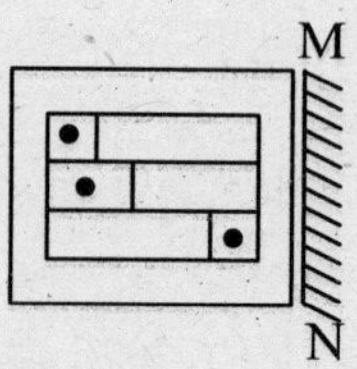

(A) 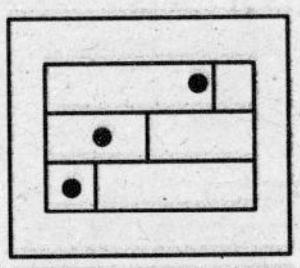 (B) 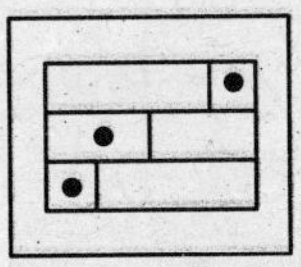

(C) 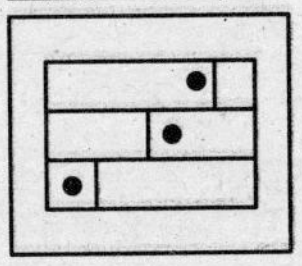 (D) 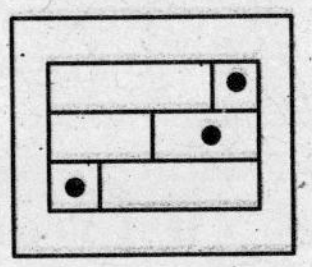

[SSC CHSL (Tier-1) ऑनलाइन परीक्षा 10 जनवरी 2017 सुबह पाली]

उत्तर (D)

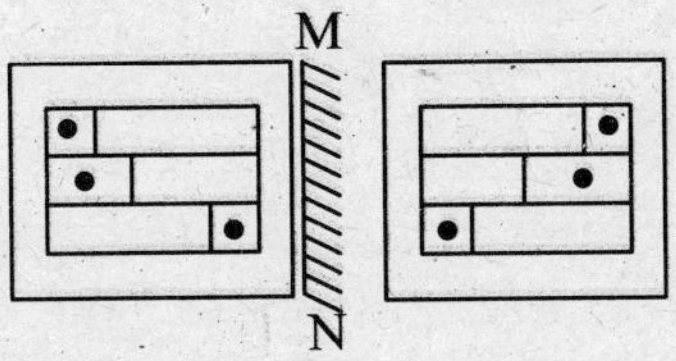

अत: 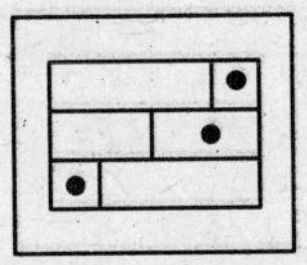 उचित प्रतिबिम्ब आकृति होगी।

15. यदि एक दर्पण को MN रेखा पर रखा जाए तो दी गई उत्तर आकृतिओं में से कौन-सी आकृति का सही प्रतिबिम्ब होगी?

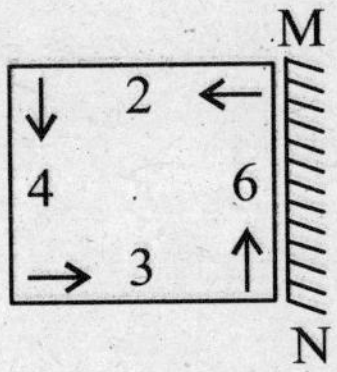

(A) 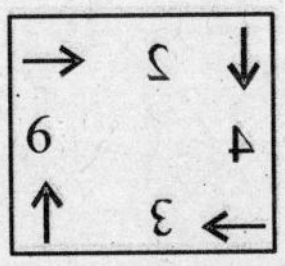 (B) 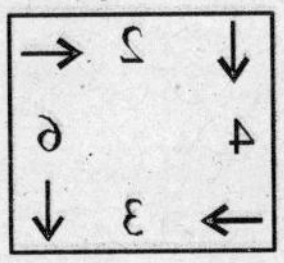

(C) 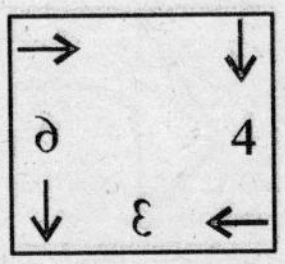 (D) 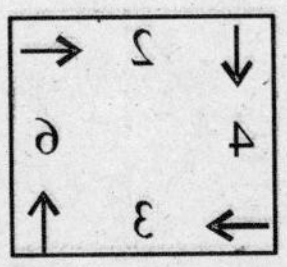

[SSC CHSL (Tier-1) ऑनलाइन परीक्षा 10 जनवरी 2017 सायं पाली]

उत्तर (B)

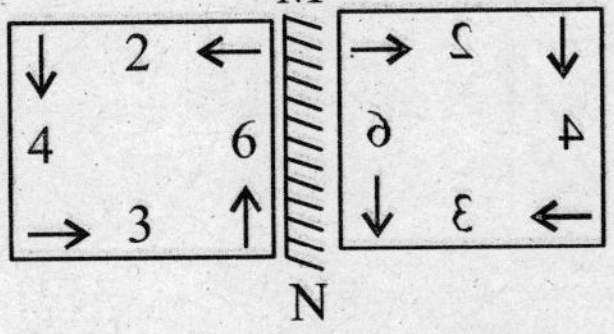

अत: सही प्रतिबिम्ब आकृति 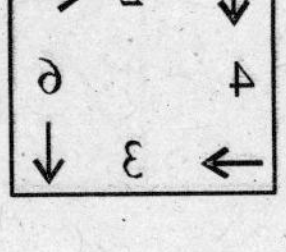 होगी।

16. यदि एक दर्पण को MN रेखा पर रखा जाए, तो दी गई उत्तर आकृतियों में से कौनसी आकृति प्रश्न आकृति का सही प्रतिबिम्ब होगी?

(A)  (B) 

(C) 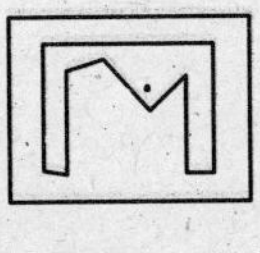 (D) 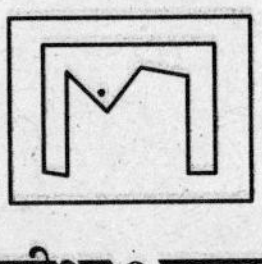

[SSC CHSL (Tier-1) ऑनलाइन परीक्षा 9 जनवरी 2017 सुबह पाली]

उत्तर (B)

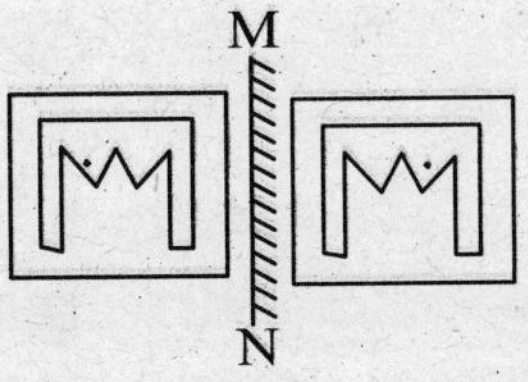

अत: उचित प्रतिबिम्ब अभिव्यक्ति आकृति  होगी।

17. यदि एक दर्पण को MN रेखा पर रखा जाए, तो दी गई उत्तर आकृतिओं में से कौनसी आकृति प्रश्न आकृति की सही प्रतिबिम्ब होगी?

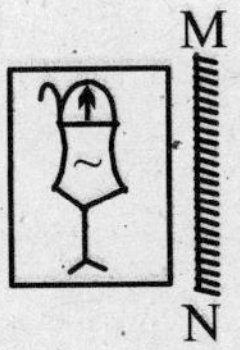

(A)  (B) 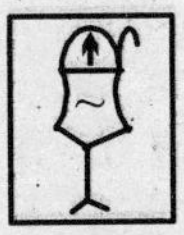

(C) 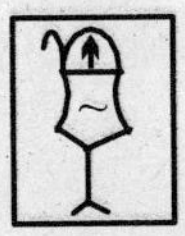 (D) 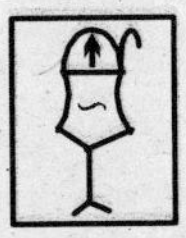

[SSC CHSL (Tier-1) ऑनलाइन परीक्षा 9 जनवरी 2017 सायं पाली]

उत्तर (D)

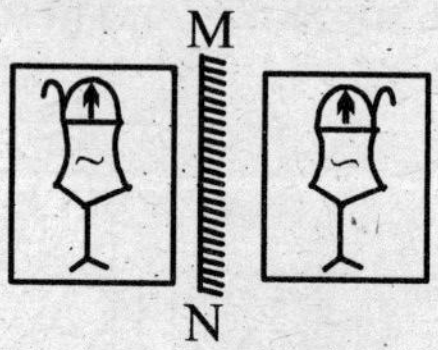

अत: उचित प्रतिबिम्ब आकृति 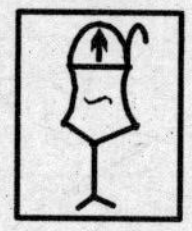 होगी।

18. यदि एक दर्पण को MN रेखा पर रखा जाए, तो दी गई उत्तर आकृतियों में से कौनसी आकृति प्रश्न आकृति की सही प्रतिबिम्ब होगी?

(A)  (B) 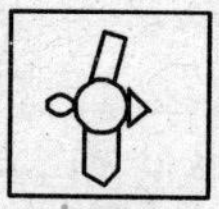

(C)  (D) 

[SSC CHSL (Tier-1) ऑनलाइन परीक्षा 7 जनवरी 2017 सायं पाली]

उत्तर (D)

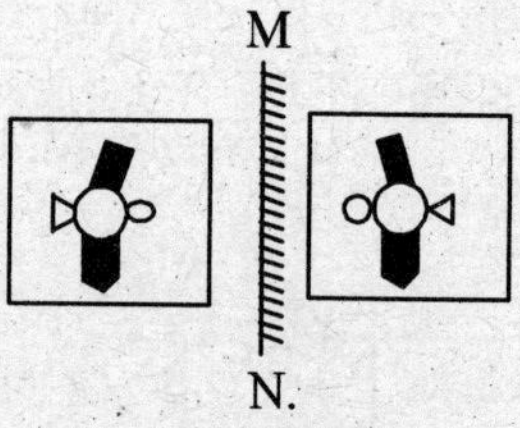

अत: सही प्रतिबिम्ब आकृति  होगी।

19. यदि एक दर्पण को MN रेखा पर रखा जाए, तो दी गई उत्तर आकृतियों में से कौन सी आकृति प्रश्न आकृति की सही प्रतिबिम्ब होगी ?

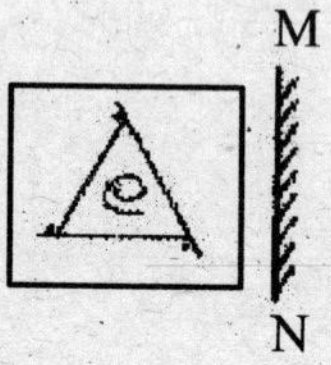

(A)  (B) 

(C)  (D) 

[SSC CHSL (Tier-1) ऑनलाइन परीक्षा 8 जनवरी 2017 दोपहर पाली]

उत्तर (B)

अत: आकृति का सही प्रतिबिम्ब  होगा।

20. यदि एक दर्पण को MN रेखा पर रखा जाए, तो दी गई उत्तर आकृतियों में से कौन सी आकृति प्रश्न आकृति की सही प्रतिबिम्ब होगी?

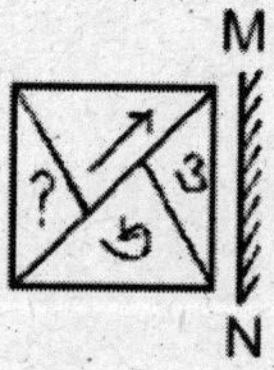

(A)  (B) 

(C)  (D) 

[SSC CHSL (Tier-1) ऑनलाइन परीक्षा 7 जनवरी 2017 सुबह पाली]

उत्तर (C) यदि एक दर्पण को MN रेखा पर रखा जाए

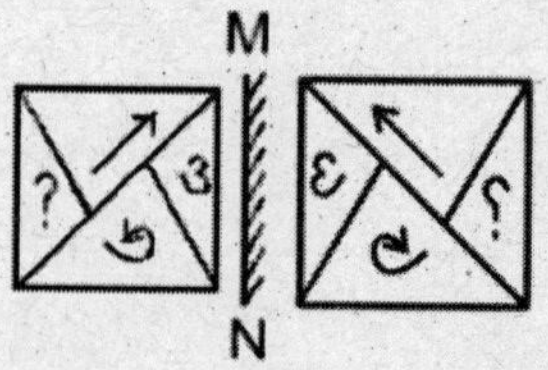

इसलिए सही उत्तर  होगा।

21. **यदि एक दर्पण को MN रेखा पर रखा जाए, तो दी गई उत्तर आकृतियों में से कौनसी आकृति प्रश्न आकृति की सही प्रतिबिम्ब होगी?**

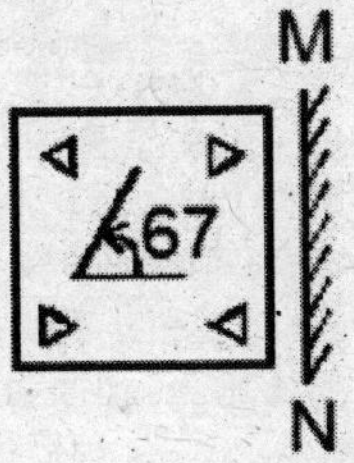

(A) 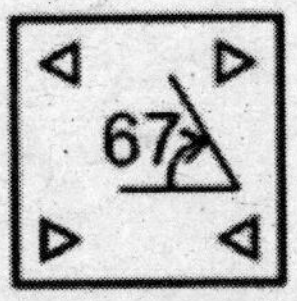
(B) 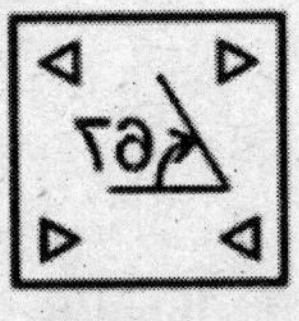
(C) 
(D) 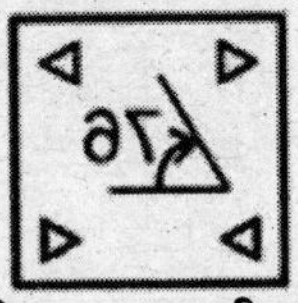

[SSC CHSL (Tier-1) ऑनलाइन परीक्षा 3 जनवरी 2017 दोपहर पाली]

उत्तर (B)

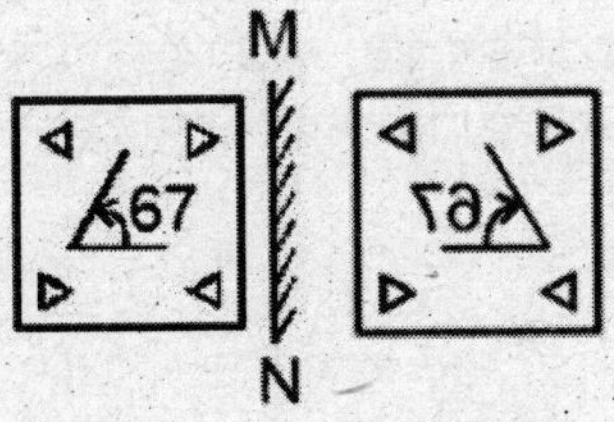

अत: दी गई आकृति का सही प्रतिबिम्ब  होगा।

22. **यदि एक दर्पण को MN रेखा पर रखा, जाए तो दी गई उत्तर आकृतियों में से कौन सी आकृति प्रश्न आकृति की सही प्रतिबिम्ब होगी?**

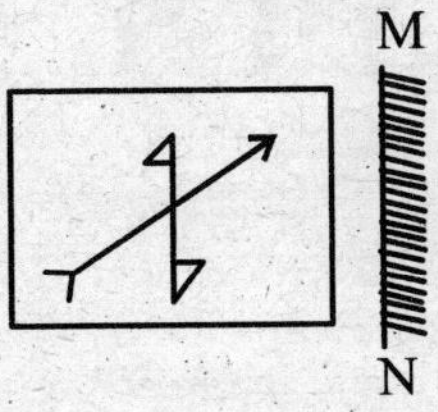

(A) 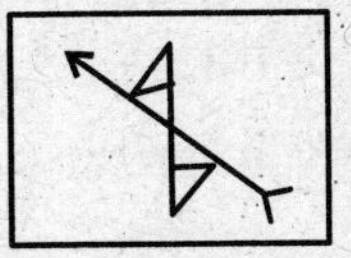
(B) 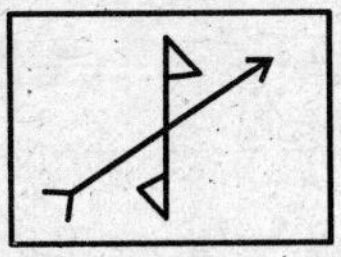
(C) 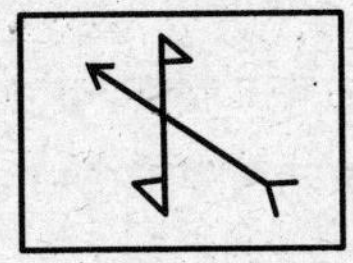
(D) 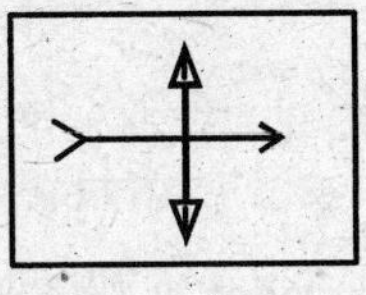

[SSC CHSL (Tier-1) ऑनलाइन परीक्षा 3 जनवरी 2017 सायं पाली]

उत्तर (C)

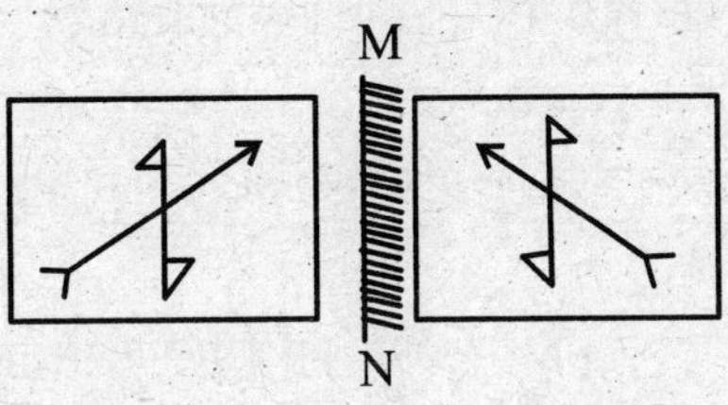

अत: दी गई आकृति का प्रतिबिम्ब 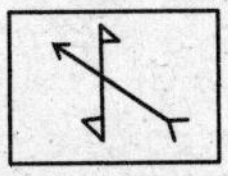 होगा।

15 कागज कटिंग एवं फोल्डिंग

इस अध्याय से सम्बन्धित प्रश्नों में, प्रश्न आकृति में एक कागज को दर्शाया जाता है, जिस पर बिन्दुमय रेखाओं द्वारा यह दिखाया जाता है कि कागज को कैसे या किस प्रकार मोड़ा जाना है। इस अध्याय के अन्तर्गत पूछे जाने वाले प्रश्नों में एक प्रश्न आकृति दी गई होती है और उत्तर आकृतियों में चार चित्र विकल्प के रूप में दिए गए होते हैं।

प्रश्न में कागज पर दर्शाई गई बिन्दुमय रेखा कागज को दो भागों में बांटती है, इसका अर्थ यह है कि बिन्दुमय रेखा से कागज के दोनों भागों में एक भाग को मोड़ना है। इस प्रकार मोड़ने से वह आधा भाग दूसरे भाग पर चला जाएगा तथा आकृति भी शेष आधे भाग पर चली जाएगी। अभ्यर्थियों को यह ज्ञात करना होता है कि कागज को मोड़ने के बाद चारों विकल्पों में से कौन-सी आकृति प्राप्त होगी। स्पष्ट है कि चारों विकल्पों में से कागज मोड़ने पर प्राप्त आकृति को उत्तर बनाना होता है।

कागज मोड़ने से सम्बन्धित कुछ प्रमुख नियम निम्नलिखित हैं

नियम 1. कागज पर अंकित बिन्दुमय रेखा पर एक दर्पण की कल्पना करनी चाहिए तथा उसे आधे भाग के दर्पण प्रतिबिम्ब की कल्पना करनी चाहिए, जिस भाग को मोड़ना हो।

नियम 2. कागज को मोड़ने के बाद वह आधा भाग दूसरे भाग पर चढ़ जाता है तथा अंकित डिजाइन दर्पण प्रतिबिम्ब के रूप में शेष आधे भाग पर चला जाता है।

नियम 3. यदि कागज के आधे भाग को बिन्दुमय रेखा से मोड़ा जाता है, तो मोड़े गए भाग में अंकित डिजाइन दूसरे भाग पर चला जाता है।

नियम 4. कागज का मुड़ा हुआ भाग जल एवं दर्पण प्रतिबिम्ब की तरह बदलता है, जब पृष्ठ को ऊर्ध्वाधर मोड़ा जाता है, तो मुड़ा भाग दर्पण प्रतिबिम्ब की तरह और यदि क्षैतिज मोड़ा जाता है, तो जल प्रतिबिम्ब की तरह व्यवहार करता है।

हल सहित उदाहरण :

निर्देश : (उदाहरण 1-2) निम्न प्रश्न में एक वर्गाकार पार दर्शक कागज एक नमूने की आकृति के साथ दिया गया है। चार विकल्पों में दो उस आकृति का चयन कीजिए जो पारदर्शी कागज को बीच की बन्दुमय रेखा पर मोडने पर प्राप्त होगी ?

उदाहरण 1. प्रश्न आकृति

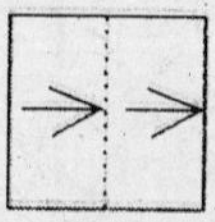

उत्तर आकृतियां

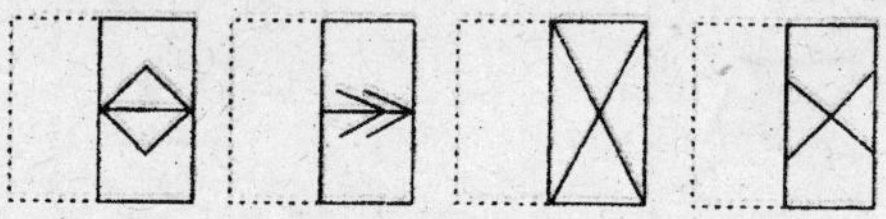

(A) (B) (C) (D)

हल (A): प्रश्नानुसार कागज को मोड़ने पर उत्तर आकृति (A) के समान दिखाई देगा।

उदाहरण 2. नीचे दिए गए प्रश्न में एक वर्गाकार पारदर्शक कागज-एक नमूने की आकृतियों के साथ दिया गया है। चार विकल्पों में से वह आकृति खोजें जो पारदर्शी कागज को बीच की बिन्दुमय रेखा पर मोड़ने पर प्राप्त होगी।

प्रश्न आकृति

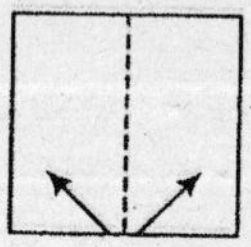

उत्तर आकृतियां

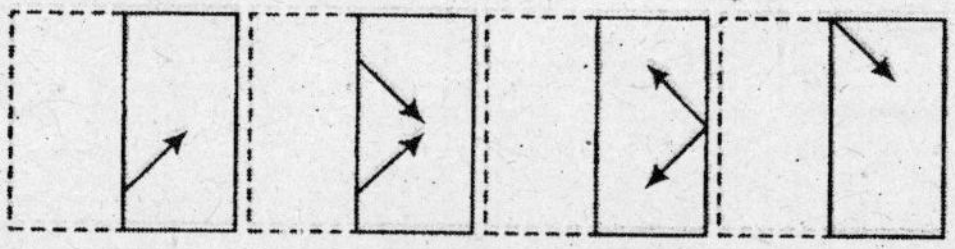

(A) (B) (C) (D)

हल (A) : पारदर्शक कागज को बिन्दुमय रेखा पर मोड़ने पर बाएं भाग की आकृति दाएं भाग की आकृति के ऊपर रखी जाती है, जो कि विकल्प (A) में मौजूद है।

कागज काटने पर आधारित प्रश्न

कागज काटने पर आधरित प्रश्नों में पहली आकृति में कागज का एक टुकड़ा किसी आकार एवं रूप में दिखता है। दूसरी आकृति में उसको दो भागों में मोड़कर दिखाया जाता है, जो भाग मोड़कर दूसरे भाग के ऊपर रख देते हैं जिसको बिन्दुमय दिखाया जाता है। तीसरी आकृति को पुन: दो भागों में मोड़ा जाता है तथा कुछ भाग कटा हुआ दिखाई पड़ता है, इसमें यह ज्ञात करना होता है कि तीसरी आकृति के कागज को पूरी तरह खोलने पर किस प्रकार दिखाई पड़ता है।

निर्देश 3-4: निम्न प्रश्न में कागज के टुकड़े को प्रश्न आकृति में दिए गए ढंग से मोड़ा और काटा जाता है। खोलने पर वह कैसा दिखाई देगा?

उदाहरण 3. प्रश्न आकृतियां

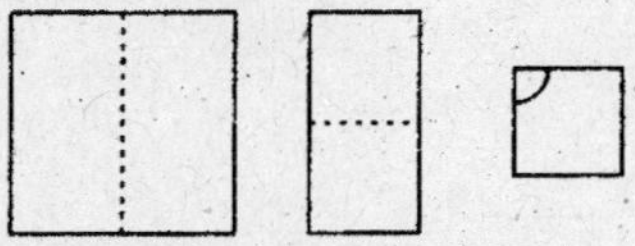

उत्तर आकृतियां

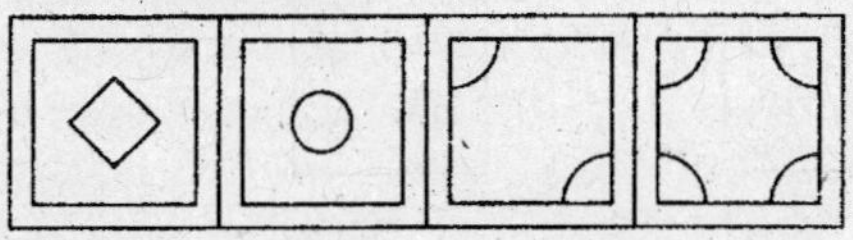

(A) (B) (C) (D)

हल (B): प्रश्नानुसार कागज के टुकड़े को मोड़ने तथा काटने के बाद खोलने पर उत्तर आकृति (B) के समान दिखाई देगी।

उदाहरण 4. प्रश्न आकृति

उत्तर आकृतियां

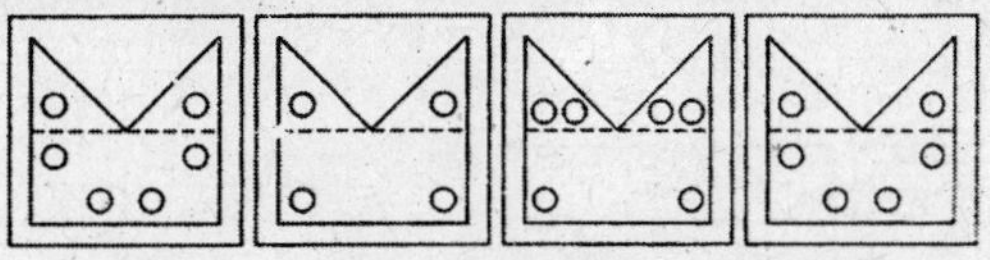

(A) (B) (C) (D)

हल (A): दिए गए प्रश्न आकृति को मोड़ने, पंच करने तथा खोलने के बाद वह आकृति (A) जैसी दिखाई देगी।

अभ्यास प्रश्न

1. नीचे के प्रश्न आकृतियों में दिखाए अनुसार कागज को मोड़कर छेदने तथा खोलने के बाद वह किस उत्तर आकृति जैसा दिखाई देगा?

(A)  (B) 

(C)  (D) 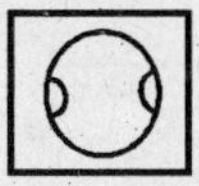

[SSC CHSL (Tier-1) ऑनलाइन परीक्षा 30 जनवरी 2017 सुबह पाली]

उत्तर (B) कागज को मोड़कर छेदने तथा खोलने के बाद वह निम्न आकृति जैसा दिखाई देगा।

2. नीचे प्रश्न आकृतियों में दर्शाए अनुसार कागज को मोड़कर छेदने तथा खोलने के बाद वह किस उत्तर आकृति जैसा दिखाई देगा?

(A) 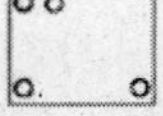 (B) 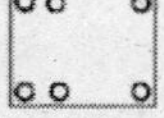

(C)  (D) 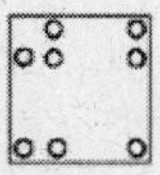

[SSC CHSL (Tier-1) ऑनलाइन परीक्षा 30 जनवरी 2017 सायं पाली]

उत्तर (C) कागज को मोड़ने, छेदने और खोलने के बाद  जैसी आकृति दिखाएगा।

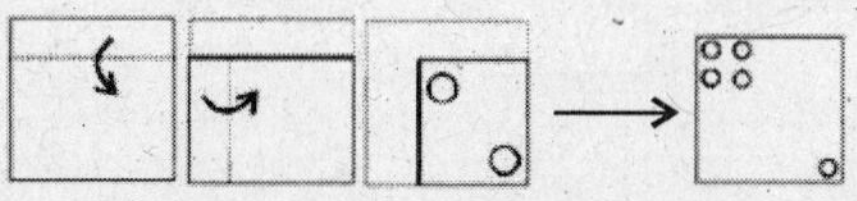

3. नीचे प्रश्न आकृतियों में दर्शाए अनुसार कागज को मोड़कर छेदने तथा खोलने के बाद वह किस उत्तर आकृति जैसा दिखाई देगा? यदि एक दर्पण को XY रेखा पर रखा जाए, तो दी गई उत्तर आकृतियों में से कौनसी आकृति प्रश्न आकृति की सही प्रतिबिम्ब होगी?

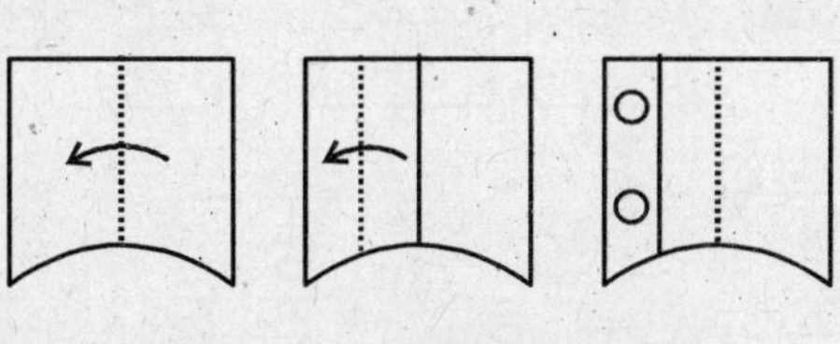

(A)  (B) 

(C)  (D) 

[SSC CHSL (Tier-1) ऑनलाइन परीक्षा 29 जनवरी 2017 सुबह पाली]

उत्तर (B) कागज को मोड़कर छेदने और खोलने के बाद वह

 जैसा दिखाई देगा।

4. नीचे के प्रश्न आकृतियों में दर्शाए अनुसार कागज को मोड़कर छेदने तथा खोलने के बाद वह किस उत्तर आकृति जैसा दिखाई देगा?

(A)  (B) 

(C)  (D) 

[SSC CHSL (Tier-1) ऑनलाइन परीक्षा 25 जनवरी 2017 सुबह पाली]

उत्तर (B) कागज को मोड़कर छेदने और खोलने के बाद वह आकृति जैसा दिखाई देगा

5. नीचे प्रश्न आकृतियों में दर्शाए अनुसार कागज को मोड़कर छेदने तथा खोलने के बाद वह किस उत्तर आकृति जैसा दिखाई देगा?

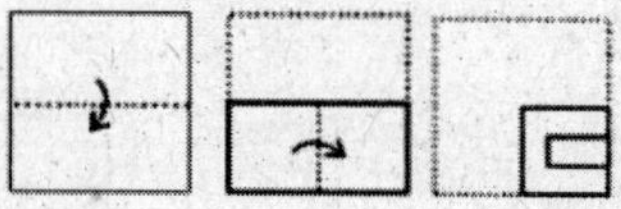

(A) 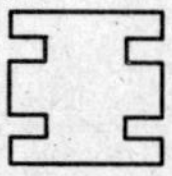 (B) 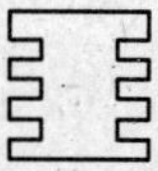

(C)  (D) 

[SSC CHSL (Tier-1) ऑनलाइन परीक्षा 24 जनवरी 2017 सुबह पाली]

उत्तर (A) कागज को मोड़कर छेदने और खोलने के बाद वह आकृति जैसा दिखाई देगा।

6. नीचे के प्रश्न आकृतियों में दर्शाए अनुसार कागज को मोड़कर छेदने तथा खोलने के बाद वह किस उत्तर आकृति जैसा दिखाई देगा?

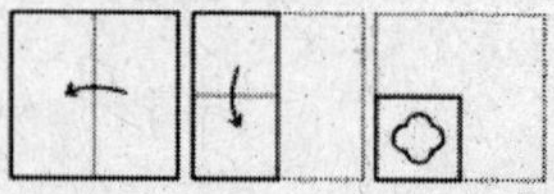

(A) 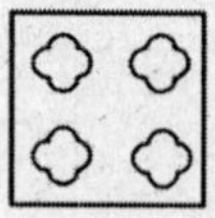 (B) 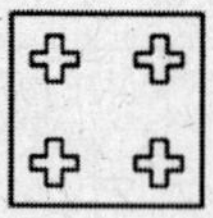

(C)  (D) 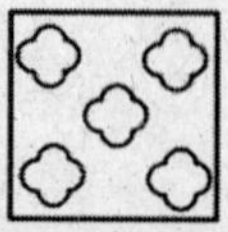

[SSC CHSL (Tier-1) ऑनलाइन परीक्षा 24 जनवरी 2017 सायं पाली]

उत्तर (A) कागज को मोड़कर छेदने तथा खोलने के बाद वह जैसी आकृति दिखाएगा।

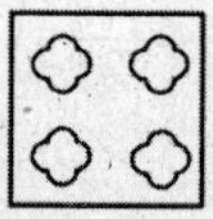

7. नीचे के प्रश्न आकृतियों में दिखाए अनुसार कागज को मोड़कर छेदने तथा खोलने के बाद वह किस उत्तर आकृति जैसा दिखाई देगा?

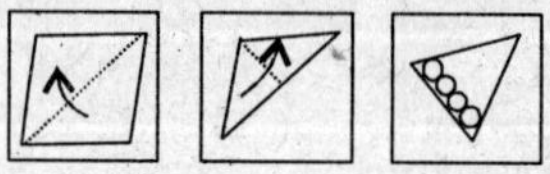

(A) 

(B) 

(C) 

(D) 

[SSC CHSL (Tier-1) ऑनलाइन परीक्षा 23 जनवरी 2017 दोपहर पाली]

उत्तर (A) कागज को मोड़कर छेदने तथा खोलने के बाद कागज

 आकृति जैसा दिखाई देगा।

8. नीचे के प्रश्न आकृतियों में दिखाए अनुसार कागज को मोड़कर छेदने तथा खोलने के बाद वह किस उत्तर आकृति जैसा दिखाई देगा

(A) 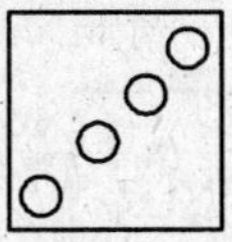

(B) 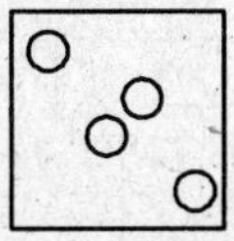

(C) 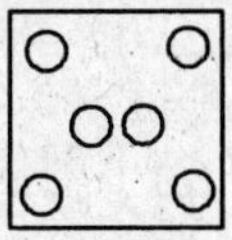

(D) 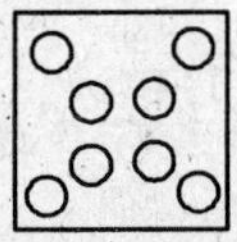

[SSC CHSL (Tier-1) ऑनलाइन परीक्षा 22 जनवरी 2017 सुबह पाली]

उत्तर (A) कागज को मोड़कर छेदने और खोलने के बाद वह

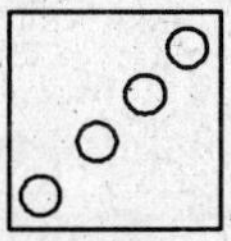

आकृति जैसा दिखाई देगा।

9. नीचे के प्रश्न आकृतियों में दर्शाए अनुसार कागज को मोड़कर छेदने तथा खोलने के बाद वह किस उत्तर आकृति जैसा दिखाई देगा?

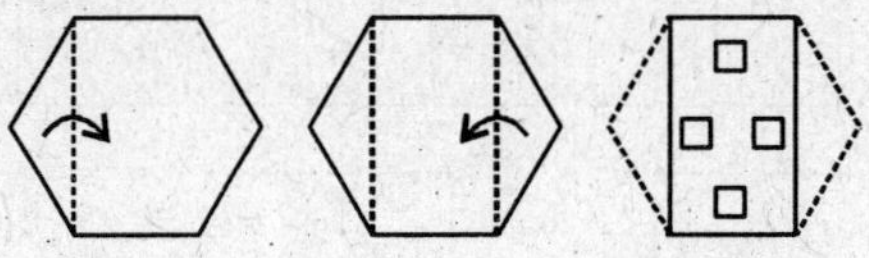

(A) 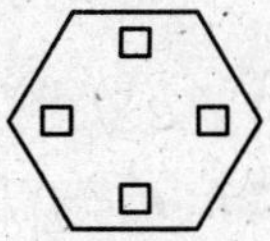

(B) 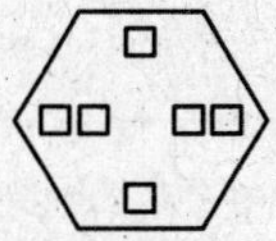

(C) 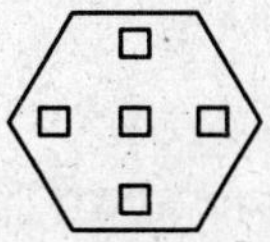

(D) 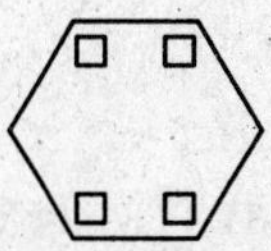

[SSC CHSL (Tier-1) ऑनलाइन परीक्षा 21 जनवरी 2017 दोपहर पाली]

उत्तर (B) कागज को मोड़कर छेदने और खोलने के बाद वह

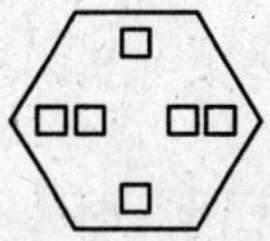

जैसी आकृति दिखाई देगी।

10. नीचे प्रश्न आकृतियों में दर्शाए अनुसार कागज को मोड़कर छेदने तथा खोलने के बाद वह किस उत्तर आकृति जैसा दिखाई देगा?

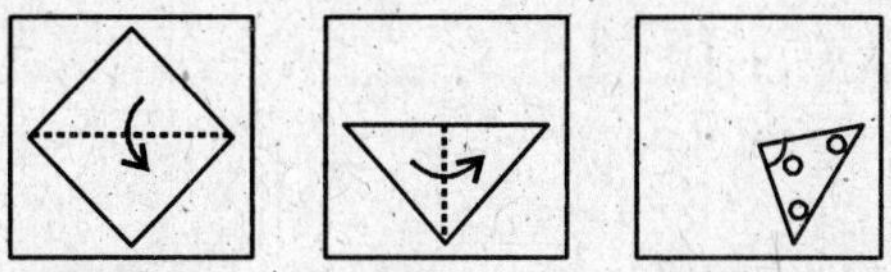

(A) 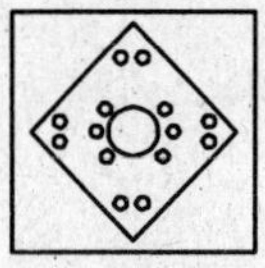

(B) 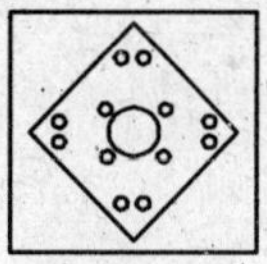

(C) 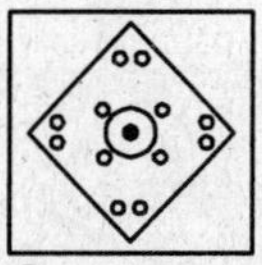

(D) 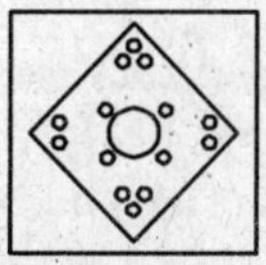

[SSC CHSL (Tier-1) ऑनलाइन परीक्षा 21 जनवरी 2017 सायं पाली]

उत्तर (B) कागज को मोड़कर छेदने और खोलने के बाद वह

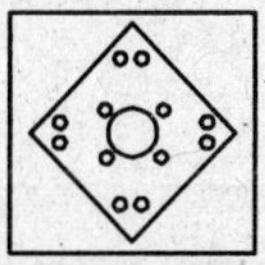

फिगर जैसी आकृति जैसा दिखाई देगा।

11. नीचे प्रश्न आकृतियों में दर्शाए अनुसार कागज को मोड़कर छेदने तथा खोलने के बाद वह किस उत्तर आकृति जैसा दिखाई देगा?

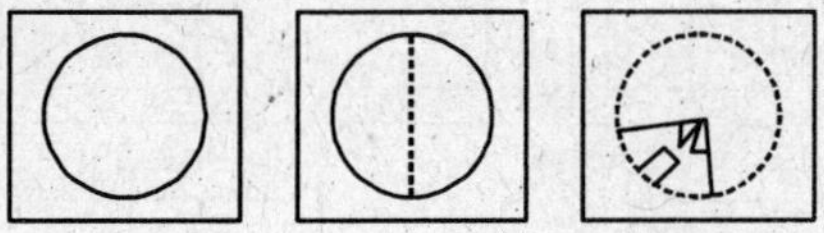

(A) 

(B) 

(C) 

(D) 

[SSC CHSL (Tier-1) ऑनलाइन परीक्षा 18 जनवरी 2017 सायं पाली]

उत्तर (B) कागज को मोड़कर छेदने और खोलने के बाद वह फिगर

जैसी  आकृति जैसा दिखाई देगा।

12. नीचे के प्रश्न आकृतियों में दिखाए अनुसार कागज को मोड़कर छेदने तथा खोलने के बाद वह किस उत्तर आकृति जैसा दिखाई देगा?

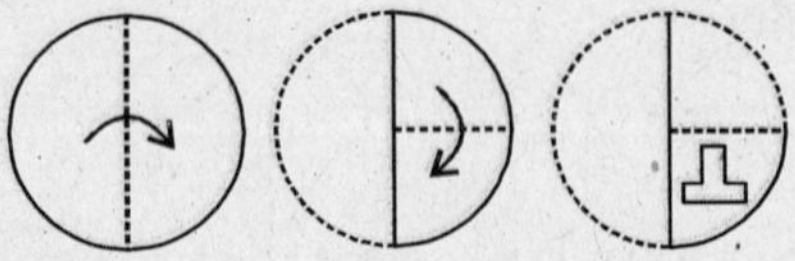

(A) 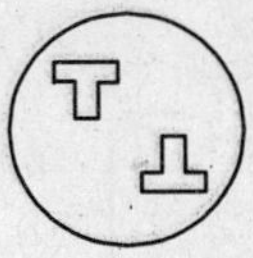 (B) 

(C)  (D) 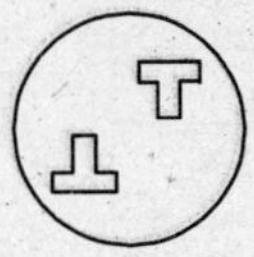

[SSC CHSL (Tier-1) ऑनलाइन परीक्षा 17 जनवरी 2017 दोपहर पाली]

उत्तर (C) कागज को मोड़कर छेदने और खोलने के बाद वह

 आकृति जैसा दिखाई देगा।

13. नीचे प्रश्न आकृतियों में दर्शाए अनुसार कागज को मोड़कर छेदने तथा खोलने के बाद वह किस उत्तर आकृति जैसा दिखाई देगा?

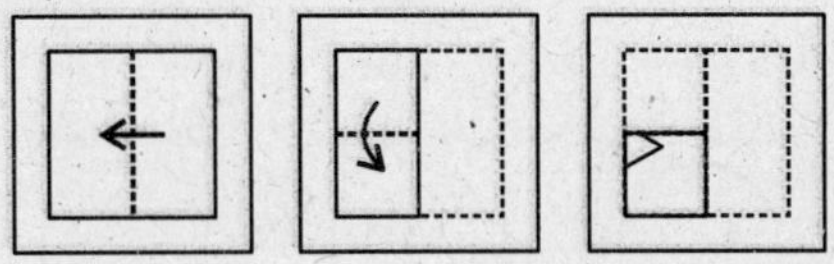

(A) 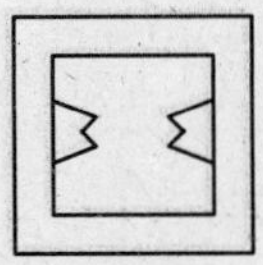 (B) 

(C) 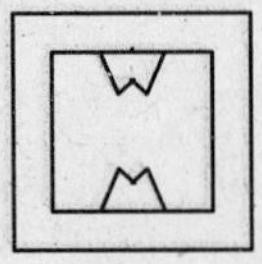 (D) 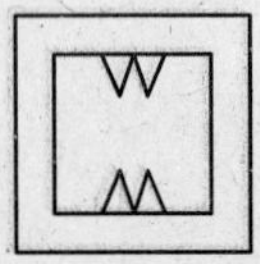

[SSC CHSL (Tier-1) ऑनलाइन परीक्षा 16 जनवरी 2017 सुबह पाली]

उत्तर (A) कागज को मोड़कर छेदने और खोलने के बाद वह

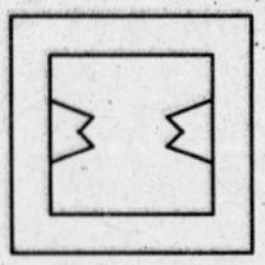 जैसी आकृति जैसा दिखाई देगा।

14. नीचे के प्रश्न आकृतियों में दिखाए अनुसार कागज को मोड़कर छेदने तथा खोलने के बाद वह किस उत्तर आकृति जैसा दिखाई देगा?

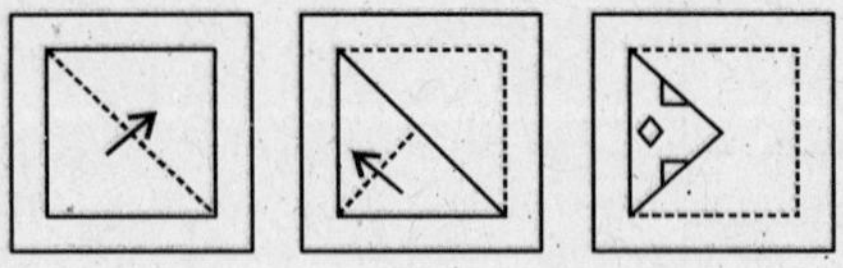

(A) 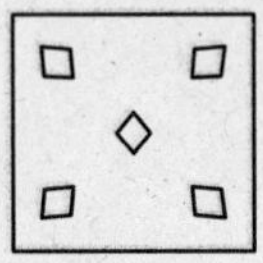 (B) 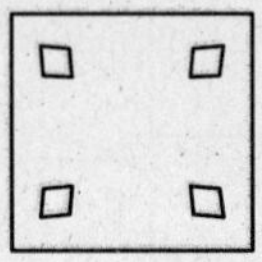

(C) 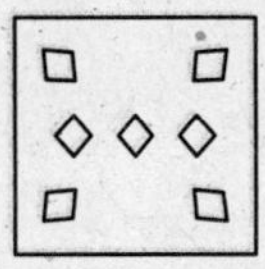 (D) 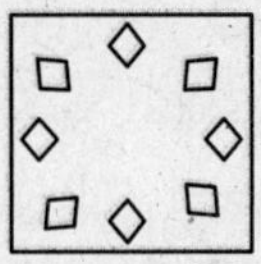

[SSC CHSL (Tier-1) ऑनलाइन परीक्षा 10 जनवरी 2017 सुबह पाली]

उत्तर (D) कागज को मोड़कर छेदने और खोलने के बाद वह

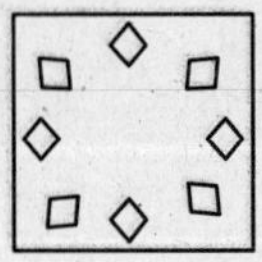 आकृति जैसा दिखाई देगा।

15. नीचे प्रश्न आकृतियों में दर्शाए अनुसार कागज को मोड़कर छेदने तथा खोलने के बाद वह किस उत्तर आकृति जैसा दिखाई देगा?

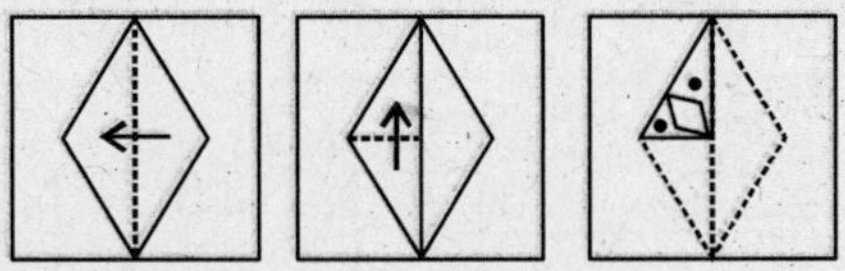

(A)  (B) 

(C)  (D) 

[SSC CHSL (Tier-1) ऑनलाइन परीक्षा 10 जनवरी 2017 सायं पाली]

उत्तर (B) कागज को मोड़कर छेदने और खोलने के बाद वह

आकृति जैसा दिखाई देगा।

16 नीचे के प्रश्न आकृतियों में दिखाए अनुसार कागज को मोड़कर छेदने तथा खोलने के बाद वह किस उत्तर आकृति जैसा दिखाई देगा?

(A)  (B) 

(C)  (D) 

[SSC CHSL (Tier-1) ऑनलाइन परीक्षा 9 जनवरी 2017 सुबह पाली]

उत्तर (A) कागज को मोड़कर छेदने और खोलने के बाद वह

आकृति जैसा दिखाई देगा।

17. नीचे प्रश्न आकृतियों में दर्शाए अनुसार कागज को मोड़कर छेदने तथा खोलने के बाद वह किस उत्तर आकृति जैसा दिखाई देगा?

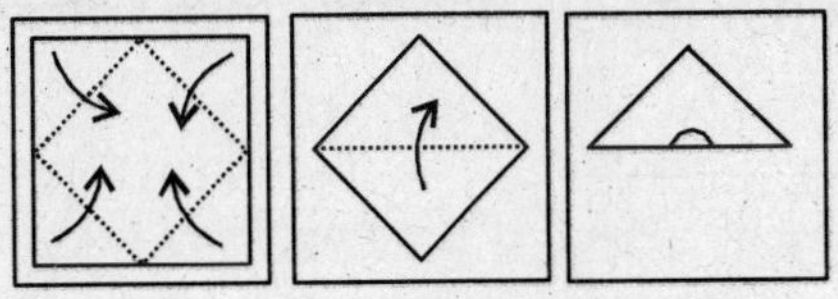

(A) 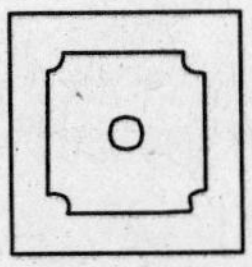 (B) 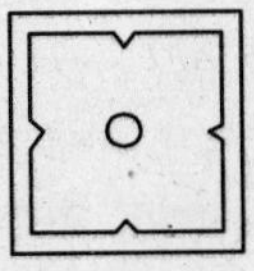

(C) 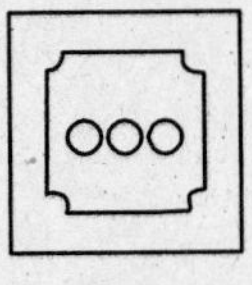 (D) 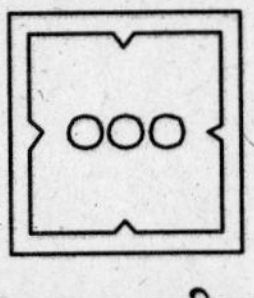

[SSC CHSL (Tier-1) ऑनलाइन परीक्षा 9 जनवरी 2017 सायं पाली]

उत्तर (A) कागज को मोड़कर छेदने और खोलने के बाद वह

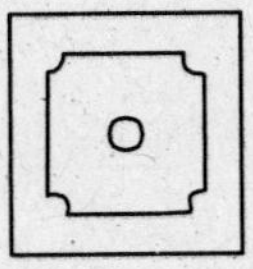

आकृति जैसा दिखाई देगा।

18. नीचे के प्रश्न आकृतियों में दिखाए अनुसार कागज को मोड़कर छेदने तथा खोलने के बाद वह किस उत्तर आकृति जैसा दिखाई देगा?

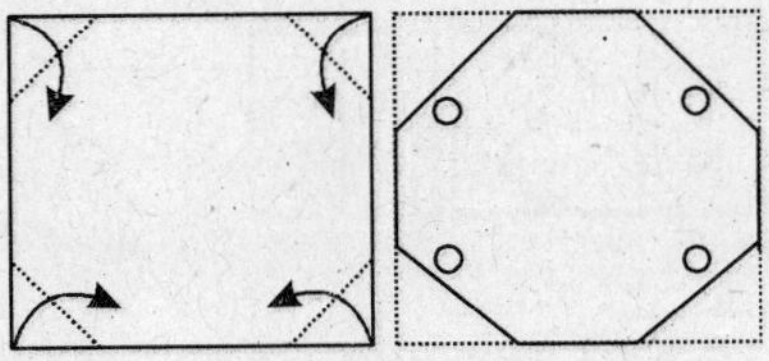

(A) 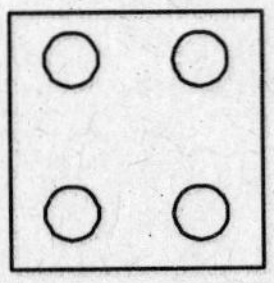 (B) 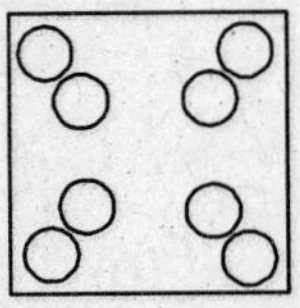

(C) 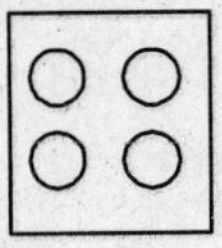 (D) 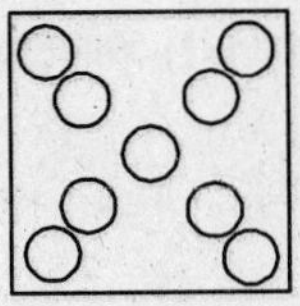

[SSC CHSL (Tier-1) ऑनलाइन परीक्षा 7 जनवरी 2017 सायं पाली]

उत्तर (B) कागज को मोड़कर छेदने और खोलने के बाद वह

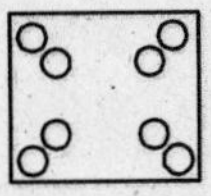

जैसी आकृति जैसा दिखाई देगा।

19. नीचे प्रश्न आकृतियों में दर्शाए अनुसार कागज को मोड़कर छेदने तथा खोलने के बाद वह किसी उत्तर आकृति जैसा दिखाई देगा ?

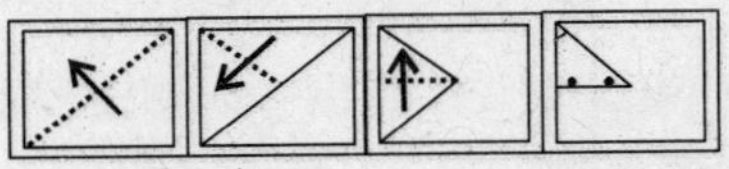

(A) 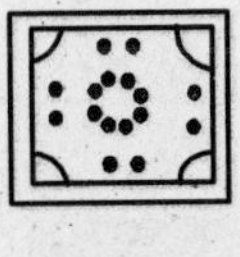 (B) 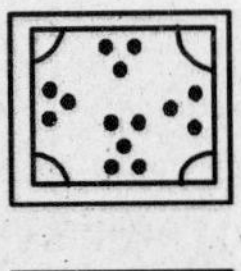

(C)  (D) 

[SSC CHSL (Tier-1) ऑनलाइन परीक्षा 8 फरवरी 2017 दोपहर पाली]

उत्तर (A) कागज को मोड़कर छेदने तथा खोलने के बाद

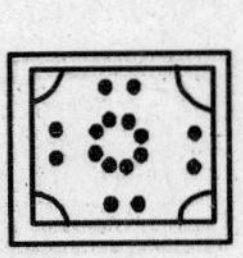

वह आकृति जैसा दिखाई देगा।

20. नीचे के प्रश्न आकृतियों में दिखाए अनुसार कागज को मोड़कर छेदने तथा खोलने के बाद वह किस उत्तर आकृति जैसा दिखाई देगा?

(A) 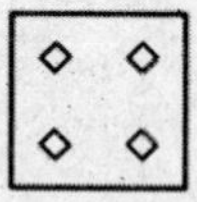 (B) 

(C)  (D) 

[SSC CHSL (Tier-1) ऑनलाइन परीक्षा 7 फरवरी 2017 सुबह पाली]

उत्तर (C) कागज को मोड़कर छेदने तथा खोलने के बाद वह

 आकृति बनाएगा।

21. नीचे दी गई प्रश्न आकृतियों में दिखाए अनुसार कागज को मोड़कर छेदने तथा खोलने के बाद वह किस उत्तर आकृति जैसा दिखाई देगा?

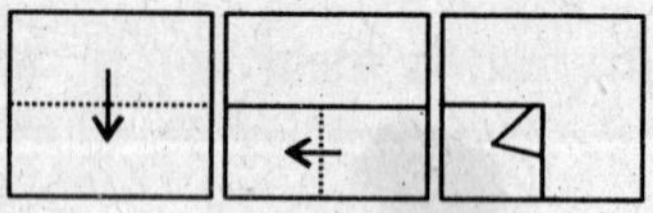

(a)  (b) 

(c)  (d) 

[SSC CHSL (Tier-1) ऑनलाइन परीक्षा 3 फरवरी 2017 दोपहर पाली]

उत्तर (b) कागज को मोड़कर छेदने और खोलने के बाद वह 

आकृति जैसा दिखाई देगा।

जिसका क्रम,

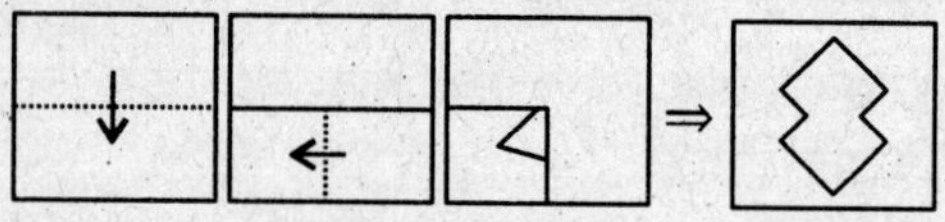

22. नीचे के प्रश्न आकृतियों में दिखाए अनुसार कागज को मोड़कर छेदने तथा खोलने के बाद वह किस उत्तर आकृति जैसा दिखाई देगा ?

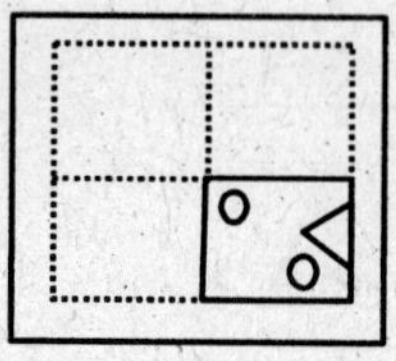

(A) 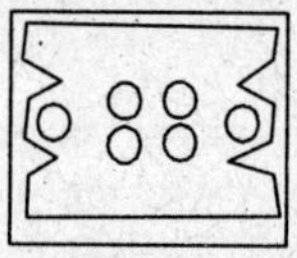 (B) 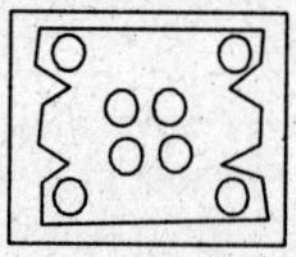

(C) 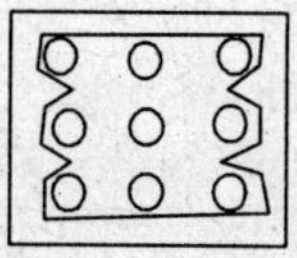 (D) 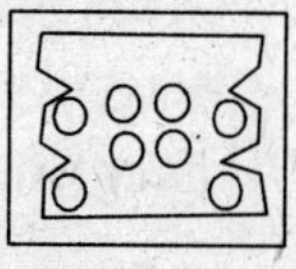

[SSC CHSL (Tier-1) ऑनलाइन परीक्षा 3 फरवरी 2017 सायं पाली]

उत्तर (B) 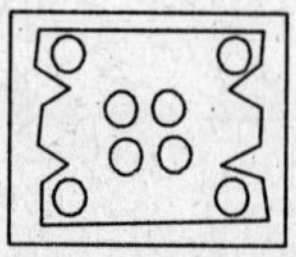

दी गई आकृति के कागज को मोड़कर छेदने तथा खोलने के बाद वह ऊपर दी गई आकृति जैसा दिखाई देगा।

16 विविध

1. यदि किसी वर्ष का 14 सितंबर मंगलवार है, तो उसी वर्ष के 17 अक्टूबर को सप्ताह का कौन-सा दिन होगा?

(A) बृहस्पतिवार (B) शनिवार

(C) रविवार (D) सोमवार

[SSC CHSL (Tier-1) ऑनलाइन परीक्षा 30 जनवरी 2017 सुबह पाली]

उत्तर (C) 14 सितम्बर को दिन = मंगलवार

21 सितम्बर को दिन = मंगलवार

28 सितम्बर को दिन = मंगलवार

5 अक्टूबर को दिन = मंगलवार

12 अक्टूबर को दिन = मंगलवार

19 अक्टूबर को दिन = मंगलवार

17 अक्टूबर को दिन = मंगलवार–2

= रविवार

अत: 17 अक्टूबर को सप्ताह का रविवार का दिन होगा।

2. यदि परसों का दिन रविवार था, तो आज से छठवां दिन सप्ताह का कौनसा होगा?

(A) बुधवार (B) मंगलवार

(C) सोमवार (D) गुरुवार

[SSC CHSL (Tier-1) ऑनलाइन परीक्षा 25 जनवरी 2017 सुबह पाली]

उत्तर (C)

यदि परसों का दिन = रविवार

∴ आज से 6वां दिन = परसों का दिन + 1

= रविवार + 1

= सोमवार

3. यदि 5 सितम्बर 2008 को सोमवार था, तो 9 अक्टूबर, 2008 को कौन सा दिन था ?

(A) शनिवार (B) शुक्रवार

(C) रविवार (D) सोमवार

[SSC CHSL (Tier-1) ऑनलाइन परीक्षा 24 जनवरी 2017 सुबह पाली]

उत्तर (C) 5 सितम्बर, 2008 को दिन = सोमवार

इसी प्रकार 5, 12, 19, 26, 03, 10 को सोमवार ही आएगा।

∴ 9 अक्टूबर को एक दिन पीछे होगा अर्थात् रविवार।

4. राजन और मनु बाजार जाते हैं। राजन ₹ 105 में 3 रबड़ और 5 कलम खरीदता है, जबकि मनु ₹ 130 में 4 रबड़ और 6 कलम खरीदता है। एक रबड़ का मूल्य क्या है?

(A) ₹ 25 (B) ₹ 20

(C) ₹ 10 (D) ₹ 19

[SSC CHSL (Tier-1) ऑनलाइन परीक्षा 24 जनवरी 2017 सायं पाली]

उत्तर (C) माना रबर का मूल्य = ₹ R

कलम का मूल्य = ₹ P

∴ प्रश्नानुसार,

$3R + 5P = 105$ ...(i)

$4R + 6P = 130$ ...(ii)

समीकरण (i) व (ii) को हल करने पर

$R = 10$ तथा $P = 15$

∴ एक रबर का मूल्य = ₹ 10

5. यदि 18 अक्टूबर 2011 को रविवार था, तो 19 सितम्बर 2012 को सप्ताह का कौन-सा दिन था?

(A) बृहस्पतिवार (B) शुक्रवार

(C) रविवार (D) सोमवार

[SSC CHSL (Tier-1) ऑनलाइन परीक्षा 23 जनवरी 2017 दोपहर पाली]

उत्तर (D) 18 अक्टूबर 2011 को दिन = रविवार

19 सितम्बर 2012 को दिन = रविवार + 1 दिन

= सोमवार

6. सुमित अपने कपड़े धुलवाना चाहता है। उसके शहर में कपड़े धोने का चार्ज पहले एक कि.ग्रा. कपड़े के लिए ₹ 150 और बाद के प्रत्येक कि.ग्रा. के लिए ₹ 50 है। यदि वह 10 कि.ग्रा. कपड़े धुलवाता है, तो उसे कपड़े धोने के लिए कितने पैसे चुकाने होंगे?

(A) ₹ 250 (B) ₹ 450

(C) ₹ 650 (D) ₹ 600

[SSC CHSL (Tier-1) ऑनलाइन परीक्षा 24 जनवरी 2017 सायं पाली]

उत्तर (D) ∴ 10 किग्रा कपड़े धुलवाने का चार्ज = $150 \times 1 + 50 \times 9$

$= 150 + 450$

= ₹ 600

7. यदि 27 फरवरी 2011 को रविवार था, तो 1 मार्च 2012 को सप्ताह का कौन-सा दिन होगा?

(A) बृहस्पतिवार (B) शुक्रवार

(C) रविवार (D) सोमवार

[SSC CHSL (Tier-1) ऑनलाइन परीक्षा 17 जनवरी 2017 दोपहर पाली]

उत्तर (A) 27 फरवरी 2011 को दिन = रविवार

1 मार्च 2012 को दिन = रविवार + 5वां विषम दिन = बृहस्पतिवार

8. रोहित और अंकित की उम्र का योग 78 है। रोहित की उम्र अंकित की उम्र से दोगुनी है। रोहित की उम्र (वर्ष में) क्या है?

(A) 26 (B) 52

(C) 54 (D) 48

[SSC CHSL (Tier-1) ऑनलाइन परीक्षा 17 जनवरी 2017 सुबह पाली]

उत्तर (B) प्रश्नानुसार,

रोहित की उम्र + अंकित की उम्र = 78

रोहित की उम्र = 2 × अंकित की उम्र

∴ रोहित की उम्र + अंकित की उम्र = 78

2 अंकित की उम्र + अंकित की उम्र = 78

अंकित की उम्र = $\frac{78}{3}$

= 26 वर्ष

∴ रोहित की उम्र = 2 × 26

= 52 वर्ष

9 अनुज और उसकी मां की आयु का योग 32 है, और उसके पिता की आयु 38 वर्ष है। यदि उसके पिता, उसकी मां से 8 वर्ष बड़े हैं, तो अनुज की आयु (वर्ष में) क्या है?

(A) 4 (B) 2

(C) 1 (D) 5

[SSC CHSL (Tier-1) ऑनलाइन परीक्षा 17 जनवरी 2017 सुबह पाली]

उत्तर (B) माना अनुज की आयु = x वर्ष

अनुज की मां की आयु = y वर्ष

प्रश्नानुसार

$x + y = 32$ .... (i)

अनुज के पिता की आयु = अनुज की मां की आयु

= $y + 8$

अनुज के मां की आयु = 38 – 8

= 30 वर्ष

∴ अनुज की आयु = 32 – 30

= 2 वर्ष

10. यदि 1 जनवरी 2013 को बुधवार था, तो 2 जनवरी 2014 को सप्ताह का कौनसा दिन था–

(A) बुधवार (B) बृहस्पतिवार

(C) मंगलवार (D) शुक्रवार

[SSC CHSL (Tier-1) ऑनलाइन परीक्षा 9 जनवरी 2017 सायं पाली]

उत्तर (D) 1 जनवरी 2013 को दिन = बुधवार

2 जनवरी 2014 को दिन

= वृहस्पतिवार + 1 दिन

2 जनवरी 2014 को दिन

= बुधवार + 2 दिन

= शुक्रवार

अत: 2 जनवरी 2014 को शुक्रवार होगा।

संख्यात्मक योग्यता

1 संख्याएं एवं भिन्न

महत्वपूर्ण बिंदु

- **अंक (digit) :** किसी भी संख्या को व्यक्त करने के लिए हम 0, 1, 2, 3, 4, 5, 6, 7, 8 व 9 दस संकेतों का प्रयोग करते हैं। इन दस संकेतों को अंक (digit) कहते हैं।
- **स्थानीय मान (Place value) :** किसी संख्या में किसी अंक का वह मान जो उसके स्थान विशेष की स्थिति के अनुसार बदलता रहता है, स्थानीय मान कहलाता है।

  जैसे: 63251 में –

  1 का स्थानीय मान = 1

  5 का स्थानीय मान = 50

  2 का स्थानीय मान = 200

  3 का स्थानीय मान = 3000

  6 का स्थानीय मान = 60000
- **जातीय मान या अंकीय मान (Place vlaue or digital value) :** किसी संख्या में किसी अंक का जातीय मान उसका अपना मान होता है, चाहे वह अंक किसी भी स्थान पर क्यों न हो।

  जैसे– 61521 में–

  1 का जातीय मान = 1

  5 का जातीय मान = 5

  6 का जातीय मान = 6
- **प्राकृतिक संख्याएं (Natural numbers) :** ऐसी संख्याएं जो गणना के लिए प्रयोग में लाई जाती हैं, उन्हें प्राकृतिक संख्याएं कहते हैं। इन्हें '*N*' से प्रदर्शित करते हैं।

  $N = \{1, 2, 3, 4 .... \}$
- **पूर्ण संख्याएं (Whole numbers) :** यदि प्राकृतिक संख्याओं में शून्य को भी सम्मिलित कर लिया जाए, तो इन्हें पूर्ण संख्यााएं कहते हैं इन्हें '*W*' से प्रदर्शित करते हैं।

  $W = \{0, 1, 2, 3, ... \}$
- **पूर्णांक (Integers) :** यदि पूर्ण संख्याओं में ऋणात्मक संख्याओं को भी सम्मिलित कर लिया जाए तो प्राप्त संख्याएं पूर्णाक कहलाती हैं। इन्हें '*I*' से प्रदर्शित करते है।

  $\{I = + ..., -5, -4, -3, -2, -1, 0, +1, +2, +3 + ...\}$
- **सम संख्याएं (Even numbers) :** ऐसी संख्याएं जो 2 से पूर्णत: विभाजित हो जाएं, सम सख्याएं कहलाती हैं।

  जैसे – 2, 4, 6, 8, 10, ...
- **विषम संख्याएं (Odd numbers) :** ऐसी संख्याएं जो 2 से पूर्णत: विभाजित नहीं होती हैं, विषम संख्याएं कहलाती हैं।

  जैसे– 1, 3, 5, 7, 9, 11, ...
- **भाज्य संख्याएं (Composite numbers) :** ऐसी संख्याएं जिनका स्वयं और 1 के अतिरिक्त कम-से- कम एक अन्य गुणनखण्ड होता है, भाज्य संख्याएं कहलाती हैं।

  जैसे– 4, 6, 8, 9, 10, 12, 14, 15, ...
- **अभाज्य संख्याएं (Prime numbers) :** ऐसी संख्याएं जो 1 और स्वयं के अतिरिक्त अन्य किसी संख्या से विभाजित नहीं होती है, अभाज्य संख्याएं कहलाती हैं।

  जैसे– 2, 3, 5, 7, 11, 13, 17, 19, ...
- **परिमेय संख्याएं (Rational numbers) :** ऐसी संख्याएं जिन्हें $\frac{p}{q}$ के रूप में प्रदर्शित किया जा सकता है (जहां p व q पूर्णांक हैं तथा $q \neq 0$) परिमेय संख्याएं कहलाती हैं।

  जैसे– $\frac{3}{5}, \frac{7}{9}, \frac{1}{5}$ आदि

  नोट: प्रत्येक पूर्णांक संख्या परिमेय संख्या होती है।
- **अपरिमेय संख्याएं (Irrational numbers) :** ऐसी संख्याएं जिन्हें $\frac{p}{q}$ के रूप में प्रदर्शित नहीं किया जा सकता है (जहां p व q पूर्णांक हैं तथा $p \neq 0$) अपरिमेय संख्याएं कहलाती है।

  जैसे– $\overline{a}\sqrt{2}, \sqrt{5}, e$ आदि।

विभाज्यता के नियम

(i) **2 से विभाज्यता –** यदि किसी संख्या में इकाई का अंक 0 या सम संख्या हो, तो वह संख्या 2 से विभाज्य होती है।

जैसे– 240, 1762, 18512 आदि।

(ii) **3 से विभाज्यता –** यदि किसी संख्या के अंकों का योग से विभाज्य हो, तो वह संख्या भी 2 से विभाज्य होती है।

जैसे– 123, 1641 आदि।

(*iii*) **4 से विभाज्यता –** यदि किसी संख्या के अंतिम दो अंक 4 से विभाज्य हो, तो वह संख्या भी 4 से विभाज्य होती है।
जैसे– 1420, 1828, 1932 आदि।

(*iv*) **5 से विभाज्यता –** यदि किसी संख्या में इकाई का अंक 0 या 5 हो, तो वह संख्या भी 5 से पूर्णत: विभाज्य होती है।
जैसे– 10,000, 15625, 62515 आदि।

(*v*) **6 से विभाज्यता –** यदि कोई संख्या 2 और 3 से पूर्णत: विभाज्य हो, तो वह संख्या 6 से भी विभाज्य होती है।
जैसे– 216, 7776 आदि।

(*vi*) **7 से विभाज्यता –** यदि किसी संख्या के अंतिम अंक को दोगुना करके शेष बची संख्या से घटाया जाए और प्राप्त परिणाम 0 या 7 से विभाज्य हो, तो वह संख्या भी 7 से पूर्णत: विभाज्य होती है।
नोट : बड़ी संख्या के लिए यह क्रिया तब तक दोहराई जाती है जब तक संख्या 7 या 0 प्राप्त न हो जाए।
जैसे– 343 में अंतिम अंक = 3

$\therefore$ अंतिम अंक को दो गुना करके शेष बची संख्या 34 में घटाने पर $(34 - 3 \times 2) = 28$

$\because$ संख्या 28, 7 से विभाज्य है। अत: 343, 7 से पूर्णत: विभाज्य होगी।

(*vii*) **8 से विभाज्यता –** यदि किसी संख्या के अंतिम तीन अंक 8 से विभाज्य हो, तो वह संख्या 8 से पूर्णत: विभाज्य होती है।
जैसे– 512, 32768,4096 आदि।

(*viii*) **9 से विभाज्यता –** यदि किसी संख्या के अंकों का योग 9 से विभाज्य हो, तो वह संख्या 9 से पूर्णत: विभाज्य होती है।
जैसे– 729, 6561, 59049 आदि।

(*ix*) **10 से विभाज्यता –** यदि किसी संख्या का अंतिम अंक 0 हो, तो वह संख्या 10 से पूर्णत: विभाज्य होती है।
जैसे– 100, 1000, 5000 आदि।

(*x*) **11 से विभाज्यता –** यदि किसी संख्या के सम स्थानों के अंकों का योग व विषम स्थानों के अंको के योग का अंतर 0 हो, तो वह संख्या 11 से पूर्णत: विभाज्य होती है।
जैसे– संख्या 14641 में–
सम स्थानों के अंकों का योग $= (4 + 4) = 8$
विषम स्थानों के अंकों का योग $= (1 + 6 + 1) = 8$
अभीष्ट अंतर $= (8 - 8) = 0$
अत: संख्या 14641, 11 से पूर्णत: विभाज्य है।

भाग की क्रिया

(*i*) भाज्य = भाजक × भागफल + शेषफल

(*ii*) $\text{भाजक} = \dfrac{\text{भाज्य} - \text{शेषफल}}{\text{भागफल}}$

(*iii*) $\text{भागफल} = \dfrac{\text{भाज्य} - \text{शेषफल}}{\text{भाजक}}$

- **भिन्न (Fraction) :** यदि किसी संख्या x को y भागों में विभाजित करना हो, तो हमें x में y का भाग करना होगा तथा हम इसे $\dfrac{x}{y}$ के रूप में प्रदर्शित करेंगे। अत: $\dfrac{x}{y}$ को भिन्न कहते है।

  a को भिन्न का अंश तथा b को भिन्न का हर कहते हैं।

भिन्नों के प्रकार

(*i*) **उचित भिन्न (Proper fraction):** वह भिन्न जिसका अंश, हर, से बड़ा होता है। उचित भिन्न कहलाती है।

जैसे– $\dfrac{3}{5}, \dfrac{4}{7}, \dfrac{8}{11}$ आदि।

(*ii*) **अनुचित भिन्न (Improper fraction):** वह भिन्न जिसका अंश, हर से बड़ा होता है। अनुचित भिन्न कहलाती है।

जैसे– $\dfrac{8}{3}, \dfrac{7}{4}, \dfrac{5}{2}$ आदि।

(*iii*) **मिश्रित भिन्न (Mixed fraction):** वह भिन्न जो एक पूर्णांक तथा एक भिन्न से मिलकर बनती है मिश्रित भिन्न कहलाती है।

जैसे– $3\dfrac{2}{5}, 4\dfrac{1}{2}$ आदि।

- **दशमलव भिन्न (Decimal fraction):** वह भिन्न जिसका हर 10 या 10 की किसी घात के रूप में होता है। दशमलव भिन्न कहलाती है।

  जैसे– $\dfrac{2}{10}, \dfrac{3}{100}, \dfrac{5}{1000}$ आदि

- **पुनरावृत्त दशमलव भिन्न (Recurring fraction):** वह भिन्न जिसमें दशमलव बिंदु के बाद एक या एक से अधिक अंकों की पुनरावृत्ति होती है, पुनरावृत्त दशमलव भिन्न कहलाती है।

  जैसे – (*i*) $= 0.6666 \ldots = 0.\bar{6}$

  (*ii*) $= 0.1888 \ldots = 0.1\bar{8}$

कुछ महत्त्वपूर्ण परिणाम

(*i*) प्रथम n प्राकृतिक संख्याओं का योग $= \dfrac{n(n+1)}{2}$

(*ii*) प्रथम n सम संख्याओं का योग $= n(n + 1)$

(*iii*) प्रथम n विषम संख्याओं का योग $= n^2$

(*iv*) यदि दशमलव संख्याएं $0.x$ तथा $0.xy$ के रूप में दी गई हों, तो

इन्हें परिमेय संख्या $\frac{p}{q}$ के रूप में व्यक्त करने के लिए

$0.x = \frac{x}{10}$ तथा $0.xy = \frac{xy}{100}$

(*v*) यदि शांत आवर्ती दशमलव संख्याएं $0.\overline{x}$ तथा $0.\overline{xy}$ के रूप में दी गई हों, तो इन्हें परिमेय संख्या में व्यक्त करने के लिए

$0.\overline{x} = \frac{x}{9}$, $0.\overline{xy} = \frac{xy}{99}$, $0.\overline{xyz} = \frac{xyz}{999}$

(*vi*) यदि अशांत आवर्ती दशमलव संख्याएं तथा के रूप मे दी गई हों, तो इन्हें परिमेय संख्या में व्यक्त करने के लिए–

$0.x\overline{y} = \frac{xy - x}{90}$, $0.x\overline{yz} = \frac{xyz - x}{990}$

(*vii*) यदि दो या दो से अधिक भिन्नों के हर बराबर हों, तो जिस भिन्न का अंश बड़ा होगा वह सबसे बड़ी भिन्न तथा जिस भिन्न का अंश छोटा होगा वह सबसे छोटी भिन्न होगी।

जैसे– $\frac{1}{11} < \frac{2}{11} < \frac{3}{11} < \frac{4}{11} < \frac{5}{11}$

(*viii*) यदि दो या दो से अधिक भिन्नों के अंश समान हों तथा हर भिन्न-भिन्न हों, तो जिस भिन्न का हर बड़ा होगा वह भिन्न छोटी तथा जिस भिन्न का हर छोटा होगा वह भिन्न सबसे छोटी होगी।

जैसे– $\frac{11}{8} < \frac{11}{7} < \frac{11}{6} < \frac{11}{5} < \frac{11}{4}$

हल सहित उदाहरण

उदाहरण 1. $\frac{p}{q}$ के रूप में संख्या 0.12 12 12 ...... का मान ज्ञात कीजिए।

हल: माना $x = 0.12\,12\,12$ ....(*i*)

$100x = 12.\,12\,12$ ...(*ii*)

समी० (*ii*) में समी० (*i*) घटाने पर

$99x = 12$

$\Rightarrow x = \frac{12}{99} = \frac{4}{33}$

उदाहरण 2. किसी संख्या को 114 से भाग देने पर शेषफल 21 प्राप्त होता है यदि उसी संख्या को 19 से भाग दिया जाए, तो शेषफल कितना होगा?

हल: माना दी गई संख्या को 114 से भाग देने पर भागफल $= K$ तथा शेषफल $= 21$

$\therefore$ संख्या $= 114K + 21$

$= (19 \times 6)K + 19 \times 1 + 2$

$= 19 \times (6K + 1) + 2$

$\therefore$ शेषफल $= 2$

उदाहरण 3. 67280 में 7 के स्थानीय मान व जातीय मान का अंतर ज्ञात कीजिए।

हल: संख्या 67280 में 7 का स्थानीय मान = 7000

संख्या 67280 में 7 का जातीय मान = 7

$\therefore$ अभीष्ट अंतर $= (7000 - 7) = 6993$

उदाहरण 4: यदि संख्या 2 * 435, 9 से पूर्णत: विभाज्य हो, तो * का मान ज्ञात कीजिए।

हल – $(2 + * + 4 + 3 + 5) = 14 + *$

अत: संख्या को 9 से विभाज्य होने के लिए

$14 + * = 18 \Rightarrow * = 18 - 14 = 4$

उदाहरण 5: प्रथम 25 प्राकृतिक संख्याओं का योगफल ज्ञात कीजिए।

हल – प्रथम '*n*' प्राकृतिक संख्याओं का योगफल $= n\left(\frac{n+1}{2}\right)$

प्रथम '25' प्राकृतिक संख्याओं का योगफल

$= 25\left(\frac{25+1}{2}\right)$

$= (25 \times 13) = 325$

उदाहरण 6: यदि किसी संख्या के $\frac{1}{5}$ की दो-तिहाई की तीन-चौथाई 24 हो तो वह संख्या ज्ञात कीजिए।

हल – माना वह संख्या $= x$

तब, $x \times \frac{1}{5} \times \frac{2}{3} \times \frac{3}{4} = 24$

$\Rightarrow x = (24 \times 10) = 240$

उदाहरण 7: $0.\overline{6} + 0.\overline{7} + 0.\overline{8}$ का मान ज्ञात कीजिए।

हल – $0.\overline{6} = \frac{6}{9}$, $0.\overline{7} = \frac{7}{9}$, $0.\overline{8} = \frac{8}{9}$

$\therefore 0.\overline{6} + 0.\overline{7} + 0.\overline{8} = \left(\frac{6}{9} + \frac{7}{9} + \frac{8}{9}\right) = \frac{21}{9} = \frac{7}{3}$

उदाहरण 8: दो अंकों की संख्या के अंकों का योग 8 है। यदि संख्या को परस्पर पलट दिया जाए तो संख्या में 54 की कमी हो जाती है। संख्या ज्ञात कीजिए।

हल – माना संख्या $= 10y + x$

तब, $x + y = 8$ ...(*i*)

पुन: $10y + x = (10x + y) + 54$

$9x - 9y = -54$

$\Rightarrow x - y = -6$ ...(*ii*)

समी० (*i*) व (*ii*) को हल करने पर, $x = 1$ तथा $y = 7$

$\therefore$ संख्या $= (10 \times 7 + 1) = 71$

अभ्यास प्रश्न

1. संख्या 347_547 को पूरी तरह से 11 से विभाज्य करने के लिए खाली स्थान पर कौन सा अंक होना चाहिए?

(A) 5 (B) 3

(C) 9 (D) 2

[SSC CHSL (Tier-1) ऑनलाइन परीक्षा 30 जनवरी 2017 सुबह पाली]

उत्तर (B) माना संख्या में रिक्त स्थान पर x अंक होना चाहिए।

$347x\ 547$

$(3+7+5+7)-(4+x+4)=11$

$22-8-x=11$

$14-x=11$

$14-x=11$

$14-11=x$

$x=3$

2. 0.3 का 5* [– 0.6 (2.8 + 1.2)] कितने बराबर है?

(A) – 1.44 (B) – 1.08

(C) – 1.2 (D) – 3.6

[SSC CHSL (Tier-1) ऑनलाइन परीक्षा 30 जनवरी 2017 सायं पाली]

उत्तर (D) 0.3 का 5* [– 0.6 (2.8 + 1.2)]

$\Rightarrow 0.3 \times 5^* [-0.6\,(2.8+1.2)]$

$\Rightarrow 0.3 \times 5^* [-0.6 \times 4.0]$

$\Rightarrow 0.3 \times 5 \times -2.4$

$\Rightarrow 1.5 \times -2.4$

$\Rightarrow -3.6$

3. एक गैर-शून्य संख्या और उसके व्युत्क्रम के तीन गुना का योग 13/2 है। संख्या का पता लगाएं–

(A) 6 (B) 7

(C) 8 (D) 9

[SSC CHSL (Tier-1) ऑनलाइन परीक्षा 29 जनवरी 2017 सुबह पाली]

उत्तर (A) माना गैर शून्य संख्या $=x$

∴ प्रश्नानुसार,

$$x+3\times\frac{1}{x}=\frac{13}{2}$$

$$\frac{x^2+3}{x}=\frac{13}{2}$$

$$2x^2+6=13x$$

$$2x^2-13x+6=0$$

$$2x^2-12x-x+6=0$$

$$2x(x-6)-1(x-6)=0$$

$$(x-6)\,(2x\,,1)=0$$

$$x=6,\ \frac{1}{2}$$

अत: वह संख्या 6 होगी।

4. 200 और 400 के बीच कितनी संख्याएं 7 से विभाज्य हैं?

(A) 28 (B) 29

(C) 30 (D) 31

[SSC CHSL (Tier-1) ऑनलाइन परीक्षा 29 जनवरी 2017 सुबह पाली]

उत्तर (B) 200 और 400 के बीच संख्याएं

203 — 399 जो 7 से विभाज्य है।

$\therefore\quad Tn=a+(n-1)d$

$399=203+(n-1)\times 7$

$28=n-1$

$n=28+1$

$=29$

5. एक समांतर श्रेणी में, यदि 17 तीसरा पद है। – 25, 17 वां पद है, तो – 1 कौन-सा पद है?

(A) 10 (B) 11

(C) 9 (D) 12

[SSC CHSL (Tier-1) ऑनलाइन परीक्षा 25 जनवरी 2017 सुबह पाली]

उत्तर (C) प्रश्नानुसार

$a+2d=17$ ...(i)

$a+16d=25$ ...(ii)

समीकरण (i) और (ii) को हल करने पर

$d=-3$ तथा $a=23$

$\because\quad -1=a+(n-1)\,d$

$-1=23+(n-1)\,(-3)$

$\Rightarrow\quad 3(n-1)=24$

$n=8+1=9$

6. जब 0.363636.......को भिन्न में बदला जाए, तो परिणाम क्या होगा ?

(A) 7/11 (B) 4/11

(C) 14/33 (D) 8/33

[SSC CHSL (Tier-1) ऑनलाइन परीक्षा 24 जनवरी 2017 सुबह पाली]

उत्तर (B) माना $x=0.363636$ ...(i)

$100x=36.3636$ ...(ii)

समीकरण (ii) में (i) घटाने पर

$$99x = 36$$

$$x = \frac{36}{99}$$

$$= \frac{4}{11}$$

7. एक समान्तर श्रेणी में, यदि 9 पांचवां पद है, – 26 बारहवां पद है, तो – 6 कौन सा पद है ?

(A) 11 (B) 8

(C) 10 (D) 7

[SSC CHSL (Tier-1) ऑनलाइन परीक्षा 24 जनवरी 2017 सुबह पाली]

उत्तर (B) समान्तर श्रेणी के लिए,

प्रश्नानुसार,

$T_5 = a + 4d = 9$ ...(i)

$T_{12} = a + 11d = -26$ ...(ii)

समीकरण (i) व (ii) को हल करने पर

$d = -5$ तथा $a = 29$

$\therefore \quad -6 = a + (n-1)d$

$-6 = 29 + (n-1) \times -5$

$\therefore \quad n - 1 = \frac{+35}{5}$

$n - 1 = 7$

$n = 7 + 1$

$= 8$वां

$\therefore -6$, 8वां पद होगा।

8. यदि 315 किसी संख्या के 5/4 का 7/8 है, तो उस संख्या का 5/9..........होगा।

(A) 123 (B) 81

(C) 140 (D) 160

[SSC CHSL (Tier-1) ऑनलाइन परीक्षा 23 जनवरी 2017 दोपहर पाली]

उत्तर (D) माना संख्या $= x$

प्रश्नानुसार,

$x \times \frac{5}{4}$ का $\frac{7}{8} = 315$

$$x \times \frac{5}{4} \times \frac{7}{8} = 315$$

$$x \times \frac{35}{32} = 315$$

$$x = \frac{315 \times 32}{35} = 288$$

$\therefore$ 288 का $\frac{5}{9} = 288 \times \frac{5}{9} = 160$

9. एक 2 अंकों वाली संख्या के अंको का गुणनफल 24 है। यदि हम संख्या में 45 जोड़ दे, तो प्राप्त नई संख्या अंकों को आपस में बदलकर कर बनी है। वह संख्या क्या है ?

(A) 83 (B) 64

(C) 46 (D) 38

[SSC CHSL (Tier-1) ऑनलाइन परीक्षा 22 जनवरी 2017 सुबह पाली]

उत्तर (D) माना इकाई का अंक $= x$

दहाई का अंक $= y$

$\therefore$ संख्या $= 10y + x$

प्रश्नानुसार

$x \times y = 24$ (i)

$10y + x + 45 = 10x + y$

$10y - y + x - 10x + 45 = 0$

$9y - 9x = -45$

$x = 5 + y$

x का मान समीकरण (i) में रखने पर

$(5 + y) \times y = 24$

$5y + y^2 = 24$

$y^2 + 5y - 24 = 0$

$y^2 + (8 - 3)y - 24 = 0$

$y^2 + 8y - 3y - 24 = 0$

$y(y + 8) - 3(y + 8) = 0$

$(y + 8)(y - 3) = 0$

$\therefore$ दहाई का अंक $= 3$

इकाई का अंक $= 5 + 3 = 8$

$\therefore$ संख्या $= 10 \times 3 + 8 = 38$

10. 3/4 + 8/9 का मान क्या है?

(A) 57/27 (B) 11/13

(C) 59/36 (D) 11/9

[SSC CHSL (Tier-1) ऑनलाइन परीक्षा 18 जनवरी 2017 सायं पाली]

उत्तर (C) $\frac{3}{8} + \frac{8}{9}$

$$= \frac{27 + 32}{36} = \frac{59}{36}$$

11. किसी संख्या में जब 38 का योग किया जाए तो वह अपने आप की 119% हो जाती है। यह संख्या क्या है?

(A) 200 (B) 456

(C) 570 (D) 342

[SSC CHSL (Tier-1) ऑनलाइन परीक्षा 17 जनवरी 2017 दोपहर पाली]

उत्तर (A)

माना संख्या $= x$

प्रश्नानुसार

$\Rightarrow \quad x + 38 = \frac{119}{100}x$

$\Rightarrow \quad 100x + 38 \times 100 = 119x$

$\Rightarrow \quad 119x - 100x = 3800$

$\Rightarrow \quad x = \frac{3800}{19} = 200$

12. 38 से एक संख्या को विभाजित करने पर हमें 70 भागफल के रूप में और 12 शेष के रूप में मिलता है। उस संख्या को ज्ञात करें?

(A) 2648 (B) 2636

(C) 2684 (D) 2672

[SSC CHSL (Tier-1) ऑनलाइन परीक्षा 17 जनवरी 2017 दोपहर पाली]

उत्तर (D) भाजक $= \frac{\text{भाज्य} - \text{शेषफल}}{\text{भागफल}}$

$38 = \frac{\text{भाज्य} - 12}{70}$

भाज्य $= 38 \times 70 + 12$

$= 2660 + 12$

$= 2672$

13. एक समान्तर श्रेणी का पहला और आखिरी पद 25 और –52 है। यदि शृंखला में 12 पद हैं, तो योग क्या होगा?

(A) –162 (B) –110

(C) –162 (D) 110

[SSC CHSL (Tier-1) ऑनलाइन परीक्षा 17 जनवरी 2017 दोपहर पाली]

उत्तर (C) समांतर श्रेणी के लिए

योग $= \frac{n}{2}[a + l]$

$= \frac{12}{2}[25 + (-52)]$

$= 6 \times -27$

$= -162$

14. वे दो प्राकृतिक संख्याएं क्या हैं, जिनके वर्गों का योग 52 है?

(A) 2,7 (B) 3,5

(C) 4,6 (D) 5,6

[SSC CHSL (Tier-1) ऑनलाइन परीक्षा 16 जनवरी 2017 सुबह पाली]

उत्तर (C) माना दो प्राकृतिक सम संख्याएं x और $x + 2$ है।

$\therefore$ प्रश्नानुसार,

$x^2 + (x + 2)^2 = 52$

$x^2 + x^2 + 4 + 4x = 52$

$2x^2 + 4x = 52 - 4$

$2x^2 + 4x = 48$

$x^2 + 2x = 24$

$x^2 + 2x - 24 = 0$

$x^2 + 6x - 4x - 24 = 0$

$x(x + 6) - 4(x + 6) = 0$

$(x + 6)(x - 4) = 0$

$x = -6, 4$

$\therefore$ संख्या $= 4$

पहली संख्या $= 4$

दूसरी संख्या $= 4 + 2$

$= 6$

15. 0.5 का 4* (–0.1 (5.5 + 8.5)) = ?

(A) –2.8 (B) –1.68

(C) –1.28 (D) –0.84

[SSC CHSL (Tier-1) ऑनलाइन परीक्षा 10 जनवरी 2017 सुबह पाली]

उत्तर (A) 0.5 का 4 (–0.1 (5.5 + 8.5))

= 0.5 का 4 (–0 .1 × 14)

= 0.5 का 4 × – 1.4

= 0.5 का – 5.6

= – 2.8

16. यदि एक दो अंक की संख्या में, इकाई के स्थान पर अंक z है और दहाई के स्थान पर अंक 8 है, तो वह संख्या क्या है?

(A) $80z + z$ (B) $80 + z$

(C) $8z + 8$ (D) $80z + 8$

[SSC CHSL (Tier-1) ऑनलाइन परीक्षा 9 जनवरी 2017 सायं पाली]

उत्तर (B) इकाई का अंक $= z$

दहाई का अंक $= 8$

$\therefore$ संख्या $= 10 \times 8 + z$

$= 80 + z$

17. ऐसी कौन-सी न्यूनतम संख्या है जिसे 1039 में जोड़े जाने के बाद प्राप्त योग 29 से पूरी तरह से विभाज्य हो जाए?

(A) 4 (B) 5

(C) 8 (D) 6

[SSC CHSL (Tier-1) ऑनलाइन परीक्षा 9 जनवरी 2017 सायं पाली]

उत्तर (B)

$$29)1039(35$$
$$\underline{87}$$
$$169$$
$$\underline{145}$$
$$\underline{24}$$

$\therefore$ अभीष्ट संख्या $= 29 - 24 = 5$

अतः 1039 में 5 जोड़ने पर प्राप्त संख्या 29 से पूर्णतः विभाजित होगी।

18. 2401 के साथ ऐसी कौन-सी न्यूनतम संख्या को जोड़ा जाना चाहिए ताकि योग 14 से पूरी तरह से विभाज्य हो?

(A) 8 (B) 7

(C) 4 (D) 5

[SSC CHSL (Tier-1) ऑनलाइन परीक्षा 7 जनवरी 2017 सायं पाली]

उत्तर (B) 2401 में 7 जोड़ने पर संख्या

$= 2408$

2408 में 14 से भाग देने पर संख्या पूर्ण विभाजित हो जाती है।

19. एक संख्या अपने व्युत्क्रम के पांच गुने से 19/2 अधिक है। संख्या ज्ञात कीजिए–

(A) 11 (B) 9

(C) 10 (D) 8

[SSC CHSL (Tier-1) ऑनलाइन परीक्षा 7 जनवरी 2017 सायं पाली]

उत्तर (A) माना वह संख्या $= x$

संख्या का व्युत्क्रम $= \frac{1}{x}$

$\therefore$ प्रश्नानुसार, $x = \frac{5}{x} + \frac{19}{2}$

$$x = \frac{10+19x}{2x}$$
$$2x^2 = 10 + 19x$$
$$2x^2 - 19x - 10 = 0$$
$$2x^2 - 20x + x - 10 = 0$$
$$2x(x-10) + 1\,(x-10) = 0$$
$$(x-10)\,(2x+1) = 0$$
$$x - 10 = 0$$
$$2x + 1 = 0$$
$$x = 10$$
$$x = -\frac{1}{2}$$

$\therefore$ संख्या $= 10$

20. (91 + 92 + 93 + ...+ 140) का मान क्या है ?

(A) 5775 (B) 11550

(C) 17325 (D) 23100

[SSC CHSL (Tier-1) ऑनलाइन परीक्षा 7 फरवरी 2017 सुबह पाली]

उत्तर (A) 91 + 92 + 93 + ...+ 140

$$= \frac{140\,(140+1)}{2} - \frac{90\,(90+1)}{2}$$
$$= \frac{140 \times 141}{2} - \frac{90 \times 91}{2}$$
$$= 70 \times 141 - 45 \times 91$$
$$= 9870 - 4095 = 5775$$

21. एक छात्र ने एक संख्या का गुणा 13/6 के बजाय 6/13 से कर दिया। इस गणना में प्रतिशत त्रुटि कितनी होगी ?

(A) 369.44 प्रतिशत (B) 39.35 प्रतिशत

(C) 184.72 प्रतिशत (D) 78.7 प्रतिशत

[SSC CHSL (Tier-1) ऑनलाइन परीक्षा 7 फरवरी 2017 सुबह पाली]

उत्तर (D) % त्रुटि $= \frac{\frac{13}{6} - \frac{6}{13}}{\frac{13}{6}} \times 100\%$

$\therefore$ % त्रुटि $= \frac{\frac{133}{78}}{\frac{13}{6}} \times 100\%$

$$= \frac{133 \times 6 \times 100}{78 \times 13}\%$$
$$= \frac{79800}{1014} = 78.698\,\% = 78.7\,\%$$

22. दो अंकों की एक संख्या के अंकों का योग 17 है। यदि इस संख्या में 9 जोड़ा जाता है, तो प्राप्त नई संख्या पहली संख्या के अंकों का उल्टा क्रम होती है। संख्या ज्ञात करें।

(A) 89 (B) 98

(C) 78 (D) 87

[SSC CHSL (Tier-1) ऑनलाइन परीक्षा 7 फरवरी 2017 सुबह पाली]

उत्तर (A) माना इकाई का अंक $= x$

दहाई का अंक $= y$

$\therefore$ संख्या $= 10y + x$

प्रश्नानुसार, $x + y = 17$ (i)

अंक उलटने पर

$$10y + x + 9 = 10x + y$$
$$x - y = 1 \quad \text{(ii)}$$

समीकरण (i) व (ii) से

$$x = 9, y = 8$$

$\therefore$ संख्या $= 10 \times 8 + 9 = 89$

2 लघुत्तम समापवर्त्य एवं महत्तम समापवर्तक

महत्त्वपूर्ण बिंदु

- **समापवर्तक (Common factor) :** ऐसी संख्या जो दो या दो से अधिक संख्याओं को पूरी-पूरी विभाजित करें, संख्याओं का समापवर्तक कहलाती है।

  जैसे– 20, 40, 60 के समापवर्तक 2, 4, 5 व 10 हैं।

- **महत्तम समापवर्तक (Highest common factor) :** वह बड़ी से बड़ी संख्या जो दो या दो से अधिक संख्याओं में से प्रत्येक को पूरी-पूरी विभाजित करती हो, संख्याओं का म०स० कहलाती है।

  जैसे– 10, 20 व 30 का म०स० = 10

महत्तम समापवर्तक निकालने के लिए निम्नलिखित दो विधियों का प्रयोग किया जाता है।

(i) **गुणनखण्ड विधि (Factor method) :** इस विधि से दी गई सभी संख्याओं के अभाज्य गुणनखण्ड प्राप्त करते हैं तथा जो सख्याएं सभी में उभयनिष्ठ होती हैं। उनका गुणा करने पर प्राप्त परिणाम, संख्याओं का म०स० कहलाता है।

जैसे- 8, 12 व 16 का म०स० ज्ञात कीजिए।

$8 = 2 \times 2 \times 2$

$12 = 2 \times 2 \times 3$

$16 = 2 \times 2 \times 2$

अत: संख्याओं का म०स० = $(2 \times 2) = 4$

(ii) **भाग विधि (Division method) :** इस विधि में दी गई संख्याओं में से सबसे छोटी संख्या से उससे बड़ी संख्या में भाग देते हैं, इसके बाद बचे शेष से भाजक में भाग दिया जाता है और यह क्रिया तब तक करते हैं जब तक शेष शून्य प्राप्त न हो जाए, और इस प्रकार अंतिम भाजक ही संख्याओं का म०स० कहलाता है।

जैसे– 16, 20 व 64 का म०स० भाग विधि द्वारा ज्ञात कीजिए।

```
16)20(1
   16
    4)16(4
      16
       ×
```

अत: 16 व 20 का म०स० = 4

```
4)64(16
  4
  24
  24
   ×
```

अत: 16, 20 व 64 का म०स० = 4

- **समापवर्त्य (Common multiple) :** वह संख्या जो दो या दो से अधिक संख्याओं में से प्रत्येक से पूरी-पूरी विभाजित हो जाए, उन संख्याओं का समापवर्त्य कहलाती है। जैसे– 3, 5, 6 का समापवर्त्य 30, 60, 90, 120 आदि हैं।

- **लघुत्तम समापवर्त्य (Least common multiple) :** वह छोटी से छोटी संख्या जो दो या दो से अधिक संख्याओं में से प्रत्येक से पूरी-पूरी विभाजित हो जाए, उन संख्याओं का ल०स० कहलाती है।

  जैसे– 10, 12 व 15 का ल०स० = 60

लघुत्तम समापवर्त्य निकालने के लिए भी दो विधियों का प्रयोग किया जाता है।

(i) **गुणनखण्ड विधि (Factor method) :** दी गई संख्याओं के अभाज्य गुणनखण्ड ज्ञात करके जो संख्याएं सबसे अधिक बार गुणनखण्ड में आई हैं उनका आपस में गुणा कर लेते हैं और इस प्रकार से प्राप्त परिणाम उन संख्याओं का ल०स० कहलाता है।

जैसे– 10, 15 व 20 का ल०स० ज्ञात कीजिए।

$10 = 2 \times 5$

$15 = 3 \times 5$

$20 = 2 \times 2 \times 5$

∴ 10, 15 व 20 का ल०स० = $(3 \times 2 \times 2 \times 5) = 120$

(ii) **भाग विधि (Division method) :** सर्वप्रथम दी गई संख्याओं को पंक्ति में व्यवस्थित करके ऐसी छोटी से छोटी संख्या का भाग देते हैं जिससे कम-से-कम दो संख्याएं अवश्य विभाजित हों और अंत में जब सभी संख्याओं के अभाज्य गुणनखण्ड प्राप्त हो जाते हैं, तो भाग देने वाली संख्याओं व अभाज्य संख्याओं का गुणनफल ही संख्याओं का ल०स० कहलाता है।

जैसे– 4, 6, 8 व 10 का ल०स० ज्ञात कीजिए।

2	4	6	8	10
2	2	3	4	5
	1	3	2	5

∴ अभीष्ट ल० स० = $(2 \times 2 \times 3 \times 3 \times 2 \times 5) = 360$

- भिन्नों का ल० स० = $\dfrac{\text{अंशों का ल०स०}}{\text{हरों का म०स०}}$

- भिन्नों का म० स० = $\dfrac{\text{अंशों का म०स०}}{\text{हरों का ल०स०}}$

- दो संख्याओं का गुणनफल
  = संख्याओं का ल०स० × संख्याओं का म० स०
- पहली संख्या = $\frac{\text{ल०स०} \times \text{म०स०}}{\text{दूसरी संख्या}}$
- संख्याओं का ल०स० = $\frac{\text{पहली संख्या} \times \text{दूसरी संख्या}}{\text{म०स०}}$
- संख्याओं का म० स० = $\frac{\text{पहली संख्या} \times \text{दूसरी संख्या}}{\text{ल०स०}}$

हल सहित उदाहरण

उदाहरण 1. 40, 36 व 144 का ल०स० ज्ञात कीजिए।

हल:

2	40	36	144
2	20	18	72
2	10	9	36
3	5	9	18
3	5	3	6
	5	1	2

∴ अभीष्ट ल०स० = $(2 \times 2 \times 2 \times 3 \times 3 \times 5 \times 2) = 720$

उदाहरण 2. 18, 24 व 72 का म०स० ज्ञात कीजिए।

हल:

```
18)24(1              6)72(12
   18                  6
   6)18(3              12
     18                12
     ×                 ×
```

अत: 18, 24 व 72 का म०स० = 6

उदाहरण 3. दो संख्याओं का अनुपात 3 : 4 है और उनका म०स० 4 है तो, उन संख्याओं का ल०स० ज्ञात कीजिए।

हल: माना सख्याएं क्रमश: $3x$ व $4x$ हैं

तब, संख्याओं का ल०स० × म०स० = दोनों संख्याओं का गुणनफल

∴ ल०स० × 4 = $3x \times 4x$

∴ ल०स० = $3x^2$

परंतु संख्याओं $3x$ व $4x$ का म०स० = x

अत: $x = 4$

∴ संख्याओं का ल०स० = $3 \times (4)^2 = 48$

उदाहरण 4. दो संख्याओं का गुणनफल 1650 है। यदि इनका ल०स० 110 हो, तो इनका म०स० ज्ञात कीजिए।

हल: संख्याओं का ल०स० × म०स० = दोनों संख्याओं का गुणनफल

110 × म०स० = 1650

∴ म०स० = $\frac{1650}{110} = 15$

उदाहरण 5. निक्की, नीशू व संगम एक वृत्ताकार खेत के गिर्द जॉगिंग शुरू कर एक सिंगल राउण्ड क्रमश: 18 सेकेण्ड, 22 सेकेण्ड व 30 सेकेण्ड में पूरा करते है। कितने समय में वे पुन: प्रारंभिक बिंदु पर मिलेंगे?

हल: अभीष्ट समय = 18 सेकेण्ड, 22 सेकण्ड व 30 सेकेण्ड का ल०स०

= $(2 \times 3 \times 3 \times 11 \times 5)$ सेकेण्ड

= 990 सेकेण्ड = 16 मिनट 30 सेकेण्ड

उदाहरण 6. दो व्यंजकों का म०स० xy और ल०स० x^2y^2 है। यदि एक व्यंजक xy^2 हो, तो दूसरा व्यंजक ज्ञात कीजिए।

हल – दूसरा व्यंजक

= $\frac{\text{व्यंजक का ल०स०} \times \text{व्यंजक का म०स०}}{\text{पहला व्यंजक}}$

= $\frac{xy \times x^2y^2}{xy^2} = x^2y$

अभ्यास प्रश्न

1. दो संख्याएं 63 और 77 हैं जिनका महत्तम समापवर्तक 7 है। उनका लघुत्तम समापवर्तक ज्ञात कीजिए–

(A) 668 (B) 693
(C) 674 (D) 680

[SSC CHSL (Tier-1) ऑनलाइन परीक्षा 25 जनवरी 2017 सुबह पाली]

उत्तर (B) म.स. × ल.स. = दोनों संख्याओं का गुणनफल

7 × ल.स. = 63 × 77

ल.स. = $\frac{63 \times 77}{7} = 693$

2. 77 और 275 का महत्तम समापवर्तक क्या होगा ?

(A) 12 (B) 11
(C) 7 (D) 25

[SSC CHSL (Tier-1) ऑनलाइन परीक्षा 24 जनवरी 2017 सायं पाली]

उत्तर (B) 77 = 7 × 11

275 = 5 × 5 × 11

∴ म.स. = 11

3. दो संख्याएं 55 और 99 हैं, जिनका महत्तम समापवर्तक 11 है। उनका लघुत्तम समापवर्तक क्या होगा?

(A) 486 (B) 479
(C) 476 (D) 495

[SSC CHSL (Tier-1) ऑनलाइन परीक्षा 21 जनवरी 2017 दोपहर पाली]

उत्तर (D) दोनों संख्याओं का गुणनफल = ल.स. × म.स.

55 × 99 = ल.स. × म.स.

ल.स. = $\frac{55 \times 99}{11} = 495$

4. चार अंकों की महत्तम संख्या जो 15 और 35 दोनों से विभाज्य हो, क्या है?

(A) 9970 (B) 9965

(C) 9975 (D) 9980

[SSC CHSL (Tier-1) ऑनलाइन परीक्षा 10 जनवरी 2017 सायं पाली]

उत्तर (C) 15 और 35 को लं.सं.पं. = 105

चार अंकों की महत्तम संख्या = 9999

$$\text{संख्या} = \frac{9999}{105} = 105 \times 95 + 24$$

15 और 35 से विभाज्य संख्या = 9999 – 24

= 9975

5. दो संख्याओं का महत्तम समापवर्तक और लघुत्तम समापवर्तक क्रमशः 11 और 825 क्रमशः हैं। एक संख्या 275 है, तो दूसरी संख्या ज्ञात करें।

(A) 53 (B) 45

(C) 33 (D) 43

[SSC CHSL (Tier-1) ऑनलाइन परीक्षा 3 फरवरी 2017 सायं पाली]

उत्तर (C) प्रश्नानुसार,

ल.स. × म.स. = पहली संख्या × दूसरी संख्या

825 × 11 = 275 × दूसरी संख्या

$$\therefore \text{दूसरी संख्या} = \frac{825 \times 11}{275}$$

= 33

3 औसत

औसत : समान प्रकार की राशियों के योगफल को उन राशियों की संख्या से भाग देने पर प्राप्त परिणाम औसत कहलाता है।

$$\therefore \text{औसत} = \frac{\text{राशियों का योग}}{\text{राशियों की संख्या}}$$

उदाहरण : एक व्यक्ति की एक सप्ताह की दैनिक मजदूरी क्रमश: ₹ 160, ₹ 220, ₹ 340, ₹ 260, ₹ 280, ₹ 160 व ₹ 210 है। उस व्यक्ति की औसत मजदूरी कितनी है?

हल – व्यक्ति की औसत मजदूरी

$$= \frac{160+220+340+260+280+160+210}{7}$$

$$= \frac{1630}{7} = ₹\,232.85$$

कुछ महत्वपूर्ण बिंदु

(*i*) प्रथम '*n*' प्राकृतिक संख्याओं का औसत $= \left(\frac{n+1}{2}\right)$

(*ii*) प्रथम '*n*' सम संख्याओं का औसत $= (n+1)$

(*iii*) प्रथम '*n*' विषम संख्याओं का औसत $= n$

(*iv*) प्रथम '*n*' प्राकृतिक संख्याओं के वर्गों का औसत

$$= \frac{(n+1)(2n+1)}{6}$$

(*v*) प्रथम '*n*' प्राकृतिक संख्याओं के घनों का औसत

$$= n\left(\frac{(n+1)}{2}\right)^2$$

(*vi*) 1 से लेकर '*n*' तक की विषम संख्याओं का औसत

$$= \frac{\text{अंतिम विषम संख्या} \; +1}{2}$$

(*vii*) 1 से लेकर '*n*' तक की सम संख्याओं का औसत

$$= \frac{\text{अंतिम सम संख्या} \; +1}{2}$$

(*viii*) किसी संख्या x के '*n*' गुणजों का औसत $= \frac{(n+1)}{2} \times x$

महत्वपूर्ण संक्षिप्त विधियां

(*i*) एक व्यक्ति किसी निश्चित दूरी को जाते समय a किमी०/घण्टा की चाल से तथा वापस लौटते समय उसी दूरी को b किमी०/घण्टा की चाल से तय करता है, तब,

पूरी यात्रा के दौरान व्यक्ति की औसत चाल

$$= \left(\frac{2ab}{a+b}\right) \text{किमी०/घण्टा}$$

(*ii*) एक व्यक्ति किसी निश्चित दूरी को तीन असमान चालों क्रमश: a किमी०/घण्टा, b किमी०/घण्टा व c किमी०/घण्टा की चाल से तय करता है। तब,

$$\text{व्यक्ति की औसत चाल} = \left[\frac{3abc}{ab+bc+ca}\right] \text{किमी०/घण्टा}$$

(*iii*) यदि m संख्याओं का औसत a है तथा n संख्याओं का औसत b है तब, शेष संख्याओं का औसत

(*i*) यदि $m > n$

$$\text{शेष संख्याओं का औसत} = \left[\frac{ma-nb}{m-n}\right]$$

(*ii*) यदि $n > m$

$$\text{शेष संख्याओं का औसत} = \left[\frac{nb-ma}{n-m}\right]$$

(*iv*) N व्यक्तियों के एक समूह में एक T वर्ष के व्यक्ति के स्थान पर नया व्यक्ति आ जाता है, जिससे औसत आयु में t वर्ष की कमी या वृद्धि हो जाती है। तब,

(*i*) यदि औसत आयु में वृद्धि होती है, तब

नए व्यक्ति की आयु = $(T+Nt)$ वर्ष

(ii) यदि औसत आयु में कमी होती है, तब

नए व्यक्ति की औसत आयु = $(T-Nt)$ वर्ष

सामान्य उदाहरण–

उदाहरण 1. 40 लड़कों की एक कक्षा की औसत आयु 20 वर्ष थी। इनमें से 12 की औसत आयु 22 वर्ष और अन्य 18 की औसत आयु 17 वर्ष थी। तो शेष लड़कों की औसत आयु ज्ञात कीजिए।

हल: 40 लड़कों की कुल आयु = (40×50) वर्ष = 800 वर्ष

12 लड़कों की कुल आयु = (12×22) वर्ष = 264 वर्ष

18 लड़कों की कुल आयु = (18×17) वर्ष = 306 वर्ष

∴ शेष 10 लड़कों की औसत आयु

$$= \frac{800-(264+306)}{10}$$

$$= \frac{800-570}{10} = \frac{230}{10} = 23 \text{ वर्ष}$$

उदाहरण 2. 5 सदस्यों की एक समिति की औसत आयु 40 वर्ष है। यदि उनमें से 35 वर्ष का एक सदस्य त्यागपत्र दे दे तथा उसके स्थान पर 25 वर्ष का एक अन्य सदस्य आ जाए, तो नए सदस्यों की समिति की औसत आयु ज्ञात कीजिए।

हल: 5 सदस्यों की कुल आयु = (5×40) वर्ष = 200 वर्ष

35 वर्ष के सदस्य के चले जाने तथा 25 वर्ष के सदस्य के आ जाने के कारण आयु में कमी = $(35-25)$ वर्ष = 10 वर्ष

$$\therefore \text{ नई समिति का औसत} = \left(\frac{200-10}{5}\right) \text{ वर्ष} = \frac{190}{5} \text{ वर्ष}$$

$$= 38 \text{ वर्ष}$$

उदाहरण 3. 4 लड़कों की औसत आयु 20 वर्ष है। उनके समूह में एक नया लड़का शामिल हो जाता है, तो लड़कों के समूह की औसत आयु 21 वर्ष हो जाती है। तो उस नए लड़के की आयु ज्ञात कीजिए।

हल: 4 लड़कों की कुल आयु= (4×20) वर्ष = 80 वर्ष

नए लड़के के शामिल हो जाने पर

5 लड़कों की कुल आयु= (5×21)वर्ष = 105 वर्ष

∴ नए लड़के की आयु= $(105-80)$ वर्ष = 25 वर्ष

उदाहरण 4. पारूल ने अपनी प्रथम तीन परीक्षाओं में 88, 86 व 90 अंक प्राप्त किए, उसमें चौथी परीक्षा में प्राप्तांक कितने होने चाहिए ताकि उसका औसत प्राप्तांक 91 हो जाए?

हल: माना पारूल के चौथी परीक्षा में प्राप्तांक $= x$

$$\text{तब, } 91 = \frac{88+86+90+x}{4}$$

$$\Rightarrow \quad 264 + x = 364$$

$$\Rightarrow \quad x = 100$$

उदाहरण 5. 9 छात्रों के एक समूह की औसत आयु 36 वर्ष है। 36 वर्ष की आयु के अध्यापक को सम्मिलित किए जाने पर उनकी औसत आयु में कितनी वृद्धि होगी?

हल: 9 छात्रों की कुल आयु= (9×16) वर्ष = 144 वर्ष

(9 छात्र + 1 अध्यापक) की कुल आयु = $(144+36)$ वर्ष

= 180 वर्ष

$$\therefore \quad 10 \text{ लोगों की औसत आयु} = \frac{180}{10} \text{ वर्ष} = 18 \text{ वर्ष}$$

∴ औसत आयु में वृद्धि = $(18-16)$ वर्ष

= 2 वर्ष

उदाहरण 6. तीन बच्चों की औसत आयु 15 वर्ष है। यदि इनकी आयु का अनुपात 3 : 5 : 7 हो, तो सबसे बड़े बच्चे की आयु कितनी है?

हल: माना तीन बच्चों की आयु क्रमश: $3x$ वर्ष, $5x$ वर्ष, व $7x$ वर्ष है।

$$\text{प्रश्नानुसार, } \frac{3x+5x+7x}{3} = 15$$

$$\Rightarrow \quad 15x = 45 \Rightarrow x = 3 \text{ वर्ष}$$

$$\therefore \quad \text{बड़े बच्चे की आयु} = (7\times 3) \text{ वर्ष}$$

$$= 21 \text{ वर्ष}$$

अभ्यास प्रश्न

1. एक कंपनी का लगातार 9 साल का औसत राजस्व ₹ 65 लाख है। यदि पहले 5 साल का औसत ₹ 60 लाख है और अंतिम 5 वर्षों का औसत ₹ 72 लाख है, तो पांचवें वर्ष का राजस्व ज्ञात कीजिए।

(A) ₹ 77 लाख (B) ₹ 75 लाख

(C) ₹ 73 लाख (D) ₹ 71 लाख

[SSC CHSL (Tier-1) ऑनलाइन परीक्षा 30 जनवरी 2017 सुबह पाली]

उत्तर (B) 9 साल का कुल राजस्व = 65×9 = ₹ 585 लाख

प्रथम 5 साल का कुल राजस्व = 60×5 = ₹ 300 लाख

अन्तिम 5 साल का कुल राजस्व = 72×5 = ₹ 360 लाख

10 साल का कुल राजस्व = $300+360$ = ₹ 660 लाख

पांचवें वर्ष का राजस्व = $660-585$ = ₹ 75 लाख

2. 56 छात्रों की एक कक्षा में 21 लड़कियां हैं। यदि लड़कियों का औसत वजन 56 किग्रा है और पूरी कक्षा का औसत वजन

62.875 किग्रा है। कक्षा के लड़कों का औसत वजन क्या है?

(A) 69.75 कि.ग्रा. (B) 72.5 कि.ग्रा.

(C) 67 कि.ग्रा. (D) 65 कि.ग्रा.

[SSC CHSL (Tier-1) ऑनलाइन परीक्षा 29 जनवरी 2017 सुबह पाली]

उत्तर (C) कक्षा में लड़कियों का औसत वजन

$$\frac{21x}{56} = 62.875$$

$x = 167.6$ किग्रा.

लड़कों का वजन

$$\Rightarrow \frac{35x}{56} = 62.875$$

$x = 100.6$ किग्रा.

$\therefore$ कक्षा में लड़कों का औसत वजन

$= 167.6 - 100.6$

$= 67.0$ किग्रा.

3. एक कारखाने में 8 मशीनों को खरीदा जाता है। इनमें 3 मशीनें A, 2 मशीनें B और बाकी मशीनें C हैं। इन मशीनों के दाम क्रमशः ₹ 100000, ₹ 80000 और ₹ 45000 हैं। इन मशीनों की औसत लागत की गणना कीजिए।

(A) 74375 (B) 75000

(C) 75625 (D) 72875

[SSC CHSL (Tier-1) ऑनलाइन परीक्षा 25 जनवरी 2017 सुबह पाली]

उत्तर (A) 3 A मशीनों का मूल्य

$= 3 \times 100000 =$ ₹ 300000

2 B मशीनों का मूल्य

$= 2 \times 80000 =$ ₹ 160000

शेष 3, C मशीनों का मूल्य

$= 3 \times 45000 = 135000$

कुल मशीनों का मूल्य

= ₹ 595000

$\therefore$ मशीनों की औसत लागत

$$= \frac{595000}{8}$$

= ₹ 74375

4. एक कम्पनी का लगातार 11 साल का औसत राजस्व ₹ 77 लाख है। यदि पहले 6 साल का औसत ₹ 72 लाख है और अन्तिम 6 वर्षों का औसत ₹ 84 लाख है, तो छठे वर्ष का राजस्व ज्ञात कीजिए।

(A) ₹ 91 लाख (B) ₹ 87 लाख

(C) ₹ 85 लाख (D) ₹ 89 लाख

[SSC CHSL (Tier-1) ऑनलाइन परीक्षा 24 जनवरी 2017 सुबह पाली]

उत्तर (D) 11 वर्ष का राजस्व $= 11 \times 77$

= ₹ 847 लाख

पहले 6 वर्ष का राजस्व $= 6 \times 72$

= ₹ 432 लाख

अन्तिम 6 वर्ष का राजस्व $= 6 \times 84$

= ₹ 504 लाख

$\therefore$ छठे वर्ष का राजस्व $= 432 + 504 - 847$

$= 936 - 847 =$ ₹ 89 लाख

5. 3 संख्याओं का औसत 112 है, उनमें से पहली संख्या अन्य 2 संख्याओं के योग का 3/13 गुना है। वह पहली संख्या..............है।

(A) 63 (B) 95

(C) 42 (D) 126

[SSC CHSL (Tier-1) ऑनलाइन परीक्षा 24 जनवरी 2017 सायं पाली]

उत्तर (A) माना तीन संख्याएं x_1, x_2 व x_3 है।

$\therefore$ प्रश्नानुसार,

$$\frac{x_1 + x_2 + x_3}{3} = 112$$

$$x_1 + x_2 + x_3 = 336$$

तथा $x_1 = \frac{3}{13}(x_2 + x_3)$

$$\frac{13x_1}{3} = x_2 + x_3$$

$$x_1 + \frac{13x_1}{3} = 336$$

$$\frac{16x_1}{3} = 336$$

$$x_1 = \frac{336 \times 3}{16} = 63$$

6. 56 छात्रों के औसत अंक 60 हैं। इसमें 29 अंकों के बजाय 92 अंकों की एक गलत प्रविष्टि भी शामिल है, सही औसत......... है।

(A) 58.875 अंक (B) 61.125 अंक

(C) 63.375 अंक (D) 56.625 अंक

[SSC CHSL (Tier-1) ऑनलाइन परीक्षा 23 जनवरी 2017 दोपहर पाली]

उत्तर (A) 56 छात्रों का औसत = 60

गलत प्रविष्टि $= 92 - 29$

$= 63$

$\therefore$ सही औसत अंक $= \frac{63}{56}$

$= 1.125$

सही औसत $= 60 - 1.125$

$= 58.875$ अंक

7. 39 छात्रों की एक कक्षा में 36 लड़कियां है। इन लड़कियों का औसत वजन 38 किग्रा है और पूर्ण कक्षा का औसत वजन 40 कि. ग्रा. है। कक्षा के लड़कों का औसतन वजन क्या है?

(A) 42 (B) 64

(C) 20 (D) 62

[SSC CHSL (Tier-1) ऑनलाइन परीक्षा 22 जनवरी 2017 सुबह पाली]

उत्तर (B) पूर्ण कक्षा का कुल वजन

$= 39 \times 40 = 1560$ किग्रा.

36 लड़कियों का कुल वजन

$= 36 \times 38 = 1368$ किग्रा.

कक्षा में 3 लड़कों का वजन $= 1560 - 1368$

$= 192$ किग्रा.

$\therefore$ 3 लड़कों का औसत वजन $= \frac{192}{3} = 64$ किग्रा.

8. दसवीं कक्षा के डिवीजन A में 50 छात्रों द्वारा प्राप्त किए गए अंकों का औसत 61 है, डिवीजन B के 25 छात्रों के अंकों का औसत 57 है और डिवीजन C के 50 छात्रों के अंकों का औसत 55 है। दसवीं कक्षा के तीनों डिवीजन के छात्रों का अंकों का औसत क्या होगा?

(A) 57.1 (B) 56.4

(C) 59.2 (D) 57.8

[SSC CHSL (Tier-1) ऑनलाइन परीक्षा 21 जनवरी 2017 सायं पाली]

उत्तर (D) 10वीं कक्षा के तीनों डिवीजन के छात्रों के अंकों का औसत

$= \frac{50 \times 61 + 25 \times 57 + 50 \times 55}{50 + 25 + 50}$

$= \frac{3050 + 1425 + 250}{125}$

$= \frac{7225}{125} = 57.8$

9. 3 संख्याओं का औसत 77 है, उनमें से पहली संख्या अन्य 2 संख्याओं के योग का 3/4 गुना है। वह पहली संख्या क्या है?

(A) 148 (B) 66

(C) 99 (D) 198

[SSC CHSL (Tier-1) ऑनलाइन परीक्षा 21 जनवरी 2017 दोपहर पाली]

उत्तर (C) माना तीन संख्याएं x_1, x_2, x_3 हैं।

$\therefore$ प्रश्नानुसार

$\frac{x_1 + x_2 + x_3}{3} = 77$

$x_1 + x_2 + x_3 = 77 \times 3 = 231$

$\therefore x_1 + x_2 + x_3 = 231$ ... (i)

तथा $x_1 = (x_2 + x_3) \times \frac{3}{4}$

x_1 का मान समीकरण (i) में रखने पर

$(x_2 + x_3) \times \frac{3}{4} + x_2 + x_3 = 231$

$(x_2 + x_3)\left[\frac{3}{4} + 1\right] = 231$

$(x_2 + x_3) \times \frac{7}{4} = 231$

$x_2 + x_3 = \frac{231 \times 4}{7}$

$\therefore x_2 + x_3 = 132$

$\therefore$ पहली संख्या $(x_1) = (x_2 + x_3) \times \frac{3}{4}$

$= 132 \times \frac{3}{4}$

$= 99$

10. 19 लगातार सम पूर्णांकों का औसत 50 है। इन पूर्णांकों की सर्वोच्च संख्या है–

(A) 68 (B) 70

(C) 126 (D) 100

[SSC CHSL (Tier-1) ऑनलाइन परीक्षा 17 जनवरी 2017 दोपहर पाली]

उत्तर (B) सम पूर्णांक संख्या $= 4$

सर्वोच्च संख्या $= 19 \times 2 + 30$

$= 38 + 30$

$= 68$

प्रथम 19 सम पूर्णांकों का योग $= 19\,(19 + 1)$

$= 19 \times 20 = 380$

संख्याओं का औसत $= 19 \times 50 = 950$

$\therefore$ सर्वोच्च संख्या $= 19 \times 2 + \frac{950 - 380}{19}$

$= 38 + \frac{570}{19} = 38 + 30 = 68$

11. एक कारखाने में 10 मशीनों को खरीदा जाता है। इनमें 2 मशीन A, 3 मशीन B और बाकी की मशीन C हैं। इन मशीनों के मूल्य क्रमशः 95000 रु. 60000 रु. और 50000 रु. है। इन मशीनों का औसत मूल्य क्या होगा?

(A) 62000 (B) 68333

(C) 74666 (D) 60500

[SSC CHSL (Tier-1) ऑनलाइन परीक्षा 16 जनवरी 2017 सुबह पाली]

उत्तर (A)

12. शिवशंकर, गोपेश और रीना का औसत वजन 97 किलोग्राम है। यदि शिवशंकर और गोपेश का औसत वजन 93 किग्रा है और गोपेश और रीना का औसत वजन 82 किग्रा है, तो गोपेश का वजन कितना है?

(A) 72 (B) 56

(C) 59 (D) 63

[SSC CHSL (Tier-1) ऑनलाइन परीक्षा 10 जनवरी 2017 सुबह पाली]

उत्तर (C) शिवशंकर, गोपेश और रीना का कुल औसत वजन = 97 × 3

= 291 किग्रा

शिवशंकर और गोपेश का कुल औसत वजन = 93 × 2

= 186 किग्रा

गोपेश और रीना का कुल औसत वजन = 82 × 2

= 164 किग्रा

∴ गोपेश का वजन = (186 + 164) – 291 = 350 – 291

= 59 किग्रा

13. x और y ऐसी दो संख्याएं हैं जिनका माध्य अनुपात 6 है और तृतीय अनुपात 48 है। x और y का मान क्या है?

(A) 3 और 6 (B) 6 और 12

(C) 6 और 6 (D) 3 और 12

[SSC CHSL (Tier-1) ऑनलाइन परीक्षा 10 जनवरी 2017 सायं पाली]

उत्तर (D) दो संख्याओं का माध्य अनुपात = 6 × 2

= 12

तृतीय अनुपात = 48

∴ $x : 12 :: 12 : 48$

∴ $x = \frac{12 \times 12}{48}$

= 3

तथा $y = 3 \times 2 \times 2 = 12$

14. दसवीं कक्षा के डिवीजन-A में 55 छात्रों द्वारा प्राप्त किए गए अंकों का औसत 55 है, डिवीजन-B के 45 छात्रों के अंकों का औसत 51 है और डिवीजन-C के 40 छात्रों के अंकों का औसत 49 है। दसवीं कक्षा के तीनों डिवीजन के छात्रों के अंकों का औसत क्या है?

(A) 51.3 (B) 50.6

(C) 52 (D) 53.4

[SSC CHSL (Tier-1) ऑनलाइन परीक्षा 10 जनवरी 2017 सायं पाली]

उत्तर (C) 55 छात्रों द्वारा प्राप्त किए गए अंकों की कुल संख्या = 55 × 55 = 3025

45 छात्रों द्वारा प्राप्त किए गए अंकों की कुल संख्या = 45 × 51 = 2295

40 छात्रों द्वारा प्राप्त किए गए अंकों कुल संख्या = 40 × 49 = 1960

कुल संख्या = 3025 + 2295 + 1960 = 7280

∴ 10वीं कक्षा के तीनों डिवीजन के छात्रों के अंकों का औसत

$= \frac{\text{कुल प्राप्त अंकों का औसत}}{\text{कुल छात्रों की संख्या}}$

$= \frac{3025 + 2295 + 1960}{55 + 45 + 40}$

$= \frac{7280}{140} = 52$

15. 5 संख्याओं का औसत 76 है, उनमें से पहली संख्या अन्य 4 संख्याओं के योग का 3/7 गुना है। वह पहली संख्या क्या है?

(A) 171 (B) 114

(C) 76 (D) 228

[SSC CHSL (Tier-1) ऑनलाइन परीक्षा 9 जनवरी 2017 सुबह पाली]

उत्तर (B) माना पांच संख्याएं $x_1, x_2, x_3, x_4,$ और x_5 है।

∴ प्रश्नानुसार,

$\frac{x_1 + x_2 + x_3 + x_4 + x_5}{5} = 76$ ....(i)

$x_1 = (x_2 + x_3 + x_4 + x_5)$

∴ $x_2 + x_3 + x_4\ x_5 = x_1$ ...(ii)

समीकरण (i) व समीकरण (ii) से,

$\frac{x_1 + \frac{7}{3}x_1}{5} = 76$

$\frac{10x_1}{3} = 76 \times 5$

$x_1 = \frac{76 \times 5 \times 3}{10}$

= 114

अत: पहली संख्या = 114

16. दसवीं कक्षा के डिवीजन-A में 30 छात्रों द्वारा प्राप्त किए गए अंकों का औसत 67 है, डिवीजन-B के 55 छात्रों के अंकों का औसत 63 है और डिवीजन-C के 40 छात्रों के अंकों का औसत 61 है। दसवीं कक्षा के तीनों डिवीजन के छात्रों के अंकों का औसत क्या है–

(A) 63.32 (B) 62.62

(C) 61.92 (D) 64.72

[SSC CHSL (Tier-1) ऑनलाइन परीक्षा 9 जनवरी 2017 सायं पाली]

उत्तर (A) डिवीजन A के 30 छात्रों के कुल अंक = 30 × 67

= 2010

डिवीजन B के 55 छात्रों के अंकों के कुल अंक = 55 × 63

= 3465

डिवीजन C के 40 छात्रों के अंकों के कुल अंक = 40 × 61

= 2440

$\therefore$ कुल छात्रों के अंकों का योग $= 2010 + 3465 + 2440$
$= 7915$

10 वीं कक्षा के तीनों डिवीजन के छात्रों के अंकों का औसत

$$= \frac{\text{कुल छात्रों के अंकों का औसत}}{\text{कुल छात्र}}$$

$$= \frac{2010 + 3465 + 2440}{30 + 55\ 40}$$

$$= \frac{7915}{125}$$

$= 63.32$

17. 3 संख्याओं का औसत 64 है, उनमें से पहली संख्या अन्य 2 संख्याओं के योग का 1/3 गुना है। पहली संख्या कौन-सी है?

(A) 72 (B) 32

(C) 96 (D) 48

[SSC CHSL (Tier-1) ऑनलाइन परीक्षा 8 जनवरी 2017 दोपहर पाली]

उत्तर (D) 3 संख्याओं का कुल योग $= 3 \times 64 = 192$

माना दूसरी संख्या $= x$

तीसरी संख्या $= y$

$\therefore$ पहली संख्या $= \frac{x+y}{3}$

$\therefore$ प्रश्नानुसार,

$$\frac{\frac{x+y}{3} + x + y}{3} = 64$$

$$\frac{4(x+y)}{9} = 64$$

$$4(x+y) = 64 \times 9$$

$$x + y = \frac{64 \times 9}{4}$$

$\therefore$ $(x+y) = 144$

$\therefore$ पहली संख्या $= \frac{144}{3} = 48$

18. एक कम्पनी का लगातार 13 साल का औसत राजस्व ₹ 82 लाख है। यदि पहले 7 साल का औसत ₹ 77 लाख है और अंतिम 7 वर्षों का औसत ₹ 89 लाख है, तो 7वें वर्ष का राजस्व ज्ञात कीजिए।

(A) ₹ 98 लाख (B) ₹ 94 लाख

(C) ₹ 96 लाख (D) ₹ 92 लाख

[SSC CHSL (Tier-1) ऑनलाइन परीक्षा 7 जनवरी 2017 सायं पाली]

उत्तर (C) 13 साल का कुल राजस्व $= 13 \times 82$
= ₹ 1066 लाख

पहले 7 साल का कुल राजस्व $= 7 \times 77$
= ₹ 539 लाख

पहले 7 साल का कुल राजस्व $= 7 \times 89$
= ₹ 623 लाख

$\therefore$ 7वें वर्ष का राजस्व $= (539 + 623) - 1066$
$= 1162 - 1066$
= ₹ 96 लाख

19. एक कंपनी का लगातार 9 साल का औसत राजस्व ₹ 80 लाख है। यदि पहले 5 साल का औसत ₹ 75 लाख है और अंतिम वर्षों का औसत ₹ 87 लाख है, तो 5 वें वर्ष का राजस्व ज्ञात कीजिए।

(A) ₹ 90 लाख (B) ₹ 92 लाख

(C) ₹ 88 लाख (D) ₹ 86 लाख

[SSC CHSL (Tier-1) ऑनलाइन परीक्षा 7 फरवरी 2017 सुबह पाली]

उत्तर (A) 9 साल का कुल औसत राजस्व $= 9 \times 80 =$ ₹ 720 लाख

पहले 5 साल का कुल औसत राजस्व

$= 5 \times 75 =$ ₹ 375 लाख

अंतिम 5 साल का कुल औसत राजस्व

$= 5 \times 87 =$ ₹ 435 लाख

कुल औसत राजस्व

$= 375 + 435 =$ ₹ 810 लाख

$\therefore$ 5 वें वर्ष का राजस्व $= 810 - 720 =$ ₹ 90 लाख

20. 65 छात्रों की एक कक्षा में 39 लड़कियां हैं। इन लड़कियों का औसत वजन 60 किग्रा. हैं, और पूर्ण कक्षा का औसत वजन 64 किग्रा. है। कक्षा के लड़कों का औसत वजन क्या है?

(A) 69 (B) 66

(C) 68 (D) 70

[SSC CHSL (Tier-1) ऑनलाइन परीक्षा 3 फरवरी 2017 सायं पाली]

उत्तर (D) एक कक्षा में छात्रों का कुल वजन $= 65 \times 64$
= 4160 किग्रा

39 लड़कियों का कुल वजन $= 39 \times 60$
= 2340 किग्रा

$\therefore$ लड़कों का कुल वजन $= 4160 - 2340$
= 1820 किग्रा

$\therefore$ 26 लड़कों का औसत वजन $= \frac{1820}{26}$
= 70 किग्रा.

4 प्रतिशतता

प्रतिशतता: प्रतिशत का अर्थ है प्रत्येक 100 पर अर्थात् दूसरे शब्दों में हम कह सकते हैं कि प्रतिशत वह भिन्न है जिसका हर 100 तथा अंश अन्य संख्या होती है। भिन्न के अंश को प्रतिशत दर (Rate percent) कहते हैं।

जैसे– (i) $x\% = \dfrac{x}{100}$

(ii) $4\% = \dfrac{4}{100} = \dfrac{2}{50} = \dfrac{1}{25}$

- भिन्न $\dfrac{a}{b}$ को प्रतिशत में व्यक्त करने पर–

$$\frac{a}{b} = \left(\frac{a}{b} \times 100\right)\%$$

- $a\%$ को भिन्न में व्यक्त करने पर–

$$a\% = \left(a \times \frac{1}{100}\right) = \frac{a}{100}$$

- किसी संख्या a का $b\% = \left(a \times \dfrac{b}{100}\right) = \dfrac{ab}{100}$

कुछ महत्वपूर्ण संक्षिप्त विधियां–

(1) एक शहर की वर्तमान जनसंख्या P है। यदि शहर की जनसंख्या $R\%$ वार्षिक दर से बढ़ रही हो, तब

(i) n वर्ष बाद शहर की जनसंख्या $= P\left(1 + \dfrac{R}{100}\right)^n$

(ii) n वर्ष पूर्व शहर की जनसंख्या $= P\left(1 + \dfrac{R}{100}\right)^{-n}$

(2) यदि किसी शहर की जनसंख्या P हो, तथा उसमे क्रमशः पहले, दूसरे व तीसरे वर्ष $P_1\%, P_2\%$ व $P_3\%$ की वृद्धि हो रही हो, तब 3 वर्ष बाद शहर की जनसंख्या

$$= P\left(1 + \frac{P_1}{100}\right)\left(1 + \frac{P_2}{100}\right)\left(1 + \frac{P_3}{100}\right)$$

(3) एक शहर की वर्तमान जनसंख्या P है। यदि इसमें पहले वर्ष $P_1\%$ की वृद्धि, दूसरे वर्ष $P_2\%$ की कमी तथा तीसरे वर्ष $P_3\%$ की वृद्धि हो रही हो, तो 3 वर्ष बाद शहर की जनसंख्या

$$= P\left(1 + \frac{P_1}{100}\right)\left(1 - \frac{P_2}{100}\right)\left(1 + \frac{P_3}{100}\right)$$

(4)(i) यदि संख्या P का मान Q से $a\%$ अधिक हो, तो Q का मान P से कितने प्रतिशत कम होगा? तब,

अभीष्ट प्रतिशत $= \dfrac{100a}{(100 + a)}\%$

(ii) यदि संख्या P का मान Q से $a\%$ कम हो, तो Q का मान P से कितने प्रतिशत अधिक होगा? तब,

अभीष्ट प्रतिशत $= \dfrac{100a}{(100 - a)}\%$

(5)(i) यदि किसी वस्तु के मूल्य में $a\%$ की कमी हो जाए, तो उपभोक्ता उस वस्तु के खर्च में कितने प्रतिशत की वृद्धि करे ताकि उस मद में उसका खर्च अपरिवर्तित रहे? तब,

अभीष्ट प्रतिशत $= \left\{\dfrac{a}{(100 - a)} \times 100\right\}\%$

(ii) यदि किसी वस्तु के मूल्य में $a\%$ की वृद्धि हो जाए, तो उपभोक्ता उस वस्तु के खर्च में कितने प्रतिशत की कमी करे ताकि उस मद में उसका खर्च अपरिवर्तित रहे? तब,

अभीष्ट कमी प्रतिशत $= \left\{\dfrac{a}{(100 + a)} \times 100\right\}\%$

(6) यदि किसी संख्या/ राशि का मान पहले $a\%$ बढ़ा दिया जाए और फिर $a\%$ घटा दिया जाए, तो प्राप्त राशि/संख्या मूल राशि/संख्या से सदैव कम होगी।

अभीष्ट कमी $= \left(\dfrac{a}{10}\right)^2\%$

(7)(*i*) यदि किसी संख्या/राशि में पहले $a\%$ की वृद्धि कर दी जाए तथा फिर $b\%$ की वृद्धि कर दी जाए, तो

संख्या/राशि में कुल वृद्धि $= \left[a+b+\frac{ab}{100}\right]\%$

(*ii*) यदि किसी संख्या/राशि में पहले $a\%$ की वृद्धि कर दी जाए तथा फिर $b\%$ की कमी कर दी जाए, तो

संख्या/राशि में कुल परिवर्तन $= \pm\left[a-b-\frac{ab}{100}\right]\%$

नोट : यदि चिन्ह (+) धनात्मक प्राप्त होगा तो वृद्धि तथा यदि ऋणात्मक (–) प्राप्त होगा तो कमी होगी।

(6) एक परीक्षा का उत्तीर्णांक $a\%$ है। एक परीक्षार्थी परीक्षा में b अंक प्राप्त करता है और c अंकों से फेल हो जाता है। तब,

परीक्षा का पूर्णांक $= \left[\frac{100(b+c)}{a}\right]$ अंक

(7) एक परीक्षार्थी किसी परीक्षा में $x\%$ अंक प्राप्त करता है। परंतु a अंकों से फेल हो जाता है। जबकि दूसरा परीक्षार्थी परीक्षा में $y\%$ अंक प्राप्त करता है जो उत्तीर्णांक से अंकों से b अधिक है। तब,

परीक्षा का पूर्णांक $= \left[\frac{100(a+b)}{y-x}\right]$ अंक

सामान्य उदाहरण :

उदाहरण 1. किसी संख्या का 20%, 200 है। वह संख्या ज्ञात कीजिए।

हलः माना वह संख्या $= x$

तब $x \times \frac{20}{100} = 200$

$\Rightarrow x = \frac{200 \times 100}{20}$

$= 1000$

उदाहरण 2. एक नगर की वर्तमान जनसंख्या 10000 है। यदि नगर की जनसंख्या में 10% की वार्षिक वृद्धि हो रही हो, तो 2 वर्ष बाद नगर की जनसंख्या कितनी होगी?

हलः 2 वर्ष बाद नगर की जनसंख्या $= 10000\left(1+\frac{10}{100}\right)^2$

$= 10000 \times \left(\frac{11}{10}\right)^2$

$= \left(10000 \times \frac{121}{100}\right)$

$= 12100$

उदाहरण 3. एक विद्यार्थी परीक्षा में 40% अंक प्राप्त करता है और 40 अंकों से असफल हो जाता है। परीक्षा के अधिकतम अंक क्या हैं?

हलः माना परीक्षा के अधिकतम अंक $= x$

तब, $x \times \frac{40}{100} = (40+40)$

$\Rightarrow x = \left(\frac{80 \times 100}{40}\right)$

$= 200$

उदाहरण 4. दो संख्याएं में 4 : 5 के अनुपात में हैं। पहली संख्या में 20% की वृद्धि तथा दूसरी में 20% की कमी करने पर प्राप्त संख्याओं का अनुपात ज्ञात कीजिए।

हलः पहली संख्या में 20% की वृद्धि के बाद संख्या

$= \left(4x \times \frac{120}{100}\right) = \frac{24}{5}x$

दूसरी संख्या में 20% की कमी के बाद संख्या

$= \left(5x \times \frac{80}{100}\right) = 4x$

$\therefore$ अभीष्ट अनुपात $= \frac{24}{5}x : 4x = 24x : 20x = 6 : 5$

अभ्यास प्रश्न

1. किसी संख्या में जब 26 का योग किया जाऐ, तो वह अपने आप की 113% हो जाती है। वह संख्या क्या है?

(A) 200 (B) 312

(C) 390 (D) 234

[SSC CHSL (Tier-1) ऑनलाइन परीक्षा 30 जनवरी 2017 सुबह पाली]

उत्तर (A) माना संख्या x है।

$x + 26 = \frac{113}{100}x$

$\frac{113}{100}x - x = 26$

$\frac{113x - 100x}{100} = 26$

$13x = 26 \times 100$

$x = 200$

2. एक छात्र ने एक संख्या का गुणा 13/11 के बजाय 11/13 से कर दिया। इस गणना में प्रतिशत त्रुटि कितनी होगी?

(A) 39.67 प्रतिशत (B) 28.4 प्रतिशत

(C) 14.2 प्रतिशत (D) 19.83 प्रतिशत

[SSC CHSL (Tier-1) ऑनलाइन परीक्षा 30 जनवरी 2017 सायं पाली]

उत्तर (B) प्रतिशत त्रुटि

$$= \frac{\frac{13}{11} - \frac{11}{13}}{\frac{13}{11}} \times 100$$

$$= \frac{\frac{48}{143}}{\frac{13}{11}} \times 100$$

$$= \frac{528}{1859} \times 100$$

$= 28.40\%$

3. दो छात्र एक परीक्षा में बैठें। उनमें से एक ने दूसरे की तुलना में 10 अंक अधिक हासिल किए और उसके अंक उन दोनों के अंक के योग का 75% थे। उन दोनों ने कितने अंक प्राप्त किए?

(A) 52 और 42 (B) 68 और 58

(C) 63 और 53 (D) 15 और 5

[SSC CHSL (Tier-1) ऑनलाइन परीक्षा 25 जनवरी 2017 सुबह पाली]

उत्तर (D) माना पहले छात्र ने अंक प्राप्त किए

$= x + 10$

दूसरे छात्र ने अंक प्राप्त किऐ $= x$

$\therefore$ प्रश्नानुसार

$$(x+10+x) \times \frac{75}{100} = x+10$$

$$2x+10\times\frac{75}{100} = x + 10$$

$$x = 5$$

$$x + 10 = 15$$

अत: छात्रों ने 15, 5 अंक प्राप्त किए।

4. एक वयस्क के टिकट का मूल्य ₹ 500 है और एक बच्चे के टिकट का मूल्य ₹ 200 है। दो वयस्कों के साथ 1 बच्चा नि:शुल्क जा सकता है। यदि एक समूह में 20 वयस्क और 8 बच्चे हैं तो उस समूह को कितनी छूट मिलेगी ?

(A) 53.43 प्रतिशत (B) 13.79 प्रतिशत

(C) 32.2 प्रतिशत (D) 35.06 प्रतिशत

[SSC CHSL (Tier-1) ऑनलाइन परीक्षा 25 जनवरी 2017 सुबह पाली]

उत्तर (B) 20 वयस्कों के टिकट का मूल्य

$= 20 \times 500$

$= ₹ 10000$

8 बच्चों के टिकट का मूल्य

$= 8 \times 200$

$= ₹ 1600$

कुल टिकट का मूल्य $= 10000 + 1600$

$= ₹ 11600$

$\because$ दो वयस्कों के साथ 1 बच्चा निशुल्क जाता है।

$\therefore$ इस समूह को छूट $= \frac{1600\times100}{11600}$

$= 13.79\%$

5. दो छात्र एक परीक्षा में बैठे। उनमें से एक ने दूसरे की तुलना में 22 अंक अधिक हासिल किए और उसके अंक उन दोनों के अंक के योग का 55% थे। उन दोनों ने...............अंक प्राप्त किए।

(A) 121 और 99 (B) 43 और 21

(C) 58 और 36 (D) 86 और 64

[SSC CHSL (Tier-1) ऑनलाइन परीक्षा 24 जनवरी 2017 सुबह पाली]

उत्तर (A) माना दो छात्रों ने x और y अंक प्राप्त किए

$\therefore$ प्रश्नानुसार,

$$x = y + 22 \quad ...(i)$$

तथा $$x = (x+y)\times\frac{55}{100}$$

$$x = (x+y)\times\frac{11}{20}$$

$$2x = 11x + 11y$$

$$20x - 11x = 11y$$

$$9x = 11y$$

$$\therefore \quad y = \frac{9}{11}x$$

y का मान समीकरण (i) में रखने पर

$$x = \frac{9}{11}x + 22$$

$$x - \frac{9x}{11} = 22$$

$$\frac{2x}{11} = 22$$

$$x = \frac{11\times 22}{2}$$

$= 121$

तथा $$y = \frac{9}{11}\times121 = 99$$

$\therefore$ छात्र ने 121 और 99 अंक प्राप्त किए।

6. एक आदमी अपनी आय का 59% खर्च करता है और बाकी की बचत करता है। वह अपने खर्च का कितना प्रतिशत बचत करता है ?

(A) 72.57 प्रतिशत (B) 83.19 प्रतिशत

(C) 89.09 प्रतिशत (D) 69.49 प्रतिशत

[SSC CHSL (Tier-1) ऑनलाइन परीक्षा 24 जनवरी 2017 सायं पाली]

उत्तर (D) आदमी की बचत = (100 – 59)

= 41%

प्रतिशत बचत $= \frac{41}{59} \times 100$

= 69.49%

7. दो संख्याएं एक तीसरी संख्या की तुलना में 40% और 50% कम है। दूसरी संख्या को पहली संख्या के बराबर करने के लिए कितने प्रतिशत से बढ़ाना होगा?

(A) 16.67 प्रतिशत (B) 20 प्रतिशत

(C) 10 प्रतिशत (D) 25 प्रतिशत

[SSC CHSL (Tier-1) ऑनलाइन परीक्षा 22 जनवरी 2017 सुबह पाली]

उत्तर (B) माना तीसरी संख्या $= x$

$\therefore$ पहली संख्या $= x - x \times \frac{40}{100} = \frac{3x}{5}$

दूसरी संख्या $= x - x \times \frac{50}{100} = \frac{x}{2}$

$\therefore$ बढ़ी संख्या = ₹ $\left(\frac{3x}{5} - \frac{x}{2}\right)$

$= \frac{x}{10}$

बढ़त प्रतिशत $= \frac{\frac{x}{10}}{\frac{x}{2}} \times 100\% = 20\%$

8. एक वस्तु की कीमत में 21% की छूट दी जाती है। पुराना मूल्य वापस लाने के लिए कितने प्रतिशत वृद्धि करनी चाहिए?

(A) 21 प्रतिशत

(B) 26.58 प्रतिशत

(C) 17.36 प्रतिशत

(D) 26.25 प्रतिशत

[SSC CHSL (Tier-1) ऑनलाइन परीक्षा 21 जनवरी 2017 दोपहर पाली]

उत्तर (B) माना वस्तु की कीमत = ₹ 100

21% छूट पर वस्तु की कीमत = (₹ 100 – 21)

= 79%

$\therefore$ कीमत में वृद्धि $= \frac{100 \times 100}{79}$

= 126.58%

पुराना मूल्य लाने के लिए वृद्धि

= (126.58 – 100)

= 26.58 %

9. 27 का 3.6% क्या है?

(A) 750 (B) 75

(C) 1500 (D) 1875

[SSC CHSL (Tier-1) ऑनलाइन परीक्षा 18 जनवरी 2017 सायं पाली]

उत्तर (A) माना संख्या $= x$

प्रश्नानुसार

$x \times \frac{3.6}{100} = 27$

$x = \frac{27 \times 100}{3.6}$

= 750

10. नीचे दिए गए डेटा तालिका के आधार पर निम्नलिखित प्रश्न का उत्तर दें।

	लड़के	लड़कियां
मेडिकल	25	40
इंजीनियरिंग	65	25

छात्रों में लड़कियों का प्रतिशत कितना हैं, जिन्होंने इंजीनियरिंग विषय चुना है?

(A) 16.13 (B) 36.46

(C) 43.26 (D) 27.78

[SSC CHSL (Tier-1) ऑनलाइन परीक्षा 17 जनवरी 2017 दोपहर पाली]

उत्तर (D)

कुल लड़कों की संख्या = 25 + 65

= 90

इंजीनियरिंग विषय चुनने वाली लड़कियों की संख्या = 25

$\therefore$ छात्रों में लड़कियों का प्रतिशत $= \left(\frac{25}{90} \times 100\right)$

= 27.777%

= 27.78%

11. दो संख्याएं एक तीसरी संख्या की तुलना में 30% और 37% कम है। दूसरी संख्या को पहली संख्या के बराबर करने के लिए उसे कितने प्रतिशत से बढ़ाना होगा?

(A) 10 प्रतिशत (B) 7 प्रतिशत

(C) 11.11 प्रतिशत (D) 18.92 प्रतिशत

[SSC CHSL (Tier-1) ऑनलाइन परीक्षा 16 जनवरी 2017 सुबह पाली]

उत्तर (C) माना तीसरी संख्या $= x$

∴ प्रश्नानुसार

$$\text{पहली संख्या} = \frac{70x}{100}$$

$$\text{दूसरी संख्या} = \frac{63x}{100}$$

∴ दूसरी संख्या को पहली संख्या के बराबर करने के लिए प्रतिशत बृद्धि

$$= \frac{\frac{70x}{100}}{\frac{63x}{100}}$$

$$= 111.11\%$$

∴ प्रतिशत वृद्धि $= 100\%$

$$= 111.11 - 100$$

$$= 11.11\%$$

12. 26 किस संख्या का 0.4% है?

(A) 6500 (B) 650

(C) 13000 (D) 16250

[SSC CHSL (Tier-1) ऑनलाइन परीक्षा 10 जनवरी 2017 सुबह पाली]

उत्तर (A) माना वह संख्या $= x$

x का $0.4\% = 26$

$$\Rightarrow \quad x \times \frac{0.4}{100} = 26$$

$$\Rightarrow \quad x = \frac{26 \times 100}{0.4}$$

$$= 6500$$

13. एक छात्र ने एक संख्या का गुणा 8/5 के बजाय 5/8 से कर दिया। इस गणना में प्रतिशत त्रुटि कितनी होगी?

(A) 60.94 प्रतिशत (B) 156 प्रतिशत

(C) 30.47 प्रतिशत (D) 78 प्रतिशत

[SSC CHSL (Tier-1) ऑनलाइन परीक्षा 10 जनवरी 2017 सायं पाली]

उत्तर (A) गणना में प्रतिशत त्रुटि $= \dfrac{\frac{8}{5} - \frac{5}{8}}{\frac{8}{5}} \times 100$

$$= \frac{\frac{39}{40}}{\frac{8}{5}} \times 100$$

$$= \frac{39 \times 5 \times 100}{8 \times 40}$$

$$= 60.937$$

$$= 60.94\%$$

14. दो छात्र एक परीक्षा में बैठे। उनमें से एक ने दूसरे की तुलना में 20 अंक अधिक हासिल किए और उसके अंकों उन दोनों के अंक के योग का 55% थे। उन दोनों ने कितने अंक प्राप्त किए?

(A) 92 और 72 (B) 83 और 63

(C) 110 और 90 (D) 64 और 44

[SSC CHSL (Tier-1) ऑनलाइन परीक्षा 9 जनवरी 2017 सुबह पाली]

उत्तर (C) माना एक छात्र के अंक $= x$

दूसरे छात्र के अंक $= x - 20$

∴ प्रश्नानुसार,

$$(x + x - 20) \times \frac{55}{100} = x$$

$$(2x - 20) \times 55 = 100x$$

$$110x - 1100 = 100x$$

$$10x = 1100$$

$$x = 110$$

∴ पहले छात्र के अंक $= 110$

दूसरे छात्र के अंक $= 110 - 20$

$$= 90$$

15. दो छात्र एक परीक्षा में बैठें। उनमें से एक ने दूसरे की तुलना में 13 अंक अधिक हासिल किए और उसके अंक उन दोनों के अंकों के योग का 76% था। उन दोनों ने कितने अंक प्राप्त किए?

(A) 19 और 6 (B) 34 और 21

(C) 102 और 89 (D) 92 और 79

[SSC CHSL (Tier-1) ऑनलाइन परीक्षा 9 जनवरी 2017 सायं पाली]

उत्तर (A) माना पहले छात्र के अंक $= x$

तथा दूसरे छात्र के अंक $= x - 13$

∴ प्रश्नानुसार,

$$(x + x - 13) \times \frac{76}{100} = x$$

$$(2x - 13) \times = \frac{76}{100} x$$

$$152x - 988 = 100x$$

$$152x - 100x = 988$$

$$52x = 988$$

$$x = \frac{988}{52}$$

$$= 19$$

∴ पहले छात्र के अंक $= 19$

दूसरे छात्र के अंक $= 19 - 13 = 6$

16. एक इंजीनियरिंग छात्र को उत्तीर्ण होने के लिए 24% अंक हासिल करने होते हैं। उसे 61 अंक मिलते हैं, और वह 29 अंकों से अनुत्तीर्ण हो जाता है। उस परीक्षा के अधिकतम अंक कितने होंगे?

(A) 375 अंक (B) 400 अंक

(C) 425 अंक (D) 450 अंक

[SSC CHSL (Tier-1) ऑनलाइन परीक्षा 9 जनवरी 2017 सायं पाली]

उत्तर (A) कुल अंक $= 61 + 29 = 90$

माना अधिकतम अंक $= x$

x का $24\% = 90$

$$x \times \frac{24}{100} = 90$$

$$x = \frac{90 \times 100}{24} = 375$$

17. एक इंजीनियरिंग छात्र को उत्तीर्ण होने के लिए 36% अंक हासिल करने होते हैं। उसे 53 अंक मिलते हैं और वह 37 अंकों से अनुत्तीर्ण हो जाता है। उस परीक्षा के अधिकतम अंक कितने होंगे?

(A) 275 अंक (B) 250 अंक

(C) 300 अंक (D) 325 अंक

[SSC CHSL (Tier-1) ऑनलाइन परीक्षा 7 जनवरी 2017 सायं पाली]

उत्तर (B) माना परीक्षा में छात्र को मिले अधिकतम अंक $= x$

$\therefore$ प्रश्नानुसार, $x \times \frac{36}{100} = 53 + 37$

$$x \times \frac{36}{100} = 90$$

$$x = \frac{90 \times 100}{36}$$

$$= 250$$

अत: इंजीनियरिंग छात्र को उत्तीर्ण होने के लिए अधिकतम अंक 250 की आवश्यकता होगी।

5 लाभ, हानि एवं बट्टा

महत्त्वपूर्ण बिंदु–

- **क्रय मूल्य (Cost Price) :** वह मूल्य जिस पर कोई वस्तु क्रय की जाती है, उसे उस वस्तु का क्रय मूल्य कहते हैं।
- **विक्रय मूल्य (Selling Price) :** वह मूल्य जिस पर कोई वस्तु बेची जाती है, उसे उस वस्तु का विक्रय मूल्य कहते हैं।
- **लाभ (Profit) :** यदि किसी वस्तु को खरीद मूल्य से अधिक मूल्य पर बेचा जाता है, तो उस अधिक राशि को वस्तु का लाभ कहते हैं।

  लाभ = विक्रय मूल्य – क्रय मूल्य
- **हानि (Loss) :** यदि किसी वस्तु को खरीद मूल्य से कम मूल्य पर बेचा जाता है।, तो वस्तु के खरीद मूल्य में जितनी कमी होती है। उसे उस वस्तु की हानि कहते हैं।

  हानि = क्रय मूल्य – विक्रय मूल्य

सामान्य सूत्र–

(*i*) लाभ प्रतिशत $= \left(\frac{\text{लाभ}}{\text{क्रय मूल्य}} \times 100\right)\%$

(*ii*) हानि प्रतिशत $= \left(\frac{\text{हानि}}{\text{क्रय मूल्य}} \times 100\right)\%$

(*iii*) विक्रय मूल्य $= \frac{(100 + \text{लाभ}\%)}{100} \times$ क्रय मूल्य

(*iv*) विक्रय मूल्य $= \frac{(100 - \text{हानि}\%)}{100} \times$ क्रय मूल्य

(*v*) क्रय मूल्य $= \frac{100}{(100 + \text{लाभ } \%)} \times$ विक्रय मूल्य

(*vi*) क्रय मूल्य $= \frac{100}{(100 - \text{हानि } \%)} \times$ विक्रय मूल्य

नोट : लाभ एवं हानि प्रतिशत की गणना सदैव क्रय मूल्य पर ही की जाती है।

- **अंकित मूल्य (Market price) :** किसी वस्तु पर छपा हुआ सूची मूल्य उस वस्तु का अंकित मूल्य कहलाता है।
- **छूट (Discount) :** वस्तु को बेचते समय दी जाने वाली छूट को, उस वस्तु का बट्टा या छूट कहते हैं।

नोट : छूट सदैव अंकित मूल्य पर ही दी जाती है।

(*i*) छूट = अंकित मूल्य – विक्रय मूल्य

(*ii*) छूट प्रतिशत =

$$\frac{\text{अंकित मूल्य} - \text{विक्रय मूल्य}}{\text{अंकित मूल्य}} \times 100$$

(*iii*) विक्रय मूल्य = अंकित मूल्य $\left(\frac{1 - \text{छूट } \%}{100}\right)$

कुछ महत्त्वपूर्ण सूत्र–

(*i*) $a\,\%$ तथा $b\,\%$ दो क्रमिक छूटों के समतुल्य

एकल छूट $= \left[a + b - \frac{ab}{100}\right]\%$

(*ii*) यदि एक वस्तु को ₹ a में बेचने पर उतना ही लाभ होता है जितनी कि उसे ₹ b में बेचने पर हानि होती है, तब,

वस्तु का क्रय मूल्य = ₹$\left(\frac{a+b}{2}\right)$

(*iii*) यदि a वस्तुओं को बेचने पर b वस्तुओं के विक्रय मूल्य के बराबर लाभ हो, तब

लाभ % $= \frac{b}{(a-b)} \times 100\%$

(*iv*) यदि a वस्तुओं को बेचने पर b वस्तुओं के विक्रय मूल्य के बराबर हानि हो, तब

हानि % $= \frac{b}{(a+b)} \times 100\%$

(*v*) यदि a वस्तुओं का क्रय मूल्य b वस्तुओं के विक्रय मूल्य के बराबर हो, तब

लाभ/हानि प्रतिशत = $\pm\frac{(a-b)}{b}\times 100\%$

नोट : यदि चिन्ह धनात्मक (+) होगा, तो लाभ यदि चिन्ह ऋणात्मक होगा, तो हानि होगी।

(*vi*) यदि समान विक्रय मूल्य वाली दो वस्तुओं में से एक को $a\%$ लाभ पर तथा दूसरी को $a\%$ हानि पर बेचा जाए, तो इस परिस्थिति में पूरे व्यापार के दौरान सदैव हानि की होती है।

∴ अभीष्ट हानि प्रतिशत = $\left(\frac{a^2}{100}\right)\%$

(*vii*) यदि ₹ a में b वस्तुएं खरीदकर, ₹ b में a वस्तुएं बेचीं जाएं, तो

लाभ प्रतिशत = $\left(\frac{b^2-a^2}{a^2}\right)\times 100\%$

(जबकि $b>a$)

सामान्य उदाहरण–

उदाहरण 1. किसी वस्तु को ₹ 72 में बेचने पर 10% की हानि होती है। तो 5% का लाभ प्राप्त करने के लिए, उस वस्तु को कितने रुपए में बेचना चाहिए?

हलः वस्तु का क्रय मूल्य = $\frac{100}{(100-10)}\times 72$

$= \frac{100}{90}\times 72 =$ ₹ 80

∴ 5% लाभ प्राप्त करने के लिए

वस्तु का विक्रय मूल्य= $\frac{(100+5)}{100}\times 80$

$=\left(\frac{105}{100}\times 80\right) =$ ₹ $=84$

उदाहरण 2. 20% व 10% के दो क्रमिक बट्टों के समतुल्य एकल बट्टा ज्ञात कीजिए।

हलः एकल समतुल्य बट्टा= $\left[a+b-\frac{ab}{100}\right]\%$

$=\left[20+10-\frac{20\times 10}{100}\right]\% = 28\%$

उदाहरण 3. एक व्यक्ति ₹ 10 में 11 वस्तुएं खरीदकर, ₹ 11 में 10 वस्तुएं खरीदता है। व्यक्ति का लाभ प्रतिशत ज्ञात कीजिए।

हलः संक्षिप्त विधि द्वारा–

अभीष्ट लाभ % = $\left(\frac{b^2-a^2}{a^2}\right)\times 100\%$

$=\frac{(11)^2-(10)^2}{(10)^2}\times 100\%$

$=\frac{(121-100)}{100}\times 100\% = 21\%$

उदाहरण 4. एक दुकानदार किसी वस्तु के अंकित मूल्य पर 10% का बट्टा देता है। फिर भी 20% का लाभ अर्जित करता है। यदि वस्तु का अंकित मूल्य ₹ 800 हो, तो उस वस्तु का क्रय मूल्य ज्ञात कीजिए।

हलः वस्तु का विक्रय मूल्य= $\left(800\times\frac{90}{100}\right)=$ ₹ 720

∴ वस्तु का क्रय मूल्य = $\left(\frac{100}{120}\times 720\right) =$ ₹ 600

उदाहरण 5. एक व्यापारी एक घड़ी ₹ 450 में खरीदता है। वह उसका सूचीबद्ध मूल्य इस प्रकार निश्चित करता है कि उसे उस पर 10% छूट देकर भी 20% का लाभ प्राप्त हो सके। तो उस घड़ी का सूचीबद्ध मूल्य कितना है?

हलः माना घड़ी का सूचीबद्ध मूल्य = ₹ x

तब प्रश्नानुसार,

$$x\times\frac{90}{100} = 450\times\frac{120}{100}$$

$\Rightarrow 90x = 450\times 120$

$\Rightarrow x =$ ₹ 600

उदाहरण 6. एक वस्तु को ₹ 1200 में बेचने पर जितना लाभ होता है, उतना ही उसे ₹ 800 में बेचने पर हानि होती है। तो वस्तु का क्रय मूल्य ज्ञात कीजिए।

हलः संक्षिप्त विधि द्वारा–

वस्तु का क्रय मूल्य = ₹ $\left(\frac{a+b}{2}\right)$

= ₹ $\left(\frac{1200+800}{2}\right)$

= ₹ $\left(\frac{2000}{2}\right)$

= ₹ 1000

अभ्यास प्रश्न

1. राजेश एक मशीन ₹ 57 लाख में घाटे में बेचता है। यदि उसने ₹ 67 लाख में बेचा होता, तो उसका लाभ उसके पूर्व घाटे का 7 गुना होता। मशीन का क्रय मूल्य क्या होगा?

(A) ₹ 58.25 लाख (B) ₹ 65.75 लाख
(C) ₹ 75.14 लाख (D) ₹ 50.75 लाख

[SSC CHSL (Tier-1) ऑनलाइन परीक्षा 30 जनवरी 2017 सुबह पाली]

उत्तर (A) माना मशीन का क्रय मूल्य $= ₹\ x$

$$\text{हानि} = x - 57 = x - 57$$
$$\text{लाभ} = 67 - x = 7(x - 57)$$
$$67 = 7x - 399 = x$$
$$7x + x = 399 + 67$$
$$8x = 466$$
$$x = ₹\ 58.25$$

क्रय मूल्य = ₹58.25

2. यदि प्रत्येक ₹ 900 कीमत वाली 3 पतलून की जोड़ी की खरीद पर 2 पतलून की जोड़ी मुफ्त पाने की पेशकश की जाती है, तो प्रत्येक पतलून की जोड़ी पर प्रभावी छूट क्या होगी?

(A) 40 प्रतिशत (B) 33.33 प्रतिशत
(C) 30 प्रतिशत (D) 20 प्रतिशत

[SSC CHSL (Tier-1) ऑनलाइन परीक्षा 30 जनवरी 2017 सुबह पाली]

उत्तर (A) 3 पतलून का कुल दाम $= ₹\ 900 \times 3 = ₹\ 2700$

5 पतलून का कुल दाम $= ₹\ 900 \times 5 = ₹\ 4500$

लाभ $= ₹\ (4500 - 2700) = 1800$

लाभ $= ₹\ 1800$

$$\text{प्रभावी छूट} = \frac{1800 \times 100}{4500}$$
$$= \frac{200}{5} = 40\%$$

3. एक थोक व्यापारी एक खुदरा व्यापारी को एक घड़ी 36% लाभ के साथ बेच देता है, और खुदरा व्यापारी उसे ग्राहक को 25% हानि के साथ बेच देता है। यदि ग्राहक ₹ 2499 का भुगतान करता है, तो थोक व्यापारी की लागत क्या थी?

(A) ₹ 2548 (B) ₹ 2450
(C) ₹ 3123 (D) ₹ 2352

[SSC CHSL (Tier-1) ऑनलाइन परीक्षा 30 जनवरी 2017 सायं पाली]

उत्तर (B) माना थोक व्यापारी की लागत $= ₹\ x$

∴ प्रश्नानुसार,

$$x \times \frac{136}{100} \times \frac{75}{100} = 2499$$
$$x = \frac{2499 \times 100 \times 100}{136 \times .75}$$
$$= ₹\ 2450$$

4. किसी वस्तु का अंकित मूल्य ₹ 800 है। इस पर दो क्रमागत छूट दी जाती है, जिसके पश्चात् यह वस्तु ₹ 630 में प्राप्त होती है। यदि पहली छूट 10% हो, तो दूसरी छूट होगी–

(A) 12.5% प्रतिशत (B) 16% प्रतिशत
(C) 11.5% प्रतिशत (D) 18% प्रतिशत

[SSC CHSL (Tier-1) ऑनलाइन परीक्षा 30 जनवरी 2017 सायं पाली]

उत्तर (A) वस्तु का अंकित मूल्य = ₹ 800

10% छूट पर,

$$\text{वस्तु का मूल्य} = 800 \times \frac{90}{100}$$
$$= ₹\ 720$$

∴ वस्तु की बिक्री छूट

$$= 720 - 630$$
$$= ₹\ 90$$

$$\therefore \text{दूसरी छूट पर \%} = \frac{90}{720} \times 100\%$$
$$= 12.5\%$$

∴ दूसरी छूट 12.5% होगी।

5. यदि एक व्यापारी सूची मूल्य पर 40% की छूट प्रदान करता है, तो उसे 10% का नुकसान होता है। अगर वह सूची मूल्य पर 20% की छूट पर माल बेचता है, तो उसे कितने लाभ या कितने % हानि होगी?

(A) 4 प्रतिशत हानि (B) 14 प्रतिशत लाभ
(C) 5.5 प्रतिशत हानि (D) 20 प्रतिशत लाभ

[SSC CHSL (Tier-1) ऑनलाइन परीक्षा 29 जनवरी 2017 सुबह पाली]

उत्तर (D) उत्तर (D) माना सूची मूल्य $= x$

$$\text{विक्रय मूल्य} = \frac{60x}{100} = \frac{6x}{10}$$
$$\text{हानि} = \frac{x \times 10}{100} = \frac{x}{10}$$

क्रय मूल्य – विक्रय मूल्य = हानि

क्रय मूल्य = विक्रय मूल्य + हानि

$$= \frac{6}{10}x + \frac{x}{10} = \frac{7}{10}x$$

$$\text{विक्रय} = \frac{100 - 20}{100}x = \frac{80}{100}x = \frac{8}{10}x$$

लाभ $= $ वि.मू. – क्रय मूल्य

$= \frac{8}{10}x - \frac{7}{10}x = \frac{x}{10}$

लाभ % $= \frac{\frac{x}{10} \times 100\%}{\frac{7}{10}x} = \frac{100}{7}\%$

$= 14.28\%$

6. एक चावल व्यापारी ₹ 8,580 में 20 क्विंटल चावल खरीदता है। जबकि 22% चावल परिवहन में खराब/गुम हो जाता है। उसे 20% लाभ प्राप्त करने के लिए किस दर पर चावल बेचना चाहिए ?

(A) ₹ 278.8 प्रति क्विंटल

(B) ₹ 514.8 प्रति क्विंटल

(C) ₹ 660 प्रति क्विंटल

(D) ₹ 654.2 प्रति क्विंटल

[SSC CHSL (Tier-1) ऑनलाइन परीक्षा 29 जनवरी 2017 सुबह पाली]

उत्तर (C) व्यापारी 20 क्विंटल चावल खरीदता है

$= ₹\, 8580$

∴ 1 क्विंटल चावल खरीदेगा

$= ₹\, 429$

22% चावल खराब होने पर,

शेष बचा चावल $= \frac{8580 \times 78}{100}$

$= 6692.4$

∴ शेष बचे चावल की मात्रा

$= \frac{20 \times 78}{100}$

$= ₹\, 15.6$ क्विंटल

20% लाभ पर,

चावल की मात्रा $= \frac{8580 \times 120}{100}$

$= 10296$

∴ दर $= \frac{10296}{15.6}$

$= ₹\, 660$ प्रति क्विंटल

7. एक वांशिग मशीन और इलेक्ट्रिक चिमनी की कुल कीमत ₹ 57,750 थी। इलेक्ट्रिक चिमनी को 34% लाभ के साथ और वाशिंग मशीन को 24% हानि के साथ बेच दिया गया। यदि दोनों वस्तुओं का बिक्री मूल्य समान था, तो सस्ती वस्तु का क्रय मूल्य क्या था?

(A) ₹ 26850 (B) ₹ 20900

(C) ₹ 28875 (D) ₹ 25850

[SSC CHSL (Tier-1) ऑनलाइन परीक्षा 25 जनवरी 2017 सुबह पाली]

उत्तर (B) माना क्रय मूल्य $= ₹\, x$

∴ वांशिग मशीन का क्रय मूल्य

$= 57750 - x$

∵ दोनों वस्तुओं का बिक्री मूल्य समान है।

∴ $\frac{134 \times x}{100} = \frac{57750 - x \times 76}{100}$

$134x + 76x = 57750 \times 76$

$210x = 1386000$

$x = \frac{1386000}{210}$

$= ₹\, 20900$

8. एक वयस्क के टिकट का मूल्य ₹ 1200 है और एक बच्चे के टिकट का मूल्य ₹ 800 है। दो वयस्कों के साथ एक बच्चा नि:शुल्क जा सकता है। यदि एक समूह में 25 वयस्क और 5 बच्चे हैं तो उस समूह को कितनी छूट मिलेगी ?

(A) 17.24 प्रतिशत (B) 24 प्रतिशत

(C) 4.41 प्रतिशत (D) 11.76 प्रतिशत

[SSC CHSL (Tier-1) ऑनलाइन परीक्षा 24 जनवरी 2017 सुबह पाली]

उत्तर (D) 25 वयस्कों के टिकटों का मूल्य

$= 25 \times 1200$

$= 30000$

5 बच्चों के टिकटों का मूल्य $= 5 \times 800$

$= 4000$

कुल टिकटों का मूल्य $= 30000 + 4000$

$= 34000$

∴ छूट $= \frac{4000 \times 100}{34000}$

$= 11.76\%$

9. राजन एक मशीन ₹ 52 लाख में घाटे में बेचता है। यदि उसने उसे ₹ 62 लाख में बेचा होता, तो उसका लाभ उसके पूर्व घाटे का 9 गुना होता। मशीन का क्रय मूल्य क्या होगा ?

(A) ₹ 61 लाख (B) ₹ 53 लाख

(C) ₹ 67.77 लाख (D) ₹ 45 लाख

[SSC CHSL (Tier-1) ऑनलाइन परीक्षा 24 जनवरी 2017 सायं पाली]

उत्तर (B) माना मशीन का क्रय मूल्य $= ₹\, x$

∴ विक्रय मूल्य $= ₹\, 52$ लाख

∴ हानि = क्रय मूल्य – विक्रय मूल्य

$= x - 52$

प्रश्नानुसार

$62 - x = 9(x - 52)$

$62 - x = 9x - 468$

$10x = 468 + 62$

$10x = 530$

$x = ₹\, 53$ लाख

10. यदि किसी बिजली के बिल में 25% छूट दी जाती है, तो अभी भी ₹ 1788 का भुगतान होना बाकी रह जाता है। प्रारम्भ में बिल कितना था ?

(A) ₹ 1430 (B) ₹ 2420

(C) ₹ 1466 (D) ₹ 2384

[SSC CHSL (Tier-1) ऑनलाइन परीक्षा 24 जनवरी 2017 सायं पाली]

उत्तर (D) 25% छूट पर बिजली का बिल

$= \frac{1788 \times 100}{75}$

= ₹ 2384

11. यदि एक व्यापारी सूची मूल्य पर 20% की छूट प्रदान करता है, तो उसे 10% का नुकसान होता है। अगर वह सूची मूल्य पर 5% की छूट पर माल बेचता है तो उसे कितने % लाभ या कितने % हानि होगी?

(A) 6.875 प्रतिशत लाभ (B) 20 प्रतिशत लाभ

(C) 14 प्रतिशत लाभ (D) 30 प्रतिशत हानि

[SSC CHSL (Tier-1) ऑनलाइन परीक्षा 24 जनवरी 2017 सायं पाली]

उत्तर (A) माना व्यापारी का सूची मूल्य = ₹ x

विक्रय मूल्य = ₹ 100

प्रश्नानुसार,

20% छूट पर, $\frac{80x}{100} = 90$

$x = 112.5$

5% छूट पर विक्रय मूल्य $= 112.5 \times \frac{95}{100}$

= 106.875

∴ व्यापारी को लाभ (%) = 106.875 – 100

= 6.875%

12. एक व्यापारी के पास 16 क्विंटल गेहूं था। उसने कुछ हिस्सा 17% लाभ और बाकी का हिस्सा 27% लाभ पर बेच दिया, इस प्रकार उसे कुल 21% लाभ हुआ। उसने 27% लाभ पर कितना गेहूं बेचा ?

(A) 960 किग्रा. (B) 640 किग्रा.

(C) 320 किग्रा. (D) 1280 किग्रा.

[SSC CHSL (Tier-1) ऑनलाइन परीक्षा 24 जनवरी 2017 सायं पाली]

उत्तर (B) व्यापारी के पास गेहूं की मात्रा = 16 क्विंटल

∴ प्रश्नानुसार,

$$\frac{117x}{100} + \frac{127(16-x)}{100} = \frac{121 \times 16}{100}$$

$117x + 127 \times 16 - 127x = 121 \times 16$

$10x = 96$

$x = 9.6$

∴ लाभ = 16 – 9.6 = 6.4 क्विंटल = 6.4 × 100 = 640 किग्रा.

13. एक वयस्क के टिकट का मूल्य ₹ 1000 है और एक बच्चे के टिकट का मूल्य ₹ 500 है। दो वयस्कों के साथ एक बच्चा निःशुल्क जा सकता है। यदि एक समूह में 17 वयस्क और 5 बच्चे हैं तो उस समूह को कितनी छूट मिलेगी ?

(A) 14.7 प्रतिशत (B) 32 प्रतिशत

(C) 12.82 प्रतिशत (D) 22 प्रतिशत

[SSC CHSL (Tier-1) ऑनलाइन परीक्षा 23 जनवरी 2017 दोपहर पाली]

उत्तर (C) 17 वयस्कों के टिकटों का मूल्य

= 17 × 1000

= 17000

5 बच्चों के टिकटों का मूल्य

= 5 × 500

= 2500

कुल मूल्य = ₹ (17000 + 2500)

= ₹ 19500

∴ % छूट $= \frac{2500}{19500} \times 100 = 12.82\%$

14. एक दुकानदार ₹ 1,190 प्रति किग्रा. की दर से अखरोट बेचता है और 10% हानि वहन करता है। अब उसने ₹ 1,249.5 प्रति किग्रा. से बेचने का फैसला किया है, तो इसका क्या परिणाम होगा ?

(A) 11 प्रतिशत हानि (B) 5.5 प्रतिशत हानि

(C) 5.5 प्रतिशत लाभ (D) 11 प्रतिशत लाभ

[SSC CHSL (Tier-1) ऑनलाइन परीक्षा 23 जनवरी 2017 दोपहर पाली]

उत्तर (C) दुकानदार ₹ 1190 में अखरोट बेचने पर हानि (10%)

$1190 = \frac{90x}{100}$

$x = 1322.2$

∴ हानि = 1322.2 – 1249.5 = 72.72

∴ हानि प्रतिशत $= \frac{72.72 \times 100}{1322.2} = 5.499 = 5.5\%$

15. एक विक्रेता ₹ 7 में 21 के हिसाब से सेब खरीदता है और ₹ 2 के हिसाब से बेच देता है। इसका परिणाम होगा ?

(A) 20 प्रतिशत हानि (B) 20 प्रतिशत लाभ

(C) 16.66 प्रतिशत लाभ (D) 16.6 प्रतिशत हानि

[SSC CHSL (Tier-1) ऑनलाइन परीक्षा 22 जनवरी 2017 सुबह पाली]

उत्तर (C) विक्रेता ₹ 7 में सेब खरीदता है = 21

∴ ₹ 1 में सेब खरीदेगा = 3

इसी प्रकार ₹ 2 में सेब बेचता है = 5

$\therefore$ ₹ 1 में सेब बेचता = $\frac{5}{2}$

$\therefore$ लाभ $= 3 - \frac{5}{2} = \frac{1}{2}$

$\therefore$ लाभ प्रतिशत $= \frac{\frac{1}{2}}{\frac{3}{2}} \times 100 = \frac{1}{6} \times 100$

$= 16{\cdot}66\%$

16. एक वस्तु की अंकित कीमत ₹ 300 है। 2 वस्तु की खरीद पर 24% छूट मिलती है, 5 वस्तु की खरीद पर 38% छूट मिलती है। रचना 7 वस्तु खरीदती है, तो उसे कितनी प्रभावी छूट मिलेगी?

(A) 17.5 प्रतिशत (B) 20.4 प्रतिशत

(C) 34 प्रतिशत (D) 12.8 प्रतिशत

[SSC CHSL (Tier-1) ऑनलाइन परीक्षा 22 जनवरी 2017 दोपहर पाली]

उत्तर (C) 1 वस्तु की कीमत = ₹ 300

2 वस्तु की कीमत = 300 × 2 = ₹ 600

2 वस्तु की छूट = $\frac{600 \times 24}{100}$ = ₹ 144

$\therefore$ 5 वस्तुओं पर छूट = $\frac{1500 \times 38}{100}$

= ₹ 570

कुल छूट= 144 + 570 = ₹ 714

7 वस्तु की कीमत = 300 × 7 = ₹ 2100

$\therefore$ प्रभावी छूट = $\frac{714 \times 100}{2100} = 34\%$

17. एक वस्तु की कीमत में 36% की छूट दी जाती है। पुराना मूल्य वापस लाने के लिए वर्तमान मूल्य में कितने प्रतिशत की वृद्धि करनी चाहिए?

(A) 56.25 प्रतिशत (B) 36 प्रतिशत

(C) 26.47 प्रतिशत (D) 45 प्रतिशत

[SSC CHSL (Tier-1) ऑनलाइन परीक्षा 21 जनवरी 2017 सायं पाली]

उत्तर (A) 36% की छूट पर

प्रतिशत वृद्धि = $\frac{36 \times 100}{64} = 56.25\%$

18. यदि 16% की छूट मिलने के बाद बिक्री मूल्य ₹ 1680 है, तो उसकी चिन्हित कीमत क्या थी?

(A) ₹ 2000 (B) ₹ 1948.8

(C) ₹ 1411.2 (D) ₹ 1448

[SSC CHSL (Tier-1) ऑनलाइन परीक्षा 21 जनवरी 2017 सायं पाली]

उत्तर (A)

16% छूट पर मूल्य = 100 – 16

= ₹ 84

$\therefore$ चिन्हित कीमत = $\frac{1680 \times 100}{84}$

= ₹ 2000

19. जब एक क्रूज ट्रिप पर 25% की छूट दी जाती है, तो 41% का लाभ होता है। यदि छूट 26% हो, तो लाभ कितना होगा?

(A) 39.12 प्रतिशत (B) 67 प्रतिशत

(C) 94.88 प्रतिशत (D) 11.24 प्रतिशत

[SSC CHSL (Tier-1) ऑनलाइन परीक्षा 21 जनवरी 2017 सायं पाली]

उत्तर (A) 25% छूट पर मूल्य = 100 – 25 = ₹ 75

41% लाभ पर मूल्य = (100 + 41) = ₹ 141

$\therefore$ 26% छूट पर मूल्य = $\frac{141 \times (100 - 26)}{75}$

$= \frac{141 \times 74}{75}$

= ₹ 139.12

$\therefore$ लाभ = (₹ 139.12 – 100)

= ₹ 39.12

लाभ % = 39.12%

20. एक बेईमान दूधवाला 25 रु. लीटर में दूध खरीदता है और उसमें 1/5 पानी डालकर मिश्रण को 29 रु. प्रति लीटर के हिसाब से बेच देता है। उसका लाभ कितना होगा?

(A) 16 प्रतिशत (B) 39.2 प्रतिशत

(C) 24 प्रतिशत (D) 32 प्रतिशत

[SSC CHSL (Tier-1) ऑनलाइन परीक्षा 21 जनवरी 2017 दोपहर पाली]

उत्तर (B) माना दूध की मात्रा = x लीटर

मिश्रण के बाद कुल दूध की मात्रा = $x + \frac{x}{5}$

$= \frac{6x}{5}$ लीटर

दूध का विक्रय मूल्य = ₹ 25

x लीटर दूध का विक्रय मूल्य $= 25x$

$\therefore \frac{6x}{5}$ लीटर दूध का विक्रय मूल्य $= \frac{6x}{5} \times 29$

$= \frac{174}{5}x$

$\therefore$ लाभ $= \frac{174}{5}x - 25x$

$= \frac{49}{5}x$

$\therefore$ लाभ % $= \frac{\frac{49}{5}x}{25x} \times 100\%$

$= \frac{49}{5 \times 25} \times 100\%$

$= 39.2\%$

21. एक वस्तु की अंकित कीमत ₹ 100 है। 2 वस्तु की खरीद पर 25% छूट मिलती है, 4 वस्तु की खरीद पर 43% छूट मिलती है। राजसी 6 वस्तु खरीदती है, तो उसे कितनी प्रभावी छूट मिलेगी?

(A) 37 प्रतिशत (B) 26.25 प्रतिशत
(C) 9.6 प्रतिशत (D) 24.6 प्रतिशत

[SSC CHSL (Tier-1) ऑनलाइन परीक्षा 18 जनवरी 2017 सायं पाली]

उत्तर (A) एक वस्तु का अंकित मूल्य = रु. 100

दो वस्तु का वि.मू. $= \frac{200 \times 75}{100}$

= रु. 150

चार वस्तुओं का वि. मू. $= \frac{400 \times 57}{100}$

= रु. 228

6 वस्तुओं का कुल वि.मू. = 150 + 228

= ₹ 378

$\therefore$ 6 वस्तुओं पर छूट $= \frac{378 \times 100}{600} = 63\%$

$\therefore$ प्रभावी छूट = (100 – 63)%

= 37%

22. 9% छूट पर, एक वाशिंग मशीन का विक्रय मूल्य ₹ 14000 है। यदि छूट 22% हो, तो विक्रय मूल्य क्या होगा ?

(A) ₹ 12000 (B) ₹ 10202.4
(C) ₹ 9360 (D) ₹ 13322.4

[SSC CHSL (Tier-1) ऑनलाइन परीक्षा 18 जनवरी 2017 सायं पाली]

उत्तर (A) माना विक्रय मूल्य = रु. x

9% छूट पर,

$\frac{91}{100}x = 14000$

$x = \frac{14000 \times 100}{91}$

22% छूट पर विक्रय मूल्य $= \frac{14000 \times 100}{91} \times \frac{78}{100}$

= ₹ 12000

23. एक चावल विक्रेता 22 कुन्तल चावल ₹ 3,344 में खरीदता है। 24% चावल आवागमन में ह्रास हो जाता है। वह चावल किस दर पर बेचे कि उसे 30% का लाभ हो?

(A) ₹ 88.86 प्रति कुतंल
(B) ₹ 197.6 प्रति कुतंल
(C) ₹ 269.2 प्रति कुतंल
(D) ₹ 260 प्रति कुतंल

[SSC CHSL (Tier-1) ऑनलाइन परीक्षा 18 जनवरी 2017 सायं पाली]

उत्तर (D) चावल विक्रेता 1 कुंतल चावल बेचता है $= \frac{3344}{22} = 152$

प्रति कुन्तल पर 24% चावल खराब होने पर चावल की मात्रा =

$\frac{22 \times 76}{100} = 16.72$ क्विंटन

प्रति कुतंल चावल का क्रय मूल्य $= \frac{3344 \times 100}{1672}$

= ₹ 200

$\therefore$ 30% लाभ पर विक्रय मूल्य $= \frac{130 \times 200}{100}$

= ₹ 260 प्रति कुतंल

24. यदि एक खुदरा व्यापारी अपने माल के अंकित कीमत पर 28% की छूट प्रदान करता है और इस तरह लागत मूल्य पर माल बेचता है, तो % अंकित मूल्य क्या था?

(A) 18.25 प्रतिशत (B) 22 प्रतिशत
(C) 38.88 प्रतिशत (D) 28 प्रतिशत

[SSC CHSL (Tier-1) ऑनलाइन परीक्षा 17 जनवरी 2017 दोपहर पाली]

उत्तर (C) 28% छूट पर लागत मूल्य = ₹ 100 28

= ₹ 72

प्रतिशत चिन्हित मूल्य $= \frac{100 \times 100}{72}$

= ₹ 138.88

$\therefore$ चिन्हित मूल्य = ₹ 138.88 – 100

= ₹ 38.88%

25. जब एक लंच बुफे पर 20% की छूट दी जाती है, तो 42% का लाभ होता है। यदि पूरे 15% हो, तो लाभ कितना होगा?

(A) 57% (B) 50.875 %

(C) 63.125 % (D) 44.75 %

[SSC CHSL (Tier-1) ऑनलाइन परीक्षा 17 जनवरी 2017 दोपहर पाली]

उत्तर (B) 20% छूट पर लाभ 42% होता है।

∴ माना विक्रय मूल्य = ₹ x

$$x \times \frac{80}{100} = 142$$

$$x = \frac{142 \times 100}{80}$$

$$= ₹\ 117.5$$

यदि छूट 15% हो, तब

$$\text{विक्रय मूल्य} = \frac{177.5 \times 85}{100}$$

$$= ₹\ 150.875$$

$$\therefore \quad \text{लाभ} = 150.875 - 100$$

$$= ₹\ 50.875$$

26. एक बेईमान दूधवाला ₹ 24 प्रति लीटर में दूध खरीदता है और उसमें 1/3 पानी डालकर मिश्रण को ₹ 32 प्रति लीटर के हिसाब से बेच देता है। उसका लाभ कितना होगा?

(A) 33.33 प्रतिशत (B) 50 प्रतिशत

(C) 77.78 प्रतिशत (D) 66.67 प्रतिशत

[SSC CHSL (Tier-1) ऑनलाइन परीक्षा 16 जनवरी 2017 सुबह पाली]

उत्तर (C) माना दूध की मात्रा = x लीटर

$$\text{मिश्रण के बाद कुल मात्रा} = x + \frac{x}{3}$$

$$= \frac{4x}{3}$$

दूध का क्रय मूल्य = ₹ 24

$$\therefore \text{मिश्रण के बाद कुल विक्रय मूल्य} = \frac{4x}{3} \times 32$$

$$= ₹\ \frac{128x}{3}$$

$$\therefore \quad \text{लाभ} = \frac{128x}{3} - 24x$$

$$= \frac{56x}{3}$$

$$\therefore \quad \text{लाभ प्रतिशत} = \frac{\frac{56x}{3} \times 100}{24x}$$

$$= \frac{56 \times 100}{3 \times 24}$$

$$= 77.777 = 77.78\%$$

27. यदि 9% की छूट मिलने के बाद बिक्री मूल्य ₹ 728 है, तो उसकी चिन्हित कीमत क्या थी?

(A) ₹ 793.52 (B) ₹ 800

(C) ₹ 662.48 (D) ₹ 667

[SSC CHSL (Tier-1) ऑनलाइन परीक्षा 16 जनवरी 2017 सुबह पाली]

उत्तर (B) 9% छूट के बाद चिन्हित मूल्य $= \frac{728 \times 100}{91}$

= ₹ 800

28. राज एक मशीन ₹ 51 लाख में घाटे में बेचता है। यदि उसने उसे ₹ 60 लाख में बेचा होता, तो उसका लाभ उसके पूर्व घाटे का 8 गुना होता। मशीन का क्रय मूल्य क्या है?

(A) ₹ 59 लाख (B) ₹ 52 लाख

(C) ₹ 66.375 लाख (D) ₹ 45 लाख

[SSC CHSL (Tier-1) ऑनलाइन परीक्षा 10 जनवरी 2017 सुबह पाली]

उत्तर (B) प्रश्नानुसार

मशीन का क्रय मूल्य = ₹ x

$\therefore (60 - 51) \times x = 51 \times 8 + 60$

$9x = 468$

$x =$ ₹ 52 लाख

29. A एक काम का 75%, 50 दिन में पूरा करता है फिर वो B को बुलाता है और वे दोनों मिलकर बचा हुआ काम 10 दिन में पूरा करते हैं। पूरा काम अकेले करने में B को कितना समय लगेगा?

(A) 200 दिन (B) 50 दिन

(C) 100 दिन (D) 125 दिन

[SSC CHSL (Tier-1) ऑनलाइन परीक्षा 10 जनवरी 2017 सुबह पाली]

उत्तर (C) A के एक काम करने में लगा समय $= \frac{50 \times 100}{75} = \frac{200}{3}$ दिन

शेष काम $= 1 - \frac{3}{4} = \frac{1}{4}$

∴ दोनों के काम = 10 दिन में करते हैं।

दोनों 1 काम को मिलकर 10 × 4 = 40 दिन में करेंगे।

$\therefore \frac{1}{40} = \frac{1}{B} + \frac{3}{200}$

$\therefore \frac{1}{B} = \frac{1}{40} - \frac{3}{200}$

$= \frac{5-3}{200}$

$= \frac{2}{200}$

$\therefore B = 100$ दिन

30. 22% की छूट देने पर एक रेफ्रीजरेटर की बिक्री कीमत ₹ 26000 रु. है। यदि छूट 40% दी जाती है, तो उसका बिक्री मूल्य क्या होगा?

(A) ₹ 12000 (B) ₹ 14640

(C) ₹ 21840 (D) ₹ 20000

[SSC CHSL (Tier-1) ऑनलाइन परीक्षा 10 जनवरी 2017 सुबह पाली]

उत्तर (D) 22% छूट पर रेफ्रिजरेटर की बिक्री विक्रय मूल कीमत = 26000

78% पर कीमत = ₹ 26000

40% छूट पर कीमत = ₹ x

$\therefore$ प्रश्नानुसार

$x = \frac{26000 \times 60}{78}$

= ₹ 20000

31. एक चावल व्यापारी ₹ 1,280 में 16 क्विंटल चावल खरीदता है। 18% चावल परिवहन में खराब/गुम हो जाता है। उसे 23% लाभ प्राप्त करने के लिए कितनी दर पर चावल बेचना चाहिए?

(A) ₹ 53.33 प्रति क्विंटल

(B) ₹ 98.4 प्रति क्विंटल

(C) ₹ 122.5 प्रति क्विंटल

(D) ₹ 120 प्रति क्विंटन

उत्तर (D) चावल की मात्रा = 16 क्विंटल

18% गुम या खराब हो जाने पर चावल की मात्रा

$= \frac{16 \times 82}{100} = 13.12$ प्रति क्विंटल

प्रति क्विंटल चावल का क्रय मूल्य $= \frac{1280 \times 100}{13.12}$

$= \frac{1280 \times 100}{1312}$

= ₹ 97.56

23% लाभ पर चावल का विक्रय मूल्य

$= \frac{123 \times 97.56}{100} = 119.99$

= ₹ 120/ क्विंटल

32. एक वस्तु की चिन्हित कीमत ₹ 400 है। 1 वस्तु की खरीद पर 6% छूट मिलती है और 4 वस्तुओं की खरीद पर 24% छूट मिलती है। रचिता 5 वस्तुएं खरीदती है, तो उसे कितनी प्रभावी छूट मिलेगी?

(A) 34 प्रतिशत (B) 20.4 प्रतिशत

(C) 12.8 प्रतिशत (D) 23.25 प्रतिशत

[SSC CHSL (Tier-1) ऑनलाइन परीक्षा 9 जनवरी 2017 सुबह पाली]

उत्तर (B) माना प्रभावी छूट = $x\%$

$\therefore$ प्रश्नानुसार,

$$\left(\frac{1 \times 6}{100}\right) + \left(\frac{4 \times 24}{100}\right) = \frac{5 \times x}{100}$$

$$\frac{6}{100} + \frac{96}{100} = \frac{5x}{100}$$

$$\frac{102}{100} = \frac{5x}{100}$$

$$\therefore 5x = 102$$

$$x = \frac{102}{5}$$

$$= 20.4\%$$

33. एक दुकानदार ₹ 1250 प्रति किलोग्राम की दर से बादाम बेचता है और 7% हानि वहन करता है। अब यदि उसने ₹ 1375 प्रति किलोग्राम से बेचने का फैसला किया है, तो इसका क्या परिणाम होगा?

(A) 4.6 प्रतिशत लाभ (B) 2.3 प्रतिशत हानि

(C) 2.3 प्रतिशत लाभ (D) 4.6 प्रतिशत हानि

[SSC CHSL (Tier-1) ऑनलाइन परीक्षा 9 जनवरी 2017 सुबह पाली]

उत्तर (B) 6% हानि पर विक्रय मूल्य = ₹ x

$\therefore \frac{93x}{100} = 1250$

$x = \frac{1250 \times 100}{93}$

$= 1344.08$

$= 1344$

$\therefore$ दुकानदार को लाभ

= ₹ 94

$\therefore$ दुकानदार का नया विक्रय मूल्य

$= \frac{1344 \times 100}{1375}$

= ₹ 97.74

$\therefore$ लाभ = 100 – 97.74

= 2.26%

= 2.3%

34. एक दुकानदार को 17 ओमेगा घड़ियां बेचकर 7 ओमेगा घड़ियों की बिक्री कीमत के बराबर लाभ होता है। उसका लाभ प्रतिशत कितना होगा–

(A) 41.1 प्रतिशत (B) 82.2 प्रतिशत
(C) 70 प्रतिशत (D) 12.2 प्रतिशत

[SSC CHSL (Tier-1) ऑनलाइन परीक्षा 9 जनवरी 2017 सायं पाली]

उत्तर (C) दुकानदार को लाभ $= 17 - 7$

$= 10$

$\therefore$ लाभ प्रतिशत $= \frac{7 \times 100}{10}$

$= 70\%$

35. यदि एक व्यापारी सूची मूल्य पर 4% की छूट प्रदान करता है, तो उसे 10% का नुकसान होता है। अगर वह सूची मूल्य पर 20% की छूट पर माल बेचता, है तो उसे कितने % लाभ या कितने % हानि होगी?

(A) 25 प्रतिशत हानि (B) 4 प्रतिशत हानि
(C) 50 प्रतिशत लाभ (D) 26 प्रतिशत लाभ

[SSC CHSL (Tier-1) ऑनलाइन परीक्षा 9 जनवरी 2017 सायं पाली]

उत्तर (A) माना अंकित मूल्य = ₹ x

$\because$ 4% छूट पर 10% का नुकसान होता है।

$\therefore$ प्रश्नानुसार, $\frac{96}{100}x = \frac{90}{100}$

$x = \frac{90}{96}$

20% छूट पर विक्रय मूल्य

$= \frac{90 \times 80}{96}$

= ₹ 75

$\therefore$ लाभ न होकर हानि हो रही है।

$\therefore$ हानि = 100 – 75

$\therefore$ हानि $= \frac{25 \times 100}{100}$

= ₹ 25%

36. 10% की छूट देने पर एक टोस्टर की बिक्री कीमत ₹ 18000 है, यदि छूट 37.5% दी जाती है, तो उसका बिक्री मूल्य क्या होगा?

(A) ₹ 7812.5 (B) ₹ 12500
(C) ₹ 8593.75 (D) ₹ 15468.75

[SSC CHSL (Tier-1) ऑनलाइन परीक्षा 8 फरवरी 2017 दोपहर पाली]

उत्तर (B) माना टोस्टर का अंकित मूल्य = ₹100

$\therefore$ 10% छूट के बाद

टोस्टर का अंकित मूल्य $= \frac{100 \times 90}{100}$

= ₹ 90

माना बिक्री मूल्य = ₹ x

$x \times \frac{90}{100} = 18000$

$x = 20,000$

37.5 छूट देने के बाद बिक्री मूल्य

$= \frac{62.5 \times 20000}{100}$ = ₹. 12500

37. एक दुकानदार को 9 रोलेक्स घड़ियां बेचकर 4 रोलेक्स घड़ियों की बिक्री कीमत के बराबर लाभ होता है। उसका लाभ प्रतिशत कितना होगा?

(A) 44.4 प्रतिशत (B) 88.8 प्रतिशत
(C) 80 प्रतिशत (D) 8.8 प्रतिशत

[SSC CHSL (Tier-1) ऑनलाइन परीक्षा 8 फरवरी 2017 दोपहर पाली]

उत्तर (C) लाभ $= 9 - 5$

= 4 घड़ियों की कीमत

लाभ प्रतिशत $= \frac{4 \times 100}{5} = 80\%$

38. एक व्यापारी के पास 12 क्विंटल गेहूं था। उसने कुछ हिस्सा 13% लाभ और बाकी का हिस्सा 23% लाभ पर बेच दिया, इस प्रकार उसे कुल 17% लाभ हुआ। उसने 23% लाभ पर कितना गेहूं बेचा ?

(A) 720 कि.ग्रा. (B) 240 कि.ग्रा.
(C) 480 कि.ग्रा. (D) 960 कि.ग्रा.

[SSC CHSL (Tier-1) ऑनलाइन परीक्षा 7 फरवरी 2017 सुबह पाली]

उत्तर (C) माना व्यापारी ने 23 % लाभ पर x क्विंटल गेहूं बेचा

$\therefore$ प्रश्नानुसार

$\frac{113(12-x)}{100} + \frac{123x}{100} = \frac{117 \times 12}{100}$

$1356 - 113x + 123x = 1404$

$10x = 1404 - 1356$

$x = 4.8$ क्विंटल

$\therefore$ 1 क्विंटल = 100 किग्रा.

$\therefore$ $x = 4.8 \times 100$

= 480 किग्रा.

39. यदि एक दुकानदार ₹ 1000 में एक वस्तु बेचता है, जो ₹ 1250 के रूप में अंकित है, तो वह कितने छूट की पेशकश कर रहा है ?

(A) 25 प्रतिशत (B) 33·3 प्रतिशत
(C) 250 प्रतिशत (D) 20 प्रतिशत

[SSC CHSL (Tier-1) ऑनलाइन परीक्षा 7 फरवरी 2017 सुबह पाली]

उत्तर (D) लाभ = ₹ (1250 – 1000) = ₹ 250

$\therefore$ लाभ प्रतिशत $= \left(\frac{250}{1250} \times 100\right) = 20\%$

40. एक थोक व्यापारी एक खुदरा व्यापारी को एक घड़ी 20% लाभ के साथ बेच देता है और खुदरा व्यापारी उसे ग्राहक को 10% हानि के साथ बेच देता है। यदि ग्राहक ने ₹ 874.8 का भुगतान करता है, तो थोक व्यापारी की लागत क्या थी?

(A) ₹ 945 (B) ₹ 810

(C) ₹ 994 (D) ₹ 675

[SSC CHSL (Tier-1) ऑनलाइन परीक्षा 7 जनवरी 2017 सायं पाली]

उत्तर (B) माना थोक व्यापारी की लागत $= x$

∴ थोक व्यापारी का विक्रय मूल्य

$$= x \times \frac{120}{100}$$

$$= \frac{6x}{5}$$

खुदरा व्यापारी के लिए घड़ी का क्रय मूल्य

$$= ₹ \frac{6x}{5}$$

$$\therefore \quad \text{विक्रय मूल्य} = \frac{6x}{5} \times \frac{90}{100}$$

$$= \frac{54x}{50}$$

$$= \frac{27x}{25}$$

यदि ग्राहक ने ₹ 874.8 का भुगतान किया

$$\therefore \quad \frac{27x}{25} = 874.8$$

$$x = \frac{874.8 \times 25}{27}$$

$$= ₹ 810$$

41. यदि एक व्यापारी अंकित मूल्य पर 25% की छूट प्रदान करता है, तो उसे 5% का नुकसान होता है। अगर वह सूची मूल्य पर 10% की छूट पर माल बेचता है, तो उसे कितने % लाभ या हानि होगी?

(A) 12 प्रतिशत हानि (B) 14 प्रतिशत लाभ

(C) 13.5 प्रतिशत लाभ (D) 12.5 प्रतिशत हानि

[SSC CHSL (Tier-1) ऑनलाइन परीक्षा 7 जनवरी 2017 सायं पाली]

उत्तर (B) माना अंकित मूल्य = ₹ x

25% छूट पर 5% का नुकसान होता है।

$$\therefore \text{ प्रश्नानुसार, } \frac{75x}{100} = \frac{95}{100}$$

$$x = \frac{95}{75}$$

10% छूट पर विक्रय मूल्य

$$= \frac{95 \times 90}{75}$$

$$= ₹ 114$$

$$\therefore \quad \text{लाभ} = (114 - 100)$$

$$= ₹ 14$$

$$\therefore \quad \text{लाभ } \% = \frac{14 \times 100}{100}$$

$$= 14\%$$

42. यदि प्रत्येक ₹ 1200 कीमत वाले 6 दुपट्टों की खरीद पर 3 दुपट्टे मुफ्त पाने की पेशकश की जाती है, तो प्रत्येक दुपट्टे पर प्रभावी छूट क्या होगी?

(A) 25 प्रतिशत (B) 20 प्रतिशत

(C) 12.5 प्रतिशत (D) 33.33 प्रतिशत

[SSC CHSL (Tier-1) ऑनलाइन परीक्षा 3 फरवरी 2017 सायं पाली]

उत्तर (D) ∴ 6 दुपट्टे की कीमत = ₹ 1200

∴ 9 दुपट्टे की कीमत = ₹ 1200 × 9

$$\text{छूट} = 10800 - 7200$$

$$= 3600$$

$$\text{प्रभावी छूट} = \frac{3600 \times 100\%}{10800}$$

$$= \frac{100\%}{3} = 33.33\%$$

43. एक दुकानदार को 20 टाइमेक्स घड़ियां बेच कर 4 टाइमेक्स घड़ियों की बिक्री कीमत के बराबर लाभ होता है। उसका लाभ प्रतिशत कितना होगा?

(A) 20 प्रतिशत (B) 25 प्रतिशत

(C) 40 प्रतिशत (D) 15 प्रतिशत

[SSC CHSL (Tier-1) ऑनलाइन परीक्षा 3 फरवरी 2017 सायं पाली]

उत्तर (B) माना प्रत्येक घड़ी की कीमत $= x$

20 घड़ियों का विक्रय मूल्य $= 20\,x$

4 घड़ियों का दाम $= 4x$

विक्रय मूल्य = क्रय मूल्य + लाभ

$$20 = CP + 4x$$

$$CP = 16x$$

$$\text{लाभ}\% = \frac{4x \times 100\%}{16x} = 25\%$$

6 अनुपात एवं समानुपात

अनुपात (Ratio) : समान प्रकार की दो राशियों/ वस्तुओं के बीच संबंध को अनुपात कहते हैं। अर्थात् दो राशियों का अनुपात एक भिन्न होता है। जो यह प्रदर्शित करता है कि एक राशि दूसरी राशि से कितने गुना कम या अधिक है।

दो राशियों a और b के बीच अनुपात को $a : b$ से प्रदर्शित करते है। यहां a को अग्रपद (Antecedent) तथा b मे प्रश्नपद (Consequent) कहते है।

अनुपात के प्रकार–

(i) **वर्गानुपात (Duplicate ratio)** : दो संख्याओं के वर्गों के अनुपात को उन संख्याओं का वर्गानुपात कहते हैं। दो संख्याओं a व b के बीच अनुपात $a : b$ का वर्गानुपात $a^2 : b^2$ है।

जैसे– $5 : 3$ का वर्गानुपात $25 : 9$

(ii) **वर्गमूलानुपात (Sub-Duplicate ratio)** : दो संख्याओं के वर्गमूलों के अनुपात को उन संख्याओं का वर्गमूलानुपात कहते हैं। जैसे–दो संख्याओं a व b के बीच अनुपात $a : b$ का वर्गमूलानुपात $\sqrt{a} : \sqrt{b}$ है।

(iii) **घनानुपात (Triplicate ratio)** : दो संख्याओं के घनों के अनुपात को उन संख्याओं का घनानुपात कहते हैं। जैसे–दो संख्याओं a व b के बीच अनुपात $a : b$ का घनानुपात $a^3 : b^3$ है।

(iv) **घनमूलानुपात (Sub-Triplicate ratio)** : दो संख्याओं के घनमूलों के अनुपात को उन संख्याओं का घनानुपात कहते हैं। जैसे–दो संख्याओं a व b के बीच अनुपात $a : b$ का घनमूलानुपात $\sqrt[3]{a} : \sqrt[3]{b}$ है।

(v) **विलोमानुपात (Inverse ratio)** : किसी अनुपात को आपस में बदल देने पर प्राप्त अनुपात विलोमानुपात कहलाता है। जैसे–दो संख्याओं a व b के बीच अनुपात $a : b$ का विलोमानुपात $b : a$ है।

जैसे– $5 : 6$ का विलोमानुपात $6 : 5$ होगा।

समानुपात (Proportion) : जब दो अनुपात परस्पर समान होते हैं, तो वे समानुपाती कहलाते हैं।

जैसे– $a : b = c : d$ तब $a, b, c,$ व d समानुपाती है तथा इन्हें $a : b :: c : d$ के रूप में व्यक्त किया जाता है।

यहां a व d को को बाह्य पद तथा b व c को मध्यपद कहते है।

अत: समानुपात की स्थिति में,

बाह्य पदों का गुणनफल = मध्य पदों का गुणनफल

$a \times d = b \times c$

(i) **मध्यानुपाती (Mean Proportional)** : माना दो संख्याओं a व b का मध्यानुपाती x है, तब

$a : x :: b : x$

$\Rightarrow x^2 = ab \Rightarrow x = \sqrt{ab}$

(ii) **तृतीयानुपाती (Third Proportional)** : माना दो संख्याओं a व b का तृतीयानुपाती x है, तब

$a : b :: b : x$

$\Rightarrow ax = b^2 \Rightarrow x = \frac{b^2}{a}$

(iii) **चतुर्थानुपाती (Fourth Proportional)** : यदि तीन संख्याओं a, b व c का चतुर्थानुपाती x हो, तब

$a : b :: c : x$

$\Rightarrow ax = bc \Rightarrow x = \frac{bc}{a}$

अत: तीन संख्याओं a, b व c का चतुर्थानुपाती $\frac{bc}{a}$ होगा।

हल सहित उदाहरण–

उदाहरण 1. दो संख्याओं के बीच $3 : 2$ का अनुपात है। यदि इन संख्याओं का योग 45 हो, तो संख्याएं ज्ञात कीजिए।

हल – माना संख्याएं क्रमश: $3x$ व $2x$ हैं।

$\therefore \quad 3x + 2x = 45$

$\Rightarrow \quad 5x = 45 \Rightarrow x = 9$

अत: संख्याएं क्रमश: 27 व 18 होंगी।

उदाहरण 2. तीन संख्याएं $3 : 2 : 5$ के अनुपात में हैं। उनके वर्गों का योग 1862 हैं। तो इन तीनों संख्याओं में सबसे छोटी संख्या ज्ञात कीजिए।

हल – माना संख्याएं क्रमश: $3x, 2x$ व $5x$ हैं।

$\therefore \quad (3x)^2 + (2x)^2 + (5x)^2 = 1862$

$\Rightarrow \quad 9x^2+4x^2+25x^2 = 1862$

$\Rightarrow \quad 38x^2 = 1862$

$\Rightarrow \quad x^2 = 49 \Rightarrow x = 7$

$\therefore$ सबसे छोटी संख्या $= (2 \times 7) = 14$

उदाहरण 3. यदि $A : B = 2 : 3$ तथा $B : C = \frac{4}{5}$ हो, तो $A : C$ का मान ज्ञात कीजिए।

हलः $\frac{A}{C} = \left(\frac{A}{B}\times\frac{B}{C}\right) = \left(\frac{2}{3}\times\frac{4}{5}\right) = \frac{8}{15}$

$\therefore \quad A : C = 8 : 15$

उदाहरण 4. ₹ 53 को A, B व C में इस प्रकार विभाजित किया गया है कि A को B से ₹ 7 अधिक मिलते हैं और B को C से ₹ 8 अधिक मिलते हैं। A, B व C के हिस्सों का अनुपात ज्ञात कीजिए।

हल – माना C को ₹ x मिलते हैं।

तब, B का हिस्सा = ₹ $(x+8)$

A का हिस्सा = ₹ $(x+15)$

$\therefore \quad x+(x+8)+(x+15) = 53$

$\Rightarrow \quad 3x+23 = 53$

$\Rightarrow \quad 3x = 30 \Rightarrow x = 10$

$\therefore \quad A : B : C = (x+15) : (x+8) : x$

$= 25 : 18 : 10$

उदाहरण 5. $\frac{a}{3} = \frac{b}{4} = \frac{c}{7}$ हो, तो $\frac{a+b+c}{c}$ का मान ज्ञात कीजिए।

हल – माना $\frac{a}{3} = \frac{b}{4} = \frac{c}{7} = K$

$\Rightarrow \quad a = 3K, b = 4K$ तथा

$c = 7K$

$\therefore \quad \frac{a+b+c}{c} = \frac{3K+4K+7K}{7K}$

$= \frac{14K}{7K} = 2$

उदाहरण 6. राम और श्याम की आय का अनुपात 7 : 2 तथा व्यय का अनुपात 4 : 1 है, यदि प्रत्येक ₹ 1,000 बचाता हो, तो राम और श्याम की आय ज्ञात कीजिए।

हल – माना राम और श्याम की आय क्रमशः ₹ $7x$ व ₹ $2x$ है।

राम और श्याम का खर्च क्रमशः ₹ $4y$ व ₹ y है।

तब, प्रश्नानुसार

$7x - 4y = 1000 \quad \dots (i)$

$2x - y = 1000 \quad \dots (ii)$

समी (i) व (ii) को हल करने पर $x =$ ₹ 300, $y =$ ₹ 500

$\therefore$ राम की आय = ₹ (7×300) = ₹ 21,000

श्याम की आय = ₹ (2×300) = ₹ 6000

अभ्यास प्रश्न

1. एक मेले की प्रवेश टिकट के मूल्य में 11:16 के अनुपात में वृद्धि करके, मेले में आने वाले लोगों की संख्या 19:9 के अनुपात में कम हो गई है। कुल संकलन में किस अनुपात में वृद्धि या कमी हुई है?

(A) 209:144 के अनुपात में कमी हुई है।

(B) 144:209 के अनुपात में वृद्धि हुई है।

(C) 99:304 के अनुपात में वृद्धि हुई है।

(D) 304:99 के अनुपात में कमी हुई है।

[SSC CHSL (Tier-1) ऑनलाइन परीक्षा 30 जनवरी 2017 सुबह पाली]

उत्तर (A) टिकट का पहला मूल्य $= \frac{11}{11+16} = \frac{11}{27}$

वृद्धि के बाद टिकट का मूल्य $= \frac{16}{11+16} = \frac{16}{27}$

वृद्धि पहले लोगों की संख्या $= \frac{19}{19+9} = \frac{19}{28}$

टिकट वृद्धि के बाद लोगों की संख्या $= \frac{9}{19+9} = \frac{9}{28}$

टिकट वृद्धि के बाद लोगों की संख्या में कमी हुई अतः टिकट वृद्धि से

पहले संकलन $= \frac{11}{27}\times\frac{19}{28}$

टिकट वृद्धि के बाद संकलन $= \frac{16}{27}\times\frac{9}{28}$

अतः अनुपात $= \frac{11}{27}\times\frac{9}{28} / \frac{16}{27}\times\frac{9}{28} = \frac{11\times19}{16\times9} = \frac{209}{144}$

अतः कुल संकलन के अनुपात $\frac{209}{144}$ में कमी हुई है।

2. एक बैग में 4 : 2 : 5 के अनुपात में ₹ 1, 50 पैसे और 10 पैसे के रूप में ₹ 11 हैं। 50 पैसे के सिक्कों की संख्या पता कीजिए–

(A) 10 (B) 8

(C) 4 (D) 2

[SSC CHSL (Tier-1) ऑनलाइन परीक्षा 30 जनवरी 2017 सायं पाली]

उत्तर (C) माना सिक्कों की संख्या $= 4x, 2x, 5x$ हैं

$\therefore$ प्रश्नानुसार,

$4x + \frac{2x}{2} + \frac{5x}{10} = 11$

$40x + 10x + 5x = 110$

$55x = 110$

$x = 2$

अत: 50 पैसों की संख्या

$= 2x = 2 \times 2$

= 4 होगी।

3. दो संख्याओं 4 और 28 का तृतीय अनुपात क्या होगा ?

(A) 52 (B) 56

(C) 84 (D) 196

[SSC CHSL (Tier-1) ऑनलाइन परीक्षा 29 जनवरी 2017 सुबह पाली]

उत्तर (D) $4 : 28 :: 28 : x$

$$x = \frac{28 \times 28}{4} = 196$$

4. एक मेले की प्रवेश टिकट के मूल्य में 3 : 7 के अनुपात में वृद्धि करके, मेले में आने वाले लोगों की संख्या 16 : 13 के अनुपात में कम हो गई है। कुल संकलन में किस अनुपात में वृद्धि या कमी हुई है?

(A) 91 : 48 के अनुपात में कमी हुई है

(B) 48 : 91 के अनुपात में वृद्धि हुई है

(C) 39 : 112 के अनुपात में वृद्धि हुई है

(D) 112 : 39 के अनुपात में कमी हुई है।

[SSC CHSL (Tier-1) ऑनलाइन परीक्षा 25 जनवरी 2017 सुबह पाली]

उत्तर (B) कुल संकलन में वृद्धि का अनुपात

$$= \frac{\frac{3}{7}}{\frac{13}{16}} = \frac{48}{91}$$

$= 48 : 91$

5. दो संख्याओं 12 और 48 का तृतीय अनुपात क्या होगा ?

(A) 84 (B) 96

(C) 192 (D) 144

[SSC CHSL (Tier-1) ऑनलाइन परीक्षा 24 जनवरी 2017 सुबह पाली]

उत्तर (C) माना 12 तथा 48 का तृतीय अनुपात x है।

$\therefore \quad 12 : 48 :: 48 : x$

$$x = \frac{48 \times 48}{12} = 192$$

6. यदि गिरीश का वेतन हरिशंकर के वेतन से 4/9 गुना है और शिरीष का वेतन हरिशंकर के वेतन से 5/6 गुना है, तो गिरीश और शिरीष के वेतन का अनुपात क्या होगा ?

(A) 27 : 10 (B) 10 : 27

(C) 8 : 15 (D) 15 : 8

[SSC CHSL (Tier-1) ऑनलाइन परीक्षा 24 जनवरी 2017 सायं पाली]

उत्तर (C) प्रश्नानुसार,

गिरीश और शिरीष के वेतन का अनुपात

$$= \frac{\frac{4}{9}}{\frac{5}{6}} = \frac{24}{45} = \frac{8}{15}$$

$= 8 : 15$

7. एक आर्मी की भर्ती प्रक्रिया में, चयनित और अचयनित का अनुपात 6 : 1 था। यदि 90 कम ने आवेदन किया होता और 30 कम चयनित होते, तो चयनित और अचयनित का अनुपात 8 : 1 होता। कितने उम्मीदवारों ने प्रक्रिया के लिए आवेदन किया था ?

(A) 3150 (B) 6300

(C) 4725 (D) 1575

[SSC CHSL (Tier-1) ऑनलाइन परीक्षा 23 जनवरी 2017 दोपहर पाली]

उत्तर (D) चयनित और अचयनित का अनुपात

$= 6x : x$

कुल व्यक्तियों का अनुपात $= 6x + x = 7x$

प्रश्नानुसार,

$$\frac{7x-90}{6x-30} = \frac{9}{8}$$

$56x - 720 = 54x - 270$

$2x = 450$

$x = 225$

$\therefore$ कुल व्यक्तियों की संख्या $= 7x$

$= 7 \times 225$

$= 1575$

8. दो संख्याओं 24 और 36 का तृतीय अनुपात क्या होगा ?

(A) 48 (B) 54

(C) 72 (D) 108

[SSC CHSL (Tier-1) ऑनलाइन परीक्षा 22 जनवरी 2017 सुबह पाली]

उत्तर (B) $\therefore$ प्रश्नुसार $24 : 36 : 36 : x$

$$x = \frac{36 \times 36}{24}$$

$= 54$

9. ₹ 936000 के लाभ को 2 : 3 : 5 अनुपात में अनिरूद्ध, बलवंत और चारूदत्ता में बांटा जाना है। चारूदत्ता को कितने ₹ मिलेंगे?

(A) 280800 (B) 187200

(C) 468000 (D) 234000

[SSC CHSL (Tier-1) ऑनलाइन परीक्षा 21 जनवरी 2017 सायं पाली]

उत्तर (C)

लाभ का अनुपात $= (2x + 3x + 5x) = 10x$

$\therefore$ अनिरूद्ध का हिस्सा $= \frac{936000 \times 2x}{10x}$

= ₹ 187200

बलवंत का हिस्सा $= \frac{936000 \times 3x}{10x}$

= ₹ 280800

चारूदत्ता का हिस्सा $= \frac{936000 \times 5x}{10x}$

= ₹ 468000

अत: चारूदत्ता को ₹ 468000 मिलेंगे।

10. यदि गफूर का वेतन हाशिम के वेतन से 4/3 गुना है और सतीश का वेतन हाशिम के वेतन से 5/4 गुना है, तो गफूर और सतीश के वेतन का अनुपात क्या होगा?

(A) 16 : 15 (B) 3 : 5

(C) 5 : 3 (D) 15 : 16

[SSC CHSL (Tier-1) ऑनलाइन परीक्षा 21 जनवरी 2017 दोपहर पाली]

उत्तर (A) माना हाशिम का वेतन = ₹ x

$\therefore$ गफूर का वेतन = ₹ $\frac{4}{3}x$

$\therefore$ सतीश का वेतन = ₹ $\frac{5}{4}x$

$\therefore \frac{\text{गफूर का वेतन}}{\text{सतीश का वेतन}} = \frac{₹\frac{4}{3}x}{₹\frac{5}{4}x}$

$= \frac{16}{15} = 16 : 15$

11. एक मेले में प्रवेश टिकट की दाम 3 : 5 के अनुपात में बढ़ा दिया जाता है। मेले में लोगों की संख्या 7 : 2 के अनुपात में कम हो जाती है, तब कुल अनुपात कम हुआ या बढ़ा?

(A) 10 : 21 के अनुपात में बढ़ा

(B) 6 : 35 के अनुपात में बढ़ा

(C) 21 : 10 के अनुपात में कम हुआ

(D) 35 : 6 के अनुपात में कम हुआ

[SSC CHSL (Tier-1) ऑनलाइन परीक्षा 18 जनवरी 2017 सायं पाली]

उत्तर (C) बढ़े हुए दाम के साथ मेले के टिकट के मूल्य का अनुपात $= \frac{3}{5}$

मेले में घटती हुई संख्या का अनुपात $= \frac{7}{2}$

$\therefore$ कुल अनुपात में हानि होगी

अत: अनुपात $= \frac{\frac{3}{5}}{\frac{2}{7}}$

$= \frac{21}{10} = 21 : 10$

12. एक मेले की प्रवेश टिकट के मूल्य में 17 : 19 के अनुपात में वृद्धि करके, मेले में आने वाले लोगों की संख्या 11:10 के अनुपात में कम हो गई है। कुल संकलन में किस अनुपात में वृद्धि या कमी हुई है?

(A) 190 : 187 के अनुपात में कमी हुई है

(B) 187 : 190 के अनुपात में वृद्धि हुई है

(C) 170 : 209 के अनुपात में वृद्धि हुई है

(D) 209 : 170 के अनुपात में कमी हुई है

[SSC CHSL (Tier-1) ऑनलाइन परीक्षा 17 जनवरी 2017 दोपहर पाली]

उत्तर (B) प्रवेश टिकट के मूल्य का अनुपात $= \frac{17}{19}$

लोगों की संख्या का अनुपात $= \frac{11}{10}$

कुल संकलन का अनुपात $= \frac{17}{19} \times \frac{11}{10} = \frac{187}{190}$

13. x और y ऐसी दो संख्याएं हैं जिनका माध्य अनुपात है और तृतीय अनुपात 512 है। x और y का मान क्या है?

(A) 2 और 16 (B) 2 और 32

(C) 4 और 32 (D) 4 और 16

[SSC CHSL (Tier-1) ऑनलाइन परीक्षा 10 जनवरी 2017 सुबह पाली]

उत्तर (B) $512 = 8 \times 8 \times 8$

$\therefore \quad x = \frac{512}{8 \times 8 \times 4} = 2$

$y = \frac{512}{8 \times 2}$

$= 32$

$\therefore x = 2, y = 32$

[SSC CHSL (Tier-1) ऑनलाइन परीक्षा 10 जनवरी 2017 सुबह पाली]

14. दो शहरों के बीच का बस का भाड़ा 11 : 18 के अनुपात में बढ़ाया गया है। यदि मूल भाड़ा ₹ 550 है, तो भाड़े में कितनी वृद्धि हुई?

(A) ₹ 350 (B) ₹ 900

(C) ₹ 180 (D) ₹ 360

[SSC CHSL (Tier-1) ऑनलाइन परीक्षा 9 जनवरी 2017 सुबह पाली]

उत्तर (A) दो शहरों के बीच बस के भाड़े का अनुपात = 11 : 18

$\therefore$ माना भाड़े में ₹ x की वृद्धि हुई

$\therefore$ दो शहरों के बीच बस का भाड़ा

$= \frac{550 \times 18}{11}$

$\therefore \quad x = 900 - 550$

= ₹ 350

15. एक बैग में 6 : 3 : 2 के अनुपात में 1 रुपए 50 पैसे और 10 पैसे के रूप में ₹ 30.8 हैं। 50 पैसे के सिक्कों की संख्या क्या है?

(A) 8 (B) 24
(C) 12 (D) 4

[SSC CHSL (Tier-1) ऑनलाइन परीक्षा 9 जनवरी 2017 सायं पाली]

उत्तर (C) बैग में एक रुपए, 50 पैसे और 10 पैसे के सिक्कों की संख्या में अनुपात = 6 : 3: 2

माना रुपए की संख्या = $6x$

50 पैसे की संख्या = $3x$

10 पैसे की संख्या = $2x$

∴ प्रश्नानुसार,

$$6x \times \frac{100}{100} + 3x \times \frac{50}{100} + 2x \times \frac{10}{100} = 30.8$$

$$6x + \frac{3}{2}x + \frac{x}{5} = 30.8$$

$$60x + 15x + 2x = 308$$

$$77x = 308$$

$$x = 4$$

∴ 50 पैसों के सिक्कों की संख्या

$$= 3 \times 4 = 12$$

16. दो संख्याओं 9 और 15 का तृतीय अनुपात क्या होगा?

(A) 21 (B) 30
(C) 25 (D) 45

[SSC CHSL (Tier-1) ऑनलाइन परीक्षा 8 फरवरी 2017 दोपहर पाली]

उत्तर (C) 9 और 15 का तृतीय अनुपात

$9 : 15 : : 15 : x$

$9x = 15 \times 15$

$$x = \frac{15 \times 15}{9} = \frac{225}{9} = 25$$

17. एक आर्मी की भर्ती प्रक्रिया में, चयनित और अचयनित का अनुपात 3 : 1 था। यदि 60 कम ने आवेदन किया होता और 30 कम चयनित होते, तो चयनित और अचयनित का अनुपात 5 : 1 होता। कितने उम्मीदवारों ने प्रक्रिया के लिए आवेदन किया था ?

(A) 240 (B) 480
(C) 120 (D) 720

[SSC CHSL (Tier-1) ऑनलाइन परीक्षा 7 फरवरी 2017 सुबह पाली]

उत्तर (A) प्रश्नानुसार

माना x उम्मीदवारों ने प्रक्रिया में आवेदन किया था

$$\therefore \frac{3x+30}{x-(60+30)} = \frac{5}{1}$$

$$\frac{3x+30}{x-90} = \frac{5}{1}$$

$$3x + 30 = 5x - 450$$

$$5x - 3x = 450 + 30$$

$$x = 240$$

$$\frac{4x-60}{3x-30} = \frac{6}{5}$$

$$20x - 300 = 18x - 180$$

$$x = 60$$

∴ कुल व्यक्ति जिन्होंने आवेदन किया

$$= 3x + x$$

$$= 4x = 4 \times 60 = 240$$

18. यदि 5 A = 13 B = 7 C है; तो A : B : C का मान ज्ञात कीजिए–

(A) 91 : 35 : 65 (B) 65 : 35 : 91
(C) 35 : 91 : 65 (D) 7 : 13 : 5

[SSC CHSL (Tier-1) ऑनलाइन परीक्षा 7 जनवरी 2017 सायं पाली]

उत्तर (A) यदि 5A = 13B = 7C

5A = 13B, 13B = 7C

7C = 5A

$$\frac{A}{B} = \frac{13}{5}$$

$$\frac{B}{C} = \frac{7}{13}$$

$$\frac{C}{A} = \frac{5}{7}$$

∴ A : B : C = 91 : 35 : 65

19. यदि गगनज्योत का वेतन हाफिज के वेतन से 7/6 गुना है और सईद का वेतन हाफिज के वेतन से 8/7 गुना है, तो गगनज्योत और सईद के वेतन का अनुपात क्या होगा।

(A) 49:48 (B) 3:4
(C) 4:3 (D) 48:49

[SSC CHSL (Tier-1) ऑनलाइन परीक्षा 3 फरवरी 2017 सायं पाली]

उत्तर (A) $\frac{\text{गगनज्योत का वेतन}}{\text{सईद का वेतन}} = \frac{\frac{7}{6}}{\frac{8}{7}}$

$$= \frac{49}{48} = 49 : 48$$

7 समय एवं कार्य

महत्त्वपूर्ण बिंदु–

- यदि एक व्यक्ति किसी काम को a दिनों में पूरा करता है तब, व्यक्ति द्वारा किया गया 1 दिन का काम $= \frac{1}{a}$
- यदि एक व्यक्ति किसी काम का $\frac{1}{a}$ भाग 1 दिन में पूरा करता है तब, व्यक्ति द्वारा पूरा कार्य समाप्त करने में लगा समय $= a$ दिन
- यदि A अपने काम में B की अपेक्षा x गुना अधिक दक्ष है, तो A द्वारा काम पूरा करने में लगा समय $= \frac{1}{n} \times B$
- यदि M_1 व्यक्ति W_1 कार्य D_1 दिनों में तथा M_2 व्यक्ति W_2 कार्य D_2 दिनों में पूरा करते हैं। तो इनके बीच एक सामान्य सूत्र स्थापित होता है। जो निम्नलिखित है–
  $M_1 D_1 W_2 = M_2 D_2 W_1$
- यदि M_1 व्यक्ति H_1 घण्टे प्रतिदिन कार्य करके W_1 कार्य D_1 दिनों में तथा M_2 व्यक्ति H_2 घण्टे प्रतिदिन कार्य करके W_2 कार्य D_2 दिनों में पूरा करते हैं। तब, सामान्य सूत्र निम्न प्रकार से होगा–
  $M_1 H_1 D_1 W_2 = M_2 H_2 D_2 W_1$
- यदि दो व्यक्तियों A और B की कार्य क्षमताओं का अनुपात $x : y$ हो, तो उसके द्वारा लिए गए समय का अनुपात $y : x$ होगा।

महत्त्वपूर्ण संक्षिप्त विधियां–

(*i*) A और B मिलकर किसी काम को क्रमशः x दिन व y दिन में पूरा कर सकते हैं। यदि दोनों एक साथ मिलकर कार्य करें, तब

काम पूरा होने में लगा समय $= \left(\frac{xy}{x+y}\right)$ दिन

(*ii*) A, B व C किसी काम को क्रमशः x दिन, y दिन व z दिन में पूरा करते हैं। यदि वे तीनों मिलकर एक साथ काम करें तब,

काम पूरा होने में लगा समय $= \left[\frac{xyz}{xy+yz+zx}\right]$ दिन

(*iii*) A और B मिलकर किसी काम को x दिनों में पूरा करते हैं, यदि A अकेले उस काम को y दिनों में पूरा करे तब,
B द्वारा अकेले काम पूरा करने में लगा समय

$$= \left[\frac{xy}{y-x}\right] \text{दिन}$$

(*iv*) यदि M_1 आदमी या B_1 लड़के किसी काम को D दिन में पूरा करते हैं, तो M_2 आदमी और B_2 लड़कों द्वारा उस काम को पूरा करने में लगा अभीष्ट समय

$$= \left[\frac{D M_1 B_1}{M_1 B_2 + M_2 B_1}\right] \text{दिन}$$

(*v*) यदि M_1 पुरुष एक काम को x दिनों में तथा W_1 महिलाएं उसी काम को y दिनों में पूरा करती हैं, तो M_2 पुरुष और W_2 महिलाओं द्वारा उस कार्य को पूरा करने में–

लगा अभीष्ट समय $= \left[\frac{1}{\frac{M_2}{M_1 x} + \frac{W_2}{W_1 y}}\right]$ दिन

हल सहित उदाहरण–

उदाहरण 1. A किसी काम को 10 दिन में तथा B, 15 दिन में कर सकता है, यदि दोनों मिलकर काम करें, तो काम पूरा होने में कितना समय लगेगा?

हल – A का 1 दिन का काम $= \frac{1}{10}$

B का 1 दिन का काम $= \frac{1}{15}$

$\therefore$ $(A+B)$ का 1 दिन का काम $= \left(\frac{1}{10} + \frac{1}{15}\right)$

$$= \frac{5}{30} = \frac{1}{6}$$

अत: A और B मिलकर काम को 6 दिन में पूरा कर लेंगे।

अथवा

संक्षिप्त विधि द्वारा

A और B द्वारा काम पूरा होने में लगा समय $= \left(\frac{10\times15}{10+15}\right)$ दिन

$$= \frac{150}{25} = 6 \text{ दिन}$$

उदाहरण 2. A और B मिलकर किसी काम को 10 दिन में पूरा करते हैं यदि A अकेला काम को 25 दिन में पूरा करता है। तो B अकेले उस काम को कितने दिनों में पूरा करेगा?

हल – $(A+B)$ का 1 दिन का काम $= \frac{1}{10}$

A का 1 दिन का काम $= \frac{1}{25}$

$\therefore$ B का 1 दिन का काम $= \left(\frac{1}{10} - \frac{1}{25}\right) = \frac{3}{50}$

$\therefore$ B अकेले उस काम को $\frac{50}{3}$ दिन में $= 16\frac{2}{3}$ दिन में पूरा कर लेगा।

अथवा

संक्षिप्त विधि द्वारा–

अकेले B द्वारा काम पूरा करने में लगा समय

$$= \left(\frac{10\times25}{25-10}\right) \text{ दिन}$$

$$= \frac{250}{15} \text{ दिन} = 16\frac{2}{3} \text{ दिन}$$

उदाहरण 3. 12 महिलाएं एक काम को 5 दिन में पूरा कर सकती हैं, जबकि 3 महिलाएं और 9 बच्चे मिलकर यही काम 10 दिन में पूरा कर सकते हैं, तो 36 बच्चे यह काम कितने दिन में पूरा कर पाएंगे?

हल – प्रश्नानुसार,

(12×5) महिलाएं $= 10 \times$ (3 महिलाएं + 9 बच्चे)

$\Rightarrow$ 60 महिलाएं = 30 महिलाएं + 90 बच्चे

$\Rightarrow$ 30 महिलाएं = 90 बच्चे

$\Rightarrow$ 1 महिला = 3 बच्चे

$\because$ 12 महिलाएं किसी काम को 5 दिन में पूरा करती हैं।

परंतु 12 महिलाएं $= (12 \times 3)$ बच्चे = 36 बच्चे

$\therefore$ 36 बच्चे यह काम 5 दिन में पूरा कर लेंगे।

उदाहरण 4. 5 आदमी या 10 बच्चे किसी काम को 20 दिन में पूरा कर सकते हैं, तो 10 आदमी और 10 बच्चे उस काम को कितने दिन में पूरा करेंगे?

हल – संक्षिप्त विधि द्वारा–

अभीष्ट समय $= \left[\frac{D M_1 B_1}{M_1 B_1 + B_1 M_2}\right]$

$$= \left[\frac{20\times5\times10}{5\times10+10\times10}\right] \text{ दिन}$$

$$= \frac{1000}{150} \text{ दिन} = 6\frac{2}{3} \text{ दिन}$$

उदाहरण 5. 10 व्यक्ति एक काम को 15 दिन में पूरा कर सकते हैं, तो 25 व्यक्ति उससे दोगुने काम को कितने समय में पूरा करेंगे?

हल – सामान्य सूत्र–

$M_1 D_1 W_2 = M_2 D_2 W_1$ से

$\Rightarrow$ $10 \times 15 \times 2 = 25 \times D_2 \times 1$

$\Rightarrow$ $D_2 = \left(\frac{10\times15\times2}{25}\right)$ दिन = 12 दिन

अत: अभीष्ट समय = 12 दिन

अभ्यास प्रश्न

1. छुटकी 15 घंटे में 30 केक बना सकती है। छुटकी और बड़की साथ मिलकर 30 घंटे में 90 केक बना सकती हैं। बड़की 10 घंटे में कितने केक बना सकती है?

(A) 75 (B) 20

(C) 10 (D) 60

[SSC CHSL (Tier-1) ऑनलाइन परीक्षा 30 जनवरी 2017 सुबह पाली]

उत्तर (C) छुटकी एक घंटे में बनाती है $= \frac{30}{15} = 2$ केक

छुटकी और बड़की एक घंटे में बनाती हैं $= \frac{90}{30} = 3$ केक,

बड़की एक घंटे में बनाती है $= (3-2) = 1$ केक बड़की 10 घंटे में बनाती है $= 10 \times 1 = 10$ केक।

2. P और Q क्रमश: 25 और 50 दिनों में एक परियोजना कर सकते

हैं। कितने दिनों में वे परियोजना का 18% पूरा करते हैं, यदि वे एक साथ काम कीजिए–

(A) 6 दिन (B) 3 दिन
(C) 12 दिन (D) 9 दिन

[SSC CHSL (Tier-1) ऑनलाइन परीक्षा 30 जनवरी 2017 सायं पाली]

उत्तर (B) P व Q द्वारा किया गया कार्य

$$= \frac{1}{25} + \frac{1}{50}$$

$$= \frac{3}{50}$$

$\therefore$ P व Q उस काम को $\frac{50}{3}$ दिन में करेंगे।

$\therefore$ 18% किया गया कार्य में लगा समय

$$= \frac{50}{3} \times \frac{18}{100}$$

= 3 दिन

3. मम्मी 15 घण्टे में 75 केक बना सकती हैं। बहन और मम्मी साथ मिलकर 20 घण्टे में 120 केक बना सकती हैं। बहन 30 घण्टे में कितने केक बना सकती है?

(A) 45 (B) 30
(C) 60 (D) 10

[SSC CHSL (Tier-1) ऑनलाइन परीक्षा 29 जनवरी 2017 सुबह पाली]

उत्तर (B) मम्मी द्वारा 1 घण्टे में बनाए गए केक

$$= \frac{75}{15}$$

= 5

मम्मी और बहन द्वारा 1 घण्टे में बनाए गए केक

$$= \frac{120}{20}$$

= 6

$\therefore$ बहन द्वारा 30 घण्टे में बनाए गए केक

$$= (6-5) \times 30$$

$$= 1 \times 30$$

$\therefore$ केक की संख्या = 30 केक।

4. प्रफुल्ल ने 30 दिन में एक काम का 1/2 भाग पूरा कर लिया है। सरबजीत बचा हुआ काम 10 दिन में पूरा करता है। दोनों मिलकर यह काम कितने दिन में पूरा कर सकते हैं?

(A) 30 दिन (B) 45 दिन
(C) 15 दिन (D) 60 दिन

[SSC CHSL (Tier-1) ऑनलाइन परीक्षा 25 जनवरी 2017 सुबह पाली]

उत्तर (C) दोनों मिलकर कार्य करेंगे $= \frac{1}{10} - \frac{1}{30}$

$$= \frac{2}{30} = \frac{1}{15}$$

$\therefore$ दोनों मिलकर काम को 15 दिन में समाप्त करेंगे।

5. मेघनाद एक काम 45 घण्टे में पूरा कर सकता है। यदि उसकी जयश्री ने सहायता की, जोकि 50% अधिक कार्यक्षम है, तो कितने समय में दोनों काम साथ मिलकर पूरा कर लेंगे?

(A) 9 घण्टे (B) 6 घण्टे
(C) 12 घण्टे (D) 18 घण्टे

[SSC CHSL (Tier-1) ऑनलाइन परीक्षा 24 जनवरी 2017 सुबह पाली]

उत्तर (D) प्रश्नानुसार जयश्री का कार्य

$$= 1 + \frac{1}{2} = \frac{3}{2} \times \frac{1}{45}$$

मेघनाद द्वारा किया गया कार्य $= \frac{1}{45}$

जयश्री द्वारा किया गया कार्य $= \frac{3}{2}\left(\frac{1}{45}\right)$

दोनों के द्वारा किया गया कार्य

$$= \frac{1}{45} + \frac{3}{2}\left(\frac{1}{45}\right)$$

$$= \frac{1}{45} + \frac{3}{90}$$

$$= \frac{5}{90}$$

$$= \frac{1}{18}$$

$\therefore$ दोनों मिलकर कार्य को 18 घण्टे में पूरा कर लेंगे।

6. A एक काम का 80%, 20 दिन में करता है। फिर वह B को बुलाता है तथा वे दोनों मिलकर बचा हुआ काम 3 दिन में पूरा करते हैं। पूरा काम अकेले करने में B को कितना समय लगेगा?

(A) 75 दिन (B) 37.5 दिन
(C) 17.5 दिन (D) 35 दिन

[SSC CHSL (Tier-1) ऑनलाइन परीक्षा 24 जनवरी 2017 सायं पाली]

उत्तर (B) A द्वारा 80% काम किया जाता है

= 20 दिन में

$\therefore$ 1 काम किया जाता है $= \frac{20 \times 100}{80}$

= 25 दिन

A एक काम को 25 दिन में करेगा

A व B द्वारा किया गया कार्य $= 1 - \frac{4}{5} = \frac{1}{5}$

बचा हुआ कार्य $= \frac{1}{5 \times 3} = \frac{1}{15}$

$\therefore$ B को कार्य करने में लगा समय

$= \frac{1}{15} - \frac{1}{25}$

$= \frac{5-3}{75} = \frac{2}{75}$

$\therefore$ B उस कार्य को अकेले करेगा = 37.5 दिन में

7. अमल भैरव से 5 गुना अधिक अच्छा कर्मचारी है और इसी कारण वह एक काम भैरव से 48 दिन कम में पूरा कर सकता है। दोनों साथ मिलकर वह काम.............में करेंगे।

(A) 20 दिन (B) 5 दिन

(C) 25 दिन (D) 10 दिन

[SSC CHSL (Tier-1) ऑनलाइन परीक्षा 23 जनवरी 2017 दोपहर पाली]

उत्तर (D) माना अमल कार्य को करता है $= x$ दिन में

भैरव कार्य को करता है $= 5x$ दिन में

$\therefore$ प्रश्नानुसार $5x - x = 48$

$x = 12$

अमल का 1 दिन का कार्य $= \frac{1}{12}$

भैरव का 1 दिन का कार्य $= \frac{1}{5\times12} = \frac{1}{60}$

$\therefore$ दोनों मिलकर कार्य करेंगे $= \frac{1}{12} + \frac{1}{60}$

$= \frac{6}{60} = \frac{1}{10}$

अत: दोनों मिलकर कार्य को 10 दिन में पूरा करेंगे।

8. महमूद काम का एक भाग 40 घंटे में पूरा कर सकता है, यदि उसे जानकी ने सहायता की जो कि 50% अधिक कार्यक्षम है, तो कितने समय में दोनों काम साथ मिलकर पूरा कर लेंगे?

(A) 2 घंटे (B) 6 घंटे

(C) 16 घंटे (D) 3 घंटे

[SSC CHSL (Tier-1) ऑनलाइन परीक्षा 22 जनवरी 2017 सुबह पाली]

उत्तर (C) महमूद का काम $= \frac{1}{40}$

जानकी का काम $= \frac{3}{2}\left(\frac{1}{40}\right)$

$\therefore$ जानकी का काम $= 1 + \frac{1}{2} = \frac{3}{2}$

$\therefore$ दोनों का काम $= \frac{1}{40} + \frac{3}{2} \times \frac{1}{40}$

$= \frac{1}{40} + \frac{3}{80} = \frac{1}{16}$

$\therefore$ दोनों मिलकर काम को 16 घंटे में पूरा कर लेंगे।

9. A एक काम का 30%, 30 दिन में करता है, फिर वह B को बुलाता है तथा वे दोनों मिलकर बचा हुआ काम 20 दिन में पूरा करते हैं। पूरा काम अकेले करने में अकेले B को कितना समय लगेगा?

(A) 40 दिन (B) 80 दिन

(C) 120 दिन (D) 20 दिन

[SSC CHSL (Tier-1) ऑनलाइन परीक्षा 21 जनवरी 2017 सायं पाली]

उत्तर (A) A, 1 काम को 30 दिन में करता है, जो पूरे काम का 30% है।

$\therefore$ शेष काम = 100 – 30 = 70%

70% काम (A + B) दोनों मिलकर करते हैं = 20 दिन में

$\therefore$ 1% काम करेंगे $= \frac{20\times100}{70} = \frac{200}{7}$ दिन में

$\therefore$ B का अकेले किया गया काम

$= \frac{7}{200} - \frac{1}{100} = \frac{5}{200} = \frac{1}{40}$

$\therefore$ B द्वारा अकेले काम करने में लिया गया समय = 40 दिन

10. रंगकर्मी 'A' एक घर 50 दिन में रंग सकता है तथा 'B' 25 दिन में कर सकता है। 'C' की सहायता से उन्होंने केवल 10 ही दिन में यह काम कर लिया। तब 'C' अकेले यह काम कितने दिन में कर सकता है?

(A) 8 दिन (B) 16 दिन

(C) 25 दिन (D) 15 दिन

[SSC CHSL (Tier-1) ऑनलाइन परीक्षा 21 जनवरी 2017 दोपहर पाली]

उत्तर (C) रंगकर्मी A व B द्वारा किया गया कार्य

$= \frac{1}{50} + \frac{1}{25} = \frac{3}{50}$

रंगकर्मी C द्वारा किया गया कार्य $= \frac{1}{10}$

$\therefore$ अकेले C द्वारा किया गया कार्य $= \frac{1}{10} - \frac{3}{50}\ \frac{2}{50} = \frac{1}{25}$

$\therefore$ अकेले C काम को 25 दिन में करेगा।

11. पीयूष ने 1/3 काम 30 दिन में किया है। संजीव ने इसका शेष काम 60 दिन में पूरा किया है। तब दोनों मिलकर एक साथ कितने दिन में कर सकते हैं?

(A) 15 दिन (B) 45 दिन

(C) 30 दिन (D) 10 दिन

[SSC CHSL (Tier-1) ऑनलाइन परीक्षा 18 जनवरी 2017 सायं पाली]

उत्तर (D) पीयूष के द्वारा किया गया काम = 30 दिन,

$\frac{x}{3} = 30$

$x = 90$

पीयूष द्वारा 1 दिन में किया गया काम $= \frac{1}{90}$

संजीव द्वारा शेष काम किया गया

$\therefore \quad 1 - \frac{1}{3} = \frac{2}{3}$

$\frac{2}{3} \times x = 60$

$x = 90$

$\therefore$ पीयूष और संजीव द्वारा साथ में किया गया काम

$= \frac{1}{90} + \frac{1}{90}$

$= \frac{2}{90} = \frac{1}{45}$

अत: दोनों मिलकर काम को 45 दिन में खत्म करेंगे।

12. पंकज ने 12 दिन में एक काम का 1/2 भाग पूरा कर लिया है। साईनाथ बचा हुआ काम 6 दिन में पूरा करता है। दोनों मिलकर यह काम कितने दिन में पूरा कर सकते हैं?

(A) 4 दिन (B) 12 दिन

(C) 8 दिन (D) 16 दिन

[SSC CHSL (Tier-1) ऑनलाइन परीक्षा 17 जनवरी 2017 दोपहर पाली]

उत्तर (C) पंकज $\frac{1}{2}$ भाग काम पूरा करता है = 12 दिन में

$\therefore$ पंकज 1 काम को पूरा करेगा $= 12 \times 2 = 24$ दिन में

इसी प्रकार साईनाथ बचा हुआ काम $(1 - \frac{1}{2} = \frac{1}{2}$ भाग)

$\therefore$ साईनाथ 1 काम पूरा करेगा $= 6 \times 2 = 12$ दिन में

दोनों के द्वारा किया गया 1 दिन में काम $= \frac{1}{24} + \frac{1}{12} = \frac{3}{24} = \frac{1}{8}$

दोनों द्वारा लिया गया समय = 8 दिन में

$\therefore$ दोनों मिलकर 1 काम को 8 दिन में पूरा करेंगे।

13. P और Q क्रमश: 50 और 20 दिनों में एक कार्य पूरा कर सकते हैं। यदि वे एक साथ काम करें, तो कितने दिनों में 70% कार्य पूरा करेंगे?

(A) 20 दिन (B) 30 दिन

(C) 40 दिन (D) 10 दिन

[SSC CHSL (Tier-1) ऑनलाइन परीक्षा 16 जनवरी 2017 सुबह पाली]

उत्तर (D) P और Q द्वारा एक साथ किया गया काम $= \frac{1}{50} + \frac{1}{20} = \frac{7}{100}$

P व Q को 70% कार्य पूरा करने में लगा समय

$= \frac{100}{7} \times \frac{70}{100} = 10$ दिन

14. P और Q क्रमश: 24 और 12 दिनों में एक कार्य पूरा कर सकते हैं। यदि वे एक साथ काम करें, तो कितने दिनों में वे कार्य का 50% काम पूरा कर सकते हैं?

(A) 8 दिन (B) 2 दिन

(C) 4 दिन (D) 16 दिन

[SSC CHSL (Tier-1) ऑनलाइन परीक्षा 10 जनवरी 2017 सायं पाली]

उत्तर (C)

P व Q द्वारा एक साथ किया गया काम $= \frac{1}{24} + \frac{1}{12}$

$= \frac{3}{24} = \frac{1}{8}$

$\therefore$ P और Q दोनों मिलकर काम को 8 दिन में करेंगे।

अत: 50% काम पूरा करने में लगा समय $= 8 \times \frac{1}{2}$

= 4 दिन

15. मधुर, सागर से 2 गुना तेज काम करता है। यदि सागर अकेले एक काम 18 दिन में कर सकता है, तब वे दोनों मिलकर कितने दिन में काम पूरा कर सकते हैं?

(A) 5 दिन (B) 2 दिन

(C) 6 दिन (D) 4 दिन

[SSC CHSL (Tier-1) ऑनलाइन परीक्षा 9 जनवरी 2017 सुबह पाली]

उत्तर (C) प्रश्नानुसार,

सागर द्वारा किया गया काम $= x$

मधुर द्वारा किया गया काम $= 2x$

$\therefore \quad \frac{x}{18} + \frac{2x}{18} = 1$

$\frac{3x}{18} = 1$

$3x = 18$

$x = 6$

$\therefore$ दोनों मिलकर काम को 6 दिन में पूरा कर लेंगे।

16. प्रदीप ने 14 दिन में एक काम का 1/4th भाग पूरा कर लिया है। सकीब बचा हुआ काम 56 दिन में पूरा करता है। दोनों मिलकर यह काम कितने दिन में पूरा कर सकते हैं?

(A) 64 दिन (B) 32 दिन

(C) 16 दिन (D) 8 दिन

[SSC CHSL (Tier-1) ऑनलाइन परीक्षा 9 जनवरी 2017 सायं पाली]

उत्तर (B) प्रश्नानुसार प्रदीप द्वारा किया गया काम $= x$

शकीब द्वारा किया गया काम $= \frac{3x}{4}$

$x \times \frac{1}{4} = 14$

$\frac{3x}{4} = 56$

$x = 56$

$$x = \frac{224}{3}$$

∴ दोनों के द्वारा मिलकर किया गया 1 काम

$$= \frac{1}{56} + \frac{3}{224}$$

$$= \frac{7}{224} = \frac{1}{32}$$

दोनों मिलकर काम 32 दिनों में पूरा करेंगे।

17. अजित बद्रीनाथ से दो गुना अधिक अच्छा कर्मचारी है और इस कारण वह एक काम उससे 30 दिन कम में पूरा कर सकता है। दोनों साथ मिलकर वह काम कितने दिन में पूरा करेंगे?

(A) 10 दिन (B) 30 दिन

(C) 15 दिन (D) 20 दिन

[SSC CHSL (Tier-1) ऑनलाइन परीक्षा 8 जनवरी 2017 दोपहर पाली]

उत्तर (D) दोनों के द्वारा किया गया काम

$$= \frac{1}{30} + \frac{1}{2 \times 30}$$

$$= \frac{1}{30} + \frac{1}{60}$$

$$= \frac{2+1}{60} = \frac{3}{60} = \frac{1}{20}$$

दोनों मिलकर 20 दिन में काम पूरा करेंगे।

18. मनजीत एक काम 18 घंटे में पूरा कर सकता है। यदि उसे जया ने सहायता की, जो कि 100 % अधिक कार्यक्षम है, तो कितने समय में दोनों मिलकर वह काम पूरा कर लेंगे?

(A) 6 घंटे (B) 3 घंटे

(C) 12 घंटे (D) 24 घंटे

[SSC CHSL (Tier-1) ऑनलाइन परीक्षा 7 फरवरी 2017 सुबह पाली]

उत्तर (A) मनजीत द्वारा किया गया काम $= \frac{1}{18}$

जया के साथ किया गया काम $= \frac{2}{18}$

∴ कुल किया गया कार्य $= \frac{1}{18} + \frac{2}{18}$

$$= \frac{3}{18} = \frac{1}{6}$$

∴ दोनों मिलकर उस काम को 6 घंटे में पूरा करेंगे।

19. P और Q क्रमशः 150 और 100 दिनों में एक परियोजना कर सकतें हैं। कितने दिनों में वे परियोजना का 60% को पूरा सकता है, यदि वे एक साथ काम करें?

(A) 12 दिन (B) 72 दिन

(C) 42 दिन (D) 36 दिन

[SSC CHSL (Tier-1) ऑनलाइन परीक्षा 7 फरवरी 2017 सुबह पाली]

उत्तर (D) P और Q द्वारा एक साथ किया गया कार्य $= \frac{1}{150} + \frac{1}{100}$

$$= \frac{1}{60}$$

∴ P और Q काम को एक साथ 60 दिन में करेंगे

यदि परियोजना का 60% कार्य पूरा करते हैं।

तो दोनों के द्वारा लिया गया समय

$= 60 \times 60\%$

$= \frac{60 \times 60}{100} = 36$ दिन

20. रंगकर्मी A, एक घर 40 दिन में रंग सकता है तथा रंगकर्मी B 60 दिन में रंग सकता है। C की सहायता से उन्होंने केवल 20 ही दिन में यह काम कर लिया, तो C अकेले यह काम कितने दिन में कर सकता है।

(A) 120 दिन (B) 20 दिन

(C) 225 दिन (D) 15 दिन

[SSC CHSL (Tier-1) ऑनलाइन परीक्षा 3 फरवरी 2017 सायं पाली]

उत्तर (A) A व B द्वारा किया गया कार्य

$$= \frac{1}{40} + \frac{1}{60} = \frac{5}{120}$$

अकेले C द्वारा किया गया कार्य $= \frac{1}{20} - \frac{5}{120} = \frac{1}{120}$

अतः C अकेले कार्य को 120 दिन में पूरा करेगा।

8 चाल, समय एवं दूरी

चाल (Speed) : किसी वस्तु द्वारा एकांक समय में तय की गई दूरी को उसकी चाल कहते हैं।

(i) $\text{चाल} = \dfrac{\text{दूरी}}{\text{समय}}$

(ii) $\text{समय} = \dfrac{\text{दूरी}}{\text{चाल}}$

(iii) दूरी = चाल × समय

● यदि चाल किमी/घण्टा में दी गई हो, तो उसे मी/सेकण्ड में बदलने के लिए $\dfrac{5}{18}$ का गुणा किया जाता है।

जैसे : x किमी/घण्टा $= \left(x \times \dfrac{5}{18}\right)$ मी/से

● यदि चाल मी/सेकण्ड में दी गई हो, तो उसे किमी/घण्टा में बदलने के लिए $\dfrac{18}{5}$ का गुणा किया जाता है।

जैसे : y मी/से. $= \left(y \times \dfrac{18}{5}\right)$ किमी/घण्टा

● यदि A और B की गतियों का अनुपात $x : y$ हो, तो समान दूरी तय करने में उनके द्वारा लिए गए समय का अनुपात $y : x$ होगा।

● यदि दो व्यक्ति क्रमश: x किमी/घण्टा व y किमी/घण्टा की चाल से समान दिशा में चल रहे हों, तो :

उनकी सापेक्ष चाल = $(x - y)$ किमी/घण्टा

(जब $x > y$)

● यदि दो व्यक्ति क्रमश: x किमी/घण्टा व y किमी/घण्टा की चाल से एक-दूसरे की विपरीत दिशा में चल रहे हों, तो:

उनकी सापेक्ष चाल = $(x + y)$ किमी/घण्टा

अभ्यास प्रश्न

1. एक चोर को एक पुलिसकर्मी 250 मीटर की दूरी से रोक लेता है। पुलिसकर्मी जब चोर का पीछा करना शुरू करता है, तो चोर भी दौड़ना शुरू करता है। यह मानते हुए कि चोर की गति 5 किमी/घंटा है और पुलिसकर्मी की गति 7 किमी/घंटा है, तो पुलिसकर्मी के द्वारा चोर तक पहुंचने तक चोर कितनी दूरी तय करेगा?

(A) 500 मीटर (B) 750 मीटर

(C) 375 मीटर (D) 625 मीटर

[SSC CHSL (Tier-1) ऑनलाइन परीक्षा 30 जनवरी 2017 सुबह पाली]

उत्तर (D) माना पुलिसकर्मी x दूरी पर चोर को पकड़ता है तथा दोनों समान समय तक दौड़ते हैं। तथा

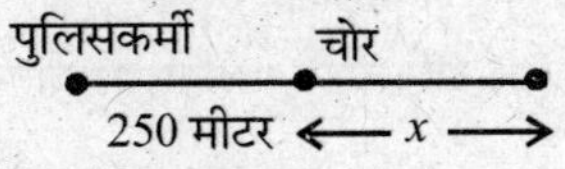

$$\text{समय} = \frac{\text{दूरी}}{\text{चाल}}$$

$$\frac{x}{5} = \frac{x + \frac{250}{1000}}{7}$$

$$7x = 5x + \frac{250}{200}$$

$$2x = \frac{25}{20} = \frac{5}{4}$$

$$x = \frac{5}{8}\text{ किमी} = \frac{5 \times 1000}{8}\text{ मीटर}$$

= 625 मीटर

2. एक मिसाइल 1296 किमी/घंटा की गति से चलती है। एक सेकंड में वह कितनी दूरी तय करती है?

(A) 320 मीटर (B) 360 मीटर

(C) 341 मीटर (D) 334 मीटर

[SSC CHSL (Tier-1) ऑनलाइन परीक्षा 30 जनवरी 2017 सायं पाली]

उत्तर (B) 1296 किमी./घंटा

= 1296000 मीटर/घंटा

$= \dfrac{1296000}{3600}$ मीटर/सेकण्ड

= 360 मीटर

3. एक मिसाइल 1116 किमी/घण्टा की गति से चलती है। एक सेकेण्ड में वह कितनी दूरी तय करती है?

(A) 360 मीटर (B) 368 मीटर

(C) 310 मीटर (D) 348 मीटर

[SSC CHSL (Tier-1) ऑनलाइन परीक्षा 29 जनवरी 2017 सुबह पाली]

उत्तर (C)मिसाइल की चाल = 1116 किमी/घण्टा

$$= 1116 \times \frac{5}{18}$$

= 310 मीटर/सेकण्ड

$\therefore$ 1 सेकेण्ड में चली गई दूरी = 310 मीटर

4. 2.8 घण्टों में 315 किमी की दूरी तय करने के लिए, मीटर/सेकण्ड में कार की औसत गति कितनी होनी चाहिए?

(A) 112.5 मीटर/सेकण्ड

(B) 56.25 मीटर/सेकण्ड

(C) 62.5 मीटर/सेकण्ड

(D) 31.25 मीटर/सेकण्ड

[SSC CHSL (Tier-1) ऑनलाइन परीक्षा 25 जनवरी 2017 सुबह पाली]

उत्तर (D) कार की औसत गति = $\frac{\text{दूरी}}{\text{समय}}$

$$= \frac{315}{2.8}$$

= 112.5 किमी/घण्टा

$$= \frac{112.5 \times 5}{18}$$

= 31.25 मीटर/सेकण्ड

5. 648 किमी. की यात्रा करने के लिए, एक एक्सप्रेस ट्रेन राजधानी से 12 घण्टे अधिक लेती है। यदि एक्सप्रेस ट्रेन की गति दुगनी कर दी जाती है, तो वह राजधानी की तुलना में 6 घण्टे कम समय लेती है। राजधानी की गति क्या है?

(A) 36 किमी/घण्टा (B) 18 किमी/घण्टा

(C) 45 किमी/घण्टा (D) 27 किमी/घण्टा

[SSC CHSL (Tier-1) ऑनलाइन परीक्षा 24 जनवरी 2017 सायं पाली]

उत्तर (D) माना समय = x घण्टा

$\therefore$ प्रश्नानुसार

$$2\left(\frac{648}{x+12}\right) = \frac{648}{x-6}$$

$2x - 12 = x + 12$

$x = 24$ घण्टे

$\therefore$ राजधानी की गति = $\frac{\text{दूरी}}{\text{समय}} = \frac{648}{24}$

= 27 किमी/घण्टा

6. एक मालगाड़ी के द्वारा स्टेशन पार करने के 4 घण्टे बाद, उसका पीछा करते हुए एक और रेलगाड़ी ने 60 किमी./घण्टा की गति से यात्रा करते हुए उसी स्टेशन को पार किया। यदि स्टेशन पार करने के 8 घण्टे के बाद रेलगाड़ी मालगाड़ी से आगे निकल जाती है, तो मालगाड़ी की गति क्या होगी?

(A) 40 किमी/घण्टा (B) 48 किमी/घण्टा

(C) 60 किमी/घण्टा (D) 32 किमी/घण्टा

[SSC CHSL (Tier-1) ऑनलाइन परीक्षा 23 जनवरी 2017 दोपहर पाली]

उत्तर (A) |——4 घंटे——|——8 घंटे——|

माना रेलगाड़ी की चाल = x किमी/घंटा है।

मालगाड़ी द्वारा लिया गया समय = 4 + 8 = 12 घंटे

रेलगाड़ी द्वारा लिया गया समय = 8 घंटे

दोनों गाड़ियाँ समान दूरी तय करती हैं।

$$x \times 12 = 60 \times 8$$

$$x = \frac{60 \times 8}{12}$$

= 40 किमी/घण्टा

अतः मालगाड़ी की गति = 40 किमी/घण्टा

7. 2.5 घंटों में 252 किमी की दूरी तय करने के लिए, मीटर/सेंकड में कार की औसत गति कितनी होनी चाहिए ?

(A) 100.8 मीटर/सेकंड (B) 50.4 मीटर/सेकंड

(C) 28 मीटर/सेंकड (D) 56 मीटर/सेकंड

[SSC CHSL (Tier-1) ऑनलाइन परीक्षा 22 जनवरी 2017 सुबह पाली]

उत्तर (C) कार की औसत गति = $\frac{252}{2.5}$

= 100.8 किमी/घंटा

$$= \frac{100.8 \times 5}{18}$$

= 28 मीटर/सेकंड

8. रामेश्वर अपनी मोटर साइकिल से 405 किमी यात्रा करता है। यदि वह 45 किमी/घंटा की गति से 6 घंटे तक मोटर साइकिल चलाता है, तो वह शेष 3 घंटे की यात्रा किस गति से तय करता है?

(A) 55 किमी/घंटा (B) 52 किमी/घंटा

(C) 45 किमी/घंटा (D) 40 किमी/घंटा

[SSC CHSL (Tier-1) ऑनलाइन परीक्षा 21 जनवरी 2017 सायं पाली]

उत्तर (C) रामेश्वर 6 घंटे में जाता है = 45 किमी

$\therefore$ 1 घंटे में जाएगा = $\frac{45}{6}$ किमी

$\therefore$ शेष 3 घंटे की यात्रा $= \frac{45 \times 3 \times 2}{6}$

= 45 किमी/घंटा

9. 4.4 घंटों में 297 किमी की दूरी तय करने के लिए मीटर/सेकंड में कार की औसत गति कितनी होनी चाहिए?

(A) 67.5 मीटर/सेकण्ड

(B) 33.75 मीटर/सेकण्ड

(C) 37.5 मीटर/सेकण्ड

(D) 18.75 मीटर/सेकण्ड

[SSC CHSL (Tier-1) ऑनलाइन परीक्षा 21 जनवरी 2017 दोपहर पाली]

उत्तर (D)

कार की औसत गति $= \frac{\text{कुल दूरी}}{\text{कुल समय}}$

$= \frac{297}{4.4}$ किमी/घंटा

$= \frac{297}{4.4} \times \frac{5}{18}$ मीटर/सेकण्ड

= 18.75 मीटर/सेकण्ड

10. एक मिसाइल की 1350 किमी/घंटा की चाल हो सकती है, तो यह 1 सेकण्ड में कितने मीटर चलती है?

(A) 369 मीटर (B) 375 मीटर

(C) 356 मीटर (D) 337 मीटर

[SSC CHSL (Tier-1) ऑनलाइन परीक्षा 18 जनवरी 2017 सायं पाली]

उत्तर (B) मिसाइल की गति = 1350 किमी/घंटा

$= 1350 \times \frac{5}{18}$ मी./से.

= 375 मी./से.

$\therefore$ 1 सेकेण्ड में चली गई दूरी = 375 मीटर

11. 660 किमी की यात्रा करने के लिए एक एक्सप्रेस ट्रेन राजधानी से 10 घंटे अधिक लेती है। यदि एक्सप्रेस ट्रेन की गति दुगनी कर दी जाती है, तो वह राजधानी की तुलना में 7 घंटे कम समय लेती है। राजधानी की गति क्या है?

(A) 38.8 किमी/घंटा (B) 16.2 किमी/घंटा

(C) 50.1 किमी/घंटा (D) 27.5 किमी/घंटा

[SSC CHSL (Tier-1) ऑनलाइन परीक्षा 17 जनवरी 2017 दोपहर पाली]

उत्तर (D) माना ट्रेन द्वारा लिया गया समय = t घंटा

$\therefore$ प्रश्नानुसार

$$t + 10 = 2(t - 7)$$

$$t + 10 = 2t - 14$$

t = 24 घंटे

कुल चली गई दूरी = 660 किमी

कुल लिया गया समय = 24 घंटा

$\therefore$ राजधानी ट्रेन की गति $= \frac{660}{24}$

= 27.5 किमी/घंटा

12. दो कारें क्रमशः 24 और 32 किमी/घण्टा की गति से शहर A से शहर B तक यात्रा करती हैं।

एक कार यात्रा के लिए दूसरी कार की तुलना में 2.5 घंटा कम समय लेती है, तो शहर A से B के बीच की दूरी कितनी होगी?

(A) 288 किमी (B) 360 किमी

(C) 240 किमी (D) 192 किमी

[SSC CHSL (Tier-1) ऑनलाइन परीक्षा 16 जनवरी 2017 सुबह पाली]

उत्तर (C) प्रश्नानुसार,

माना शहर A और B के बीच की दूरी = x किमी

$$\frac{24}{t - 2.5} = \frac{32}{t}$$

t = 10 घंटा

$\therefore$ चाल × शहर A व शहर B के बीच लगा समय = कुल चली गई दूरी

कुल चली गई दूरी = 24 × 10

= 240 किमी

13. राकेश अपनी मोटर साइकिल पर की गई एक यात्रा में 368 किमी की दूरी तय करता है। यदि वह 49 किमी प्रति घंटा से 5 घंटे तक मोटर साइकिल चलाता है, तो वह शेष 3 घंटे की यात्रा किस गति से तय करता है?

(A) 58 किमी/घंटा (B) 41 किमी/घंटा

(C) 54 किमी/घंटा (D) 46 किमी/घंटा

[SSC CHSL (Tier-1) ऑनलाइन परीक्षा 10 जनवरी 2017 सुबह पाली]

उत्तर (B) कुल चली गई दूरी = 368 किमी

मोटर साइकिल द्वारा यात्रा = 49 × 5

= 245 किमी

$\therefore$ शेष दूरी = 368 – 245

= 123 किमी

$\therefore$ यात्रा की गति $= \frac{123}{3}$

= 41 किमी/घंटा

14. लोकल ट्रेन के दैनिक टिकट का मूल्य ₹ 140 है और मासिक पास का मूल्य ₹ 3276 है। यदि मोहन मासिक पास खरीदता है और एक महीने में 30 दिन यात्रा करता है, तो उसकी कितनी बचत होगी?

(A) 18 प्रतिशत (B) 16 प्रतिशत

(C) 15 प्रतिशत (D) 22 प्रतिशत

[SSC CHSL (Tier-1) ऑनलाइन परीक्षा 10 जनवरी 2017 सायं पाली]

उत्तर (D) लोकल ट्रेन के दैनिक टिकट का मूल्य = ₹ 140

∴ 30 दिन में टिकट का मूल्य = 140×30

= ₹ 4200

मासिक पास का मूल्य = ₹ 3276

∴ बचत = $4200 - 3276$

= ₹ 924

∴ बचत प्रतिशत = $\frac{924}{4200} \times 100$

= 22%

15. 780 किमी की यात्रा करने के लिए, एक एक्सप्रेस ट्रेन राजधानी में 8 घंटे अधिक लेती है। यदि एक्सप्रेस ट्रेन की गति दुगनी कर दी जाती है, तो वह राजधानी की तुलना में 6 घंटे कम समय लेती है। राजधानी की गति (किमी घंटा में) क्या है?

(A) 39 किमी/घंटा (B) 55.7 किमी/घंटा

(C) 22.3 किमी/घंटा (D) 72.4 किमी/घंटा

[SSC CHSL (Tier-1) ऑनलाइन परीक्षा 10 जनवरी 2017 सायं पाली]

उत्तर (A)

माना ट्रेन द्वारा लिया गया समय = t घंटा

∴ प्रश्नानुसार,

$t + 8 = 2(t - 6)$

$t + 8 = 2t - 12$

t = 20 घंटा

कुल चली गई दूरी = 780 किमी

कुल लिया गया समय = 20 घंटा

∴ राजधानी की गति = $\frac{780}{20}$

= 39 किमी/घंटा

16. एक मिसाइल 1260 किमी/घंटा की गति से चलती है। एक सेकण्ड में वह कितने मीटर की दूरी तय करती है?

(A) 322 मीटर (B) 369 मीटर

(C) 384 मीटर (D) 350 मीटर

[SSC CHSL (Tier-1) ऑनलाइन परीक्षा 9 जनवरी 2017 सुबह पाली]

उत्तर (D) मिसाइल की गति

= 1260 किमी/घंटा

= $\frac{1260 \times 5}{18}$

= 350 मीटर/सेकण्ड

∴ 1 सेकेण्ड में चली गई दूरी

= 350 मीटर

17. 612 किमी. की यात्रा करने के लिए, एक एक्सप्रेस ट्रेन राजधानी से 9 घंटे अधिक समय लेती है। यदि एक्सप्रेस ट्रेन की गति दुगनी कर दी जाती है, तो वह राजधानी की तुलना में 3 घंटे कम समय लेती है। राजधानी की गति (किमी./घंटा में) क्या है?

(A) 40.8 (B) 51

(C) 30.6 (D) 61.2

[SSC CHSL (Tier-1) ऑनलाइन परीक्षा 9 जनवरी 2017 सायं पाली]

उत्तर (A) माना राजधानी ट्रेन द्वारा लिया गया समय = t घण्टा

∴ प्रश्नानुसार— $\frac{612}{t+9} = \frac{612}{2(t-3)}$

$t + 9 = 2(t - 3)$

$t + 9 = 2t - 6$

$2t - t = 9 + 6$

t = 15 घण्टा

∴ राजधानी की गति = $\frac{\text{कुल दूरी}}{\text{कुल समय}}$

= $\frac{612}{15}$

= 40.8 किमी/घण्टा

18. 708 किमी की यात्रा करने के लिए, एक एक्सप्रेस ट्रेन राजधानी ट्रेन से 6 घंटे अधिक समय लेती है। यदि एक्सप्रेस ट्रेन की गति दुगनी कर दी जाती है, तो वह राजधानी ट्रेन की तुलना में 3 घंटे कम समय लेती है। राजधानी ट्रेन की गति क्या है?

(A) 59 किमी/घंटा (B) 78.7 किमी/घंटा

(C) 39.3 किमी/घंटा (D) 98.3 किमी/घंटा

[SSC CHSL (Tier-1) ऑनलाइन परीक्षा 7 जनवरी 2017 सायं पाली]

उत्तर (A) प्रश्नानुसार,

माना ट्रेन द्वारा लिया गया समय = t घंटा

∴ $\frac{708}{t+6} = \frac{708}{2(t-3)}$

$t + 6 = 2(t - 3)$

$2t - t = 6 + 6$

t = 12 घंटा

∴ ट्रेन की गति = $\frac{\text{कुल दूरी}}{\text{कुल समय}}$

= $\frac{708}{12}$ = 59 किमी/घंटा

19. एक कार 32 किमी/घंटा से एक निश्चित दूरी तय करती है और 68 किमी./घंटा से वापस आती है। इस पूरी यात्रा की औसत गति क्या है?

(A) 50 किमी./घंटा (B) 37.04 किमी./घंटा

(C) 43.52 किमी./घंटा (D) 56.48 किमी/घंटा

[SSC CHSL (Tier-1) ऑनलाइन परीक्षा 8 फरवरी 2017 दोपहर पाली]

उत्तर (C) पूरी यात्रा की औसत गति = $\left(\frac{2ab}{a+b}\right)$ किमी = $\frac{2\times32\times68}{32+68}$

$= \frac{2176\times2}{100}$

= 43.52 किमी./घंटा

20. दो कारें क्रमश: 30 और 36 किमी/घंटा की गति से शहर A से शहर B तक यात्रा करती है। एक कार यात्रा के लिए दूसरी कार की तुलना में 3 घंटा समय कम लेती है, तो शहर A से शहर B के बीच की दूरी कितनी होगी?

(A) 648 किमी (B) 810 किमी

(C) 432 किमी (D) 540 किमी

[SSC CHSL (Tier-1) ऑनलाइन परीक्षा 7 फरवरी 2017 सुबह पाली]

उत्तर (D) माना एक कार यात्रा के लिए t घंटे का समय लेती है।

∴ दूसरी कार $(t-3)$ घंटे का समय लेगी।

∴ प्रश्नानुसार

$36(t-3) = 30\times t$

$36t - 108 = 30t$

$36t - 30t = 108$

$t = 18$

∴ शहर A से शहर B के बीच की दूरी $= 30t$

$= 30\times 18$

= 540 किमी

21. दो कारें क्रमश: 30 और 48 किमी./घंटा की गति से शहर A से शहर B तक यात्रा करती हैं। एक कार के लिए दूसरी कार की तुलना में 3 घंटा कम समय लेती है, तो शहर A से शहर B के बीच की दूरी कितनी होगी?

(A) 288 किमी (B) 240 किमी

(C) 360 किमी (D) 192 किमी

[SSC CHSL (Tier-1) ऑनलाइन परीक्षा 3 फरवरी 2017 सायं पाली]

उत्तर (B) माना एक कार t घंटे का समय लेती है। दूसरी कार $(t-3)$ घंटे का समय लेती है।

∴ प्रश्नानुसार,

$30\times t = 48(t-3)$

$30t = 48t - 144$

$48t - 30t = 144$

$18t = 144$

$t = 8$ घंटे

∴ शहर A से शहर B के बीच की दूरी

$= 30\times t$

$= 30\times 8$

= 240 किमी.

9 साधारण एवं चक्रवृद्धि ब्याज

महत्त्वपूर्ण बिन्दु

- **मूलधन (Principal) :** किसी बैंक, व्यक्ति, या साहूकार द्वारा उधार लिया गया धन मूलधन कहलाता है। इसे 'P' से प्रदर्शित करते हैं।
- **समय (Time period) :** धन जितने समय के लिए उधार लिया जाता है, उसे ब्याज अवधि कहते हैं। इसे 't' से प्रदर्शित करते हैं।
- **ब्याज की दर (Rate of interest) :** ₹ 100 पर एक वर्ष के लिए ब्याज को ब्याज दर या दर प्रतिशत वार्षिक कहते हैं। इसे 'r' से प्रदर्शित करते हैं।
- **साधारण ब्याज (Simple Interest) :** यदि सम्पूर्ण ऋण अवधि के दौरान मूलधन समान बना रहता हो, तो उस पर ब्याज, साधारण ब्याज कहलाता है।
- **मिश्रधन (Amount) :** ब्याज सहित लौटाई गई राशि को मिश्रधन कहते हैं। इसे 'A' से प्रदर्शित करते हैं।
  मिश्रधन = मूलधन + ब्याज

महत्त्वपूर्ण सूत्र :

यदि मूलधन ₹ P ब्याज दर r% वार्षिक तथा समय t वर्ष हो, तब

साधारण ब्याज $(S.I) = \dfrac{p \times r \times t}{100}$

(i) $p = \dfrac{100 \times S.I.}{r \times t}$ (ii) $r = \dfrac{100 \times S.I.}{p \times t}$

(iii) $t = \dfrac{100 \times S.I.}{p \times r}$

चक्रवृद्धि ब्याज (Compound interest) – जब एक निश्चित समय के पश्चात् मूलधन के साथ-साथ साधारण ब्याज पर भी ब्याज की गणना की जाती है, तो इस प्रकार प्राप्त ब्याज को चक्रवृद्धि ब्याज कहते हैं। इसे 'C.I' से प्रदर्शित करते हैं। मूलधन तथा चक्रवृद्धि ब्याज के योग को चक्रवृद्धि मिश्रधन कहते हैं।

अत: चक्रवृद्धि मिश्रधन = मूलधन + चक्रवृद्धि ब्याज

महत्त्वपूर्ण सूत्र

यदि मूलधन ₹ p, दर r% वार्षिक तथा समय t वर्ष हो, तब

(i) यदि ब्याज की गणना वार्षिक की जाए, तब

मिश्रधन $(A) = P\left(1+\dfrac{r}{100}\right)^t$

(ii) यदि ब्याज की गणना प्रति छमाही की जाए, तब

मिश्रधन $(A) = P\left(1+\dfrac{r}{200}\right)^{2t}$

(iii) यदि ब्याज की गणना प्रति तिमाही की जाए, तब

मिश्रधन $(A) = P\left(1+\dfrac{r}{400}\right)^{4t}$

(iv) यदि समय भिन्नात्मक संख्या के रूप में दिया गया हो, जैसे–

मूलधन ₹ p का r% वार्षिक ब्याज की दर से $5\frac{1}{2}$ वर्षों के बाद मिश्रधन क्या होगा?

मिश्रधन $(A) = P\left(1+\dfrac{r}{100}\right)^5\left(1+\dfrac{r}{200}\right)$

$= (240 + 560 + 9610) =$ ₹ 1760

हल सहित उदाहरण–

उदाहरण 1. 12 प्रतिशत प्रतिवर्ष की दर से साधारण ब्याज पाने के लिए विमला 5 वर्ष के लिए ₹ 45,800 जमा करती है। 5 वर्ष के अन्त में विमला को कुल कितनी राशि मिलेगी?

हल – 5 वर्ष के अंत में विमला को ब्याज के रूप में प्राप्त राशि

$= \dfrac{PRT}{100} = \left(\dfrac{45800 \times 12 \times 5}{100}\right)$

$=$ ₹ 27480

$\therefore$ 5 वर्ष के अंत में विमला को प्राप्त कुल राशि

$=$ ₹ $(45800 + 27480)$

$=$ ₹ 73280

उदाहरण 2. ₹ 4200 के ऋण को 10% वार्षिक ब्याज की दर से 5 वर्षों

में चुकाने के लिए प्रतिवर्ष किस्त के रूप में कितनी राशि देनी होगी?

हल – अभीष्ट वार्षिक किस्त = ₹ $\left[\dfrac{100A}{100T + \dfrac{RT(T-1)}{2}}\right]$

$$= ₹\left[\frac{100 \times 4200}{100 \times 5 + \dfrac{10 \times 5(5-1)}{2}}\right]$$

$$= ₹\left[\frac{420000}{500+100}\right] = ₹\left[\frac{420000}{600}\right] = ₹\ 700$$

उदाहरण 3. एक धनराशि ₹ 30000 का 7% वार्षिक दर से चक्रवृद्धि ब्याज ₹ 4347 है, समय (वर्षों में) ज्ञात कीजिए।

हल – चक्रवृद्धि ब्याज (C.I.) = $P\left[\left(1+\dfrac{R}{100}\right)^n - 1\right]$

$$4347 = 30000\left[\left(1+\frac{7}{100}\right)^n - 1\right]$$

$$\frac{4347}{30000} = \left(1+\frac{7}{100}\right)^n - 1$$

$$\Rightarrow \quad \left(1+\frac{7}{100}\right)^n = \frac{4347}{30000}+1 = \frac{34347}{30000} = \frac{11449}{10000}$$

$$\left(\frac{107}{100}\right)^n = \left(\frac{107}{100}\right)^2$$

$\Rightarrow \quad n = 2$ वर्ष

उदाहरण 4. कोई धनराशि चक्रवृद्धि ब्याज की वार्षिक दर से 5 वर्ष में स्वयं की दोगुनी हो जाती है, तो वह कितने समय में स्वयं की 8 गुनी हो जाएगी?

हल – प्रश्नानुसार,

$$P\left(1+\frac{R}{100}\right)^5 = 2P \Rightarrow \left(1+\frac{R}{100}\right)^5 = 2 \quad ...(i)$$

माना $P\left(1+\dfrac{R}{100}\right)^n = 8P \Rightarrow \left(1+\dfrac{R}{100}\right)^n = 8 = 2^3$

समी. (i) से मान रखने पर

$$\left(1+\frac{R}{100}\right)^n = \left\{\left(1+\frac{R}{100}\right)^5\right\}^3 = \left(1+\frac{R}{100}\right)^{15}$$

$\Rightarrow \quad n = 15$ वर्ष

अभ्यास प्रश्न

1. एक बैंक अर्द्ध वार्षिक रूप से 5% चक्रवृद्धि ब्याज की पेशकश करता है। एक ग्राहक एक वर्ष में 1 जनवरी और 1 जुलाई को ₹ 3200 जमा करता है। वर्ष के अंत में ब्याज के माध्यम में उसे कितनी राशि का लाभ होगा?

(A) ₹ 976 (B) ₹ 244
(C) ₹ 488 (D) ₹ 122

उत्तर (C) मिश्रधन = $3200\left(1+\dfrac{5}{100}\right)^2 + 3200\left(1+\dfrac{5}{100}\right)$

$$= 3200 \times \frac{21}{20}\times\frac{21}{20} + 3200 \times \frac{21}{20}$$

$= 3528 + 3360 = 6888$

चक्रवृद्धि ब्याज = (मिश्रधन – मूलधन) = 6888 – 6400 = ₹ 488

[SSC CHSL (Tier-1) ऑनलाइन परीक्षा 30 जनवरी 2017 सुबह पाली]

2. किसी मूलधन पर यदि दो वर्षों का साधारण ब्याज ₹ 2400 और चक्रवृद्धि ब्याज ₹ 2544 है, तो ब्याज दर कितनी है?

(A) 12 प्रतिशत (B) 6 प्रतिशत
(C) 24 प्रतिशत (D) 18 प्रतिशत

[SSC CHSL (Tier-1) ऑनलाइन परीक्षा 30 जनवरी 2017 सायं पाली]

उत्तर (A) माना मूलधन = ₹ P

ब्याज की दर = R%

$\therefore$ साधारण ब्याज = $\dfrac{P \times R \times T}{100}$

$$2400 = \frac{2PR}{100} \quad ...(i)$$

चक्रवृद्धि ब्याज

$$= P\left[\left(1+\frac{R}{100}\right)^n - 1\right]$$

$$2544 = P\left[\left(1+\frac{R}{100}\right)^2 - 1\right] ...(ii)$$

समीकरण (ii) का समीकरण (i) में भाग देने पर

$$\frac{2400}{2544} = \frac{2\,PR}{P\left[\left(\frac{100+R}{100}\right)^2 - 1\right]}$$

$$\frac{2400}{2544} = \frac{2R}{R^2 + 200R} \times 100$$

$$\frac{2400}{2544} = \frac{200}{R+200}$$

$$\frac{50}{53} = \frac{200}{R+200}$$

$50\,R + 10000 = 10600$

$50\,R = 10600 - 10000$

$50\,R = 600$

$R = 12\%$

3. एक बैंक अर्द्ध वार्षिक रूप से 20% चक्रवृद्धि ब्याज की पेशकश करता है। एक ग्राहक एक वर्ष में 1 जनवरी और 1 जुलाई को ₹ 6000 जमा करता है।

(A) ₹ 7680 (B) ₹ 3840

(C) ₹ 1920 (D) ₹ 960

[SSC CHSL (Tier-1) ऑनलाइन परीक्षा 29 जनवरी 2017 सुबह पाली]

उत्तर (B) ग्राहक द्वारा जमा की गई राशि

$$= 6000\left(1+\frac{20}{100}\right)^2 + 6000\left(1+\frac{20}{100}\right)$$

$$= 6000 \times \frac{36}{25} + 6000 \times \frac{6}{5}$$

$= 8640 + 7200 =$ ₹ 15840

कुल जमा राशि $= 6000 + 6000 =$ ₹ 12000

$\therefore$ लाभ $= (15840 - 12000) =$ ₹ 3840

4. प्रतिवर्ष 22% की सांकेतिक ब्याज दर के अनुसार अर्द्धवार्षिक रूप में देय ब्याज की प्रभावी वार्षिक दर क्या है?

(A) 44 प्रतिशत (B) 23.21 प्रतिशत

(C) 46.42 प्रतिशत (D) 22 प्रतिशत

[SSC CHSL (Tier-1) ऑनलाइन परीक्षा 25 जनवरी 2017 सुबह पाली]

उत्तर (B) साधारण ब्याज $= \frac{x \times 22 \times 1}{100}$

$$= \frac{11x}{100}$$

$\therefore$ चक्रवृद्धि ब्याज $= x\left[\left(1+\frac{11}{100}\right)^2 - 1\right]$

$$= \frac{2321x}{10000}$$

$\therefore$ प्रभावी दर (वार्षिक)

$$= \frac{2321x}{10000} \times \frac{100}{x}$$

$= 23.21\%$

5. यदि किसी मूलधन पर चक्रवृद्धि ब्याज पर दूसरे और तीसरे वर्ष प्राप्त होने वाली राशि क्रमानुसार ₹ 16854 और ₹ 17865.24 है, तो ब्याज दर क्या होगी ?

(A) 3 प्रतिशत (B) 12 प्रतिशत

(C) 6 प्रतिशत (D) 10 प्रतिशत

[SSC CHSL (Tier-1) ऑनलाइन परीक्षा 24 जनवरी 2017 सुबह पाली]

उत्तर (C) ब्याज $= (17865.24 - 16854)$

$=$ ₹ 1011.24

$\therefore$ ब्याज की दर $= \frac{1011.24 \times 100}{16854}$

$= 6\%$

6. 5 वर्षों में 7% वार्षिक दर से एक राशि पर ₹ 320 का साधारण ब्याज बन जाता है। यह राशि कितनी है?

(A) ₹ 18240 (B) ₹ 12160

(C) ₹ 15200 (D) ₹ 9120

[SSC CHSL (Tier-1) ऑनलाइन परीक्षा 24 जनवरी 2017 सायं पाली]

उत्तर (C) माना राशि = ₹ x

$\therefore$ साधारण ब्याज $= \frac{\text{मूलधन} \times \text{दर} \times \text{समय}}{100}$

$$5320 = \frac{x \times 7 \times 5}{100}$$

$35x = 5320 \times 100$

$$x = \frac{5320 \times 100}{35}$$

$=$ ₹ 15200

7. एक बैंक अर्द्ध वार्षिक रूप से 20% चक्रवृद्धि ब्याज की पेशकश करता है। एक ग्राहक एक वर्ष में 1 जनवरी और 1 जुलाई को ₹ 2800 जमा करता है। वर्ष के अन्त में ब्याज के माध्यम से उसे कितनी राशि का लाभ होगा?

(A) ₹ 3584 (B) ₹ 896

(C) ₹ 1792 (D) ₹ 448

[SSC CHSL (Tier-1) ऑनलाइन परीक्षा 23 जनवरी 2017 दोपहर पाली]

उत्तर (C) बैंक का चक्रवृद्धि ब्याज

$= 2800\left(1+\frac{20}{100}\right)^2 + 2800\left(1+\frac{20}{100}\right)$

$= 2800\times\left(\frac{6}{5}\right)^2 + 2800\times\frac{6}{5}$

$= 2800\times\frac{36}{25} + 2800\times\frac{6}{5}$

$= 4032 + 3360$

$= 7392$

कुल जमा राशि $= 2800 + 2800 = 5600$

$\therefore$ वर्ष के अन्त में ब्याज

$= 7392 - 5600$

$=$ ₹ 1792

8. यदि किसी मूलधन पर ब्याज चक्रवृद्धि ब्याज पर दूसरे और तीसरे वर्ष प्राप्त होने वाली राशि क्रमानुसार ₹ 22472 और ₹ 23820.32 है, तो ब्याज दर कितनी है?

(A) 3 प्रतिशत (B) 6 प्रतिशत

(C) 12 प्रतिशत (D) 10 प्रतिशत

[SSC CHSL (Tier-1) ऑनलाइन परीक्षा 22 जनवरी 2017 सुबह पाली]

उत्तर (B) एक वर्ष का ब्याज $= 23820.32 - 22472$

$= 1348.32$

$\therefore$ ब्याज की दर $= \frac{1348.32\times100}{22472}$

$= 6\%$

9. एक राशि में 8 वर्षों में साधारण ब्याज पर 40% की वृद्धि होती है। उसी दर पर 3 वर्षों में ₹ 10,000 का चक्रवृद्धि ब्याज कितना होगा?

(A) ₹ 1576.25 (B) ₹ 6305

(C) ₹ 7881.25 (D) ₹ 4728.75

[SSC CHSL (Tier-1) ऑनलाइन परीक्षा 22 जनवरी 2017 सुबह पाली]

उत्तर (A) माना ब्याज की दर $= x\%$

$\therefore$ प्रश्नानुसार

$\frac{x\times8\times1}{100} = \frac{40}{100}$

$\therefore \quad x = 5\%$

$\therefore$ चक्रवृद्धि ब्याज $= 10000\left[\left(1+\frac{5}{100}\right)^3 - 1\right]$

$= 10000\left[\left(\frac{21}{20}\right)^3 - 1\right]$

$= 10000\left[\frac{9261}{8000} - 1\right]$

$= \frac{10000\times1261}{8000}$

$=$ ₹ 1576.25

10. यदि किसी मूलधन पर चक्रवृद्धि ब्याज पर दूसरे और तीसरे वर्ष प्राप्त होने वाली राशि क्रमानुसार ₹ 34992 और ₹ 37791.36 है, तो ब्याज दर कितनी है?

(A) 4 प्रतिशत (B) 16 प्रतिशत

(C) 8 प्रतिशत (D) 13 प्रतिशत

[SSC CHSL (Tier-1) ऑनलाइन परीक्षा 21 जनवरी 2017 दोपहर पाली]

उत्तर (C) 1 वर्ष का ब्याज $= 37791.36 - 34992$

$=$ रु. 2799.36

$\therefore$ ब्याज की दर $= \frac{2799.36\times100}{34992}$

$= 8\%$

11. एक बैंक 5% चक्रवृद्धि ब्याज प्रति छमाही लेता है, यदि एक ग्राहक कर ₹ 9600, 1 जनवरी और 1 जुलाई प्रति वर्ष को जमा करता हो, तो वर्ष के अन्त में, कुल प्राप्त किया गया ब्याज होगा ?

(A) ₹ 2928 (B) ₹ 1464

(C) ₹ 732 (D) ₹ 366

[SSC CHSL (Tier-1) ऑनलाइन परीक्षा 18 जनवरी 2017 सायं पाली]

उत्तर (B) वर्ष के अंत में ब्याज के माध्यम से लाभ

$= 9600\times\left[\left(1+\frac{5}{100}\right)^2 - 1\right] + 9600\left[\left(1+\frac{5}{100}\right) - 1\right]$

$= 9600\times\left[\frac{105\times105}{100\times100} - 1\right] + 9600\times\left(\frac{105}{100} - 1\right)$

$= 9600\times\frac{1025}{10000} + 9600\times\frac{5}{100}$

$= 984 + 480$

$=$ ₹ 1464

12. एक निश्चित राशि पर 2 वर्षों के लिए 8% वार्षिक दर से वार्षिक रूप से संयोजित होने वाले साधारण ब्याज और चक्रवृद्धि ब्याज में अंतर 40 है। राशि कितनी है?

(A) ₹ 12500 (B) ₹ 6250

(C) ₹ 25000 (D) ₹ 18750

[SSC CHSL (Tier-1) ऑनलाइन परीक्षा 17 जनवरी 2017 दोपहर पाली]

उत्तर (B) माना राशि = ₹ x

प्रश्नानुसार

चक्रवृद्धि ब्याज – साधारण ब्याज = 40

$$= x \times \left[\left(1+\frac{8}{100}\right)^2 - 1\right] - \frac{x \times 2 \times 8}{100} = 40$$

$$= x\left[\frac{168 \times 108}{100 \times 100} - 1\right] - \frac{16x}{100} = 40$$

$$\frac{1664}{10000}x - \frac{16x}{100} = 40$$

$$\frac{1664 - 1600}{10000}x = 40$$

$$64x = 40 \times 10000$$

$$x = \frac{40 \times 10000}{64}$$

= ₹ 6250

13. एक बैंक अर्द्ध वार्षिक रूप से 15% चक्रवृद्धि ब्याज की पेशकश करता है। एक ग्राहक एक वर्ष में 1 जनवरी और 1 जुलाई को 7200 रु. जमा करता है। वर्ष के अंत में ब्याज के माध्यम से उसे कितनी राशि का लाभ होगा :

(A) 6803 रु. (B) 3402 रु.

(C) 1701 रु. (D) 850 रु.

[SSC CHSL (Tier-1) ऑनलाइन परीक्षा 16 जनवरी 2017 सुबह पाली]

उत्तर (B) वर्ष के अन्त में ब्याज के माधयम से लाभ

$$= 7200\left[\left(1+\frac{15}{100}\right)^2 - 1\right] + 7200\left[\left(1+\frac{15}{100}\right)^2 - 1\right]$$

$$= 7200\left(\frac{115 \times 115}{100 \times 100} - 1\right) + 7200 \times \left(\frac{115}{100} - 1\right)$$

$$= 7200 \times \frac{3225}{10000} + 7200 \times \frac{15}{100}$$

= 2322 + 1080

= रु. 3402

14. एक निश्चित राशि पर 2 वर्षों के लिए 12% वार्षिक दर से वार्षिक रूप से संयोजित होने वाले साधारण ब्याज और चक्रवृद्धि ब्याज में अंतर ₹ 72 है। दी गई राशि का मान (₹ में) क्या है?

(A) 10000 (B) 20000

(C) 5000 (D) 15000

[SSC CHSL (Tier-1) ऑनलाइन परीक्षा 10 जनवरी 2017 सुबह पाली]

उत्तर (C) माना राशि = x

∴ प्रश्नानुसार

$$-\frac{x \times 12 \times 2}{100} + x \times \left[x\left(1+\frac{12}{100}\right)^2 - 1\right]$$

$$-x \times \left(\frac{112 \times 112}{100 \times 100} - 1\right) - \frac{24x}{100} = 72$$

$$\frac{2544x}{10000} - \frac{24x}{100} = 72$$

$$(2544 - 2400)x = 72 \times 10000$$

$$144x = 72 \times 10000$$

$$x = \frac{72 \times 10000}{144} = ₹\ 5000$$

15. एक बैंक अर्द्धवार्षिक रूप से 5% चक्रवृद्धि ब्याज की पेशकश करता है। एक वाहक एक वर्ष में 1 जनवरी और 1 जुलाई को ₹ 8000 जमा करता है। वर्ष के अंत में ब्याज के माधयम से उसे कितनी राशि का लाभ होगा?

(A) ₹ 2440 (B) ₹ 610

(C) ₹ 1220 (D) ₹ 305

[SSC CHSL (Tier-1) ऑनलाइन परीक्षा 10 जनवरी 2017 सायं पाली]

उत्तर (C) वर्ष के अंत में ब्याज के माध्यम से लाभ

$$= 8000\left[\left(1+\frac{5}{100}\right)^2 - 1\right] + 8000\left[\left(1+\frac{5}{100}\right) - 1\right]$$

$$= 8000\left[\frac{105 \times 105}{100 \times 100} - 1\right] + 8000\left[\frac{105}{100} - 1\right]$$

$$= 8000 \times \frac{1025}{10000} + 8000 \times \frac{5}{100}$$

= 820 + 400

= ₹ 1220

[SSC CHSL (Tier-1) ऑनलाइन परीक्षा 10 जनवरी 2017 सायं पाली]

16. एक निश्चित राशि पर 2 वर्षों के लिए 16% वार्षिक दर से वार्षिक रूप से संयोजित होने वाले साधारण ब्याज और चक्रवृद्धि ब्याज में अन्तर ₹ 320 है। दी गई राशि का मान (₹ में) क्या है?

(A) 25000 (B) 50000

(C) 37500 (D) 12500

[SSC CHSL (Tier-1) ऑनलाइन परीक्षा 9 जनवरी 2017 सुबह पाली]

उत्तर (D) प्रश्नानुसार,

माना राशि = ₹ x

चक्रवृद्धि ब्याज-साधारण ब्याज

= ₹ 320

$$\therefore x \times \left[\left(1+\frac{16}{100}\right)^2-1\right]-\frac{x \times 16 \times 2}{100}$$

$$x \times \left[\frac{116 \times 116}{100 \times 100}-1\right]-\frac{32x}{100} = 320$$

$$\frac{3456\,x}{1000}-\frac{32x}{100} = 320$$

$$3456\,x - 3200\,x = 320 \times 10000$$

$$256x = 320 \times 10000$$

$$x = \frac{320 \times 1000}{256}$$

= ₹ 12500

17. ₹ 50000 की राशि प्रति वर्ष चक्रवृद्धि ब्याज की किस दर से 2 वर्षों में ₹ 73205 हो जाएगी?

(A) 21 प्रतिशत (B) 19 प्रतिशत

(C) 17 प्रतिशत (D) 15 प्रतिशत

[SSC CHSL (Tier-1) ऑनलाइन परीक्षा 9 जनवरी 2017 सायं पाली]

उत्तर (A) $\therefore\ P\left(1+\frac{R}{100}\right)^2$

$$\frac{73205}{50000}=\left(1+\frac{R}{100}\right)^2 \Rightarrow \frac{14541}{10000}=\left(1+\frac{R}{100}\right)^2$$

$$\Rightarrow \left(\frac{121}{10}\right)^2=\left(1+\frac{R}{100}\right)^2$$

$$\Rightarrow \frac{121}{100}=\left(1+\frac{R}{100}\right) \Rightarrow \frac{R}{100}=\frac{121-100}{100}=\frac{21}{100}$$

$\Rightarrow R = 21\%$

$\therefore$ अभीष्ट दर 21% होगी।

18. किसी मूलधन पर यदि दो वर्षों का साधारण ब्याज ₹ 3000 और चक्रवृद्धि ब्याज ₹ 3225 है, तो ब्याज दर कितनी है?

(A) 7.5 प्रतिशत (B) 30 प्रतिशत

(C) 15 प्रतिशत (D) 22.5 प्रतिशत

[SSC CHSL (Tier-1) ऑनलाइन परीक्षा 9 जनवरी 2017 दोपहर पाली]

उत्तर (C) माना मूलधन = ₹. x

तथा ब्याज की दर R%

तो,

$$\text{चक्रवृद्धि ब्याज} = x\,[(1+\frac{\text{दर}}{100})^2-1]$$

$$3225 = x\,[(1+\frac{R}{100})^2-1]\ldots(i)$$

$$\text{साधारण ब्याज} = \frac{x \times R \times T}{100}$$

$$3000 = \frac{x \times R \times 2}{100} \quad \ldots(ii)$$

समीकरण (ii) से समीकरण (i) का भाग देने पर,

$$\frac{3000}{3225} = \frac{2xR}{x(100+R)^2-(100)^2} \times 100$$

$$\frac{3000}{3225} = \frac{2xR}{x[(100)^2+R^2+200R-(100)^2]} \times 100$$

$$\frac{3000}{3225} = \frac{2R}{R^2+200R} \times 100$$

$$\frac{40}{43} = \frac{2R}{R^2+200R} \times 100$$

$$\frac{1}{43} = \frac{5}{R+200}$$

$$R = 215 - 200 = 15\%$$

19. एक बैंक अर्द्ध वार्षिक रूप से 10% चक्रवृद्धि ब्याज की पेशकश करता है। एक ग्राहक एक वर्ष में 1 जनवरी और 1 जुलाई को ₹ 3600 जमा करता है। वर्ष के अन्त में ब्याज के माध्यम से उसे कितनी राशि का लाभ होगा?

(A) ₹ 1116 (B) ₹ 2232

(C) ₹ 558 (D) ₹ 279

[SSC CHSL (Tier-1) ऑनलाइन परीक्षा 7 जनवरी 2017 सायं पाली]

उत्तर (A) वर्ष के अन्त में ब्याज के माध्यम से लाभ

$$= 3600\left[\left(1+\frac{10}{100}\right)^2-1\right]+3600 \times \left[\left(1+\frac{10}{100}\right)-1\right]$$

$$= 3600\left[\frac{100 \times 110}{100 \times 100}-1\right]+3600 \times \left[\frac{110}{100}-1\right]$$

$$= 3600 \times \frac{2100}{100 \times 100}+3600 \times \frac{10}{100}$$

$$= 756 + 360$$

= ₹ 1116

20. 14 % वार्षिक दर से 3 वर्षों के लिए एक निश्चित राशि पर साधारण ब्याज 10 % के वार्षिक दर से 2 वर्षों के लिए ₹ 1000 की राशि पर चक्रवृद्धि ब्याज से आधा है। साधरण ब्याज पर दी गई राशि कितनी है?

(A) ₹ 5000 (B) ₹ 1250

(C) ₹ 2000 (D) ₹ 2500

[SSC CHSL (Tier-1) ऑनलाइन परीक्षा 7 फरवरी 2017 सुबह पाली]

उत्तर (D) माना साधारण ब्याज पर दी गई राशि = ₹ P

∴ प्रश्नानुसार,

$$\frac{1}{2} \times 1000 = \frac{P \times 10 \times 2}{100}$$

$$5000 = 2P$$

$$\therefore \quad P = ₹\, 2500$$

21. 10% वार्षिक दर से 3 वर्षों के लिए एक निश्चित राशि पर साधारण ब्याज 10% वार्षिक दर से 2 वर्षों के लिए ₹ 6000 की राशि पर चक्रवृद्धि ब्याज से आधा है। साधारण ब्याज पर दी गई राशि कितनी है

(A) ₹ 4200 (B) ₹ 2100

(C) ₹ 1050 (D) ₹ 1680

[SSC CHSL (Tier-1) ऑनलाइन परीक्षा 3 फरवरी 2017 सायं पाली]

उत्तर (B) माना निश्चित राशि = ₹ x

प्रश्नानुसार,

$$\frac{x \times 10 \times 3}{100} = \frac{1}{2} \times 6000\left[\left(1+\frac{10}{100}\right)^2 - 1\right]$$

$$\frac{2 \times 30x}{100} = 6000\left[\left(\frac{110}{100}\right)^2 - 1\right]$$

$$\frac{60x}{100} = 6000\left[\frac{110 \times 110}{100 \times 100} - 1\right]$$

$$\frac{6x}{10} = 6000\left[\frac{121}{100} - 1\right]$$

$$\frac{6x}{10} = 6000\left[\frac{21}{100}\right]$$

$$x = \frac{6000 \times 10 \times 21}{6 \times 100} = ₹\ 2100$$

10 क्षेत्रमिति

महत्त्वपूर्ण सूत्र

1. आयत (Rectangle)– यदि एक आयत की लम्बाई l इकाई व चौड़ाई b इकाई हो, तब

(*i*) आयत का क्षेत्रफल $= lb$ वर्ग इकाई

(*ii*) आयत का विकर्ण $= \sqrt{l^2 + b^2}$ इकाई

(*iii*) आयत का परिमाप $= 2\,(l + b)$ इकाई

2. वर्ग (Square)– यदि एक वर्ग की प्रत्येक भुजा a इकाई हो, तब

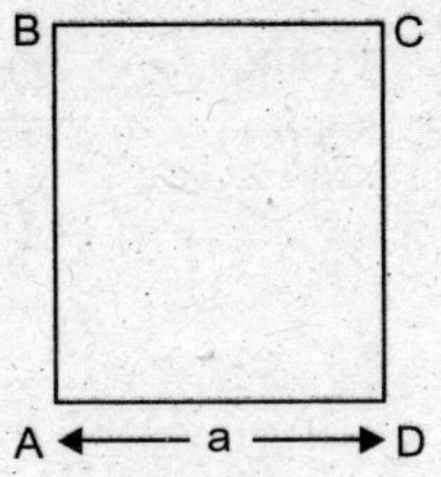

(*i*) वर्ग का क्षेत्रफल $= a^2$ वर्ग इकाई

या

$\frac{1}{2}$ (विकर्ण)^2 वर्ग इकाई

(*ii*) वर्ग का परिमाप $= 4a$ इकाई

(*iii*) वर्ग का विकर्ण $= \sqrt{2}a$ इकाई

3. समचतुर्भुज (Rhombus)– यदि एक समचतुर्भुज की प्रत्येक भुजा a इकाई हो, तब

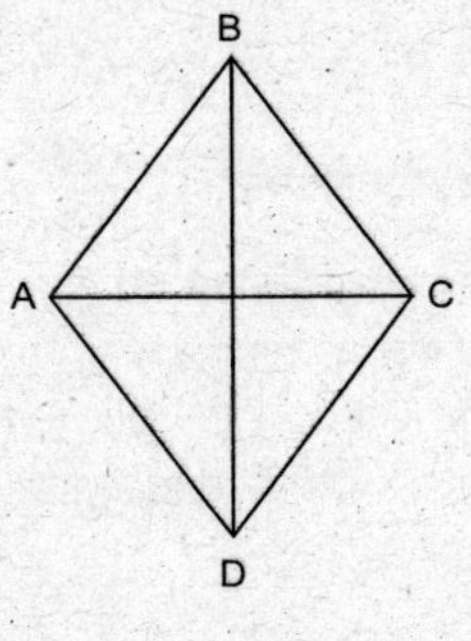

(*i*) समचतुर्भुज का क्षेत्रफल $= \frac{1}{2} d_1 d_2$ वर्ग इकाई

(*ii*) समचतुर्भज का परिमाप $= 4a$ वर्ग इकाई

(*iii*) समचतुर्भुज की भुजा $= \sqrt{\left(\frac{d_1}{2}\right)^2 + \left(\frac{d_2}{2}\right)^2}$ इकाई

4. समानान्तर चतुर्भुज (Parallelogram)– यदि समानान्तर चतुर्भुज की समानान्तर भुजाएं a तथा b इकाई हों, तो,

(*i*) समानान्तर चतुर्भुज का क्षेत्रफल = आधार × ऊंचाई

$= ah$ वर्ग इकाई

(*ii*) समानान्तर चतुर्भुज का परिमाप $= 2(a + b)$ इकाई

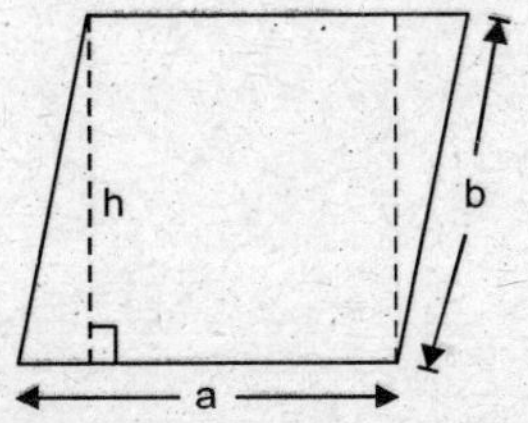

5. समलम्ब चतुर्भुज (Trapezium)– यदि समलम्ब चतुर्भुज की दोनों समान्तर भुजाएं क्रमशः a इकाई व b इकाई हों, तथा उनके बीच की दूरी d इकाई हो, तब

(*i*) समलम्ब चतुर्भुज का क्षेत्रफल =

$\frac{1}{2}$ (समान्तर भुजाओं का योग) × (उनके बीच की दूरी)

$\frac{1}{2}(a+b)\times d$ वर्ग इकाई

(*ii*) समलम्ब चतुर्भुज का परिमाप

$= (AB + BC + CD + AD)$ इकाई

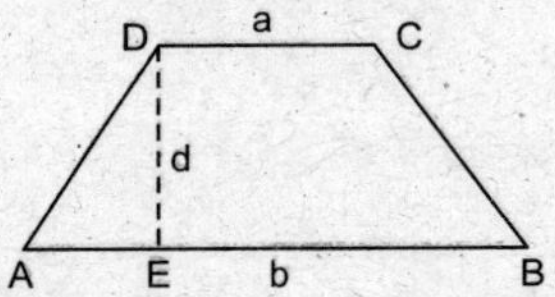

6. त्रिभुज (Triangle)– यदि एक त्रिभुज की भुजाएं a इकाई, b इकाई व c इकाई हों, तब

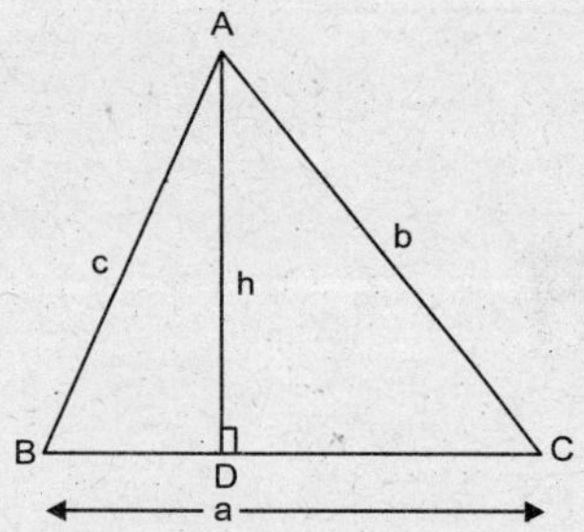

(*i*) त्रिभुज का अर्द्धपरिमाप (S) $= \frac{1}{2}(a+b+c)$ इकाई

(*ii*) त्रिभुज का क्षेत्रफल $= \frac{1}{2} \times$ आधार $\times$ ऊंचाई

$= \left(\frac{1}{2} \times a \times h\right)$ वर्ग इकाई

नोट : यदि त्रिभुज की ऊंचाई न दी गई हो, तब

(*iv*) त्रिभुज का क्षेत्रफल $= \sqrt{S(S-a)(S-b)(S-c)}$ वर्ग इकाई

जहां $3 = \frac{1}{2}(a+b+c)$

7. समकोण त्रिभुज (Right angled triangle)– यदि एक समकोण त्रिभुज का आधार b लम्ब a तथा कर्ण h इकाई हो, तब

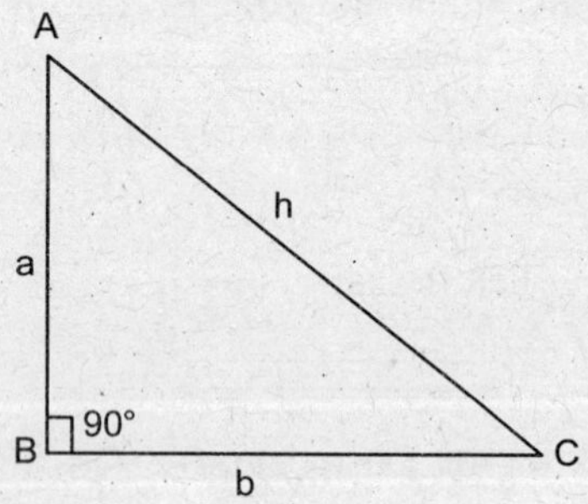

(*i*) समकोण त्रिभुज का क्षेत्रफल $= \frac{1}{2}ba$ वर्ग इकाई

(*ii*) समकोण त्रिभुज का परिमाप

$= (a+b+h)$ वर्ग इकाई

(*iii*) समकोण त्रिभुज का कर्ण $(h) = \sqrt{a^2+b^2}$ इकाई

8. समबाहु त्रिभुज (Equilateral triangle)– यदि समबाहु त्रिभुज की प्रत्येक भुजा a इकाई हो, तब

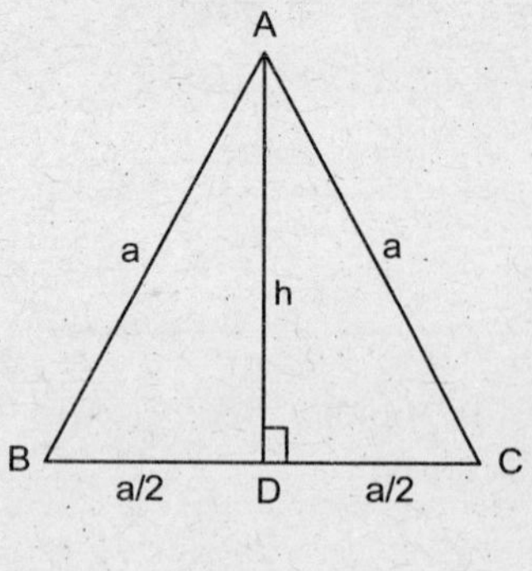

(*i*) समबाहु त्रिभुज का क्षेत्रफल $= \frac{\sqrt{3}}{4}a^2$ वर्ग इकाई

(*ii*) समबाहु त्रिभुज का परिमाप $= 3a$ इकाई

(*iii*) समबाहु त्रिभुज का शीर्ष लम्ब $= \frac{\sqrt{3}}{2}a$ इकाई

9. वृत्त (Circle)– यदि वृत्त की त्रिज्या r इकाई हो, तब

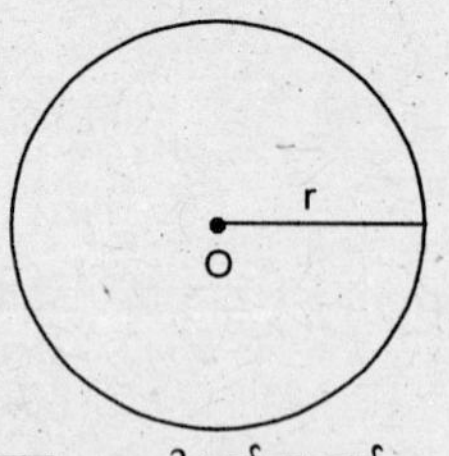

(*i*) वृत्त का क्षेत्रफल $= \pi r^2$ वर्ग इकाई

(*ii*) वृत्त की परिधि $= 2\pi r$ इकाई

(*iii*) वृत्त का व्यास $= 2r$ इकाई

10. अर्द्धवृत्त (Semi circle)– यदि एक अर्द्धवृत्त की त्रिज्या r इकाई हो, तब

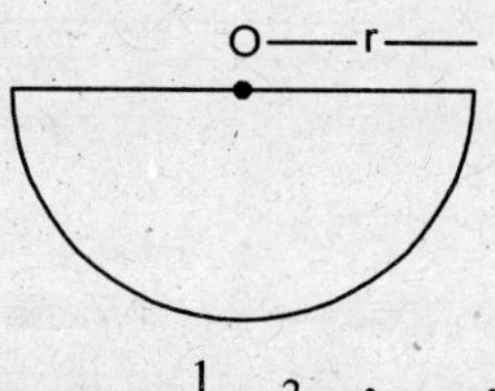

(*i*) अर्द्धवृत्त का क्षेत्रफल $= \frac{1}{2}\pi r^2$ वर्ग इकाई

(*ii*) अर्द्धवृत्त का परिमाप $= (\pi r + 2r)$ इकाई

11. त्रिज्य खण्ड (Sector)– यदि त्रिज्य खण्ड का कोण θ हो, तब

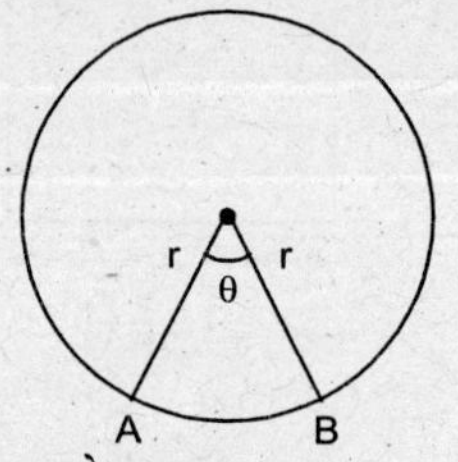

(*i*) त्रिज्य खण्ड का क्षेत्रफल

$= \left(\frac{\theta}{360} \times \pi r^2\right)$ वर्ग इकाई

(*ii*) त्रिज्य खण्ड का परिमाप $= \frac{\theta}{360°}(2\pi r + 2r)$ इकाई

12. समषट्भुज (Hexagone)– यदि समषट्भुज की प्रत्येक भुजा a इकाई हो, तब

(*i*) समषट्भुज का परिमाप $= 6a$ इकाई

(*ii*) समषट्भुज का क्षेत्रफल $= \frac{3\sqrt{3}}{2}a^2$ वर्ग इकाई

(*iii*) समषट्भुज के अंत:कोणों का योग $= 2(n-2) \times 90°$

($\because$ समषट्भुज के लिए $n = 6$)

$\therefore$ अभीष्ट योग $= 2(6-2) \times 90° = 720°$

(*iv*) समषट्भुज का प्रत्येक बाह्य कोण $= 60°$

13. घनाभ (Cuboid) : माना एक घनाभ की लम्बाई l सेमी. चौड़ाई b सेमी. व ऊंचाई h सेमी. है। तब,

(*i*) घनाभ का आयतन $= lbh$ घन सेमी.

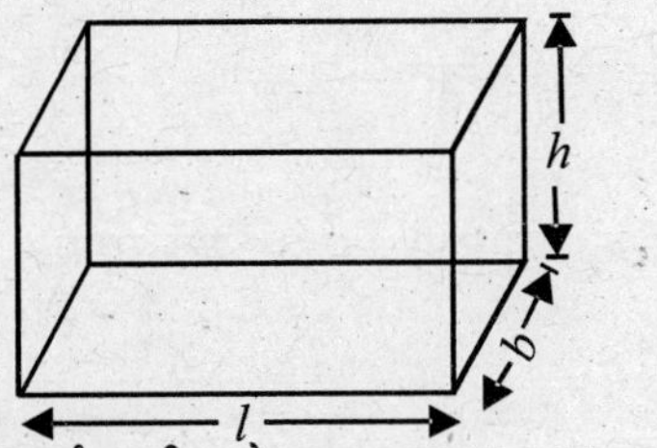

(*ii*) घनाभ का सम्पूर्ण पृष्ठीय क्षेत्रफल $= 2(lb + bh + hl)$ वर्ग सेमी.

(*iii*) घनाभ का विकर्ण $= = \sqrt{l^2 + b^2 + h^2}$ सेमी.

14. घन (Cube) : माना घन की प्रत्येक भुजा $= a$ सेमी, तब

(i) घन का आयतन $= a^3$ घन सेमी.

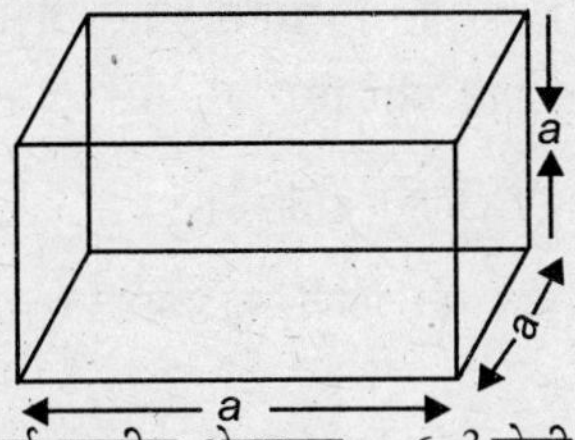

(*ii*) घन का सम्पूर्ण पृष्ठीय क्षेत्रफल $= 6a^2$ सेमी.^{2}

(*iii*) घन का विकर्ण $= \sqrt{3}a$ सेमी.

15. बेलन (Cylinder) : माना बेलन की आधार त्रिज्या r सेमी. व ऊंचाई h सेमी. है। तब,

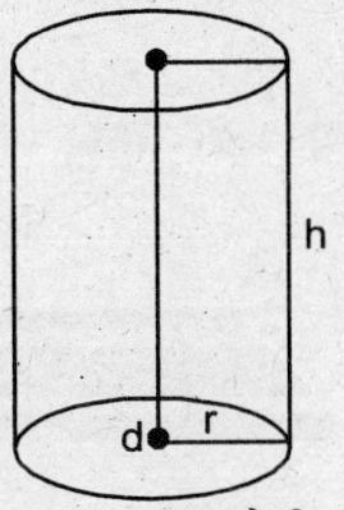

(*i*) बेलन का आयतन $= \pi r^2 h$ घन सेमी.

(*ii*) बेलन का सम्पूर्ण पृष्ठीय क्षेत्रफल $= 2\pi r\,(h + r)$ वर्ग सेमी.

(*iii*) बेलन का विकर्ण $= 2\pi rh$ सेमी.

16. शंकु (Cone) : यदि एक शंकु की आधार त्रिज्या r सेमी. व ऊंचाई h सेमी. व तिर्यक ऊंचाई l सेमी. हो, तब

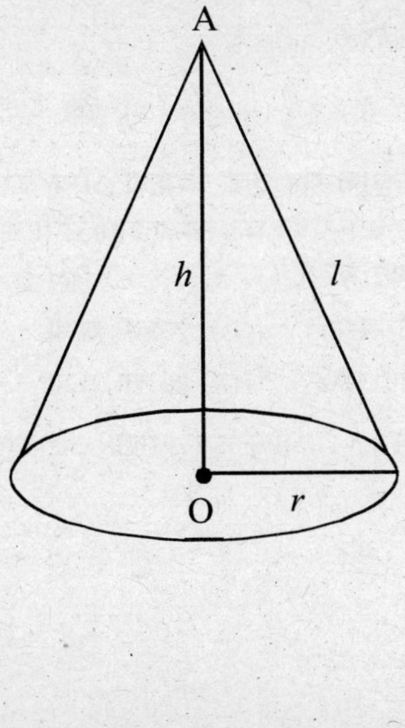

(*i*) शंकु का आयतन $= \frac{1}{3}\pi r^2 h$ घन सेमी.

(*ii*) शंकु का सम्पूर्ण पृष्ठीय क्षेत्रफल $= \pi r\,(l + r)$ वर्ग सेमी.

(*iii*) शंकु का वक्रपृष्ठीय क्षेत्रफल $= 2\pi rl$ वर्ग सेमी.

(*iv*) शंकु की तिरछी ऊंचाई $l = \sqrt{r^2 h^2}$ वर्ग सेमी.

17. गोला (sphere) : माना एक गोले की त्रिज्या r सेमी., तब

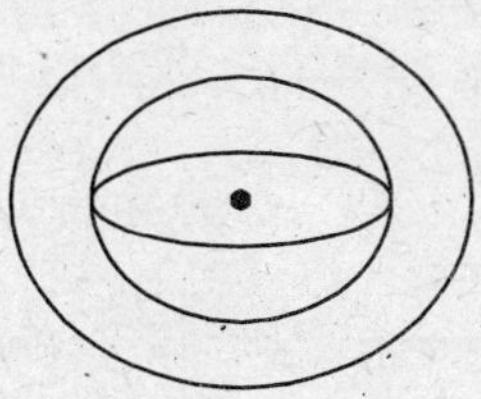

(*i*) गोले का आयतन $\therefore = \frac{4}{3}\pi r^3$ घन सेमी.

(*ii*) गोले का वक्रपृष्ठीय क्षेत्रफल $= 4\,\pi r^2$ वर्ग सेमी.

18. अर्द्धगोला (Hemi Sphere) : माना अर्द्धगोले की त्रिज्या $= r$ सेमी, तब,

(*i*) अर्द्धगोले का आयतन $= \frac{2}{3}\pi r^3$ घन सेमी.

(*ii*) अर्द्धगोले का सम्पूर्ण पृष्ठीय क्षेत्रफल $= 3\pi r^2$ वर्ग सेमी.

19. खोखला गोला (Hollow Sphere) : यदि एक खोखले गोले की बाह्य त्रिज्या = R सेमी. व आन्तिरिक त्रिज्या r सेमी. है तब,

(*i*) खोखले गोले का आयतन $= \frac{4}{3}\pi\left(R^3 - r^3\right)$ घन सेमी.

(*ii*) अर्द्धगोले का आन्तरिक पृष्ठीय क्षेत्रफल $= 4\pi r^2$ वर्ग सेमी.

(*iii*) खोखले गोले का बाह्यपृष्ठीय क्षेत्रफल $= 4\pi R^2$ वर्ग सेमी.

हल सहित उदाहरण :

उदाहरण 1. किसी वर्ग का क्षेत्रफल तथा इसके विकर्ण पर खींचे गए वर्ग के क्षेत्रफल का अनुपात क्या होगा?

हल – माना वर्ग की प्रत्येक भुजा $= a$ सेमी०

$\therefore$ वर्ग का क्षेत्रफल $= a^2$ वर्ग सेमी०

वर्ग का विकर्ण $= \sqrt{2}a$ सेमी०

$\therefore$ विकर्ण पर बने वर्ग का क्षेत्रफल $= \left(\sqrt{2}a\right)^2$ वर्ग सेमी० $= 2a^2$ वर्ग सेमी०

$\therefore$ अभीष्ट अनुपात $= a^2 : 2a^2 = 1 : 2$

उदाहरण 2. 20 सेमी० लंबाई तथा 14 सेमी० चौड़ाई वाले आयत के अंतर्गत खींचे जाने वाले सबसे बड़े वृत्त का क्षेत्रफल ज्ञात कीजिए।

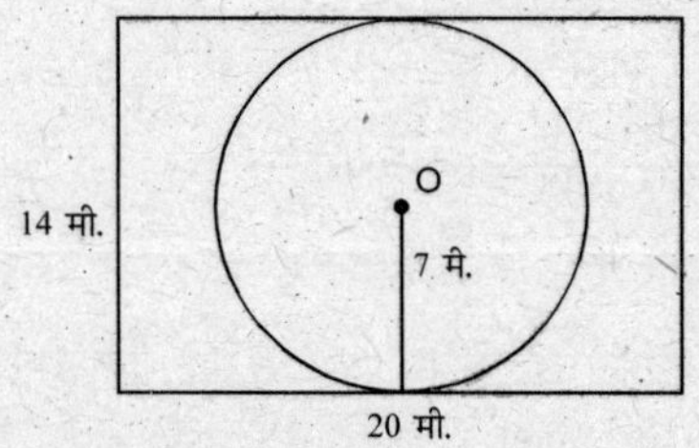

हल – चित्र से स्पष्ट है वृत्त का व्यास आयत की चौड़ाई होगी।

∴ वृत्त की त्रिज्या $= \left(\frac{1}{2}\times 14\right)$ सेमी०

$= 7$ सेमी०

वृत्त का क्षेत्रफल $= \pi r^2 = \left[\frac{22}{7}\times(7)^2\right]$ वर्ग सेमी०

$= 154$ वर्ग सेमी०

उदाहरण 3. यदि एक वृत्त की त्रिज्या में 25% की वृद्धि कर दी जाए, तो इसके क्षेत्रफल में कितने प्रतिशत की वृद्धि होगी?

हल – वृत्त के क्षेत्रफल में वृद्धि प्रतिशत $= \left[2x+\frac{x^2}{100}\right]\%$

$= \left[2\times 25+\frac{(25)^2}{100}\right]\%$

$= \left[50+\frac{625}{100}\right]\% = 56.25\%$

उदाहरण-4 : 7 सेमी. भुजा वाले घन से सबसे बड़ा गोला काटा गया है। गोले का आयतन (सेमी.^{3} में) ज्ञात कीजिए।

हल-गोले की त्रिज्या $= \frac{7}{2}$ सेमी.

∴ गोले का आयतन $= \frac{4}{3}\pi r^3$ घन सेमी.

$= \left[\frac{4}{3}\times\frac{22}{7}\times\left(\frac{7}{2}\right)^3\right]$ घन सेमी.

$= 179.67$ सेमी.

उदाहरण-5: एक ठोस गोलाकार तांबे की गोली को जिसका व्यास 14 सेमी. है, गलाकर 14 सेमी. के बराबर व्यास वाले तार में बदला जाता है, तो तार की लम्बाई ज्ञात कीजिए।

हल-∴ तार एक बेलन होता है।

∴ गोलाकार तांबे की गोली का आयतन = तार का आयतन

$\Rightarrow \frac{4}{3}\pi(7)^3 = \pi(7)^2\times h$

$\Rightarrow h = \left(\frac{4}{3}\times 7\right)$ सेमी. = 28 सेमी.

∴ तार की लम्बाई = 28 सेमी.

अभ्यास प्रश्न

1. किसी बेलनाकार वस्तु का आयतन 2310 घन सेमी. है। यदि इसके आधार की परिधि 44 सेमी. है, तो बेलनाकार वस्तु के वक्र सतह का क्षेत्रफल ज्ञात करें।

(A) 660 वर्ग सेमी. (B) 1320 वर्ग सेमी.

(C) 1980 वर्ग सेमी. (D) 330 वर्ग सेमी.

[SSC CHSL (Tier-1) ऑनलाइन परीक्षा 30 जनवरी 2017 सुबह पाली]

उत्तर (A) माना बेलन की त्रिज्या r है, तब

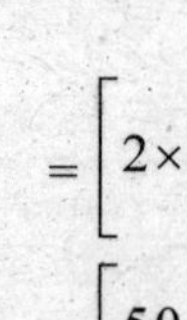

∵ $2\pi r = 44$

$2\times\frac{22}{7}r = 44$

$r = 7$ सेमी.

अत: $\sqrt{} = \pi r^2 h$

$2310 = \frac{22}{7}\times 7\times 7\times h$

$h = \frac{2310}{154} = 15$ सेमी.

बेलन का वक्रपृष्ठ $= 2\pi rh$

$= 2\times\frac{22}{7}\times 7\times 15 = 660$ वर्ग सेमी.

2. एक समचतुर्भुज का एक विकर्ण अन्य का आधा है। यदि उस समचतुर्भुज की भुजा की लम्बाई 10 सेमी है, तो समचतुर्भुज का क्षेत्रफल क्या है?

(A) 40 वर्ग से.मी. (B) 20 वर्ग से.मी.

(C) 100 वर्ग से.मी. (D) 80 वर्ग से.मी.

[SSC CHSL (Tier-1) ऑनलाइन परीक्षा 30 जनवरी 2017 सायं पाली]

उत्तर (D)

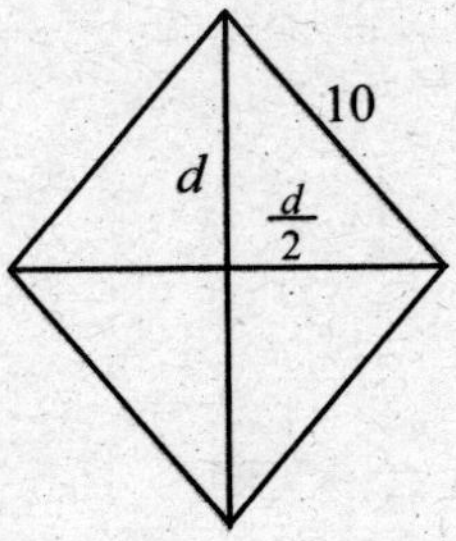

$$(10)^2 = \left(\frac{d}{2}\right)^2 + \left(\frac{d}{2}\right)^2$$

$$\Rightarrow \quad 100 = \frac{d^2}{4} + \frac{d^2}{16} = d^2\left(\frac{4+1}{16}\right)$$

$$\Rightarrow \quad d^2 = \frac{100 \times 16}{5} \Rightarrow d = 8\sqrt{5}$$

क्षेत्रफल $= \frac{1}{2} \times 8\sqrt{5} \times 4 \times \sqrt{5} = 80$ वर्ग सेमी

3. एक गोलार्द्ध के वक्र सतह का क्षेत्रफल 110.88 वर्ग से.मी. है और आयतन 155.232 घन से.मी. है। उसकी त्रिज्या ज्ञात कीजिए–

(A) 8.4 से.मी. (B) 1.4 से.मी.

(C) 4.2 से.मी. (D) 2.1 से.मी.

[SSC CHSL (Tier-1) ऑनलाइन परीक्षा 30 जनवरी 2017 सायं पाली]

उत्तर (C) $\frac{\text{गोलार्द्ध का वक्र सतह का क्षेत्रफल}}{\text{गोलार्द्ध का आयतन}}$

$$= \frac{110.88}{155.232}$$

$$\frac{2\pi r^2}{\frac{2}{3}\pi r^3} = \frac{110.88}{155.232}$$

$$\frac{3}{r} = \frac{110.88}{155.232}$$

$$r = \frac{155.232 \times 3}{110.88} = 4.2 \text{ सेमी}$$

4. दसवीं कक्षा के डिवीजन A में 60 छात्रों द्वारा प्राप्त किए गए अंकों का औसत 66 है, तथा डिवीजन B के 45 छात्रों के अंकों का औसत 62 है और डिवीजन C के 75 छात्रों के अंकों का औसत 6 है, तो दसवीं कक्षा के तीनों डिवीजन के छात्रों के अंकों का औसत ज्ञात कीजिए।

(A) 61.8 (B) 62.6

(C) 61.1 (D) 63.9

[SSC CHSL (Tier-1) ऑनलाइन परीक्षा 29 जनवरी 2017 सुबह पाली]

उत्तर (B) 10वीं कक्षा के तीनों डिवीजनों के छात्रों के अंकों का औसत

$$= \frac{66+62+60}{3}$$

$$= \frac{188}{3} = 62.6$$

5. यदि एक वृत्ताकार की त्रिज्या में 31% की वृद्धि की जाती है, तो उसका क्षेत्रफल कितने प्रतिशत बढ़ जाएगा?

(A) 62 प्रतिशत (B) 31 प्रतिशत

(C) 35.805 प्रतिशत (D) 71.61 प्रतिशत

[SSC CHSL (Tier-1) ऑनलाइन परीक्षा 29 जनवरी 2017 सुबह पाली]

उत्तर (D) माना वृत्त की त्रिज्या $= r$ इकाई

वृत्त का क्षेत्रफल $= \pi r^2$ वर्ग इकाई

31% वृद्धि होने पर,

वृत्त की त्रिज्या $= r \times \frac{131}{100}$

$\therefore$ वृत्त का क्षेत्रफल $= \pi\left(\frac{131r}{100}\right)^2$

$= \frac{17161}{10000}\pi r^2$ वर्ग इकाई

$\therefore$ क्षेत्रफल में वृद्धि $= \frac{17161\pi r^2}{10000} - \pi r^2$

$= \frac{7161}{10000}$

$\therefore$ क्षेत्रफल में प्रतिशत वृद्धि

$= \frac{7161 \times 100}{10000}$

$= 71.61\%$

Or

क्षेत्रफल में वृद्धि $= \left(2a + \frac{a^2}{100}\right)\%$

$= \left(2 \times 31 + \frac{31 \times 13}{100}\right)$

$= 71.61\%$

6. एक वृत्त की परिधि एक समबाहु त्रिभुज के परिमाप के बराबर है। यदि उस वृत्त की त्रिज्या 14 सेमी है, तो समबाहु त्रिभुज की भुजा की लम्बाई क्या है?

(A) 88 सेमी (B) 88/3 सेमी

(C) $88\sqrt{3}$ सेमी (D) $8\sqrt{3}$ सेमी

[SSC CHSL (Tier-1) ऑनलाइन परीक्षा 29 जनवरी 2017 सुबह पाली]

उत्तर (B) वृत्त की परिधि $= 2\pi r$

समबाहु त्रिभुज का परिमाप $= 3 \times$ भुजा

$\therefore$ प्रश्नानुसार,

वृत्त की परिधि = समबाहु त्रिभुज का परिमाप

$2\pi r = 3 \times$ भुजा

$2 \times \frac{22}{7} \times 14 = 3$ भुजा

$88 = 3 \times$ भुजा

$\therefore$ भुजा $= \frac{88}{3}$ सेमी

7. यदि किसी समकोण वृत्ताकार शंकु के वक्र सतह का क्षेत्रफल 10010 वर्ग सेमी है और उसकी त्रिज्या 35 सेमी है, तो उसका आयतन ज्ञात कीजिए–

(A) 6930 घन सेमी (B) 107800 घन सेमी

(C) 3465 घन सेमी (D) 27720 घन सेमी

[SSC CHSL (Tier-1) ऑनलाइन परीक्षा 29 जनवरी 2017 सुबह पाली]

उत्तर (B) शंकु का वक्रपृष्ठ = 10010

$\pi rl = 10010$

$\frac{22}{7} \times 35 \times l = 10010$

$l = 91$

$\because \quad l^2 = h^2 + r^2$

$h^2 = l^2 - r^2$

$= (91)^2 - (35)^2$

$h^2 = 8281 - 1225$

$h^2 = 7056$

$h = 84$ सेमी

$\therefore$ शंकु का आयतन

$= \frac{1}{3}\pi r^2 h$

$= \frac{1}{3} \times \frac{22}{7} \times 35 \times 35 \times 84$

$= 107800$ घन सेमी

8. यदि किसी बेलनाकार वस्तु का आयतन 2156 घन सेमी और ऊंचाई 14 सेमी है, तो उसकी त्रिज्या ज्ञात कीजिए–

(A) 14 सेमी (B) 21 सेमी

(C) 3.5 सेमी (D) 7 सेमी

[SSC CHSL (Tier-1) ऑनलाइन परीक्षा 25 जनवरी 2017 सुबह पाली]

उत्तर (D) बेलन का आयतन = 2156

$\pi r^2 h = 2156$

$\pi r^2 \times 14 = 2156$

$\frac{22}{7} \times r^2 \times 14 = 2156$

$r^2 = 49$

$r = 7$ सेमी

9. यदि किसी बेलनाकार वस्तु के वक्र सतह का क्षेत्रफल 616 वर्ग सेमी और ऊंचाई 14 सेमी. है, तो उसकी त्रिज्या ज्ञात करें।

(A) 14 सेमी (B) 7 सेमी

(C) 21 सेमी (D) 3.5 सेमी

[SSC CHSL (Tier-1) ऑनलाइन परीक्षा 24 जनवरी 2017 सुबह पाली]

उत्तर (B) बेलन का वक्रपृष्ठ का क्षेत्रफल

$= 616$

$2\pi rh = 616$

$2 \times \frac{22}{7} \times r \times 14 = 616$

$r = \frac{616 \times 7}{2 \times 22 \times 14} = 7$ सेमी

10. किसी बेलनाकार वस्तु के वक्र सतह का क्षेत्रफल 660 वर्ग सेमी. है। यदि इसके आधार की परिधि 44 सेमी. है, तो उस वस्तु का आयतन ज्ञात करें।

(A) 4620 घन सेमी. (B) 2310 घन सेमी.

(C) 6930 घन सेमी. (D) 1155 घन सेमी.

[SSC CHSL (Tier-1) ऑनलाइन परीक्षा 24 जनवरी 2017 सायं पाली]

उत्तर (B) बेलन का वक्रपृष्ठ $= 2\pi rh$

$660 = 2\pi rh$ ...(i)

बेलन का आधार वृत्ताकार होता है।

$\therefore$ बेलन की परिधि = वृत्त की परिधि

$44 = 2\pi r$

$44 = 2 \times \frac{22}{7} r$

$\therefore r = 7$ सेमी.

समीकरण (i) से,

$2\pi \times 7 \times h = 660$

$2 \times \frac{22}{7} \times 7 \times h = 660$

$h = \frac{660 \times 7}{2 \times 22 \times 7} = 15$ सेमी.

$\therefore$ बेलन का आयतन $= \pi r^2 h$

$= \frac{22}{7} \times (7)^2 \times 15$

$= \frac{22}{7} \times 7 \times 7 \times 15$

$= 2310$ घन सेमी

11. यदि एक वृत्ताकार की त्रिज्या में 17% की वृद्धि की जाती है, तो उसका क्षेत्रफल कितने प्रतिशत से बढ़ जाएगा?

(A) 34 प्रतिशत (B) 36.89 प्रतिशत

(C) 17 प्रतिशत (D) 18.445 प्रतिशत

[SSC CHSL (Tier-1) ऑनलाइन परीक्षा 23 जनवरी 2017 दोपहर पाली]

उत्तर (B) माना वृत्त की त्रिज्या $= r$

$\therefore$ वृत्त का क्षेत्रफल $= \pi r^2$

17% की वृद्धि पर

वृत्त की नई त्रिज्या $= \frac{117}{100}r$

वृत्त का नया क्षेत्रफल $= \pi\left(\frac{117r}{100}\right)^2$

$= \pi \times \frac{13689}{10000}r^2$

$= \frac{13689}{10000}\pi r^2$

$\therefore$ क्षेत्रफल में वृद्धि $= \frac{13689}{10000}\pi r^2 - \pi r^2$

$= \frac{3689}{10000}\pi r^2$

$\therefore$ क्षेत्रफल में प्रतिशत वृद्धि $= \frac{3689}{10000} \times 100$

$= 36.89\%$

OR

$\therefore$ क्षेत्रफल में प्रतिशत वृद्धि $= \left(2r + \frac{r^2}{100}\right)\%$

$= 2 \times 17 + \frac{289}{100}$

$= 36.89\%$

12. किसी बेलनाकार वस्तु का आयतन 13860 **घन सेमी. है। यदि इसके आधार की परिधि 132 सेमी. है, बेलनाकार वस्तु के वक्र सतह का क्षेत्रफल ज्ञात करें।**

(A) 2640 वर्ग सेमी. (B) 3960 वर्ग सेमी.

(C) 1320 वर्ग सेमी. (D) 660 वर्ग सेमी.

[SSC CHSL (Tier-1) ऑनलाइन परीक्षा 23 जनवरी 2017 दोपहर पाली]

उत्तर (C) बेलनाकार वस्तु का आयतन = 13860

$\pi r^2 h = 13860$ ...(i)

बेलन की परिधि = वृत्त की परिधि

$2\pi r = 132$

$2 \times \frac{22}{7} \times r = 132$

$r = 21$ सेमी

समीकरण (i) से

बेलन का आयतन = 13860

$\pi r^2 h = 13860$

$\frac{22}{7} \times 21 \times 21 \times h = 13860$

$h = \frac{13860 \times 7}{22 \times 21 \times 21}$

$= 10$ सेमी

$\therefore$ बेलनाकार वस्तु के सतह का क्षेत्रफल

$= 2\pi rh$

$= 2 \times \frac{22}{7} \times 21 \times 10$

$= 1320$ वर्ग सेमी

13. ....का क्षेत्रफल उसकी भुजा के वर्ग के बराबर होता है।

(A) समचतुर्भुज (B) चक्रीय चतुर्भुज

(C) आयत (D) वर्ग

[SSC CHSL (Tier-1) ऑनलाइन परीक्षा 22 जनवरी 2017 सुबह पाली]

उत्तर (D) वर्ग का क्षेत्रफल उसकी भुजा के वर्ग के बराबर होता है।

$\therefore$ वर्ग का क्षेत्रफल = भुजा^{2}

14. एक घनाभ का आयतन 320 घन से.मी. है। इसके कुल सतह के क्षेत्रफल का पता लगाएं, यदि इसकी लंबाई और चौड़ाई क्रमशः 10 से.मी. और 8 से.मी. है?

(A) 608 वर्ग से.मी. (B) 304 वर्ग से.मी.

(C) 152 वर्ग से.मी. (D) 456 वर्ग से.मी.

[SSC CHSL (Tier-1) ऑनलाइन परीक्षा 21 जनवरी 2017 सायं पाली]

उत्तर (B) घनाभ का आयतन = लम्बाई × चौड़ाई × ऊंचाई

320 = 10 × 8 × ऊंचाई

$\therefore$ ऊंचाई $= \frac{320}{10 \times 8} 0$

= 4 सेमी

घनाभ का सम्पूर्ण सतह का क्षेत्रफल = 2 × (लम्बाई × चौड़ाई + चौड़ाई × ऊंचाई + ऊंचाई × लम्बाई)

= 2 × (10 × 8 + 8 × 4 + 4 × 10)

= 2 × (80 + 32 + 40)

= 2 × 152

= 304 वर्ग सेमी

15. एक वृत्त की परिधि एक समभुज त्रिभुज की परिधि के बराबर है। यदि उस वृत्त की त्रिज्या 7 से.मी. है, तो उस समभुज त्रिभुज के भुजा की लंबाई क्या होगी?

(A) 22/3 से.मी. (B) 44/3 से.मी.

(C) 44 से.मी. (D) 22 से.मी.

[SSC CHSL (Tier-1) ऑनलाइन परीक्षा 21 जनवरी 2017 सायं पाली]

उत्तर (B) माना त्रिभुज की भुजा $= x$ सेमी

वृत्त की परिधि = त्रिभुज की परिधि

$2\pi r = 3 \times x$

$2\times \frac{22}{7} = 3x$

$x = \frac{44}{3}$ सेमी

16. बिन्दु (2, – 1) और बिन्दु (x, 5) से गुजरने वाली रेखा का ढाल –1 है, तो x का क्या मान है?

(A) 4 (B) – 4

(C) – 8 (D) 8

[SSC CHSL (Tier-1) ऑनलाइन परीक्षा 21 जनवरी 2017 सायं पाली]

उत्तर (B) बिन्दु (2, –1) और बिन्दु (x,5)

(x_1, y_1) (x_2, y_2)

$\therefore$ रेखा का ढलान $= \frac{y_2 - y_1}{x_2 - x_1}$

$-1 = \frac{5-(-1)}{x-2}$

$-1 = \frac{6}{x-2}$

$x - 2 = -6$

$x = -6 + 2$

$= -4$

17. यदि एक समभुज त्रिकोण के बाजू की लंबाई 6 से.मी. है, तो उसका क्षेत्रफल क्या है?

(A) $18\sqrt{3}$ वर्ग से.मी.

(B) $36\sqrt{3}$ वर्ग से.मी.

(C) $27\sqrt{3}$ वर्ग से.मी.

(D) $9\sqrt{3}$ वर्ग से.मी.

[SSC CHSL (Tier-1) ऑनलाइन परीक्षा 21 जनवरी 2017 सायं पाली]

उत्तर (D) समभुज त्रिभुज का क्षेत्रफल $= \frac{\sqrt{3}}{4} \times 6 \times 6$

$= 9\sqrt{3}$ वर्ग से.मी.

18. एक आयत के विकर्ण की लंबाई 10 से.मी. है और एक भुजा की लंबाई 8 से.मी. है। इस आयत का क्षेत्रफल क्या है?

(A) 80 वर्ग से.मी. (B) 48 वर्ग से.मी.

(C) 60 वर्ग से.मी. (D) 32 वर्ग से.मी.

[SSC CHSL (Tier-1) ऑनलाइन परीक्षा 21 जनवरी 2017 दोपहर पाली]

उत्तर (B)

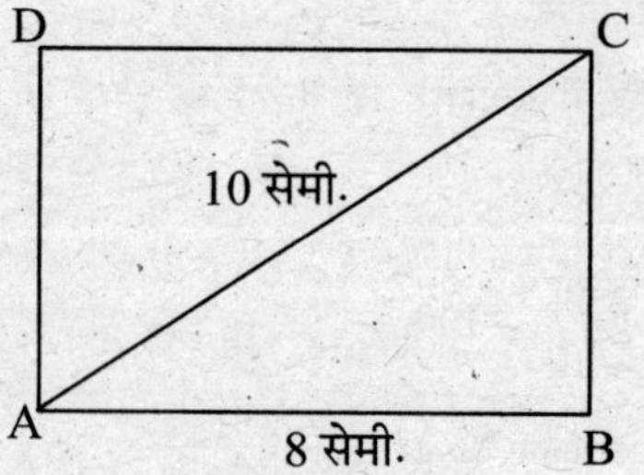

ABCD आयत का विकर्ण

AC = 10 सेमी

AB = 8 सेमी

$\therefore \Delta ABC$ में,

$AC^2 = AB^2 + BC^2$

$(10)^2 = (8)^2 + BC^2$

$BC^2 = 100 - 64$

$BC^2 = 36$

BC = 6 सेमी

$\therefore$ आयत का क्षेत्रफल = AB × BC

= 8 × 6 = 48 वर्ग सेमी

19. एक वृत्त का व्यास एक वर्ग के भुजा के बराबर है। उस वर्ग का क्षेत्रफल क्या होगा, अगर उस वृत्त का क्षेत्रफल 36π वर्ग से.मी. है?

(A) 72 वर्ग से.मी. (B) 144 वर्ग से.मी.

(C) 36 वर्ग से.मी. (D) 18 वर्ग से.मी.

[SSC CHSL (Tier-1) ऑनलाइन परीक्षा 21 जनवरी 2017 दोपहर पाली]

उत्तर (B) वृत्त का व्यास = वर्ग की भुजा

वृत्त का क्षेत्रफल $= 36\pi$

$\pi r^2 = 36\pi$

$r = 6$ से.मी.

वृत्त का व्यास $(2r) = 2 \times 6 = 12$ सेमी

$\therefore$ वर्ग का क्षेत्रफल $= (12)^2$

$= 12 \times 12 = 144$ वर्ग सेमी

20. एक आयताकार स्वीमिंग पूल की लम्बाई 25 मी तथा चौड़ाई 12 मी है, जोकि समान रूप से ढलानदार है। यदि ढलानों पर इसकी गहराई 2 मीटर हो, तो इसे पूरा करने के लिए कितने पानी की आवश्यकता होगी?

(A) 1500 घन मीटर (B) 2250 घन मीटर

(C) 3000 घन मीटर (D) 750 घन मीटर

[SSC CHSL (Tier-1) ऑनलाइन परीक्षा 18 जनवरी 2017 सायं पाली]

उत्तर (C) स्वीमिंग पूल में पानी की मात्रा $= \frac{25 \times 25 \times 12}{2 \times 3}$

= 750 घनमीटर

21. लकड़ी के एक कटोरे की आंतरिक त्रिज्या 9 से.मी. के एक खोखले गोलार्द्ध के आकार में बना है। उस कटोरे के सतह के कुल क्षेत्रफल का पता लगाएं?

(A) 1376.58 वर्ग से.मी. (B) 2064.87 वर्ग से.मी.

(C) 344.15 वर्ग.सेमी. (D) 1197.42 वर्ग से.मी.

[SSC CHSL (Tier-1) ऑनलाइन परीक्षा 17 जनवरी 2017 दोपहर पाली]

उत्तर (D) कटोरे की सतह का कुल क्षेत्रफल = π [3 (बाहरी त्रिज्या)^2 + आंतरिक त्रिज्या^{2}]

$= \pi [3 (9 + 1)^2 + (9)^2]$

$= \pi [3 (10)^2 + (9)^2]$

$= \frac{22}{7} [3 \times 100 + 81]$

$= \frac{22}{7} \times 381$

= 1197.428 वर्ग सेमी

22. एक नहर की अनुप्रस्थ काट एक समदिबाहु समलम्ब के आकार में है, जिसके तल की चौड़ाई 3 मी. और ऊपर के सिरे की चौड़ाई 5 मी. है। यदि उस नहर की गहराई 2 मी. है और लंबाई 110 मी. है, तो इस नहर की अधिकतम धारिता क्या है? (π = 22/7 लीजिए)

(A) 1760 घन.मी. (B) 1650 घन.मी.

(C) 1056 घन.मी. (D) 880 घन.मी.

[SSC CHSL (Tier-1) ऑनलाइन परीक्षा 16 जनवरी 2017 सुबह पाली]

उत्तर (D) नहर की अधिकतम धारिता = $\frac{1}{2} \times 2 (3 + 5) \times 110$

= 880 घनमीटर

23. एक खोखले सिलेंडर के कुल सतह का क्षेत्रफल (वर्ग से.मी. में) क्या होगा, जो दोनों सिरों पर खुला है और यदि इसकी लंबाई 22 से.मी., बाहरी त्रिज्या 7 से.मी. और मोटाई 1 से.मी. है? (π = 22/7 लीजिए)

(A) 1879.93 (B) 3758.86

(C) 9397.715 (D) 2819.145

[SSC CHSL (Tier-1) ऑनलाइन परीक्षा 10 जनवरी 2017 सुबह पाली]

उत्तर (A)

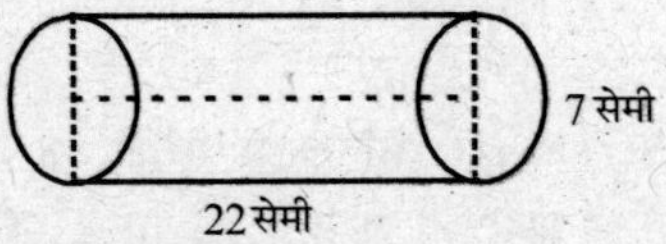

खोखले बेलनाकार सिलेन्डर की ऊंचाई = 22 सेमी = h

बाहरी त्रिज्या R = 7 सेमी

आंतरिक त्रिज्या $r = 7 - 1 = 6$ सेमी

$\therefore$ खोखले बेलनाकार सिलेन्डर की कुल सतह का क्षेत्रफल

$= 2\pi (R + r) (R - r + h)$

$= 2 \times \frac{22}{7} (7 + 6) (22 + 7 - 6)$

$= 2 \times \frac{22}{7} \times 13 \times 23$

$= \frac{13156}{7}$

= 1879.428

= 1879.43 वर्ग सेमी

24. एक अर्द्धगोले की कुल सतह का क्षेत्रफल 1848 वर्ग से.मी. है, तो उसकी त्रिज्या क्या होगी? (π = 22/7 लीजिए)

(A) 28 से.मी. (B) 7 से.मी.

(C) 21 से.मी. (D) 14 से.मी.

[SSC CHSL (Tier-1) ऑनलाइन परीक्षा 10 जनवरी 2017 सायं पाली]

उत्तर (D) अर्द्धगोले की कुल सतह का क्षेत्रफल = 1848

$3\pi r^2 = 1848$

$\Rightarrow 3 \times \frac{22}{7} \times r^2 = 1848$

$\Rightarrow r^2 = \frac{1848 \times 7}{2 \times 22}$

$\Rightarrow r^2 = 196$

$\Rightarrow r = 14$ से.मी.

25. एक सम चतुर्भुज का एक विकर्ण दूसरे का आधा है। यदि सम चतुर्भुज की भुजा की लंबाई 10 से.मी. है, तो उस सम चतुर्भुज का क्षेत्रफल क्या होगा?

(A) $75\sqrt{3}$ वर्ग से.मी. (B) $25\sqrt{3}$ वर्ग से.मी.

(C) 80 वर्ग से.मी. (D) 160 वर्ग से.मी.

[SSC CHSL (Tier-1) ऑनलाइन परीक्षा 10 जनवरी 2017 सायं पाली]

उत्तर (C)

समचतुर्भुज का क्षेत्रफल = $\frac{1}{2}$ × पहला विकर्ण × दूसरा विकर्ण

समचतुर्भुज की भुजा

$= \frac{1}{2} \times \sqrt{(\text{पहला विकर्ण})^2 + (\text{दूसरा विकर्ण})^2}$

प्रश्नानुसार,

$10 = \frac{1}{2} \times \sqrt{(\text{पहला विकर्ण})^2 + \frac{(\text{दूसरा विकर्ण})^2}{2}}$

$20 = \sqrt{(\text{पहला विकर्ण})^2 + \left(\frac{\text{दूसरा विकर्ण}}{2}\right)^2}$

दोनों ओर वर्ग करने पर

$(20)^2 = (\text{पहला विकर्ण})^2 + \left(\dfrac{\text{दूसरा विकर्ण}}{2}\right)^2$

$400 = (\text{पहला विकर्ण})^2 + \left(\dfrac{\text{दूसरा विकर्ण}}{2}\right)^2$

$\therefore$ (पहला विकर्ण)$^2 = 320$

पहला विकर्ण $= \sqrt{320}$

$= 8\sqrt{5}$ सेमी

तथा दूसरा विकर्ण $= \dfrac{8\sqrt{5}}{2}$

$= 4\sqrt{5}$ सेमी

$\therefore$ समचतुर्भुज का क्षेत्रफल $= \dfrac{1}{2}$ × पहला विकर्ण × दूसरा विकर्ण

$= \dfrac{1}{2} \times 8\sqrt{5} \times 4\sqrt{5}$

= 80 वर्ग सेमी.

26. यदि एक सिलेण्डर का आयतन 3850 घन सेमी है और ऊंचाई 25 सेमी है, तो इसकी त्रिज्या क्या है? (π = 22/7 लीजिए)–

(A) 7 सेमी (B) 14 सेमी

(C) 3.5 सेमी (D) 10.5 सेमी

[SSC CHSL (Tier-1) ऑनलाइन परीक्षा 9 जनवरी 2017 सुबह पाली]

उत्तर (A) बेलनाकार सिलेंडर का आयतन

$= 3850$

$pr^2h = 3850$

$\times r^2 \times 25 = 3850$

$r^2 = \dfrac{3850 \times 7}{25 \times 22}$

$r^2 = 49$ सेमी

$r = 7$ सेमी

27. एक वृत्त में एक वर्ग उत्कीर्ण है। यदि वर्ग की भुजा 14 सेमी है, तो उस वृत्त का क्षेत्रफल (वर्ग सेमी में) क्या होगा?

(A) 49π (B) 77π

(C) 121π (D) 98π

[SSC CHSL (Tier-1) ऑनलाइन परीक्षा 9 जनवरी 2017 सायं पाली]

उत्तर (D) वर्ग की भुजा = 14 सेमी

वृत्त का क्षेत्रफल $= \pi r^2$

$= \pi \times \dfrac{1}{2} \times 14 \times 14$

$= \pi \times \dfrac{196}{2}$

$= 98\pi$ वर्ग सेमी

28. एक लकड़ी का कटोरा जिसकी आंतरिक त्रिज्या 7 सेमी और मोटाई 1 सेमी है, वह एक खोखले गोलार्द्ध के आकार में है। कटोरे की सतह का कुल क्षेत्रफल (वर्ग सेमी में) क्या होगा? (π = 22/7 लीजिए)

(A) 710.29 (B) 757.43

(C) 355.14 (D) 908.91

[SSC CHSL (Tier-1) ऑनलाइन परीक्षा 9 जनवरी 2017 सायं पाली]

उत्तर (B) कटोरे की सतह का कुल क्षेत्रफल = π [3 (बाहरी त्रिज्या)^2 + (आंतरिक त्रिज्या)^2]

$= \dfrac{22}{7}[3(7+1)^2 + (7)^2]$

$= \dfrac{22}{7}[3 \times (8)^2 + (7)^2]$

$= \dfrac{22}{7}[3 \times 64 + 49]$

$= \dfrac{22}{7}[192 + 49]$

$= \dfrac{22 \times 241}{7}$

$= \dfrac{5302}{7} = 757.428 = 757.43$ वर्ग सेमी

29. यदि 3.5 सेमी. की त्रिज्या और 9.6 सेमी. की ऊंचाई वाले एक शंकु को पिघलाया गया, और उसी त्रिज्या वाले एक बेलन में निर्माण किया गया, तो इस बेलन की ऊंचाई क्या होगी? (प्रयोग करें π = 22/7)

(A) 3.2 सेमी. (B) 6.4 सेमी.

(C) 1.6 सेमी. (D) 4.8 सेमी.

[SSC CHSL (Tier-1) ऑनलाइन परीक्षा 8 जनवरी 2017 दोपहर पाली]

उत्तर (A) 3.5 सेमी. त्रिज्या वाले शंकु का आयतन = बेलन का आयतन

$\dfrac{1}{3}\pi r^2 n_1 = \pi r^2 h_2$ [जहां, h_1 व h_2, बेलन व शंकु की ऊंचाइयां है।]

$\dfrac{1}{3} \times \dfrac{22}{7} \times 3.5 \times 3.5 \times 9.6 = \dfrac{22}{7} \times 3.5 \times 3.5 \times h_2$

$\dfrac{9.6}{3} = h_2$

$h_2 = 3.2$ सेमी.

30. एक वर्ग में एक वृत्त उत्कीर्ण है। यदि उस वर्ग के विकर्ण की लम्बाई 14√2 सेमी है, तो उस वृत्त का क्षेत्रफल (वर्ग सेमी. में) क्या है?

(A) 308 (B) 462

(C) 154 (D) 616

[SSC CHSL (Tier-1) ऑनलाइन परीक्षा 8 जनवरी 2017 दोपहर पाली]

उत्तर (C) वर्ग के विकर्ण की लम्बाई = $14\sqrt{2}$ सेमी.

$\therefore$ वृत्त की त्रिज्या = 7 सेमी.

∴ वृत्त का क्षेत्रफल $= \pi r^2$

$= \frac{22}{7} \times 7 \times 7 = 154$ वर्ग सेमी.

31. एक वर्ग के विकर्ण की लंबाई 10 सेमी. है। इस वर्ग का क्षेत्रफल क्या है?

(A) 50 वर्ग सेमी. (B) 100 वर्ग सेमी.
(C) 200 वर्ग सेमी. (D) 25 वर्ग सेमी.

[SSC CHSL (Tier-1) ऑनलाइन परीक्षा 8 जनवरी 2017 दोपहर पाली]

उत्तर (A) वर्ग के विकर्ण की लम्बाई = 10 सेमी. $= 5\sqrt{2}$

∴ वर्ग का क्षेत्रफल = भुजा^{2}
$= (5\sqrt{2})^2$
$= 25 \times 2$
= 50 वर्ग सेमी.

32. यदि 7 से.मी. की त्रिज्या और 9 से.मी. की ऊंचाई वाले एक बेलनाकार वस्तु को पिघलाकर उसी त्रिज्या के एक शंकु का निर्माण किया जाता है, तो उस शंकु की ऊंचाई कितनी होगी?

(A) 54 से.मी. (B) 9 से.मी.
(C) 27 से.मी. (D) 13.5 से.मी.

[SSC CHSL (Tier-1) ऑनलाइन परीक्षा 7 फरवरी 2017 सुबह पाली]

उत्तर (C) प्रश्नानुसार,

बेलन का आयतन = शंकु का आयतन

$$\pi r^2 h = \frac{1}{3}\pi r^2 h$$

$$\pi \times (7)^2 \times 9 = \frac{1}{3}\pi (7)^2 \times h$$

$$9 = \frac{h}{3}$$

$h = 27$ सेमी.

33. एक वृत्त का व्यास 28 से.मी. है, तो उसका क्षेत्रफल निकालें ?

(A) 616 वर्ग से.मी. (B) 308 वर्ग से.मी.
(C) 154 वर्ग से.मी. (D) 77 वर्ग से.मी.

[SSC CHSL (Tier-1) ऑनलाइन परीक्षा 7 फरवरी 2017 सुबह पाली]

उत्तर (A) वृत्त का व्यास = 28 सेमी.

∴ त्रिज्या = 14 सेमी.

∴ वृत्त का क्षेत्रफल $= \pi r^2$

$= \frac{22}{7} \times 14 \times 14$

= 616 वर्ग सेमी.

34. 12 सेमी की ऊंचाई और 10 सेमी के व्यास वाले एक शंकु को उसी व्यास वाले एक गोलार्द्ध पर मढ़ा जाता है। इस तरह से निर्माण हुई ठोस वस्तु के आयतन को ज्ञात कीजिए–

(A) 384,13 वर्ग सेमी (B) 576.19 वर्ग सेमी
(C) 192.06 वर्ग सेमी (D) 288.1 वर्ग सेमी

[SSC CHSL (Tier-1) ऑनलाइन परीक्षा 7 जनवरी 2017 सायं पाली]

उत्तर (B) व्यास = 10 सेमी

∴ त्रिज्या = 5 सेमी

ऊंचाई = 12 सेमी

∴ ठोस वस्तु का आयतन

= शंकु का आयतन + गोलार्द्ध का आयतन

$= \frac{1}{3}\pi r^2 h + \frac{2}{3}\pi r^2$

$= \frac{1}{3}\pi r^2 (h + 2r)$

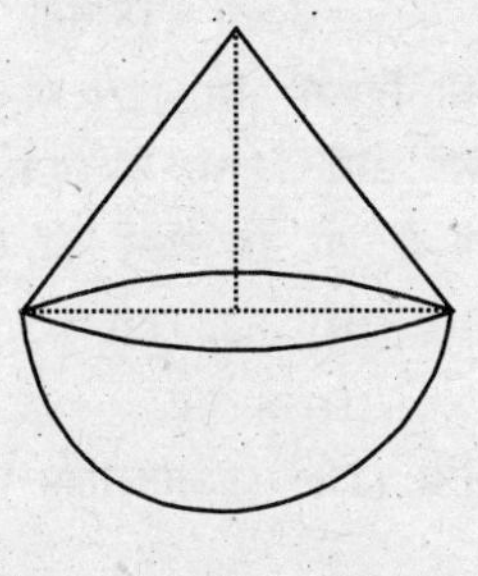

$= \frac{1}{3} \times \frac{22}{7} \times 5 \times 5\,(12 + 2 \times 5)$

$= \frac{1}{3} \times \frac{22}{7} \times 25 \times 22$

= 576.190 वर्ग सेमी

35. एक आयत के विकर्ण की लम्बाई 26 सेमी है और एक बाजू की लम्बाई 10 सेमी है। इस आयत का क्षेत्रफल ज्ञात कीजिए–

(A) 260 वर्ग सेमी (B) 120 वर्ग सेमी
(C) 130 वर्ग सेमी (D) 240 वर्ग सेमी

[SSC CHSL (Tier-1) ऑनलाइन परीक्षा 7 जनवरी 2017 सायं पाली]

उत्तर (D) आयत का विकर्ण

$= \sqrt{(\text{लम्बाई})^2 + (\text{चौडाई})^2}$

$26 = \sqrt{(10)^2 + (\text{चौडाई})^2}$

$676 = 100 + (\text{चौड़ाई})^2$

$(\text{चौड़ाई})^2 = 676 - 100 = 576$

चौड़ाई = 24 सेमी

∴ आयत का क्षेत्रफल

= लम्बाई × चौड़ाई

$= 10 \times 24$

= 240 वर्ग सेमी

36. एक समबाहु त्रिभुज का क्षेत्रफल $9\sqrt{3}$ वर्ग सेमी है, तो त्रिभुज की परिधि निकालें?

(A) 18 सेमी (B) 9 सेमी

(C) $9\sqrt{3}$ सेमी (D) $6\sqrt{3}$ सेमी

[SSC CHSL (Tier-1) ऑनलाइन परीक्षा 7 जनवरी 2017 सायं पाली]

उत्तर (A) समबाहु त्रिभुज का क्षेत्रफल

$= 9\sqrt{3}$

$$\frac{\sqrt{3}}{4} \times (\text{भुजा})^2 = 9\sqrt{3}$$

$$(\text{भुजा})^2 = \frac{9 \times 4 \times \sqrt{3}}{\sqrt{3}}$$

$$\text{भुजा} = \sqrt{36}$$

$= 6$ सेमी

$\therefore$ समबाहु त्रिभुज की परिधि

$= 3 \times$ भुजा

$= 3 \times 6 = 18$ सेमी

37. यदि 10.5 से.मी. की त्रिज्या और 12 से.मी. की ऊंचाई वाले एक शंकु को पिघलाकर उसी त्रिज्या के एक बेलनाकार वस्तु का निर्माण किया जाता है, तो उस वस्तु की ऊंचाई कितनी होगी?

(A) 8 सेमी. (B) 1.33 सेमी.

(C) 2 सेमी. (D) 4 सेमी.

[SSC CHSL (Tier-1) ऑनलाइन परीक्षा 3 फरवरी 2017 सायं पाली]

उत्तर (D) प्रश्नानुसार,

शंकु का आयतन = बेलन का आयतन

$$\frac{1}{3}\pi r_1^2 h_1 = \pi r_2^2 h_2 \quad [\because r_1 = r_2]$$

$$\frac{13}{3} = h^2$$

$\therefore \quad h_2 = 4$ सेमी.

38. एक वर्ग के विकर्ण की लम्बाई 14 सेमी. है। इस वर्ग का क्षेत्रफल ज्ञात करें।

(A) 49 वर्ग सेमी. (B) 196 वर्ग सेमी.

(C) 98 वर्ग सेमी. (D) 77 वर्ग सेमी.

[SSC CHSL (Tier-1) ऑनलाइन परीक्षा 3 फरवरी 2017 सायं पाली]

उत्तर (C) वर्ग के विकर्ण की लम्बाई = 14 सेमी.

$$\therefore \quad \text{वर्ग का क्षेत्रफल} = \frac{14 \times 14}{2}$$

$$= \frac{196}{2}$$

$= 98$ वर्ग सेमी.

39. एक वर्ग का विकर्ण $10\sqrt{2}$ सेमी. है, तो उसकी परिधि निकालें?

(A) 160 सेमी. (B) 80 सेमी.

(C) 20 सेमी. (D) 40 सेमी.

[SSC CHSL (Tier-1) ऑनलाइन परीक्षा 3 फरवरी 2017 सायं पाली]

उत्तर (D) माना वर्ग की भुजा $= a$

वर्ग का विकर्ण $= 10\sqrt{2}$ सेमी.

$$\because \quad a\sqrt{2} = 10\sqrt{2}$$

$a = 10$ सेमी

वर्ग की परिधि $= 4 \times$ भुजा

$= 4 \times 10$

$= 40$ सेमी.

11 ज्यामिति एवं निर्देशांक ज्यामिति

परिभाषाएं

बिन्दु: बिन्दु को इसके स्थान पर आधार पर परिभाषित किया जाता है, जिसकी न लम्बाई, न कोई मोटाई और न ही कोई चौड़ाई होती है।

रेखा: एक रेखा पर असंख्य बिन्दु होते हैं इसकी लम्बाई होती है। परन्तु चौड़ाई नहीं।

समान्तर रेखाएं: दो रेखाएं एक समतल पर तभी समान्तर होती हैं, जब वे कभी भी एक दूसरे को नहीं काटती चाहे वे कितनी ही दूरी तक खींची जाए। उदाहरण के लिए रेलवे ट्रैक

कोण

कोण वह आकृति है, जो उभयनिष्ठ बिन्दु से प्रारम्भ होने वाली दो किरणों से बनती है। उस प्रारम्भिक बिन्दु को शीर्ष और उन किरणों को कोण की भुजा कहते हैं। चित्र में शीर्ष बिन्दु O से दो किरणों OM और ON द्वारा $\angle MON$ बनता है।

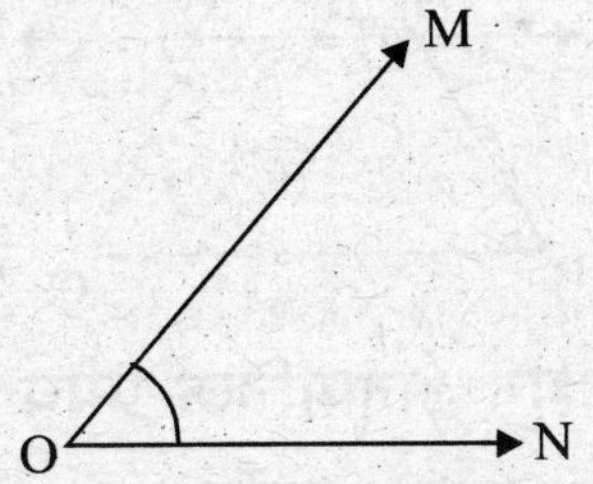

कोटिपूरक कोण

वे दो कोण, जिनकी मापों का कुल योग 90° हो, पूरक कोण कहलाते हैं तथा प्रत्येक कोण एक-दूसरे का पूरक कहलाता है।

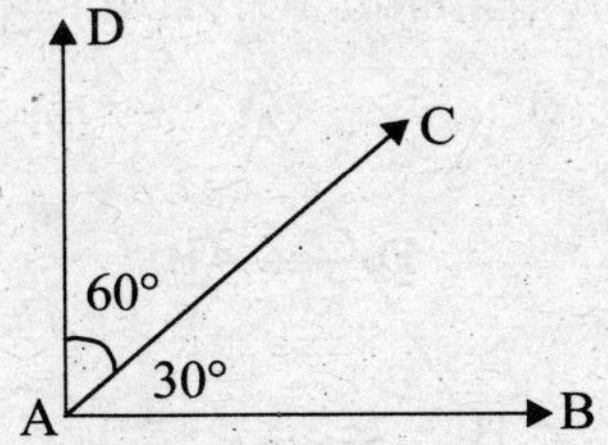

यहां पर कोण $60°, 30°$ का पूरक कोण है अथवा उपरोक्त दोनों एक-दूसरे के पूरक कोण हैं।

अत: $60° + 30° = 90°$

सम्पूरक कोण

जिन दो कोणों की मापों का कुल योगफल 180° के बराबर होता है, सम्पूरक कोण कहलाते हैं। दोनों एक-दूसरे के सम्पूक कोण होते हैं।

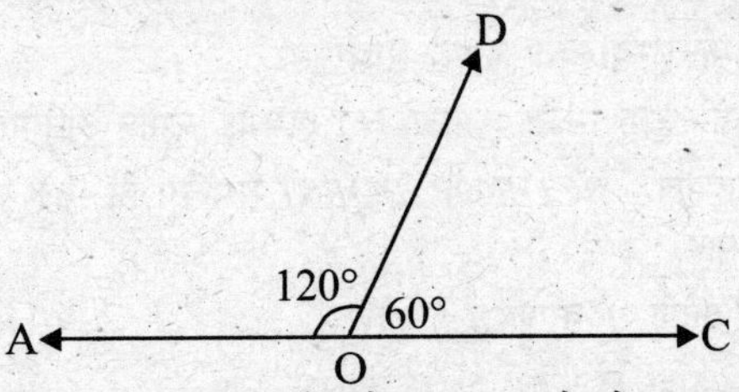

यहां 120° व 60° के कोण एक-दूसरे के सम्पूरक कोण हैं, अत: $120° + 60° = 180°$

वृत्त पर स्पर्श रेखा की कुछ विशेषताएं

प्रमेय 1: वृत्त पर स्पर्श रेखा, मिलान बिन्दु पर वृत्त की त्रिज्या के लम्बवत् होती है।

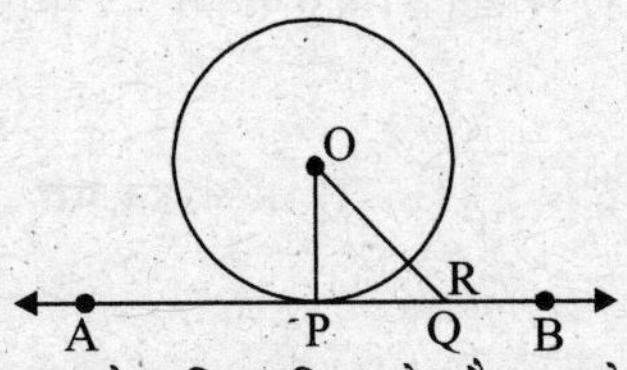

प्रमेय 2: त्रिज्या के अन्तिम बिन्दु से और इसके लम्बवत् खींची गई रेखा वृत्त की स्पर्श रेखा होती है।

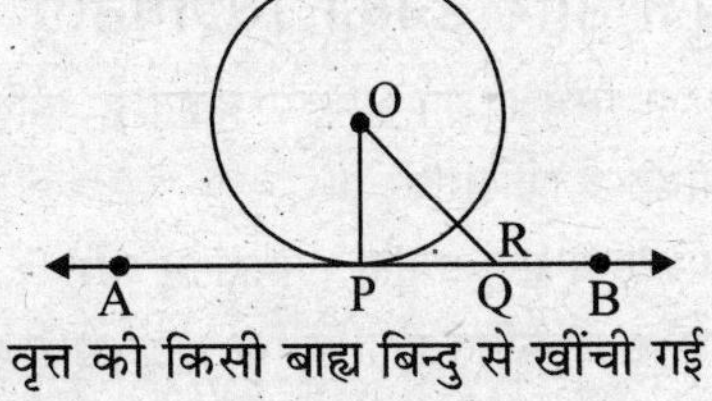

प्रमेय 3: वृत्त की किसी बाह्य बिन्दु से खींची गई स्पर्श रेखाओं की लंबाई समान होती है।

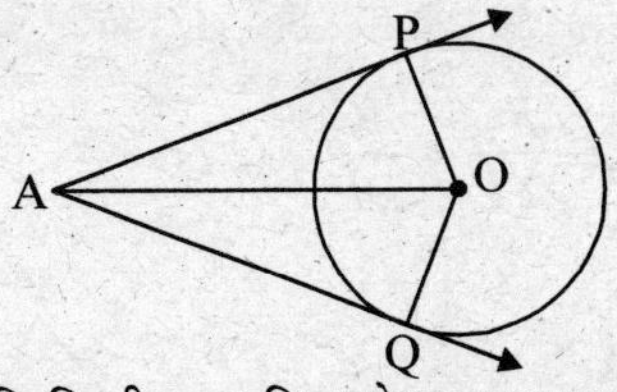

प्रमेय 4: यदि किसी बाह्य बिन्दु से वृत्त पर स्पर्श रेखाएं खींची जाएं तो:

(i) ये केंद्र पर समान कोण बनाती हैं।

(ii) ये केंद्र और उस बिंदु को मिलाने वाली रेखा पर झुकी हुई होती हैं।

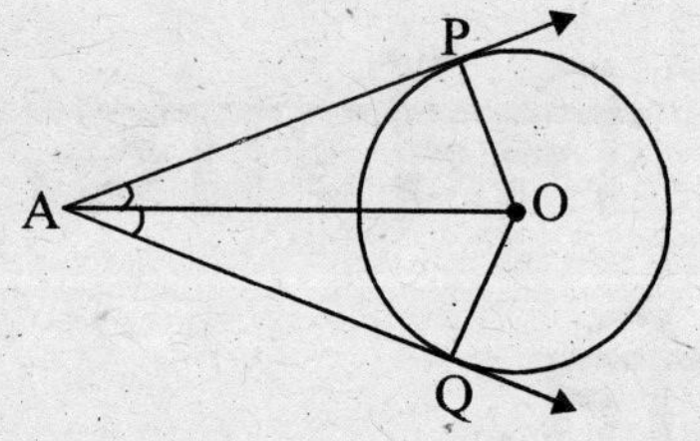

समरूप बहुभुज

परिभाषाः दो बहुभुज एक दूसरे के समरूप कहलाते हैं, यदि

(i) उनके सम्बन्धित कोण बराबर हों

(ii) उनकी सम्बन्धित भुजाओं की लम्बाई समान अनुपात में हों

यदि दो बहुभुज $ABCDE$ और $PQRST$ समरूप हों, तब उपरोक्त परिभाषा के अनुसार

कोण A = कोण, P कोण B = कोण Q,

कोण C = कोण R, कोण D = कोण S,

कोण E = कोण T

और $\frac{AB}{PQ} = \frac{BC}{QR} = \frac{CD}{RS} = \frac{DE}{ST} = \frac{EA}{TP}$

यदि दो बहुभुज, ABCDE और PQRST, समरूप हैं, तो हम $ABCDE \sim PQRST$ लिखते हैं। यहां संकेत '~' समरूपता दर्शाता है।

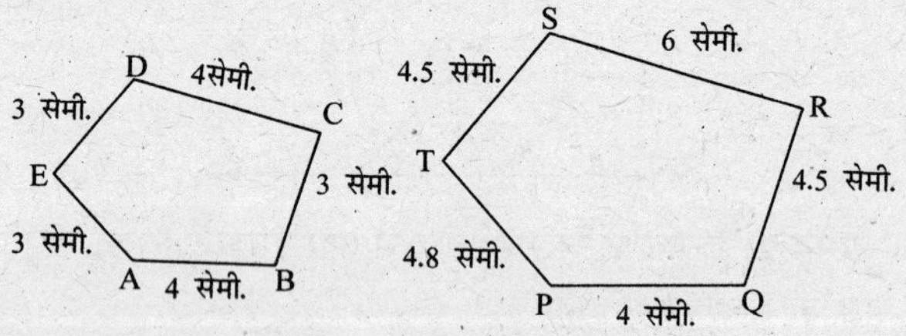

समरूप त्रिभुज और उनकी विशेषताएं

परिभाषाः दो त्रिभुजों को समरूप कहते हैं, यदि उनके

(i) संबंधित कोण बराबर हों

(ii) संबंधित भुजाएं समान अनुपात में हों।

इस परिभाषा से निरूपित होता है कि दो त्रिभुज ABC और DEF समरूप हैं, यदि

(i) $\angle A = \angle D, \angle B = \angle E = \angle F$ और

(ii) $\frac{AB}{DE} = \frac{BC}{EF} = \frac{AC}{DF}$

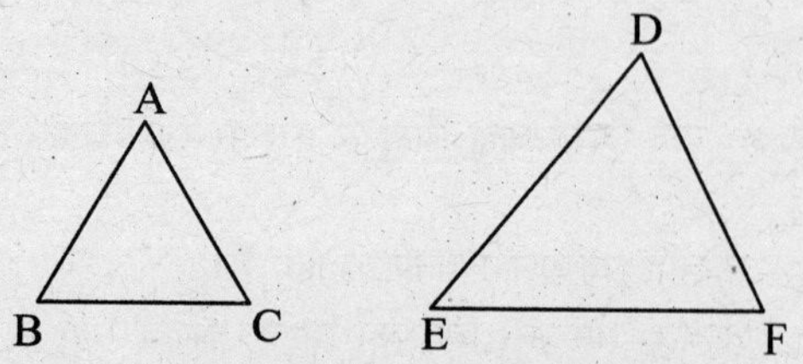

अनुपात पर आधारित कुछ मूलभूत परिणामः

प्रमेय 1: (मूलभूत अनुपातिक प्रमेय)

यदि त्रिभुज की एक भुजा के समान्तर दो भुजाओं को काटती हुई एक रेखा खींची जाए, तो यह दो भुजाओं को समान अनुपात में विभाजित करती है।

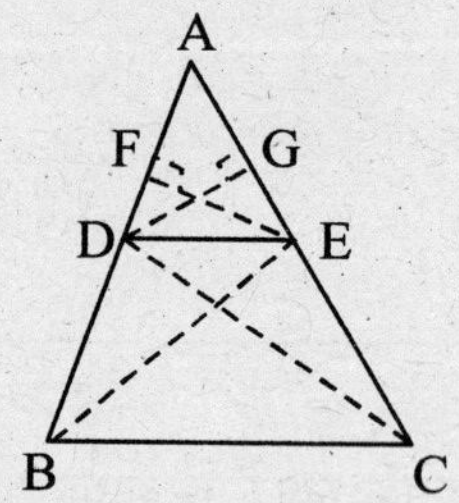

$$\frac{AD}{DB} = \frac{AE}{EC}$$

प्रमेय 2: (मूलभूत अनुपातिक प्रमेय का विपरीत)

यदि एक रेखा त्रिभुज की दो भुजाओं को समान अनुपात में विभाजित करती हो, तो रेखा तीसरी भुजा के समान्तर होनी चाहिए।

$\frac{AD}{DB} = \frac{AE}{EC}$, तब $DE \| BC$

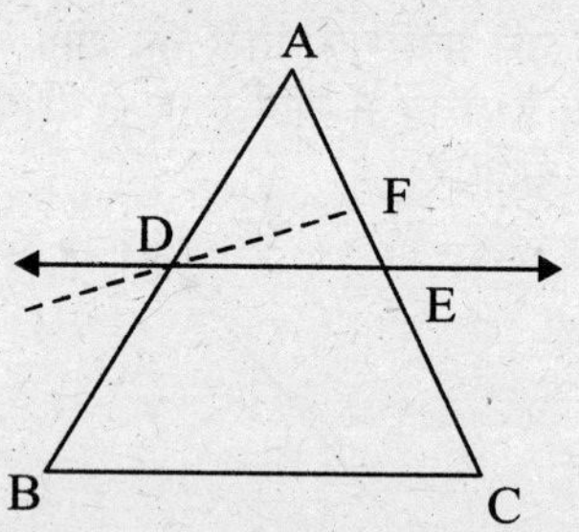

कुछ अन्य मूलभूत अनुपातिक प्रमेय

इस भाग में हम मूलभूत अनुपातिक प्रमेय की कुछ और अधिक विशेषताओं पर चर्चा करेंगे।

प्रमेय 1: त्रिभुज की एक भुजा के मध्य बिन्दु से किसी दूसरी भुजा के समान्तर खींची गई रेखा तीसरी भुजा को समद्विभाजित करती है।

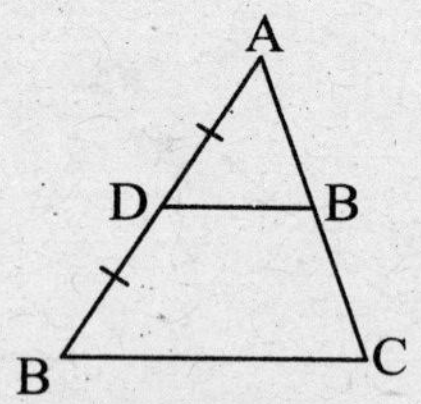

प्रमेय 2: त्रिभुज की दो भुजाओं के मध्य बिंदुओं को मिलाने वाली रेखा तीसरी भुजा के समान्तर होगी।

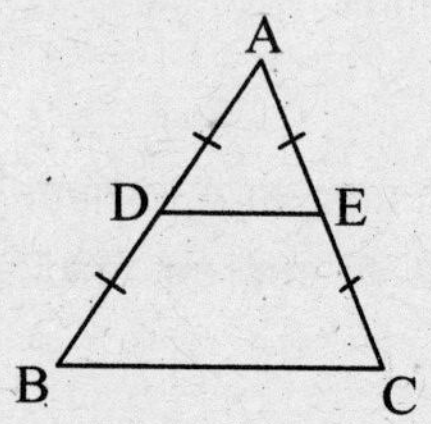

प्रमेय 3: समलम्ब चतुर्भुज के विकर्ण एक दूसरे को समान अनुपात में विभाजित करते हैं।

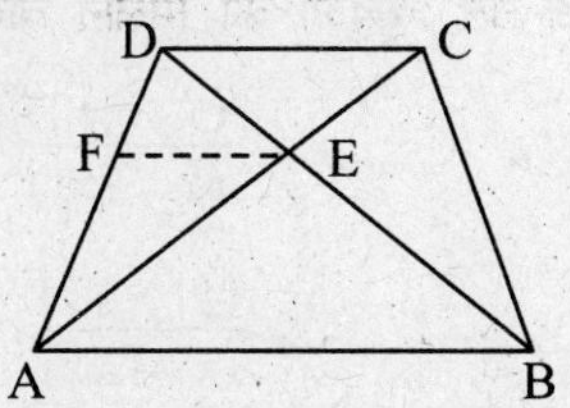

प्रमेय 4: यदि चतुर्भुज के विकर्ण एक दूसरे को समान अनुपात में विभाजित करते हैं, तो यह एक समलम्ब चतुर्भुज होगा।

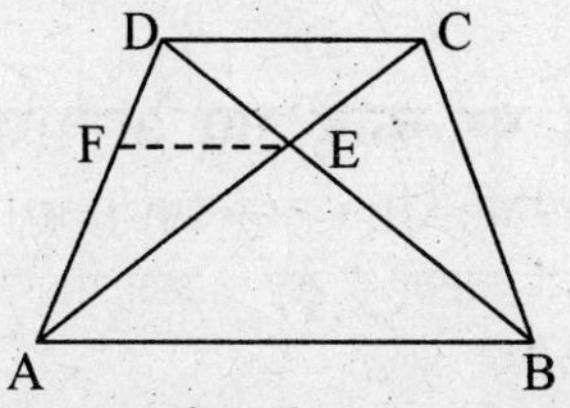

प्रमेय 5: समलम्ब चतुर्भुज की समान्तर भुजाओं के समान्तर कोई रेखा, असमान्तर भुजाओं को समान अनुपात में विभाजित करती है।

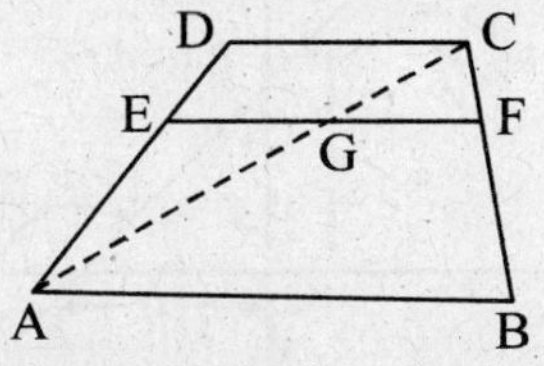

प्रमेय 6: यदि तीन या अधिक रेखाओं को दो तिर्यक रेखाओं द्वारा काटा जाता है, तो तिर्यकों पर उनके द्वारा विभाजित रेखाएं समान अनुपात में होती हैं।

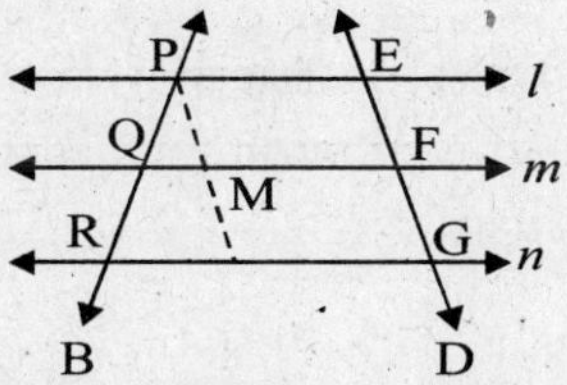

महत्त्वपूर्ण बिन्दु

- त्रिभुज की एक भुजा को आगे बढ़ाने पर बनने वाला बहिष्कोण दो सम्मुख अन्त: कोणों का योग होता है।
- किसी त्रिभुज का बहिष्कोण, किसी भी सम्मुख अन्त: कोण से बड़ा होता है।
- किसी समद्विबाहु त्रिभुज के समान कोणों वाले शीर्षों के सम्मुख भुजाओं पर डाले गए लम्ब बराबर होते हैं।
- यदि त्रिभुज की तीनों भुजाओं को क्रम से आगे बढ़ाया जाए, तब सभी बहिष्कोणों का योग $360°$ होता है।
- समबाहु त्रिभुज की माध्यिकाएं समान होती हैं।
- त्रिभुज की किन्हीं दो भुजाओं का योग, तीसरी भुजा पर खींची गई माध्यिका के दोगुने से बड़ा होता है।
- समबाहु त्रिभुज का गुरुत्व केन्द्र, अन्त: केन्द्र, लम्ब केन्द्र तथा परिकेन्द्र एक ही बिन्दु होता है।
- किसी त्रिभुज के तीन शीर्षों से अलग-अलग खींची गई रेखाएं जो सम्मुख भुजाओं के समान्तर हों, तो इनसे बने त्रिभुज का परिमाप, मूल त्रिभुज के परिमाप का दोगुना होता है।
- किसी समबाहु त्रिभुज में एक भुजा पर बने वर्ग का तीन गुना, उसके शीर्ष लम्ब पर बने वर्ग के चार गुने के बराबर होता है।
- यदि दो समरूप त्रिभुजों के क्षेत्रफल बराबर हों, तब त्रिभुज सर्वांगसम होते हैं या बराबर और समरूप सर्वांगसम होते हैं।
- दो समरूप त्रिभुजों का क्षेत्रफल उनकी संगत भुजाओं के वर्ग, माध्यिकाओं के वर्ग के समानुपाती होता है।
- तीन असरेख बिन्दुओं से होकर केवल एक ही वृत्त खींचा जा सकता है।
- केन्द्र से बराबर दूरी पर स्थित जीवाएं बराबर होती हैं।
- स्पर्श बिन्दु से स्पर्श रेखा पर खींचा गया लम्ब, वृत्त के केन्द्र से होकर गुजरता है।

कार्तीय तल

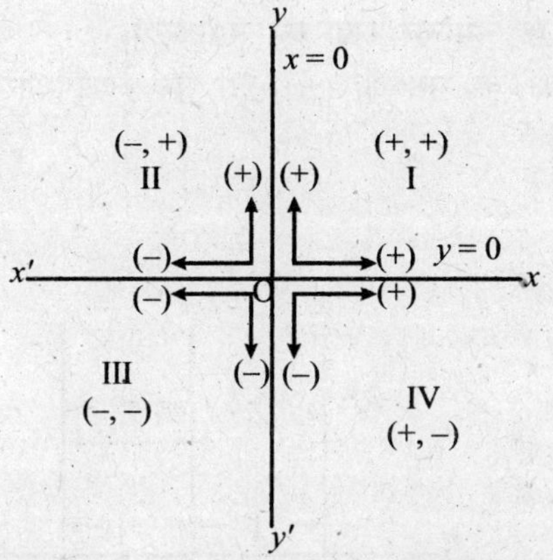

$xx' \rightarrow x$ ~ अक्ष, $yy' \rightarrow y$-अक्ष तथा $O \rightarrow$ मूलबिन्दु कार्तीय तल पर किसी बिन्दु को प्रकट करने के लिए x तथा y के रूप में माप व्यक्त की जाती है। इनमें से x को भुज तथा y को कोटि कहते हैं। x के मान को x-अक्ष या समान्तर रेखा पर, जबकि y के मान को y-अक्ष या समान्तर रेखा पर प्रकट किया जाता है। समतल में स्थित बिन्दु के निर्देशांक (x, y) से व्यक्त करते हैं।

अक्ष रेखाओं के समीकरण

x-अक्ष स्थित प्रत्येक बिन्दु का y-निर्देशांक $= 0$ तथा y-अक्ष पर स्थित, प्रत्येक बिन्दु का x-निर्देशांक होता है $= 0$ होता है।

अत: x-अक्ष का समीकरण होता है $y = 0$

जबकि y-अक्ष का समीकरण होता है $x = 0$

सरल रेखा समान्तर तथा लम्बवत् रेखाओं के समीकरण

I. x-अक्ष के समान्तर रेखा का समीकरण

x-अक्ष के सामान्तर $+b$ की दूरी पर स्थित रेखा AB का समीकरण

$$y = +b$$

या

$$y - b = 0$$

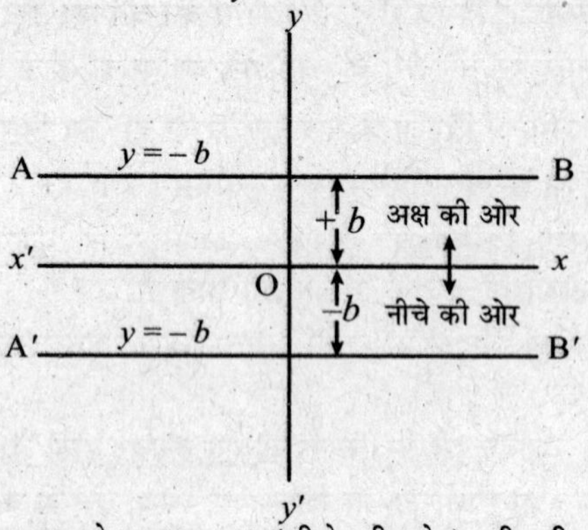

तथा x-अक्ष के समान्तर $-b$ (नीचे की ओर) की दूरी पर स्थित रेख A'B' का समीकरण

$$y = -b$$

या $\quad y + b = b$

II. y-अक्ष के समान्तर रेखा का समीकरण

y-अक्ष के समान्तर $(+a)$ दूरी पर (दाईं ओर) रेखा CD के समीकरण

$$x = +a$$

या

$$x - a = 0$$

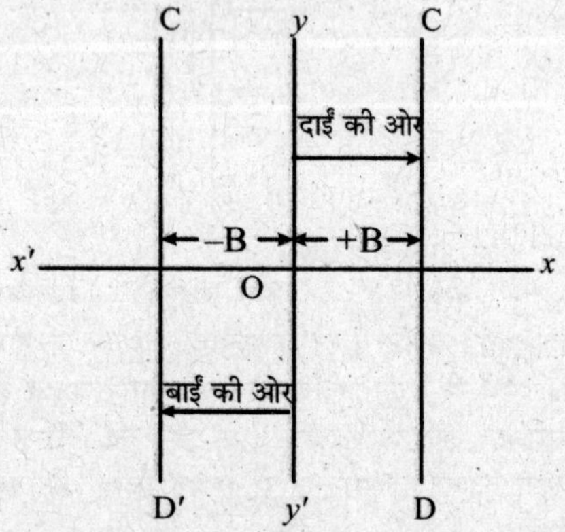

तथा y-अक्ष के समान्तर $(-a)$ दूरी पर (बाईं ओर) x रेख C का समीकरण

$$x = -a$$

या

$$x + a = 0$$

रेखा की प्रवणता या ढाल

किसी रेखा द्वारा x-अक्ष की धन दिशा में यामावर्त क्रम में (anticlock-wise) बनाये गए कोण (θ) के tan के मान को उस रेखा की प्रवणता (ढाल) (m) कहते हैं।

अर्थात् $\quad m = \tan\theta$

यदि कोई रेखा दो बिन्दुओं (x_1, y_1) तथा (x_2, y_2) से होकर जाती है तो उन बिन्दुओं को मिलाने वाली रेखा की प्रवणता

$$m = \frac{(y_2 - y_1)}{(x_2 - x_1)}$$

$$= \frac{(y_1 - y_2)}{(x_1 - x_2)}$$

यदि तीन बिन्दु A, B तथा C सरेख है तो रेखा AB की प्रवणता = रेखा AC की प्रवणता

रेखा द्वारा अक्षों पर काटे गए अन्तःखण्ड

यदि सरल रेखा AB, x-अक्ष तथा y-अक्ष को क्रमशः A व B बिन्दुओं पर काटती है तब x-अक्ष पर काटा गया अन्तःखण्ड $= OA = a$ तथा

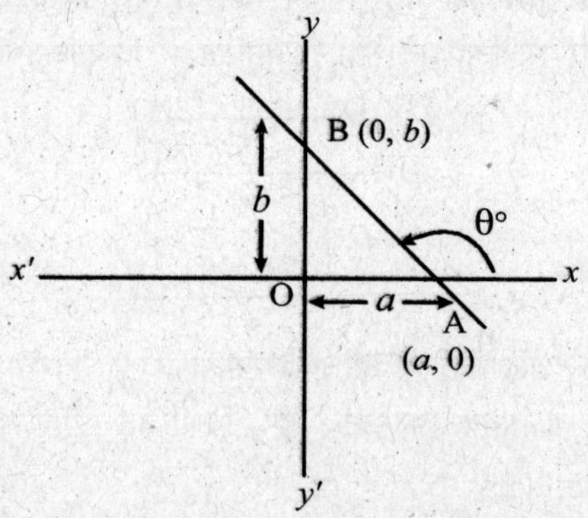

यदि सरल रेखा AB, y-अक्ष को D बिन्दु पर तथा x-अक्ष को E बिन्दु पर इस प्रकार काटती है कि सरल रेखा द्वारा x-अक्ष से (+θ) कोण बनाता है।

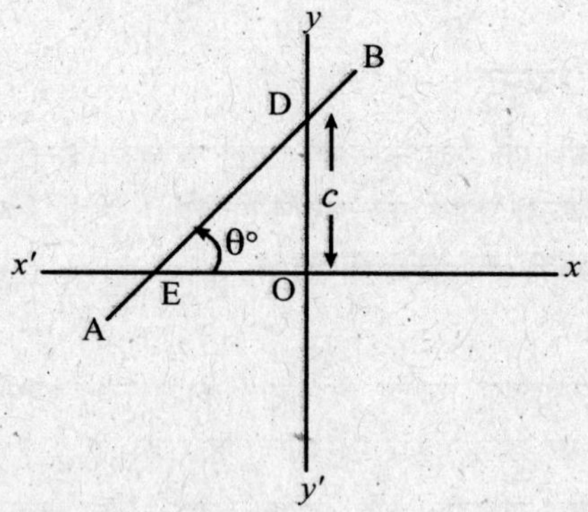

तब रेखा का समीकरण $y = mx + c$

जहाँ c, सरल रेखा द्वारा, y-अक्ष पर काटे अन्तःखण्ड की लम्बाई है तथा $\pi = \tan\theta$ है।

रेखाओं के विभिन्न तीन रूप

I. प्रवणता रूप $y = mx + c$

II. अन्त:खण्ड रूप $\frac{x}{a} + \frac{y}{b} = 1$

III. लम्ब रूप $x \cos\alpha + y \sin\alpha = P$

दो सरल रेखाओं के बीच का कोण

यदि AB व CD दो रेखाएँ x-अक्ष को क्रमश: E तथा F बिन्दुओं पर काटती है तथा θ_1 व θ_2 कोण बनाती है। किन्तु ये दोनों परस्पर P बिन्दु पर α कोण बनाती है।

$\therefore$ इन रेखाओं की प्रवणता m_1 व m_2 होगी।

$$m_1 = \tan\theta_1 \text{ तथा } m_2 = \tan\theta_2$$

$$\therefore \quad \tan\alpha = \frac{\tan\theta_1 - \tan\theta_2}{1 + \tan\theta_1 . \tan\theta_2}$$

या $$\tan\alpha = \frac{m_1 - m_2}{1 + m_1 \times m_2}$$

या $$\alpha = \tan^{-1}\left[\frac{m_1 - m_2}{1 + m_1 \times m_2}\right]$$

(i) समान्तर रेखाओं के लिए प्रतिबन्ध

यदि AB व CD परस्पर समान्तर रेखाएँ है, तब

$$\alpha = 0^\circ$$

$$\therefore \quad \tan 0^\circ = \frac{m_1 - m_2}{1 + m_1 \times m_2}$$

या $$\frac{0}{1} = \frac{m_1 - m_2}{1 + m_1 \times m_2}$$

या $$m_1 - m_2 = 0$$

या $$m_1 = m_2$$

अत: समान्तर रेखाओं को प्रवणताएँ समान होती है।

(ii) लम्ब रेखाओं के लिए प्रतिबन्ध

यदि AB व CD दो रेखाएँ परस्पर लम्ब है तथा $\alpha = 90^\circ$ होगा। इस दशा में

$$\tan 90^\circ = \frac{m_1 - m_2}{1 + m_1 \times m_2}$$

या $$\frac{1}{0} = \frac{m_1 - m_2}{1 + m_1 \times m_2}$$

$$\left[\because \tan 90^\circ = \frac{\sin 90^\circ}{\cos 90^\circ} = \frac{1}{0}\right]$$

या $$1 + m_1 \times m_2 = 0$$

$$\therefore \quad m_1 \times m_2 = -1$$

अत: परस्पर लम्बवत् रेखाओं की प्रवणताओं का गुणनफल (–1) होता है।

हल सहित उदाहरण–

उदाहरण-1 दिए गए चित्र में $ABCD$ एक समान्तर चतुर्भुज (||gm) है। भुजा AB को बिन्दु E तक बढ़ाया गया है। कोण α, β व θ ज्ञात कीजिए–

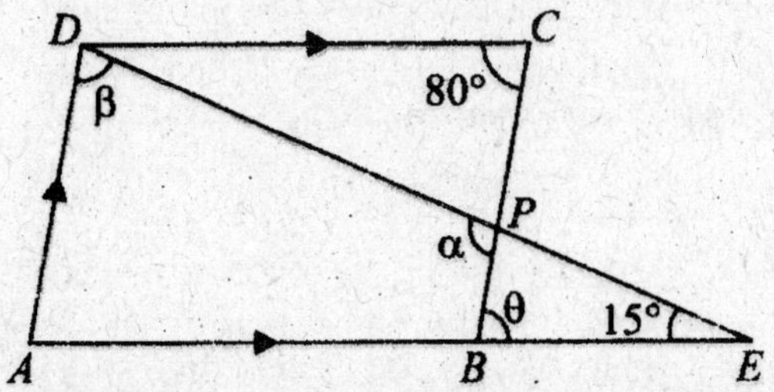

हल– प्रश्नानुसार, $AB \parallel CD$ (एकान्तर अंत: कोण)

$$\angle C = \angle\theta = 80^\circ$$

तथा $ABCD$, || gm है।

अत: $\angle A = \angle C = 80^\circ$ (सम्मुख कोण)

ΔBPE में बाह्य कोण प्रमेय द्वारा

$$\alpha = \theta + 15^\circ = 80^\circ + 15^\circ = 95^\circ$$

ΔADE में $\angle A + \angle E + \beta = 180^\circ$

$\Rightarrow \quad \beta = 180^\circ - 80^\circ - 15^\circ$

$\Rightarrow \quad \beta = 85^\circ$

अत: $\alpha = 95^\circ, \beta = 85^\circ$ तथा $\theta = 80^\circ$

उदाहरण-2: दिए गए चित्र में, $\angle AOB = 70^\circ$ तथा AX, OB पर लम्ब है। $\angle OBC$ मान ज्ञात कीजिए–

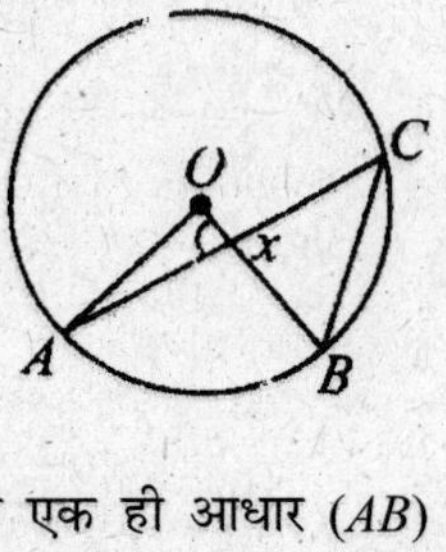

हल- हम जानते हैं कि एक ही आधार (AB) से केन्द्र पर बना कोण ($\angle AOB$) खण्ड में बने कोण ($\angle ACB$) का दोगुना होता है।

$$\Rightarrow ACB = \frac{1}{2} \times \angle AOB = \frac{1}{2} \times 70^\circ = 35^\circ$$

ΔBXC में $\angle BXC = \Delta AXO = 90^\circ$ (शीर्षाभिमुख कोण)

तथा $\angle ACB = 35°$

अत: $\angle OBC = 180° - 35° - 90° = 55°$

उदाहरण-3: यदि $PQRS$ एक वर्ग हो, तो चित्रानुसार x का मान क्या होगा,

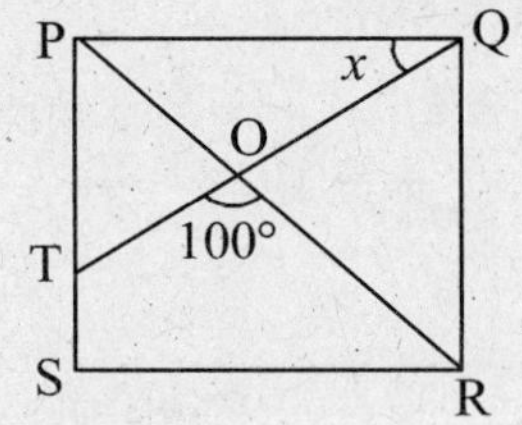

हल- प्रश्नानुसार, $PQRS$ एक वर्ग है।

अत: $PR\ \angle P$ का कोणार्धक होगा

$\Rightarrow \angle QPR = \frac{1}{2} \times 90° = 45°$

$\Rightarrow \angle POQ = \angle TOR = 100°$ (शीर्षाभिमुख कोण)

ΔPOQ में

$\angle QPO + \angle POQ + x° = 180°$

$\Rightarrow \quad x° = 180° - 100° - 45°$

$\Rightarrow \quad x° = 35°$

उदाहरण-4: दी गई आकृति में x का मान क्या होगा?

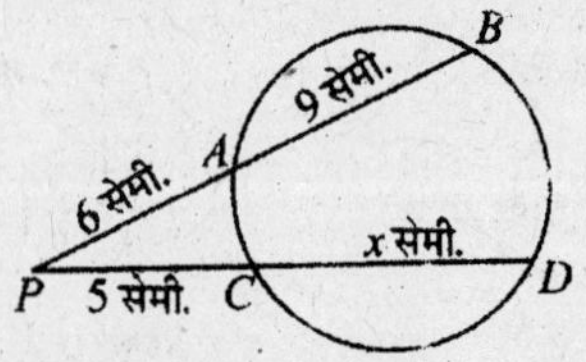

हल- हम जानते हैं,

$PA \times PB = PC \times PD$

$6 \times 15 = 5 \times (5 + x) \Rightarrow x = 13$ सेमी.

उदाहरण-5: दी गई आकृति में x का मान ज्ञात कीजिए

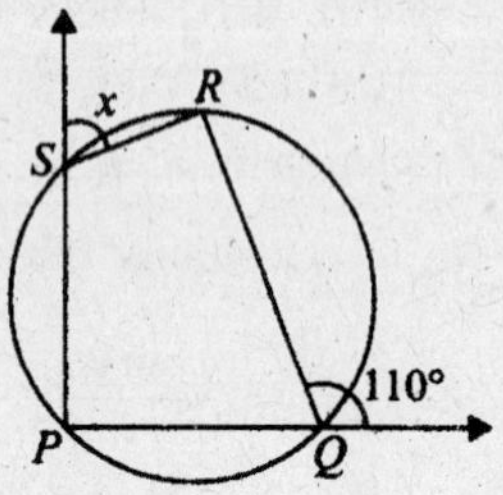

हल- PQ एक सरल रेखा है।

$\angle PQR = 180° - 110° = 70°$

$\angle x$, चक्रीय चतुर्भुज $PQRS$ का बाह्य कोण है।

$\Rightarrow \quad \angle x = \angle PQR = 70°$

अभ्यास प्रश्न

1. बिंदु (x, 0) और (0, y) के बीच के रेखाखंड को बिंदु P(3, –2), 1:3 में विभाजित करता है। x और y को ज्ञात करें।

(A) $x = 4; y = -8$

(B) $x = -3; y = -8$

(C) $x = 3; y = 8$

(D) $x = -3; y = 8$

[SSC CHSL (Tier-1) ऑनलाइन परीक्षा 30 जनवरी 2017 सुबह पाली]

उत्तर (A)

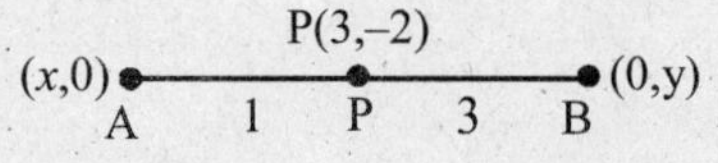

$x = \frac{mx_2 + nx_1}{m+n}$, $y = \frac{my_2 + ny_1}{m+n}$

$3 = \frac{1 \times (0) + 3x}{1+3}$, $-2 = \frac{1y + 0 \times 3}{1+3}$

$3x = 3 + 4$, $\quad -2 \times 4 = y$

$x = 4$, $\quad y = -8$

2. यदि किसी रेखा का ढाल 1/4 है और y अक्ष पर मिलने वाला बिंदु – 3 है, तो उस रेखा के समीकरण को ज्ञात करें।

(A) $x - 4y = 12$ (B) $x + 4y = 12$

(C) $x - 4y = -12$ (D) $x + 4y = -12$

[SSC CHSL (Tier-1) ऑनलाइन परीक्षा 30 जनवरी 2017 सुबह पाली]

उत्तर (A) रेखा की प्रवणता $= \frac{1}{4}$

1/- अक्ष पर मिलने वाले बिन्दु के निर्देशांक

$= (0, -3)$

रेखा का समीकरण

$y - (-3) = 1/4\ (x - 0)$

$4(y + 3) = x$

$x - 4y = 12$

3. ΔABC में, D और E क्रमश: भुजा AB और AC पर स्थित बिंदु हैं। DE BC के समानांतर है। यदि AD, DB और DE की लंबाई क्रमश: 8 सेमी. 6 सेमी. और 7.2 सेमी. है, तो BC की लंबाई ज्ञात करें।

(A) 12.6 सेमी. (B) 9.3 सेमी.

(C) 8.1 सेमी. (D) 5.4 सेमी.

[SSC CHSL (Tier-1) ऑनलाइन परीक्षा 30 जनवरी 2017 सुबह पाली]

उत्तर (A)

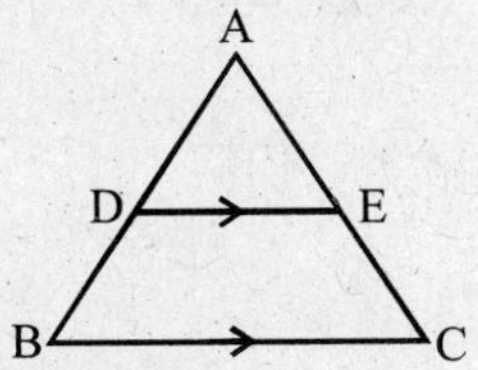

B.P.T. सिद्धान्त से

$$\frac{AD}{AB} = \frac{DE}{BC}$$

$$\frac{AD}{AD + DB} = \frac{DE}{BC}$$

$$\frac{8}{8+6} = \quad \Rightarrow \frac{8}{14} = \frac{7.2}{BC}$$

$$BC = \frac{14 \times 7.2}{8} = 12.6 \text{ सेमी.}$$

4. ΔDEF, ΔGHI के समान है। DE की लम्बाई 16 सेमी है और इसकी संगत भुजा GH की लम्बाई 25 सेमी. है। ΔDEF और ΔGHI के क्षेत्रफल का अनुपात ज्ञात कीजिए–

(A) 4 : 5 (B) 16 : 25

(C) 256 : 625 (D) 25 : 16

[SSC CHSL (Tier-1) ऑनलाइन परीक्षा 30 जनवरी 2017 सायं पाली]

उत्तर (C) ∵ ΔDEF और ΔGHI समान है।

$$\therefore \frac{\Delta DEF \text{ का क्षेत्रफल}}{\Delta GHI \text{ का क्षेत्रफल}}$$

$$= \frac{(DE \text{ की लम्बाई})^2}{(GH \text{ की लम्बाई})^2}$$

$$= \frac{(16)^2}{(25)^2}$$

$$= \frac{256}{625}$$

$= 256 : 625$

5. बिन्दु (2, – 1) और (y – 2) से गुजरने वाली रेखा (– 3, 4) और (0, 3) से गुजरने वाली रेखा के समानान्तर है। y का मान ज्ञात कीजिए–

(A) – 2 (B) 2

(C) 5 (D) – 7

[SSC CHSL (Tier-1) ऑनलाइन परीक्षा 30 जनवरी 2017 सायं पाली]

उत्तर (D) $m_1 = m_2$

∴ रेखाएं सामानान्तर हैं,

$$\frac{z+1}{y-2} = \frac{3-4}{0+3} \Rightarrow \frac{3}{y-2} = \frac{-1}{3} \Rightarrow y-2$$

$= -9 \Rightarrow y = -7$

6. 10 भुजाओं वाले एक बहुभुज के सभी आंतरिक कोणों के योग का पता लगाएं–

(A) 2520° (B) 2880°

(C) 1440° (D) 3240°

[SSC CHSL (Tier-1) ऑनलाइन परीक्षा 30 जनवरी 2017 सायं पाली]

उत्तर (C) ∵ n भुजा वाले बहुभुज के अंत: कोणों का योग $= 2(n - 2) \times 90$

$= 2(10 - 2) \times 90°$

$= 2 \times 8 \times 90°$

$= 16 \times 90°$

$= 1440°$

7. बिन्दु P(*a*, *b*) प्रथम मूल पर P_1 पर प्रतिबिम्बित होता है और फिर P_1 *y*-अक्ष पर (6, –5) पर प्रतिबिम्बित होता है। बिन्दु P के निर्देशांक ज्ञात कीजिए–

(A) (– 6, – 5) (B) (6, 5)

(C) (– 6, 5) (D) (6, – 5)

[SSC CHSL (Tier-1) ऑनलाइन परीक्षा 29 जनवरी 2017 सुबह पाली]

उत्तर (B) बिन्दु P(*a*, *b*) प्रथम मूल पर प्रतिबिम्बित होता है। बिन्दु P_1, *y*-अक्ष पर प्रतिबिम्बित होता है। जिसके निर्देशांक (6, – 5) है।

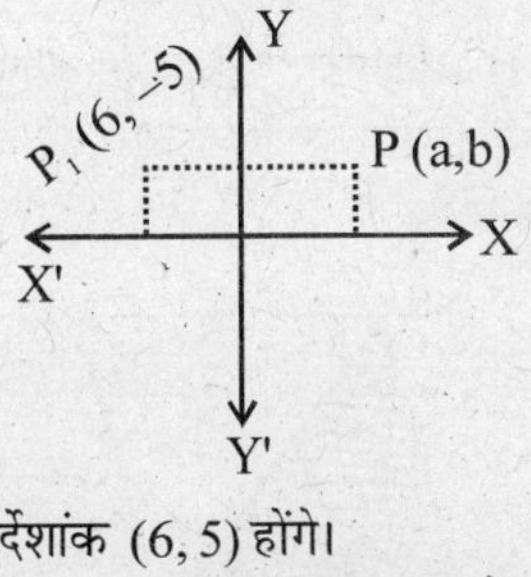

∴ बिन्दु P के निर्देशांक (6, 5) होंगे।

8. *x* अक्ष से बिन्दु 3/2 पर मिलने वाली और *y* अक्ष से – 4/7 पर मिलने वाली रेखा के समीकरण को ज्ञात कीजिए–

(A) $8x - 21y = -12$

(B) $8x + 21y = 14$

(C) $8x - 21y = 12$

(D) $8x + 21y = -14$

[SSC CHSL (Tier-1) ऑनलाइन परीक्षा 29 जनवरी 2017 सुबह पाली]

उत्तर (C) *x*-अक्ष के निर्देशांक $A\left(\frac{3}{2}, 0\right)$

$\Rightarrow \quad x_1 = \frac{3}{2}$

$y_1 = 0$

y-अक्ष के निर्देशांक $B\left(0, -\frac{4}{7}\right)$

$\Rightarrow \quad x_2 = 0$

$y_2 = -\frac{4}{7}$

∴ दो बिन्दु से जाने वाली रेखा का समीकरण

$$(y - y_1) = \frac{y_2 - y_1}{x_2 - x_1}(x - x_1)$$

$$y - 0 = \frac{-\frac{4}{7} - 0}{0 - \frac{3}{2}}\left(x - \frac{3}{2}\right)$$

$$y = \frac{\frac{4}{7}\left(x - \frac{3}{2}\right)}{\frac{3}{2}}$$

$$y = \frac{8}{21}\left(x - \frac{3}{2}\right)$$

$$21y = 8\left(x - \frac{3}{2}\right)$$

$$21y = 8x - 12$$

$$8x - 21y - 12 = 0$$

$$8x - 21y = 12$$

यही अभीष्ट रेखा AB का समीकरण होगा।

9. एक चतुर्पार्श्वीय के 4 शिरोबिन्दु है। उसके कितने किनारे हैं?

(A) 8 (B) 12

(C) 6 (D) 10

[SSC CHSL (Tier-1) ऑनलाइन परीक्षा 29 जनवरी 2017 सुबह पाली]

उत्तर (C) ∵ एक चतुर्पार्श्वीय के शिरों बिन्दुओं की संख्या = 4

∴ इसके 6 किनारे होंगे।

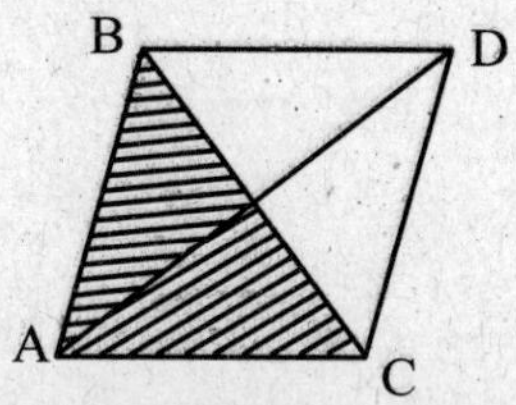

10. एक वृत्त की परिधि एक समबाहु त्रिभुज के परिमाप के बराबर है। यदि उस वृत्त की त्रिज्या 14 सेमी है। तो समबाहु त्रिभुज की भुजा की लम्बाई क्या है?

(A) 88 सेमी (B) 88/3 सेमी

(C) $88\sqrt{3}$ सेमी (D) $8\sqrt{3}$ सेमी

[SSC CHSL (Tier-1) ऑनलाइन परीक्षा 29 जनवरी 2017 सुबह पाली]

उत्तर (B) वृत्त की परिधि = $2\pi r$

समबाहु त्रिभुज का परिमाप = 3 × भुजा

∴ प्रश्नानुसार,

वृत्त की परिधि = समबाहु त्रिभुज का परिमाप

$2\pi r = 3 \times$ भुजा

$2 \times \frac{22}{7} \times 14 = 3$ भुजा

$88 = 3 \times$ भुजा

∴ भुजा $= \frac{88}{3}$ सेमी

11. बिन्दु (4, – 8) और (k, 0) के बीच की दूरी 10 है। k को ज्ञात कीजिए–

(A) $k = 6$ or -2 (B) $k = 10$ or 2

(C) $k = 10$ or -4 (D) $k = 6$ or -4

[SSC CHSL (Tier-1) ऑनलाइन परीक्षा 25 जनवरी 2017 सुबह पाली]

उत्तर (B) बिन्दु (4, – 8) और (k, 0) के बीच की दूरी = 10

$$\sqrt{(x_2 - x_1)^2 + (y_2 - y_1)^2} = 10$$

$$\sqrt{(k-4)^2 + (0+8)^2} = 10$$

$$(k-4)^2 + 64 = 100$$

$$(k-4)^2 = 100 - 64 = 36$$

$$(k-4)^2 = (6)^2$$

$$k - 4 = 6$$

$$k = 10 \text{ or} = 2$$

12. बिन्दु (2, 3) और (–4, 1) से होकर गुजरने वाली रेखा के समीकरण को ज्ञात कीजिए–

(A) $x - 3y = -7$ (B) $x + 3y = 7$

(C) $x - 3y = 7$ (D) $x + 3y = -7$

[SSC CHSL (Tier-1) ऑनलाइन परीक्षा 25 जनवरी 2017 सुबह पाली]

उत्तर (A) बिन्दु (2, 3) और (– 4, 1) से होकर गुजरने वाली रेखा (x_1, y_1) (x_2, y_2) का समीकरण

$$y - y_1 = \frac{y_2 - y_1}{x_2 - x_1}(x - x_1)$$

$$y - 3 = \frac{1-3}{-4-2}(x-2)$$

$$y - 3 = \frac{-2}{-6}(x-2)$$

$$y - 3 = \frac{1}{3}(x-2)$$

$$3y - 9 = x - 2$$

$$3y - x = -2 + 9$$

$$3y - x = 7$$

$$x - 3y = -7$$

13. ΔABC में, A कोण का द्विभाजक BC को बिन्दु E पर काटता है। AC की लम्बाई का पता लगाएं, यदि AB, BE और EC की लम्बाईयां क्रमशः 9 सेमी, 3.6 सेमी और 2.4 सेमी हैं–

(A) 5.4 सेमी (B) 8 सेमी
(C) 4.8 सेमी (D) 6 सेमी

[SSC CHSL (Tier-1) ऑनलाइन परीक्षा 25 जनवरी 2017 सुबह पाली]

उत्तर (D) ΔABC में

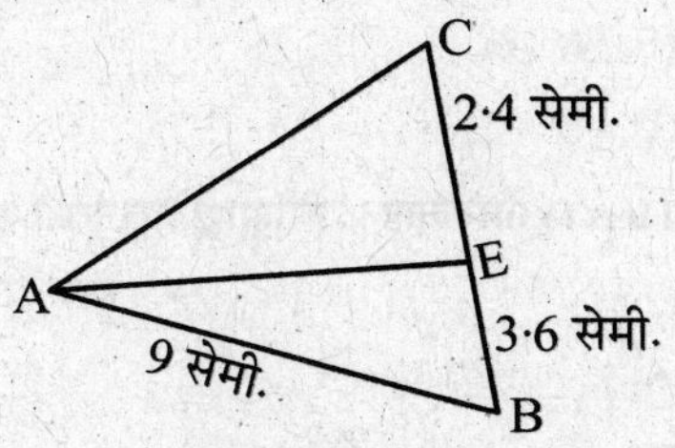

AB = 9 सेमी
BE = 3.6 सेमी
EC = 2.4 सेमी
$\therefore$ AC = BC
= BE + CE
= 3.6 + 2.4
= 6 सेमी

14. बिन्दु (11, –5) और (–1, 0) के बीच की दूरी ज्ञात करें।

(A) 169 यूनिट (B) 12 यूनिट
(C) 13 यूनिट (D) 144 यूनिट

[SSC CHSL (Tier-1) ऑनलाइन परीक्षा 24 जनवरी 2017 सुबह पाली]

उत्तर (C) बिन्दु (11, –5) और (–1, 0)
(x_1, y_1) (x_2, y_2)
$\therefore$ बीच की दूरी

$$(d) = \sqrt{(x_1 - x_2)^2 + (y_1 - y_2)^2}$$
$$= \sqrt{[11-(-1)]^2 + [-5-0]^2}$$
$$= \sqrt{(11+1)^2 + (-5)^2}$$
$$= \sqrt{144+25}$$
$$= \sqrt{169} = 13 \text{ यूनिट}$$

15. 4/3 के ढाल के साथ बिन्दु (–7, 2) से होकर गुजरने वाली रेखा का समीकरण ज्ञात करें।

(A) $4x - 3y = -22$ (B) $4x + 3y = -34$
(C) $4x + 3y = -22$ (D) $4x - 3y = -34$

[SSC CHSL (Tier-1) ऑनलाइन परीक्षा 24 जनवरी 2017 सुबह पाली]

उत्तर (D) ढाल $(m) = \frac{4}{3}$

बिन्दु (–7, 2) से जाने वाली रेखा का समीकरण (x_1, y_1)

$$(x - x_1) = m(y - y_1)$$
$$[x-(-7)] = \frac{4}{3}(y-2)$$
$$(x+7) = \frac{4}{3}(y-2)$$
$$3x + 21 = 4y - 8$$
$$3x - 4y = -8 - 21$$
$$(x - x_1) = \tan\theta\,(y - y_1)$$
$$[x-(-7)] = \frac{3}{4}(y-2)$$
$$(x+7) = \frac{3}{4}(y-2)$$
$$4x + 28 = 3y - 6$$
$$4x - 3y = -6 - 28$$
$$4x - 3y = -34$$

16. ΔPQR में, S और T क्रमशः भुजा PQ और PR पर स्थित बिंदु हैं। ST, QR के समानांतर है। यदि S, PQ को 1 : 5 के अनुपात में विभाजित करती है और QR की लंबाई 15 सेमी है तो ST को ज्ञात करें।

(A) 2.4 सेमी. (B) 3.6 सेमी.
(C) 2.5 सेमी. (D) 5.6 सेमी.

[SSC CHSL (Tier-1) ऑनलाइन परीक्षा 24 जनवरी 2017 सुबह पाली]

उत्तर (C) ΔPST और ΔPQR समरूप है।

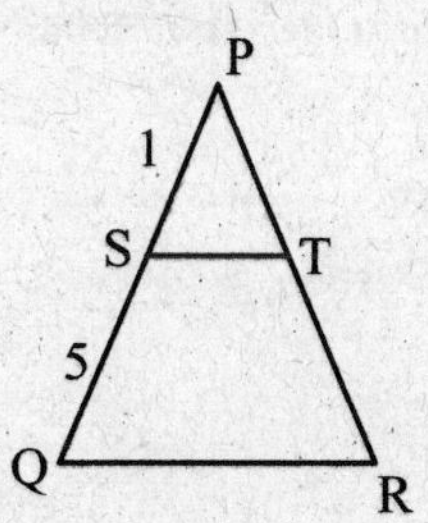

$$\therefore \frac{PS}{PQ} = \frac{ST}{QR}$$
$$\frac{1}{PS+SQ} = \frac{ST}{15}$$
$$\frac{1}{6} = \frac{ST}{15}$$
$$ST = \frac{15}{6}$$
$$= 2.5 \text{ सेमी.}$$

17. ΔABC में, माध्य AD 8 सेमी. है और CB 16 सेमी. है, कोण CAB का माप...........है।

(A) 90º (B) 30º

(C) 60º (D) 120º

[SSC CHSL (Tier-1) ऑनलाइन परीक्षा 24 जनवरी 2017 सुबह पाली]

उत्तर (A) ΔABC में,

$$\angle CAB = \frac{AD}{CD}$$

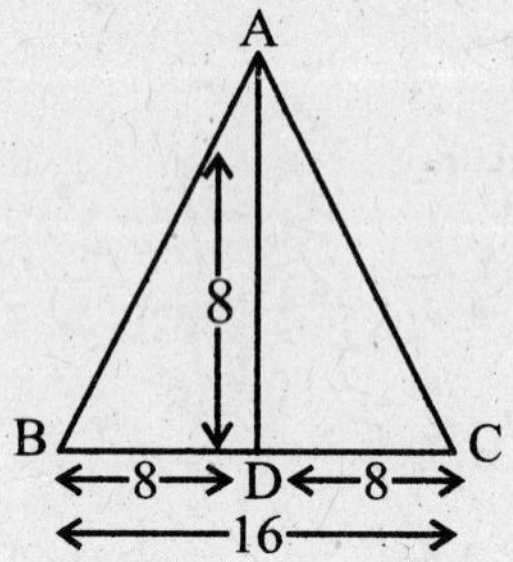

$$= \frac{8}{8} = 1$$

$\sin\theta = \sin 90^\circ$

$\theta = 90^\circ$

18. बिन्दु P और Q त्रिभुज ABC की भुजा क्रमशः AB और AC पर इस तरह से हैं कि रेखाखण्ड PQ भुजा BC के समानान्तर है। यदि त्रिभुज APQ और त्रिभुज ABC के क्षेत्रफल 16 : 25 के अनुपात में हैं, तो भुजा AP और PB का अनुपात ज्ञात करें।

(A) 4 : 5 (B) 1 : 4

(C) 5 : 1 (D) 4 : 1

[SSC CHSL (Tier-1) ऑनलाइन परीक्षा 24 जनवरी 2017 सायं पाली]

उत्तर (D) $\frac{\Delta \text{ APQ का क्षेत्र.}}{\Delta \text{ ABC का क्षेत्र.}} = \frac{AP^2}{AB^2}$

$$\frac{16}{25} = \frac{AP^2}{AB^2}$$

$$\therefore \frac{AP}{AB} = \frac{4}{5}$$

$$\frac{AP}{AP + AB} = \frac{4}{5} = 14$$

5 AP = 4AP + 4PB

AP = 4PB

$$\frac{AP}{AB} = \frac{4}{1}$$

AP : PB = 4 : 1

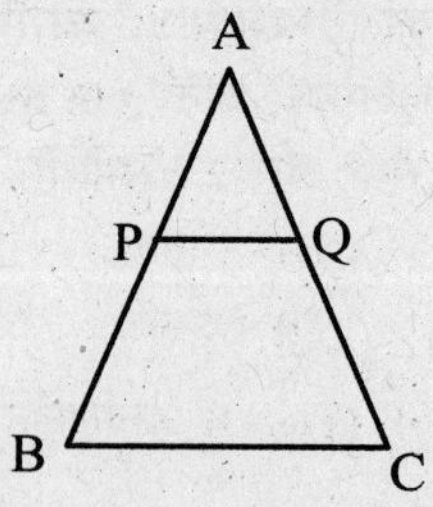

19. निम्नलिखित बिन्दुओं में से कौन-सा बिन्दु रेखा $3x - 4y = -13$ पर स्थित है?

(A) (–5, –7) (B) (5, 7)

(C) (–5, 7) (D) (5, –7)

[SSC CHSL (Tier-1) ऑनलाइन परीक्षा 24 जनवरी 2017 सायं पाली]

उत्तर (B) रेखा का समीकरण $3x - 4y = -13$

$x = 5, y = 7$ रखने पर

$3 \times 5 - 4 \times 7 = -13$

$15 - 28 = -13$

$-13 = -13$

∴ बिन्दु (5, 7) रेखा $3x - 4y = -13$ पर स्थित है।

20. रेखाखण्ड AB, रेखाखण्ड CD के समानान्तर है। AD, BC को बिन्दु E पर काटती है। यदि AE, BC और ED की लम्बाई क्रमशः 12 सेमी., 12 सेमी और 18 सेमी हैं, तो EC की लम्बाई क्या है?

(A) 4.8 सेमी (B) 9.3 सेमी.

(C) 8.1 सेमी (D) 7.2 सेमी

[SSC CHSL (Tier-1) ऑनलाइन परीक्षा 24 जनवरी 2017 सायं पाली]

उत्तर (D) माना BE = x सेमी

EC = $(12 - x)$ सेमी

∴ प्रश्नानुसार

$$\frac{AE}{ED} = \frac{BE}{EC}$$

$$\frac{12}{18} = \frac{x}{12 - x}$$

$144 - 12x = 18x$

$x = 4.8$

∴ भुजा EC की लम्बाई = $12 - x = 12 - 4.8 = 7.2$ सेमी

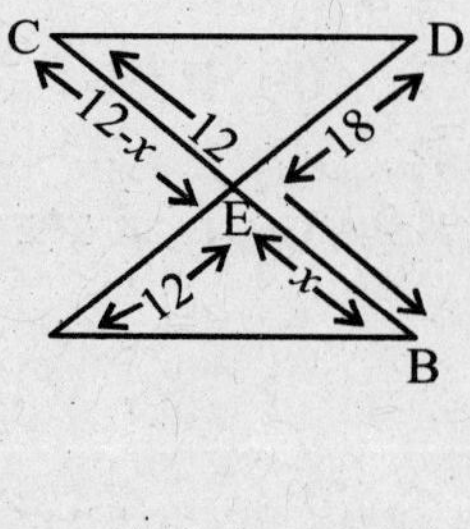

21. बिन्दु P (–4, 1) बिन्दु (x, 0) और (0, y) के बीच के रेखाखण्ड को 3 : 2 में विभाजित करता है। x और y को ज्ञात करें।

(A) $x = -10; y = 5/3$

(B) $x = -10; y = -5/3$

(C) $x = 10; y = -5/3$

(D) $x = 10; y = -5/3$

[SSC CHSL (Tier-1) ऑनलाइन परीक्षा 23 जनवरी 2017 दोपहर पाली]

उत्तर (A) रेखा का समीकरण $\frac{x}{x}+\frac{y}{y}=1$ के निर्देशांक A (x, 0) और B (0, y) है।

यह रेखाखण्ड को 3 : 2 में विभाजित करता है।

$\therefore \frac{3\times0+2\times x}{3+2}, \frac{3\times y+2\times0}{3+2}$

$\left(\frac{2x}{5},\frac{3y}{5}\right)$

$\left(\frac{2x}{5},\frac{3y}{5}\right)$ बिन्दु के निर्देशांक तथा बिन्दु P (–4, 1) रेखाखण्ड का 3 : 2 में विभाजित करता है।

$\therefore \frac{2x}{5}=-4 \qquad \frac{3y}{5}=1$

$x=\frac{-4\times5}{2} \qquad y=\frac{5}{3}$

$=-10$

22. यदि किसी रेखा का ढाल –2/5 है और y अक्ष पर मिलने वाला बिन्दु 6 है, तो उस रेखा के समीकरण को ज्ञात करें।

(A) $2x + 5y = 6$ (B) $2x + 5y = 30$

(C) $2x - 5y = 6$ (D) $2x + 5y = -30$

[SSC CHSL (Tier-1) ऑनलाइन परीक्षा 23 जनवरी 2017 दोपहर पाली]

उत्तर (B) रेखा का ढाल $(\tan\theta) = \frac{-2}{5}$

$\because$ y अक्ष पर मिलने वाला बिन्दु = 6

$\therefore$ y अक्ष के निर्देशांक = (0, 6)

$= (x_1, y_1)$

$\therefore$ रेखा का समीकरण

$y - y_1 = \tan\theta\,(x - x_1)$

$y - 6 = -\frac{2}{5}(x-0)$

$5y - 30 = -2x$

$\therefore 2x + 5y - 30 = 0$

$2x + 5y = 30$

23. ΔABC में, D और E क्रमशः भुजा AB और AC पर स्थित बिन्दु हैं। DE, BC के समानान्तर है। यदि AD, DB और DE की लम्बाई क्रमशः 9 सेमी. 6 सेमी. और 5.4 सेमी. है, तो BC की लम्बाई ज्ञात करें।

(A) 3.6 सेमी (B) 4.8 सेमी

(C) 11.2 सेमी (D) 9 सेमी

[SSC CHSL (Tier-1) ऑनलाइन परीक्षा 23 जनवरी 2017 दोपहर पाली]

उत्तर (D) $\frac{AD}{AB}=\frac{AE}{AC}=\frac{DE}{BC}$

$\therefore \frac{AD}{AB}=\frac{DE}{BC}$

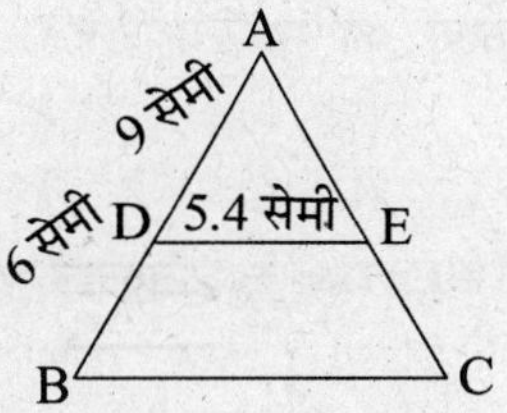

$\frac{9}{9+6}=\frac{5.4}{BC}$

$\frac{9}{15}=\frac{5\cdot4}{BC}$

$\therefore$ BC की लम्बाई $=\frac{15\times5.4}{9}$

= 9 सेमी

24. एक त्रिभुज में उस कोण के विपरीत वाली भुजा की लम्बाई 12 सेमी. है, जिसके कोण का माप 30 डिग्री है। उस कोण के विपरीत वाली भुजा की लम्बाई क्या है, जिसके कोण का माप 60 डिग्री है?

(A) 9 सेमी. (B) $12\sqrt{3}$ सेमी.

(C) $(15\sqrt{3})/2$ सेमी. (D) $(9\sqrt{3})/2$ सेमी.

[SSC CHSL (Tier-1) ऑनलाइन परीक्षा 23 जनवरी 2017 दोपहर पाली]

उत्तर (B) माना BC = x सेमी

$\therefore$ प्रश्नानुसार

$\frac{\sin 30^\circ}{AC}=\frac{\sin 60^\circ}{BC}$

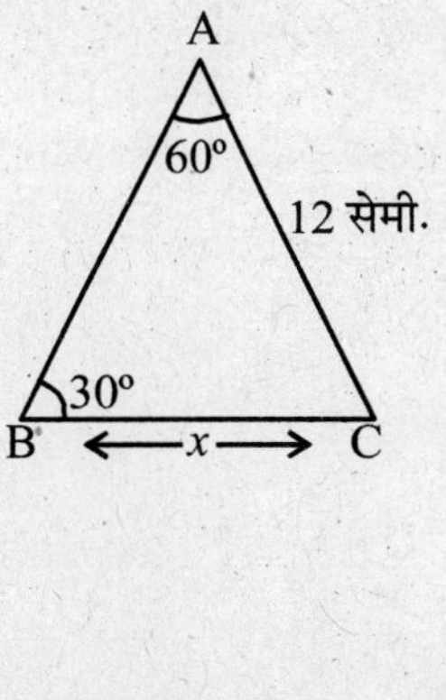

$$\frac{\frac{1}{2}}{12} = \frac{\frac{\sqrt{3}}{2}}{BC}$$

$\therefore$ BC = $12\sqrt{3}$ सेमी

25. बिदु (2, –4) का प्रतिबिंब बिंदु क्या है?

(A) (2, 4) (B) (– 2, – 4)

(C) (2, – 4,) (D) (– 2, 4)

[SSC CHSL (Tier-1) ऑनलाइन परीक्षा 22 जनवरी 2017 सुबह पाली]

उत्तर (D) बिन्दु (2, – 4) का प्रतिबिम्ब (– 2, 4) होगा।

26. एक त्रिभुज के तीन कोणों के मापों का अनुपात 3 : 4 : 5 है। सबसे बड़े कोण का माप क्या है?

(A) 75° (B) 60°

(C) 45° (D) 30°

[SSC CHSL (Tier-1) ऑनलाइन परीक्षा 22 जनवरी 2017 सुबह पाली]

उत्तर (A) माना त्रिभुज के तीनों कोण $3x°, 4x°, 5x°$ हैं।

तो $3x° + 4x° + 5x° = 180°$

$12x° = 180°$

$x° = 15°$

$\therefore$ त्रिभुज के कोण $= 3 \times 15° = 45°$

$= 4 \times 15° = 60°$

$= 5 \times 15° = 75°$

$\therefore$ त्रिभुज के सबसे बड़े कोण की माप 75° होगी।

27. बिंदु (5, *a*) और बिंदु (4, 3) से गुजरने वाली रेखा $x - 6y = 8$ पर लंब है। '*a*' का क्या मान है?

(A) – 3 (B) – 2

(C) 4 (D) 5

[SSC CHSL (Tier-1) ऑनलाइन परीक्षा 22 जनवरी 2017 सुबह पाली]

उत्तर (A) बिन्दु (5, *a*) और (4, 3)

$\therefore$ प्रवणता $= \frac{y_2 - y_1}{x_2 - x_1} = \frac{3-a}{4-5} = (a-3$

$\therefore \quad m_1 = (a-3)$

रेखा का समीकरण $x - 6y = 8$

$-6y = 8 - x$

$$y = \frac{8}{-6} - \frac{x}{6}$$

$$y = -\frac{8}{6} + \frac{x}{6}$$

$\therefore \quad m_2 = +\frac{1}{6}$

लम्ब होने के लिए, $m_1 \times m_2 = -1$

$(a-3) \times +\frac{1}{6} = -1$

$a - 3 = -6$

$a = -3$

28. बिंदु (5, *a*) और बिंदु (4, 3) से गुजरने वाली रेखा $x - 6y = 8$ पर लंब है। '*a*' का क्या मान है?

(A) – 3 (B) – 2

(C) 4 (D) 5

[SSC CHSL (Tier-1) ऑनलाइन परीक्षा 22 जनवरी 2017 दोपहर पाली]

उत्तर (A) बिन्दु (5, *a*) और (4, 3)

$\therefore$ प्रवणता $= \frac{y_2 - y_1}{x_2 - x_1} = \frac{3-a}{4-5} = (a-3$

$\therefore \quad m_1 = (a-3)$

रेखा का समीकरण $x - 6y = 8$

$-6y = 8 - x$

$$y = \frac{8}{-6} - \frac{x}{6}$$

$$y = -\frac{8}{6} + \frac{x}{6}$$

$\therefore \quad m_2 = +\frac{1}{6}$

लम्ब होने के लिए, $m_1 \times m_2 = -1$

$(a-3) \times +\frac{1}{6} = -1$

$a - 3 = -6$

$a = -3$

29. एक सम चतुर्भुज ABCD में, कोण CAB का माप 25° है, कोण ABC का माप क्या है?

(A) 65° (B) 50°

(C) 40° (D) 130°

[SSC CHSL (Tier-1) ऑनलाइन परीक्षा 21 जनवरी 2017 सायं पाली]

उत्तर (D) $\angle CAB = 25°$

$\therefore \quad \angle ABC = (90° - 25°) \times 2$

$= 65° \times 2$

$= 130°$

30. त्रिभुज ABC, कोण B पर समकोण है, BD उसकी ऊंचाई है। AD = 8 सेमी. है और DC = 18 से.मी. है। BD की लंबाई क्या है?

(A) 6 सेमी. (B) 9 सेमी.

(C) 12 सेमी. (D) 15 सेमी.

[SSC CHSL (Tier-1) ऑनलाइन परीक्षा 21 जनवरी 2017 दोपहर पाली]

उत्तर (C)

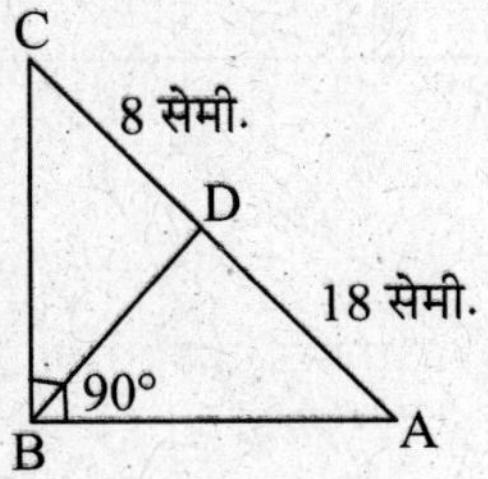

Δ ABC में,

$BD^2 = AD \times DC$

$= 8 \times 18$

$= 144$

BD = 12 सेमी

31. आयत ABCD की DA वाली भुजा का झुकाव –3/4 है। AB वाली भुजा का झुकाव क्या है?

(A) –4/3 (B) 3/4

(C) –3/4 (D) 4/3

[SSC CHSL (Tier-1) ऑनलाइन परीक्षा 21 जनवरी 2017 दोपहर पाली]

उत्तर (D) आयत ABCD की DA वाली भुजा का झुकाव $= \frac{-3}{4}$

$\therefore$ DA के विपरीत AB वाली भुजा है।

$\therefore$ AB वाली भुजा का झुकाव $= \frac{1}{\frac{-3}{4}} = \frac{4}{3}$

32. बिन्दु P(*a*, *b*) P, का मूल परावर्तन है तथा P_1, *y*-अक्ष के (5,–4) पर परावर्तित किया जाता है, तो P बिन्दु के निर्देशांक हैं–

(A) (–5,–4) (B) (–5, 4)

(C) (5, 4) (D) (5,–4)

[SSC CHSL (Tier-1) ऑनलाइन परीक्षा 18 जनवरी 2017 सायं पाली]

उत्तर (C) *y* अक्ष पर बिन्दु (5, – 4) स्थित है।

$\therefore$ P (*a*,*b*) के निर्देशांक (5, 4) होंगे।

33. दो रेखाओं की प्रवणताएं 1 तथा 1/√3 हैं, तो इन रेखाओं के बीच कोण क्या है?

(A) 15° (B) 30°

(C) 45° (D) 60°

[SSC CHSL (Tier-1) ऑनलाइन परीक्षा 18 जनवरी 2017 सायं पाली]

उत्तर (A)

$$\tan\theta = \frac{1-\frac{1}{\sqrt{3}}}{1+\frac{1}{\sqrt{3}}} = \frac{\sqrt{3}-1}{\sqrt{3}-1}$$

$$= \frac{(\sqrt{3}-1)(\sqrt{3}+1)}{(\sqrt{3}+1)(\sqrt{3}-1)}$$

$$= \frac{2(2-\sqrt{2}}{2}$$

$$= 2 - \sqrt{2}$$

लेकिन $\tan(40-30)\ \frac{\tan 45^\circ - \tan 30^\circ}{1+\tan 45^\circ - \tan 30^\circ}$

$$= \frac{1-\frac{1}{\sqrt{3}}}{1+\frac{1}{\sqrt{3}}}$$

$$= \frac{\sqrt{3}-1}{\sqrt{3}+1} = 2-\sqrt{2}$$

$\therefore \tan\theta = \tan 15^\circ$

$\theta = 15^\circ$

34. एक कोण पूरक कोण का दूना है, तो कोण का मान क्या है?

(A) 30° (B) 90°

(C) 60° (D) 120°

[SSC CHSL (Tier-1) ऑनलाइन परीक्षा 18 जनवरी 2017 सायं पाली]

उत्तर (C) माना पहला कोण $= x^\circ$

दूसरा कोण $= 2x^\circ$

$\therefore$ प्रश्नानुसार

$x^\circ + 2x^\circ = 180^\circ$

$3x^\circ = 180^\circ$

$x^\circ = \frac{180^\circ}{3}$

$= 60^\circ$

35. *x*-अक्ष में बिन्दु (–1, 4) के प्रतिबिंब के निर्देशक क्या होंगे?

(A) (1, 4) (B) (1, – 4)

(C) (–1, 4) (D) (–1 –4)

[SSC CHSL (Tier-1) ऑनलाइन परीक्षा 17 जनवरी 2017 दोपहर पाली]

उत्तर (D) *x* अक्ष में बिन्दु (–1, 4) के प्रतिबिम्ब के निर्देशांक (–1, –4) होंगे।

36. त्रिभुज ABC के लिए यदि बिन्दु A, B और C के निर्देशांक क्रमशः (2, –4), (3, 0) और (5–2) हैं, तो माध्य AD का समीकरण क्या होगा?

(A) $3x-2y = 14$ (B) $3x - 2y = 2$

(C) $3x + 2y = 14$ (D) $3x + 2y = 2$

[SSC CHSL (Tier-1) ऑनलाइन परीक्षा 17 जनवरी 2017 दोपहर पाली]

उत्तर (A) ΔABC में

मध्य बिन्दु D के निर्देशांक

$D(x,y)$

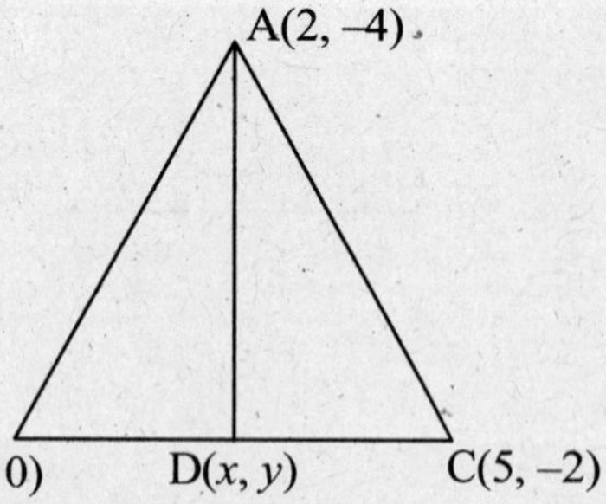

बिन्दु D, दोनों बिन्दुओं B व C के बीच है।

$\therefore x = \frac{x_1 + x_2}{2}$, $y = \frac{y_1 + y_2}{2}$

$= \frac{3+5}{2}$ $= \frac{0+(-2)}{2}$

$= \frac{8}{2}$ $= \frac{-2}{2}$

$= 4$ $= -1$

$\therefore$ बिन्दु D के निर्देशांक (4,–1) होंगे।

$\therefore$ बिन्दु A (2,–4) और बिन्दु D (4, –1) से जाने वाली रेखा का समीकरण

$$y - y_1 = \frac{y_2 - y_1}{x_2 - x_1}(x - x_1)$$

$$y - (-4) = \frac{-1-(-4)}{4-2}(x-2)$$

$$y + 4 = \frac{-1+4}{2}(x-2)$$

$$y + 4 = \frac{3}{2}(x-2)$$

$2y + 8 = 3x - 6$

$3x - 2y = 14$

37. एक समचतुर्भुज ABCD में, कोण CAB का माप 35° हैं, कोण ABC का माप क्या होगा?

(A) 70° (B) 40°

(C) 50° (D) 110°

[SSC CHSL (Tier-1) ऑनलाइन परीक्षा 17 जनवरी 2017 दोपहर पाली]

उत्तर (D) समचतुर्भुज ABCD में

$\angle ABC = 180° - 2 \angle CAB$

$= 180° - 2 \times 35°$

$= 180° - 70°$

$= 110°$

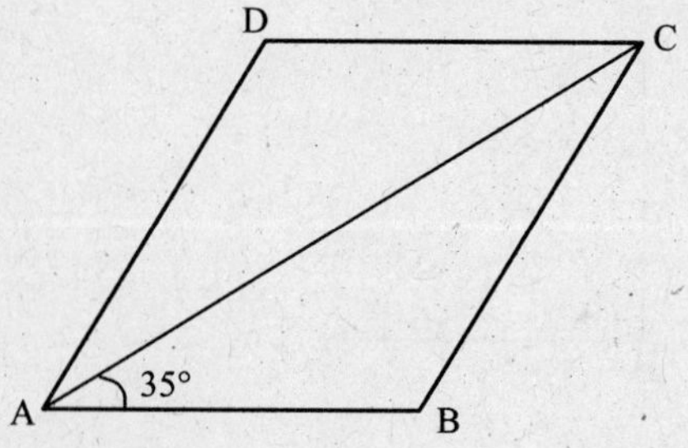

38. एक चक्रीय चतुर्भुज में

(A) विपरीत बाजूएं समान्तर होती हैं

(B) विकर्ण एक दूसरे के समद्‌विभाजक होते हैं।

(C) विपरीत कोण अनुपूरक होते हैं

(D) निकस्थ कोण अनुपूरक होते हैं

[SSC CHSL (Tier-1) ऑनलाइन परीक्षा 17 जनवरी 2017 दोपहर पाली]

उत्तर (C) एक चक्रीय चतुर्भुज में विपरीत कोण अनुपूरक होते हैं।

39. उस केन्द्रीय कोण का माप क्या होगा, जिसका क्षेत्रफल 462 वर्ग से.मी. है और वृत्त की त्रिज्या 21 से.मी. है?

(A) 90° (B) 60°

(C) 30° (D) 120°

[SSC CHSL (Tier-1) ऑनलाइन परीक्षा 16 जनवरी 2017 सुबह पाली]

उत्तर (D) केन्द्रीय कोण का माप = 180° – 60°

= 120°

40. एक रेखा x- अक्ष को बिन्दु (–3,0) पर और y-अक्ष को बिन्दु (0-6) पर काटती है। उस रेखा का समीकरण क्या होगा?

(A) $x = 2y + 6$ (B) $y = 2x - 6$

(C) $x = 2y - 6$ (D) $y = 2x + 6$

[SSC CHSL (Tier-1) ऑनलाइन परीक्षा 16 जनवरी 2017 सुबह पाली]

उत्तर (D) बिन्दु (–3,0) और बिन्दु (0,6) से जाने वाली रेखा का समीकरण

$$y - y_1 = \frac{y_2 - y_1}{x_2 - x_1}(x - x_1)$$

$$y - 0 = \frac{6-0}{0-(-3)}[x-(-3)]$$

$$y = \frac{6}{3}(x+3)$$

$3y = 6x + 18$

$y = 2x + 6$

41. बिन्दु Q (a,b), y-अक्ष पर प्रथम Q1 पर परावर्तित होती है और Q1, x-अक्ष पर (–6,2) पर परावर्तित होता है। बिन्दु Q के निर्देशांक क्या हैं?

(A) (–6, –2) (B) (2 – 6)
(C) (6 – 2) (D) (–2, 6)

[SSC CHSL (Tier-1) ऑनलाइन परीक्षा 16 जनवरी 2017 सुबह पाली]

उत्तर (C) x अक्ष पर बिन्दु के निर्देशांक = (–6, 2) = Q_1

$\therefore$ y अक्ष पर बिन्दु Q (a,b) के निर्देशांक = (6, – 2)

42. एक समभुजकोणीय अष्टकोण के एक अतिरिक्त कोण का माप क्या होता है?

(A) 135° (B) 120°
(C) 140° (D) 144°

[SSC CHSL (Tier-1) ऑनलाइन परीक्षा 10 जनवरी 2017 सुबह पाली]

उत्तर (A) समभुजकोणीय अष्टभुज के आतंरिक कोण का माप

$$= \frac{n-2}{n} \times 180^o$$

$$= \frac{8-2}{8} \times 180^o$$

$$= \frac{6}{8} \times 180^o = 135^o$$

43. एक वृत्त की जीवाएं PQ और RS बाहर की ओर विस्तृत करने पर बिन्दु T पर एक दूसरे को काटती हैं। यदि QT, RT और ST की लंबाई क्रमशः 9 से.मी., 18 से.मी. और 6 से.मी. है, तो खंड PT की लंबाई क्या है?

(A) 18 cm (B) 16 cm
(C) 9 cm (D) 12 cm

[SSC CHSL (Tier-1) ऑनलाइन परीक्षा 10 जनवरी 2017 सुबह पाली]

उत्तर (D)

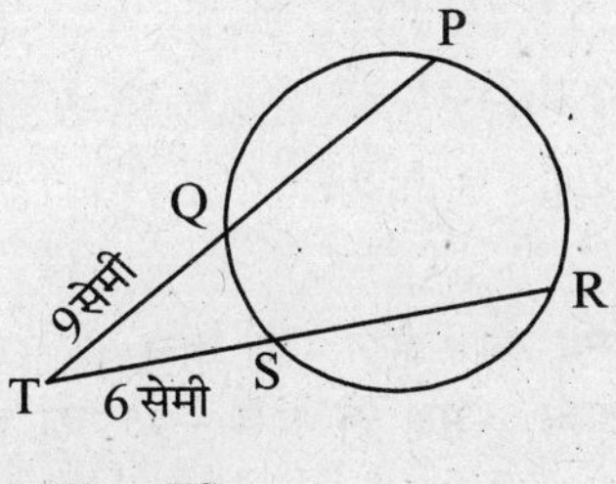

PT × TQ = TR × TS

PT × 9 = 18 × 6

$$PT = \frac{18 \times 6}{9} = 12 \text{ सेमी}$$

$$\therefore \text{PT की लम्बाई} = \frac{18 \times 6}{9} = 12 \text{ सेमी}$$

44. बिन्दु (4, 7) और बिन्दु (–1 – 5) के बीच की दूरी कितनी है?

(A) 10 यूनिट (B) 13 यूनिट
(C) 5 यूनिट (D) 11 यूनिट

[SSC CHSL (Tier-1) ऑनलाइन परीक्षा 10 जनवरी 2017 सुबह पाली]

उत्तर (B) बिन्दु (x_1, y_1) (4, 7) और बिन्दु (x_2, y_2) (–1, – 5) के बीच की दूरी (x_2, y_2)

$$d = \sqrt{(x_1 - x_2)^2 + (y_1 - y_2)^2}$$

$$= \sqrt{[(4-(-1)]^2 + [7-(-5)]^2}$$

$$= \sqrt{(5)^2 + (12)^2}$$

= 13 यूनिट

45. बिन्दु (5, – 3) और (0, 2) को जोड़ने वाले खंड के लंब द्विभाजक का समीकरण क्या होगा?

(A) $x + y = 2$ (B) $x - y = 3$
(C) $x + y = -2$ (D) $x - y = 3$

[SSC CHSL (Tier-1) ऑनलाइन परीक्षा 10 जनवरी 2017 सुबह पाली]

उत्तर (D) बिन्दु (5, –3) और (बिन्दु (0, 2) को जोड़ने वाली रेखाखण्ड का समीकरण

$$x = \frac{x_1 + x_2}{2}, \quad y = \frac{y_1 + y_2}{2} \quad y = mx + c$$

$$= \frac{5+0}{2} \quad = \frac{-3+2}{2} \quad c = \frac{5}{2} + \frac{1}{2}$$

$$= 5 \quad = \frac{-1}{2} \quad c = 3$$

$\therefore$ लम्ब द्विभाजक का समीकरण $\Rightarrow x - y = 3$

46. खंड AB और खंड CD समानांतर हैं। AD, BC को E बिन्दु पर काटती है। यदि AE, BC और ED की लंबाई क्रमशः 10 से.मी., 15 सेमी., और 15 सेमी. है, तो EC की लंबाई क्या है?

(A) 10 से.मी. (B) 6 से.मी.
(C) 5 से.मी. (D) 9 से.मी.

[SSC CHSL (Tier-1) ऑनलाइन परीक्षा 10 जनवरी 2017 सायं पाली]

उत्तर (D)

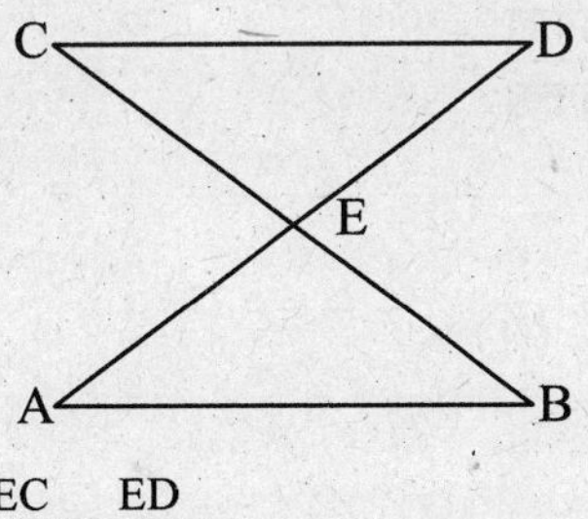

$$\frac{EC}{BC} = \frac{ED}{AD}$$

$$\frac{EC}{BC} = \frac{ED}{AE + ED}$$

$$\frac{EC}{15} = \frac{15}{10+15}$$

$$\frac{EC}{15} = \frac{15}{25}$$

$$EC = \frac{15\times15}{25} = 9 \text{ से.मी.}$$

47. निम्नलिखित बिन्दुओं में से कौन रेखा $5x + 4y = 2$ पर स्थिर है?

(A) (2,3) (B) (–2, – 3)

(C) (–2, 3) (D) (2, –3)

[SSC CHSL (Tier-1) ऑनलाइन परीक्षा 10 जनवरी 2017 सायं पाली]

उत्तर (C) रेखा का समीकरण $5x + 4y = 2$

बिन्दु (–2,3) रेखा पर स्थित है।

$\therefore$ $x = -2, y = 3$ रखने पर

$$5x - 2 + 4 \times 3 = 2$$
$$-10 + 12 = 2$$
$$2 = 2$$

अत: बिन्दु (–2, 3) रेखा $5x + 4y = 2$ पर स्थित है।

48. बिन्दु P और Q त्रिभुज ABC के क्रमश: भुजा AB और भुजा AC पर इस प्रकार से स्थित है कि खंड PQ भुजा BC के समानांतर है। यदि त्रिभुज APQ और त्रिभुज ABC के क्षेत्रफलों का अनुपात 9 : 16 है, तो AP : PB का अनुपात क्या होगा?

(A) 3 : 4 (B) 9 : 7

(C) 9 : 16 (D) 3 : 1

[SSC CHSL (Tier-1) ऑनलाइन परीक्षा 10 जनवरी 2017 सायं पाली]

उत्तर (D)

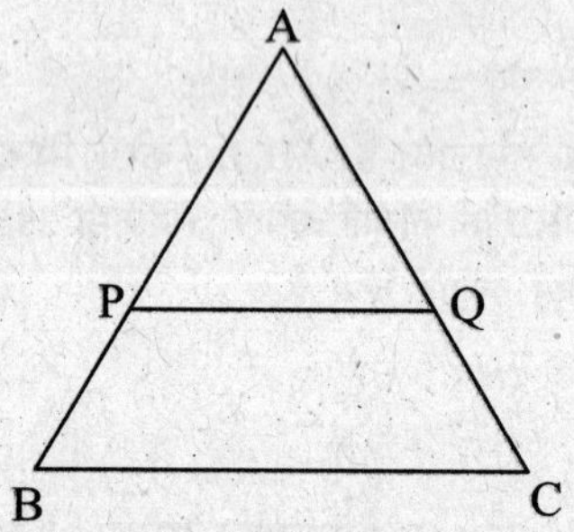

PQ ∥ BC

$$\therefore \frac{\Delta \text{ APQ का क्षेत्रफल}}{\Delta \text{ ABC का क्षेत्रफल}} = \frac{9}{16}$$

$$\frac{PQ^2}{BC^2} = \frac{9}{16}$$

$$\frac{PQ}{BC} = \frac{3}{4}$$

$$\frac{AP}{AB} = \frac{AP}{AP+BP} = \frac{3}{4}$$

$$= \frac{1}{1+\frac{PB}{AP}} = \frac{3}{4}$$

$$4 = 3 + 3\frac{PB}{AP}$$

$$= \frac{1}{3} = \frac{PB}{AP}$$

$$\text{OR } \frac{AP}{PB} = \frac{3}{1}$$

49. यदि $5x + 2 > 3x + 1$ और $4(x - 4) -2 \le 3x - 1$, फिर x का निम्न मानों में से क्या मान होगा?

(A) 16 (B) 18

(C) –6 (D) –16

[SSC CHSL (Tier-1) ऑनलाइन परीक्षा 10 जनवरी 2017 सायं पाली]

उत्तर (A)

$5x + 2 > 3x + 1$ और, $4(x - 4) - 2 \le 3x - 1$

$5x - 3x > 1 - 2$, $4x - 16 - 2 \le 3x - 1$

$2x > -1$, $4x - 3x \le -1 + 16 + 2$

$x > \frac{-1}{2}$, $x \le 17$

$\therefore$ x का मान 16 सार्थक होगा।

50. x का मान क्या है, जिसके लिए समीकरण $5x + 3$ और $7x - 3$ बराबर होंगे?

(A) 3 (B) –1

(C) –4 (D) 2

[SSC CHSL (Tier-1) ऑनलाइन परीक्षा 10 जनवरी 2017 सायं पाली]

उत्तर (A) प्रश्नानुसार

$$5x + 3 = 7x - 3$$
$$7x - 5x = 3 + 3$$
$$2x = 6$$
$$x = 3$$

51. उस रेखा का समीकरण क्या होगा, जो बिन्दु (2, – 3) से होकर गुजरती हो और धनात्मक x-अक्ष के साथ – 45° का कोण बनाती हो–

(A) $x - y = -5$ (B) $x - y = -1$

(C) $x + y = -5$ (D) $x + y = -1$

[SSC CHSL (Tier-1) ऑनलाइन परीक्षा 9 जनवरी 2017 सुबह पाली]

उत्तर (B) बिन्दु (2, – 3) से होकर जाने वाली रेखा का समीकरण

$$y - y_1 = m(x - x_1)$$
$$y - (-3) = \tan 45° (x - 2)$$
$$y + 3 = 1 (x - 2)$$
$$y + 3 = x - 2$$
$$x + y = +2 - 3$$
$$x + y = -1$$

52. एक बारहभुज (Dodecahedron) के 30 किनारे हैं। उसके कितने शिरोबिन्दु हैं?

(A) 12 (B) 16

(C) 20 (D) 10

[SSC CHSL (Tier-1) ऑनलाइन परीक्षा 9 जनवरी 2017 सुबह पाली]

उत्तर (C) सम बहुभुजों की संख्या = 12

∴ शिरोबिन्दु की संख्या

$= 2(n-2)$

$= 2(12-2)$

$= 2 \times 10 = 20$

53. बिन्दु (x, 0) और बिन्दु (0, y) को जोड़ने वाले खण्ड को बिन्दु P(5, – 2), 2.5 के अनुपात में विभाजित करता है। x और y का मान क्या है?

(A) $x = -7; y = 7$ (B) $x = 3; y = -3$

(C) $x = 7; y = -7$ (D) $x = -3; y = 3$

[SSC CHSL (Tier-1) ऑनलाइन परीक्षा 9 जनवरी 2017 सुबह पाली]

उत्तर (C) $x = \frac{m_1x_2 + m_2x_1}{m_1 + m_2}$

$y = \frac{m_1y_2 + m_2y_1}{m_1 + m_2}$

∴ $5 = \frac{2 \times 0 + 5 \times x}{2 + 5}$

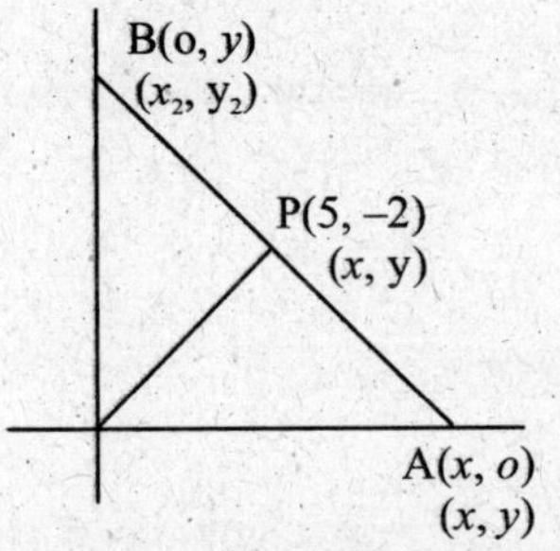

$-2 = \frac{2 \times y + 5 \times 0}{2 + 5}$

$5x = 35$

$x = \frac{35}{5}$

$= 7$

$2y = -14$

$y = \frac{-14}{2}$

$= -7$

∴ $x = 7$

और $y = -7$ होंगे।

54. ABCD एक समान्तर चतुर्भुज है। A, B और C के निर्देशांक क्रमशः (5, 0), (–2, 3) और (–1, 4) हैं। रेखा AD का समीकरण क्या होगा?

(A) $y = 2x - 5$ (B) $y = x + 5$

(C) $y = 2x + 5$ (D) $y = x - 5$

[SSC CHSL (Tier-1) ऑनलाइन परीक्षा 9 जनवरी 2017 सायं पाली]

उत्तर (D) बिन्दु A (5, 0) और बिन्दु D(0, 0) से जाने वाली रेखा AD का समीकरण

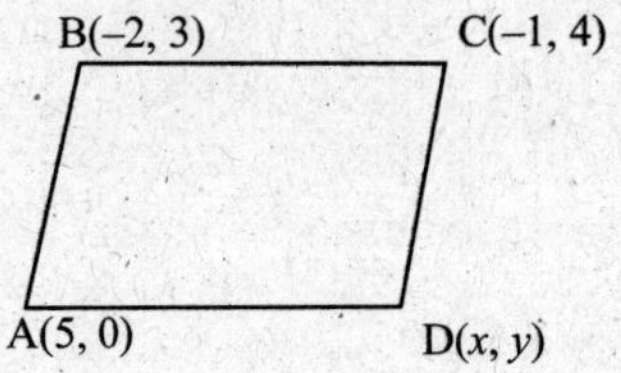

BC रेखा की प्रवणता $m_1 = \frac{4-3}{-1+2} = \frac{1}{1} = 1$

AD रेखा की प्रवणता $m_2 = \frac{y-0}{x-5}$

∵ समान्तर रेखाओं की प्रवणताएं बराबर हैं अतः

$1 = \frac{y}{x-5}$

∴ $y = x - 5$

यही रेखा AD का समीकरण होगा।

55. एक कोण उसके अनुपूरक कोण की तुलना में 30° से कम है। कोण का माप क्या होगा?

(A) 75° (B) 105°

(C) 60° (D) 30°

[SSC CHSL (Tier-1) ऑनलाइन परीक्षा 9 जनवरी 2017 सायं पाली]

उत्तर (A) माना कोण की माप $= x°$

∴ प्रश्नानुसार,

$x° + x° + 30° = 180°$

$2x° + 30° = 180°$

$2x° = 180° - 30°$

$2x° = 150°$

$x° = \frac{150°}{2}$

$= 75°$

∴ पहला कोण $= 75°$

दूसरा कोण $= 75° + 30°$

$= 105°$

56. P (3, 1) और R (– 7, 5) एक सम चतुर्भुज PQRS के शिरोबिन्दु हैं। विकर्ण QS के समीकरण का पता लगाएं?

(A) $5x - 2y = 16$ (B) $5x - 2y = -16$

(C) $5x + 2y = -16$ (D) $5x + 2y = 16$

[SSC CHSL (Tier-1) ऑनलाइन परीक्षा 7 जनवरी 2017 सायं पाली]

उत्तर (B) बिन्दु P(3, 1) और R (– 7, 5) से जाने वाली रेखा का समीकरण

$$y_1 - y_1 = \frac{y_2 - y_1}{x_2 - x_1}(x - x_1)$$

$$y - 1 = \frac{5-1}{-7-3}(x-3)$$

$$y - 1 = \frac{4}{-10}(x-3)$$

$$y - 1 = \frac{-2}{5}(x-3)$$

$$5y - 5 = -2x - 6$$

$$5y - 5 = -2x + 6$$

$$-2x + 6 - 5y + 5 = 0$$

$$-2x - 5y + 11 = 0$$

$$2x + 5y - 11 = 0$$

$$2x + 5y = 11$$

$\therefore$ विकर्ण QR का समीकरण

$$5x - 2y = -16$$

57. ΔPQR में, S और T क्रमशः PQ और PR भुजाओं पर स्थित बिंदु हैं। ST, QR के समानांतर है। यदि SP और SQ में 4 : 1 के अनुपात में विभाजित करता है और QR की लंबाई 15 सेमी. है, तो ST की लंबाई क्या होगी?

(A) 3 सेमी. (B) 5 सेमी.

(C) 12 सेमी. (D) 10 सेमी.

[SSC CHSL (Tier-1) ऑनलाइन परीक्षा 8 फरवरी 2017 दोपहर पाली]

उत्तर (C) Δ PQR में

S और T क्रमशः PQ और PR भुजाओं पर स्थित बिन्दु हैं।

ST, QR के समानांतर है।

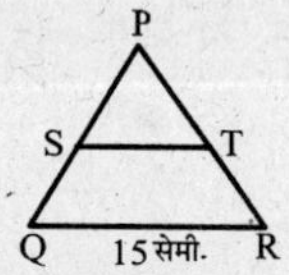

$\because$ बिन्दु S, PQ भुजा को 4 : 1 में विभाजित करता है।

$$\frac{PS}{QR} = \frac{ST}{QR} \Rightarrow \frac{PS}{PS + SQ} = \frac{ST}{QR}$$

$$\Rightarrow \frac{4}{5} = \frac{ST}{15}$$

$\therefore$ ST की लम्बाई $= \frac{4 \times 15}{5} = 12$ सेमी.

58. रेखा $3x - 6y = 4$ की समानांतर रहने वाली रेखा की ढलान क्या है?

(A) –1/2 (B) 1/2

(C) 2 (D) –2

[SSC CHSL (Tier-1) ऑनलाइन परीक्षा 8 फरवरी 2017 दोपहर पाली]

उत्तर (B) रेखा का समीकरण

$$3x - 6y = 4 \quad .....(i)$$

$$y = \frac{-3x}{-6} + \frac{2}{6}$$

$$y = \frac{1}{2}x + \frac{2}{3}$$

रेखा की ढलान $m_1 = \frac{1}{2}$

समान्तर रेखाओं की प्रवणताएं समान होती हैं।

$$\therefore \quad m_1 = m_2$$

$$m_2 = \frac{1}{2}$$

59. बिंदु P और Q त्रिभुज ABC की भुजा क्रमशः AB और AC पर इस तरह से स्थित हैं कि रेखाखंड PQ भुजा BC के समानांतर है। यदि AP और PB का अनुपात 2 : 5 है और Δ APQ का क्षेत्रफल 4 वर्ग से.मी. है, तो समलम्ब PQCB का क्षेत्रफल ज्ञात करें।

(A) 49 वर्ग सेमी. (B) 45 वर्ग सेमी.

(C) 25 वर्ग सेमी. (D) 21 वर्ग सेमी.

[SSC CHSL (Tier-1) ऑनलाइन परीक्षा 7 फरवरी 2017 सुबह पाली]

उत्तर (B) Δ APQ का क्षेत्रफल = 4 वर्ग सेमी.

$$\frac{AP}{PB} = \frac{2}{5} \quad ...(i)$$

$$\frac{AP}{AB} = \frac{AP}{AP + PB} = \frac{25}{2+5} = \frac{2}{7} \quad ...(ii)$$

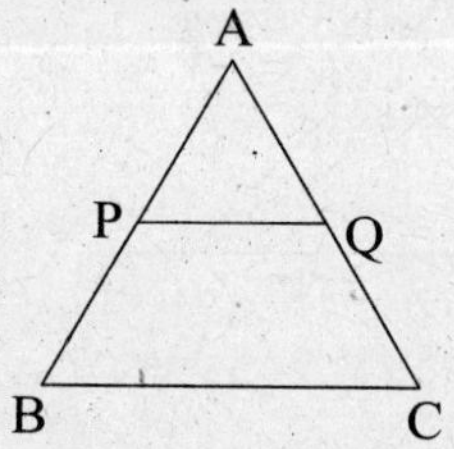

$$\frac{AP^2}{AB^2} = \frac{(\Delta\ APQ) \text{ का क्षेत्रफल}}{(\Delta\ PBC) \text{ का क्षेत्रफल}}$$

$$\frac{4}{49} = \frac{4}{\Delta\ (ABC) \text{ का क्षेत्रफल}}$$

(Δ ABC) का क्षेत्रफल = 49 वर्ग सेमी.

$\therefore$ PQCB समलम्ब चतुर्भुज का क्षेत्रफल = 49 – 4 = 45 वर्ग सेमी

60. (2, – 6) और (4, 0) बिंदुओं को जोड़ने वाले रेखाखंड के द्विभाजक अभिलम्ब के समीकरण का पता लगाएं।

(A) $x + 3y = 6$ (B) $x + 3y = -6$

(C) $x - 3y = -6$ (D) $x - 3y = 6$

[SSC CHSL (Tier-1) ऑनलाइन परीक्षा 7 फरवरी 2017 सुबह पाली]

उत्तर (B)

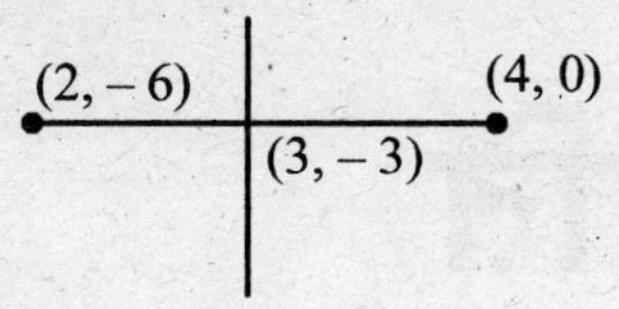

रेखा की प्रवणता = $-\frac{1}{3}$

$y+3=-\frac{1}{3}(x-3)$

$3y+9=-x+3$

$x+3y=-6$

61. एक नियमित द्वादशभुज के आन्तरिक कोण का माप क्या है?

(A) 120° (B) 140°

(C) 150° (D) 144°

[SSC CHSL (Tier-1) ऑनलाइन परीक्षा 7 फरवरी 2017 सुबह पाली]

उत्तर (C) समबहुभुज के प्रत्येक अंत:कोण

$=\frac{n-2}{n}\times 180°$

$=\frac{12-2}{12}\times 180°$

$=\frac{10}{12}\times 180°$

$= 10 \times 15°$

$= 150°$

62. ऐसे वृत्तखण्ड के केन्द्रीय कोण का माप निकालें, जिसकी लम्बाई 22 सेमी है और वृत्त की त्रिज्या 28 सेमी है?

(A) 60° (B) 45°

(C) 75° (D) 90°

[SSC CHSL (Tier-1) ऑनलाइन परीक्षा 7 जनवरी 2017 सायं पाली]

उत्तर (B) वृत्त खण्ड के केन्द्रीय कोण की माप = θ

∴ लघुचाप की लम्बाई

$=\frac{\theta}{360}\times$ वृत्त की परिधि

$22=\frac{\theta}{360}\times 2\times\frac{22}{7}\times 28$

$\theta=\frac{360\times 22\times 7}{2\times 22\times 28}$

$= 45°$

अत: वृत्तखण्ड के केन्द्रीय कोण की माप = 45°

63. बिंदु A(0,4) और B-(5,9) को जोड़ने वाले रेखाखंड पर और बिंदु P से होकर गुजरने वाले अभिलंब का समीकरण ज्ञात करें। बिंदु P रेखाखंड AB को 2 : 3 के अनुपात में विभाजित करती है।

(A) $x-y=8$ (B) $x-y=-8$

(C) $x+y=-8$ (D) $x+y=8$

[SSC CHSL (Tier-1) ऑनलाइन परीक्षा 3 फरवरी 2017 सायं पाली]

उत्तर (C) बिन्दु $A(\underset{x_1}{0},\underset{y_1}{4})$ और B $(\underset{x_2}{-5},\underset{y_2}{9})$ से जाने वाली रेखा का समीकरण

$y-y_1=\frac{y_2-y_1}{x_2-x_1}(x-x_1)$

$y-4=\frac{9-4}{-5-0}(x-0)$

$y-4=\frac{5}{-5}(x)$

$y-4=-1(x)$

$y-4=-x$

$x+y-4=0$

$x+y=4$

प्रवणता $(m)=1$

लम्ब की प्रवणता = 1

बिन्दु P रेखाखण्ड AB को 2:3 के अनुपात में बाह्य विभाजित करती है।

$x=\frac{mx_2+nx_1}{m+n}$, $y=\frac{my_2+ny_1}{m-n}$

$x=\frac{2\times(-5)+3\times 0}{2+3}$ $y=\frac{2\times 9+3\times 4}{2+3}$

$x=-10/5=-2$ $y=+6$

अभिलम्ब का समीकरण $y-6=1(x+2)$

$x=y=-8$

64. एक दशभुज के सभी बाहरी कोणों के माप का योग निकालें।

(A) 720° (B) 2160°

(C) 360° (D) 1800°

[SSC CHSL (Tier-1) ऑनलाइन परीक्षा 3 फरवरी 2017 सायं पाली]

उत्तर (C) बाहरी कोणों के माप का योग हमेशा 360° होता है।

65. .... में सभी भुजाएं सर्वागसम होते हैं।

(A) आयत (B) समान्तर चतुर्भुज

(C) सम चतुर्भुज (D) पतंग

[SSC CHSL (Tier-1) ऑनलाइन परीक्षा 16 जनवरी 2017 सुबह पाली]

उत्तर (C) समचतुर्भुज में सभी भुजाएं सर्वागसम होती हैं।

12 त्रिकोणमिति

❑ महत्त्वपूर्ण बिन्दु

त्रिकोणमिति (Trignometry) : त्रिकोणमिति का अर्थ है 'त्रिभुजों की भुजाओं को मापना' 'त्रिकोण' का अर्थ है 'त्रिभुज' तथा 'मिति' का अर्थ है 'मापना'।

❑ त्रिकोणमितीय अनुपात (Trigonometric Ratio) :

(i) $\sin\theta = \frac{\text{लम्ब}}{\text{कर्ण}} = \frac{AB}{AC} = \frac{P}{H}$

(ii) $\cos\theta = \frac{\text{आधार}}{\text{कर्ण}} = \frac{BC}{AC} = \frac{B}{H}$

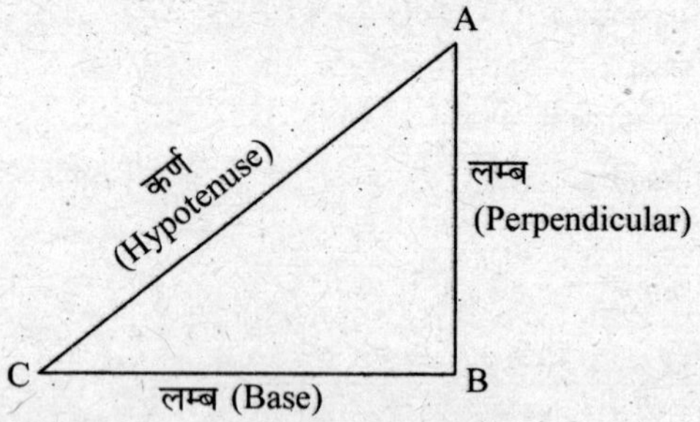

(iii) $\tan\theta = \frac{\text{लम्ब}}{\text{आधार}} = \frac{AB}{BC} = \frac{P}{B}$

(iv) $\text{cosec}\,\theta = \frac{\text{कर्ण}}{\text{लम्ब}} = \frac{AC}{AB} = \frac{H}{P}$

(v) $\sec\theta = \frac{\text{कर्ण}}{\text{आधार}} = \frac{AC}{BC} = \frac{H}{B}$

(vi) $\cot\theta = \frac{\text{आधार}}{\text{लम्ब}} = \frac{BC}{AB} = \frac{B}{P}$

इस अनुपात को एक सरल विधि द्वारा भी ज्ञात किया जा सकता है :

$\frac{PBP}{HHB} = \frac{\text{Pakistan Bhukha Pyasa}}{\text{Hindusan Hara Bhara}}$

(sin θ, cos θ व tan θ के लिए)

$\frac{HHB}{PBP} = \frac{\text{Hindusan Hara Bhara}}{\text{Pakistan Bhukha Pyasa}}$

(cosec θ, sec θ व cot θ के लिए)

❑ व्युत्क्रम सम्बन्ध (Reciprocal Relation) :

(i) $\sin\theta = \frac{1}{\text{cosec}\,\theta}$ तथा $\text{cosec}\,\theta = \frac{1}{\sin\theta}$

$\therefore \sin\theta \times \text{cosec}\,\theta = 1$

(ii) $\cos\theta = \frac{1}{\sec\theta}$ तथा $\sec\theta = \frac{1}{\cos\theta}$

$\therefore \cos\theta \times \sec\theta = 1$

(iii) $\tan\theta = \frac{1}{\cot\theta}$ तथा $\cot\theta = \frac{1}{\tan\theta}$

$\therefore \tan\theta \times \cot\theta = 1$

❑ महत्त्वपूर्ण त्रिकोणमितीय सर्वसमिकाएँ (Important Trigonometric Identities)

1. (i) $\sin^2\theta + \cos^2\theta = 1$

(ii) $\cos^2\theta = 1 - \sin^2\theta$

(iii) $\sin^2\theta = 1 - \cos^2\theta$

2. (i) $1 + \tan^2\theta = \sec^2\theta$

(ii) $\sec^2\theta - \tan^2\theta = 1$

(iii) $\sec^2\theta - 1 = \tan^2\theta$

3. (i) $1 + \cot^2\theta = \text{cosec}^2\theta$

(ii) $\text{cosec}^2\theta - \cot^2\theta = 1$

(iii) $\text{cosec}^2\theta - 1 = \cot^2\theta$

❑ महत्त्वपूर्ण त्रिकोणमितीय सूत्र (Important Trigonometric Formulae)

(i) $\sin 2\theta = 2\sin\theta.\cos\theta = \frac{2\tan\theta}{(1+\tan^2\theta)}$

(ii) $\cos 2\theta = \cos^2\theta - \sin^2\theta = 1 - 2\sin^2\theta$

$= 2\cos^2\theta - 1$

$= \frac{1-\tan^2\theta}{1+\tan^2\theta}$

(iii) $1 + \cos 2\theta = 2\cos^2\theta$, $1 - \cos 2\theta = 2\sin^2\theta$

(iv) $\cos^2\theta = \frac{1}{2}(1+\cos 2\theta)$

(v) $\sin^2\theta = \frac{1}{2}(1-\cos 2\theta)$

(vi) $\tan 2\theta = \frac{2\tan\theta}{1-\tan^2\theta}$

(vii) $\sin 3\theta = 3\sin\theta - 4\sin^3\theta$

(viii) $\cos 3\theta = 4\cos^3\theta - 3\cos\theta$

(ix) $\tan 3\theta = \dfrac{3\tan\theta - \tan^3\theta}{1 - 3\tan^2\theta}$

❑ योग तथा अन्तर के लिए त्रिकोणमितीय अनुपात (Trigonometric Ratio for Addition and Subtraction)

(i) $\sin(A+B) = \sin A\cos B + \cos A\sin B$

(ii) $\sin(A-B) = \sin A\cos B - \cos A\sin B$

(iii) $\cos(A+B) = \cos A\cos B - \sin A\sin B$

(iv) $\cos(A-B = \cos A\cos B + \sin A\sin B$

(v) $\tan(A+B) = \dfrac{\tan A + \tan B}{1 - \tan A\tan B}$

(vi) $\tan(A-B) = \dfrac{\tan A - \tan B}{1 + \tan A\tan B}$

(vii) $\cot(A+B) = \dfrac{\cot A\cot B - 1}{\cot A + \cot B}$

(viii) $\cot(A-B) = \dfrac{\cot A\cot B + 1}{\cot B - \cot A}$

❑ योग व अन्तर का गुणनफल में परिवर्तन के लिए त्रिकोणमितीय अनुपात

(i) $\sin C + \sin D = 2\sin\left(\dfrac{C+D}{2}\right).\cos\left(\dfrac{C-D}{2}\right)$

(ii) $\sin C - \sin D = 2\cos\left(\dfrac{C+D}{2}\right).\sin\left(\dfrac{C-D}{2}\right)$

(iii) $\cos C + \cos D = 2\cos\left(\dfrac{C+D}{2}\right).\cos\left(\dfrac{C-D}{2}\right)$

(iv) $\cos C + \cos D = 2\cos\left(\dfrac{C+D}{2}\right).\sin\left(\dfrac{D-C}{2}\right)$

❑ गुणनफल का योग व अन्तर में परिवर्तन

(i) $2\sin A\cos B = \sin(A+B) + \sin(A-B)$

(ii) $2\cos A\sin B = \sin(A+B) - \sin(A-B)$

(iii) $2\cos A\cos B = \cos(A+B) + \cos(A-B)$

(iv) $2\sin A\sin B = \cos(A-B) - \cos(A+B)$

❑ 0° से 90° के कोणों के त्रिकोणमितीय अनुपात

अनुपात / कोण (θ)	$\sin\theta$	$\cos\theta$	$\tan\theta$	$\text{cosec}\,\theta$	$\sec\theta$	$\cot\theta$
0°	0	1	0	∞	1	अपरिभाषित
30°	$\frac{1}{2}$	$\frac{\sqrt{3}}{2}$	$\frac{1}{\sqrt{3}}$	2	$\frac{2}{\sqrt{3}}$	$\sqrt{3}$
45°	$\frac{1}{\sqrt{2}}$	$\frac{1}{\sqrt{2}}$	1	$\sqrt{2}$	$\sqrt{2}$	1
60°	$\frac{\sqrt{3}}{2}$	$\frac{1}{2}$	$\sqrt{3}$	$\frac{2}{\sqrt{3}}$	2	$\frac{1}{\sqrt{3}}$
90°	1	0	अपरिभाषित	1	अपरिभाषित	0

❑ 0° से 180° के कोणों के त्रिकोणमितीय अनुपात

अनुपात / कोण (θ)	$\sin\theta$	$\cos\theta$	$\tan\theta$	$\text{cosec}\,\theta$	$\sec\theta$	$\cot\theta$
0°	0	1	0	अपरिभाषित	1	∞
30°	$\frac{1}{2}$	$\frac{\sqrt{3}}{2}$	$\frac{1}{\sqrt{3}}$	2	$\frac{2}{\sqrt{3}}$	$\sqrt{3}$
45°	$\frac{1}{\sqrt{2}}$	$\frac{1}{\sqrt{2}}$	1	$\sqrt{2}$	$\sqrt{2}$	1
60°	$\frac{\sqrt{3}}{2}$	$\frac{1}{2}$	$\sqrt{3}$	$\frac{2}{\sqrt{3}}$	2	$\frac{1}{\sqrt{3}}$
90°	1	0	अपरिभाषित	1	अपरिभाषित	0
120°	$\frac{\sqrt{3}}{2}$	$-\frac{1}{2}$	$-\sqrt{3}$	$\frac{2}{\sqrt{3}}$	−2	$-\frac{1}{\sqrt{3}}$
135°	$\frac{1}{\sqrt{2}}$	$-\frac{1}{\sqrt{2}}$	−1	$\sqrt{2}$	$-\sqrt{2}$	−1
150°	$\frac{1}{2}$	$-\frac{\sqrt{3}}{2}$	$-\frac{1}{\sqrt{3}}$	2	$-\frac{2}{\sqrt{3}}$	$-\sqrt{3}$
180°	0	−1	0	अपरिभाषित	−1	अपरिभाषित

❑ **कोण θ के पूरक व सम्पूरक कोणों के त्रिकोणमितीय अनुपात**

कोण(θ)	(90° − θ)	(90° + θ)	(180° − θ)	(180° + θ)	(270° − θ)	(270° + θ)	(360° − θ)
sinθ	cos θ	cos θ	sin θ	−sin θ	− cos θ	− cos θ	− sin θ
cos θ	sin θ	− sin θ	− cos θ	− cos θ	−sin θ	sin θ	cos θ
tan θ	cot θ	− cot θ	− tan θ	tan θ	cot θ	− cot θ	− tan θ
cot θ	tan θ	− tan θ	− cot θ	cot θ	tan θ	− tan θ	− cot θ
sec θ	cosec θ	− cos ecθ	− sec θ	− sec θ	−cosec θ	cosec θ	sec θ
cosec θ	sec θ	sec θ	cosec θ	−cosec θ	− sec θ	− sec θ	−cosec θ

नोट : 1 रेडियन $= \frac{180^\circ}{\pi} = 57{\cdot}2958^\circ$ (लगभग)

हल सहित उदाहरण–

उदाहरण 1. यदि $x + y = 45^\circ$ हो, तो $(1 + \tan x)\ (1 + \tan y)$ का मान ज्ञात कीजिए।

हल : $\because\ x + y = 45^\circ \Rightarrow y = (45^\circ - x)$

$\therefore (1 + \tan x)(1 + \tan y)$

$= (1 + \tan x)[1 + \tan(45^\circ - x)]$

$= (1 + \tan x)\left[1 + \frac{\tan 45^\circ - \tan x}{1 + \tan 45^\circ \tan x}\right]$

$= (1 + \tan x)\left[1 + \frac{1 - \tan x}{1 + \tan x}\right]$

$= (1 + \tan x)\left[\frac{2}{(1 + \tan x)}\right] = 2$

उदाहरण 2. यदि $\sqrt{2}\ \sin(60^\circ - \theta) = 1$ हो, तो θ का मान ज्ञात कीजिए।

हल : $\sqrt{2}\sin(60^\circ - \theta) = 1$

$\Rightarrow \sin(60^\circ - \theta) = \frac{1}{\sqrt{2}}$

$\Rightarrow \sin(60^\circ - \theta) = \sin 45^\circ$

$\Rightarrow 60^\circ - \theta = 45^\circ$

$\therefore \theta = (60^\circ - 45^\circ) = \mathbf{15^\circ}$

उदाहरण 3. यदि $\tan\left(\frac{\pi}{2} - \frac{\theta}{2}\right) = \sqrt{3}$ हो, तो cos θ का मान ज्ञत कीजिए।

हल : $\tan\left(\frac{\pi}{2} - \frac{\theta}{2}\right) = \sqrt{3}$

$\Rightarrow \cot\frac{\theta}{2} = \sqrt{3}$

$\Rightarrow \cot\frac{\theta}{2} = \cot 30^\circ$

$\therefore \frac{\theta}{2} = 30^\circ \Rightarrow \theta = \mathbf{60^\circ}$

उदाहरण 4. यदि $\tan\theta = \frac{m}{m+1}$ तथा $\tan\varphi = \frac{m+1}{m}$ हो, तो $(\theta + \varphi)$ का मान ज्ञात कीजिए।

हल : $\tan(\theta + \varphi) = \frac{\tan\theta + \tan\varphi}{1 - \tan\theta\tan\varphi}$

$= \frac{\frac{m}{m+1} + \frac{m+1}{m}}{1 - \frac{m}{m+1} \times \frac{m+1}{m}}$

$= \frac{\frac{m}{m+1} + \frac{m+1}{m}}{0} = \infty$

$\therefore \tan(\theta + \varphi) = \tan\frac{\pi}{2}$

$\theta + \varphi = \frac{\pi}{2}$

अभ्यास प्रश्न

1. एक त्रिकोण में उस कोण के विपरित वाली भुजा की लंबाई 9√3 सेमी. है। जिसके कोण की माप 30 डिग्री है। उस कोण के विपरीत वाली भुजा की लंबाई क्या है, जिसके कोण की माप 60 डिग्री है?

(A) 27 सेमी. (B) 9 सेमी.

(C) 12√3 सेमी (D) (15√3)/2 सेमी

[SSC CHSL (Tier-1) ऑनलाइन परीक्षा 30 जनवरी 2017 सुबह पाली]

उत्तर (A)

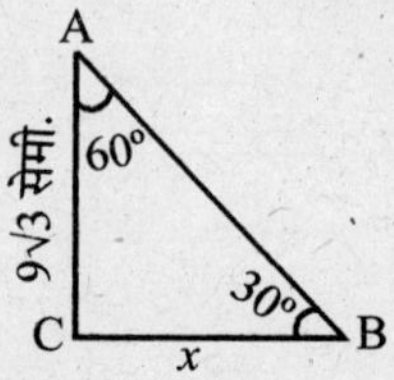

$\frac{\sin B}{BC} = \frac{\sin A}{AC}$

$$\frac{\sin 60^o}{x} = \frac{\sin 30^o}{9\sqrt{3}}$$

$$\frac{\sqrt{3}}{2} \times 9\sqrt{3} = x \times \frac{1}{2}$$

$x = 9 \times 3 = 27$ सेमी.

2. cos 4π/3 का मान क्या है?

(A) –1/2 (B) √3/2

(C) –1/√2 (D) –√3/2

[SSC CHSL (Tier-1) ऑनलाइन परीक्षा 30 जनवरी 2017 सुबह पाली]

उत्तर (A) cos 4π/3

$$= -\cos\left(\pi + \frac{\pi}{3}\right) [\because \cos(\pi + 60) = -\cos\ 60)$$

$= \cos \pi/3$

$$= -\cos 60^o = -\frac{1}{2}$$

3. tan3A किसके बराबर है?

(A) 3tanA – tan3A(1 – 3tan2A)

(B) 3tanA + tan3A(1 – 3tan2A)

(C) 3tanA – tan3A(1 + 3tan2A)

(D) 3tanA + tan3A(1 + 3tan2A)

[SSC CHSL (Tier-1) ऑनलाइन परीक्षा 30 जनवरी 2017 सुबह पाली]

उत्तर (A) tan 3A = ?

$$\tan(A + 2A) = \frac{\tan A + \tan 2A}{1 - \tan A . \tan 2A}$$

$$\frac{\tan 3A}{1} = \frac{\tan A + \tan 2A}{1 - \tan A . \tan 2A}$$

$$\tan 3A = \frac{\tan A + \frac{2\tan A}{1-\tan^2 A}}{1 - \tan A - \frac{2\tan A}{1-\tan^2 A}}$$

$$= \frac{\tan A - \tan^3 A + 2\tan^2 A}{1 - \tan^2 A - 2\tan^2 A}$$

$$\tan 3A = \frac{3\tan A - \tan^3 A}{1 - 3\tan^2 A}$$

$= \quad 3\tan A - \tan 3A(1 - 3\tan 2A)$

4. sinA/(1 + cos A) किसके बराबर है?

(A) (cosecA – cotA) (B) (cosecA + cotA)

(C) √[(cosecA + cotA)] (D) √[(cosecA + cotA)]

[SSC CHSL (Tier-1) ऑनलाइन परीक्षा 30 जनवरी 2017 सुबह पाली]

उत्तर (A) sin A/(1 + cosA)

$$= \frac{\sin A(1-\cos A)}{(1+\cos A)(1-\cos A)}$$

$$= \frac{\sin A(1-\cos A)}{1-\cos^2 A} = \frac{\sin A(1-\cos A)}{\sin^2 A}$$

$$= \frac{1-\cos A}{\sin A}$$

$$= \frac{1}{\sin A} - \frac{\cos A}{\sin A} = (\operatorname{cosec} A - \cot A)$$

5. यदि tan –7π/4 = x, तो x का मान होगा–

(A) – 1/2 (B) $-\sqrt{3/2}$

(C) $\sqrt{3/2}$ (D) 1

[SSC CHSL (Tier-1) ऑनलाइन परीक्षा 30 जनवरी 2017 सायं पाली]

उत्तर (D) $\tan \frac{-7\pi}{4} = x$

$$x = \tan \frac{-7\pi}{4} \qquad [\tan 135° = -1]$$

$= \tan(-7 \times 45°)$

$= \tan(-315)$

$= -\tan(180° + 135°)$

$= -\tan 135°$

$= -(-1)$

$= 1$

6. यदि (cot A cot B + 1) / (cot B – cot A) = x, तो x का मान क्या है?

(A) cot (A + B) (B) cot (A – B)

(C) tan (A – B) (D) tan (A + B)

[SSC CHSL (Tier-1) ऑनलाइन परीक्षा 30 जनवरी 2017 सायं पाली]

उत्तर (B) $x = \frac{\cot A \cot B + 1}{\cot B - \cot A}$

$= \cot(A - B)$

7. यदि sec² A = x, तो x का मान क्या है?

(A) 1/(1 + cos A) + 1/(1 – cos A)

(B) 1/(1 + tan A) + 1(1 + sin A)

(C) 1/(1 + sin A) (1 + sin A)

(D) 1/(1 + cot A) + 1/(1 – cos A)

[SSC CHSL (Tier-1) ऑनलाइन परीक्षा 30 जनवरी 2017 सायं पाली]

उत्तर (C) $x = 2\sec^2 A$

$$= \frac{1}{\cos^2 A}$$

$$= \frac{1}{1 - \sin^2 A}$$

$= \frac{1}{(1-\sin A)(1+\sin A)} = 1/(1-\sin A)(1+\sin A)$

8. $\text{cosec}\frac{5\pi}{3}$ **का क्या मान है?**

(A) $\sqrt{2}$ (B) $-2/\sqrt{3}$

(C) $-\sqrt{2}$ (D) $1\sqrt{3}$

[SSC CHSL (Tier-1) ऑनलाइन परीक्षा 29 जनवरी 2017 सुबह पाली]

उत्तर (B) $\text{cosec}\frac{5\pi}{3}$

$\text{cosec}\left(\pi+\frac{2\pi}{3}\right) = -\text{cosec}\frac{\pi}{3} = -\frac{2}{\sqrt{3}}$

9. $\sin(A+B)-\sin(A-B)$ **किसके बराबर है?**

(A) $2\sin A\cos B$ (B) $2\cos A\cos B$

(C) $2\cos A\sin B$ (D) $2\sin A\sin B$

[SSC CHSL (Tier-1) ऑनलाइन परीक्षा 29 जनवरी 2017 सुबह पाली]

उत्तर (C) $\sin(A+B)-\sin(A-B)$

$= [\sin A\cos B + \cos A\sin B]$

$- [\sin A\cos B - \cos A\sin B]$

$= \sin A\cos B + \cos A\sin B$

$- \sin A\cos B + \cos A\sin B$

$= 2\cos A\sin B$

10. $2-(\cos A+\sin A)^2$ **किसके बराबर है ?**

(A) $(\text{cosec}\,A+\sin A)^2$ (B) $\cos A+\sin A$

(C) $\text{cosec}A-\sin A$ (D) $(\cos A-\sin A)^2$

[SSC CHSL (Tier-1) ऑनलाइन परीक्षा 29 जनवरी 2017 सुबह पाली]

उत्तर (D) $2-(\cos A+\sin A)^2$

$\Rightarrow 2-(\cos^2 A+\sin^2 A+2\cos A\sin A)$

$\Rightarrow 2-(1+2\cos A\sin A)$

$\Rightarrow 2-1-2\cos A\sin A$

$\Rightarrow 1-2\cos A\sin A$

$\Rightarrow \cos^2 A+\sin^2 A-2\cos A\sin A$

$\Rightarrow (\cos A-\sin A)^2$

11. एक त्रिभुज में उस कोण के विपरीत वाली भुजा की लम्बाई $8\sqrt{2}$ सेमी है। जिसके कोण की माप 45° है। उस कोण के विपरीत वाली भुजा की लम्बाई क्या है, जिसके कोण की माप 90° है?

(A) 16 सेमी (B) $4\sqrt{3}$ सेमी

(C) $8\sqrt{3}$ सेमी (D) $6\sqrt{3}$ सेमी

[SSC CHSL (Tier-1) ऑनलाइन परीक्षा 25 जनवरी 2017 सुबह पाली]

उत्तर (A) विपरीत भुजा की लम्बाई

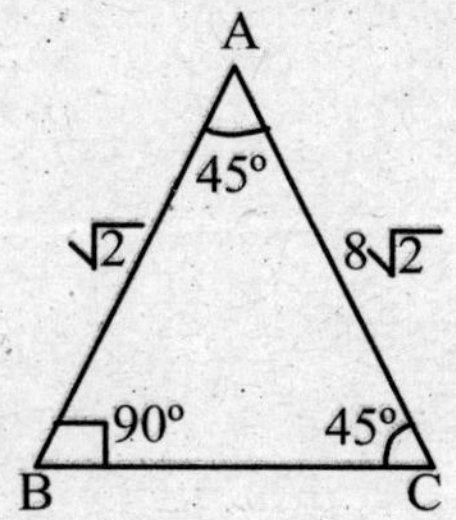

$= \frac{8\sqrt{2}}{\sin 45°}$

$= \frac{8\sqrt{2}}{\frac{1}{\sqrt{2}}}$

$= 8\sqrt{2}\times\sqrt{2} = 16$ सेमी

12. $\cot\frac{4\pi}{3}$ **का मान क्या है?**

(A) $1\sqrt{3}$ (B) $-\sqrt{3}$

(C) -1 (D) $\sqrt{3}$

[SSC CHSL (Tier-1) ऑनलाइन परीक्षा 25 जनवरी 2017 सुबह पाली]

उत्तर (A) $\cot\frac{4\pi}{3} = \cot 240°$

$= \cot(180° + 60°)$

$= \cot 60$

$= \frac{1}{\sqrt{3}}$

13. $2\cos\left[\frac{(C+D)}{2}\right].\cos\left[\frac{(C-D)}{2}\right]$ **किसके बराबर है?**

(A) $\cos C-\cos D$ (B) $\sin C+\sin D$

(C) $\cos C+\cos D$ (D) $\sin C-\sin D$

[SSC CHSL (Tier-1) ऑनलाइन परीक्षा 25 जनवरी 2017 सुबह पाली]

उत्तर (C) $2\cos\left(\frac{C+D}{2}\right).\cos\left(\frac{C-D}{2}\right)$

$= \cos C+\cos D$

14. $\cot^2 A\cos^2 A$ **का मान क्या है?**

(A) $\cot^2 A+\cos^2 A$ (B) $\tan^2 A-\cos^2 A$

(C) $\cot^2 A-\cos^2 A$ (D) $\tan^2 A+\cos^2 A$

[SSC CHSL (Tier-1) ऑनलाइन परीक्षा 25 जनवरी 2017 सुबह पाली]

उत्तर (C) $\cot^2 A\cos^2 A$

$= \cot^2A - \cos^2A$

$\Rightarrow \cot^2A \cos^2A$

$\Rightarrow \frac{\cos^2 A}{\sin^2 A}(1-\sin^2 A)$

$\Rightarrow \frac{\cos^2 A}{\sin^2 A} - \cos^2 A$

$\Rightarrow \cot^2A - \cos^2A$

15. cot 11π/6 का मान क्या है?

(A) $-\sqrt{3}$ (B) –1

(C) $\sqrt{3}$ (D) –1/2

[SSC CHSL (Tier-1) ऑनलाइन परीक्षा 24 जनवरी 2017 सुबह पाली]

उत्तर (A) $\cot 11\frac{\pi}{6}$

$\cot(330^\circ)$

$= \cot(360^\circ - 30^\circ)$

$= -\cot 30^\circ$

$= -\sqrt{3}$

16. 2 cos [(C + D)/2] sin [(C – D]/2)] किसके बराबर है?

(A) sin C + sin D (B) sin C – sin D

(C) cos C – cos D (D) cos C + cos D

[SSC CHSL (Tier-1) ऑनलाइन परीक्षा 24 जनवरी 2017 सुबह पाली]

उत्तर (B) $2\cos\left[\frac{C+D}{2}\right]\sin\left[\frac{C-D}{2}\right]$

$= \sin C - \sin D$

यह एक सर्वसमिका है।

17. tan 2A sin 2A किसके बराबर है?

(A) tan 2A – sin 2A (B) tan 2A + sin 2A

(C) cot 2A – sin 2A (D) cot 2A + sin 2A

[SSC CHSL (Tier-1) ऑनलाइन परीक्षा 24 जनवरी 2017 सुबह पाली]

उत्तर (A) tan 2A sin 2A

$\frac{\sin 2A}{\cos 2A}\sin 2A$

$\Rightarrow \frac{(1-\cos 2A)\sin 2A}{\cos 2A}$

$\Rightarrow \frac{\sin 2A}{\cos 2A} - \frac{\cos 2A \sin 2A}{\cos 2A}$

$\Rightarrow \tan 2A - \sin 2A$

18. एक त्रिभुज में उस कोण के विपरीत वाली भुजा की लम्बाई 15 सेमी है, जिसके कोण की माप 60° है। उस कोण के विपरीत वाली भुजा की लम्बाई क्या है, जिसके कोण की माप 90° है?

(A) 15 सेमी (B) $(15\sqrt{3})/2$ सेमी

(C) $10\sqrt{3}$ सेमी (D) 10 सेमी

[SSC CHSL (Tier-1) ऑनलाइन परीक्षा 24 जनवरी 2017 सायं पाली]

उत्तर (C) माना विपरीत भुजा की लम्बाई

$= x$ सेमी

$\therefore \frac{\sin 90^\circ}{x} = \frac{\sin 60^\circ}{AC}$

$\frac{1}{x} = \frac{\frac{\sqrt{3}}{2}}{15}$

$x = \sqrt{3}/30 \Rightarrow x = \frac{30}{\sqrt{3}} \Rightarrow \frac{30\sqrt{3}}{3}$

$\Rightarrow 10\sqrt{3}$ सेमी.

19. cos 11π/6 का मान क्या है?

(A) $-1/\sqrt{2}$ (B) $-\sqrt{3}/2$

(C) $2/\sqrt{3}$ (D) $\sqrt{3}/2$

[SSC CHSL (Tier-1) ऑनलाइन परीक्षा 24 जनवरी 2017 सायं पाली]

उत्तर (D) $\cos\left(\frac{11\pi}{6}\right)$

$= \cos(330^\circ)$

$= \cos(360^\circ - 30^\circ)$

$= \cos 30^\circ$

$= \frac{\sqrt{3}}{2}$

20. 3 cos A किसके बराबर है?

(A) $4\cos^3 A + \cos 3A$

(B) $4\cos^3 A - \cos 3A$

(C) $3\cos^3 A - \cos 3A$

(D) $3\cos^3 A + \cos 3A$

[SSC CHSL (Tier-1) ऑनलाइन परीक्षा 24 जनवरी 2017 सायं पाली]

उत्तर (B) $\cos 3A = 4\cos^3 A - 3\cos A$

$\therefore 3\cos A = 4\cos^3 A - \cos 3A$

21. cos A/ (1 – sin A) किसके बराबर है ?

(A) (sec A – tan A)

(B) (sec A + tan A)

(C) $\sqrt{[(\sec A + \tan A)]}$

(D) $\sqrt{[(\sec A - \tan A)]}$

[SSC CHSL (Tier-1) ऑनलाइन परीक्षा 24 जनवरी 2017 सायं पाली]

उत्तर (B) $\frac{\cos A}{1 - \sin A}$

$= \frac{\cos A}{1 - \sin A} \times \frac{1 + \sin A}{1 + \sin A}$

$= \frac{\cos A\,(1 + \sin A)}{1 - \sin^2 A}$

$= \frac{\cos A\,(1 + \sin A)}{\cos^2 A}$

$= \frac{1 + \sin A}{\cos A}$

$= \frac{1}{\cos A} + \frac{\sin A}{\cos A} = (\sec A + \tan A)$

22. tan 4π/3 का मान क्या है ?

(A) –1/2 (B) $\sqrt{3}$

(C) $\sqrt{3}/2$ (D) $-1/\sqrt{2}$

[SSC CHSL (Tier-1) ऑनलाइन परीक्षा 23 जनवरी 2017 दोपहर पाली]

उत्तर (B) $\tan \frac{4\pi}{3}$

$\tan 240^\circ = \tan(180 + 60) = \tan 60^\circ$

$= \sqrt{3}$

23. $\cot^3 A$ का मान बताएं?

(A) $3 \cot A - \cot 3A\,(1 - 3 \cot^2 A)$

(B) $3 \cot A + \cot 3A\,(1 - 3 \cot^2 A)$

(C) $3 \cot A - \cot 3A\,(1 + 3 \cot^2 A)$

(D) $3 \cot A + \cot 3A\,(1 + 3 \cot^2 A)$

[SSC CHSL (Tier-1) ऑनलाइन परीक्षा 23 जनवरी 2017 दोपहर पाली]

उत्तर (A) $\cot 3A = 3 \cot A - \cot^3 A/(1 - 3 \cot^2 A)$

$\cot 3A = \frac{3\cot A - \cot^3 A}{1 - 3\cot^2 A}$

$\cot 3A - 3 \cot 3A \cot^2 A$

$= 3 \cot A - \cot^3 A$

$\therefore \cot^3 A$

$= 3 \cot A - \cot 3A\,(1 - 3 \cot^2 A)$

24. $\sec^2 A \operatorname{cosec}^2 A$ का मान बताएं ?

(A) $\sec^2 A - \operatorname{cosec}^2 A$

(B) $\sqrt{[\sec^2 A + \operatorname{cosec}^2 A]}$

(C) $\sec^2 A + \operatorname{cosec}^2 A$

(D) $\sqrt{[\sec^2 A - \operatorname{cosec}^2 A]}$

[SSC CHSL (Tier-1) ऑनलाइन परीक्षा 23 जनवरी 2017 दोपहर पाली]

उत्तर (C) $\sec^2 A \operatorname{cosec}^2 A$

$\frac{1}{\cos^2 A} \times \frac{1}{\sin^2 A}$

$= \frac{1}{\cos^2 A \sin^2 A}$

$= \frac{\cos^2 A + \sin^2 A}{\cos^2 A \sin^2 A}$

$= \frac{\cos^2 A}{\cos^2 A \sin^2 A} + \frac{\sin^2 A}{\cos^2 A \sin^2 A}$

$= \frac{1}{\sin^2 A} + \frac{1}{\cos^2 A}$

$= \operatorname{cosec}^2 A + \sec^2 A$

$= \sec^2 A + \operatorname{cosec}^2 A$

25. sin 330° का मान है–

(A) 2 (B) $2/\sqrt{3}$

(C) $\sqrt{2}$ (D) –1/2

[SSC CHSL (Tier-1) ऑनलाइन परीक्षा 22 जनवरी 2017 सुबह पाली]

उत्तर (D) sin 330°

$= \sin(360^\circ - 30^\circ)$

$= \sin(360^\circ - 30^\circ)$

$= -\sin 30^\circ$

$= -1/2$

26. यदि $\frac{1}{\sqrt{(1 + \cot^2 A)}} = x$, तो x का क्या मान है?

(A) sin A (B) cosec A

(C) cos A (D) sec A

उत्तर (A) $\frac{1}{\sqrt{1 + \cot^2 A}}$

$= \frac{1}{\sqrt{\operatorname{cosec}^2 A}}$

$= \frac{1}{\operatorname{cosec} A}$

$= \sin A$

27. यदि cosec A – cot A = x, तो x का क्या मान है?

(A) sinA/(1 – cosA) (B) √[sinA/(1 + cosA)]

(C) sinA/(1 + cosA) (D) √[sinA/(1 – cosA)]

[SSC CHSL (Tier-1) ऑनलाइन परीक्षा 3 फरवरी 2017 सायं पाली]

उत्तर (C) $x = \text{cosec A} - \text{cot A}$

$$= \frac{1}{\sin A} - \frac{\cos A}{\sin A}$$

$$= \frac{1-\cos A}{\sin A}$$

$$= \frac{1-\cos A}{\sin A} \times \frac{1+\cos A}{1+\cos A}$$

$$= \frac{1-\cos^2 A}{\sin A(1+\cos A)}$$

$$= \frac{\sin^2 A}{\sin A(1+\cos A)} = \frac{\sin A}{(1+\cos A)}$$

28. 10 से. मी. की त्रिज्या और 8 से. मी. की ऊँचाई वाले एक ठोस समकोण वृत्ताकार शंकु को 11 से. मी. त्रिज्या और 9 से. मी. की ऊँचाई वाले एक बेलनाकार बर्तन के अंदर डाल दिया जाता है। बेलनाकार बर्तन को पूरी तरह से भरने के लिए घन से. मी. में कितना पानी आवश्यक होगा ?

(A) 5168.96 घन से. मी.

(B) 2584.48 घन से. मी.

(C) 7753.44 घन से. मी.

(D) 1292.24 घन से. मी.

[SSC CHSL (Tier-1) ऑनलाइन परीक्षा 22 जनवरी 2017 सुबह पाली]

उत्तर (B) बेलनाकार बर्तन का आयतन

$$= \pi r^2 h$$
$$= \pi \times (11)^2 \times 9$$
$$= 1089\,\pi \text{ घन सेमी.}$$

शंकु का आयतन $= \frac{1}{3}\pi r^2 h$

$$= \frac{1}{3} \times \pi \times (10^2) \times 8$$

$$= \frac{800}{3}\pi$$

$\therefore$ बर्तन को पूरा भरने में लगी पानी की मात्रा

$$= 1089\pi - \frac{800}{3}\pi$$

$$= \frac{2467}{3}\pi$$

$$= \frac{2467 \times 22}{3 \times 7}$$

$$= 2584.476$$

$$= 2584.48 \text{ घन सेमी.}$$

29. $\sin A/(1 + \cos A) = x$ हो, तो x का क्या मान है ?

(A) cosec A + cot A

(B) sec A – cot A

(C) sec A + cot A

(D) cosec A – cot A

[SSC CHSL (Tier-1) ऑनलाइन परीक्षा 22 जनवरी 2017 सुबह पाली]

उत्तर (D) $x = \frac{\sin A}{1+\cos A}$

$$= \frac{\sin A}{1+\cos A}$$

$$= \frac{\sin A}{1+\cos A} \times \frac{1-\cos A}{1-\cos A}$$

$$= \frac{\sin A\,(1-\cos A)}{(1+\cos A)\,(1-\cos A)}$$

$$= \frac{\sin A\,(1-\cos A)}{1-\cos^2 A}$$

$$= \frac{\sin A(1-\cos A)}{\sin^2 A}$$

$$= \frac{1-\cos A}{\sin A}$$

$$= \frac{1}{\sin A} - \frac{\cos A}{\text{Sin A}} = \text{cosec A} - \text{cot A}$$

30. यदि $(\cot A - \text{cosec } A)^2 = x$ तो x का मान क्या है?

(A) (1–cosA)/(1 + cosA)

(B) (1 – sinA)/(1 + sinA)

(C) (1 – secA)/(1 + secA)

(D) (1– cosecA)/ (1 + cosec A)

[SSC CHSL (Tier-1) ऑनलाइन परीक्षा 21 जनवरी 2017 सायं पाली]

उत्तर (A) $x = (\cot A - \text{cosec } A)^2$

$$= \left(\frac{\cos A}{\sin A} - \frac{1}{\sin A}\right)^2$$

$$= \left(\frac{\cos A - 1}{\sin A}\right)^2$$

$$= \left[\frac{(\cos A-1)(\cos A+1)}{\sin A(\cos A+1)}\right]^2$$

$$= \left[\frac{(1-\cos A)(1+\cos A)}{\sin A(1+\cos A)}\right]^2$$

$$= \left[\frac{\sin^2 A}{\sin A(1+\cos A)}\right]^2$$

$$= \frac{\sin^2 A}{(1+\cos A)^2} = \frac{1-\cos A}{1+\cos A}$$

31. यदि cotA = x, तो x का क्या मान है?

(A) $\sqrt{(\sec^2 A+1)}$ (B) $\sqrt{(cosec^2 A+1)}$

(C) $\sqrt{(\sec^2 A-1)}$ (D) $\sqrt{(cosec^2 A-1)}$

[SSC CHSL (Tier-1) ऑनलाइन परीक्षा 21 जनवरी 2017 सायं पाली]

उत्तर (D) $x = \cot A$

$= \sqrt{(cosec^2 A-1)}$

32. यदि tan π/3 + cosec π/6 = x, तो x का क्या मान है?

(A) $(1-\sqrt{2})\sqrt{2}$ (B) $(\sqrt{3}+4)2\sqrt{3}$

(C) $\sqrt{3}+2$ (D) $(2\sqrt{2}-1)2$

[SSC CHSL (Tier-1) ऑनलाइन परीक्षा 21 जनवरी 2017 सायं पाली]

उत्तर (C) $x = \tan\frac{\pi}{3} + \text{cosec}\frac{\pi}{3}$

$= \tan 60° + \text{cosec } 30°$

$= \sqrt{3}+2$

33. यदि cosecA/(cosec A –1) + cosec A/ (cosec A + 1) = x, तो x का मान क्या है?

(A) $2\text{cosec}^2 A$ (B) 2 cosec A

(C) 2 sec A (D) $2\sec^2 A$

[SSC CHSL (Tier-1) ऑनलाइन परीक्षा 21 जनवरी 2017 दोपहर पाली]

उत्तर (D) $x = \frac{\text{cosec}A}{\text{cosec}A-1} + \frac{\text{cosec}A}{\text{cosec}A+1}$

$= \frac{\text{cosec}A(\text{cosec}A+1)+\text{cosec}A(\text{cosec}A-1)}{\text{cosec}^2 A-1}$

$= \frac{\text{cosec}^2 A+\text{cosec}A+\text{cosec}^2 A-\text{cosec}A}{\text{cosec}^2 A-1}$

$= \frac{2\text{cosec}^2 A}{\text{cosec}^2 A-1} \quad \frac{2/\sin^2 A}{\cos^2 A/\sin^2 A} = \frac{2}{\cos^2 A}$

$= 2\sec^2 A$

34. यदि cot 30° – cos 45° = x, तो x का मान क्या है?

(A) $\sqrt{3}+2$ (B) $(\sqrt{6}-1)/\sqrt{2}$

(C) $(\sqrt{3}-2\sqrt{2})/\sqrt{6}$ (D) $(1+\sqrt{2})/\sqrt{2}$

[SSC CHSL (Tier-1) ऑनलाइन परीक्षा 21 जनवरी 2017 दोपहर पाली]

उत्तर (B) $x = \cot 30° - \cos 45°$

$= \frac{\cos 30°}{\sin 30°} - \cos 45°$

$= \frac{\frac{\sqrt{3}}{2}}{\frac{1}{2}} - \frac{1}{\sqrt{2}}$

$= \sqrt{3} - \frac{1}{\sqrt{2}}$

$= \frac{\sqrt{3}\times\sqrt{2}-1}{\sqrt{2}} = \frac{\sqrt{6}-1}{\sqrt{2}}$

35. यदि tan2A = x, तो x का मान क्या है?

(A) $2\tan A/(1-\tan^2 A)$ (B) $(1-\tan^2 A)/2\tan A$

(C) $2\tan A/(1+\tan^2 A)$ (D) $(\tan^2 A-1)/2\tan A$

[SSC CHSL (Tier-1) ऑनलाइन परीक्षा 21 जनवरी 2017 दोपहर पाली]

उत्तर (A) $x = \tan 2A$

$= \frac{2\tan A}{1-\tan^2 A}$

36. यदि tan 330° = x, तब x का मान ज्ञात करो।

(A) $-1/\sqrt{3}$ (B) $-\sqrt{3}$

(C) $-1/2$ (D) $-1/\sqrt{2}$

[SSC CHSL (Tier-1) ऑनलाइन परीक्षा 18 जनवरी 2017 सायं पाली]

उत्तर (A) $x = \tan 330°$

$= \tan(360° - 30°)$

$= -\tan 30° = -\frac{1}{\sqrt{3}}$

37. यदि $\sin A/\sqrt{(1-\sin^2 A)} = x$, तब x का मान है :

(A) tanA (B) cotA

(C) cosecA (D) cosA

[SSC CHSL (Tier-1) ऑनलाइन परीक्षा 18 जनवरी 2017 सायं पाली]

उत्तर (A) $x = \frac{\sin A}{\sqrt{1-\sin^2 A}}$

$= \frac{\sin A}{\sqrt{\cos^2 A}}$

$= \frac{\sin A}{\cos A} = \tan A$

38. $\sqrt{[(1-\cos A)/(1+\cos A)]}$ का मान क्या है?

(A) $\sin A/(1-\cos A)$ (B) $\sin A/(1+\cos A)$

(C) $\tan A/(1+\cos A)$ (D) $\tan A/(1-\cos A)$

[SSC CHSL (Tier-1) ऑनलाइन परीक्षा 18 जनवरी 2017 सायं पाली]

उत्तर (B) $x = \sqrt{\frac{1-\cos A}{1+\cos A}}$

$= \sqrt{\frac{1-\cos A(1-\cos A)}{(1+\cos A)(1-\cos A)}}$

$= \sqrt{\frac{(1-\cos A)^2}{1-\cos^2 A}}$

$$= \frac{1}{\sin A} - \frac{\cos A}{\sin A} = \text{cosec A} - \cot A$$

39. tan 300° का क्या मान है?

(A) –1/2 (B) $-1\sqrt{2}$

(C) $-\sqrt{3}$ (D) $-\sqrt{3}/2$

[SSC CHSL (Tier-1) ऑनलाइन परीक्षा 17 जनवरी 2017 दोपहर पाली]

उत्तर (C) tan 300°

$\tan(360° - 60°)$

$= -\tan 60°$

$= -\sqrt{3}$

40. यदि CotA/ $\sqrt{(1+\cot^2 A)}$ = x, तो x का क्या मान है?

(A) sinA (B) cosecA

(C) secA (D) cosA

[SSC CHSL (Tier-1) ऑनलाइन परीक्षा 17 जनवरी 2017 दोपहर पाली]

उत्तर (D)

$$x = \frac{\cot A}{\sqrt{1+\cot^2 A}}$$

$$= \frac{\cot A}{\sqrt{\text{cosec}^2 A}}$$

$$= \frac{\cot A}{\text{cosec A}} = \frac{\cos A}{\sin A} \times \sin A = \cos A$$

41. $\sqrt{(1-\cos A)} / \sqrt{(1+\cos A)}$ का क्या मान है?

(A) cosecA – cotA (B) cosecA + cotA

(C) secA – cotA (D) secA + cotA

[SSC CHSL (Tier-1) ऑनलाइन परीक्षा 17 जनवरी 2017 दोपहर पाली]

उत्तर (A) $x = \sqrt{\frac{1-\cos A}{1+\cos A}}$

$$= \sqrt{\frac{1-\cos A(1-\cos A)}{(1+\cos A)(1-\cos A)}}$$

$$= \sqrt{\frac{(1-\cos A)^2}{1-\cos^2 A}}$$

$$= \frac{1-\cos A}{\sin A}$$

$$= \frac{1}{\sin A} - \frac{\cos A}{\sin A} = \text{cosecA} - \text{cotA}$$

42. $\sqrt{(1-\sin A)}\sqrt{(1+\sin A)}$ किसके बराबर है?

(A) sec A – tan A (B) cosec A – cot A

(C) sec A + tan A (D) cosec A + cot A

[SSC CHSL (Tier-1) ऑनलाइन परीक्षा 16 जनवरी 2017 सुबह पाली]

उत्तर (A) $\sqrt{\frac{1-\sin A}{1+\sin A}}$

$$= \sqrt{\frac{(1-\sin A)}{(1+\sin A)} \times \frac{(1-\sin A)}{(1-\sin A)}}$$

$$= \sqrt{\frac{(1-\sin A)^2}{1+\sin A^2}} = \frac{1-\sin A}{\cos A}$$

$$= \frac{1}{\cos A} - \frac{\sin A}{\cos A} = \text{secA} - \tan A$$

43. cot 5π/3 का मान क्या है?

(A) $1/\sqrt{3}$ (B) $-1\sqrt{3}$

(C) $\sqrt{3}$ (D) $-\sqrt{3}$

[SSC CHSL (Tier-1) ऑनलाइन परीक्षा 16 जनवरी 2017 सुबह पाली]

उत्तर (B) $\cot \frac{5\pi}{3}$

$= \cot 300°$

$= \cot(360° - 60°) = -\cot 60° = -\frac{1}{\sqrt{3}}$

44. यदि sin3A = x तो xका मान क्या है?

(A) $3\sin A + 4\sin^3 A$ (B) $4\sin 3A - 3\sin A$

(C) $4\sin 3A + \sin A$ (D) $3\sin A - 4\sin^3 A$

[SSC CHSL (Tier-1) ऑनलाइन परीक्षा 16 जनवरी 2017 सुबह पाली]

उत्तर (D) $x = \sin 3A$

$= 3\sin A - 4\sin^3 A$

45. यदि 2cosAsinB = x हो, तो x का क्या मान है?

(A) sin(A+B) + sin(A–B)

(B) cos (A + B) + cos (A–B)

(C) sin(A + B) – sin (A–B)

(D) cos (A–B) – cos (A + B)

[SSC CHSL (Tier-1) ऑनलाइन परीक्षा 10 जनवरी 2017 सुबह पाली]

उत्तर (C) $x = 2\cos A \sin B$

$= \sin(A+B) - \sin(A-B)$

46. यदि $\text{cosec}^4 A - \text{cosec}^2 A = x$, तो x का मान क्या है?

(A) $\tan^4 A + \tan^2 A$ (B) $\cot^4 A + \cot^2 A$

(C) $\cot^4 A - \cot^2 A$ (D) $\tan^4 A - \tan^2 A$

[SSC CHSL (Tier-1) ऑनलाइन परीक्षा 10 जनवरी 2017 सुबह पाली]

उत्तर (B) $x = \text{cosec}^4 A - \text{cosec}^2 A$

$= \text{cosec}^2 A (\text{cosec}^2 A - 1)$

$= \text{cosec}^2 A \times \cot^2 A$

$= (1 + \cot^2 A) \cot^2 A = \cot^4 A + \cot^2 A$

47. tan 240° का मान क्या है?

(A) $-\sqrt{3}$ (B) $1/\sqrt{3}$

(C) $-1/\sqrt{3}$ (D) $\sqrt{3}$

[SSC CHSL (Tier-1) ऑनलाइन परीक्षा 10 जनवरी 2017 सुबह पाली]

उत्तर (A) tan 240°

$\tan (180° + 60°)$

$= -\tan 60° = -\sqrt{3}$

48. (cosec A – sin A) (sec A – cos A) (tan A + cot A) किसके बराबर है?

(A) 2 (B) 0

(C) 1 (D) 1/2

[SSC CHSL (Tier-1) ऑनलाइन परीक्षा 10 जनवरी 2017 सायं पाली]

उत्तर (C) (cosec A – sin A) (sec A – cos A) (tan A + cot A)

$$= \left(\frac{1-\sin^2 A}{\sin A}\right) \times \left(\frac{1-\cos^2 A}{\cos A}\right) \times \left(\frac{\sin^2 A + \cos^2 A}{\sin A \times \cos A}\right)$$

$$= \frac{\cos^2 A \sin^2 A}{\sin^2 A \cos A} \times \frac{1}{\sin A \cos A} = 1$$

49. $\cos^2 (A/2)$ का मान क्या है?

(A) (1 – cosA)/2 (B) (1 + cosA)/2

(C) (1 + sinA)/2 (D) (1 – sinA)/2

[SSC CHSL (Tier-1) ऑनलाइन परीक्षा 10 जनवरी 2017 सायं पाली]

उत्तर (B)

$$\text{Cos}^2 \frac{A}{2} = \frac{1+\cos A}{2}$$

50. cot – 11π/6 किसके बराबर है?

(A) $-\sqrt{3}$ (B) $1/\sqrt{3}$

(C) $-1/\sqrt{3}$ (D) $\sqrt{3}$

[SSC CHSL (Tier-1) ऑनलाइन परीक्षा 10 जनवरी 2017 सायं पाली]

उत्तर (D) $\cot - \frac{11\pi}{6}$

$\cot (-330°)$

$= -\cot (360° - 30°)$

$= -\cot (-30°)$

$= \sqrt{3}$

51. एक त्रिभुज में उस कोण के विपरीत पक्ष की $6\sqrt{3}$ लम्बाई सेमी है, जिसका माप 60° है। उस कोण के विपरीत भुजा की लम्बाई क्या होगी, जिसका माप 90° है?

(A) $12\sqrt{3}$ सेमी (B) 6 सेमी

(C) 12 सेमी (D) $3\sqrt{3}$ सेमी

[SSC CHSL (Tier-1) ऑनलाइन परीक्षा 9 जनवरी 2017 सुबह पाली]

उत्तर (C) माना विपरीत भुजा की लम्बाई = x सेमी

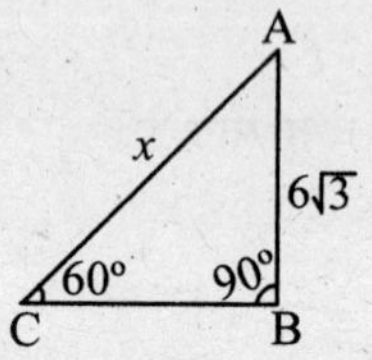

$\therefore$ ΔABC में,

$$\frac{\sin 60°}{AB} = \frac{\sin 90°}{AC}$$

$$\frac{\sin 60°}{6\sqrt{3}} = \frac{\sin 90°}{x}$$

$$\frac{\frac{\sqrt{3}}{2}}{6\sqrt{3}} = \frac{1}{x}$$

$$x = \frac{2 \times 6\sqrt{3}}{\sqrt{3}} = 12 \text{ सेमी}$$

52. cot 210° का मान क्या है?

(A) $1/\sqrt{3}$ (B) $- / \sqrt{3}$

(C) $\sqrt{3}$ (D) $-\sqrt{3}$

[SSC CHSL (Tier-1) ऑनलाइन परीक्षा 9 जनवरी 2017 सुबह पाली]

उत्तर (C) cot 201°

$= \cot (180° + 30°)$

$= \cot 30°$

$= \sqrt{3}$

53. यदि $\cot A + \cot B = x$, तो x का मान क्या है?

(A) (cot A cot B + 1) / (cot B – cot A)

(B) (cot A cot B + 1) / (cot B + cot A)

(C) (cot A cot B – 1) / (cot B + cot A)

(D) (cot A cot B – 1) / (cot B – cot A)

[SSC CHSL (Tier-1) ऑनलाइन परीक्षा 9 जनवरी 2017 सुबह पाली]

उत्तर (C) $\cot A + \cot B = x$

$\therefore \cot(A+B) = \dfrac{\cot A \cot B - 1}{\cot B + \cot A}$

54. यदि $\tan 2A - \sin 2A = x$, तो x का मान क्या है?

(A) tan 2A sin 2A (B) cot 2A cosec 2A

(C) tan A sin A (D) cot A cosec A

[SSC CHSL (Tier-1) ऑनलाइन परीक्षा 9 जनवरी 2017 सुबह पाली]

उत्तर (A) $x = \tan 2A - \sin 2A$

$$= \frac{\sin 2A}{\cos 2A} - \sin 2A$$

$$= \sin 2A\left(\frac{1}{\cos 2A} - 1\right)$$

$$= \sin 2A\left(\frac{1-\cos 2A}{\cos 2A}\right)$$

$$= \sin 2A\,\frac{\sin 2A}{\cos 2A}$$

$$= \sin 2A \tan 2A$$

55. यदि $1/\sqrt{(\text{cosec}^2 A - 1)} = x$, तो x का मान क्या होगा–

(A) cot A (B) tan A

(C) sin A (D) cos A

[SSC CHSL (Tier-1) ऑनलाइन परीक्षा 9 जनवरी 2017 सायं पाली]

उत्तर (B) $x = \dfrac{1}{\sqrt{\text{cosec}^2 A - 1}}$

$$= \frac{1}{\cot A}$$

$$= \tan A$$

56. cosec $3\pi/4$ का मान क्या है?

(A) $-\sqrt{2}$ (B) $\sqrt{2}$

(C) $2/\sqrt{3}$ (D) $-2/\sqrt{3}$

[SSC CHSL (Tier-1) ऑनलाइन परीक्षा 9 जनवरी 2017 सायं पाली]

उत्तर (B) $\text{cosec}\,\dfrac{3\pi}{4}$

$$\text{cosec}\,135° = \text{cosec}\,(180° - 45°)$$

$$= \text{cosec}\,45°$$

$$= \sqrt{2}$$

$$\therefore \quad \text{cosec}\,\frac{3\pi}{4} = \sqrt{2}$$

57. [sin A/(1 + cos A)] + [(1 + cos A)/sin A] किसके बराबर है?

(A) 2 sec A (B) 2 cosec A

(C) 2 tan A (D) 2 cot A

[SSC CHSL (Tier-1) ऑनलाइन परीक्षा 9 जनवरी 2017 सायं पाली]

उत्तर (B) $\left[\dfrac{\sin A}{1+\cos A} + \dfrac{1+\cos A}{\sin A}\right]$

$$= \left[\frac{\sin^2 A + (1+\cos A)^2}{\sin A\,(1+\cos A)}\right]$$

$$= \left[\frac{\sin^2 A + 1 + \cos^2 A + 2\cos A}{\sin A\,(1+\cos A)}\right]$$

$$= \left[\frac{\sin^2 A + \cos^2 A + 1 + 2\cos A}{\sin A\,(1+\cos A)}\right]$$

$$= \left[\frac{2 + 2\cos A}{\sin A\,(1+\cos A)}\right]$$

$$= \frac{2(1+\cos A)}{\sin A\,(1+\cos A)}$$

$$= \frac{2}{\sin A}$$

$$= 2\,\text{cosec}\,A$$

58. यदि $1/(1 + \cos A) + 1/(1 - \cos A) = x$, तो x का क्या मान है?

(A) $2\sec^2 A$ (B) 2cosecA

(C) $2\text{cosec}^2 A$ (D) 2secA

[SSC CHSL (Tier-1) ऑनलाइन परीक्षा 8 जनवरी 2017 दोपहर पाली]

उत्तर (C) $\dfrac{1}{1+\cos A} + \dfrac{1}{1-\cos A} = x$

$$\frac{1-\cos A + 1 + \cos A}{(1+\cos A)(1-\cos A)}$$

$$\frac{2}{1-\cos^2 A}$$

$$\frac{2}{\sin^2 A} = 2\,\text{cosec}^2 A$$

59. यदि $\cos 45° - \sec 30° = x$, तो x का क्या मान है?

(A) $(1 + \sqrt{2})/2$ (B) $(2\sqrt{2} - \sqrt{3})/2$

(C) $(\sqrt{3} - 2\sqrt{2})/\sqrt{6}$ (D) $4/\sqrt{3}$

[SSC CHSL (Tier-1) ऑनलाइन परीक्षा 8 जनवरी 2017 दोपहर पाली]

उत्तर (C) $\cos 45° - \sec 30° = x$

$$\therefore \quad \frac{1}{\sqrt{2}} - \frac{2}{\sqrt{3}}$$

$$\Rightarrow \frac{\sqrt{3} - 2\sqrt{2}}{\sqrt{2} \times \sqrt{3}}$$

$$\Rightarrow \frac{\sqrt{3} - 2\sqrt{2}}{\sqrt{6}}$$

60. यदि $\cot(A/2) = x$ तो x किसके बराबर है?

(A) tanA/(1 + secA) (B) (secA + cotA)

(C) tanA/(1 + cosesA) (D) (cosecA + cotA)

[SSC CHSL (Tier-1) ऑनलाइन परीक्षा 8 जनवरी 2017 दोपहर पाली]

उत्तर (D) $x = \cot\dfrac{A}{2}$

$$= \frac{\cos\frac{A}{2}}{\sin\frac{A}{2}} = \frac{\sqrt{\frac{1+\cos A}{2}}}{\sqrt{\frac{1-\cos A}{2}}} = \frac{\sqrt{1+\cos A}}{\sqrt{1-\cos A}}$$

$$= \frac{\sqrt{(1+\cos A)(1+\cos A)}}{\sqrt{(1-\cos A)(1-\cos A)}}$$

$$= \frac{\sqrt{(1+\cos A)^2}}{\sqrt{\sin^2 A}}$$

$$= \frac{1+\cos A}{\sin A} = \frac{1}{\sin A} + \frac{\cos A}{\sin A}$$

$= \text{cosec } A + \cot A$

61. यदि tan 45° + cosec 30° = x का मान क्या होगा?

(A) $\sqrt{3}$

(B) $(1-2\sqrt{2})/\sqrt{2}$

(C) $(\sqrt{3}-4)/2\sqrt{3}$

(D) 3

[SSC CHSL (Tier-1) ऑनलाइन परीक्षा 7 जनवरी 2017 सायं पाली]

उत्तर (D) $x = \tan 45° + \text{cosec } 30°$

$= 1 + 2$

$= 3$

62. यदि $\sqrt{[(1+\cos A)/2]} = x$ है, तो x का मान क्या होगा?

(A) sin (A/2) (B) tan (A/2)

(C) cot (A/2) (D) cos (A/2)

[SSC CHSL (Tier-1) ऑनलाइन परीक्षा 7 जनवरी 2017 सायं पाली]

उत्तर (D) $x = \sqrt{\frac{1+\cos A}{2}}$

$= \cos A/2$

63. यदि sec A + tan A = x है, तो x का मान क्या होगा?

(A) $\sqrt{[(1-\sin A)/(1+\sin A)]}$

(B) (1 + sin A) / (1 – sin A)

(C) (1 – sin A) / (1 + sin A)

(D) $\sqrt{(1+\sin A)/(1-\sin A)}$

[SSC CHSL (Tier-1) ऑनलाइन परीक्षा 7 जनवरी 2017 सायं पाली]

उत्तर (B) $x = \sec A + \tan A$

$$= \frac{1}{\cos A} + \frac{\sin A}{\cos A}$$

$$x = \frac{1+\sin A}{\cos A} \quad ...(i)$$

$$= \frac{1+\sin A}{\cos A} \times \frac{1-\sin A}{1-\sin A}$$

$$= \frac{(1+\sin A)(1-\sin A)}{\cos A(1-\sin A)}$$

$$x = \frac{1-\sin^2 A}{\cos A(1-\sin A)}$$

$$= \frac{\cos^2 A}{\cos A(1-\sin A)}$$

$$x = \frac{\cos A}{1-\sin A} \quad ...(ii)$$

समी. (i) और (ii) में गुणा करने पर

$$x = \sqrt{\frac{1+\sin A}{1-\sin A}}$$

64. यदि coses (- 4π/3) = x, तो x का क्या मान है?

(A) $\sqrt{2}$ (B) $2/\sqrt{3}$

(C) $-\sqrt{2}$ (D) $-1\sqrt{3}$

[SSC CHSL (Tier-1) ऑनलाइन परीक्षा 7 फरवरी 2017 सुबह पाली]

उत्तर (B) $x = \text{cosec}\left(-\frac{4\pi}{3}\right)$

$$= -\text{cosec}\left(\pi + \frac{\pi}{3}\right)$$

$$= -\text{cosec}\frac{-\pi}{3}$$

$$= -\left(-\text{cosec}\frac{\pi}{3}\right) = \frac{2}{\sqrt{3}}$$

65. यदि cot (A/2) = x, तो x का क्या मान है?

(A) $\sqrt{[(1+\cos A)/(1-\cos A)]}$

(B) cosec A – cot A

(C) $\sqrt{[(1-\cos A)/2]}$

(D) $\sqrt{[(1+\cos A)/2]}$

[SSC CHSL (Tier-1) ऑनलाइन परीक्षा 7 फरवरी 2017 सुबह पाली]

उत्तर (A) $x = \cot\left(\frac{A}{2}\right)$

$$= \frac{\cos\left(\frac{A}{2}\right)}{\sin\left(\frac{A}{2}\right)}$$

$$= \frac{\frac{\sqrt{1+\cos A}}{2}}{\frac{\sqrt{1-\cos A}}{2}}$$

$$= \frac{\sqrt{1+\cos A}}{\sqrt{1-\cos A}} = \sqrt{\left[\frac{1+\cos A}{1-\cos A}\right]}$$

66. यदि (1 – cos A)/(1 + cos A) = x, तो x का क्या मान है ?

(A) $(\cot A + \text{cosec } A)^2$ (B) $(\cot A - \text{cosec } A)^2$

(C) cot A – cosec A (D) cot A + cosec A

[SSC CHSL (Tier-1) ऑनलाइन परीक्षा 7 फरवरी 2017 सुबह पाली]

उत्तर (B) $x = \frac{1-\cos A}{1+\cos A}$

$= \frac{(1-\cos A)\times(1-\cos A)}{(1+\cos A)\times(1-\cos A)}$

$= \frac{(1-\cos A)^2}{1-\cos^2 A}$

$= \frac{(1-\cos A)^2}{\sin^2 A}$

$= \left(\frac{1-\cos A}{\sin A}\right)^2$

$= \left(-\frac{1}{\sin A}+\frac{\cos A}{\sin A}\right)^2$

$= (-\text{cosec}\,A + \cot A)^2$

$= (\cot A - \text{cosec}\,A)^2$

67. यदि $\cos 60° - \sec 30° = x$, तो x का क्या मान है?

(A) 1 (B) $(\sqrt{3}+\sqrt{2})/2$

(C) $(\sqrt{3}-4)/2\sqrt{3}$ (D) $1/\sqrt{2}$

[SSC CHSL (Tier-1) ऑनलाइन परीक्षा 3 फरवरी 2017 सायं पाली]

उत्तर (C) $x = \cos 60° - \sec 30°$

$= \cos 60° - \frac{1}{\cos 30°}$

$= \frac{1}{2} - \frac{1}{\frac{\sqrt{3}}{2}}$

$= \frac{1}{2} - \frac{2}{\sqrt{3}}$

$= \frac{\sqrt{3}-4}{2\sqrt{3}}$

68. यदि $(1 - \cos A)/2 = x$, तो x का क्या मान है?

(A) $\cos^2(A/2)$ (B) $\sqrt{\sin(A/2)}$

(C) $\sqrt{\cos(A/2)}$ (D) $\sin^2(A/2)$

[SSC CHSL (Tier-1) ऑनलाइन परीक्षा 3 फरवरी 2017 सायं पाली]

उत्तर (D) $x = \frac{1-\cos A}{2}$ $\left[\because \sin\frac{A}{2} = \sqrt{\frac{(1-\cos A)}{2}}\right]$

$\therefore x = \sin^2\frac{A}{2}$

13 बीजगणित

गुणनखण्ड (Factor) : यदि कोई संख्या किसी दूसरी संख्या को पूरी-पूरी विभाजित कर दे, तो विभाजित करने वाली संख्या को विभाजित होने वाली संख्या का गुणनखण्ड कहते हैं।

जैसे: 16, 1, 2, 4, 8, व 16 से पूर्णत: विभाजित हो जाती है, अत: 1, 2, 4, 8 व 16 को 16 के गुणनखण्ड कहेंगे।

गुणनखण्ड में प्रयोग होने वाले महत्त्वपूर्ण सूत्र–

(i) $(a+b)^2 = a^2 + 2ab + b^2$

(ii) $(a-b)^2 = a^2 + 2ab + b^2$

(iii) $(a+b)^2 - (a-b)^2 = 4ab$

(iv) $(a^2 - b^2) = (a+b)(a-b)$

(v) $(a^4 - b^4) = (a^2 - b^2)(a^2 + b^2)$

$= (a+b)(a-b)(a^2 + b^2)$

(vi) $(a^3 + b^3) = (a+b)(a^2 - ab + b^2)$

(vii) $(a^3 - b^3) = (a-b)(a^2 + ab + b^2)$

(viii) $(a+b)^3 = a^3 + b^3 + 3ab(a+b)$

(ix) $(a-b)^3 = a^3 - b^3 - 3ab(a-b)$

हल सहित उदाहरण–

उदाहरण 1. $16x^2 + 10yz - 25z^2 - y^2$ के गुणनखड हैं–

हल. व्यंजक $= 16x^2 + 10yz - 25z^2 - y^2$

$= 16x^2 - (y^2 - 10yz + 25z^2)$

$= (4x)^2 - (y - 5z)^2$

$= 4x + y - 5z)(4x - y + 5z)$

उदाहरण 2. $x^5 + x^4y - xy^4 - y^5$ के गुणनखड हैं–

हल. $x^5 + x^4y - xy^4 - y^5 = x^4(x+y) - y^4(x+y)$

$= (x+y)(x^4 - y^4)$

उदाहरण 3. $16(5a+6)^2 - 25(3a-4)^2$ के गुणनखड हैं–

हल. $= 16(5a+6)^2 - 25(3a-4)^2 20a+24)^2 - (15a-20)^2$

$= (20a + 24 + 15a - 20)(20a + 24 - 15a + 20)$

$= (35a + 4)(5a + 44)$

उदाहरण 4. यदि $x^3 + bx + c$ और $x^3 + cx + b$ का एक गुणनखंड उभयनिष्ठ हो, तो b और c में क्या सम्बन्ध है?

हल. माना उभयनिष्ठ गुणनखण्ड $(x - \alpha)$ है।

$\therefore x^3 + bx + c$ में $x = \alpha$ रखने पर

$0 = \alpha^3 + b\alpha + c$

इसी प्रकार $x^3 + cx + b$ में $x = \alpha$ रखने पर

$0 = \alpha^3 + c\alpha + b$

$\therefore \alpha^3 + b\alpha + c = 0$

और $\alpha^3 + c\alpha + b = 0$

घटाने पर, $(b - c)\alpha = b - c$

$\therefore \alpha = 1$

$(\alpha^3 + \alpha b + c)$ में $\alpha = 1$ रखने पर

$0 = (1)^3 + b(1) + c$

$\therefore b + c + 1 = 0$

अभ्यास प्रश्न

1. यदि $(7x - 13) - (12x + 3) = 14$, फिर x का संख्यात्मक मान...........है।

(A) –6 (B) 6

(C) 2/5 (D) –2/5

[SSC CHSL (Tier-1) ऑनलाइन परीक्षा 30 जनवरी 2017 सुबह पाली]

उत्तर (A) $(7x - 13) - (12x + 3) = 14$

$13x - 13 - 12x - 3 = 14$

$-5x - 16 = 14$

$-5x = 14 + 16 = 30$

$x = 30/-5 = -6$

2. यदि $3x^2 = 10^2 - 5^2$, तो x का मान ज्ञात करें।

(A) 7 (B) 5

(C) 9 (D) 11

[SSC CHSL (Tier-1) ऑनलाइन परीक्षा 30 जनवरी 2017 सुबह पाली]

उत्तर (B) $3x^2 = 10^2 - 5^2$

$3x^2 = 100 - 25 = 75$

$x^2 = 75/3 = 25 = (5)^2$

$x^2 = (5)^2$

$x = 5$ (दोनों ओर वर्ग मूल लेने पर)

3. यदि $7 + 4x > 3 + 3x$ और $3x - 2 < 5 - x$; फिर x निम्न में से

किस मान को ले सकता है?

(A) 2 (B) 3

(C) 1 (D) – 5

[SSC CHSL (Tier-1) ऑनलाइन परीक्षा 30 जनवरी 2017 सुबह पाली]

उत्तर (C) $7 + 4x > 3 + 3x$ $3x - 2 < 5 - x$

$4x - 3x > 3 - 7$ $3x + x < 5 + 2$

$x > -4$ $4x < 7$

$x = 1$ $x < \frac{7}{4}$

$x < 1.75$

$x = 1$

अत: $x = 1$ दिये गये समीकरणों से संतुष्ट है।

4. यदि $3x + p, x - 10$ और $-x + 16$ समांतर श्रेणी में है, तो p के मान का पता लगाएं।

(A) 16 (B) 36

(C) – 16 (D) – 36

[SSC CHSL (Tier-1) ऑनलाइन परीक्षा 30 जनवरी 2017 सुबह पाली]

उत्तर (D) $x - 10 - (3x + p) = (-x + 16) - (x - 10)$

$x - 10 - 3x - p = -x + 16 - x + 10$

$-2x + 2x - p = -26 + 10$

$-p = 36$

$p = -36$

5. x का मान जिसके लिए व्यंजक $11x + 7$ और $17x - 1$ बराबर हैं, ... है।

(A) – 4/3 (B) 3/4

(C) 4/3 (D) – 3/4

[SSC CHSL (Tier-1) ऑनलाइन परीक्षा 30 जनवरी 2017 सायं पाली]

उत्तर (C) $11x + 7 = 17x - 1$

$17x - 11x = 7 + 1$

$\Rightarrow 6x = 8$

$\Rightarrow x = \frac{8}{6} = \frac{4}{3}$

6. यदि $(x + y)/(x - y) = 5/2$, तो $(4x + 5y)/(x - 4y)$ का मान ज्ञात कीजिए–

(A) 43/5 (B) – 5/43

(C) – 43/5 (D) 5/43

[SSC CHSL (Tier-1) ऑनलाइन परीक्षा 30 जनवरी 2017 सायं पाली]

उत्तर (C) $\frac{x+y}{x-y} = \frac{5}{2}$

$\Rightarrow x = \frac{7}{3}y$

$$\frac{4x+5y}{x-4y} \; \frac{4 \times \frac{7}{3}y + 5y}{\frac{7}{3}y - 4y} = \frac{\frac{28}{3} + 5}{\frac{7}{3} - 4}$$

$$= \frac{\frac{43}{3}}{\frac{-5}{3}} = \frac{-43}{5}$$

7. यदि $2 + 2x < 5 - x/2$ और $5x + 3 > 5 - 5x$ फिर x का क्या मान है?

(A) 2 (B) 0

(C) – 2 (D) 1

[SSC CHSL (Tier-1) ऑनलाइन परीक्षा 30 जनवरी 2017 सायं पाली]

उत्तर (D) $2 + 2x < 5 - \frac{x}{2}$

$2 + 2x + \frac{x}{2} < 5$

$\frac{5x}{2} < 5 - 2$

$5x < 6$

$x = \frac{6}{5}$

$x = 1.2$

और $5x + 3 > 5 - 5x$

$5x + 5x > 5 - 3$

$10x > 2$

$x > \frac{2}{10}$

$x > \frac{1}{5}$

$x > 0.2$

अत: x का मान 1 होगा।

8. $4x^3 - 2x^2 + 2x - 3$ में x^2 के गुणांक ..... हैं।

(A) 6 (B) – 2

(C) 3 (D) – 3

[SSC CHSL (Tier-1) ऑनलाइन परीक्षा 29 जनवरी 2017 सुबह पाली]

उत्तर (B) $4x^3 - 2x^2 + 2x - 3$

समीकरण में x^2 का गुणांक $= -2$

9. $221a^2b^2$ को $13b^2$ द्वारा विभाजित करने पर हमें .... मिलता है।

(A) $17a^2$ (B) $17b^2$

(C) $13a^2b^2$ (D) 13

[SSC CHSL (Tier-1) ऑनलाइन परीक्षा 29 जनवरी 2017 सुबह पाली]

उत्तर (A) $221\,a^2b^2 \div 13b^2$

$$= \frac{221a^2b^2}{13b^2} = 17a^2$$

10. 40.36 – (9.347 – x) – 29.02 = 3.68 हो, तो x को ज्ञात कीजिए–

(A) – 56.353 (B) 1.687

(C) – 17.007 (D) 82.407

[SSC CHSL (Tier-1) ऑनलाइन परीक्षा 29 जनवरी 2017 सुबह पाली]

उत्तर (B) $40.36 - (9.347 - x) - 29.02 = 3.68$

$40.36 - 9.347 + x - 29.02 = 3.68$

$40.36 - 38.367 + x = 3.68$

$1.993 + x = 3.68$

$x = 3.68 - 1.993 = 1.687$

11. यदि $x + 3 \le 4x + 4$ और $5(4 - x) - 4 \ge 5x - 2$; फिर x का मान क्या होगा ?

(A) 2 (B) 3

(C) 1 (D) -1

[SSC CHSL (Tier-1) ऑनलाइन परीक्षा 29 जनवरी 2017 सुबह पाली]

उत्तर (C) $x + 3 \le 4x + 4$

$-3 \le -1$

$x > -\frac{1}{3}$

और $5(4 - x) - 4 \ge 5x - 2$

$20 - 5x - 4 \ge 5x - 2$

$-5x + 16 \ge 5x - 2$

$10x \ge 18$

$x \ge 1.8$

$\therefore x$ का मान 1 उपयुक्त होगा।

12. यदि $(7 - 12x) - (3x - 7) = 14$, फिर x का मूल्य ...... है।

(A) -4 (B) 0

(C) 5 (D) 2

[SSC CHSL (Tier-1) ऑनलाइन परीक्षा 25 जनवरी 2017 सुबह पाली]

उत्तर (B) $(7 - 12x) - (3x - 7) = 14$

$7 - 12x - 3x + 7 = 14$

$-15x + 14 = 14$

$\therefore \quad x = 0$

13. इस द्विघात समीकरण के मूल को ज्ञात कीजिए–

$6x^2 - 11x - 35 = 0$

(A) 5/3, –7/2 (B) – 5/3, 7/2

(C) – 3/5, 2/7 (D) 3/5, – 2/7

[SSC CHSL (Tier-1) ऑनलाइन परीक्षा 25 जनवरी 2017 सुबह पाली]

उत्तर (B) $6x^2 - 11x - 35 = 0$

$ax^2 + bx + c = 0$

से तुलना करने पर

$a = 6, b = -11, c = -35$

x के मान के लिए

$$x = \frac{-b \pm \sqrt{b^2 - 4ac}}{2a}$$

$$x = \frac{-(-11) \pm \sqrt{(-11)^2 - 4 \times 6 \times -35}}{2 \times 6}$$

$$x = \frac{11 \pm \sqrt{961}}{12} = \frac{11 \pm 31}{12}$$

x के (+) तथा (–) मान लेने पर

$$x = \frac{11+31}{12}, \frac{11-31}{12}$$

$$x = \frac{42}{12} = \frac{7}{2},$$

$$x = \frac{-20}{12} = \frac{-5}{3}$$

14. यदि $5x + 2 < 4x + 1$ और $2(x - 4) - 2 \le 4x - 1$, फिर x निम्न में से किस मान को ले सकता है?

(A) 0 (B) 2

(C) 4 (D) -2

[SSC CHSL (Tier-1) ऑनलाइन परीक्षा 25 जनवरी 2017 सुबह पाली]

उत्तर (D) $5x + 2 < 4x + 1$

$5x - 4x < 1 - 2$

$x < -1$

और $2(x - 4) \le 4x - 1$

$2x - 8 \le 4x - 1$

$x \le \frac{-7}{2}$

$\therefore x$ का मान -2 होगा जो दोनों समीकरणों को सन्तुष्ट करेगा।

15. निम्न में से कौन-सा सही है ?

(A) $(4x + 5y)(5x - 4y) = 20x^2 + 9xy - 20y^2$

(B) $(4x + 5y)(5x - 4y) = 20x^2 + 41xy - 20y^2$

(C) $(4x + 5y)(5x - 4y) = 20x^2 - 9xy + 20y^2$

(D) $(4x + 5y)(5x - 4y) = 20x^2 - 41^{xy} + 20y^2$

[SSC CHSL (Tier-1) ऑनलाइन परीक्षा 24 जनवरी 2017 सुबह पाली]

उत्तर (A) $(4x + 5y)(5x - 4y) = 20x^2 + 9xy - 20y^2$

$(4x + 5y)(5x - 4y) = 20x^2 - 16xy + 25xy - 20y^2$

$= 20x^2 + 9xy - 20y^2$

16. यदि $5x - 1 < 3x + 2$ और $5x + 5 > 6 - 2x$; फिर x निम्न में से किस मान को ले सकता है ?

(A) 0 (B) 1

(C) –1 (D) 2

[SSC CHSL (Tier-1) ऑनलाइन परीक्षा 24 जनवरी 2017 सुबह पाली]

उत्तर (B) $5x - 1 < 3x + 2$ और $5x + 5 > 6 - 2x$

$5x - 3x < 2 + 1 \qquad 5x + 2x > 6 - 5$

$2x < 3 \qquad 7x > 1$

$x < \frac{3}{2} \qquad x > \frac{1}{7}$

$\therefore x$ का निम्न मान 1 होगा।

17. $(x + 11)(3 - 5x)$ में x के गुणांक है।

(A) 33 (B) –5

(C) 3 (D) –52

[SSC CHSL (Tier-1) ऑनलाइन परीक्षा 24 जनवरी 2017 सायं पाली]

उत्तर (D) $(x+11)(3-5x)$

$3x-5x^2+33-55x$

$-5x^2-52x+33$

$-5x^2-52x+33$

$\therefore$ x का गुणांक $=-52$

18. यदि $5-x>1+3x$ और $5+5x>2+2x$, फिर x का क्या मान है?

(A) 2 (B) –2

(C) 3 (D) 0

[SSC CHSL (Tier-1) ऑनलाइन परीक्षा 24 जनवरी 2017 सायं पाली]

उत्तर (D) $5-x>1+3x$ और $5+5x\geq 2+2x$

$5-1>3x+x$ $\quad$ $5-2\geq 2x-5x$

$4>4x$ $\quad$ $3\geq -3x$

$\therefore x<1$ $\quad$ $\therefore x\leq -1$

$\therefore$ x का मान 0 होगा जो दोनों समीकरणों को सन्तुष्ट करेगा।

19. यदि $2x-4$, $4x+p$ और $6x-12$ समान्तर श्रेणी में है, तो p के मान का पता लगाएं।

(A) –9 (B) –10

(C) –11 (D) –8

[SSC CHSL (Tier-1) ऑनलाइन परीक्षा 24 जनवरी 2017 सायं पाली]

उत्तर (D) $d=a_3-a_2=a_2-a_2$

$4x+p-2x+4=6x-12-4x-p$

अत: $2x+p+4=2x-p-12$

$2p=-16\Rightarrow p=-8$

20. यदि $(6x-1)-(8x-5)=7$, फिर x का संख्यात्मक मूल्य............है।

(A) –3/2 (B) 3/2

(C) 11/2 (D) –11/2

[SSC CHSL (Tier-1) ऑनलाइन परीक्षा 23 जनवरी 2017 दोपहर पाली]

उत्तर (A) $(6x-1)-(8x-5)=7$

$6x-1-8x+5=7$

$-2x+4=7$

$-2x=7-4$

$-2x=3$

$x=-\frac{3}{2}$

21. यदि $13x^2=17^2-9^2$, तो x ज्ञात करें।

(A) 16 (B) 12

(C) 8 (D) 4

[SSC CHSL (Tier-1) ऑनलाइन परीक्षा 23 जनवरी 2017 दोपहर पाली]

उत्तर (D) $13x^2=17^2-9^2$

$13x^2=289-81$

$\Rightarrow 13x^2=208 \Rightarrow x^2=16 \quad x=4$

22. यदि $2+2x<3+5x$ और $3(x-2)<5-x$; फिर x का क्या मान है?

(A) 1 (B) 3

(C) –1 (D) –2

[SSC CHSL (Tier-1) ऑनलाइन परीक्षा 23 जनवरी 2017 दोपहर पाली]

उत्तर (A) $2+2x<3+5x$ और $3(x-2)<5-x$

$2-3<5x-2x$ $\quad$ $3x-6<5-x$

$-1<3x$ $\quad$ $3x+x<5+6$

$\frac{-1}{3}<x$ $\quad$ $4x<11$

$\therefore x>\frac{-1}{3}$ $\quad$ $x<\frac{11}{4}$

$\therefore$ x का मान 1 समीकरणों के लिये उचित होगा।

23. यदि $-3x-11$, $x+p$ और $5x+7$ समान्तर श्रेणी में है, तो p के मान का पता लगाएं।

(A) 9 (B) 2

(C) –9 (D) –2

[SSC CHSL (Tier-1) ऑनलाइन परीक्षा 23 जनवरी 2017 दोपहर पाली]

उत्तर (D) यदि $a, b\ c$ समान्तर श्रेणी में हों, तो

$2b=a+b$

$=(x+p)=-3x-11+5x+7$

$=2x+2p=2x-4$

$\Rightarrow 2p=-4$

$\Rightarrow p=-2$

24. यदि $3x-5(x-1)>2x-1<2+4x$ फिर x का मान है ?

(A) –2 (B) 2

(C) 3 (D) –1

[SSC CHSL (Tier-1) ऑनलाइन परीक्षा 22 जनवरी 2017 सुबह पाली]

उत्तर (D) $3x-5(x-1)>2x-1<2+4x$

$3x-5x+5)>2x-1<2+4x$

$-2x+5>2x-1<2+4x$

दो-दो पदों को लेकर हल करने पर।

$6>4x$

$\frac{3}{2}>x \Rightarrow x<\frac{3}{2}$

इसी तरह $-3<2x\Rightarrow x>-\frac{1}{2}$

$x=-1$

$\therefore$ x का मान -1 होगा।

25. यदि $x-y=-8$ और $xy=45$, तो (x^2+y^2) का क्या मान है?

(A) 154 (B) 64

(C) 90 (D) 26

[SSC CHSL (Tier-1) ऑनलाइन परीक्षा 22 जनवरी 2017 सुबह पाली]

उत्तर (A) $x - y = -8$ तथा

$xy = 45$

$\therefore \quad (x-y)^2 = x^2 + y^2 - 2xy$

$(-8)^2 = x^2 + y^2 - 2 \times 45$

$64 = x^2 + y^2 - 90$

$x^2 + y^2 = 90 + 64$

$= 154$

26. $24x^2 - 54x - 15$ के गुणनखंड क्या होंगे ?

(A) $3(2x + 5)(4x - 1)$

(B) $3(2x - 5)(4x + 1)$

(C) $2(3x - 5)(4x + 1)$

(D) $4(2x - 5)(3x + 1)$

[SSC CHSL (Tier-1) ऑनलाइन परीक्षा 22 जनवरी 2017 सुबह पाली]

उत्तर (B) $24x^2 - 54x - 15$

$\Rightarrow 24x^2 - 60x + 6x - 15$

$\Rightarrow 12x(2x - 5) + 3(2x - 5)$

$\Rightarrow (2x - 5)(12x + 3)$

$\Rightarrow 3(4x + 1)(2x - 5)$

27. $6xy(2x - 4z)$, $3yz(2x - 3z)$ और $4xz(3y - 2y^2)$ का योग है :

(A) $12x^2y - 6xyz - 9yz^2 - 8xy^2z$

(B) $12x^2y - 6xyz + 9yz^2 - 8xy^2z$

(C) $12x^2y - 6xyz - 9yz^2 - 8xy^2z$

(D) $12x^2y + 6xyz - 9yz^2 - 8xy^2z$

[SSC CHSL (Tier-1) ऑनलाइन परीक्षा 21 जनवरी 2017 सायं पाली]

उत्तर (C) $6xy(2x - 4z) + 3yz(2x - 3z) + 4xz(3y - 2y^2)$

$\Rightarrow 12x^2y - 24xyz + 6xyz - 9yz^2 + 12xyz - 8xy^2z$

$\Rightarrow 12x^2y - 6xyz - 9yz^2 - 8xy^2z$

28. यदि $2x - 6 \le x - 3$ और $1 + 3x < 4x + 4$ है, फिर x का क्या मान होगा?

(A) 4 (B) -4

(C) -6 (D) 2

[SSC CHSL (Tier-1) ऑनलाइन परीक्षा 21 जनवरी 2017 सायं पाली]

उत्तर (D) $2x - 6 < x - 3$ तथा $1 + 3x < 4x + 4$

$2x - x < -3 + 6,\ 1 - 4 < 4x - 3x$

$x \le 3, -3 < x$

$\therefore$ x का मान 2 उचित होगा।

29. यदि $14.35 - (1.956 - x) - 83.92 = 3.858$ है तो x का मान क्या है?

(A) -92.456 (B) 75.384

(C) 71.472 (D) 104.084

[SSC CHSL (Tier-1) ऑनलाइन परीक्षा 21 जनवरी 2017 सायं पाली]

उत्तर (B) $14.35 - (1.956 - x) - 83.92 = 3.858$

$14.35 - 1.956 + x - 83.98 = 3.858$

$14.35 + x - 8.5.876 = 3.858$

$x - 71.526 = 3.858$

$x = 3.858 + 71.526$

$= 75.384$

30. यदि $4x - 7y = 3$ और $2x - y = 9$ तो $x - y$ का मान क्या होगा?

(A) 3 (B) 4

(C) 5 (D) 6

[SSC CHSL (Tier-1) ऑनलाइन परीक्षा 21 जनवरी 2017 सायं पाली]

उत्तर (A) $4x - 7y = 3$ ... (i)

$2x - y = 9$ ... (ii) $\times 7$

$4x - 7y = 3$

$14x - 7y = 63$

$- \quad + \quad -$

$-10x = -60$

$x = 6$

$2x - y = 9$

$12 - y = 9$

$y = 12 - 9 = 3$

$\therefore \quad x - y = 6 - 3 = 3$

31. यदि $4 + 2x \le 6 + x$ और $2x + 5 < 2 + 4x$; फ़िर x का क्या मान होगा?

(A) 3 (B) 1

(C) 0 (D) 2

[SSC CHSL (Tier-1) ऑनलाइन परीक्षा 21 जनवरी 2017 दोपहर पाली]

उत्तर (D)

$4 + 2x \le 6 + x$ और $\quad 2x + 5 < 2 + 4x$

$2x - x \le 6 - 4 \quad 5 - 2 < 4x - 2x$

$x \le 2 \quad 3 < 2x$

$\frac{3}{2} < x \Rightarrow x > \frac{3}{2}$

$\therefore$ x का मान 2 सार्थक होगा।

32. द्विघात समीकरण $4x^2 + 6x - 18 = 0$ के मूल क्या है?

(A) 3,–3 (B) 3,6

(C) 3/2, –3 (D) 3,3

[SSC CHSL (Tier-1) ऑनलाइन परीक्षा 21 जनवरी 2017 दोपहर पाली]

उत्तर (C) द्विघात समीकरण

$4x^2 + 6x - 18 = 0$

2 से भाग देने पर

$2x^2 + 3x - 9 = 0$

$2x^2 + (6 - 3)x - 9 = 0$

$2x^2 + 6x - 3x - 9 = 0$

$2x(x + 3) - 3(x + 3) = 0$

$(x + 3)(2x - 3) = 0$

$x + 3 = 0 \quad 2x - 3 = 0$

$x = -3 \quad x = \frac{3}{2}$

$\therefore$ समीकरण के मूल $\frac{3}{2}$ -3 होंगे।

33. निम्न में से कौन-सा सही है?

(A) $(2x-y)^2 = 4x^2 - 4xy + y^2$

(B) $(2x-y)^2 = x^2 - 4xy + 4y^2$

(C) $(2x+y)^2 = x^2 - 4xy + 4y^2$

(D) $(2x+y)^2 = 4x^2 - 4xy + 4y^2$

[SSC CHSL (Tier-1) ऑनलाइन परीक्षा 21 जनवरी 2017 दोपहर पाली]

उत्तर (A) $(2x-y)^2 = 4x^2 - 4xy + y^2$

$(2x-y)^2 = (2x-y)(2x-y)$

$= 4x^2 - 2xy - 2xy + y^2$

$= 4x^2 - 4xy + y^2$

34. यदि $9x - 6y = 15$ और $x + 6y = 15$, तो x और y के मान क्या है?

(A) 3, 4 (B) 3, 2

(C) 4, 5 (D) 5, 6

[SSC CHSL (Tier-1) ऑनलाइन परीक्षा 21 जनवरी 2017 दोपहर पाली]

उत्तर (B) $9x - 6y = 15$ ... (i)

$x + 6y = 15$ ... (ii)

समीकरण (i) व (ii) को जोड़ने पर

$10x = 30$

$x = 3$

x का मान समीकरण (ii) में रखने पर

$3 + 6y = 15$

$6y = 15 - 3$

$y = \frac{12}{6}$

$= 2$

$\therefore$ $x = 3, y = 2$

35. $3x + 5(4 - 3x) > 2 - 4x < 3x - x/3$ तब x का मान है–

(A) 3 (B) 0

(C) 2 (D) 1

[SSC CHSL (Tier-1) ऑनलाइन परीक्षा 18 जनवरी 2017 सायं पाली]

उत्तर (C) $3x + 5(4 - 3x) > 2 - 4x < 3x - \frac{x}{3}$

$3x + 20 - 15x > 2 - 4x < 3x - \frac{x}{3}$

प्रथम दो पदों को लेकर हल करने पर

$20 - 12x > 2 - 4x$

$-12x + 4x > 2 - 20$

$\Rightarrow -8x > -18$

$x > \frac{-18}{-8}$

$x > \frac{9}{4}$

अगले दो पद लेकर हल करने पर

$2 - 4x < \frac{8x}{3}$

$6 - 12x < 8x$

$6 < 20x \Rightarrow 20x > 6$

$x > \frac{6}{20}$

$\therefore$ $x = 2$

$\frac{5}{3} > \frac{1}{2} < \frac{3}{8}$

$\therefore$ x का मान 2 होगा।

36. इनमें से कौन-सा सही है?

(A) $(4x-3y)^2 = 16x^2 - 12xy + 9y^2$

(B) $(4x+3y)^2 = 16x^2 - 24xy + 9y^2$

(C) $(4x-3y)^2 = 16x^2 + 12xy - 9y^2$

(D) $(4x-3y)^2 = 16x^2 - 24xy + 9y^2$

[SSC CHSL (Tier-1) ऑनलाइन परीक्षा 18 जनवरी 2017सायं पाली]

उत्तर (B) $(4x-3y)^2 = 16x^2 - 24xy + 9y^2$

बांया पक्ष लेने पर

$(4x-3y)^2 = (4x-3y)(4x-3y)$

$= 16x^2 - 12xy - 12xy + 9y^2$

$= 16x^2 - 24xy + 9y^2$

37. द्विघात समीकरण $21x^2 - 37x - 28 = 0$ के मूल क्या हैं?

(A) –7/3, 4/7 (B) 3/7, –7/4

(C) 7/3, –4/7 (D) –3/7, 7/4

[SSC CHSL (Tier-1) ऑनलाइन परीक्षा 18 जनवरी 2017 सायं पाली]

उत्तर (C) $21x^2 - 37x - 28 = 0$

$21x^2 - 49x + 12x - 28 = 0$

$7x(3x-7) + 4(3x-7) = 0$

$(3x-7)(7x+4) = 0$

$3x - 7 = 0$ $7x + 4 = 0$

$3x = 7$ $7x + 4 = 0$

$x = \frac{7}{3}$ $x = \frac{-4}{7}$

अत: समीकरण के मूल $\frac{7}{3}$ और $\frac{-4}{7}$ होंगे।

38. समान्तर श्रेणी के प्रथम और अन्तिम पद क्रमश: 33 तथा –57 हैं तब श्रेणी का 16 वाँ पद क्या है?

(A) –135 (B) –192

(C) –207 (D) –165

[SSC CHSL (Tier-1) ऑनलाइन परीक्षा 18 जनवरी 2017 सायं पाली]

उत्तर (B) श्रेणी का योगफल $= 16 \times \frac{(33) + (-57)}{2}$

$= 16 \times -12 = -192$

39. यदि $5x - 3(4 - x) < 4x - 4 < 4x + 2x/3$, तो x का मान क्या है?

(A) –7 (B) 3

(C) 4 (D) 1

[SSC CHSL (Tier-1) ऑनलाइन परीक्षा 17 जनवरी 2017 दोपहर पाली]

उत्तर (D) $5x-3(4-x) < 4x-4 < 4x + \frac{2x}{3}$

$$5x - 12 + 3x < 4x - 4 < 4x + \frac{2x}{3}$$

$$8x - 12 < 4x - 4 < 4x + \frac{2x}{3}$$

x के मान के लिए

$$\frac{3}{2} < 1 < \frac{3}{14}$$

$1.5 < 1 < 0.21$

$\therefore$ x का मान 1 सार्थक होगा।

40. हल कीजिए $(b^5x^2a^3z^4)*(b^3x^2a^4z^5) \div (a^2bz^2)$

(A) $b^5x^4x^5z^5$ (B) $b^5x^4a^5z^7$

(C) $b^5x^4a^4z^7$ (D) $b^4x^4a^5z^7$

[SSC CHSL (Tier-1) ऑनलाइन परीक्षा 17 जनवरी 2017 दोपहर पाली]

उत्तर (B) $\frac{b^5x^2a^3z^4 \times b^3x^2a^4z^5}{a^2b^3z^2}$

$$= \frac{b^{5+3}x^{2+2}a^{3+4}z^{4+5}}{a^2b^3z^2} = \frac{b^8x^4a^7z^9}{a^2b^3z^2}$$

$$= b^{8-3}x^4a^{7-2}z^{9-2} = b^5x^4a^5z^7$$

41. यदि $a + b = -8$ और $a^2 + b^2 = 34$ तो ab का क्या मान है?

(A) 30 (B) 64

(C) 98 (D) 15

[SSC CHSL (Tier-1) ऑनलाइन परीक्षा 17 जनवरी 2017 दोपहर पाली]

उत्तर (D) $a + b = -8$

$a^2 + b^2 = 34$

$\therefore$ $(a+b)^2 = (a^2 + b^2 + 2ab)$

$(-8)^2 = 34 + 2ab$

$64 = 34 + 2ab$

$2ab = 30$

$ab = 15$

42. $(4a^2 + 8b + 14c + 212$ का मान क्या है?

(A) $2a^2 + 4b + 7c + 1$

(B) $a^2 + 4b + 7c + 1$

(C) $2a^2 + ab + 7c + 2$

(D) $a^2 + 4b + 7c + 2$

[SSC CHSL (Tier-1) ऑनलाइन परीक्षा 16 जनवरी 2017 सुबह पाली]

उत्तर (A) $\frac{s\,4a^2 + 8b + 14c + 2}{2}$

$= 2a^2 + 4b + 7c + 1$

43. $(x + 9)(6 - 4x)$ में x^2 का गुणांक क्या है?

(A) 54 (B) –4

(C) –30 (D) 4

[SSC CHSL (Tier-1) ऑनलाइन परीक्षा 16 जनवरी 2017 सुबह पाली]

उत्तर (B) $(x+9)(6-4x)$

$= 6x - 4x^2 + 54 - 36x$

$= -4x^2 - 30x + 54$

$\therefore$ x^2 का गुणांक $= -4$

44. यदि $7x + 6y = 5xy$ और $10x - 4y = 4xy$ है, तो x और y का मान क्या है?

(A) 3, 2 (B) 2, 3

(C) 4,2 (D) 5,6

[SSC CHSL (Tier-1) ऑनलाइन परीक्षा 16 जनवरी 2017 सुबह पाली]

उत्तर (C) $7x + 6y = 5xy$ ... (i)

$10x - 4y = 4xy$ ... (ii)

समीकरण (i) में 4 का और समीकरण (ii) में 6 का गुणा करके जोड़ने पर

$28x + 24y = 20xy$ ...(iii)

$60x - 24y = 24xy$ ...(iv)

$88x = 44xy$

$88 = -44y$

$y = \frac{88}{44}$

$= 2$

y का मान समी (i) में रखने पर

$7x + 6 \times 2 = 5 \times x \times 2$

$7x + 12 = 10x$

$10x - 7x = 12$

$3x = 12$

$x = 4$

अत: $x = 4, y = 2$

45. $48x^3 - 8x^2 - 93x - 45$ के गुणनखंड क्या हैं?

(A) $(4x+3)(4x-3)(3x-5)$

(B) $(4x-3)(4x-3)(3x-5)$

(C) $(4x+3)(4x+3)(3x-5)$

(D) $(4x-3)(4x+3)(3x+5)$

[SSC CHSL (Tier-1) ऑनलाइन परीक्षा 10 जनवरी 2017 सुबह पाली]

उत्तर (C) $48x^3 - 8x^2 - 93x - 45$

$x = \frac{5}{3}$ रखने पर

$$= 48\left(\frac{5}{3}\right)^3 - 8\left(\frac{5}{3}\right)^2 - 93 \times \frac{5}{3} - 45$$

$$= 48 \times \frac{125}{127} - 8 \times \frac{25}{9} - 155 - 45 = 0$$

$\therefore$ $x = \frac{5}{3} \Rightarrow \left(x - \frac{5}{3}\right)$ एक गुणनखण्ड होगा।

$$\frac{48x^3 - 8x^2 - 93x - 45}{3x - 5} = 16x^2 + 24x + 9 = (4x+3)^2$$

$\therefore$ $(4x+3)(4x+3)(3x-5)$ गुणनखण्ड होंगे।

46. यदि $4(2x-4)-2>3x-1\geq 4x-7$, फिर x का निम्न मानों में से क्या मान होगा?

(A) 7 (B) 6

(C) 2 (D) 0

[SSC CHSL (Tier-1) ऑनलाइन परीक्षा 10 जनवरी 2017 सुबह पाली]

उत्तर (B) $4(2x-4)-2>3x-1\geq 4x-7$

प्रथम दो पद लेकर हल करने पर

$8x-16-2>3y-1$

$5x\geq 18-1$

$5x\geq 17$

$x\geq 5\ 17$

$3x-1\geq 4x-7$

$-x\geq -6$

$x\leq 6$

अत: $x=6$ है।

x के मान के लिए

$\frac{18}{8}>\frac{1}{3}\geq\frac{7}{4}$ $\frac{9}{4}>\frac{1}{3}\geq\frac{7}{4}$

$\therefore$ x का मान 6 सार्थक होगा।

47. यदि $a+b=11$ और $a^2+b^2=61$ है, तो ab का मान क्या है?

(A) 12 (B) 96

(C) 24 (D) 30

[SSC CHSL (Tier-1) ऑनलाइन परीक्षा 10 जनवरी 2017 सुबह पाली]

उत्तर (D) $a+b=11$

$a^2+b^2=61$

$\therefore$ $(a+b)^2=a^2+b^2-2ab$

$(11)^2=61-2ab$

$121=61-2ab$

$2ab=121-61$

$2ab=60$

$ab=30$

48. 20 को दो भागों में इस तरह से विभाजित करें कि भागों के वर्ग का योग 232 हो। दो भागों का मान क्या होगा?

(A) 6, 14 (B) 8, 12

(C) 4, 16 (D) 10, 10

[SSC CHSL (Tier-1) ऑनलाइन परीक्षा 10 जनवरी 2017 सुबह पाली]

उत्तर (A)

माना दो भाग x और $(20-x)$ हैं।

$\therefore$ प्रश्नानुसार

$(x)^2+(20-x)^2=232$

$x^2+x^2+400-40x=232$

$2x^2-40x+400-232=0$

$2x^2-40x+168=0$

$x^2-20x+84=0$

$x^2-14x-6x+84=0$

$x(x-14)-6(x-14)=0$

$(x-14)(x-6)=0$

$x-14=0, x-6=0$

$x=14, x=6$

$\therefore$ 20 के दो भाग 6 और 14 होंगे।

49. यदि $16qxy=(2x+y)^2-(2x-y)^2$ है तो q का मान क्या होगा?

(A) 0.5 (B) 0.25

(C) 4 (D) 2

[SSC CHSL (Tier-1) ऑनलाइन परीक्षा 10 जनवरी 2017 सायं पाली]

उत्तर (A)

$16qxy=(2x+y)^2-(2x-y)^2$

$=(4x^2+y^2+4xy)-(4x^2+y^2-4xy)$

$=4x^2+y^2+4xy-4x^2+4xy-y^2$

$16qxy=8xy$

$\therefore$ $q=\frac{8xy}{16xy}=\frac{1}{2}=0.5$

50. निम्नलिखित समीकरणों में से किसके मूल का योग 7 है।

(A) $x^2-7x+14=0$ (B) $x^2-7x+10=0$

(C) $x^2+5x+6=0$ (D) $x^2+5x-6=0$

[SSC CHSL (Tier-1) ऑनलाइन परीक्षा 10 जनवरी 2017 सायं पाली]

उत्तर (B) $x^2-7x+10=0$

$x^2-5x-2x+10=0$

$x(x-5)-2(x-5)=0$

$(x-5)(x-2)=0$

$x-5=0, x-2=0$

$x=5, x=2$

$\therefore$ समीकरण के मूल $=5$ व 2 होंगे।

$\therefore$ मूलों का योग $=5+2=7$

51. यदि $2(3x-2)<6-3x$ और $6x+2(6-x)>2x-2$, तो x का क्या मान है?

(A) −8 (B) 5

(C) 8 (D) −5

[SSC CHSL (Tier-1) ऑनलाइन परीक्षा 9 जनवरी 2017 सुबह पाली]

उत्तर (D) $2(3x-2)<6-3x$

$6x-4<6-3x$

$6x+3x<4+6$

$9x<10$

$x<\frac{10}{9}$

और $6x+2(6-x)>2x-2$

$6x+12-2x>2x-2$

$$4x + 12 - 2x > -2$$
$$2x > -14$$
$$x > -7$$

$\therefore$ x का मान -5 सार्थक होगा।

52. यदि $(36 - 16x) - (4x - 8) = 4$ है, तो x का क्या मान है?

(A) 4 (B) 2
(C) 6 (D) 3

[SSC CHSL (Tier-1) ऑनलाइन परीक्षा 9 जनवरी 2017 सुबह पाली]

उत्तर (B) $(36 - 16x) - (4x - 8) = 4$

$$36 - 16x - 4x + 8 = 4$$
$$-20x + 44 = 4$$
$$-20x = 4 - 44$$
$$20x = 40$$
$$x = 2$$

53. यदि $xy = 22$ और $x^2 + y^2 = 100$ है, तो $(x + y)$ का मान क्या है?

(A) 12 (B) 144
(C) 72 (D) 6

[SSC CHSL (Tier-1) ऑनलाइन परीक्षा 9 जनवरी 2017 सुबह पाली]

उत्तर (A) यदि $xy = 22$

और $x^2 + y^2 = 100$

$\therefore$ $(x + y)^2 = x^2 + y^2 + 2xy$

$= 100 + 2 \times 22$

$= 100 + 44$

$(x + y)^2 = 144$

$\therefore$ $(x + y) = 12$

54. निम्नलिखित समीकरणों में से किसके मूल बराबर है?

(A) $x^2 + 22 = 0$
(B) $x^2 - 7x + 10 = 0$
(C) $x^2 - 2x + 26 = 0$
(D) $4x^2 + 8x + 4 = 0$

[SSC CHSL (Tier-1) ऑनलाइन परीक्षा 9 जनवरी 2017 सुबह पाली]

उत्तर (D) $4x^2 + 8x + 4 = 0$

$$4x^2 + 4x + 4x + 4 = 0$$
$$4x(x + 1) + 4(x + 1) = 0$$
$$(x + 1)(4x + 4) = 0$$
$$x + 1 = 0$$
$$4x + 4 = 0$$
$$x = -1$$
$$x = -1$$

$\therefore$ समीकरण के मूल बराबर है।

55. 6 b^2 द्वारा 24 a^2b^2 को विभाजित करने पर हमें क्या प्राप्त होगा–

(A) $4\,b^2$ (B) $4\,a^2$
(C) $4\,a^2b^2$ (D) 4

[SSC CHSL (Tier-1) ऑनलाइन परीक्षा 9 जनवरी 2017 सायं पाली]

उत्तर (B) माना x संख्या प्राप्त होगी–

$\therefore$ प्रश्नानुसार– $x = \dfrac{24a^2b^2}{6b^2}$

$= 4a^2$

56. x-अक्ष पर बिन्दु $(-3, 6)$ का परावर्तन क्या है?

(A) (3, 6) (B) (6, – 3)
(C) (– 3, – 6) (D) (– 6, 3)

[SSC CHSL (Tier-1) ऑनलाइन परीक्षा 9 जनवरी 2017सायं पाली]

उत्तर (C)

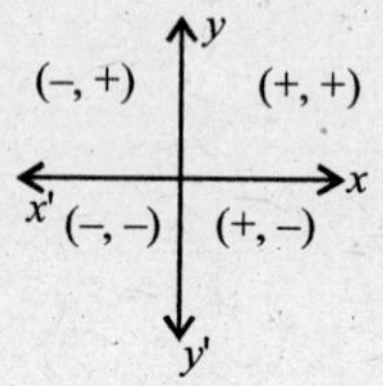

$\therefore$ x अक्ष पर बिन्दु $(-3, 6)$, द्वितीय चतुर्थांश में है।

$\therefore$ इसका परावर्तन तृतीय चतुर्थाश में होगा

$\therefore$ $(-3, 6)$ का परावर्तन $=(-3, -6)$

57. $(b^3x^2a^4z^3) * (b^4x^3a^3z^2)/(a^2b^4z^3)$ का सरलीकृत रूप क्या है?

(A) $b^2x^4a^6z$ (B) $b^3x^2a^4z^3$
(C) $b^3x^5a^5z^2$ (D) $b^3a^5z^2$

[SSC CHSL (Tier-1) ऑनलाइन परीक्षा 9 जनवरी 2017 सायं पाली]

उत्तर (C) व्यंजक

$$= \frac{(b^3x^2a^4z^3) \times (b^4x^3a^3z^2)}{(a^2b^4z^3)} = \frac{b^{3+4}x^{2+3}a^{4+3}z^{3+2}}{a^2b^4z^3} = \frac{b^7x^5a^7z^5}{a^2b^4z^3}$$

$= b^{7-4}\,x^5\,a^{7-2}\,z^{5-3}$

$= b^3x^5a^5z^2$

58. यदि $3.352 - (9.759 - x) - 19.64 = 7.052$, तो x का मान क्या है?

(A) – 6.181 (B) 13.581
(C) 33.099 (D) 39.803

[SSC CHSL (Tier-1) ऑनलाइन परीक्षा 8 फरवरी 2017 दोपहर पाली]

उत्तर (C) $3.352 - (9.759 + x) - 19.64 = 7.052$

$$3.352 + x - 29.399 = 7.052$$
$$x - 26.047 = 7.052$$
$$x = 7.052 + 26.047 = 33.099$$

59. $(7 - 4x)$ का वर्ग क्या है?

(A) $16x^2 - 28x + 49$
(B) $49 - 28x - 16x^2$
(C) $49 - 56x - 16x^2$
(D) $16x^2 - 56x + 49$

[SSC CHSL (Tier-1) ऑनलाइन परीक्षा 8 फरवरी 2017 दोपहर पाली]

उत्तर (D) $(7 - 4x)$ का वर्ग

$= (7 - 4x)^2$

$= 49 + 16x^2 - 56x$

$= 16x^2 - 56x + 49$

60. यदि $7 + 3x \geq 5 - x/2$ और $2x + 3 \leq 5 - 2x$: फिर x का क्या मान होगा?

(A) 0 (B) 1

(C) 2 (D) – 1

[SSC CHSL (Tier-1) ऑनलाइन परीक्षा 8 फरवरी 2017 दोपहर पाली]

उत्तर (A) $7 + 3x \geq 5 - \frac{x}{2}$ तथा $2x + 3 \leq 5 - 2x$

$3x + \frac{x}{2} \geq 5 - 7$ $\quad 2x + 2x \leq 5 - 3$

$\frac{7x}{2} \geq -2$ $\quad 4x \leq 2$

$x \geq \frac{-4}{7}$ $\quad x \leq \frac{2}{4}$

$x \leq \frac{1}{2}$

$\frac{-4}{7} \leq x \leq \frac{1}{2}$

∴ x का मान 0 होगा।

61. द्विघात समीकरण $x^2 - 25x + 156 = 0$ के मूल क्या होंगे?

(A) 12, 13 (B) 25, 1

(C) 9, 16 (D) 31, 6

[SSC CHSL (Tier-1) ऑनलाइन परीक्षा 8 फरवरी 2017 दोपहर पाली]

उत्तर (A) द्विघात समीकरण

$x^2 - 25x + 156 = 0$

$x^2 - (12 + 13)x + 156 = 0$

$x^2 - 12x - 13x + 156 = 0$

$x(x - 12) - 13(x - 12) = 0$

$(x - 12)(x - 13) = 0$

$x - 12 = 0,$ $\quad x - 13 = 0$

$x = 12$ $\quad x = 13$

इसलिए समीकरण के मूल 12, 13 होंगे।

62. इनमें से कौन सा एक द्विघात समीकरण नहीं है?

(A) $3x(x + 5) - 11 = 2x(x - 2) + 6$

(B) $4x(x + 3) + 7 = 4x(x - 11) + 9$

(C) $x(x + 2) - 15 = x(2x - 5) + 11$

(D) $4x^2 - 6x - 9 = 0$

[SSC CHSL (Tier-1) ऑनलाइन परीक्षा 8 फरवरी 2017 दोपहर पाली]

उत्तर (B) $3x(x + 5) - 11 = 2x(x - 2) + 6$

$3x^2 + 15x - 11 = 2x^2 - 4x + 6$

$3x^2 - 2x^2 + 15x + 4x - 11 - 6 = 0$

$x^2 + 19x - 17 = 0$

यह द्विघात समीकरण है।

$4x(x + 3) + 7 = 4x(x - 11) + 9$

$4x^2 + 12x + 7 = 4x^2 - 44x + 9$

$4x^2 - 4x^2 + 12x + 44x + 7 - 9 = 0$

$56x - 2 = 0$

यह समीकरण द्विघात समीकरण नहीं हैं।

63. $(x + 8)(6 - 3x)$ में x का गुणांक है।

(A) 18 (B) 30

(C) – 18 (D) – 30

[SSC CHSL (Tier-1) ऑनलाइन परीक्षा 7 फरवरी 2017 सुबह पाली]

उत्तर (C) $(x + 8)(6 - 3x)$

$6x - 3x^2 + 48 - 24x$

$-3x^2 - 18x + 48$

∴ x का गुणांक $= -18$

64. यदि $x + y = 10$ और $x^2 + y^2 = 68$, तब xy ज्ञात करें।

(A) 21 (B) 24

(C) 25 (D) 16

[SSC CHSL (Tier-1) ऑनलाइन परीक्षा 7 फरवरी 2017 सुबह पाली]

उत्तर (D) $x + y = 10$

$x^2 + y^2 = 68$

∴ $(x + y)^2 = x^2 + y^2 + 2xy$

$(10)^2 = 68 + 2xy$

$100 = 68 + 2xy$

$2xy = 100 - 68$

$xy = 16$

65. यदि $5x + 4(1 - x) > 3x - 4 > 5x/3 - x/3$; तब x का क्या मान होगा ?

(A) 2 (B) 1

(C) 3 (D) – 2

[SSC CHSL (Tier-1) ऑनलाइन परीक्षा 7 फरवरी 2017 सुबह पाली]

उत्तर (C) $5x + 4(1 - x) > 3x - 4 > \frac{5x}{3} - \frac{x}{3}$

$5x + 4 - 4x > 3x - 4 > \frac{4x}{3}$

x के मान के लिये

$-4 > \frac{4}{3} > \frac{-4}{3}$

∴ x का मान $= 3$

66. यदि $3x - 10 = -(2x + 5)$, तो $(x - 4)^3$ का संख्यात्मक मूल्य है–

(A) 27 (B) 125

(C) – 125 (D) – 27

[SSC CHSL (Tier-1) ऑनलाइन परीक्षा 7 जनवरी 2017 सायं पाली]

उत्तर (D) $3x - 10 = -(2x + 5)$

$3x - 10 = -2x - 5$

$3x + 2x = -5 + 10$

$5x = 5$

$x = 1$

∴ $(x - 4)^3 = (1 - 4)^3$

$= (-3)^3$

$= -27$

67. यदि $xy = -30$ और $x^2 + y^2 = 61$ है, तो $(x + y)$ का मान ज्ञात कीजिए–

(A) 2 (B) 3
(C) 1 (D) 4

[SSC CHSL (Tier-1) ऑनलाइन परीक्षा 7 जनवरी 2017 सायं पाली]

उत्तर (C) $xy = -30$

$x^2 + y^2 = 61$

$\therefore \quad (x+y)^2 = x^2 + y^2 + 2xy$

$= 61 + 2x(-30)$

$= 61 - 60$

$(x+y)^2 = 1$

$\therefore \quad x + y = 1$

68. यदि $2x + 4(x-3) < -2 - x < 2x - 1$ है, तो x का मान ज्ञात कीजिए–

(A) –1 (B) 1
(C) 2 (D) –2

[SSC CHSL (Tier-1) ऑनलाइन परीक्षा 7 जनवरी 2017 सायं पाली]

उत्तर (B) $2x + 4(x-3) < -2 - x < 2x - 1$

$2x + 4x - 12 < -2 - x < 2x - 1$

$6x - 12 < -2 - x < 2x - 1$

x के मान के लिए

$6x - 12 < -2 - x$

$7x < 10$

$x > 10/7$

या $-2 - x < 2x - 1$

$-2 + 1 < 3x$

$3x > -1$

$x > -\frac{1}{3}$

अत: $x = 1$ मान सार्थक होगा।

69. निम्न में से क्या सही है?

(A) $(6x + y)(x - 6y) = 6x^2 + 35xy - 6y^2$
(B) $(6x + y)(x - 6y) = 6x^2 - 35xy - 6y^2$
(C) $(6x + y)(x - 6y) = 6x^2 - 37xy - 6y^2$
(D) $(6x + y)(x - 6y) = 6x^2 + 37xy - 6y^2$

उत्तर (B) $(6x + y)(x - 6y) = 6x^2 - 35xy - 6y^2$

बांयां पक्ष =

$= 6x^2 - 36xy + xy - 6y^2$

$= 6x^2 - 35xy - 6y^2 =$ दायां पक्ष

70. यदि $a - b = -5$ और $a^2 + b^2 = 73$, तो ab ज्ञात करें।

(A) 35 (B) 14
(C) 50 (D) 24

[SSC CHSL (Tier-1) ऑनलाइन परीक्षा 3 फरवरी 2017 सायं पाली]

उत्तर (D) $a - b = -5$ तथा $a^2 + b^2 = 73$

$(a-b)^2 = a^2 + b^2 - 2ab$

$(-5)^2 = 73 - 2ab$

$25 = 73 - 2ab$

$2ab = 73 - 25$

$ab = 24$

71. एक अशून्य संख्या और इसके व्युत्क्रम के दस गुने का योग 7 हैं। संख्या ज्ञात करें।

(A) 4 (B) 3
(C) 5 (D) 6

[SSC CHSL (Tier-1) ऑनलाइन परीक्षा 3 फरवरी 2017 सायं पाली]

उत्तर (C) माना संख्या $= x$

प्रश्नानुसार,

$x + 10 \times \frac{1}{x} = 7$

$x + \frac{10}{x} = 7$

$\frac{x^2 + 10}{x} = 7$

$x^2 + 10 = 7x$

$x^2 - 7x + 10 = 0$

$x^2 - 5x - 2x + 10 = 0$

$x(x-5) - 2(x-5) = 0$

$(x-5)(x-2) = 0$

$x = 5, 2$

अत: वह अशून्य संख्या 5 होगी।

72. यदि $2x + 2(4 + 3x) < 2 + 3x > 2x + x/2$: तब x का क्या मान होगा?

(A) –3 (B) 1
(C) 0 (D) –1

[SSC CHSL (Tier-1) ऑनलाइन परीक्षा 3 फरवरी 2017 सायं पाली]

उत्तर (A) $2x + 2(4 + 3x) < 2 + 3x > 2x + \frac{x}{2}$

$2x + 8 + 6x < 2 + 3x > 2x + \frac{x}{2}$

$6x + 8 < 2 + 3x > \frac{5x}{2}$

प्रथम दो पदों को हल करने पर,

$6x - 3x < 2 - 8$ तथा $2 + 3x > 5x$

$3x < -4$ $\quad 4 + 6x > 5x^2$

$x > \frac{-4}{3}$ $\quad 6x - 5x > -4$

अत: $x = -3$

$\frac{-4}{3} < \frac{-2}{3} > \frac{2}{5}$ अत: x का मान –3 होगा।

14 आयु पर आधारित प्रश्न

उम्र पर आधारित एस.एस.सी., की सभी परीक्षाओं में अवश्य पूछे जाते हैं। उम्र पर आधारित प्रश्नों को हल करने के लिए एक रेखीय समीकरण का ज्ञान होना अति आवश्यक है। इस प्रकार के प्रश्नों को हल करने के लिए मूलभूत सिद्धान्त के साथ-साथ प्रश्नों का अभ्यास भी अनिवार्य है। आज की प्रतियोगी परीक्षाओं में समय के अभाव को देखते हुए हम नीचे कुछ ऐसी ट्रिकों को समझा रहे हैं, जिनका उपयोग करके परीक्षार्थी कम समय में सरलतापूर्वक इन प्रश्नों को हल कर सकता है।

❑ महत्त्वपूर्ण ट्रिक

1. ट्रिक : t वर्ष पहले पिता की उम्र पुत्र के उम्र की m गुनी थी। यदि वर्तमान में पिता की उम्र पुत्र के उम्र की n गुनी हो, तो

$$\text{पुत्र की वर्तमान आयु} = \frac{t(m-1)}{m-n} \text{वर्ष}$$

$$\text{पिता की वर्तमान आयु} = n\left[\frac{t(m-1)}{m-n}\right]\text{वर्ष}$$

उदाहरण : 4 वर्ष पूर्व पिता की उम्र पुत्र के उम्र की 6 गुनी थी। इस समय पिता की उम्र पुत्र की उम्र की 4 गुनी है। पिता एवं पुत्र की वर्तमान आयु ज्ञात कीजिए।

हल : उपर्युक्त सूत्र से,

$$\text{पुत्र की वर्तमान आयु} = \left(\frac{4(6-1)}{6-4}\right)\text{वर्ष}$$

$$= \left(\frac{4\times5}{2}\right)\text{वर्ष} = 10 \text{ वर्ष}$$

$$\text{पिता की वर्तमान आयु} = 4\left(\frac{4(6-1)}{6-4}\right)\text{वर्ष}$$

$$= (2\times4\times5)\text{ वर्ष} = \mathbf{40 \text{ वर्ष}}$$

2. ट्रिक : पिता की वर्तमान उम्र पुत्र के उम्र की m गुनी है, t वर्ष बाद पिता की उम्र पुत्र के उम्र की n गुनी हो जायेगी, तब

$$\text{पुत्र की आयु} = \frac{t(n-1)}{m-n}\text{वर्ष}$$

$$\text{पिता की आयु} = m\left[\frac{t(n-1)}{m-n}\right]\text{वर्ष}$$

उदाहरण : इस समय पिता की उम्र पुत्र की उम्र की 4 गुनी है। 4 वर्ष बाद पिता की उम्र पुत्र की उम्र की 3 गुनी हो जाएगी। पिता एवं पुत्र की वर्तमान आयु ज्ञात कीजिए।

हल : उपर्युक्त सूत्र से,

$$\text{पुत्र की आयु} = \left(\frac{4(3-1)}{4-3}\right)\text{वर्ष} = \mathbf{8 \text{ वर्ष}}$$

$$\text{पिता की आयु} = 4\left[\frac{4(3-1)}{4-3}\right]\text{वर्ष}$$

$$= (4\times8)\text{ वर्ष} = \mathbf{32 \text{ वर्ष}}$$

3. ट्रिक : t_1 वर्ष पहले, पिता की उम्र पुत्र की उम्र की m गुनी थी। t_2 वर्ष बाद, पिता की उम्र पुत्र की उम्र की n गुनी हो जाएगी, तब

$$\text{पुत्र की वर्तमान आयु} = \left[\frac{t_2(n-1)+t_1(m-1)}{m-n}\right]\text{वर्ष}$$

पिता की वर्तमान आयु

$$= \left[\frac{\text{पुत्र की आयु}}{2}(m+n) - \frac{t_1}{2}(m-1) + \frac{t_2}{2}(n-1)\right]\text{वर्ष}$$

उदाहरण : 4 वर्ष पूर्व पिता की उम्र पुत्र की उम्र की 5 गुनी थी। 2 वर्ष बाद पिता की उम्र पुत्र की उम्र की 4 गुनी होगी। पिता एवं पुत्र की वर्तमान आयु ज्ञात कीजिए।

हल : उपर्युक्त सूत्र से,

$$\text{पुत्र की वर्तमान आयु} = \left[\frac{2(4-1)+4(5-1)}{5-4}\right]\text{वर्ष}$$

$$= (6+16)\text{ वर्ष} = 22 \text{ वर्ष}$$

पिता की वर्तमान आयु

$$= \left[\frac{22}{2}(5+4) - \frac{4}{2}(5-1) + \frac{2}{2}(4-1)\right]\text{वर्ष}$$

$$= [11\times9 - 2\times4 + 1\times3]\text{ वर्ष}$$

$$= [99-8+3]\text{ वर्ष}$$

$$= \mathbf{94 \text{ वर्ष}}$$

4. ट्रिक : यदि t वर्ष पहले 'A' की उम्र 'B' की उम्र की m गुनी थी।

वर्तमान में 'A' की उम्र 'B' की उम्र की n गुनी है, तब

A तथा B की आयु का योगफल
$$= \left[\left\{\frac{t(m-1)}{m-n}\right\}(n+1)\right] \text{वर्ष}$$

उदाहरण : 8 वर्ष पहले रमन की उम्र शरद की उम्र की 3 गुनी थी। यदि वर्तमान में रमन की उम्र शरद की उम्र की दो गुनी हो, तो दोनों की उम्र का योग कितना होगा?

हल : उपर्यूक्त सूत्र से,

रमन और शरद की आयु का योग

$$= \left[\left\{\frac{8(3-1)}{3-2}\right\}(2+1)\right] \text{वर्ष}$$

$= (8 \times 2 \times 3)$ वर्ष = **48 वर्ष**

अभ्यास प्रश्न

1. वर्तमान में पति और पत्नी की उम्र का योग 60 है। चार साल पहले उनकी उम्र का अनुपात 7 : 6 था। पति की उम्र क्या है ?

(A) 28 वर्ष (B) 32 वर्ष

(C) 42 वर्ष (D) 38 वर्ष

[SSC CHSL (Tier-1) ऑनलाइन परीक्षा 24 जनवरी 2017 सुबह पाली]

उत्तर (B) माना पति की उम्र $= x$ वर्ष

पत्नी की उम्र $= y$ वर्ष

प्रश्नानुसार

$x + y = 60$ ...(i)

4 वर्ष पहले पति की उम्र $= (x-4)$ वर्ष

पत्नी की उम्र $= (y-4)$ वर्ष

$\therefore \quad \frac{x-4}{y-4} = \frac{7}{6}$

$6x - 24 = 7y - 28$

$6x - 7y = -4$ ...(ii)

समीकरण (i) व (ii) को हल करने पर

$x = 32, \; y = 28$

$\therefore$ पति की उम्र = 32 वर्ष

2. एक भाई अपनी बहन से 6 साल बड़ा है। सात साल पहले उनकी उम्र का गुणनफल 72 था। भाई की उम्र क्या है ?

(A) 13 वर्ष (B) 12 वर्ष

(C) 6 वर्ष (D) 19 वर्ष

[SSC CHSL (Tier-1) ऑनलाइन परीक्षा 24 जनवरी 2017 सायं पाली]

उत्तर (D) माना बहन की उम्र $= x$ वर्ष

$\therefore$ भाई की उम्र $= (x+6)$ वर्ष

7 वर्ष पहले,

बहन की उम्र $= (x-7)$ वर्ष

भाई की उम्र $= (x+6-7)$ वर्ष

$= (x-1)$ वर्ष

प्रश्नानुसार,

$(x-7)(x-1) = 72$

$x^2 - 8x + 7 = 72$

$x^2 - 8x - 65 = 0$

$(x-13)(x+5) = 0$

$x - 13 = 0 \qquad x + 5 = 0$

$x = 13 \qquad x = -5$

$\therefore$ बहन की उम्र = 13 वर्ष

भाई की उम्र = 13 + 6

= 19 वर्ष

3. वर्तमान में पिता और पुत्र की उम्र का योग 33 है। 2 साल पहले उनकी उम्र का गुणनफल 28 था। उन पिता और पुत्र की उम्र क्या है?

(A) 26,7 (B) 30,3

(C) 29,4 (D) 32,1

[SSC CHSL (Tier-1) ऑनलाइन परीक्षा 21 जनवरी 2017 सायं पाली]

उत्तर (B) माना पिता की आयु $= x$

पुत्र की आयु $= y$ वर्ष

प्रश्नानुसार

$x + y = 33$ ... (i)

2 वर्ष पहले पिता की आयु $= (x-2)$ वर्ष

पुत्र की आयु $= (y-2)$ वर्ष

$\therefore \quad (x-2) \times (y-2) = 28$

$xy - 2x - 2y + 4 = 28$

$xy - 2(x+y) = 4 = 28$

$xy - 2(x+y) = 28 - 4$

$\Rightarrow \quad xy - 2 \times 33 = 24$

$\Rightarrow \quad xy - 66 = 24$

$\Rightarrow \quad xy = 24 + 66 = 90$

$xy = 90$

समीकरण (i) से,

$x(33 - x) = 90$

$\Rightarrow \quad 33x - x^2 = 90$

$\Rightarrow \quad 33x - x^2 - 90 = 0$

$\Rightarrow \quad x^2 - 33x + 90 = 0$

$\Rightarrow \quad x^2 - 30x - 3x + 90 = 0$

$\Rightarrow \quad x(x - 30) - 3(x - 30) = 0$

$\Rightarrow \quad (x - 30)(x - 3) = 0$

$x = 30, 3$

$\therefore$ पिता की आयु = 30 वर्ष और पुत्र की आयु 3 वर्ष होगी।

4 सोपान, गुरूप्रसाद और रीमा का औसत वजन 65 किग्रा है। यदि सोपान और गुरूप्रसाद का औसत वजन 67 किग्रा. हो, तब गुरूपप्रसाद और रीमा का वजन क्या होगा तब गुरूप्रसाद का बजन है–

(A) 60 (B) 53

(C) 58 (D) 63

[SSC CHSL (Tier-1) ऑनलाइन परीक्षा 18 जनवरी 2017 सायं पाली]

उत्तर (B) सोपान, गुरूप्रसाद और रीमा का औसत बजन = 65 किग्रा

कुल औसत वजन = 65 × 3 = 195 किग्रा

सोपान और गुरूप्रसाद का कुल औसत वजन

= 67× 2

= 134 किग्रा

गुरूप्रसाद और रीमा का कुल औसत वजन

= 57 × 2

= 114 किग्रा

प्रश्नानुसार

सोपान + गुरूप्रसाद + रीमा = 195 ... (i)

सोपान + गुरूप्रसाद = 134 ... (ii)

गुरूप्रसाद + रीमा = 114 ...(iii)

समीकरण (i) (ii) व (iii) से

गुरूप्रसाद का वजन = 114 – (195 – 134)

= 114 – 61

= 53 किग्रा

5. रंगना और सैयद की वर्तमान आयु का अनुपात 7: 5 है। 11 वर्षों वाद उनकी आयु का अनुपात 4 : 3 होगा। रंगना की वर्तमान आयु कितनी है?

(A) 55 (B) 77

(C) 70 (D) 96

[SSC CHSL (Tier-1) ऑनलाइन परीक्षा 16 जनवरी 2017 सुबह पाली]

उत्तर (B) माना रंगना की आयु = x वर्ष

सैयद की आयु = y वर्ष

प्रश्नानुसार,

$$\frac{x}{y} = \frac{7}{5} \quad \text{... (i)}$$

तथा 11 वर्ष बाद दोनों की आयुओं का अनुपात

$$\frac{x+11}{y+11} = \frac{4}{3}$$

$$3x - 4y = 11 \quad \text{... (ii)}$$

समीकरण (i) व (ii) से

रंगना की आयु (x) = 77 वर्ष

सैयद की आयु (y) = 55 वर्ष

15 आंकड़े/ग्राफ

जब किसी प्रश्न में बहुत सारे आंकड़े दिए जाते हैं, तो उनको व्यवस्थित करने के लिए पाई-चार्ट, सारणीयन, रेखाचित्र तथा दण्डआरेख का प्रयोग किया जाता है। आंकड़ों का विश्लेषण अध्याय के अन्तर्गत आंकड़ों को ऊपर बताए गए विभिन्न रूपों में प्रस्तुत किया जाता है तथा इसके आधार पर 4 से 5 प्रश्न पूछे जाते हैं। अभ्यर्थी को इस प्रकार के प्रश्न हल करने के लिए सर्वप्रथम दिए गए आंकड़ों का ध्यानपूर्वक विश्लेषण करना चाहिए, तत्पश्चात् उससे सम्बन्धित प्रश्नों के उत्तर देने चाहिए।

नीचे कुछ उदाहरणों के माध्यम से हम आंकड़ों का विश्लेषण अध्याय के प्रश्नों के विभिन्न रूपों का वर्णन कर रहे हैं।

हल सहित उदाहरण

निर्देश (उदाहरण 1-2) : दण्डग्राफ किसी छात्र द्वारा एक परीक्षा में प्रत्येक विषय में 100 अंकों में से प्राप्त अंक दर्शाता है। ग्राफ का ध्यानपूर्वक अध्ययन करके पूछे गए प्रश्नों के उत्तर दीजिए।

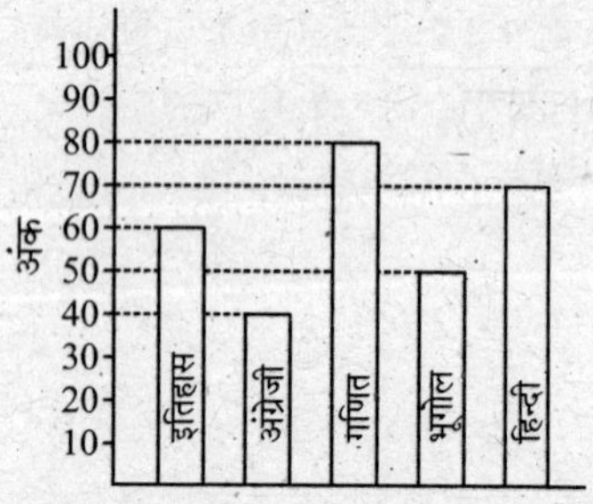

उदाहरण 1. गणित और इतिहास के अंकों का अनुपात ज्ञात कीजिए–

हल : गणित में प्राप्त अंक = 80

इतिहास में प्राप्त अंक = 60

∴ अभीष्ट अनुपात = 80 : 60

= 4 : 3

उदाहरण 2. हिन्दी और अंग्रेजी के औसत प्राप्तांक ज्ञात कीजिए–

हल : अभीष्ट औसत प्राप्तांक $= \left(\dfrac{70+40}{2}\right) = 55$

निर्देश (उदाहरण 3-4) : एक प्रकाशन कम्पनी द्वारा 2011 में एक पुस्तक प्रकाशित करने के लिए किए गए विभिन्न व्यय नीचे दिए गए हैं। चार्ट का अध्ययन करें और दिए गए प्रश्नों के उत्तर दें–

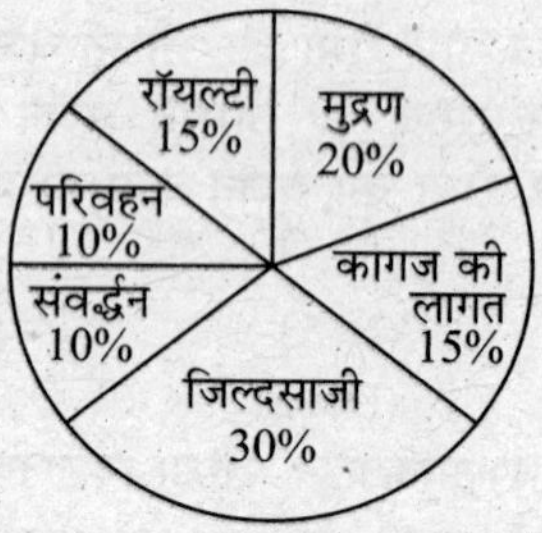

उदाहरण 3. एक पुस्तक की कीमत लागत कीमत से 20% अधिक है। यदि अंकित कीमत ₹ 180 है, तो एक प्रति के लिए कागज की लागत (₹ में) क्या है?

हल : एक प्रति के लिए पुस्तक का विक्रय मूल्य

$$= \left(\frac{180}{120} \times 100\right) = ₹\ 150$$

$$\therefore \text{ कागज की लागत } = \left(150 \times \frac{15}{100}\right) = ₹\ 22{\cdot}50$$

उदाहरण 4. किसी पुस्तक का स्वत्व शुल्क (रॉयल्टी) उसकी मुद्रण-लागत से कितना कम है?

हल : (A) अभीष्ट प्रतिशत $= \left(\dfrac{20-15}{20}\right) \times 100\%$

$= 25\%$

निर्देश (उदाहरण 5 से 7) : नीचे दिए गए ग्राफ का ध्यानपूर्वक अध्ययन करके सम्बन्धित प्रश्नों के उत्तर दीजिए।

पांच अलग-अलग वर्षों में तीन अलग-अलग

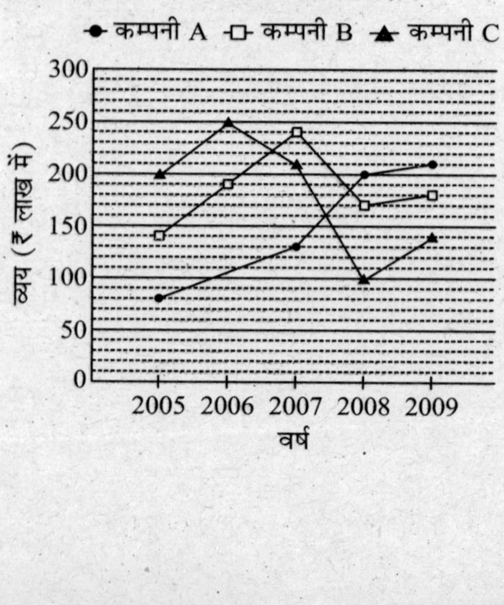

उदाहरण 5. वर्ष 2006 में तीनों कम्पनियों का मिलकर कुल व्यय सभी वर्षों के लिए कम्पनी A के कुल व्यय का कितने प्रतिशत था?

हल : अभीष्ट प्रतिशत

$$= \left(\frac{100+190+250}{80+100+130+200+210}\right) \times 100\%$$

$$= \left(\frac{540}{720} \times 100\right)\% = 75\%$$

उदाहरण 6. वर्ष 2009 में कम्पनी A के व्यय और वर्ष 2005 में कम्पनी B के व्यय के तीन क्रमश: अनुपात क्या था?

हल : अभीष्ट अनुपात = 210 : 140
= 3 : 2

उदाहरण 7. सभी वर्षों में मिलाकर कम्पनी C का औसत व्यय क्या था?

हल : अभीष्ट औसत व्यय

$$= \frac{200+250+210+100+140}{5} \text{ लाख}$$

$$= ₹ \frac{900}{5} \text{ लाख} = ₹\ 180 \text{ लाख}$$

अभ्यास प्रश्न

1. नीचे दिए डेटा तालिका के आधार पर निम्नलिखित प्रश्न का उत्तर दें।

	लड़के	लड़कियां
मेडिकल	30	80
इंजीनियरिंग	80	40

छात्रों में लड़कियों का प्रतिशत कितना है, जिन्होंने इंजीनियरिंग विषय चुना है?

(A) 33.33 (B) 17.39
(C) 66.67 (D) 50

[SSC CHSL (Tier-1) ऑनलाइन परीक्षा 30 जनवरी 2017 सुबह पाली]

उत्तर (A) लड़कियों का % $= \frac{(80-40)\times100}{(80+40)}$

$$= \frac{40\times100}{120} = 33.33\%$$

2. नीचे दिए गए डेटा तालिका के आधार पर निम्नलिखित प्रश्न का उत्तर दें।

	संचयी उत्पादन
जनवरी	360
फरवरी	620
मार्च	840
अप्रैल	1510
मई	1800
जून	2250

मई और अप्रैल माह में कितनी कारें निर्मित हुई थी?

(A) 740 (B) 890
(C) 3310 (D) 960

[SSC CHSL (Tier-1) ऑनलाइन परीक्षा 30 जनवरी 2017 सुबह पाली]

उत्तर (D)

महीनों के नाम	कार उत्पादन	संचयी उत्पादन
जनवरी	360	360
फरवरी	260	620
मार्च	220	840
अप्रैल	670	1510
मई	290	1800
जून	450	2250

संचयी उत्पादन = 2250

अत: अप्रैल और मई में निर्मित कारों की संख्या = 670 + 290 = 960

3. नीचे दिए गए डेटा तालिका के आधार पर निम्नलिखित प्रश्न का उत्तर दें।

सप्ताह का दिन	दौड़ी गई दूरी (किलोमीटर में)
सोमवार	1.5
मंगलवार	0.5
बुधवार	2
गुरुवार	4.5
शुक्रवार	4
शनिवार	4
रविवार	4

यदि 5 किलोमीटर दौड़ने से 400 कैलोरी की खपत होती, है तो दिए गए पूरे सप्ताह में कितनी कैलोरी की खपत हुई?

(A) 1690 कैलोरी (B) 1590 कैलोरी
(C) 1540 कैलोरी (D) 1640 कैलोरी

[SSC CHSL (Tier-1) ऑनलाइन परीक्षा 30 जनवरी 2017 सुबह पाली]

उत्तर (D) सप्ताह में दौड़ी गई दूरी
= (.5 + 0.5 + 2 + 4.5 + 4 + 4 + 4)
= 20.5 किमी
5 किमी दौड़ने से = 400 कैलोरी की खपत होती है।

20.5 किमी दौड़ने से $= \frac{400\times20.5}{5}$

= 400 × 4.1 = 1640 कैलोरी

4. नीचे दिए गए डेटा तालिका के आधार पर निम्नलिखित प्रश्न का उत्तर दें।

वस्तु	लाख रुपए में वार्षिक खर्च
कच्चा माल	12
श्रम	8
किराया	5
ब्याज	3
कर	1

श्रम और ब्याज कुल खर्च का कितना प्रतिशत है?

(A) 20.34 कैलोरी (B) 13.09 प्रतिशत

(C) 34.84 प्रतिशत (D) 37.93 प्रतिशत

[SSC CHSL (Tier-1) ऑनलाइन परीक्षा 30 जनवरी 2017 सुबह पाली]

उत्तर (D) श्रम और ब्याज का %

$= \frac{(8+3)\times100\%}{(12+8+5+3+1)}$

$= \frac{11\times100}{29} = \frac{1100}{29} = 37.93\%$

5. नीचे दिए गए डेटा तालिका के आधार पर निम्नलिखित प्रश्न का उत्तर दीजिए–

श्रेणी/कक्षा	लड़के	लड़कियां
श्रेणी A/कक्षा 5	30	10
श्रेणी B/कक्षा 5	25	25
श्रेणी C/कक्षा 5	10	20
श्रेणी A/कक्षा 6	40	20
श्रेणी B/कक्षा 6	40	15
श्रेणी C/कक्षा 6	30	10

लड़कियों पर लड़कों का अनुपात क्या है?

(A) 18 : 35 (B) 37 : 20

(C) 20 : 37 (D) 4 : 7

[SSC CHSL (Tier-1) ऑनलाइन परीक्षा 30 जनवरी 2017 सायं पाली]

उत्तर (D) लड़कियों पर लड़कों का अनुपात

= 100 : 175

= 4 : 7

6. नीचे दिए गए डेटा तालिका के आधार पर निम्नलिखित प्रश्न का उत्तर दीजिए–

अंक	छात्रों की संख्या
40 और उससे ऊपर	21
30 और उससे ऊपर	45
20 और उससे ऊपर	70
10 और उससे ऊपर	83
0 और उससे ऊपर	95

कितने छात्रों ने 20 या उस से अधिक लेकिन 40 से कम अंक प्राप्त किए?

(A) 49 (B) 70

(C) 45 (D) 115

[SSC CHSL (Tier-1) ऑनलाइन परीक्षा 30 जनवरी 2017 सायं पाली]

उत्तर (D) 20 या उससे अधिक लेकिन 40 से कम अंक प्राप्त करने वाले छात्रों की संख्या

= 70 + 45

= 115

7. नीचे दिए गए डेटा तालिका के आधार पर निम्नलिखित प्रश्न का उत्तर दीजिए–

वर्ष	वर्ष में सकल घरेलू उत्पाद (जीडीपी) की वृद्धि का दर (प्रतिशत में)
2011	3
2012	3
2013	– 3
2014	7
2015	4

यदि देश का सकल घरेलू उत्पाद (जीडीपी) 2012 के अंत तक $4 ट्रिलीयन था, तो वह 2014 की शुरुआत में कितना था?

(A) $ 3.88 ट्रिलीयन (B) $ 4.28 ट्रिलीयन

(C) $ 4.12 ट्रिलीयन (D) $ 4.16 ट्रिलीयन

[SSC CHSL (Tier-1) ऑनलाइन परीक्षा 30 जनवरी 2017 सायं पाली]

उत्तर (A) वर्ष 2012 की वृद्धि

$= \frac{4\times3}{100}$

= 0.12%

∴ वर्ष 2014 के शुरुआत में

= (4 – 0.12) ट्रिलीयन

= $ 3.88 ट्रिलीयन

8. नीचे दिए गए डेटा तालिका के आधार पर निम्नलिखित प्रश्न का उत्तर दीजिए–

विषय	प्राप्त अंक
अंग्रेजी	70
हिन्दी	75
गणित	30
विज्ञान	75
कला	60

किसी छात्र की अपर्याप्त उपस्थिति की वजह से उसके प्राप्त कुल औसत अंक कितने होंगे?

(A) 47 (B) 52

(C) 57 (D) 62

[SSC CHSL (Tier-1) ऑनलाइन परीक्षा 30 जनवरी 2017 सायं पाली]

उत्तर (C) प्राप्त अंकों का औसत

$= \frac{70+75+30+75+60}{5} = 62$

5 घटाने पर,

कुल औसत अंक $= 62 - 5$

$= 57$

9. नीचे दिए गए डेटा तालिका के आधार पर निम्नलिखित प्रश्न का उत्तर दीजिए–

	स्टॉक की मात्रा	औसत लागत (रुपए)
मोबाइल फोन	25	15000
कैमरा	80	16000
टीवी	54	55000
रेफ्रिजरेटर	41	27000
एसी	64	24000

कुल स्टॉक का मूल्य (लाख रुपए में) कितना है?

(A) 726.8 (B) 137

(C) 72.68 (D) 264

[SSC CHSL (Tier-1) ऑनलाइन परीक्षा 29 जनवरी 2017 सुबह पाली]

उत्तर (C) मोबाइल फोन का कुल स्टॉक मूल्य

$= 25 \times 15000 = ₹\,375000$

कैमरे का कुल स्टॉक मूल्य

$= 80 \times 16000 = ₹\,1280000$

टीवी का कुल स्टॉक मूल्य

$= 54 \times 55000 = ₹\,2970000$

रेफ्रिजरेटर का कुल स्टॉक मूल्य

$= 41 \times 27000 = ₹\,1107000$

ए. सी. का कुल स्टॉक मूल्य

$= 64 \times 24000 = ₹\,153600$

$\therefore$ कुल स्टॉक मूल्य

$= 375000 + 1280000 + 2970000 + 1107000 + 1536000$

$= 7268000 = 72.68$ लाख

10. नीचे दिए गए डेटा तालिका के आधार पर निम्नलिखित प्रश्न का उत्तर दीजिए–

वर्ष	अनुपात: आयात/निर्यात
2011	**0.8**
2012	**1.9**
2013	1
2014	**1.5**
2015	**1.3**

यदि 2012 में आयात 700 करोड़ रुपए था और वर्ष 2012 और 2013 में एक साथ कुल निर्यात 4000 करोड़ था, तो 2013 में आयात कितना था?

(A) 3888 (B) 3222

(C) 778 (D) 2500

[SSC CHSL (Tier-1) ऑनलाइन परीक्षा 29 जनवरी 2017 सुबह पाली]

उत्तर (B) माना 2012 में निर्यात $= x$

$\therefore$ वर्ष 2012 में,

$\frac{700}{x} = 0.9$

$x = \frac{7000}{9}$

वर्ष 2012 व वर्ष 2013 का कुल निर्यात =4000

$\therefore$ वर्ष 2013 में

$\frac{\text{आयात}}{\frac{29000}{9}} = 1$

$\therefore$ आयात $= \frac{29000}{9} = 3222.2$

11. नीचे दिए गए डेटा तालिका के आधार पर निम्नलिखित प्रश्न का उत्तर दीजिए–

जन्मदिन पर नापा गया	बच्चे की ऊँचाई (सेंटीमीटर में)
4	100
5	110
6	115
7	125
8	130
9	135
10	140
11	145
12	150
13	155
14	160
15	170
16	175

7वें जन्मदिन से लेकर 16वें जन्मदिन तक बच्चे की ऊंचाई में कितनी वृद्धि हुई?

(A) 55 सेमी (B) 60 सेमी

(C) 45 सेमी (D) 50 सेमी

[SSC CHSL (Tier-1) ऑनलाइन परीक्षा 29 जनवरी 2017 सुबह पाली]

उत्तर (D) 7वें जन्मदिन से लेकर 16वें जन्मदिन तक बच्चे के ऊंचाई में वृद्धि

$= 175 - 125$

$= 50$ सेमी

12. नीचे दिए गए डेटा तालिका के आधार पर निम्नलिखित प्रश्न का उत्तर दीजिए–

गहरी नींद में	5
सपना देखते हुए	30
हल्की नींद में	5
बहुत हल्की नींद में	20
जागते हुए	40

रात के 10 बजे से लेकर सुबह 6 बजे तक एक फिटनेस बैंड निम्न डेटा रिकॉर्ड करता है। उसका उपयोगकर्ता कितने समय तक सपना देख रहा था या बहुत हल्की नींद में था?

(A) 3.6 घण्टे (B) 3.1 घण्टे

(C) 2.1 घण्टे (D) 4.1 घण्टे

[SSC CHSL (Tier-1) ऑनलाइन परीक्षा 29 जनवरी 2017 सुबह पाली]

उत्तर (A) उपयोगकर्ता जब गहरी नींद में थे

तो लिया गया समय $= \frac{5 \times 8}{100}$

$= 0.4$ घण्टे

जब वह जाग रहा था तो लिया गया समय

$= \frac{40 \times 8}{100}$

$= 3.2$ घण्टे

$\because$ कुल समय $= 3.2 + 0.4$

$= 3.6$ घण्टे

13. नीचे दिए गए डेटा तालिका के आधार पर निम्नलिखित प्रश्न का उत्तर दीजिए–

	स्टॉक की मात्रा	औसत लागत (₹)
मोबाइल फोन	70	9000
कैमरा	70	9000
टीवी	82	49000
रेफ्रिजरेटर	88	49000
एसी	37	27000

कुल स्टॉक का मूल्य (₹ लाख में) कितना है?

(A) 1058.9 (B) 143

(C) 347 (D) 105.89

[SSC CHSL (Tier-1) ऑनलाइन परीक्षा 25 जनवरी 2017 सुबह पाली]

उत्तर (D) मोबाइल फोन के स्टॉक का मूल्य

$= 70 \times 9000 =$ ₹ 630000

कैमरे के स्टॉक का मूल्य

$= 70 \times 9000 =$ ₹ 630000

टी.वी. का स्टॉक मूल्य

$= 82 \times 49000 =$ ₹ 4018000

रेफ्रिजरेटर के स्टॉक का मूल्य

$= 88 \times 49000 =$ ₹ 4312000

ए.सी. के स्टॉक का मूल्य

$= 37 \times 27000 =$ ₹ 999000

कुल स्टॉक मूल्य

$= 630000 + 630000 + 4018000$

$+ 4312000 = 999000$

= ₹ 10589000

= ₹ 105.89 लाख

14. नीचे दिए गए डेटा तालिका के आधार पर निम्नलिखित प्रश्न का उत्तर दीजिए–

वर्ष	अनुपात: आयात/निर्यात
2011	0.7
2012	1.1
2013	0.9
2014	1.5
2015	1.2

यदि 2012 में आयात ₹ 1000 करोड़ रुपए था और वर्ष 2012 और 2013 में एक साथ कुल निर्यात ₹ 3200 करोड़ था, तो 2013 में आयात कितना था?

(A) 2062 (B) 2291

(C) 909 (D) 2545

[SSC CHSL (Tier-1) ऑनलाइन परीक्षा 25 जनवरी 2017 सुबह पाली]

उत्तर (A) माना वर्ष 2013 में निर्यात $= x$

वर्ष 2012 में

$$\frac{1000}{x} = 1.1$$

$$x = \frac{10000}{11}$$

वर्ष 2013 में निर्यात $= \left(3200 - \frac{10000}{11}\right)$

$$= \frac{25200}{11}$$

वर्ष 2013 में,

$$\frac{\text{आयात}}{\text{निर्यात}} = 0.9$$

$$\frac{\text{आयात}}{\frac{25200}{11}} = 0.9$$

$$\frac{11 \times \text{आयात}}{25200} = 0.9$$

$$\text{आयात} = \frac{0.9 \times 25200}{11}$$

$= 2061.81$

$= 2062$ करोड़

15. नीचे दिए गए डेटा तालिका के आधार पर निम्नलिखित प्रश्न का उत्तर दीजिए–

जन्मदिन पर नापा गया	बच्चे की ऊंचाई (सेंटीमीटर में)
4	100
5	105
6	110
7	120
8	130
9	140
10	145
11	155
12	165
13	170
14	175
15	185
16	195

5वें जन्मदिन से लेकर 14वें जन्मदिन तक बच्चे की ऊंचाई में कितनी वृद्धि हुई?

(A) 75 सेमी (B) 80 सेमी

(C) 65 सेमी (D) 70 सेमी

[SSC CHSL (Tier-1) ऑनलाइन परीक्षा 25 जनवरी 2017 सुबह पाली]

उत्तर (D) 5वें जन्मदिन पर बच्चे की ऊंचाई

= 105 सेमी

14वें जन्मदिन पर बच्चे की ऊंचाई

= 175 सेमी

∴ ऊंचाई में वृद्धि = 175 – 105 = 70 सेमी

16. नीचे दिए गए डेटा तालिका के आधार पर निम्नलिखित प्रश्न का उत्तर दीजिए–

गहरी नींद में	25
सपना देखते हुए	10
हल्की नींद में	5
बहुत हल्की नींद में	25
जागते हुए	35

रात के 10 बजे से लेकर सुबह 6 बजे तक एक फिटनेस बैंड निम्न डेटा रिकॉर्ड करता है। उसका उपयोगकर्ता कितने समय तक सपना देख रहा था या बहुत हल्की नींद में था?

(A) 2.8 घण्टे (B) 2.3 घण्टे

(C) 1.3 घण्टे (D) 3.3 घण्टे

[SSC CHSL (Tier-1) ऑनलाइन परीक्षा 25 जनवरी 2017 सुबह पाली]

उत्तर (A) उपयोगकर्ता जब सपना देख रहा था तो लिया गया समय

$= \frac{10\times8}{100} = 0.8$ घण्टे

उपयोगकर्ता जब बहुत हल्की नींद में था तो लिया गया समय

$= \frac{25\times8}{100}$

$= 2$ घण्टे

कुल लिया गया समय

$= 2 + 0.8 = 2.8$ घण्टे

17. नीचे दिए गए डेटा तालिका के आधार पर निम्नलिखित प्रश्न का उत्तर दें।

	कर्मचारियों की संख्या	वार्षिक वेतन (लाखों में)	वार्षिक वेतन के प्रतिशत बोनस के रूप में
प्रबन्धक	1	36	60%
कार्यकारी	6	8	30%
प्रशिक्षु	2	2	20%

औसत बोनस (रुपए में) कितना है ?

(A) 3680001 (B) 153333

(C) 408889 (D) 244000

[SSC CHSL (Tier-1) ऑनलाइन परीक्षा 24 जनवरी 2017 सुबह पाली]

उत्तर (C) प्रबन्धक का बोनस $= (1 \times 36) \times 60\%$

$= \frac{36\times60}{100}$

$= ₹\ 21.6$ लाख

कार्यकारी का बोनस $= (6 \times 8) \times 30\%$

$= \frac{48\times30}{100}$

$= ₹\ 14.4$ लाख

प्रशिक्षु का बोनस $= (2 \times 2) \times 20\%$

$= \frac{4\times20}{100}$

$= ₹\ 0.8$ लाख

कुल बोनस $= 21.6 + 14.4 + 0.8$

$= ₹\ 36.8$लाख $= ₹\ 3680000$

$\therefore$ औसत बोनस $= \frac{\text{कुल बोनस}}{\text{कुल कर्मचारी}}$

$= \frac{3680000}{9}$

$= 408888.88$

$= ₹\ 408889$

18. नीचे दिए गए डेटा तालिका के आधार पर निम्नलिखित प्रश्न का उत्तर दें।

	2011	2012	2013	2014	2015
कम्पनी A	5000	5000	1000	1000	3000
कम्पनी B	5000	4000	2000	5000	5000
कम्पनी C	5000	4000	2000	5000	3000

निम्न में से वर्षों की कौन-सी जोड़ी के लिए तीनों कम्पनियों का कुल निर्यात बराबर है ?

(नोट : दिए गए आंकड़े लाख रुपए में हैं)

(A) 2011 एवं 2013 (B) 2013 एवं 2015

(C) 2011 एवं 2012 (D) 2014 एवं 2015

[SSC CHSL (Tier-1) ऑनलाइन परीक्षा 24 जनवरी 2017 सुबह पाली]

उत्तर (D) वर्ष 2011 का कुल निर्यात

$= 5000 + 5000 + 5000$

$= ₹\ 15000$ लाख

वर्ष 2012 का कुल निर्यात

$= 5000 + 4000 + 4000$

$= ₹\ 13000$ लाख

वर्ष 2013 का कुल निर्यात

$= 1000 + 2000 + 2000$

$= ₹\ 5000$ लाख

वर्ष 2014 का कुल निर्यात

$= 1000 + 5000 + 5000$

$= ₹\ 11000$ लाख

वर्ष 2015 का कुल निर्यात

$= 3000 + 5000 + 3000$

$= ₹\ 11000$ लाख

अतः वर्ष 2014 और वर्ष 2015 का कुल निर्यात बराबर हैं।

19. नीचे दिए गए डेटा तालिका के आधार पर निम्नलिखित प्रश्न का उत्तर दें।

वर्ष	करोड़ रुपए में लाभ या (नुकसान)
2011	–20
2012	–20
2013	–5
2014	10
2015	–10

पिछले पांच वर्षो में कंपनी का कुल लाभ या नुकसान कितना था ?

(A) ₹ 55 करोड़ का नुकसान

(B) ₹ 45 करोड़ का नुकसान

(C) ₹ 45 करोड़ का लाभ

(D) ₹ 55 करोड़ का लाभ

[SSC CHSL (Tier-1) ऑनलाइन परीक्षा 24 जनवरी 2017 सुबह पाली]

उत्तर (B) पिछले 5 वर्ष (2011 – 2015) में कम्पनी को कुल लाभ/हानि =

$(-20) + (-20) + (-5)$

$+ (10) + (-10)$

$= -55 + 10$

$= -45$

∵ '–' ऋणात्मक चिन्ह हानि या नुकसान को दर्शाता है।

∴ कम्पनी को पिछले 5 वर्षों में ₹ 45 करोड़ का नुकसान होगा।

20. नीचे दिए गए डेटा तालिका के आधार पर निम्नलिखित प्रश्न का उत्तर दें।

वर्ष 2015 में भारत निर्यात	मिलियन डॉलर में मूल्य
जेवर	950
सॉफ्टवेयर	525
कपास	725
इस्पात	525
इलेक्ट्रॉनिक्स	950

इलेक्ट्रॉनिक्स का निर्यात भारत के कुल निर्यात का कितना प्रतिशत था?

(A) 30.85 प्रतिशत (B) 28.35 प्रतिशत

(C) 25.85 प्रतिशत (D) 23.35 प्रतिशत

[SSC CHSL (Tier-1) ऑनलाइन परीक्षा 24 जनवरी 2017 सुबह पाली]

उत्तर (C) वर्ष 2015 में भारत का निर्यात

$= 950 + 525 + 725 + 525 + 950$

= 3675 मिलियन डॉलर

इलेक्ट्रॉनिक्स का निर्यात = 950 मिलियन डॉलर

∴ इलेक्ट्रॉनिक्स के निर्यात का प्रतिशत

$= \frac{950 \times 100}{3675}$

$= 25.85\%$

21. नीचे दिए गए डेटा तालिका के आधार पर निम्नलिखित प्रश्न का उत्तर दें।

	वजन (किलोग्राम)	ऊंचाई (मीटर)
सुनीता	60	1.5
अंजलि	55	1.2
विमला	75	1.6
प्रीति	70	1.4

वजन और ऊंचाई का अनुपात किसका सबसे कम है ?

(A) सुनीता (B) अंजलि

(C) विमला (D) प्रीति

[SSC CHSL (Tier-1) ऑनलाइन परीक्षा 24 जनवरी 2017 सायं पाली]

उत्तर (A) सुनीता का अनुपात $= \frac{60}{1.5} = 40$ किग्रा/मी

अंजलि का अनुपात $= \frac{55}{1.2} = 45.8$ किग्रा/मी

विमला का अनुपात $= \frac{75}{1.6} = 46.875$ किग्रा/मी

प्रीति का अनुपात $= \frac{70}{1.4} = 50$ किग्रा/मी

अत: सुनीता का अनुपात सबसे कम है।

22. नीचे दिए गए डेटा तालिका के आधार पर निम्नलिखित प्रश्न का उत्तर दें।

वर्ष	कम्पनी का लाभ %
2011	**5**
2012	**15**
2013	**25**
2014	**10**
2015	**10**

यदि एक कम्पनी का व्यय उस वर्ष में ₹ 200 करोड़ था जिसमें उसका लाभ % सबसे कम था, तो कम्पनी का राजस्व कितना था?

(A) 210 (B) 220

(C) 230 (D) 200

[SSC CHSL (Tier-1) ऑनलाइन परीक्षा 24 जनवरी 2017 सायं पाली]

उत्तर (A) वर्ष 2011 में लाभ % सबसे कम था

∴ राजस्व $= \frac{5 \times 200}{100} = 10$

∴ कम्पनी का राजस्व = 200 + 10

= ₹ 210 करोड़

23. निम्न तालिका एक समाज के प्रतएक घर में बच्चों की संख्या दर्शाती है।

बच्चों की संख्या	घरों की संख्या
0	3
1	13
2	18
3	3

प्रत्येक घर में बच्चों की औसत संख्या क्या है ?

(A) 2.07 (B) 1.82

(C) 1.57 (D) 1.32

[SSC CHSL (Tier-1) ऑनलाइन परीक्षा 24 जनवरी 2017 सायं पाली]

उत्तर (C) कुल घरों की संख्या $= 3 + 13 + 18 + 3$

$= 37$

बच्चों का औसत $= 0 \times 3 + 1 \times 13 + 2 \times 18 + 3 \times 3$

$= 0 + 13 + 36 + 9 = 58$

$\therefore$ प्रत्येक घर में बच्चों की औसत संख्या $= \frac{58}{37}$

$= 1.567 = 1.57$

24. नीचे दिए गए डेटा तालिका के आधार पर निम्नलिखित प्रश्न का उत्तर दें।

भागीदार	वर्तमान % हिस्सा
आनन्द	25
बसु	5
चिन्मय	25
धीरज	20
एजाज	25

यदि एक कम्पनी ने अपने पांच भागीदारों के बीच छः लाख शेयर जारी किए हैं और अगर आनन्द एजाज को अपने शेयरों में से 15,000 शेयर बेचने का प्रस्ताव करता है, तो एजाज के पास कितने शेयर होंगे ?

(A) 165000 शेयर (B) 150000 शेयर
(C) 180000 शेयर (D) 135000 शेयर

[SSC CHSL (Tier-1) ऑनलाइन परीक्षा 24 जनवरी 2017 सायं पाली]

उत्तर (A) कुल शेयरों की संख्या $= 600000$

आनन्द का हिस्सा $= \frac{600000 \times 25}{100}$

$= 150000$

एजाज का हिस्सा $= \frac{600000 \times 25}{100}$

$= 150000$

आनन्द द्वारा 15000 शेयर एजाज को बेचने पर एजाज के पास कुल शेयरों की संख्या

$= 150000 + 15000$

$= 165000$ शेयर

25. नीचे दिए गए डेटा तालिका के आधार पर निम्नलिखित प्रश्न का उत्तर दें।

	स्टॉक की मात्रा	औसत लागत (₹ में)
मोबाइल फोन	97	5000
कैमरा	28	20000
टीवी	80	33000
रेफ्रिजरेटर	79	29000
एसी	94	27000

कुल स्टॉक का मूल्य (₹ लाख में) कितना है?

(A) 851.4 (B) 114
(C) 378 (D) 85.14

[SSC CHSL (Tier-1) ऑनलाइन परीक्षा 23 जनवरी 2017 दोपहर पाली]

उत्तर (D) मोबाइल फोन का स्टॉक मूल्य $= 97 \times 5000 =$ ₹ 485000

कैमरे का स्टॉक मूल्य $28 \times 20000 =$ ₹ 560000

टीवी का स्टॉक मूल्य $= 80 \times 33000 =$ ₹ 2640000

रेफ्रिजरेटर का स्टॉक मूल्य $= 79 \times 29000 =$ ₹ 2291000

एसी का स्टॉक मूल्य $= 94 \times 27000 =$ ₹ 2538000

कुल स्टॉक मूल्य $= 485000 + 560000 + 2640000 + 2291000 + 2538000$

$=$ ₹ 8514000 $\Rightarrow$ ₹ 85.14 लाख

26. नीचे दिए गए डेटा तालिका के आधार पर निम्नलिखित प्रश्न का उत्तर दें।

वर्ष	अनुपातः आयात/निर्यात
2011	0.9
2012	0.9
2013	1
2014	0.8
2015	1.5

यदि 2012 में आयात 500 ₹ करोड़ था और वर्ष 2012 और 2013 में एक साथ कुल निर्यात ₹ 3200 था, तो 2013 में आयात कितना था ?

(A) 556 (B) 2111
(C) 2644 (D) 2020

[SSC CHSL (Tier-1) ऑनलाइन परीक्षा 23 जनवरी 2017 दोपहर पाली]

उत्तर (C) माना 2013 वर्ष में निर्यात $= x$

$\therefore$ वर्ष 2012 में, $\frac{500}{x} = 0.9$

$x = \frac{5000}{9}$ ...(i)

वर्ष 2012 और वर्ष 2013 का कुल निर्यात $= 3200$

$\therefore$ वर्ष 2013 में निर्यात $= 3200 - \frac{5000}{9}$

$= \frac{28800 - 5000}{9} = \frac{23800}{9}$

वर्ष 2013 में,

$\frac{\text{आयात}}{\frac{23800}{9}} = 1$

$\therefore$ आयात $= \frac{23800 \times 1}{9}$

$= 2644.44 =$ ₹ 2644

27. नीचे दिए गए डेटा तालिका के आधार पर निम्नलिखित प्रश्न का उत्तर दें।

जन्मदिन पर नापा गया	बच्चे की ऊंचाई (सेंटीमीटर में)
4	100
5	110
6	120
7	130
8	135
9	140
10	145
11	155
12	165
13	170
14	180
15	185
16	195

10वें जन्मदिन से लेकर 15वें जन्मदिन तक बच्चे की ऊंचाई में कितनी वृद्धि हुई ?

(A) 50 सेमी. (B) 45 सेमी.
(C) 40 सेमी. (D) 35 सेमी.

[SSC CHSL (Tier-1) ऑनलाइन परीक्षा 23 जनवरी 2017 दोपहर पाली]

उत्तर (C) 10वें जन्मदिन से लेकर 15वें जन्म दिन तक बच्चे की ऊंचाई में वृद्धि

= 185 – 145

= 40 सेमी

28. नीचे दिए गए डेटा तालिका के आधार पर निम्नलिखित प्रश्न का उत्तर दें।

गहरी नींद में	20
सपना देखते हुए	25
हल्की नींद में	5
बहुत हल्की नींद में	10
जागते हुए	40

रात के 10 बजे से लेकर सुबह 6 बजे तक एक फिटनेस बैंड निम्न डेटा रिकॉर्ड करता है। उसका उपयोगकर्ता कितने समय तक गहरी नींद में था या जाग रहा था ?

(A) 4.3 घण्टे (B) 4.8 घण्टे
(C) 3.3 घण्टे (D) 5.3 घण्टे

[SSC CHSL (Tier-1) ऑनलाइन परीक्षा 23 जनवरी 2017 दोपहर पाली]

उत्तर (B) रात 10 बजे से सुबह 6 बजे तक का कुल समय = 8 घण्टे

जब उपयोगकर्ता गहरी नींद में था, तब लिया गया समय

$= \frac{20 \times 8}{100} = 1.6$ घण्टे

और जब उपयोगकर्ता जाग रहा था, तब लिया गया समय

$= \frac{40 \times 8}{100} = 3.2$ घण्टे

$\therefore$ उपयोगकर्ता द्वारा लिया गया कुल समय

$= 1.6 + 3.2 = 4.8$ घण्टे

29. 18 और 32 के बीच की सभी अभाज्य संख्याओं का योग क्या है?

(A) 99 (B) 100
(C) 102 (D) 97

[SSC CHSL (Tier-1) ऑनलाइन परीक्षा 22 जनवरी 2017 सुबह पाली]

उत्तर (C) $\therefore$ संख्याओं का योग

$= 19 + 23 + 29 + 31 = 102$

$= 102$

30. नीचे दिए गए डेटा तालिका के आधार पर निम्नलिखित प्रश्न का उत्तर दें।

	वजन (किलोग्राम)	ऊंचाई (मीटर)
आशु	**68**	**1.6**
असलम	**62**	**1.75**
आयुष	**63**	**1.59**
आयुष्मान	**50**	**1.56**

वजन और ऊंचाई का अनुपात किसका सबसे कम है ?

(A) आशु (B) असलम
(C) आयुष (D) आयुष्मान

[SSC CHSL (Tier-1) ऑनलाइन परीक्षा 22 जनवरी 2017 सुबह पाली]

उत्तर (D अंशु का अनुपात $= \frac{68}{1.6}$

$= \frac{680}{16} = 42.5$

असलम का अनुपात$= \frac{62}{1.75} = \frac{6200}{175} = 35.42$

आयुष का अनुपात$= \frac{63}{1.59} = \frac{6300}{159} = 39.62$

आयुष्मान का अनुपात $= \frac{50}{1.56} = \frac{5000}{156} = 32.05$

$\therefore$ आयुष्मान का वजन और ऊंचाई का अनुपात सबसे कम है।

31. नीचे दिए गए डेटा तालिका के आधार पर निम्नलिखित प्रश्न का उत्तर दें।

वर्ष	कंपनी का लाभ %
2011	**25**
2012	**25**
2013	**15**
2014	**5**
2015	**15**

यदि एक कंपनी का व्यय उस वर्ष में 650 करोड़ रुपए था जिसमें उसका लाभ % सबसे कम था, तो कंपनी का राजस्व कितना था?

(A) 682.5 (B) 715

(C) 747.5 (D) 650

[SSC CHSL (Tier-1) ऑनलाइन परीक्षा 22 जनवरी 2017 सुबह पाली]

उत्तर (A) वर्ष 2014 में कम्पनी का लाभ

$= 5\%$

$= \frac{650 \times 5}{100}$

$= 32.5$

∴ कम्पनी का राजस्व $= 650 + 32.5$

= ₹ 682.5 करोड़

32. निम्न तालिका एक समाज के प्रत्येक घर में बच्चों की संख्या दर्शाती है।

बच्चा	घरों की संख्या
0	**3**
1	**7**
2	**12**
3	**7**

प्रत्एक घर में बच्चों की औसत संख्या क्या है?

(A) 2.04 (B) 1.79

(C) 2.29 (D) 1.54

[SSC CHSL (Tier-1) ऑनलाइन परीक्षा 22 जनवरी 2017 सुबह पाली]

उत्तर (B) कुल घरों की संख्या

$= 3 + 7 + 12 + 7 = 29$

बच्चों की कुल संख्या $= 0 \times 3 + 1 \times 7 + 2 \times 12 + 3 \times 7$
$= 52$

∴ प्रत्येक घर में बच्चों की औसत संख्या $= \frac{52}{29}$

$= 1.79$

33. नीचे दिए गए डेटा तालिका के आधार पर निम्नलिखित प्रश्न का उत्तर दें।

भागीदार	वर्तमान % हिस्सा
आनंद	**10**
बसु	**30**
चिन्मय	**20**
धीरज	**5**
एजाज	**35**

यदि एक कंपनी ने अपने पांच भागीदारों के बीच 6 लाख शेयर जारी किए हैं और अगर बसु धीरज को अपने शेयरों में से 15, 000 बेचने का प्रस्ताव करता है, तो धीरज के पास कितने शेयर होगें ?

(A) 30000 शेयर (B) 60000 शेयर

(C) 15000 शेयर (D) 45000 शेयर

[SSC CHSL (Tier-1) ऑनलाइन परीक्षा 22 जनवरी 2017 सुबह पाली]

उत्तर (D) कुल शेयरों की संख्या = 600000

बसु का हिस्सा $= \frac{600000 \times 30}{100}$

$= 180000$

धीरज का हिस्सा $= \frac{600000 \times 5}{100}$

$= 30000$

बसु द्वारा धीरज को 15000 शेयर बेचने पर धीरज के पास कुल शेयरों की संख्या

$= 30000 + 15000 = 45000$

34. नीचे दिए गए डेटा तालिका के आधार पर निम्नलिखित प्रश्न का उत्तर दें।

	स्टॉक की	औसत लागत (₹ में)
मोबाइल फोन	99	15000
कैमरा	53	13000
टीवी	29	59000
रेफ्रिजरेटर	21	56000
	97	25000

कुल स्टॉक का मूल्य (₹ लाख में) कितना है?

(A) 748.6 (B) 74.86

(C) 168 (D) 299

[SSC CHSL (Tier-1) ऑनलाइन परीक्षा 21 जनवरी 2017 सायं पाली]

उत्तर (B) मोबाइल फोन का कुल स्टॉक मूल्य = 99 × 15000

= ₹ 1485000

कैमरे का कुल स्टॉक मूल्य = 53 × 13000

= ₹ 689000

टीवी का कुल स्टॉक मूल्य = 29 × 59000

= ₹ 1711000

रेफ्रिजरेटर का कुल स्टॉक मूल्य = 21 × 56000

= ₹ 1176000

एसी का कुल स्टॉक मूल्य = 97 × 25000

= ₹ 2425000

∴ कुल स्टॉक मूल्य = ₹ 7486000

= ₹ 74.86 लाख

35. नीचे दिए गए डेटा तालिका के आधार पर निम्नलिखित प्रश्न का उत्तर दें।

वर्ष	अनुपात आयात/निर्यात
2011	0.8
2012	1.3
2013	1
2014	1.5
2015	0.8

यदि 2012 में आयात ₹ 60 करोड़ था और वर्ष 2013 में एक साथ कुल निर्यात ₹ 4400 करोड़ था तो 2013 में आयात कितना था?

(A) 3232 (B) 4622

(C) 3666 (D) 3938

[SSC CHSL (Tier-1) ऑनलाइन परीक्षा 21 जनवरी 2017 सायं पाली]

उत्तर (D) वर्ष 2012 में निर्यात = x

∴ वर्ष 2012 में, $\frac{600}{x} = 1.3$

$x = \frac{6000}{13}$ ... (i)

वर्ष 2012 तथा वर्ष 2013 का कुल निर्यात = 4400 करोड़

∴ वर्ष 2013 में निर्यात = $4400 - \frac{6000}{13}$

$= \frac{57200-6000}{13} = \frac{51200}{13}$

वर्ष 2013 में $\frac{\text{आयात}}{\frac{51200}{13}} = 1$

आयात = $\frac{51200}{13}$

= 3938.461

= 3938 करोड़

36. नीचे दिए गए डेटा तालिका के आधार पर निम्नलिखित प्रश्न का उत्तर दें।

जन्मदिन पर नापा गया	बच्चे की ऊंचाई (सेंटीमीटर में)
4	100
5	105
6	115
7	125
8	130
9	140
10	145
11	155
12	160
13	170
14	175
15	180
16	190

10वें जन्मदिन से लेकर 13वें जन्मदिन तक बच्चे की ऊंचाई में कितनी वृद्धि हुई।

(A) 30 से.मी. (B) 25 से.मी.

(C) 20 से.मी. (D) 35 से.मी.

[SSC CHSL (Tier-1) ऑनलाइन परीक्षा 21 जनवरी 2017 सायं पाली]

उत्तर (B) 10वें जन्मदिन से 13वें जन्मदिन तक बच्चे की ऊंचाई

= 170 – 145

= 25 सेमी

37. नीचे दिए गए डेटा तालिका के आधार पर निम्नलिखित प्रश्न का उत्तर दें।

गहरी नींद में	20
सपना देखते हुए	20
हल्की नींद में	30
बहुत हल्की नींद में	25
जागते हुए	5

रात के 10 बजे से लेकर सुबह 6 बजे तक एक फिटनेस बैंड निम्न डेटा रिकार्ड करता है। उसका उपयोगकर्ता कितने समय तक हल्की नींद में था

(A) 4.4 घंटे (B) 3.9 घंटे

(C) 2.9 घंटे (D) 4.9 घंटे

[SSC CHSL (Tier-1) ऑनलाइन परीक्षा 21 जनवरी 2017 सायं पाली]

उत्तर (A) रात 10 बजे से सुबह 6 बजे तक का कुल समय = 8 घंटा

उपयोगकर्ता जब हल्की नींद में था तब,

लिया गया समय = $\frac{30\times8}{100}$

$= \frac{240}{100} = 2.4$ घंटा

उपयोगकर्ता जब बहुत हल्की नींद में था तब, लिया गया समय = $\frac{25\times8}{100}$

$= \frac{200}{100} = 2$ घंटा

∴ उपयोगकर्ता द्वारा कुल लिया गया समय = 2.4 + 2.0 = 4.4 घंटा

38. नीचे दिए गए डेटा तालिका के आधार पर निम्नलिखित प्रश्न का उत्तर दें।

	स्टॉक की मात्रा	औसत लागत (₹)
मोबाइल फोन	40	10000
कैमरा	93	20000
टीवी	97	52000
रेफ्रिजरेटर	21	22000
एसी	39	23000

कुल स्टॉक का मूल्य (लाख रुपए में) कितना है?

(A) 866.3 (B) 127
(C) 290 (D) 86.63

[SSC CHSL (Tier-1) ऑनलाइन परीक्षा 21 जनवरी 2017 दोपहर पाली]

उत्तर (A) मोबाइल फोन का कुल स्टॉक मूल्य = 40 × 10000 = ₹ 400000

कैमरे का कुल स्टॉक मूल्य = 97 × 20000 = ₹1860000

टीवी का कुल स्टॉक मूल्य = 97 × 52000 = ₹ 5044000

रेफ्रिजरेटर का कुल स्टॉक मूल्य = 21 × 22000 = ₹ 462000

एसी का कुल स्टॉक मूल्य = 39 × 23000 = ₹ 897000

∴ कुल स्टॉक मूल्य = ₹ 8663000 = ₹ 86.63 लाख

39. नीचे दिए गए डेटा तालिका के आधार पर निम्नलिखित प्रश्न का उत्तर दें।

	स्टॉक की मात्रा	औसत लागत (₹)
मोबाइल फोन	40	100000
कूलर	90	200000
टीवी	95	500000
रेफ्रिजरेटर	30	230000
घड़ी	207	400000

कुल स्टॉक का मूल्य (लाख रुपए में) कितना है?

(A) 2767 (B) 2213
(C) 833 (D) 3458

[SSC CHSL (Tier-1) ऑनलाइन परीक्षा 21 जनवरी 2017 दोपहर पाली]

उत्तर (C)

मोबाइल फोन का स्टॉक मूल्य = 40 × 100000

= ₹ 4000000

कूलर का स्टॉक मूल्य = 90 × 200000

= ₹ 18000000

टीवी का स्टॉक मूल्य = 95 × 500000

= ₹ 47500000

रेफ्रिजरेटर का स्टॉक मूल्य = 30 × 230000

= ₹ 69000000

घड़ी का कुल स्टॉक मूल्य = 207 × 400000

= ₹ 82800000

∴ कुल स्टॉक मूल्य = ₹ 221300000

= ₹ 2213 लाख

40. नीचे दिए गए डेटा तालिका पर निम्नलिखित प्रश्न का उत्तर दें।

जन्मदिन पर नापा गया	बच्चे की ऊँचाई (सेंटीमीटर में)
4	100
5	110
6	115
7	120
8	125
9	135
10	140
11	150
12	160
13	170
14	175
15	185
16	195

7वें जन्मदिन से लेकर 15वें जन्म दिन तक बच्चे की ऊंचाई में कितनी वृद्धि हुई?

(A) 75 से.मी. (B) 70 से.मी.
(C) 65 से.मी. (D) 60 से.मी.

[SSC CHSL (Tier-1) ऑनलाइन परीक्षा 21 जनवरी 2017 दोपहर पाली]

उत्तर (C) 7 वें जन्मदिन से लेकर 15वें जन्मदिन तक बच्चे की लम्बाई (ऊंचाई) में वृद्धि = 185 – 120

= 65 सेमी

41. नीचे दिए गए डेटा तालिका के आधार पर निम्नलिखित प्रश्न का उत्तर दें।

गहरी नींद में	5
सपना देखते हुए	10
हल्की नींद में	10
बहुत हल्की नींद में	20
जागते हुए	55

रात के 10 बजे से लेकर सुबह 6 बजे तक एक फिटनेस बैंड निम्न डेटा रिकार्ड करता है। उसका उपयोगकर्ता कितने समय तक सपना देख रहा था या जाग रहा था?

(A) 3.7 घंटे (B) 4.7 घंटे
(C) 5.2 घंटे (D) 5.7 घंटे

[SSC CHSL (Tier-1) ऑनलाइन परीक्षा 21 जनवरी 2017 दोपहर पाली]

उत्तर (C) उपयोगकर्ता जब सपना देख रहा था तब लिया गया समय = $\frac{10 \times 8}{100} = 0.8$ घंटे

उपयोगकर्ता जब जाग रहा था तब लिया गया समय = $\frac{55 \times 8}{100}$

= 4.4 घंटे

कुल लिया गया समय = 4.4 + 0.8

= 5.2 घंटे

42. एक पतंग में–

(A) क्रमागत भुजाओं के दो जोड़े सर्वांगसम हैं।
(B) विकर्ण एक-दूसरे पर लम्बवत् हैं।
(C) दोनों विकर्ण दो सर्वांगसम त्रिभुज बनाते हैं।
(D) संगग्न कोणों का मान सम्पूरक कोण है।

[SSC CHSL (Tier-1) ऑनलाइन परीक्षा 18 जनवरी 2017 सायं पाली]

उत्तर (A) क्रमागत भुजाओं के दो जोड़े सर्वांगसम हैं।

43. नीचे दिए गए डेटा तालिका के आधार पर निम्नलिखित प्रश्न का उत्तर दीजिए :

श्रेणी/कक्षा	लड़के	लड़कियां
श्रेणी A/कक्षा 5	30	30
श्रेणी B/कक्षा 5	20	35
श्रेणी C/कक्षा 5	40	35
श्रेणी A/कक्षा 5	35	15
श्रेणी B/कक्षा 5	10	10
श्रेणी C/कक्षा 6	35	40

लड़कियों पर लड़कों का अनुपात क्या है?

(A) 36 : 35 (B) 33 : 34
(C) 34 : 33 (D) 35 : 36

[SSC CHSL (Tier-1) ऑनलाइन परीक्षा 18 जनवरी 2017 सायं पाली]

उत्तर (C) लड़की की कुल संख्या = 30 + 20 + 40 + 35 + 10 + 35 = 170

लड़कियों की कुल संख्या = 30 + 35 + 35 + 15 + 10 + 40 = 165

∴ लड़कियों पर लड़कों का अनुपात $\frac{170}{165}$

$= \frac{34}{33}$

= 34 : 33

44. नीचे दिए गए डेटा तालिका के आधार पर निम्नलिखित प्रश्न का उत्तर दें :

अंक	छात्रों की संख्या
40 और उस से ऊपर	21
30 और उस से ऊपर	39
20 और उस से ऊपर	67
10 और उस से ऊपर	92
0 और उस से ऊपर	108

कितने छात्रों ने 20 या उससे अधिक 40 से कम अंक स्कोर किए हैं।

(A) 67 (B) 39
(C) 106 (D) 46

[SSC CHSL (Tier-1) ऑनलाइन परीक्षा 18 जनवरी 2017 सायं पाली]

उत्तर (D) 20 या उस से अधिक अंक प्राप्त करने वाले छात्रों की संख्या = 67

40 से कम अंक प्राप्त करने वाले छात्रों की संख्या = 39

∴ कुल छात्रों की संख्या = 67 + 39 = 106

45. नीचे दिए गए डेटा तालिका के आधार पर निम्नलिखित प्रश्न का उत्तर दें :

वर्ष	वर्ष में सकल घरेलू उत्पाद (जीडीपी) की वृद्धि का दर (प्रतिशत में)
2011	7
2012	6
2013	–6
2014	–8
2015	6

(A) $7.36 ट्रिलीयन (B) $8.48 ट्रिलीयन
(C) $7.52 ट्रिलीयन (D) $7.84 ट्रिलीयन

[SSC CHSL (Tier-1) ऑनलाइन परीक्षा 18 जनवरी 2017 सायं पाली]

उत्तर (A) सकल घरेलू उत्पाद का मूल्य $= \frac{6 \times 8}{100} = 0.48$

$\therefore$ वर्ष 2015 में सकल घरेलू उत्पाद का मूल्य $= 8 - 0.48$
$= \$ 7.36$ ट्रिलियन

46. नीचे दिए गए डेटा तालिका के आधार पर निम्नलिखित प्रश्न का उत्तर दें :

	80
	45
	55
	60
	65

(A) 51 (B) 46
(C) 61 (D) 56

[SSC CHSL (Tier-1) ऑनलाइन परीक्षा 18 जनवरी 2017 सायं पाली]

उत्तर (A) प्राप्त अंकों का औसत

$= \frac{80+45+55+60+65}{5}$

$= \frac{305}{5} = 61$

5 अंक घटाने पर,
छात्र के प्राप्त कुल औसत अंक $= 61 - 5 = 56$

47. नीचे दिए गए डेटा तालिका के आधार पर निम्नलिखित प्रश्न का उत्तर दें।

	संचयी उत्पादन
जनवरी	360
फरवरी	920
मार्च	1520
अप्रैल	1970
मई	2620
जून	3000

(A) 1050 (B) 1030
(C) 1100 (D) 4590

[SSC CHSL (Tier-1) ऑनलाइन परीक्षा 17 जनवरी 2017 दोपहर पाली]

उत्तर (C) कुल उत्पादन = 10390
मई और अप्रैल माह में निर्मित कारें = 650 + 450 = 1100

माह	उत्पादन	संचयी उत्पादन
जनवरी	360	360
फरवरी	560	920
मार्च	600	1520
अप्रैल	450	1970
मई	650	2620
जून	380	3000
		3000

$\therefore$ अप्रैल और मई में कुल निर्मित कारें = 450 + 650 = 1100

48. नीचे दिए गए डेटा तालिका पर निम्नलिखित प्रश्न का उत्तर दें।

सप्ताह का दिन	गई दूरी (किलोमीटर) में
सोमवार	3
मंगलवार	3
बुधवार	2
गुरुवार	2
शुक्रवार	3.5
शनिवार	2
रविवार	3.5

यदि 5 किलोमीटर दौड़ने से 400 कैलोरी की खपत होती है, तो दिए गए पूरे सप्ताह में कितनी कैलोरी की खपत हुई?

(A) 1570 कैलोरी (B) 1470 कैलोरी
(C) 1420 कैलोरी (D) 1520 कैलोरी

[SSC CHSL (Tier-1) ऑनलाइन परीक्षा 17 जनवरी 2017 दोपहर पाली]

उत्तर (D) कुल दौड़ी गई दूरी = 3 + 3 + 2 +3.5 + 2 + 3.5 = 19 किमी
$\because$ 5 किमी दौड़ने में खपत कैलोरी = 400

$\therefore$ 1 किमी दौड़ने पर खपत कैलोरी $= \frac{400}{5}$

= 80 कैलोरी

$\therefore$ पूरे सप्ताह में खपत कैलोरी $= 19 \times 80$
= 1520 कैलोरी

49. नीचे दिए गए डेटा तालिका के आधार पर निम्नलिखित प्रश्न का उत्तर दें।

वस्तु	लाख रुपये में वार्षिक खर्च
कच्चा माल	4
श्रम	3
किराया	4
ब्याज	6
कर	1

कच्चा माल और ब्याज का कुल खर्च का कितना प्रतिशत है?

(A) 48.31 प्रतिशत (B) 41.06 प्रतिशत
(C) 62.81 प्रतिश्त (D) 55.56 प्रतिशत

[SSC CHSL (Tier-1) ऑनलाइन परीक्षा 17 जनवरी 2017 दोपहर पाली]

उत्तर (D)

कुल वार्षिक खर्च $= 4 + 3 + 4 + 6 + 1 =$ ₹. 18 लाख

$\therefore$ कच्चा माल और ब्याज का वार्षिक खर्च $= 4 + 6$

= रु. 10 लाख

$\therefore$ कुल खर्च प्रतिशत $= \frac{10}{18} \times 100$

$= \frac{1000}{18}$

$= 55.55\%$

50. नीचे दिए गए डेटा तालिका के आधार पर निम्नलिखित प्रश्न का उत्तर दें।

श्रेणी/कक्षा	लड़के	लड़कियाँ
श्रेणी A/कक्षा 5	25	40
श्रेणी B/कक्षा 5	30	40
श्रेणी C/कक्षा 5	30	20
श्रेणी A/कक्षा 6	20	30
श्रेणी B/कक्षा 6	40	20
श्रेणी C/कक्षा 6	30	20

लड़कियों पर लड़कों का अनुपात क्या है?

(A) 35 : 34 (B) 34 : 35
(C) 37 : 36 (D) 36 : 37

[SSC CHSL (Tier-1) ऑनलाइन परीक्षा 16 जनवरी 2017 सुबह पाली]

उत्तर (A) लकड़ों की कुल संख्या $= 25 + 30 + 30 + 20 + 40 + 30 = 175$

लड़कियों की कुल संख्या $= 40 + 40 + 20 + 30 + 20 + 20 = 170$

$\therefore$ लड़कियों पर लड़कों का अनुपात $= \frac{175}{170} = \frac{35}{34} = 35 : 34$

51. नीचे दिए गए डेटा तालिका के आधार पर निम्नलिखित प्रश्न का उत्तर दें।

अंक	छात्रों की संख्या
40 और उस से ऊपर	30
30 और उस से ऊपर	43
20 और उस से ऊपर	60
10 और उस से ऊपर	70
0 और उस से ऊपर	85

कितने छात्रों ने 20 या उससे अधिक लेकिन 40 से कम अंक स्कोर किए हैं।

(A) 43 (B) 60
(C) 30 (D) 103

[SSC CHSL (Tier-1) ऑनलाइन परीक्षा 16 जनवरी 2017 सुबह पाली]

उत्तर (D) 20 या उस से अधिक अंक प्राप्त करने वाले छात्रों की संख्या $= 60$

40 से कम अंक प्राप्त करने वाले छात्रों की संख्या $= 43$

$\therefore$ कुल छात्रों की संख्या $= 60 + 43 = 103$

52. नीचे दिए गए डेटा तालिका पर निम्नलिखित प्रश्न का उत्तर दें।

वर्ष	वर्ष में सकल घरेलू (जीडीपी) की वृद्धि दर (प्रतिशत में)
2011	–6
2012	–6
2013	6
2014	8
2015	–4

यदि देश का सकल घरेलू उत्पाद (GDP) 2011 के अंत तक 3 ट्रिलीयन था तो वह 2013 की शुरुआत में कितना था?

(A) \$ 3.18 ट्रिलीयन (B) \$ 4.60 ट्रिलीयन
(C) \$3 ट्रिलीयन (D) \$2.82 ट्रिलीयन

[SSC CHSL (Tier-1) ऑनलाइन परीक्षा 16 जनवरी 2017 सुबह पाली]

उत्तर (D) सकल घरेलू उत्पाद का कुल $= 3 \times \frac{6}{100}$
$= 0.18$
$\therefore$ वर्ष 2013 में सकल घरेलू उत्पाद का मूल्य $= 3 - 0.18$
$= \$ 2.82$ ट्रिलीयन

53. नीचे दिए गए डेटा तालिका के आधार पर निम्नलिखित प्रश्न का उत्तर दें।

विषय	प्राप्त अंक
अंग्रेजी	45
हिन्दी	65
गणित	30
विज्ञान	45
कला	35

किसी छात्र की अपर्याप्त उपस्थिति के वजह से उसके प्राप्त अंकों के औसत से पांच अंक घटाए जाने हैं। छात्र के प्राप्त कुल औसत अंक कितने होंगे?

(A) 39 (B) 34
(C) 29 (D) 44

[SSC CHSL (Tier-1) ऑनलाइन परीक्षा 16 जनवरी 2017 सुबह पाली]

उत्तर (A) प्राप्त अंकों का औसत $= \frac{45+65+30+45+35}{5}$

$= \frac{220}{5} = 44$

5 घटाने पर,

छात्र के प्राप्त कुल औसत अंक $= 44 - 5 = 39$

54. नीचे दिए गए डेटा तालिका के आधार पर निम्नलिखित प्रश्न का उत्तर दें।

	वजन किलोग्राम	ऊंचाई (मीटर)
अर्चिता	67	1.63
अर्पणा	67	1.51
अर्पिता	57	1.56
अरून्धती	73	1.59

वजन और ऊंचाई का अनुपात किसका सबसे कम है?

(A) अर्चिता (B) अर्पणा
(C) अर्पिता (D) अरूंधती

[SSC CHSL (Tier-1) ऑनलाइन परीक्षा 10 जनवरी 2017 सुबह पाली]

उत्तर (C) अर्चिता के वजन और ऊंचाई का अनुपात $= \frac{67}{1.69} = 41.10$

अर्पणा के वजन और ऊंचाई का अनुपात $= \frac{67}{1.51} = 44.37$

अर्पिता के वजन और ऊंचाई का अनुपात $= \frac{57}{1.56} = 36.53$

अरूधंती के वजन और ऊंचाई का अनुपात $= \frac{73}{1.59} = 45.91$

इस प्रकार अर्पिता के वजन और ऊंचाई का अनुपात सबसे कम है।

55. नीचे दिए गए डेटा तालिका के आधार पर निम्नलिखित प्रश्न का उत्तर दें।

वर्ष	कंपनी का लाभ %
2011	5
2012	10
2013	15
2014	10
2015	15

यदि एक कंपनी का व्यय उस वर्ष ₹ 550 करोड़ था जिसमें उसका लाभ % सबसे कम था, तो कंपनी का राजस्व कितना था?

(A) 605 (B) 577.5
(C) 632.5 (D) 550

[SSC CHSL (Tier-1) ऑनलाइन परीक्षा 10 जनवरी 2017 सुबह पाली]

उत्तर (B) वर्ष 2011 में कम्पनी का लाभ सबसे कम 5% है।

$\therefore$ कंपनी का खर्च $= \frac{550 \times 5}{100}$
$=$ ₹ 27.5 करोड़
$\therefore$ कंपनी का राजस्व $= 550 + 27.5$
$=$ ₹ 577.5 करोड़

56. नीचे दिए गए डेटा तालिका पर निम्नलिखित प्रश्न का उत्तर दें।

बच्चों की संख्या	घरों की संख्या
0	7
1	11
2	15
3	5

प्रत्येक घर में बच्चों की औसत संख्या क्या है?

(A) 1.97 (B) 1.72
(C) 1.47 (D) 1.22

[SSC CHSL (Tier-1) ऑनलाइन परीक्षा 10 जनवरी 2017 सुबह पाली]

उत्तर (C) घर में बच्चों का औसत $= 0 \times 7 + 1 \times 11 + 2 \times 15 + 13 \times 5$
$= 0 + 11 + 30 + 15 = 56$

कुल घरों की संख्या $= 7 + 11 + 15 + 5 = 38$

$\therefore$ प्रत्एक घर में बच्चों का औसत संख्या $= \frac{56}{38} = 1.47$

57. नीचे दिए गए डेटा तालिका के आधार पर निम्नलिखित प्रश्न का उत्तर दें।

भागीदार	वर्तमान % हिस्सा
आनन्द	10
बसु	15
चिन्मय	10
धीरज	15
एजाज	50

यदि एक कंपनी ने अपने पांच भागीदारों के बीच छः लाख शेयर जारी किए हैं और अगर चिन्मय, धीरज को अपने शेयरों में से 15000 शेयर बेचने का प्रस्ताव करता है, तो धीरज के पास कितन शेयर होंगे।

(A) 120000 शेयर (B) 90000 शेयर

(C) 105000 शेयर (D) 75000 शेयर

[SSC CHSL (Tier-1) ऑनलाइन परीक्षा 10 जनवरी 2017 सुबह पाली]

उत्तर (C) चिन्मय का शेयरों में हिस्सा =

$$\frac{600000 \times 10}{100} = 60000 \text{ शेयर}$$

धीरज के शेयरों में हिस्सा $= \frac{600000 \times 15}{100} = 90000$ शेयर

चिन्मय द्वारा 15000 शेयर धीरज को देने पर धीरज के पास

कुल शेयर की संख्या $= 90000 + 15000 = 105000$ शेयर

58. नीचे दिए गए डेटा तालिका के आधार पर निम्नलिखित प्रश्न का उत्तर दें।

	स्टॉक की मात्रा	औसत लागत (₹ में)
मोबाइल फोन	59	15000
कैमरा	72	16000
टीवी	77	36000
रेफ्रिजरेटर	100	28000
घड़ी	98	23000

कुल स्टॉक का मूल्य (₹ लाख रुपए में) कितना है?

(A) 986.3 (B) 118

(C) 98.63 (D) 406

[SSC CHSL (Tier-1) ऑनलाइन परीक्षा 10 जनवरी 2017 सायं पाली]

उत्तर (C) मोबाइल फोन का कुल स्टॉक मूल्य $= 59 \times 15000 =$ ₹ 885000

कैमरे का कुल स्टॉक मूल्य $= 72 \times 16000 =$ ₹ 1152000

टीवी का कुल स्टॉक मूल्य $= 77 \times 36000 =$ ₹ 2772000

रेफ्रिजरेटर का कुल स्टॉक मूल्य $= 100 \times 28000 =$ ₹ 2800000

एसी का कुल स्टॉक मूल्य $= 98 \times 23000 =$ ₹ 2254000

$\therefore$ कुल स्टॉक मूल्य = ₹ 9863000 = ₹ 98.63 लाख

59. नीचे दिए गए डेटा तालिका के आधार पर निम्नलिखित प्रश्न का उत्तर दें।

वर्ष	अनुपात: आयात/निर्यात
2011	1.1
2012	1.1
2013	0.7
2014	0.7
2015	0.7

यदि 2012 में आयात ₹ 900 करोड़ था और वर्ष 2012 और 2013 में एक साथ कुल निर्यात ₹ 2800 करोड़ था, तो 2013 में आयात कितना था?

(A) 1387 (B) 1982

(C) 818 (D) 2831

[SSC CHSL (Tier-1) ऑनलाइन परीक्षा 10 जनवरी 2017 सायं पाली]

उत्तर (D)

वर्ष 2012 में निर्यात $= x$

प्रश्नानुसार

$$\frac{900}{x} = 1.1$$

$$x = \frac{9000}{11}$$

वर्ष 2012 और वर्ष 2013 में कुल निर्यात = ₹ 2800 करोड़

$\therefore$ वर्ष 2013 में निर्यात $= \left(2800 - \frac{9000}{11}\right)$

$$= \frac{30800 - 9000}{11}$$

$$= \frac{21800}{11}$$

$\therefore$ वर्ष 2013 में

$$\frac{\text{आयात}}{\frac{21800}{11}} = 0.7$$

$\therefore$ आयत $= \frac{21800 \times 0.7}{11}$

= ₹ 1387.27 = ₹ 1387 करोड़

60. नीचे दिए गए डेटा तालिका पर निम्नलिखित प्रश्न का उत्तर दें।

जन्मदिन पर नापा गया	बच्चे की ऊंचाई (सेंटीमीटर में)
4	100
5	105
6	115
7	120
8	125
9	130
10	135
11	145
12	150
13	155
14	160
15	170
16	180

9वें जन्मदिन से लेकर 15 वें जन्मदिन तक बच्चे की ऊंचाई में कितनी वृद्धि हुई?

(A) 45 से.मी. (B) 40 से.मी

(C) 35 से.मी. (D) 50 से.मी.

[SSC CHSL (Tier-1) ऑनलाइन परीक्षा 10 जनवरी 2017 सायं पाली]

उत्तर (B) 9 वें जन्मदिन से लेकर 15 वें जन्मदिन तक बच्चे की ऊंचाई में वृद्धि

= 170 – 130

= 40 से.मी.

61. नीचे दिए गए डेटा तालिका के आधार पर निम्नलिखित प्रश्न का उत्तर दें।

गहरी नींद में	20
सपना देखते हुए	20
हल्की नींद में	5
बहुत हल्की नींद में	15
जागते हुए	40

रात के 10 बजे से लेकर सुबह 6 बजे तक एक फिटनेस बैंड निम्न डेटा रिकार्ड करता है। उसका उपयोगकर्ता कितने समय तक गहरी नींद या बहुत हल्की नींद में था?

(A) 2.3 घंटे (B) 2.8 घंटे

(C) 1.3 घंटे (D) 3.3 घंटे

[SSC CHSL (Tier-1) ऑनलाइन परीक्षा 10 जनवरी 2017 सायं पाली]

उत्तर (B) रात 10 बजे से सुबह 6 बजे तक समय = 8 घंटा

जब उपयोगकर्ता गहरी नींद में था तब उपयोगकर्ता द्वारा लिया गया समय

$= \frac{20\times8}{100} = 1.6$ घंटा

तथा जब उपयोगकर्ता बहुत हल्की नींद में था तब उपयोगकर्ता द्वारा लिया

गया समय $= \frac{15\times8}{100} = 1.2$ घंटा

$\therefore$ कुल उपयोगकर्ता द्वारा लिया गया समय = 1.6 + 1.2 = 2.8 घंटा

62. नीचे दिए डेटा तालिका के आधार पर निम्नलिखित प्रश्न का उत्तर दीजिए :

	कर्मचारियों की संख्या	वार्षिक वेतन (लाखों में)	वार्षिक वेतन के प्रतिशत के रू प में बोनस
प्रबधंक	3	54	60%
कार्यकारी	6	16	20%
प्रशिक्षु	1	2	20%

औसत बोनस (₹ में) कितना है?

(A) 1168000 (B) 11680000

(C) 240000 (D) 360000

[SSC CHSL (Tier-1) ऑनलाइन परीक्षा 9 जनवरी 2017 सुबह पाली]

उत्तर (A) प्रबन्धक का बोनस

= 3 × 54 × 60

= ₹ 9720 लाख

कार्यकारी का बोनस

= 6 × 16 × 20

= ₹ 1920 लाख

प्रशिक्षु का बोनस

= 1 × 2 × 20

= ₹ 40 लाख

कुल औसत बोनस

= 9720 + 1920 + 40

= ₹ 11680 लाख

= ₹ 1168000

63. नीचे दिए गए डेटा तालिका के आधार पर निम्नलिखित प्रश्न का उत्तर दीजिए :

	2011	2012	2013	2014	2015
कम्पनी A	1000	2000	3000	3000	2000
कम्पनी B	2000	1000	4000	1000	2000
कम्पनी C	3000	5000	5000	4000	3000

वर्षों की कौनसी जोड़ी के लिए तीनों कम्पनियों का कुल निर्यात बराबर है? (नोट : दिए गए आंकड़े लाख रुपए में है)–

(A) 2011 एवं 2013 (B) 2012 एवं 2014

(C) 2011 एवं 2012 (D) 2014 एवं 2015

[SSC CHSL (Tier-1) ऑनलाइन परीक्षा 9 जनवरी 2017 सुबह पाली]

उत्तर (B) वर्ष 2011 में तीनों कम्पनियों का कुल निर्यात
= 1000 + 2000 + 3000
= ₹ 6000 लाख

वर्ष 2012 में तीनों कम्पनियों का कुल निर्यात
= 2000 + 1000 + 5000
= ₹ 8000 लाख

वर्ष 2013 में तीनों कम्पनियों का कुल निर्यात
= 3000 + 4000 + 5000
= ₹ 12000 लाख

वर्ष 2014 में तीनों कम्पनियों का कुल निर्यात
= 3000 + 1000 + 4000
= ₹ 8000 लाख

वर्ष 2015 में तीनों कम्पनियों का कुल निर्यात
= 2000 + 2000 + 3000
= ₹ 7000 लाख

अतः वर्ष 2012 और वर्ष 2014 में तीनों कम्पनियों का कुल निर्यात बराबर है।

64. नीचे दिए गए डेटा तालिका के आधार पर निम्नलिखित प्रश्न का उत्तर दीजिए :

वर्ष	करोड़ रुपए में लाभ या (नुकसान)
2011	– 10
2012	– 20
2013	– 5
2014	– 20
2015	25

पिछले पांच वर्षों में कम्पनी का कुल लाभ या नुकसान कितना था?

(A) ₹ 10 करोड़ का नुकसान
(B) ₹ 20 करोड़ का लाभ
(C) ₹ 10 करोड़ का लाभ
(D) ₹ 20 करोड़ का नुकसान

[SSC CHSL (Tier-1) ऑनलाइन परीक्षा 9 जनवरी 2017 सुबह पाली]

उत्तर (C) वर्ष 2011 से वर्ष 2015 तक कम्पनी का लाभ
= – 10 – 20 – 5 + 20 + 25
= – 35 + 45
= ₹ 10 करोड़

अतः कम्पनी को ₹ 10 करोड़ का लाभ हो रहा है।

65. नीचे दिए गए डेटा तालिका के आधार पर निम्नलिखित प्रश्न का उत्तर दीजिए :

वर्ष 2015 में भारत का निर्यात	मिलियन डॉलर में मूल्य
जेवर	500
सॉफ्टवेयर	825
कपास	550
इस्पात	850
इलेक्ट्रॉनिक	750

सॉफ्टवेयर का निर्यात भारत के कुल निर्यात का कितना प्रतिशत था?

(A) 26.24 प्रतिशत (B) 28.74 प्रतिशत
(C) 21.24 प्रतिशत (D) 23.74 प्रतिशत

[SSC CHSL (Tier-1) ऑनलाइन परीक्षा 9 जनवरी 2017 सुबह पाली]

उत्तर (D) वर्ष 2015 में भारत में कुल निर्यात
= 500 + 825 + 550 + 850 + 750 = 3475

∴ जेवर का निर्यात
$$= \frac{500 \times 100}{3475} = 14.38\%$$

∴ सॉफ्टवेयर का निर्यात
$$= \frac{825 \times 100}{3475} = 23.74\%$$

∴ कपास का निर्यात
$$= \frac{550 \times 100}{3475} = 15.82\%$$

∴ इस्पात का निर्यात
$$= \frac{850 \times 100}{3475} = 24.46\%$$

∴ इलेक्ट्रॉनिक्स का निर्यात
$$= \frac{750 \times 100}{3475} = 21.58\%$$

इस प्रकार सॉफ्टवेयर का निर्यात भारत के कुल निर्यात का 23.74% होगा।

66. नीचे दिए गए डेटा तालिका के आधार पर निम्नलिखित प्रश्न का उत्तर दीजिए–

	वजन (किलोग्राम)	ऊँचाई (मीटर)
अनन्या	59	1.63
आंचल	67	1.74
अंचिता	66	1.66
अनीशा	72	1.68

वजन और ऊंचाई का अनुपात किसका सबसे कम है?

(A) अनन्या (B) आंचल
(C) अंचिता (D) अनीशा

[SSC CHSL (Tier-1) ऑनलाइन परीक्षा 9 जनवरी 2017 सायं पाली]

उत्तर (A) अनन्या के वजन और ऊंचाई का अनुपात
$$= \frac{59}{1.63}$$

= 36.19 किग्रा/मीटर

आंचल के वजन और ऊंचाई का अनुपात $= \frac{67}{1.74}$

= 38.50 किग्रा/मीटर

अंचिता के वजन और ऊंचाई का अनुपात

$= \frac{66}{1.66}$

= 39.75 किग्रा/मीटर

अनीशा के वजन और ऊंचाई का अनुपात $= \frac{72}{1.68}$

= 42.85 किग्रा/मीटर

अत: अनन्या के वजन और ऊंचाई का अनुपात सबसे कम है।

67. नीचे दिए गए डेटा तालिका के आधार पर निम्नलिखित प्रश्न का उत्तर दीजिए–

वर्ष	कम्पनी का लाभ %
2011	20
2012	10
2013	15
2014	15
2015	20

यदि एक कम्पनी का व्यय उस वर्ष में ₹ 425 करोड़ था जिसमें उसका लाभ % सबसे कम था, तो कम्पनी का राजस्व कितना था?

(A) 510 (B) 467.5

(C) 552.5 (D) 425

[SSC CHSL (Tier-1) ऑनलाइन परीक्षा 9 जनवरी 2017 सायं पाली]

उत्तर (B) वर्ष 2012 में कम्पनी का लाभ 10% सबसे कम है।

∴ लाभ = 425 का 10%

$= \frac{425 \times 10}{100}$

= ₹ 42.5 करोड़

∴ कम्पनी का राजस्व = 425 + 42.5

= ₹ 467.5 करोड़

68. निम्नलिखित तालिका एक समाज के प्रत्एक घर में बच्चों की संख्या दर्शाती है।

बच्चों की संख्या	घरों की संख्या
0	5
1	14
2	10
3	3

प्रत्एक घर मे बच्चों की औसत संख्या क्या है?

(A) 1.34 (B) 1.59

(C) 1.84 (D) 1.09

[SSC CHSL (Tier-1) ऑनलाइन परीक्षा 9 जनवरी 2017 सायं पाली]

उत्तर (A) बच्चों का कुल संख्या

$= 0 \times 5 + 1 \times 14 + 2 \times 10 + 3 \times 3$

= 0 + 14 + 20 + 9

= 43

कुल घरों की संख्या

= 5 + 14 + 10 + 3

= 32

∴ प्रत्एक घर में बच्चों की औसत संख्या

$= \frac{\text{बच्चों का कुल औसत}}{\text{कुल घरों की संख्या}}$

$= \frac{43}{32}$

= 1.343

= 1.34

69. नीचे दिए गए डेटा तालिका के आधार पर निम्नलिखित प्रश्न का उत्तर दीजिए–

भागीदार	वर्तमान% हिस्सा
आनन्द	15
बसु	15
चिन्मय	10
धीरज	15
एजाज	45

यदि एक कम्पनी ने अपने पांच भागीदारों के बीच छ: लाख शेयर जारी किए हैं और अगर चिन्मय एजाज को अपने शेयरों में से 15,000 बेचने का प्रस्ताव करता है, तो एजाज के पास कितने शेयर होंगे?

(A) 300000 शेयर (B) 270000 शेयर

(C) 285000 शेयर (D) 255000 शेयर

[SSC CHSL (Tier-1) ऑनलाइन परीक्षा 9 जनवरी 2017 सायं पाली]

उत्तर (C) आनन्द का कम्पनी के शेयरों मे हिस्सा

$= 600000 \times \frac{15}{100}$

= 90000 शेयर

बसु का कम्पनी के शेयरों में हिस्सा

$= \frac{600000 \times 15}{100}$

= 60000 शेयर

चिन्मय का कम्पनी के शेयरों में हिस्सा

$= \frac{600000 \times 10}{100}$

= 90000 शेयर

धीरज का कम्पनी के शेयरों में हिस्सा

$= \frac{600000 \times 15}{100}$

= 90000 शेयर

एजाज का कम्पनी के शेयरों में हिस्सा

$= \frac{600000 \times 15}{100}$

= 270000 शेयर

चिन्मय द्वारा एजाज को 15000 शेयर दिए जाते हैं।

∴ एजाज के पास शेयरों की संख्या

= 270000 + 15000

= 285000 शेयर

70. नीचे दिए गए डेटा तालिका के आधार पर निम्नलिखित प्रश्न का उत्तर दीजिए–

वर्ष	कम्पनी का लाभ %
2011	15
2012	15
2013	25
2014	20
2015	10

यदि एक कम्पनी का व्यय उस वर्ष में ₹ 475 करोड़ था जिसमें उसका लाभ % सबसे कम था, तो कम्पनी का राजस्व कितना था?

(A) 570 (B) 617.5

(C) 475 (D) 522.5

[SSC CHSL (Tier-1) ऑनलाइन परीक्षा 7 जनवरी 2017 सायं पाली]

उत्तर (D) वर्ष 2015 में कम्पनी का लाभ 10% सबसे कम है।

कम्पनी का व्यय = ₹ 475 करोड़

∴ लाभ = $\frac{475 \times 10}{100}$

= ₹ 47.5 करोड़

∴ कम्पनी का राजस्व = 475 + 47.5

= ₹ 522.5 करोड़

71. निम्नलिखित तालिका एक समाज के प्रत्एक घर में बच्चों की संख्या दर्शाती है–

बच्चों की संख्या	घरों की संख्या
0	6
1	17
2	17
3	3

प्रत्येक घर में बच्चों की औसत संख्या क्या है?

(A) 1.65 (B) 1.9

(C) 1.15 (D) 1.4

[SSC CHSL (Tier-1) ऑनलाइन परीक्षा 7 जनवरी 2017 सायं पाली]

उत्तर (D) कुल घरों की संख्या

= 6 + 17 + 17 + 3

= 43

कुल बच्चों की संख्या = 0 × 6 + 1 × 17 + 2 × 17 + 3 × 3

= 0 + 17 + 34 + 9

= 60

∴ प्रत्येक घर में बच्चों की औसत संख्या

= $\frac{60}{43}$

= 1.39 = 1.4

72. नीचे दिए डेटा तालिका के आधार पर निम्नलिखित प्रश्न का उत्तर दीजिए–

भागीदार	वर्तमान % हिस्सा
आनंद	10
बसु	25
चिन्मय	30
धीरज	15
ए जाज	20

यदि एक कम्पनी ने अपने पांच भागीदारों के बीच छः लाख शेयर जारी किए हैं और अगर आनन्द धीरज को अपने शेयरों में से 15,000 बेचने का प्रस्ताव करता है, तो धीरज के पास कितने शेयर होंगे?

(A) 120000 शेयर (B) 90000 शेयर

(C) 105000 शेयर (D) 75000 शेयर

[SSC CHSL (Tier-1) ऑनलाइन परीक्षा 7 जनवरी 2017 सायं पाली]

उत्तर (C) कम्पनी के शेयरों की संख्या

= 600000

कम्पनी के भागीदार = 5

आनन्द का शेयरों में हिस्सा

= $\frac{600000 \times 10}{100}$ = 60000

बसु का शेयरों में हिस्सा

= $\frac{600000 \times 25}{100}$ = 150000

चिन्मय का शेयरों में हिस्सा

= $\frac{600000 \times 30}{100}$

= 180000

धीरज का शेयरों में हिस्सा

= $\frac{600000 \times 15}{100}$

= 90000

एजाज का शेयरों में हिस्सा

$= \frac{600000 \times 20}{100}$
$= 120000$

आनन्द द्वारा अपने शेयरों से 15000 शेयर बेचने पर
आनन्द के पास बचे शेयरों की संख्या
$= 60000 - 15000$
$= 45000$ शेयर

∴ धीरज के पास शेयरों की संख्या
$= 90000 + 15000$
$= 105000$ शेयर

73. नीचे दिए गए डेटा तालिका के आधार पर निम्नलिखित प्रश्न का उत्तर दें।

	वजन (किलोग्राम)	ऊंचाई (मीटर)
आरती	68	1.65
आरोही	55	1.61
आरुषी	71	1.68
आशा	59	1.56

वजन और ऊंचाई का अनुपात किसका सबसे कम है?

(A) आरती (B) आरोही
(C) आरुषी (D) आशा

[SSC CHSL (Tier-1) ऑनलाइन परीक्षा 8 फरवरी 2017 दोपहर पाली]

उत्तर (B) आरती = 68/1.65 = 41.21 किग्रा/मी.
आरोही = 55/1.61 = 34.16 किग्रा/मी.
आरुषी = 71/1.68 = 42.26 किग्रा/मी.
आशा = 59/1.56 = 37.82 किग्रा/मी.

दिए गए आंकड़ों के अनुसार आरोही के वजन और ऊंचाई का अनुपात सबसे कम हैं।

74. नीचे दिए गए डेटा तालिका के आधार पर निम्नलिखित प्रश्न का उत्तर दें।

वर्ष	कंपनी का लाभ %
2011	25
2012	25
2013	10
2014	20
2015	20

यदि एक कंपनी का व्यय उस वर्ष में 275 करोड़ रुपए था जिसमें उसका लाभ % सबसे कम था, तो कंपनी का राजस्व कितना था?

(A) 357.5 (B) 330
(C) 302.5 (D) 275

[SSC CHSL (Tier-1) ऑनलाइन परीक्षा 8 फरवरी 2017 दोपहर पाली]

उत्तर (C) वर्ष 2013 में कम्पनी का लाभ सबसे कम 10% था

∴ लाभ % $= \frac{275 \times 10}{100} = ₹.\ 27.5$

∴ कम्पनी का राजस्व $= 275 + 27.5$
$= 302.5$

75. निम्न तालिका एक समाज के प्रत्एक घर में बच्चों की संख्या दर्शाती है।

बच्चों की संख्या	घरों की संख्या
0	4
1	13
2	10
3	5

प्रत्एक घर में बच्चों की औसत संख्या क्या है?

(A) 2 (B) 1.75
(C) 1.5 (D) 1.25

[SSC CHSL (Tier-1) ऑनलाइन परीक्षा 8 फरवरी 2017 दोपहर पाली]

उत्तर (C) प्रत्एक घर में बच्चों की औसत संख्या $= \frac{0+1+2+3}{4} = \frac{6}{4}$
$= 1.5$

76. नीचे दिऐ गए डेटा तालिका के आधार पर निम्नलिखित प्रश्न का उत्तर दें।

भागीदार	वर्तमान % हिस्सा
आनंद	15
बसु	15
चिन्मय	15
धीरज	20
एजाज	35

यदि एक कंपनी ने अपने पांच भागीदारों के बीच छ: लाख शेयर जारी किए है और अगर बस एजाज को अपने शेयरों में से 15,000 बचेने का प्रस्ताव करता है, तो एजाज के पास कितने शेयर होंगे?

(A) 385000 (B) 284000
(C) 225000 (D) 185000

[SSC CHSL (Tier-1) ऑनलाइन परीक्षा 8 फरवरी 2017 दोपहर पाली]

उत्तर (C) कम्पनी द्वारा पांच भागीदारों के बीच शेयरों की संख्या = 600000

आनन्द का शेयर $= \frac{600000 \times 15}{100}$
$= 90000$

बसु का शेयर $= \frac{600000 \times 15}{100}$
$= 90000$

चिन्मय का शेयर $= \frac{600000 \times 15}{100}$
$= 90000$

धीरज का शेयर $= \frac{600000 \times 20}{100}$
$= 120000$

एजाज का शेयर $= \frac{600000 \times 35}{100}$

$= 210000$

$\therefore$ एजाज के पास शेयर $= 210000 + 15000$

$= 225000$

77. नीचे दिए गए डेटा तालिका के आधार पर निम्नलिखित प्रश्न का उत्तर दें।

कर्मचारियों की संख्या		वार्षिक वेतन (लाखों में)	वार्षिक वेतन के प्रतिशत के रूप में बोनस
प्रबंधक	3	36	50 %
कार्यकारी	4	12	30 %
प्रशिक्षु	3	4	10 %

औसत बोनस (₹ में) कितना है ?

(A) 6960 लाख (B) 173.33 लाख

(C) 220 लाख (D) 703 लाख

[SSC CHSL (Tier-1) ऑनलाइन परीक्षा 7 फरवरी 2017 सुबह पाली]

उत्तर (D) मैनेजर का औसत बोनस

$= \frac{36 \times 50}{3}$ = ₹ 600 लाख

कार्यकारी का औसत बोनस $= \frac{12 \times 30}{4}$

= ₹ 90 लाख

प्रशिक्षु का औसत बोनस $= \frac{4 \times 10}{3}$

= ₹ 13.33 लाख

कुल औसत बोनस = ₹ 703.3 लाख

= ₹ 703 लाख

78. नीचे दिए गए डेटा तालिका के आधार पर निम्नलिखित प्रश्न का उत्तर दें।

	2011	2012	2013	2014	2015
कंपनी A	2000	2000	5000	2000	1000
कंपनी B	2000	3000	1000	5000	2000
कंपनी C	3000	2000	5000	3000	3000

निम्न में से वर्षों की कौन सी जोड़ी के लिए तीनों कंपनियों का कुल निर्यात बराबर है? (नोटः दिए गए आंकड़े ₹ लाख में है)

(A) 2011 एवं 2013 (B) 2013 एवं 2015

(C) 2011 एवं 2012 (D) 2014 एवं 2015

[SSC CHSL (Tier-1) ऑनलाइन परीक्षा 7 फरवरी 2017 सुबह पाली]

उत्तर (C) वर्ष 2011 में तीनों कम्पनी द्वारा कुल निर्यात=

$2000 + 2000 + 3000 =$ ₹ 7000 लाख

वर्ष 2102 में तीनों कम्पनी का कुल निर्यात

$= 2000 + 3000 + 2000$

= ₹ 7000 लाख

इसी प्रकार वर्ष 2013 में कुल निर्यात = ₹ 11000 लाख

वर्ष 2014 में कुल निर्यात = ₹ 10000 लाख

वर्ष 2015 में कुल निर्यात = ₹ 6000 लाख

अतः वर्ष 2011 व 2012 द्वारा तीनों कम्पनी का कुल निर्यात बराबर है।

79. नीचे दिए गए डेटा तालिका के आधार पर निम्नलिखित प्रश्न का उत्तर दें।

वर्ष	₹ करोड़ रुपए में लाभ या नुकसान
2011	10
2012	10
2013	25
2014	15
2015	5

(A) ₹ 65 करोड़ का नुकसान

(B) ₹ 75 करोड़ का लाभ

(C) ₹ 65 करोड़ का लाभ

(D) ₹ 75 करोड़ का नुकसान

उत्तर (C) पिछले 5 वर्षों में कंपनी का कुल लाभ = ₹ (10 + 10 + 25 + 15 + 5) = ₹ 65 करोड़

80. नीचे दिए गए डेटा तालिका के आधार पर निम्नलिखित प्रश्न का उत्तर दें।

वर्ष 2015 में भारत का निर्यात	मिलियन डॉलर में मूल्य
जेवर	825
सॉफ्टवेयर	750
कपास	875
इस्पात	875
इलेक्ट्रानिक्स	975

जेवर का निर्यात भारत के कुल निर्यात का कितना प्रतिशत था ?

(A) 21.69 प्रतिशत (B) 19.19 प्रतिशत

(C) 24.19 प्रतिशत (D) 16.69 प्रतिशत

[SSC CHSL (Tier-1) ऑनलाइन परीक्षा 7 फरवरी 2017 सुबह पाली]

उत्तर (B वर्ष 2015 में भारत का कुल निर्यात =

$825 + 75 + 875 + 875 + 975 = 4300$

$\therefore$ % जेवर का निर्यात $= \frac{825}{4300} \times 100 = 19.186 = 19.19\ \%$

81. नीचे दिए गए डेटा तालिका के आधार पर निम्नलिखित प्रश्न का उत्तर दीजिए–

	वजन (किलोग्राम)	ऊंचाई (मीटर)
अंजू	68	1.74
अंकिता	72	1.54
अनुपमा	69	1.77
अनुराधा	68	1.71

वजन और ऊंचाई का अनुपात किसका सबसे कम है?

(A) अंजू (B) अंकिता
(C) अनुपमा (D) अनुराधा

उत्तर (C) अंजू के वजन और ऊंचाई का अनुपात

$$= \frac{68}{1.74} = 39.08$$

अंकिता के वजन और ऊंचाई का अनुपात

$$= \frac{72}{1.54} = 46.75$$

अनुपमा के वजन और ऊंचाई का अनुपात

$$= \frac{69}{1.77} = 38.98$$

अनुराधा के वजन और ऊंचाई का अनुपात

$$= \frac{68}{1.71} = 38.76$$

अत: स्पष्ट है कि अनुपमा के वजन और ऊंचाई का अनुपात सबसे कम है।

82. नीचे दिए गए डेटा तालिका के आधार पर निम्नलिखित प्रश्न का उत्तर दें।

	स्टॉक की मात्रा	औसत लागत (रुपए)
मोबाइल फोन	88	12000
कैमरा	69	9000
टीवी	20	47000
रेफ्रिजरेटर	82	23000
एसी	99	23000

कुल स्टॉक का मूल्य (लाख रुपए में) कितना है?

(A) 678 (B) 114
(C) 67.8 (D) 358

[SSC CHSL (Tier-1) ऑनलाइन परीक्षा 3 फरवरी 2017 सायं पाली]

उत्तर (C) मोबाइल का स्टॉक मूल्य $= 88 \times 12000$
$= ₹ 1056000$

कैमरे का स्टॉक मूल्य $= 69 \times 9000$
$= ₹ 621000$

टीवी का स्टॉक मूल्य $= 20 \times 47000$
$= ₹ 940000$

रेफ्रिजरेटर का स्टॉक मूल्य $= 82 \times 23000$
$= ₹ 1886000$

AC का स्टॉक मूल्य $= 99 \times 23000$
$= ₹ 2277000$

कुल स्टॉक मूल्य $= ₹ 6780000$
$= ₹ 67.8$ लाख

83. नीचे दिए गए डेटा तालिका के आधार पर निम्नलिखित प्रश्न का उत्तर दें।

वर्ष	अनुपात: आयात/निर्यात
2011	1
2012	0.7
2013	0.8
2014	1.4
2015	1.2

यदि 2012 में आयात 1100 करोड़ रुपए था और वर्ष 2012 और 2013 में एक साथ कुल निर्यात 5200 करोड़ था, तो 2013 में आयात कितना था?

(A) 3629 (B) 1571
(C) 4536 (D) 2903

[SSC CHSL (Tier-1) ऑनलाइन परीक्षा 3 फरवरी 2017 सायं पाली]

उत्तर (D) माना निर्यात $= x$

वर्ष 2012 में,

$$\frac{1100}{x} = 0.7$$

$$x = \frac{11000}{7}$$

वर्ष 2012 व 2013 का कुल निर्यात = 5200

$$\therefore \text{ वर्ष 2013 में निर्यात} = 5200 - \frac{11000}{7}$$

$$= \frac{25400}{7}$$

वर्ष 2013 में,

$$\frac{\text{आयात}}{\text{निर्यात}} = 0.8$$

$$\frac{\text{आयात}}{\frac{25400}{7}} = 0.8$$

$$\frac{7 \times \text{आयात}}{25400} = 0.8$$

$$\therefore \text{ आयात} = \frac{25400 \times 0.8}{7}$$

$$= 2902.85 = 2903$$

84. नीचे दिए गए डेटा तालिका के आधार पर निम्नलिखित प्रश्न का उत्तर दें।

जन्मदिन पर नापा गया	बच्चे की ऊंचाई (सेमी.में)
4	100
5	110
6	115
7	125
8	135

9	145
10	155
11	160
12	165
13	170
14	175
15	180
16	185

8वें जन्मदिन से लेकर 25वें जन्मदिन तक बच्चे के ऊंचाई में कितनी वृद्धि हुई?

(A) 50 सेमी. (B) 55 सेमी.

(C) 40 सेमी. (D) 45 सेमी.

[SSC CHSL (Tier-1) ऑनलाइन परीक्षा 3 फरवरी 2017 सायं पाली]

उत्तर (D) 8 वें जन्मदिन से लेकर 15वें जन्मदिन तक बच्चे की ऊंचाई में वृद्धि = 180 – 135

= 45 सेमी.

85. नीचे दिए गए डेटा तालिका के आधार पर निम्नलिखित प्रश्न का उत्तर दें।

गहरी नींद में	25
सपना देखते हुए	5
हलकी नींद में	10
बहुत हलकी नींद में	5
जागते हुए	55

रात के 10 बजे से लेकर सुबह 6 बजे तक एक फिटनेस बैंड निन्न डेटा रिकॉर्ड करता है। उसका उपयोगकर्ता कितने समय तक सपना देख रहा था या बहुत हलकी नींद में था?

(A) 0.8 घंटे (B) 0.3 घंटे

(C) 0.7 घंटे (D) 1.3 घंटे

[SSC CHSL (Tier-1) ऑनलाइन परीक्षा 3 फरवरी 2017 सायं पाली]

उत्तर (A) उपयोगकर्ता द्वारा सपना देखने व हल्की नींद का समय = 5 + 5

[∵ 10 बजे = 10 से 6 बजे = 8 घंटा]

औसत समय $= \frac{8 \times 10}{100}$

= 0.8 घंटे

16 विविध

1. यदि संख्या 247_6791, 9 से पूर्ण रूप से विभाज्य है, तो खाली स्थान का न्यूनतम पूर्ण संख्या क्या है?

(A) 2 (B) 7

(C) 1 (D) 5

[SSC CHSL (Tier-1) ऑनलाइन परीक्षा 16 जनवरी 2017 सुबह पाली]

उत्तर (C) संख्या 2471679, 9 से पूर्ण विभाज्य है।

$\therefore$ 1 संख्या को पूर्ण करेगा।

2. 2 क्रमागत प्राकृत संख्याओं का मान क्या होगा, जिनके वर्गों का योग 145 है?

(A) 8, 9 (B) 6, 7

(C) 13, 14 (D) 9, 10

[SSC CHSL (Tier-1) ऑनलाइन परीक्षा 9 जनवरी 2017 सायं पाली]

उत्तर (A) माना दो प्राकृत संख्याएं x और $x + 1$ है।

$\therefore$ प्रश्नानुसार, $(x)^2 + (x+1)^2 = 145$

$$x^2 + x^2 + 1 + 2x = 145$$

$$2x^2 + 2x = 145 - 1$$

$$2x^2 + 2x - 144 = 0$$

$$x^2 + x - 72 = 0$$

$$x^2 + 9x - 8x - 72 = 0$$

$$x(x+9) - 8(x+9) = 0$$

$$(x+9)(x-8) = 0$$

$$x \neq -9$$

$$x = 8$$

$\therefore$ प्राकृत संख्या = 8 और 8 + 1 = 9 होगी।

3. 199994 × 200006 = ?

(A) 39999799964 (B) 3999999864

(C) 3999999954 (D) 3999999964

[SSC CHSL (Tier-1) ऑनलाइन परीक्षा 9 जनवरी 2017 सुबह पाली]

उत्तर (D) 199994 × 200006

= 39999999964

4. एक छात्र ने एक संख्या का गुणा 7/4 के बजाय 4/7 से कर दिया। इस गणना में प्रतिशत त्रुटि कितनी होगी?

(A) 206.25 प्रतिशत (B) 67.35 प्रतिशत

(C) 33.67 प्रतिशत (D) 103.13 प्रतिशत

[SSC CHSL (Tier-1) ऑनलाइन परीक्षा 3 फरवरी 2017 सायं पाली]

उत्तर (B) प्रतिशत त्रुटि $= \dfrac{\frac{7}{4} - \frac{4}{7}}{\frac{7}{4}} \times 100$

$$= \frac{\frac{33}{28}}{\frac{7}{4}} \times 100$$

$$= \frac{33 \times 4}{28 \times 7} \times 100$$

$$= \frac{132 \times 100}{196}$$

$= 67.346$

$= 67.35\%$